乳源年鉴

RUYUAN NIANJIAN

(2017)

《乳源年鉴》编纂委员会 编

方志出版社
Publishing House of Local Records

图书在版编目（CIP）数据

乳源年鉴. 2017 / 乳源年鉴编纂委员会编. --北京：方志出版社，2017.12
ISBN 978-7-5144-2898-8

Ⅰ. ①乳… Ⅱ. ①乳… Ⅲ. ①乳源瑶族自治县—2017—年鉴 Ⅳ. ①Z526.54

中国版本图书馆CIP数据核字（2017）第321395号

乳源年鉴（2017）

编　　者：乳源年鉴编纂委员会
责任编辑：黄　彦

出 版 人：冀祥德
出 版 者：方志出版社
地址　北京市朝阳区潘家园东里 9 号（国家方志馆 4 层）
邮编　100021
网址　http：//www.fzph.org
发　　行：方志出版社图书经销中心
电话（010）67110500
经　　销：各地新华书店
印　　刷：韶关市文星彩色印务有限公司

开　　本：889×1194　　1/16
印　　张：25
字　　数：630 千字
版　　次：2017 年 12 月第 1 版　　2017 年 12 月第 1 次印刷
印　　数：0001~1000 册

ISBN　978-7-5144-2898-8　　定价：360.00元

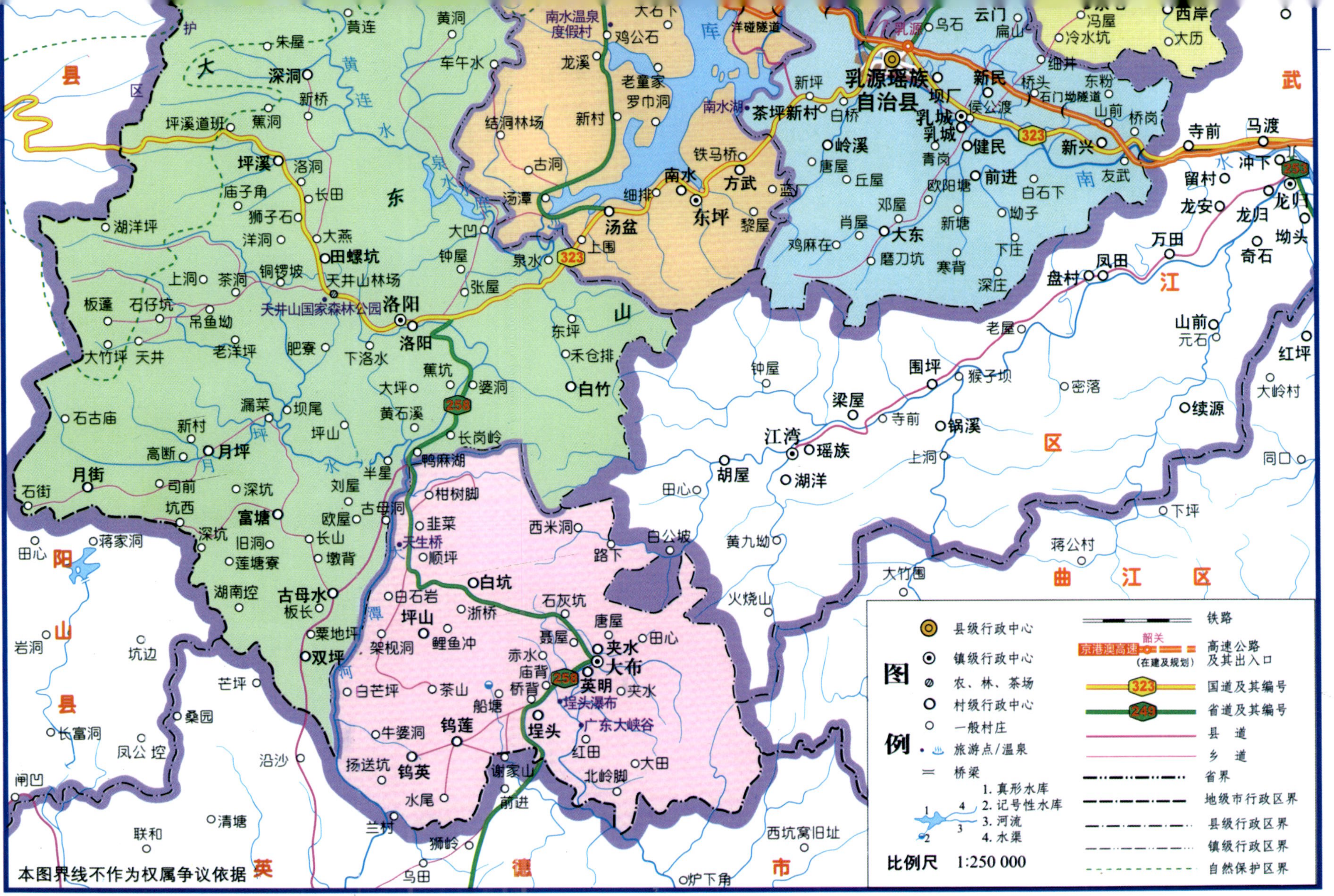

本图界线不作为权属争议依据

广东省地图院 编制 审图号：粤S（2013）009号

行政区划截止时间2011年12月

编 辑 说 明

一、以马克思列宁主义、毛泽东思想、邓小平理论、“三个代表”重要思想、科学发展观、习近平新时代中国特色社会主义思想为指导，坚持辩证唯物主义和历史唯物主义的立场、观点和方法。

二、《乳源年鉴》旨在逐年记述本行政区域年度内自然、政治、经济、文化、社会等方面的情况，所载资料全面、系统、翔实、准确，是国内外各界人士了解乳源的权威性工具书。

三、《乳源年鉴（2017）》所收录的资料上限起自2016年1月1日，下限止于2016年12月31日。为完整保存和积累地方文献资料，个别内容适当上溯。所集先进名录由各承编单位报送获韶关市委、市政府以上机构（含省直部门、市厅级以上机构）表彰的先进集体和个人。

四、《乳源年鉴（2017）》采用分类编辑法，主体内容分为类目、分目、条目三个层次，以条目为表现内容的基本形式。条目标题采用黑体字并加【】表示，少数包含多方面内容的条目则在文内用楷体标题标示各段内容的主题。全书设专载、特载、大事记、概况、各级机构领导人名单、中共乳源瑶族自治县委员会、乳源瑶族自治县人民代表大会、乳源瑶族自治县人民政府、政协乳源瑶族自治县委员会、县纪委（监察和审计局）、社会团体、法治、军事、经济管理、农业·农村·气象服务、工业、商贸·商业、财税·金融·保险、旅游·服务业、交通·邮政·通信、城建·环保、文化、卫生·体育、科技·教育、社会生活、各镇概况和省驻乳源各单位及附录部分等28个类目。

五、本年鉴公共版彩页图片来源于县委宣传部、县政府信息中心等单位，内文插图由各供稿单位提供。

六、本年鉴稿件由县直各部门、各单位、各镇及中央、省驻乳源各单位提供，由《乳源年鉴》编辑部统纂全书。所有稿件均经供稿单位主要领导审核，撰稿人署名。书中因统计时间、口径不同等原因，个别数据可能不尽一致，敬请读者采用时引起注意。反映全县国民经济和社会发展情况的数据，以县统计局资料为准。领导班子成员名单任期以任免机关文件为准，大部制机构改革合并单位不另分系统领导名单（保留牌子的机构和设副科级的机构署领导名单），未标任免时间表示在本年鉴收录时期内职务无变动，部分单位机构后属内设部门因未供稿缺领导名单。

《乳源年鉴》编纂委员会

调整后的编纂委员会

《乳源年鉴》编辑部

《乳源年鉴》撰稿人员名单

（以姓氏笔画排序）

马　杰　马一飞　马万里　王永花　王莉萍　王建松　尹　淇　文慧云　文锦洪
邓永银　邓惠琼　邓雄华　邓毅明　孔国荣　卢小冬　卢诗婷　卢建军　叶招娣
冯永成　冯春润　尧雪梅　朱海艳　朱孝华　朱永烨　朱崇方　乔茹茵　刘　雅
江春凤　许井养　许双和　许化鹏　许红传　许星红　许勇强　麦　斐　杜永莲
杨启园　杨路秀　杨志康　杨芸蔚　杨洁琼　李　贲　李　敏　李亚才　李钰桦
李志怀　李振华　李德胜　李雯雯　巫　姗　辛建平　吴文君　吴世韶　吴新平
何龙强　何　俊　邱丽霞　邱清建　余　彬　邹　蕾　邹春琼　邹伟群　邹辉强
张　慧　张春华　张吉缘　张建华　张廷柱　张　峥　张红云　张思思　张树明
张伟华　张水城　张耀群　陈　晟　陈尚升　陈路生　陈晓慧　陈慧芳　陈福员
林　楠　林　琳　林小钰　林光平　林恒青　林新绘　林景辉　易　辉　官建钰
欧　华　欧阳会　罗　骏　周俊丽　周淑婷　郑结园　范永平　赵　莹　赵天养
胡忠有　胡金妹　贺　莎　钟婷婷　钟让明　陈晓慧　侯　华　侯永朝　侯远林
饶林东　骆艳红　莫波涛　秦彩金　袁素兰　聂毕愚　徐小健　郭二妮　郭庆城
麦　翡　黄杰峰　黄泽琪　黄胜波　黄善东　曹　韩　曹建新　曹松发　盘永花
彭云成　彭延雄　彭韶安　粟晶晶　雷耀荣　傅神双　温施琦　温家鸣　曾祥伦
曾凯鸿　雷　英　谢三华　谢燕飞　赖月新　赖晓琳　穆漫云　潘伟雄　潘瑞红
裴宏坚　蔡秋婷　瞿晓梅　黎崇宙

数据乳源·2016

土地面积	2299平方千米
年末户籍总人口	22.32 万人
年末常住人口	18.57 万人
境内年末少数民族	30个
年末少数民族人口	2.62万人
地区生产总值	73.7亿元
第一产业	8.06亿元
第二产业	33.86亿元
第三产业	31.78亿元
地区生产总值增长速度	9.5%
人均地区生产总值	39857元
固定资产投资	66.97亿元
社会消费品零售总额	22.47亿元
进出口总额	12805.3万美元
出口总额	10652.4万美元
水电装机总量	54.60万千瓦
发电量	20亿千瓦时
社会消费品零售总额	22.47亿元
实际利用外资	801万美元
地方公共财政预算收入	5.21亿元
地方公共财政预算支出	23.04亿元
各项存款额	87.2亿元
城镇居民人均可支配收入	1.71万元
农村居民人均可支配收入	1.17万元
城镇化率	43.4%
公交客运量	371.94万人次
接待游客	414.56万人次
游客数量比2015年增加	10.25%
普通教育在校学生数	26180人
医疗机构实际开放总床数	186571日
实际占用总床数	123576日

▲12月22日，人力资源和社会保障部副部长汤涛（左二）率调研组到乳源东阳光实业有限公司调研。图为调研组实地考察乳源东阳光实业有限公司博士后科研工作站
（钟华　摄）

▲8月19日，省委常委、常务副省长徐少华（前排右三）到乳源调研扶持民族地区加快发展工作情况，市委书记江凌（前排右一）、县委书记吴春腾（前排左二）等市、县领导陪同调研（李新华　摄）

▲8月30日，省人大常委会副主任肖志恒（前排左三）率驻粤部分全国人大代表一行13人，到乳源就新时期精准扶贫、精准脱贫工作开展专题调研。县委书记吴春腾（前排左四）等县领导及县相关部门负责人陪同调研 （李新华 摄）

▲6月9日，省老促会会长陈开枝率队到乳源开展革命老区扶贫工作调研。图为陈开枝（中）一行在县长邓志聪（右二）、县委副书记伍文（左一）等县领导的陪同下走访革命老区一六镇乐富村 （钟华 摄）

▲2月4日，市委书记江凌（左三）到乳源调研扶贫“双到”、基层党建、旅游开发、新农村示范片建设、电商物流项目和重点工业企业等情况，县委书记吴春腾（左四），县长邓志聪（左一）等领导陪同调研
（李新华 摄）

▲3月17日，市长骆慰峰（右五）率市相关部门负责人到乳源调研经济发展情况，县委书记吴春腾（右四）、县长邓志聪（右二）及县直相关部门负责人陪同调研。图为骆慰峰一行在恒扬(韶关)工业有限公司调研
（钟华 摄）

▲9月22日，中国共产党乳源瑶族自治县第十二次代表大会在县政府会场召开。县委书记吴春腾代表中国共产党乳源瑶族自治县第十一届委员会向大会作题为《建设韶关融入珠三角发展先行区　为全面建成小康社会而努力奋斗》的工作报告　（李新华　钟华　摄）

▲中国共产党乳源瑶族自治县第十二届委员会常委（左起为：谢向军　陈耀宇　刘峰　简连英　张军　吴春腾　邓志聪　许益云　吴炬光　伍梅华　秦正京）　（李新华　摄）

►10月19日，乳源瑶族自治县第十二届人民代表大会第一次会议在县政府会场召开，160多名人大代表出席会议

（李新华　钟华　摄）

◄县委书记吴春腾（左）为新当选的县十二届人大常委会主任林昌卫（右）颁发当选证书　（李新华　钟华　摄）

◄县委书记吴春腾为新当选的县十二届人大常委会副主任颁发当选证书并合影（左起为：吴衍雄　许尔金　邓国雄　吴春腾　邱波　赵雷　朱均玉）

（李新华　钟华　摄）

◄县委书记吴春腾为新当选的县人民政府县长、副县长颁发当选证书并合影（左起为：龚民　唐保生　许益云　吴春腾　邓志聪　梁丽娟　杨云　李明华）

（李新华　钟华　摄）

▲10月18日，中国人民政治协商会议第十届乳源瑶族自治县委员会第一次会议在县中心会堂召开

（李新华　摄）

▶县委书记吴春腾（右）为新当选的县政协十届委员会主席赵志敏（左）颁发当选证书　（李新华　钟华　摄）

▶县委书记吴春腾与新当选的县政协十届委员会主席、副主席、秘书长合影(左起为：邓雯珍　吴巧英　黄寿生　赵志敏　吴春腾　陈松海　刘宏美　释明向　禤继文）

（李新华　钟华　摄）

▲12月26日，全省推动民族地区加快发展现场办公会在乳源瑶族自治县召开。省委常委、统战部部长林雄、副省长何忠友，市委书记江凌、市长骆蔚峰，县委书记吴春腾、县长邓志聪等省、市、县领导，省直有关部门负责人，辖有自治县和民族乡的市、县党委、政府领导及民族宗教局局长，7个民族乡主要负责人参加会议 （李新华　钟华　摄）

◀与会领导、嘉宾实地考察民族实验学校 （李新华　摄）

◀与会领导、嘉宾实地考察县第一小学 （李新华　摄）

▲4月29日，乳源瑶族自治县召开新时期精准扶贫工作会议。会议学习贯彻中央、省、市关于新时期扶贫开发的决策部署和会议精神，安排部署新时期精准扶贫工作。县四套班子成员、县直及上级直管有关单位负责人，各镇党委书记等参加会议　（李新华　摄）

▲12月11日上午，县人力资源和社会保障局在县政府广场举办2016年精准扶贫专场招聘会　（赵茂森　摄）

◀3月9日下午，乳源瑶族自治县召开全县自然村落历史人文普查工作会议，全面启动自然村落历史人文普查工作。县委常委、县委办主任许益云出席会议并发表讲话，县自然村落历史人文普查工作领导小组成员单位分管领导及各镇相关工作人员等30多人参加会议

（李新华　摄）

◀3月16日，乳源瑶族自治县创建广东省推进教育现代化先进县动员大会在县中心会堂召开，县长邓志聪等县领导出席会议

（钟华　摄）

◀9月11日，乳源瑶族自治县大桥客家联谊会在大桥镇古道文化森林公园举行2016年丙申岁纪念舜帝诞辰公祭大典文化旅游节活动

（县信息中心　提供）

▶9月30日，乳源瑶族自治县举行烈士纪念日公祭活动。县四套班子领导成员、县人民法院院长、县人民检察院检察长，县直副科以上单位一把手，各民主党派、工商联及无党派人士代表，公安干警、武警战士、部队官兵、学生代表等300多人参加活动　　（钟华　摄）

▶6月27日，中央电视台记者张琦等采访人员，到乳瑶族自治县乳城镇采访陈鹏雨夜在公路塌方地段警示险情的事迹。6月12日深夜11时多，国道323线K409KM+100M乳源境内腊岭路段因受暴雨袭击，发生大面积公路路基塌方。乳城镇村民陈鹏和妻子谢细悦驾车回家经过塌方路段，目击一摩托车司机因路面漆黑闪躲不及连人带车坠入约20多米高的悬崖，他报警后冒着风雨坚守现场设置路障，提醒过往车辆避险，直到交警到达现场才离开　　（赖南坡　摄）

▶11月28日至12月1日，乳源瑶族自治县领导干部“两学一做”党性锤炼培训（第一期）在井冈山江西干部学院举行，41名领导干部参加培训，县委书记吴春腾作开班动员讲话
（县信息中心　提供）

◀5月6日，粤北人民医院托管乳源瑶族自治县人民医院签约仪式在乳源瑶族自治县举行。
（李新华 摄）

◀11月20日，澳门霍英东基金会主席霍震寰（左五）一行12人到乳源八一希望学校参加英东楼落成仪式。副市长李欣（右六），县人大常委会副主任朱均玉（左一）、副县长梁丽娟（右二）等市、县领导出席仪式
（钟华 摄）

◀12月29日，乳源瑶族自治县人民政府与中国联通韶关市分公司签订“互联网+”战略合作框架协议，就乳源“加快信息基础设施建设、积极推进互联网+行动”等工作达成合作共识。县委常委、常务副县长许益云，副县长李明华，韶关联通公司总经理肖舟等领导出席签约仪式 （李新华 摄）

▶7月29日，乳源瑶族自治县在游溪镇大寮坑村举行首批农村土地承包经营权颁证仪式
（许洪成　摄）

▶11月26日，乳源瑶族自治县大布镇举办首届腐竹文化节暨农特产品展销会。县领导许益云、梁丽娟、杨云、刘宏美以及相关部门负责人、企业代表、大布镇部分乡贤和部分经营农产品的村民约500人参加活动　（蔡明清　摄）

▶11月26日，由乳源瑶族自治县桂头镇人民政府主办的“首届乳源桂头马蹄开挖节”开幕式在桂头镇均村举行
（钟华　摄）

目 录

专 载

特 载

大事记

概 况

各级机构领导人名单（2016）

中共乳源瑶族自治县委员会

乳源瑶族自治县人民代表大会

乳源瑶族自治县人民政府

中国人民政治协商会议乳源瑶族自治县委员会

中共乳源瑶族自治县纪律检查委员会

社会团体

法　　治

经济管理

农业 · 农村 · 气象服务

工　业

商贸 · 商业

财税·金融·保险

旅游·服务业

交通·邮政·通信

城建·环保

文　化

卫生·体育

科技·教育

社会生活

各镇概况

省驻乳源单位

2016 年乳源瑶族自治县国民经济统计资料

先进名录

文献转载与重要文件

索　引

专　载

乳源瑶族自治县施策新时期精准扶贫开发

【概述】　2016年，乳源深入贯彻落实中央、省、市关于新时期精准扶贫开发决策部署，快速行动，精准施策，全面铺开精准扶贫工作，确保到2018年全县贫困人口全部脱贫，跟上省、市的步伐，与全国同步全面建成小康社会。

【资产扶持政策实施】　采取上级扶贫专项资金入股扶贫企业的办法，全县5664名有劳动能力的贫困人口人均投入上级专项扶贫资金不低于1万元，县财政按照1:1的比例配套，入股效益较好、回报率较高企业（回报率约10%），确保有劳动能力贫困户该项每年人均稳定增收2000元。到2018年底所有入股贫困户脱贫后，县级配套资金收归财政，上级扶贫专项资金转为县扶贫专项基金。

【产业帮扶政策实施】　建立产业帮扶资金，对贫困户发展产业给予奖补，提供小额贷款担保、贴息、补助以及提供信息、技术、服务。对贫困户发展生产所需的贷款，落实省、市财政贴息的基础，农户承担的部分由上级财政专项扶贫资金解决。对吸纳贫困户发展生产的家庭农场、专业合作组织和龙头企业等新型农业经营主体，优先享受财政扶贫贴息贷款。

【金融扶贫政策实施】　为符合条件的贫困户提供“5万元以下、3年以内、免担保免抵押、基础利率放贷、扶贫资金贴息”的信用贷款，支持贫困户发展生产。整合各类财政扶贫资金，设立扶贫贷款担保基金、贴息基金及风险补偿基金。大力发展扶贫小额贷款保证保险，对贫困户保证保险保费予以补助。

【就业帮扶政策实施】　鼓励各类企业吸纳贫困劳动力就业，对积极吸纳贫困人口就业企业给予贷款贴息等政策优惠。对于吸纳贫困劳动力稳定就业1年以上县内企业（含个体户）落实省、市奖励，县级再按照吸纳1名贫困劳动力每年奖励2000元的标准从上级财政专项扶贫资金中给予企业奖励。

【教育资助政策实施】　继续执行现行义务教育“两免一补”等扶持政策。扩大教育保障范围，将贫困户子女义务教育免学费范围从9年扩大到12年，就读普通高中给予免除学费。对贫困户子女就读高中、中等职业技术学校、大学，在落实相关政策助学金补助基础上，县级财政从上级财政专项扶贫资金再给予每人每年1000元助学金补助。

【危房改造政策实施】　按规定落实农村危房改造财政补助资金，优先解决住房最危险、经济最困难农户的基本住房问题，2018年前全面完成农村危房改造建设任务。落实上级对住房改造的补助政策，县级财政对贫困户新建住房给予每户1万元的补助，对修缮户给予每户0.2万元补助。

【医保救助政策实施】　将贫困人员全部纳入基本医疗保险财政补贴政策范围，财政对贫困个人应缴纳基本医疗保险费用给予全额补贴。扩大贫困人员医保支付项目范围，将贫困人员全部纳入重特大疾病救助范围，需长期在门诊治疗且费用较高的疾病纳入门诊特定病种报销范围，贫困人员政策范围内本县住院医疗费用报销比例提高到70%以上，门诊普通疾病医疗费用报销比例提高到50%以上。探索利用上级扶贫专项资金购买大病医疗商业补充保险，减轻困难群众政策范围外的医疗支出负担。

【社会保障政策实施】 对完全或部分丧失劳动能力、无法依靠产业扶持和就业帮助脱贫的贫困家庭，以及符合最低生活保障条件且有劳动能力的贫困家庭成员，全部纳入低保范围。落实贫困人员社会保险扶持措施，贫困人员参加农村居民养老保险，由财政全额补贴其个人缴纳部分。

（材料来源韶关扶贫信息专报）

特 载

建设韶关融入珠三角发展先行区 为全面建成小康社会而努力奋斗

——在中国共产党乳源瑶族自治县第十二次代表大会上的报告

（2016年9月22日）

吴春腾

各位代表、同志们：

现在，我代表中国共产党乳源瑶族自治县第十一届委员会向大会作报告，请予审议。

一、五年来的主要工作

过去五年，是乳源爬坡越坎、积蓄后劲的五年，也是乳源实现平稳发展、重民本惠民生的五年。

五年来，我们坚持乳源特色发展之路，引领科学发展。深入贯彻中共十八大和十八届三中、四中、五中全会精神及习近平总书记系列重要讲话精神，牢牢把握“两个共同”民族工作主题，紧紧围绕“加快生态发展，建设美丽乳源”核心任务，坚持打民族牌、走生态路，在持续实施“生态立县、工业强县、农业稳县、旅游旺县、科教兴县”五大战略基础上，强力推进“生态保护、绿色工业、生态农业、特色旅游、生态人居、生态文化”六大工程建设。进入“十三五”时期，结合新形势发展要求，确立了“围绕建设韶关融入珠三角先行区‘一个定位’，突出民族和生态‘两大特色’，狠抓交通基础设施、园区扩能增效、城市扩容提质‘三大抓手’，大力发展绿色工业、生态农业、特色旅游、商贸物流‘四大产业’”的发展新思路，形成了顺应时代要求、符合乳源实际的新思路、新举措，引领和推动了乳源科学发展，取得了良好的工作业绩。

五年来，我们全力以赴加快经济建设，提升发展质量。扭住加快发展不动摇，咬定生态发展不放松，坚持做优存量和做大总量并举。2016年（预计数，下同）全县实现地方生产总值72.3亿元，是2011年的1.6倍，年均增长9.2%；财政一般预算收入5.6亿元，是2011年的1.6倍，年均增长10.4%；三次产业结构从2011年11.6∶51.8∶36.6优化为2016年10.7∶47∶42.3。绿色工业增效提质。水电传统产业技改增效，电子铝箔、氯氟材料、生物制药等优势产业发展壮大，规上（2000万元规模以上企业）工业企业从38家增至71家，资质等级建筑业企业和房地产企业从17家增至26家，全县工业增加值29.5亿元，是2011年的1.2倍。长安乳源对口帮扶成效显著，经济开发区纳入省级产业转移工业园管理。生态农业突破传统。按照“一片两带”农业布局，大力培植农业主导产业，有效推进了水果、茶叶、中草药规模种植，全县农业产业化经营组织从59家增至480家，获QS认证产品由2个增至7个，新新农业和金盛农业公司在上海股权交易中心挂牌上市，农业总产值12亿元，是2011年的1.4倍。特色旅游更具活力。新建云门山、银山南岭温泉等旅游景区，农家乐、瑶家乐旅游日益兴旺，新创国家AAAA、AAA级旅游景区各3家，累计接待游客1644万人次、旅游收入131亿元，年均增长16%、19%，成为韶关市旅游最活跃的县，被评为广东省旅游创新发展十强县、广东县域旅游经济综合竞争力十五强。商贸物流初显成效。批发零售业和服务业快速发展，中农批、步步高等商贸物流企业成功落户，现代物流等新兴产业潜力显现，限上企业和规上服务企业从4家增至64家，社会消费品零售总额90.8亿元，是2011年的6.9倍，第三产业成为经济增长的主要力量。项目建设培植后劲。引进内联外资项目298个，合同资金100.4亿元，实际到位96.2亿元。强化项目策划包装，累计争取上级资金66.4亿元。实施了一批交通设施、产业发展、民生工程等重点项目，全社会累计完成固定资产投资226亿元，是上个五年的2.3倍，积蓄了发展后劲。

五年来，我们攻坚克难推进城乡建设，优化人居环境。围绕建设韶关最佳宜居卫星城，狠抓城乡基础设施建设，不断完善城市功能，提高农村基础设施服务能力，加快城镇化进程。城市功能不断提升。以“三旧”改造为抓手，加快了鹰峰中路、鹰峰西路等旧城改造，建成了水岸国际、五彩瑶山、源水居等商住小区，推进了坝厂新村、“两不具备”安居工程和保障性住房建设。全面打通了沿江路、滨江路等“一江两岸”道路，建成了一批城市公园、休闲步道、景观绿道等公共设施，促进了城市扩容提质，县城建成区面积扩大到11.7平方千米，城镇化率提高到43.4%。农村环境日益完善。“五彩瑶乡”省级新农村示范片建设扎实推进，建成了乌石岭、雕子塘、必背口等32个美丽新村，创建了一批名镇名村和幸福村居，推进了农村危房改造、高标农田、中小河流治理、村村通自来水工程，农村生产生活条件不断改善。城乡管理水平提高。以创建全国文明城市为契机，加强城乡环境治理，严厉整治占道经营、噪音扰民和交通违法行为，有效遏制了“两违”行为，建立健全了城乡一体化生活垃圾收运处理体系，提高了城乡管理水平，城乡面貌焕然一新。交通建设稳步推进。国道323线乳源上围至阳山段改扩建前期工作基本完成，省道258线鸭麻湖至大布段年内可动工，韶关机场征拆工作已经启动，乐广高速建成通车，五年新修农村公路242千米，300人以上自然村全部实现公路硬底化，改善了县域发展环境。

五年来，我们坚定不移加强生态建设，守护绿色家园。坚定不移走生态立县之路，坚持保护生态和发展经济并重，严守生态底线，累计争取上级生态补偿资金3.1亿元。生态建设卓有成效。大力推进绿化家园行动，绿化国土面积21.5万亩，封山育林171万亩，建成生态公益林127.3万亩、生态景观林带1590亩，全县森林覆盖率78.28%，完成石漠化综合治理和南岭生态发展试点县建设，成功创建南水湖国家湿地公园。生态保护力度加大。实行最严格的生态保护机制，严禁砍伐天然林、阔叶林、水源林，严格落实森林采伐限额制和护林防火责任制，严格保护基本农田，完善县城和部分乡镇污水处理设施，保护了南岭生态屏障。生态发展导向明显。坚持绿色引领、低碳发展，拒绝了一批高污染、高能耗、高排放项目落地，推动了大布风电、光伏农业等清洁能源开发，淘汰了小钢铁等落后产能，万元GDP能耗年均下降5.47%，空气质量持续优良，饮用水源水质100%达标，荣获全国国土资源节约集约模范县、国家绿色能源示范县、广东省低碳示范县称号。

五年来，我们狠下决心推进深化改革，增强发展活力。深入推进思想解放，抓住存在突出问题，先后出台优化营商环境、提高机关效能等推动改革发展的政策，逐步破除制约乳源发展的体制机制障碍。行政体制改革提高效能。新一轮政府机构改革精减行政单位5个、事业单位75个，较好理顺了党政机构权责关系。改革政务服务模式，在全市率先建成县镇村三级公共服务平台，实行“全天候一窗式”行政服务改革，打通了服务群众最后一公里。探索行政审批流程再造，压减审批时限，优化了审批流程，政府投资项目审批时限压减至92个工作日，提高了行政效率。经济体制改革激活市场。落实“先照后证”“三证合一、一照一码”等商事登记制度改革，市场主体比改革前增加2027户、增长31%。设立政府融资担保平台，发放中小微企业贷款风险补偿基金1.9亿元；加强与国家政策性银行融资合作，获得7亿元融资支持。实行破产改制、社保欠费清缴等国企改革，盘活了国有企业和国有资产。农村综合改革扎实有效。集体林权制度改革基本完成，农村土地承包经营权确权登记全面铺开，城乡建设用地增减挂钩和农村普惠金融试点有序推进。在全市创新推行村小组“五有”规范化建设，成功创建全国农村集体“三资”管理示范县。财政省直管县、园区管理、社会体制、基层治理、民主法制、司法体制等领域改革取得积极进展，有效增强了发展活力。

五年来，我们聚精会神办好实事好事，增进民生福祉。坚持惠民利民导向，落实县政府每年承诺的民生实事好事共46件，累计用于改善民生财政支出59.8亿元，占财政总支出的76%；城镇居民、农村居民人均可支配收入提高到21393元、11766元，年均增长10.5%、12.7%。教育事业均衡发展。推进城乡教育布局调整，新建县第一小学，改扩建金禧小学、八一鲜明希望学校，新增公办幼儿园10所，成功创建全国义务教育发展基本均衡县、国家级农村职业教育和成人教育示范县、广东省教育强县。卫生计生服务优化。深化基层医疗卫生机构综合改革，完成全省首批县级公立医院改革试点，新建中医院、妇幼保健院、人民医院住院楼和东坪、洛阳、必背镇卫生院，粤北人民医院顺利托管县人民医院，在全市率先实行市级医院托管县级医院新模式，计划生育政策有效落实，医疗卫生和计划生育服务水平稳步提升。文体事业繁荣发展。新建县图书馆和过山瑶博物馆，农村文化电子阅览室实现全覆盖，群众性文化惠民活动常态化开展。以环南水湖自行车赛和农特产品博览会等为创新内容的瑶族“十月朝”节庆活动影响力不断提升。瑶族民歌列入国家非遗名录，必背口等3个瑶族村入选国家少数民族特色村寨，一批文艺作品获得国家和省级金奖。民族体育代表队参加国家和省民族运动会获13金22银10铜佳绩，被评为全国民族体育先进集体、中国民间文化艺术之乡。社会保障日趋完善。全县城乡居民基本养老保险、医疗保险参保率达100%、98.6%，特困群体供养标准逐年提高，医疗救助、临时救助力度持续加大，建成乳城区域性敬老院和大桥镇敬老院。城镇新增就业人数9523人，农村劳动力转移就业1.73万人，城镇登记失业率控制在3%以内。扶贫开发成效显著。抓好第二轮扶贫开发“双到”工作，投入帮扶资金2.4亿元，实施村帮扶项目811个、户帮扶项目16471个，完成31个重点帮扶村2594户8863名贫困人口脱贫任务，被评为广东省扶贫开发“双到”工作优秀单位。新时期精准扶贫工作扎实开展，“八个到户”及“1+N”政策措施逐步落实，各项工作有序推进。社会大局和谐稳定。深入开展民族团结进步创建活动，瑶汉族同胞亲如一家。全面落实优抚安置政策，成功创建第十届广东省双拥模范县。全面推进依法治县，有效实施《广东省信访条例》，开展重点领域社会矛盾治理，推进涉法涉诉信访工作改革，畅通了群众诉求渠道，促进了矛盾纠纷及时有效化解。严格落实安全生产责任制，没有出现重大安全事故和群体事件。扎实开展“三打两建”、创建“平安乳源”等活动，大力开展六大专项、“3+2”“4+1”等专项行动和加强社会治安防控体系建设，严厉打击各种违法犯罪行为，群众的满意度和安全感持续增强。

五年来，我们持之以恒加强党的建设，凝聚发展力量。始终把党的建设作为主业，落实全面从严治党责任，夯实党的执政基础，营造了干事创业良好氛围。思想素质得到提升。扎实开展创先争优活动、党的群众路线教育实践活动、“三严三实”专题教育、“两学一做”学习教育和思想解放大讨论活动，持之以恒开展中心组理论学习、务虚研讨等活动，加强干部队伍学习培训，促进了干部思想解放、作风转变、能力提升。干事创业氛围浓厚。坚持重实干、凭实绩的用人导向，选优配强了各级领导班子，培养锻炼了一批优秀干部。实行绩效考核、庸懒散问责等奖惩机制，形成了敢于担当、干事创业的良好氛围。重视引进和用好人才，引进本科以上学历紧缺人才300多人。基层党建不断夯实。全面落实基层党建工作责任制，推进基层党组织建设，软弱涣散基层党组织整顿转化取得实效，普遍直接联系群众制度有效落实，探索创新了基层党组织设置新模式，打造了各类党建示范点48个，提高了服务型党组织建设水平。廉政建设效果明显。落实党风廉政建设主体责任，严格执行中央八项规定精神，认真抓好省委巡视组巡视反馈问题整改，全力支持纪委“三转”，健全防治腐败机制，严厉查处违法违纪行为，累计立案查处案件260宗，给予党纪政纪处分256人，没有出现重大腐败问题。民主政治切实加强。健全县委常委会“三重一大”民主决策机制，提高了决策科学化、民主化水平；人大工作制度化、规范化、法制化水平不断提升；政府执行政策、发展经济、依法行政能力不断增强；政协协商形式更加丰富、协商成效不断提高；各民主党派、工商联、无党派人士和工青妇等作用有效发挥，政法武装、史志档案、机要保密、革命老区、老干部等工作创出新业绩，形成了民主团结和谐的政治局面。

五年来，我们克服了新常态下经济下行的压力，战胜了2013年“8·16”特大洪灾等重大自然灾害，成功举办了自治县成立50周年庆祝活动，顺利完成了“十二五”目标任务，科学编制了“十三五”规划，经济社会发展取得了丰硕成果。县委被评为全国创先争优活动先进县委，我县被授予全国民族团结进步模范集体、全国民族自治县科学发展示范县等荣誉称号，承办了广东省扶贫开发“双到”工作现场会等大型活动，扶贫开发、公共服务平台建设、农村集体“三资”监管等工作得到上级党委政府充分肯定并在全省推广。党和国家领导人刘云山、汪洋、胡春华等领导同志先后亲临我县视察指导工作，对我县的发展给予充分肯定，激励着我们开创更美好的未来。

五年发展历程，是不忘初心、砥砺前行的拼搏历程，是勇于创新、突破自我的改革历程，是攻坚克难、团结奋进的创业历程。五年艰辛付出，奠定了未来发展的坚实基础，也积累了宝贵的精神财富。

第一，因地制宜、突出特色，才能取得竞争优势、实现加快发展。五年来，我们立足民族地区实际，始终坚持打好民族牌，充分发挥民族特色优势，成功争取省出台了扶持民族地区加快发展政策，实现了民族优势向政策优势、发展优势转化。我们立足生态功能区定位，坚持生态立县不动摇，强力保护生态环境，守护了乳源绿水青山，有效地把生态优势转化为生态农业、特色旅游等发展优势。实践证明，因地制宜才能彰显特色，发挥特色才能赢得竞争。我们要坚持从实际出发，因地制宜利用资源、发挥特色，不断增创发展新优势，赢得发展加速度。

第二，勇于担当、务实创新，才能破除发展障碍、促进加快发展。五年来，困难挑战前所未有，我们强化务实担当的工作导向，以踏石留印、抓铁有痕的劲头，按照选准的路子、认准的目标，勇于担当，真抓实干，办好了一批打基础、利长远的实事好事。我们敢于正视问题，以自我革新的勇气和魄力，扎实推进政务服务、项目融资、社会治理等改革，有效破解了审批难、用地难、融资难等一批要素制约，释放了发展活力，助推了经济发展。实践证明，敢于担当成事业，务实创新破难题。只有勇于担当抓落实，敢于自我革新求突破，才能激活发展新动能，加快发展步伐。

第三，以民为本、注重改善民生，才能凝聚共识，汇聚推动发展的强大合力。五年来，我们始终坚持执政为民，高度关注民生问题，集中有限财力，兴办了一批惠民利民的实事好事，解决了一批群众关切的急事难事，公共服务水平显著提升，群众幸福感更强、获得感更多、满意度更高，投身发展、支持发展的热情更加饱满，全县上下形成了合力推动发展的良好氛围。实践证明，民生连着民心，民心凝聚民力。只有坚持以民为本，主动回应群众关切，及时解决民生难题，才能不断凝聚广大党员干部群众的思想共识，调动方方面面的积极性和创造性，汇聚起推动改革发展的强大合力。

第四，正风肃纪，营造良好社会风尚，才能保障党的事业和经济社会健康发展。五年来，我们坚持党员领导干部带头，深入贯彻落实中央八项规定精神，认真开展专题学习教育实践活动，大力弘扬新风正气，切实纠正干部队伍中的不正之风，坚决查处违纪违法案件，营造了积极向上、干事创业、风清气正的良好政治生态，引领了社会新风尚，凝聚起推动改革发展的强大正能量。实践证明，优良党风带动政风民风，凝聚党心民心。只有持之以恒加强党风政风建设，让干部更清正、政府更清廉、政治更清明，才能保障党的事业和经济社会健康发展。

五年发展成绩来之不易，五年实践经验弥足珍贵。这些成绩和经验，饱含着历届县委班子继往开来、团结拼搏、励精图治的担当情怀，体现着全县党员干部爱我乳源、忠于职守、真抓实干的进取精神，凝聚着各级领导的关怀厚爱和社会各界的关心支持。借此机会，我代表中共乳源瑶族自治县委，向所有关心支持乳源经济社会建设，为乳源加快发展付出辛勤劳动的各级领导和各界人士，致以崇高敬意和衷心感谢！

在看到成绩的同时，我们还存在一些不可忽视的问题。一是经济发展基础不稳固，总量仍然偏小，产业结构不够优、工业规模不大、农业产业化水平不高的问题未得到根本解决，现代服务业刚刚起步，大项目、好项目储备不足。二是城市规划、建设、管理水平不高，产城融合度低，辐射带动能力和对外吸引力不强。三是民生改善任务艰巨，基本公共服务水平不高，农村基础设施薄弱，精准扶贫点多线长面广，全面建成小康社会实现程度还比较低。四是干部队伍思想作风、能力水平、担当精神还有待提高，干部违纪违规现象仍有发生。在今后工作中，我们要突出问题导向，采取更加有效的措施加以解决。

二、今后五年工作总体设想

未来五年，是全面建成小康社会的决胜期，也是融入珠三角加快发展的重要战略机遇期。准确把握发展形势，科学谋划未来五年发展蓝图至关重要。

未来五年仍然是大有作为的五年。国家陆续出台推动“五大发展理念”政策，供给侧结构性改革将培育新一轮经济发展新动能。粤东西北地区振兴发展战略纵深推进，扶持民族地区加快发展政策持续发力，形成多重政策叠加效应；珠三角地区实施创新驱动发展战略，推动企业在更大范围进行产业布局，有利于我县承接珠三角产业转移。韶关市大力推进项目攻坚、城市提升、县域发展和体制机制改革，为我县加快发展增添了信心和动力。当前，以健康为主题的消费需求日益旺盛，我县发展生态旅游、健康养生和绿色食品等产业前景远大；打好民族牌可以争取更多政策扶持，增强内生发展动力；韶关机场、黄长高速、韶贺高速和韶柳铁路等重大交通项目陆续动工，将有力促进县内外市场要素自由流动，带动商贸物流、空港经济等产业发展。未来五年也是充满挑战的五年。经济发展进入速度换挡、结构优化、动力转换的新常态，对发展提出了新的更高要求，迫使我们必须更加注重提升发展质量和效益。区域之间竞争日趋激烈，生态保护、土地供应、能源强度等资源环境约束日益加剧，行政审批、涉企收费等体制机制障碍未能有效解决，优化要素配置和营商环境迫在眉睫。新常态对各级领导干部的工作作风和履职能力要求越来越高，群众对加快发展的愿望越来越强烈，迫切需要我们以更加强烈的责任感和使命感，不断开创乳源加快发展新局面。

今后五年我们必须坚持五个发展原则。今年初，我县召开了县委十一届七次全会，通过了《中共乳源瑶族自治县委关于制定国民经济和社会发展第十三个五年规划的建议》，描绘了“十三五”发展蓝图。《建议》贯彻了党的十八届五中全会关于“创新、协调、绿色、开放、共享”五大发展理念，提出了“生态、特色、融合、创新、共享”五个发展原则。我县五个发展原则是贯彻落实中央五大发展理念的具体行动和实践。首先，五个发展原则与五大发展理念高度契合且一脉相承。生态不仅充分体现了绿色，而且更加体现了乳源的生态优势和保护生态环境的重要性，也更加明确了乳源发展的路径，就是要发展生态农业、特色旅游、商贸物流和绿色工业等生态产业。其次，五个发展原则注重结合乳源实际。乳源最大的优势在于生态和民族特色，这就决定了乳源发展必须充分发挥这两大优势，走特色发展道路。现在中央、省、市都强调各地要结合实际，发展特色园区、特色小镇、特色农业，因此特色发展既符合上级要求也符合乳源实际。我们要认真研究国家的政策，争取更多的乡镇和产业列入国家特色小镇和特色产业、特色园区的规划中。再次，五个发展原则符合省市对乳源的定位要求。去年，省委顺应形势变化，要求韶关主动融入珠三角加快发展；市委认真贯彻省委要求，确立了主动融入珠三角总战略，并把乳源列入韶关融入珠三角先行区和“3+1+2”城市经济圈。我们提出融合发展，既有对外开放的理念又有对内融入的要求，既遵循开放发展理念又符合省市对乳源的定位和乳源实际。今后五年，县委将认真贯彻中央、省委、市委重大决策部署，自觉践行五大发展理念，坚持五个发展原则，围绕到2020年与全国同步全面建成小康社会总目标，团结带领全县人民顽强拼搏奋勇前进！

未来五年的指导思想。高举中国特色社会主义伟大旗帜，坚持以马列主义、毛泽东思想、邓小平理论、“三个代表”重要思想、科学发展观为指导，深入贯彻习近平总书记系列重要讲话精神，按照“四个全面”战略布局，坚持打好民族牌、走好生态路，主动融入珠三角，统筹推进经济、政治、文化、社会、生态文明建设和党的建设，奋力推动生态、特色、融合、创新、共享发展，确保与全国同步全面建成小康社会。

未来五年的发展思路。围绕建设韶关融入珠三角先行区“一个定位”，突出民族和生态“两大特色”，狠抓项目攻坚、城市提升、县域发展“三大主题”工作，大力发展绿色工业、生态农业、特色旅游、商贸物流“四大产业”，建设世界过山瑶文化中心区、休闲度假精品区、健康养生首选地、现代产业聚集地、绿色食品集散地“两区三地”。这里把“三大抓手”调整为“三大主题”工作，主要基于今年市委把项目攻坚、城市提升、县域发展作为韶关振兴发展的三大主题工作和对各县的工作要求，且“三大主题”工作涵盖了“三大抓手”内容，这样既保持了县委工作思路的延续性，又紧跟形势，更加贴合市委要求和我县实际，有利于准确把握工作重点，推动各项工作打开新局面。

未来五年的奋斗目标。主要是在主动融入珠三角中加快发展，全面完成“十三五”目标任务，确保到2020年与全国同步全面建成小康社会。

——经济更快发展。生态产业规模扩大，地方生产总值年均增长10%以上，地方财政一般预算收入年均增长10%以上，固定资产投资年均增长15%以上，经济发展质量和效益显著提升，建成2个以上特色产业园区和特色小镇。

——环境更加优美。森林覆盖率提高到79.2%，城镇污水集中处理率达90%，城乡生活垃圾处理率达100%，完成节能减排目标。城市功能显著提升，城镇化率提高到60%，建成韶关最佳宜居卫星城。

——文化更加繁荣。城乡公共文化服务体系全面覆盖，民族文化繁荣发展，民族牌对发展的推动力更强，建成世界过山瑶文化中心区。社会主义核心价值观深入人心，社会文明程度不断提升，成功创建全国文明城市。

——人民更加幸福。社会事业全面进步，基本实现城乡基本公共服务均等化，城镇、农村居民人均可支配收入年均增长14%、15.1%以上；社会保障体系更加完善，社会就业更加充分，城乡三项医疗保险参保率达98%以上；社会治理能力不断增强，平安乳源建设群众满意率达90%以上；到2018年完成精准脱贫任务，群众拥有更多获得感和幸福感。

——政治更加清明。民主法治建设不断健全，人民群众政治参与有效扩大，群众合法权益和社会公平正义得到切实维护，依法治县水平不断提高，制约发展的体制机制障碍有效破除。

——党建更加科学。党的思想建设、组织建设、作风建设、反腐倡廉建设和制度建设得到全面加强，干部队伍推动发展能力显著提升，形成风清气正的干事创业氛围。

三、今后五年主要工作任务

加快融入珠三角，全面建成小康社会，必须紧紧围绕今后五年工作的总体思路，保持定力、突出重点、狠抓关键，以新举措落实新目标，以新作为创造新业绩。

（一）选准突破口，加快融入珠三角，培育生态发展新支点

融入珠三角加快发展是未来五年的核心任务。我们要立足实际发挥优势，找准突破口和切入点，积极打造产业转移承载平台，常态化走出去开展招商引资，推动生态产业与珠三角融合发展，培育县域经济新支点。

推动四大产业发展。四大产业是融入珠三角的突破口，也是壮大县域经济实现富民强县的主抓手。一要依托优良生态环境和生态资源优势，将乳源建成珠三角绿色食品供应基地，推动生态农业与珠三角错位发展。落实农业产业化发展实施方案，加快“一片两带”建设。大力扶持水果、茶叶、中草药等农业主导产业发展，继续扩大种植业规模，打造广东优质农产品集中发展区。大力培育新型农业经营主体，引进绿色食品生产加工企业，打造绿色食品生产加工基地。大力发展城郊休闲、农耕体验等农业观光产品，打造休闲观光农业首选区。二要依托丰富的旅游资源优势，全力推动全域旅游发展，将乳源建成休闲度假精品区和健康养生首选地，推动特色旅游与珠三角互补发展。全力推动南岭国家森林公园和云门山生态旅游区创建为国家5A级景区，完善大峡谷景区配套设施建设，打响大南岭生态旅游品牌。推进西京古道开发，持之以恒办好户外运动体育赛事，打响户外运动旅游品牌。加快源之都生态颐养园、山城水都温泉度假区

等健康产业发展，打响健康养生旅游品牌。推进必背瑶族风情小镇和过山瑶风情园建设，提升瑶族“十月朝”文化旅游节吸引力，打响瑶族风情旅游品牌。三要立足现有优势产业基础，围绕建链补链强链建设现代产业聚集地，推动绿色工业承接发展。拓展铝箔、电子元器件产业链，建设电子材料产业基地。加快东阳光抗丙肝、抗肿瘤等生物新药注册上市，建设生物医药研发生产基地。推动氯氟材料增资扩产，打造氯氟材料产业集群。加快水电业扩容增效，推动风力发电、农业光伏、抽水蓄能等清洁能源产业发展。四要依托韶关机场和区位优势，主动融入珠三角物流市场体系，推动商贸物流与珠三角配套发展。借助韶关航空产业园建设和产业规划，配套发展空港经济，配合韶关打造华南航空快递货运中心。加快粤北农特产品电商物流商贸城建设，打造集商品交易、物流配送、电子商务、冷链仓储等于一体的大型综合商贸城，建成绿色食品集散地。用好税收优惠政策，大力引进批发零售、金融服务、仓储物流企业和总部经济，推动“互联网＋”新业态发展。

打造产业发展平台。园区是产业发展的主战场。要加强园区污水处理、排污管网、纵横路网等基础设施和生活配套服务建设，提升产业承载力。着力破解征地拆迁难题，加快园区征拆工作，保障重点项目建设用地。加快仙湖工业园土地收储，积极谋划建设北部工业园区。盘活园区闲置低效土地厂房，提高园区土地利用率和产出率。深化开发区管理体制改革，提升管理和服务水平，激发园区发展活力。

提升招商引资实效。税收优惠政策是我县融入珠三角参与区域竞争的重要优势。要充分发挥政策作用，落实招商引资“走出去”行动计划和激励机制，营造鼓励招商的创业氛围。加强与行业协会和各地商会沟通合作，开展以商招商、委托招商。瞄准大型企业集团、省属国有企业，引进一批集聚带动功能强、产业发展前景好的项目，力争2016—2018年引进项目350个以上。严把投资强度关、产出效益关、环境保护关，不符合环保要求和产业政策的项目坚决不要，切实提高招商引资质量和效益。

全力推进项目攻坚。坚持一手抓招商引资、一手抓安商稳商，着力优化营商环境，营造重商亲商的浓厚氛围，打造珠三角产业转移最佳选择地。扎实推进重点项目建设，实行“一个项目、一位县领导挂帅、一个部门主负责、一个倒逼计划”工作机制，强化领导和部门服务意识，集中精力解决项目审批、报建和建设中遇到的问题，加快项目落地和建设投产。加强对重点企业的跟踪服务，大力扶持东阳光、中农批等企业发展，推动企业做大做强，发挥示范引领作用。

（二）严格保护生态，弘扬瑶族文化，打造特色发展新亮点

生态和民族是乳源最突出的特色，也是我县建设融入珠三角先行区的优势所在。未来五年，我们要围绕特色做文章，不断挖掘和利用特色优势，在保护生态环境、传承民族文化的基础上，推动特色经济发展，形成县域发展新亮点。

守护绿水青山。对接融入珠三角要把生态保护放在更加突出的位置，全面落实生态控制线、林业生态红线、永久基本农田红线，推进“一屏一区二带”建设，加强南水湖治理和保护，推进森林碳汇、生态景观林带、石漠化综合治理等工程建设，加强县城周边绿道建设，严厉打击破坏生态环境的违法行为。推进节能减排，推广绿色建筑、清洁能源和节能产品。加快建设覆盖城乡的环保基础设施，提高城乡污水和生活垃圾处理率。积极争取更多更广生态补偿，落实领导干部任期生态文明建设责任制，建成天蓝地绿水清的美丽乳源。

弘扬特色文化。加强瑶族非物质文化遗产、传统村落、特色村寨等民族文化保护开发，积极争取“一带一路”政策支持，加快省级瑶族文化生态保护实验区和世界瑶族经贸文化交流中心区建设。支持和鼓励民族文化艺术走出去扩大对外交流，提高过山瑶文化影响力和吸引力。加强瑶族文化深层次研究，推动过山瑶文化列入中国少数民族典藏，建成世界过山瑶文化中心区。大力发展瑶绣瑶服、瑶医瑶药、瑶山美食、瑶山彩石等民族文化产业，推进民族工艺美术、民族动漫等产业开发。以环瑶山公路开通为契机，加快大瑶山西京古道户外徒步项目建设，大力挖掘和利用侯安都历史文化、南岭观音文化和舜帝文化，推动瑶山特色旅游和农林特色经济发展。重点加快正觉寺重建和云门佛教生态保

护区建设，推动佛教文化产业发展。

发展特色经济。一是围绕龙头企业和产业发展重点，引进上下游配套产业，打造特色产业集聚发展的特色园区。科学规划园区发展定位，致力把东阳光高科技产业园打造成铝箔、生物制药特色园区，把新材料产业园打造成氯氟材料特色园区，把富源工业园打造成电子信息特色园区，把仙湖工业园规划建设为空港经济特色园区，形成“一园一特色”的发展格局。二是立足生态和资源优势，做大特色产业规模，形成特色经济。延长铝箔、氯氟材料、生物制药产业链，打造成特色支柱工业产业。培育发展南岭特色水果、农业休闲观光、林下经济等特色农业，打造乳源特色农产品品牌。依托生态、温泉、禅修等资源，大力发展温泉休闲、户外运动、佛教文化、瑶族风情等特色旅游产业。三是以资源禀赋为基础，以特色产业为支撑，规划培育旅游休闲、瑶族风情、智能制造、绿能科技等特色小镇，推进镇域特色经济发展。围绕创建示范村庄、幸福村居，集中力量每年打造 2－3 个高标准的美丽乡村。

（三）完善配套设施，提升城市功能，增创融合发展新优势

融合发展既要便利快捷的交流沟通管道，又要打造环境高地，吸引人流、物流、资金流、信息流。未来五年，我们要找准薄弱环节，集中力量补齐基础设施短板，改善县域发展基础条件，为融入珠三角加快发展增创新优势。

完善交通信息网络。加快骨干交通网络建设，积极配合推进韶关机场、黄长高速、韶贺高速、韶柳铁路建设，主动融入“广佛肇＋清云韶”经济圈建设。加快国省道升级改造，完成国道 323 线上围至阳山段、省道 258 线鸭麻湖至大布段、省道 250 线县城至桂头段等公路改扩建。畅通县域交通“毛细血管”，加快云门寺至云门山、银山温泉至大桥高速出口等旅游公路建设，打通环瑶山公路，完成 200 千米农村道路畅通工程。加强城乡客运一体化建设，提高城乡客运服务水平。强化信息基础设施建设，推进村村通光纤工程和 4G 网络入乡进村工程，为发展农村电商创造有利条件。

推进城市整体提升。按照“东联、南拓、西优、北延”城市发展战略，实施城乡整体提升行动计划，积极融入韶关“3＋1＋2”城市经济圈建设。加快县城主街道柏油路面铺设和北环路、朝阳路、风华路等市政交通项目建设，促进城市交通大提升。推进城南片、侯公渡片等旧城改造和坝厂新村、瑶区群众安居工程及农贸市场建设，新建县档案馆、青少年宫、老年大学、文化传习馆、工人文化宫等公共场馆，促进城市功能大提升。推进瑶族文化与现代建筑融合，建成民族文化广场、华景时代广场、滨水体育景观带和风光岭公园等美化亮化项目，促进城市景观大提升。加强城市管理，规范城乡建设秩序，推进智慧城市建设，促进城市管理大提升。扎实推进全国文明城市创建，确保 2020 年获得全国文明城市称号。

补齐农村发展短板。坚持把新农村建设作为统筹城乡发展的重头戏来抓，推进“五彩瑶乡”省级新农村示范片建设，建成具有瑶族风情和岭南特色的生态观光休闲农业长廊。加强高标农田、耕地提质改造、灌区改造、中小河流治理等农田水利基础设施建设，提高农业防灾抗灾能力。实施农村饮水安全巩固提升工程，全面实现农村自来水村村通。加强农村环境综合治理，推进改水改厕、危房改造、绿化美化等工程，建成完善的农村垃圾收运处理体系，改善农村发展环境。

（四）继续解放思想，全面深化改革，营造创新发展新环境

创新是未来竞争的制胜法宝，是引领发展的第一动力。未来五年，我们要深入实施创新驱动发展战略，扎实推进全面深化改革，着力破除体制机制障碍，培育创新发展环境，激发经济社会发展新动力。

深化行政服务改革。扩大镇级管理权限，推动公共服务向基层下沉，强化乡镇服务发展功能。深化行政审批制度改革，开展项目审批流程再造，实行项目模拟审批、直接落地和代办服务制，规范行政审批中介服务，推进投资项目快速落地建设。推进商事制度“多证合一”、电子营业执照和企业登记全程电子化改革。推行“一门一网式”等新模式，到 2020 年行政审批事项网上全流程办理率达 80% 以上，形成大平台、大数据、大服务政务服务体系。

深化经济体制改革。围绕“三去一降一补”，

扎实推进供给侧结构性改革。加快出清“僵尸企业”，淘汰落后产能，推动产业转型升级。抓住融资政策窗口期，扩大基础设施、民生事业等领域融资规模。切实降低制度性交易、融资、物流、用工等成本，减轻企业负担。深化金融改革创新，建设中小企业融资服务平台，扩大中小微企业贷款风险补偿基金，积极推行政府购买服务和 PPP 融资模式。深化国有企业改革，加快建立现代企业制度，盘活国有资产，激发企业活力。

深化农村综合改革。稳妥推进农村土地承包经营权确权登记颁证工作，2018 年完成承包地、宅基地、集体建设用地确权登记颁证。推动农村承包土地互换和承包经营权流转改革，建立农村土地流转服务平台。探索土地股份、资金合作等利益分享机制，增加农业效益和农民收入。推进农村普惠金融工作，设立政策性助农融资担保平台，探索农村承包土地经营权和农民住房财产权抵押担保。推进村民小组“五有”规范化建设，在村小组普遍建立村民理事会，将农村基层自治事务下沉到村民小组和基层公共服务下沉到行政村。

大力推进创业创新。实施创新驱动发展战略，促进大众创业、万众创新。大力培育企业孵化器，支持东阳光等企业开展技术创新，建设中小微企业技术创新服务平台，推动产业、科技、大数据、金融相融合。加快发展“互联网 +”创业网络体系，带动城乡居民依托互联网创业。加强创业技能培训，引导支持技术能人、致富能手等创业发展。健全人才引进政策，吸引各类人才扎根乳源，发挥引进人才作用，用好各类人才。

（五）坚持以民为本，不断改善民生，实现共享发展新目标

大力保障和改善民生，是促进社会和谐的重要保证，是全面建成小康社会的必然要求。未来五年，我们要牢固树立以民为本理念，围绕全面建成小康社会，补齐民生短板，让人民群众在共建共享中有更多幸福感和获得感。

推进精准扶贫攻坚。认真落实广东省扶持民族地区加快发展的意见，高度重视革命老区建设。大力实施精准扶贫精准脱贫三年攻坚，强化挂点领导、帮扶单位和镇村干部的责任落实。坚持精准识别、精准施策，制定贫困户帮扶规划和措施，全面落实资产性投资帮扶、产业帮扶、就业帮扶、教育帮扶、住房改造、医保救助、金融扶持、低保兜底等措施，确保到 2018 年农村贫困人口实现稳定脱贫，基本公共服务主要指标相当于全省平均水平。

加强劳动就业保障。实施更加积极的就业政策，多领域搭建就业平台，多形式开展就业培训，加强劳动者权益保护，完善城乡公共就业服务体系。实施农民素质培训工程，提高农民就业创业技能，促进农村劳动力转移就业。健全收入增长机制，拓宽收入增长渠道，稳步提高城乡居民收入水平。大力推进全民参保，健全覆盖城乡居民的社会保障体系，逐步提高低保、五保等底线民生保障水平。鼓励民间资本参与养老服务业发展，健全农村留守儿童、妇女和老人关爱服务体系。

优化公共服务供给。推进农村学校“全面改薄”，完成金禧小学、八一鲜明希望学校改扩建工程，实施教师学历提升工程和轮岗交流制度，优化城乡教育资源，推动教育优质均衡发展，建成教育现代化先进县。深化医药卫生体制改革，加强医院重点学科建设，发展中医养生保健康复服务，加快镇村卫生院（站）标准化建设，完善卫生和计生服务体系，提高群众健康水平。持续开展好各类群众性文化活动，大力推动公共文化设施建设，到 2020 年各镇和各行政村基本建成综合性文化服务中心。加快县运动中心、村健身广场等体育设施建设，大力发展民族传统体育。

提升社会治理能力。落实矛盾纠纷排查化解、定期研判、妥善处置等机制，促进社会矛盾化解，维护群众合法合理利益。深化平安乳源建设，完善立体化治安防控体系，维护社会公共安全。落实安全生产责任制，加强食品药品安全监管，保障人民群众生命健康。完善救灾应急体系，提高防灾减灾能力。深入开展“双拥”共建，落实拥军优抚各项政策。全面贯彻党的民族政策，促进瑶汉团结、共同发展。

四、全面加强党的建设

履行新使命，实现新目标，必须从严治党管党。未来五年，我们要全面推进从严治党，不断提高党的执政水平，为全面建成小康社会提供坚强保障。

（一）加强宣传思想工作，增强全县人民参与

乳源建设的向心力

大力培育和践行社会主义核心价值观，引导党员干部群众弘扬传统美德、恪守社会公德、遵从职业道德、培育家庭美德、修炼个人品德。深化学习型党组织建设，落实定期学习和务虚研讨制度，深入学习习近平总书记系列重要讲话精神，切实增强政治意识、大局意识、核心意识、看齐意识。深入推进思想解放、观念更新，破除小进则满、小富即安思想，增强加快发展的责任感和使命感。强化党管意识形态工作责任制，坚持正确的舆论导向，讲好乳源故事，增强人民群众对乳源的归属感和认同感。

（二）加强县委自身建设，增强县委凝聚各方力量建设乳源的号召力

充分发挥县委统揽全局、协调各方领导核心作用，严格执行《中国共产党地方委员会工作条例》，坚持和完善民主集中制，完善县委常委会、全委会议事规则和决策程序，不断提高领导改革发展和驾驭复杂局势的能力。加强对县镇人大工作领导，支持人大依法履行监督、视察、提出议案职责。支持人民政府依法行政，提高行政服务效能，抓好经济社会建设。落实政治协商规程，支持人民政协开展政治协商、民主监督、参政议政。加强对政法工作的领导，积极支持司法改革，深入推进依法治县。巩固和壮大最广泛的爱国统一战线，积极为民主党派、工商联、无党派人士发挥作用搭建平台，充分发挥工青妇等人民团体的桥梁纽带作用，推进党管武装、民族宗教、外事侨务、史志档案、机要保密、老干部等工作，更广泛听取基层群众意见，汇聚推动加快发展的强大合力。

（三）加强干部队伍建设，提高全县党员干部建设乳源的执行力

科学制定干部培训计划，开展精准培训，整体提升全县党员干部的能力素质。坚持重实干、凭实绩的用人导向，加强领导干部考验性交流，改变干部能上不能下的现状，注重选派年轻机关干部到基层锻炼成长，激发干部队伍生机与活力。落实转变作风提升机关效能行动方案，健全改进作风长效机制，巩固提升作风建设成果，推进真抓实干抓落实。认真执行干事创业容错免责机制，营造鼓励改革、宽容失误、干净干事的良好环境。

（四）加强基层组织建设，增强党领导和组织建设乳源的战斗力

落实基层党建工作责任制，选优配强村“两委”班子，大力整顿转化软弱涣散基层党组织，提高基层党组织带领群众发展致富的能力。深入推进领导干部驻点普遍直接联系群众制度，优化基层公共服务功能，建设服务型基层党组织。推行“村小组建党小组＋村民理事会”党建模式，提高基层党建和基层治理水平。加强“两新”组织党建工作，注重党员教育管理，严格党内组织生活，完善党内关怀激励和基层干部待遇保障机制，激发基层干部工作积极性。

（五）加强党风廉政建设，提升党员干部在全面建成小康社会伟大实践中的公信力

坚持把纪律和规矩挺在前面，切实履行从严治党主体责任和监督责任，始终保持反腐败高压态势。深化党风廉政宣传教育，加强廉政文化建设，教育引导党员干部坚定理想信念，筑牢拒腐防变思想道德防线。落实领导干部报告个人事项、谈话提醒、派驻巡查、行政监察和审计全覆盖等制度，强化对权力运行的制约和监督，形成不敢腐、不能腐、不想腐的有效机制。坚决贯彻中央八项规定和中国共产党廉洁自律准则、纪律处分条例、问责条例，严厉查处违法违纪行为。推动全面从严治党向农村基层延伸，着力解决群众身边的不正之风和腐败问题，努力构建风清气正的政治生态。

各位代表、同志们，百舸争流千帆竞，振兴乳源志更坚。让我们紧密团结在以习近平同志为总书记的党中央周围，高举中国特色社会主义伟大旗帜，团结带领全县广大党员干部群众，解放思想，务实创新，不忘初心，奋力前行，为主动融入珠三角加快发展，实现全面建成小康社会的目标而努力奋斗！

名词解释

1. 两个共同：共同团结奋斗、共同繁荣发展。

2. 规上（2000万元规模以上企业）工业企业：年主营业务收入在2000万元及以上的工业企业。从2011年起，规模以上工业统计口径由500万元调整为2000万元及以上。

3. 资质等级建筑业企业：依法注册成立并取得由建筑行业主管部门颁发的资质等级证书，有独立办公场所，实行独立财务核算制的建筑施工企业。

4. 一片两带：“一片”指城郊观光农业产业示范片；“两带”指石灰岩山区耐寒耐旱农业产业带和深山区农林经济产业带。

5. QS：Qiyeshipin Shengchanxuke 的字母缩写，即企业食品生产许可，指获得食品质量安全生产许可证的企业，其生产加工的食品经出厂检验合格的，在出厂销售之前，必须在最小销售单元的食品包装上标注由国家统一制定的食品质量安全生产许可证编号并加印或者加贴食品质量安全市场准入标志“QS”。

6. 限上企业：年主营业务收入 2000 万元及以上的批发业法人单位；年主营业务收入 500 万元及以上的零售业法人单位；年主营业务收入 200 万元及以上的住宿业、餐饮业法人单位。

7. 规上服务业：年主营业务收入 1000 万元以上或者期末从业人员 50 人以上的交通运输、仓储和邮政业，信息传输、软件和信息技术服务业，租赁和商务服务业，科学研究和技术服务业，水利、环境和公共设施管理业，居民服务、修理和其他服务业，教育，卫生和社会工作，文化、体育和娱乐业；物业管理、房地产中介服务等行业法人单位。

8. 三旧：旧城镇、旧厂房、旧村庄。

9. 两不具备：不具备生产条件、不具备生活条件。

10. “五彩瑶乡”省级新农村示范片：省级专项资金支持的新农村建设项目，总投资 2.5 亿元，在东坪镇新村、乳城镇云门村、一六镇团结村、游溪镇大寮坑村和营坑村五个行政村（41 个自然村）和周边 23 个自然村实施宜居村庄建设、环境整治改善等五大工程，受益群众 2800 多户 1.15 万人。

11. 两违：违法用地、违法建设。

12. 全天候一窗式：“全天候”指县行政服务中心综合窗口一年 365 天对外受理业务。“一窗式”指多个职能部门的个人审批服务事项集中到办事大厅的综合窗口受理，也指每个综合窗口均可受理不同部门的多个事项。

13. 先照后证：从事后置许可经营项目的市场主体，先向工商部门申请办理营业执照，再到许可审批部门办理许可审批手续。

14. “三证合一、一照一码”登记制度：将企业登记时依次向工商部门申请核发营业执照、向质监部门申请核发组织机构代码证、向税务部门申请核发税务登记证，改为一次性向工商部门申请核发一个加载统一社会信用代码营业执照的登记制度。

15. 中小微企业贷款风险补偿基金：由县财政安排专项资金作为风险补偿金和企业每年按不低于实际获得贷款额 2% 缴纳的助保金，专门用于县金融机构为县重点中小微企业库中的企业提供贷款所产生的风险损失进行补偿。

16. 城乡建设用地增减挂钩：依据土地利用总体规划，将若干拟整理复垦为耕地的农村建设用地地块（即拆旧地块）和拟用于城镇建设的地块（即建新地块）等面积共同组成建新拆旧项目区（简称项目区），通过建新拆旧和土地整理复垦等措施，在保证项目区内各类土地面积平衡的基础上，最终实现增加耕地有效面积，提高耕地质量，节约集约利用建设用地，城乡用地布局更合理的目标。

17. 农村普惠金融：以可负担的成本为有金融服务需求的农村居民提供适当、有效的金融服务。

18. “五有”规范化：有健全的班子、有可行的发展规划、有民主的决策程序、有规范的理财制度、有科学的管理机制。

19. 三资：农村集体资产、资源、资金的统称。

20. 双到：规划到户、责任到人。

21. 八个到户：县在新时期精准扶贫精准脱贫工作中，实施资产和投资性收益到户、产业帮扶到户、就业服务到户、教育资助到户、危房改造到户、医保救助到户、金融扶持到户、社会保障到户等政策措施。

22. “1 + N”政策：“1”指有扶贫产业，“N”指有若干项扶贫政策措施。

23. 三打两建：打击欺行霸市、打击制假售假、打击商业贿赂，建设社会信用体系、建设市场监管体系。

24. 六大专项：2014 年省公安厅在全省范围开展的涉毒、涉黄赌、涉食药假、涉电信诈骗及银行卡、涉车、涉枪打击整治专项行动的合称。

25. “3 + 2”：“3”指打击涉毒违法犯罪、打击涉黑恶违法犯罪、打击盗抢违法犯罪，“2”指打击涉赌违法犯罪、打击非法集资违法犯罪。

26. “4＋1”：2016 年由省、市公安部门统一部署开展的五项专项行动的合称。其中省公安厅 4 项（涉毒、涉盗抢、涉电信网络诈骗、涉金融领域犯罪）、市公安局 1 项（涉传销）。

27. 三严三实：严以修身、严以用权、严以律己，谋事要实、创业要实、做人要实。

28. 两学一做：学党章党规、学系列讲话，做合格党员。

29. 三转：转职能、转方式、转作风。

30. 三重一大：重大问题决策、重要干部任免、重大项目投资决策、大额资金使用。

31. 五大发展理念：创新发展、协调发展、绿色发展、开放发展、共享发展。

32. 五个发展原则：生态发展、特色发展、融合发展、创新发展、共享发展。

33. “3＋1＋2”城市经济圈：“3”指浈江、武江、曲江，“1”指乳源东北部，“2”指乐昌、南雄城区。韶关市在“十三五”规划中，提出依托市辖三区和乐昌、南雄城区现有城市规模以及韶关机场建设，将浈江、武江、曲江、乳源东北部和乐昌、南雄城区打造成为“3＋1＋2”城市经济圈。

34. 四个全面：全面建成小康社会、全面深化改革、全面推进依法治国、全面从严治党。

35. 到 2020 年与全国同步建成小康社会：省委明确广东省要在 2018 年率先全面建成小康社会，但由于粤东西北地区与珠三角地区发展差距巨大，为此省委对粤东西北全面建成小康社会的时间作了适当调整，并在省委十一届五次全会明确了“‘十三五’时期粤东西北地区发展的一个根本任务，就是要打赢全面小康攻坚战，努力实现与全国同步小康。”韶关市“十三五”规划中也明确提出了 2020 年与全国同步全面建成小康社会的总目标。按照省委、市委工作部署和要求，县在“十三五”规划中也明确了到 2020 年实现与全国同步建成小康社会的目标。

36. 城乡三项医疗保险：城镇职工基本医疗保险、城镇居民基本医疗保险、新型农村合作医疗。

37. “互联网＋”：把互联网的创新成果与经济社会各领域深度融合，推动技术进步、效率提升和组织变革，提升实体经济创新力和生产力，形成更广泛的以互联网为基础设施和创新要素的经济社会发展新形态。

38. “一屏一区二带”：“一屏”指中部、西北部连绵山体生态屏障；“一区”指北部石漠化生态功能区；“二带”指平原区城乡一体和通道绿化带、山区木材主产区经济培育带。

39. 一带一路：“丝绸之路经济带”和“21 世纪海上丝绸之路”的简称。

40. “广佛肇＋清云韶”经济圈：以广州、佛山、肇庆为代表的珠三角地区与以清远、云浮、韶关为代表的粤东西北地区，通过规划统筹、交通对接、产业转移等举措，优化配置区域内各种资源，缩小地区发展差距，打造珠三角带动粤东西北振兴发展的示范区域。

41. 多证合一：营业执照、组织机构代码证、税务登记证、社会保险登记证和统计登记证等多证合一的登记制度。

42. 一门一网式：“一门式”指在县镇村（社区）建立健全“实体大厅受理综合窗口”，将分散在不同职能部门的审批服务事项受理业务向综合平台、综合窗口集中，即“进一个大厅的门可以申办所有行政审批事项”。“一网式”指完善广东省网上办事大厅乳源分厅，将分散在不同职能部门的审批服务事项的网上受理业务向网办大厅集中，即“进一个网办系统可以申办所有行政审批事项”。

43. 三去一降一补：去产能、去库存、去杠杆、降成本、补短板。

44. 僵尸企业：已停产、半停产、连年亏损、资不抵债，主要靠政府补贴和银行续贷维持经营的企业。

45. PPP：Public－Private－Partnership 的字母缩写，指政府与私营商签订长期协议，授权私营商代替政府建设、运营或管理公共基础设施并向公众提供公共服务。

46. 全面改薄：全面改善贫困地区义务教育薄弱学校基本办学条件。

47. “两新”组织：新经济组织、新社会组织。

乳源瑶族自治县人民代表大会常务委员会工作报告

——2016年2月19日在乳源瑶族自治县第十一届人民代表大会第六次会议上

县人大常委会常务副主任 马福德

各位代表：

受春腾主任的委托，我代表县十一届人大常委会向大会报告一年来的工作，请予审议，并请列席会议的同志提出意见。

2015年主要工作

2015年，是全面完成“十二五”规划的收官之年，也是全面推进依法治国的开局之年。一年来，在县委的正确领导下，县人大常委会认真学习贯彻中共十八大和十八届四中、五中全会以及习近平总书记系列重要讲话精神，围绕全县工作大局，依法履行宪法和法律赋予的各项职责。全年共召开常委会会议6次，听取和审议专项工作报告11项，开展视察、调研和执法检查21次，对22个政府组成部门进行了书面评议，依法任免国家机关工作人员16人次、人民陪审员9人次，较好地完成了县十一届人大五次会议确定的各项任务。

一、围绕中心工作，积极服务经济社会发展

——着力推动重大决策部署的贯彻落实。坚持将稳增长、促转型作为服务经济发展的重中之重，把落实加快转变发展方式作为经济工作监督的主线，积极发挥人大监督作用，着力推进全县重点项目建设和生态保护、绿色工业、生态农业、生态旅游、生态人居、生态文化“六大工程”的落实，促进我县经济在转型升级中平稳发展。密切关注我县经济运行态势，跟踪调研分析，先后听取审议了县政府2015年全县国民经济计划执行情况、财政预算执行情况、县级财政预算和其他收支情况的审计等报告，大力支持县政府和有关部门抓好各项工作的落实。

——着力推动我县全面深化改革的不断深入。围绕县委关于全面深化改革的部署要求，积极推动各项深化改革措施的落实，探索对政府财政全口径预决算编制的审查监督工作，推动财政部门预算编制的科学、规范、合理化建设。聘请了由9名专业人员组成的财政预决算专业评审小组，对新聘任人员和常委会组成人员开展了新预算法和监督法的培训学习，进一步提高了县人大常委会的监督质量和水平。发挥主导作用，抓好依法治理，深入开展按法治框架解决基层矛盾工作。

——着力推动民生持续改善。组织各级人大代表先后视察了乳城镇大群村委、乳城镇政府、源峰社区及县公共服务中心等单位，提出了进一步推进县、镇、村（社区）三级公共服务平台建设，优化基层公共服务综合平台为民服务功能的具体要求。对新街河段、水源宫河段及大东河段的河堤建设工作进行了视察，提出了以主体责任的落实、工程建设的进度、相关单位的沟通协调和工程质量的监管四个方面为抓手，加快推进中小河流治理工程项目进展的建议。高度关注和推动“三农”工作，督促和支持政府进一步统筹城乡发展力度，完善政策措施，深化配套改革，激发农村发展活力。深入基层和农村社区，对“六五”普法和依法治县工作进行调研，要求县政府充分运用法治理念和法治方式深化改革、推动发展、化解矛盾、维护稳定；要求司法机关切实发挥职能作用，强化基层基础，加强队伍建设，规范执法行为，促进司法公正。

二、围绕工作职能，认真行使各项权力

——依法行使民族区域自治立法权。积极做好县人大机关设立立法机构的筹备工作，充实立法人才队伍。组织县人大有关工委和县有关部门负责人赴外地进行湿地公园建设和地方立法工作考察，积极开展我县湿地公园保护工作条例立法调研。不断完善我县民族法律体系，解决好人民群众最关心、最直接、最现实的利益问题，得到省市人大领导的充分肯定。

——依法行使重大事项决定权。坚持把讨论决定重大事项与开展监督工作有机结合，保证和促进全县重大决策部署的有效落实。对事关全县工作大局和群众切身利益的重大事项，深入调研，加强审议，提出意见。审议批准了县政府关于我县2015年上半年财政预算调整方案以及关于调整我县2015年度主要经济指标工作目标的议案。

——依法行使人事任免权。坚持把党管干部与人大依法任免有机结合起来，按照德才兼备标准和法律的规定开展人事任免工作。完善县人大常委会国家机关工作人员任前法律知识考试制度。一年来，共任免国家机关工作人员16名，其中任命7名，免职6名，接受辞职3名；任免人民陪审员9名；补选代表4名，保证了国家机关的正常运转。

三、围绕依法行政，大力推进法治乳源建设。

——强化司法监督，促进司法公正。积极探索司法体制改革形势下的监督手段和办法。加大人大信访中涉及司法案件的督办和处理力度，畅通和规范群众诉求表达、利益协调、权益保障渠道，依法开展司法监督，维护群众合法权益，促进公正司法。组织县人大代表参加法院“百庭观摩”“执行听证”和检察院“阳光检务”活动，组织代表视察县看守所工作，推进法治乳源建设。

——加强组织领导，积极创建法治镇和法治村。强化责任落实，细化创建工作责任，形成在党委统一领导下，各部门齐抓共管、群众有序参与的工作格局。法治镇村建设取得成效，乳城镇大群村达到全国民主法治示范村的标准要求，成为我县第一个“全国民主法治示范村（社区）”。积极推进洛阳镇法治镇建设试点，全力打造坪溪村委创建“全国民主法治示范村（社区）”工作。加强法治文化建设，认真组织全县各部门开展法治文化教育活动，积极推进省级法治文化示范点建设。

四、围绕作用发挥，不断提高代表履职服务水平

——加强重点议案建议的督办，提高代表对议案办理的满意率。县十一届人大五次会议期间，形成代表议案1件，代表提出建议意见35件。常委会继续落实常委会领导和相关工委进行重点议案建议督办制度，将群众关注度高的建议作为重点建议，由常委会领导和相关工委重点跟踪督办。在《关于瑶族迁移人口土地确权的议案》办理工作中，县政府主要领导亲自抓议案落实，抽调熟悉迁移的工作人员成立专案组，配备必要的工作经费和交通工具，抓好了迁移人口登记各项工作。县十一届人大常委会第二十六次会议认为，落实该议案的各项工作已基本完成，同意结案。跟踪督办代表《关于整合发展山区稻田养鱼的建议》办理情况，得到县政府的积极配合，稻田养鱼面积和养殖户数明显增加，养殖技术得到推广，养殖户的养殖积极性明显提高。县人大五次会议闭会期间，县人民政府及各承办单位积极与代表沟通联系，广泛征求代表对建议办理的意见，并根据代表反馈意见，督促落实整改，努力把建议落到实处。代表意见建议已全部办复，代表对意见建议办理情况表示满意和基本满意。

——丰富代表活动，拓宽代表知政参政渠道。坚持邀请代表列席人大常委会，参加“一府两院”各类座谈会、听证会和旁听庭审，邀请代表参与省、市人大组织的专题调研等活动，进一步丰富代表知政参政的方式和内容。组织代表围绕县委中心工作和群众关心的问题开展视察、调研和执法检查，扩大代表活动的范围和履职渠道，注重代表视察调研意见和建议的反馈，提高代表活动实效。

——增强服务意识，提升代表履职服务保障水平。实行了县人大常委会组成人员联系和走访县人大代表工作制度，及时掌握代表工作和生活情况，帮助代表解决困难。加强代表的学习和培训，定期举办县、镇人大代表履职培训班，组织代表参加省、市人大代表在线交流平台学习，提高了代表综合素质和履职能力。统一订阅省人大《人民之声》杂志，为代表学习提供方便。进一步加强对乡镇人大工作的指导，强化乡镇人大代表联络室规范化建设，进一步规范代表轮值接访、走访选民等制度，充分发挥镇人大代表联络室的作用。坚持贯彻精简办会的原则，认真做好各级人大代表的各项履职服务工作，不断提升代表履职服务保障水平。

五、围绕提质增效，不断加强常委会及机关自身建设

——抓好思想、工作、生活作风建设，将“三严三实”要求内化于心、外化于行。根据中央、省委要求和市委、县委的统一部署，严格落实“三严三实”活动的有关要求，组织好县人大常委会党组“三严三实”专题教育活动，广泛听取群众意见建议，加大整改措施的落实。制定完善 19 项规章制度，形成了践行党的群众路线长效机制，巩固了党的群众路线教育实践活动成果。

——严格执行中央八项规定，加强党风廉政建设，提高队伍整体素质。继续抓好机关党风廉政建设，进一步加强机关日常管理，严格执行廉洁从政各项规定，坚决杜绝奢侈浪费。坚持开短会、发短文、讲短话，大兴政务清新之风，提高工作实效，努力建设一支“政治坚定、业务精通、务实高效、作风过硬、团结协作、勤政廉洁”的人大干部队伍。选派部分常委会领导和工委负责人参加全国瑶族自治县人大常委会第十四次联系会议，会上，我县人大常委会所作的《围绕中心工作　发挥人大作用推动乳源生态发展》发言，获得与会人员一致好评。

——重视人大宣传工作，提高宣传效果。找准人大宣传的服务定位，始终与全县工作大局同频共振，不断提高人大宣传工作水平。加强深度研判，积极应对全媒体时代的新挑战，进一步提升人大工作宣传质量。强化工作领导和队伍建设，充实壮大人大信息和通讯员队伍。畅通宣传联系渠道，建立健全和完善机制保障，不断强化人大宣传工作的整体合力。

2015 年常委会的工作取得了较大成效。这些成绩的取得，是县委正确领导和大力支持的结果，也是“一府两院”密切配合的结果，更是各位代表和常委会组成人员积极参与、共同努力的结果。在此，我谨代表县人大常委会表示衷心的感谢！

面对成绩的同时，我们也清醒地认识到，我们的工作还存在一些问题和不足。如：监督重点不够突出，监督工作实效有待进一步加强；代表的主体作用还需要一步发挥；常委会自身建设还不能完全适应新形势新任务新常态的要求。我们将自觉接受监督，虚心听取意见，不断加强和改进常委会工作，更好地行使宪法和法律赋予的职权。

2016 年主要任务

2016 年，是全面落实“十三五”规划的开局之年。县人大常委会将在县委的正确领导下，深入贯彻落实中共十八大和十八届四中、五中全会，以及习近平总书记系列重要讲话精神，按照县委十一届七次全会的决策部署，紧紧围绕加快生态发展、建设美丽乳源奋斗目标，坚持党的领导、人民当家作主、依法治国有机统一，着力服务经济发展，着力推进法治乳源建设，着力促进民生改善，着力发挥代表主体作用，着力提升履职能力，切实履行宪法和法律赋予的职责，努力开创新常态下人大工作的新局面。

一、服务工作大局，在加快生态发展中发挥新作用

坚持把加快乳源生态发展，服务经济建设，加快推进转型跨越迈上新台阶作为人大工作第一要务，充分发挥人大职能作用，把县委的决策部署通过法定程序变成全县人民的共同意志。紧扣县委中心工作，科学安排工作议题，全力推促中心工作任务的落实。着力推进经济发展方式转变和经济结构转型升级，以及重点项目建设和“十三五”经济社会发展规划落实，积极提出建议对策，全力推动新常态下县域经济稳健增长。

二、促进民生改善，在建设美丽乳源中展现新作为

坚持以县委工作的重点、政府工作的难点、社会关注的焦点、群众关心的热点为人大监督工作的切入点，继续加大对政府落实为民办实事和系列民生工程的监督和支持。加强对“两不具备”村搬迁和精准扶贫工作的视察和调研，促进精准扶贫工作责任落实，关注人才队伍建设和教育改革工作热点，推动全县科技、教育、卫生事业的发展。

三、提高服务水平，在保障代表履职中作出新

贡献

积极做好代表履职服务保障工作，为代表依法履职创造良好的政治环境和氛围。定期开展代表专题培训，提高代表履职能力。进一步规范代表建议处理工作机制，强化代表建议办理工作，努力提高代表建议满意率。有序安排代表参加常委会会议、调研视察、执法检查和重点建议督办等活动，组织代表对县政府组成部门工作进行公开评议，促进政府工作部门政风行风的改善。进一步加强常委会组成人员联系和走访县人大代表工作制度，加强与代表沟通联系。更加注重发挥乡镇人大代表联络室的作用，进一步丰富基层代表活动形式，发挥代表的桥梁纽带和模范带头作用。加强人大网站建设，优化代表各类宣传专栏，不断拓宽代表知情知政渠道。

四、坚持依法办事，在县镇人大换届上取得新成绩

今年是我县县镇两级的换届之年。要高度重视人大换届选举工作，尽早研究部署，广泛深入调研，加强指导协调，强化督导检查。严格按照《代表法》《选举法》和《组织法》规定办事，贯彻落实好各级党委和人大党组对换届选举工作要求，把好代表候选人质量关，依法依规开展换届选举的各项工作。加大宣传力度，营造全方位、多层面的换届选举宣传氛围，确保换届选举风清气正。加强向县委请示汇报，精心组织实施，确保各项换届工作任务圆满完成。

五、强化民主法治，在法治乳源建设上推出新举措

大力开展法治宣传教育，积极组织开展全民学习宪法活动，推动宪法学习“进机关、进企业、进社区、进学校、进课堂”。进一步推进依法治理，强化法治框架内用法治方式解决基层矛盾工作。加强对“一府两院”工作的支持和监督，继续做好规范性文件备案审查工作。继续组织实施对政府有关部门进行工作评议，努力推进法治政府建设。积极推进公正司法，组织代表视察警务、检务等工作，听取和审议“两院”专项工作报告，进一步完善人民陪审员制度，扩大参审范围。

六、提升素质效能，在自身建设上创造新成果

全面贯彻落实中共中央《关于加强县乡人大工作建设的若干意见》（〔2015〕18 号）和省委市委关于进一步加强人大工作的意见精神，提高常委会组成人员履职能力和水平。进一步改进常委会审议形式，努力推进专题询问和常委会专项审议相结合，加强常委会组成人员的业务学习，不断提高审议质量。不断巩固党的群众路线和“三严三实”教育实践活动成果。加强人大机关组织建设和作风建设，优化干部队伍结构，促进机关干部不断改进思想作风，不断增强党的观念、法治观念、群众观念。创新宣传形式，改进宣传方式方法，探索新形势下人大宣传新机制，营造我县民主法治建设的良好宣传氛围。

各位代表，今年是本届县人大常委会和县人大代表履职的最后一年和关键一年。我们要以“功成不必在我任”的态度和对全县人民高度负责的政治觉悟依法履职。让我们在中共乳源县委的坚强领导下，求真务实，依法履职，开拓创新，团结奋进，为全面深化改革、加快生态发展、建设法治乳源和美丽乳源做出新贡献！

政府工作报告

——2016 年 10 月 19 日在乳源瑶族自治县第十二届人民代表大会第一次会议上

邓志聪

各位代表：

现在，我代表县人民政府向大会报告政府工作，请予审议，并请政协各位委员和其他列席的同志提出意见。

过去五年工作回顾

过去的五年，是我县应对重大挑战、经受重大考验、取得重大成就的五年。五年来，在县委的坚强领导下，在县人大、县政协的支持监督下，我们坚持以科学发展观统揽全局，按照“一二三四”发展思路，围绕“加快生态发展、建设美丽乳源”奋斗目标，强力实施“五大战略”和“六大工程”，基本完成了县十一届人大一次会议确定的各项目标任务。荣获“全国民族自治县（旗）科学发展示范县”称号，被国务院授予“全国民族团结进步模范集体”。

——这五年，经济保持较快发展，综合实力迈上新台阶。

2016 年，预计（下同）全县实现生产总值 72.3 亿元，是 2011 年的 1.6 倍，年均增长 9.2%。地方财政一般预算收入 5.6 亿元，是 2011 年的 1.6 倍，年均增长 10.4%。社会消费品零售总额 90.8 亿元，是 2011 年的 6.9 倍。城镇居民、农村居民人均可支配收入分别提高到 21393 元、11766 元，年均增长 10.5% 和 12.7%。五年累计完成全社会固定资产投资 226 亿元，是上个五年的 2.3 倍。三次产业结构由 2011 年的 11.6 ∶ 51.8 ∶ 36.6 调整为 2016 年的 10.7 ∶ 47 ∶ 42.3。全面建成小康社会实现程度由 2011 年的 71.56% 提高到 2016 年的 84%。

——这五年，三次产业协调发展，转型升级实现新突破。

绿色工业提质发展。工业园区建设累计投入 3.2 亿元，乳源产业转移工业园被省政府评为优秀园区。引进项目 298 个、投资总额 100.4 亿元，实际利用外资 5895 万美元。发放中小微企业风险补偿基金贷款 1.99 亿元。新增规上（2000 万元规模以上企业）工业企业 33 家。东阳光公司成为中国产学研合作创新示范基地和广东省战略性新兴产业基地。2016 年，工业总产值突破百亿大关，达到 129 亿元，是 2011 年的 1.2 倍。

生态农业提效发展。建成种植基地 18 个、现代农业园区 10 个和高标准基本农田 8.6 万亩。培育农业产业化经营组织 421 家。新增“三品一标”农产品 33 个。举办农特产品博览会、展销会 5 场次。新新农业、金盛农业 2 家公司在上海股权托管交易中心挂牌上市。2016 年，农业总产值 12 亿元，是 2011 年的 1.4 倍。

特色旅游提速发展。新建云门山、银山温泉等一批旅游度假区，南岭国家森林公园入选全国优选旅游项目名录，新增国家 AAA、AAAA 级景区各 3 家。累计接待游客 1644 万人次、旅游综合收入 131 亿元，年均分别增长 16% 和 19%。成为广东省县域经济旅游创新发展十强县。中农批、步步高商贸公司等企业落户乳源。新增限上企业和规上服务业企业 60 家。

——这五年，基础设施日臻完善，城乡面貌发生新变化。

城市功能更加完善。完成《城市总体规划（2014—2030 年）》修编。实施城市建设项目 104

个、103万平方米，建成水岸国际、源水居等一批商住小区，县城建成区面积扩大到11.7平方千米，城镇化率达43.4%。“一江两岸”全面贯通。新建、改造城市公园和文化广场5个。完成供水和排污管网改造一期工程。全国文明城市创建活动扎实推进。

农村环境更加宜居。“五彩瑶乡”省级新农村示范片建设累计投入6亿多元。完成41个村庄整治和342个自然村巷道硬底化，建成61个村级文体设施和854个农村安全饮水工程。改造低收入农户住房5625套，创建幸福村居示范村32个、卫生村51个，建成乡村绿化美化示范点52个。建立了农村生活垃圾收运处理体系并正常运转。

城乡交通更加便捷。乐广高速公路建成通车。丹霞山机场建设进入实施阶段。完成国道323线乳源段路面大修，省道258线鸭麻湖至大布段公路升级改造完成项目征地。新建、改造农村公路242千米，300人以上自然村全面完成公路硬底化。新建、改造镇客运站8个和农村客运候车亭102个。

生态环境更加优良。建成桂头、大桥镇污水处理厂和一批规模化养殖场减排设施，累计削减化学需氧量2957吨、氨氮155吨。完成城区LED路灯改造，淘汰落后产能企业5家，万元GDP能耗年均下降5.47%。绿化造林16.83万亩，建成珠江防护林5400亩、碳汇林2.5万亩。森林覆盖率达78.28%。新建森林（湿地）公园10个，建成南水湖国家湿地公园。荣获全国国土资源节约集约模范县称号。

——这五年，各项改革稳步推进，加快发展迸发新活力。

行政体制改革稳步推进。完成新一轮政府机构改革，精减事业单位75个。梳理公布34个县直部门权责清单6488项。取消行政审批事项163项。省级基层公共服务综合平台试点县建设通过验收。完成县直机关和乡镇公务用车制度改革。不动产统一登记工作顺利推进。

经济体制改革有序推进。商事登记前置审批由121项精减至13项，推行“五证合一、一照一码”登记制度。企业投资由核准改为备案。完成5家国有企业破产退出。实行财政预算追加审核制度，完成省直管县财政改革试点工作。企业所得税优惠政策全面落实。

农村综合改革深入推进。农村土地承包经营权确权登记扎实推进。推行村小组“五有”规范化管理，实行“组账镇代记”。获评全国农村集体“三资”管理示范县。完成林地确权228万亩，发证率达95.3%。建成农村普惠金融信用村23个、助农取款点75个。

——这五年，各项事业协调发展，社会事业取得新进步。

教育事业均衡发展。新建县第一小学，完成鲜明八一希望学校扩建主体工程，新增公办幼儿园10所。投入2亿元实施“校安工程”，新建校舍4.57万平方米、维修加固16.24万平方米。全面完成义务教育学校标准化建设。2016年，学前入园率、义务教育入学率和高中毛入学率分别达96.55%、100%和97.1%。成功创建全国义务教育发展基本均衡县、国家级农村职业教育和成人教育示范县、广东省教育强县。

文体事业亮点纷呈。世界瑶族经贸文化交流中心区列入省“一带一路”建设项目，“南岭瑶族文化资源”多媒体数据库通过国家验收。新增省级文物保护单位2个，瑶族民歌列入国家非遗名录，一批文艺作品获国家、省级大奖。建成县图书馆、民族博物馆新馆。成功承办3届广东省环南水湖自行车公开赛、2届奔向广东第一峰铁人三项挑战赛和首届迷你铁人三项挑战赛，民族体育代表队参加国家和省民族运动会夺得13枚金牌22枚银牌。

卫计服务全面提升。新建中医院、妇幼保健院和人民医院新住院楼，建成东坪、洛阳镇仁泽卫生院。完成县级公立医院综合改革试点工作，基本药物实行零差率销售。粤北人民医院托管县人民医院取得实效。建成“四网合一”区域卫生信息服务平台。人口计生服务水平持续提升，2016年，全县人口出生率为16.5‰，自然增长率保持在10‰以内。

民族工作成绩斐然。建成瑶族新村20个和一批集中安置点，累计迁移瑶族人口1461户5634人。5个瑶族村入选省级优秀少数民族特色村寨名录，3个瑶族村成为首批中国少数民族特色村寨。创建民族团结进步示范村5个。瑶族“十月朝”打造成为省群众性文化活动优秀品牌。成功举办自治县成立50周年庆祝活动，全面展现了经济社会发展取得的巨大成就，得到了上级领导的充分肯定和高度评价。

其他工作协调推进。完成第三次全国经济普查工作。编纂2011—2015年《乳源年鉴》和出版《西京古道行》等一批书籍。此外，我们还认真抓好发展改革、宗教事务、监察、审计、气象、助残、保密、国防动员、革命老区、外事侨务和对台等工作，支持工、青、妇、工商联、老干部工作，各项事业协调发展。

——这五年，民本民生明显改善，社会保障得到新发展。

扶贫攻坚成效显著。累计投入帮扶资金2.4亿元，实施帮扶项目17282个。2016年，贫困村农民人均收入达12105元，比2012年增长320%；31个重点帮扶贫困村集体收入均达8.9万元以上，全县2594户8863名贫困人口实现脱贫。通过省、市第二轮扶贫开发“双到”考核验收。新时期精准扶贫精准脱贫三年攻坚工作扎实推进。“8·16”救灾复产和重建家园工作取得全面胜利。

社会保障不断增强。新增城镇就业9523人，农村劳动力转移就业1.73万人，城镇登记失业率控制在3%以内。农村、城镇低保和五保救济标准分别由2011年的125元、175元、250元提高到2016年的335元、485元、540元。2016年，城乡居民基本医疗保险和养老保险参保率分别达98.6%、100%。自然灾害公众责任保险、政策性农村住房保险100%参保。建成乳城区域性敬老院和1175套保障性住房。

社会秩序和谐稳定。“三打”专项行动查处各类案件3105宗，市场监管和社会信用体系建设有序推进。建成“平安乳源”视频监控点3148个和一批平安细胞示范点。完成“六五”普法。调处化解各类矛盾纠纷1587宗。产品质量和食品药品安全有效监管，安全生产形势总体稳定。第三次被命名为广东省双拥模范县。

——这五年，自身建设不断加强，政务效能得到新提升。

扎实开展党的群众路线教育实践和“三严三实”“两学一做”专题教育活动，贯彻落实中央八项规定，累计压缩全县性会议24.8%，县级“三公”经费支出保持只减不增，清理超标办公用房6757平方米。落实党风廉政建设责任制，专项治理商业贿赂、涉企收费和工程建设领域突出问题。坚持依法行政，自觉接受人大、政协监督，支持人大代表和政协委员履行职责，办理人大代表议案和建议158件、政协委员提案和建议65件。及时回应社会关切，处理网络问政、“民声热线”反映事项2503件。恪守政府承诺，累计办好民生实事好事46件。

各位代表，过去五年，乳源加快发展的成效显著、成果丰硕，这是县委坚强领导、科学决策的结果，是县人大、县政协大力支持、有效监督的结果，是全县广大干部群众团结奋斗、顽强拼搏的结果，也是社会各界广泛参与、鼎力支持的结果。在此，我代表县人民政府向各位人大代表、政协委员，向广大干部群众，向各民主党派、工商联、无党派人士和人民团体，向驻县部队、武警和消防官兵，向离退休老同志，向所有关心支持乳源发展的各界朋友，表示衷心的感谢并致以崇高的敬意！

五年的发展成就来之不易，五年的发展经验弥足珍贵。回顾五年的发展历程，我们深刻体会到，要做好政府工作：一是必须坚持解放思想，用改革的思路、创新的举措、实干的精神，努力破解制约发展瓶颈，才能增创乳源发展新优势。二是必须坚持项目带动，以项目创实绩、以项目促突破，才能推动乳源加快发展。三是必须坚持民生为本，竭力为人民办好事、做实事，不断提升群众获得感，才能增强乳源发展凝聚力。四是必须坚持“两个共同”，各族人民同心同德、齐心协力，才能开创乳源民族团结进步新局面。

在肯定成绩的同时，我们也清醒地认识到，当前全县经济发展还存在一些困难和问题：经济总量仍然偏小，产业结构不够优化，经济发展质量不够高。土地、人才、资本等发展要素刚性约束日益凸显，加快发展面临挑战。城乡发展不够平衡、贫困人口存量大，同步全面建成小康社会任务繁重。少数干部推动发展的能力不足，责任担当意识不够强，行政效能有待进一步提高。对于这些问题，我们将深入研究，采取有力措施，认真加以解决。

今后五年的总体目标和任务

未来五年，是全面建成小康社会的决胜期，也是融入珠三角加快发展的重要战略机遇期。按照县十二次党代会确定的发展定位，今后五年政府工作的总体要求是：高举中国特色社会主义伟大旗帜，坚持以马列主义、毛泽东思想、邓小平理论、“三个代表”重要思想、科学发展观为指导，深入贯彻习近平总书记系列重要讲话精神，按照“五位一体”总体布局和“四个全面”战略布局要求，根据县委提出的“围绕建设韶关融入珠三角先行区‘一个定位’，突出民族和生态‘两大特色’，狠抓项目攻坚、城市提升、县域发展‘三大主题’工作，大力发展绿色工业、生态农业、特色旅游、商贸物流‘四大产业’”的工作思路，全力推进世界过山瑶文化中心区、旅游休闲度假精品区、健康养生首选地、现代产业聚集地、绿色食品集散地建设，确保2020年与全国同步全面建成小康社会。

今后五年政府工作的主要任务和奋斗目标是：

——坚持生态发展，提升综合实力。牢固树立绿色发展理念，发展壮大特色产业集群，提高经济发展质量和效益。未来五年，地区生产总值年均增长10%以上，地方一般财政预算收入年均增长10%以上，全社会固定资产投资年均增长15%以上。三次产业结构调整为8.3∶46.1∶45.6。

——坚持特色发展，增创后发优势。充分发挥民族政策、人文环境等优势，大力发展特色经济和弘扬瑶族文化，建成特色产业园区和特色小镇各2个以上。推进资源节约型、环境友好型社会建设。到2021年，城镇污水集中处理率达90%，城乡生活垃圾处理率达100%，全县森林覆盖率达79.2%。

——坚持融合发展，加快形成合力。把握韶关融入珠三角加快发展的重大机遇，推动产业、信息、交通、市场等全方位对接和互联互通。围绕项目攻坚、城市提升、县域发展“三大主题”工作，积极融入韶关“3+1+2”城市经济圈。建成韶关最佳宜居卫星城。到2021年，全县城镇化率达60%。

——坚持创新发展，推动转型升级。实施创新驱动发展战略，促进大众创业、万众创新。大力培育企业孵化器，支持企业技术创新。推进理念创新、科技创新、服务创新，推动绿色发展、低碳发展、循环发展。实施“互联网+”行动计划，加快发展新兴业态。

——坚持共享发展，增进民生福祉。坚持把保障和改善民生作为政府工作的根本出发点和落脚点，推进基本公共服务均等化、社会保障城乡一体化，让人民群众共享改革发展成果。未来五年，城镇、农村居民人均可支配收入年均分别增长14%、15.1%以上。到2021年，城乡居民基本养老保险人数达6.9万人，城乡三项医疗保险参保率达98%以上。

围绕上述目标任务，新一届政府将着重做好以下工作：

一、以更大的魄力突破发展瓶颈，在建设活力乳源上开创新局面

坚持改革创新和扩大开放并驱，以更大的勇气和决心创新机制体制，切实增强发展内生动力。

（一）深化政务服务改革，提升发展推力。推进行政机构改革和事业单位改革，加快转变政府职能。加强行政审批制度改革，开展项目审批流程再造，精简审批事项和办事流程。深化商事制度改革，推进“多证合一”和电子营业执照、全程电子化登记管理。强化“一门式一网式”政务服务，到2021年行政审批事项网上全流程办理率达80%以上。抓好不动产统一登记工作。

（二）深化经济体制改革，激发发展活力。围绕“三去一降一补”，推进供给侧结构性改革。加快“僵尸企业”重组整合和市场出清，加速淘汰落后产能和化解过剩产能。拓宽保障性住房供应渠道，鼓励居民扩大商品住房消费，着力化解房地产库存。打击各类非法集资行为，加强金融风险防范和管控。降低制度性交易、生产要素、税费等方面的成本，切实减轻企业负担。补齐交通、水利、城镇化、工业园区、信息化等基础设施短板，为加快发展提供有力支撑。

（三）深化农村综合改革，释放发展潜力。推进农村土地确权登记工作，力争2018年完成承包地、宅基地、集体建设用地确权登记颁证。支持土地入股、土地托管、互换并地等，推动土地承包经营权有序流转。加强涉农资金使用管理，抓好农村土地整理工作。深化农村股份合作制改革，实行资产量化、股权固化到户，健全资产收益分配制度。完善公共资源交易管理，加强农村集体“三资”监管。推进村民小组“五有”规范化建设，推动农村基层自治事务下沉到村民小组和基层公共服务下沉到行政村。推进普惠金融村村通工程。

（四）全力推进项目攻坚，增强发展动力。树立“抓大项目促大发展”理念，谋划一批符合产业发展规划的经济项目和政策支持的民生工程。推行政府购买服务和PPP融资模式，支持社会资本参与民生项目建设。实施招商引资“走出去”行动计划，推进产业招商、零地招商，到2021年力争引进项目440个以上、投资280亿元以上。加强项目跟踪服务，协调解决用地、审批、融资等困难，推动项目加快建设。

二、以更实的举措振兴经济发展，在建设实力乳源上实现新跨越

坚持壮大总量和提升质量并举，聚力“四大产业”，促进三次产业融合发展和转型升级，不断增强县域经济实力。

（一）推进绿色工业集聚发展，加快建设现代产业聚集地。加强园区土地收储和道路、水电、污水处理等基础设施建设，规划建设北部工业园。立足产业基础、区位优势，将富源、新材料、仙湖工业园分别建设成为电子信息、氯氟材料、空港经济特色园区，将东阳光高科技产业园打造成为铝箔、生物制药特色园区。支持骨干企业做大做强，强力支持东阳光集团拓展铝箔、电子元器件、氯氟材料等产业链条，推动抗丙肝、抗肿瘤等新药注册上市。推进大布风电、农业光伏等项目建设，力促永恒、硕成、宝华等企业上市发展，支持银源公司资本扩张和明源公司盘活资产。加强企业技术改造和技术革新，加快产业转型升级。

（二）推进生态农业产业发展，加快建设珠三角绿色食品供应基地。推进“一片两带”建设，扶持水果、茶叶、中药材等特色农业发展，建成特色产业基地20万亩，规模化种养产值占比达70%以上。推广“公司+基地+合作社+家庭农场”模式，加快培育新型农业经营主体，到2021年培育市级以上农业龙头企业5家、农民合作示范社10家、家庭农场30家，新增“三品一标”农产品30个以上，推进农业产业化生产、品牌化经营。加强农田水利设施建设，改造小型灌区25个和中低产农田1万亩，建设高标准基本农田5万亩。

（三）推进特色旅游提质发展，加快建设休闲度假精品区和健康养生首选地。大力发展全域旅游，加强“一核、五带、六片区”建设。推进广东大峡谷、天井山国家森林公园等景区扩容提质和必背瑶寨、西京古道等资源深度开发，抓好大瑶山旅游度假区建设，支持南岭国家森林公园和云门山生态旅游区创建5A级景区，加快旅游集散中心和智慧旅游城市、景区建设。加强旅游产品营销，推出一批旅游歌曲、MTV专辑、微电影，借助电视、网络、微信等宣传媒介，进一步擦亮“世界过山瑶之乡”“大南岭生态文化旅游区”品牌。未来五年，力争旅游接待人数和综合收入年均分别增长10%、12%以上。

（四）推进商贸物流快速发展，加快建设韶关华南航空快递货运中心和绿色食品集散地。培育发展县域物流业，借助丹霞山机场和航空产业园，加快发展空港经济，配合韶关打造华南航空快递货运中心。依托中国供销·粤北农特产品电商物流商贸城，建成区域性农产品物流商贸中心。实施“互联网+”行动，推行“专业市场+电商+物流”模式，促进现代物流与制造业、商贸业联动发展。推进电信网、互联网、广播电视网“三网融合”，实施村村通光纤和4G网络进村工程，提高全县信息化水平。

三、以更高的标准改善人居环境，在建设魅力乳源上展现新形象

坚持统筹城乡建设和管理并进，完善功能设施，推进精细化管理，建设独具魅力的山水瑶城。

（一）绘好发展蓝图，统筹城乡发展。完善县城区控制性详细规划和排污、排水、通信等专项规划。完成6个镇总体规划修编。到2021年，编制村庄整治规划170个。推动城乡发展规划无缝对接，促进城乡产业布局、基础设施、公共服务、社会管理等一体化发展。

（二）提升城市品位，创建文明县城。按照“东联、南拓、西优、北延”发展思路，推进城东产城融合发展和城南、城北片建设，拉大城市框架；推进鹰峰路旧城改造和建材厂片、洲街片、老温泉片、侯公渡片开发，提升城市内涵。完善城市基础设施，新建、改造农贸市场5个和市政道路14条，建成民族风情园、民族文化广场等一批城市公共设施。抓好城市绿化、美化、亮化、净化工作，到2021年人均公园绿地面积达15平方米以上。实行城市精细化管理，加强城市交通秩序、卫生保洁、广告管理，整治乱摆乱放、占道经营、噪音扰民问题。积极培育和践行社会主义核心价值观，推进文明单位、文明社区、文明家庭等创建活动，确保到2020年获得全国文明城市称号。

（三）立足资源优势，打造特色镇村。围绕产业基础和特色园区，推进乳城智能制造互联网+生态旅游和桂头空港经济特色小镇建设。深入挖掘人文资源，着力打造大桥南岭温泉休闲养生和必背过山瑶民族文化旅游特色小镇。发挥生态资源优势，抓好大布新能源科技峡谷探险旅游和洛阳南药科普养生休闲特色小镇建设。依托乳桂公路沿线生态观光休闲农业长廊，加快东坪、一六、游溪城郊观光休闲小镇建设。加强“五彩瑶乡”省级新农村示范片建设，抓好农村“四改一美化”工作。到2021年，建成特色村寨15个和环境综合整治示范村50个。抓好新一轮农村电网升级改造工作。

（四）完善交通网络，推进互联互通。加快交通干线建设，全力配合丹霞山机场建设和北江航道桂头段扩能升级改造，配合规划建设柳韶铁路和韶贺、黄长高速公路，完成国道323线上围至阳山段、省道258线鸭麻湖至大布段和省道250线一级公路改扩建。加快农村公路建设，推进侯公渡至江湾、云门寺至云门山、银山温泉至高速公路大桥出口等公路建设，打通环瑶区公路，完成农村公路硬底化200千米。

四、以更严的举措保护青山绿水，在建设生态乳源上创造新业绩

坚持生态建设和环境保护并重，实施“青山、碧水、蓝大、净土”工程，让乳源风景更秀丽、环境更宜居。

（一）推进生态工程建设，留住“绿色”。实施新一轮绿化乳源行动计划，加快森林碳汇、生态景观林带、森林进城围城等生态工程建设，新增造林面积7.5万亩、石漠化治理2万亩，建设森林（湿地）公园10个和乡村绿化美化示范点45个。抓好“一屏一区二带”建设，推动国土绿化连片成带。到2021年，全县森林面积达到230万亩，森林蓄积量达到900万立方米。

（二）加强生态环境保护，保住“本色”。落实生态控制线、林业生态红线、生态保护红线，实施“南粤水更清”行动计划，加强对自然保护区、饮用水源保护地和山地森林及生物多样性生态功能区的保护。严格执行产业准入负面清单和项目建设环境影响评价制度，严控“三高一低”项目。建立健全环境预警机制，加强涉重金属行业和大气、水源、土壤、噪音监测。加强城乡卫生环境整治，推进城市生活垃圾分类处理和农村生活垃圾集中收运处理。

（三）倡导资源节约利用，守住“底色”。强化绿色发展理念，倡导绿色消费和绿色生产、生活方式。加快发展绿色经济和新能源产业，强化用电、用地、投资与产出效益评估，促进资源节约集约利用。加强重点行业、企业和公共机构用能管理，加快淘汰落后产能企业。加强污水处理设施建设和运营管理，做好规模化养殖场污染减排工作，完成上级下达的节能减排目标任务。建立生态文明建设考核评价机制，落实生态环境损害责任终身追究制。

五、以更强的使命办好民生实事，在建设幸福乳源上取得新成就

坚持改善民生和增进福祉并行，统筹发展社会事业，让发展成果更多惠及人民群众。

（一）坚决打赢脱贫攻坚战，让贫困群众更有信心。推进新时期精准扶贫精准脱贫三年攻坚，落实扶贫攻坚”“1+N””政策措施，加快完善农村道路、水利、电力等基础设施，推进文化、金融、固本强基扶贫等工作。落实产业帮扶、教育资助、危房改造等“八个到户”扶贫措施，到2018年完成农村危房改造1413户，确保全县2944户7508人贫困人口如期实现稳定脱贫。

（二）全面提升公共服务，让人民生活更加幸福。推进义务教育“全面改薄”“扩容改薄”和信息化“三通”工程，完成鲜明八一希望学校、金禧小学改扩建，促进义务教育高位均衡发展。加快发展学前教育、特殊教育、职业教育，逐步普及高中阶段教育，全力创建省推进教育现代化先进县。完善城乡三级医疗卫生服务，落实分级诊疗和基本药物制度，抓好镇卫生院和村卫生站标准化建设。加强人口计生工作，促进人口长期均衡发展。推进省级瑶族文化生态保护实验区建设，抓好世界瑶族经贸文化交流中心区建设，融入“一带一路”发展。挖掘、弘扬侯安都历史文化、南岭观音文化和舜帝文化，加快正觉寺重建和西京古道保护性开发。加快民族文化传习馆、文化馆和档案馆新馆建设，实现村级综合性文化服务中心全覆盖。大力发展文化产业，推进瑶族刺绣、瑶山彩石和民族工艺美术、动漫产业开发。落实全民健身休闲计划，建成县运动中心和一批村健身广场。

（三）加快完善社会保障，让人民生活更加踏实。积极搭建就业服务平台，实施“南粤春暖”“再就业援助月”等行动计划，抓好高校毕业生、农村剩余劳动力等重点人群就业工作。实施“全民参保登记计划”，巩固提高城乡居民医疗保险和社会养老保险扩面成果。加强社会救助工作，做好最低生活保障、农村五保供养、城乡医疗救助等工作，关注农村留守妇女、儿童和空巢老人、残疾人生活。

（四）加强社会综合管理，让人民生活更加舒心。加强社会信息化和网格化管理，严厉打击各类违法犯罪活动，全力建设“平安乳源”。落实安全生产“一岗双责”责任制，加强重点领域、重点行业、重点企业的安全生产监管，坚决遏制发生重特大事故。加强应急管理工作，提高预防和处置突发公共事件能力。开展“七五”普法教育。抓好人民调解、法律援助工作。统筹做好发展改革、宗教事务、监察、审计、双拥、保密、气象、市场监管、食品药品、档案史志、国防动员、革命老区、外事侨务和对台等工作，支持工、青、妇、工商联、老干部和民主党派各项工作。

加强政府自身建设

各位代表，面对新的形势和新的任务，我们将切实加强自身建设，进一步增强政府公信力、执行力、约束力，全力建设为民、务实、廉洁、高效的人民满意政府。

（一）坚持依法行政，提升政府公信力。坚持“法无授权不可为，法定职责必须为”，严格按照法定权限和法定程序行使权力、履行职责。自觉接受人大及其常委会的法律监督、人民政协的民主监督，积极办理人大代表议案、建议和政协委员提案。做好政务公开、信息公开工作，让权力在阳光下运行。畅通社会建言献策和批评监督渠道，及时处理群众来信来访和网络问政、“民声热线”反映问题。继续承诺每年办成一批民生实事好事。

（二）坚持高效施政，增强政府执行力。严格落实中央八项规定，自觉践行“三严三实”，积极开展“两学一做”活动，持之以恒整治“四风”问题。坚持主动作为，大胆创新工作思路和方式方法，破解发展瓶颈问题。发扬钉钉子精神，对确定的目标、制定的政策，一抓到底，善始善终，善作善成。落实首问负责、限时办结和绩效考核等制度，推动各项工作落到实处。严格落实责任追究制度和行政问责制度，坚决纠正不作为、慢作为、乱作为，坚决惩处失职、渎职行为。

（三）坚持廉洁从政，强化政府约束力。严格落实党风廉政建设主体责任，严格遵守廉洁从政各项规定。贯彻落实“三重一大”集体决策机制，加强风险岗位廉政管理，堵塞行政权力寻租空间。推进预决算管理和国库集中收付、公务卡结算制度，严控“三公”经费等一般性支出。加强行政监察和审计监督，加大政府项目资金使用监管力度。始终保持反腐败高压态势，严肃查处各类腐败案件，全力打造崇廉拒腐、风清气正的廉洁政府。

各位代表，新的形势催人奋进，新的事业任重道远。站在新的历史起点上，让我们更加紧密地团结在以习近平同志为总书记的党中央周围，在市委、市政府和县委的坚强领导下，乘势而上，积极作为，为主动融入珠三角加快发展，实现全面建成小康社会的目标而努力奋斗！

名词注释

五大战略：“生态立县、工业强县、农业稳县、旅游旺县、科教兴县”发展战略。

六大工程：“生态保护、绿色工业、生态农业、特色旅游、生态人居、生态文化”工程。

规上（2000万元规模以上企业）工业企业：年主营业务收入在2000万元及以上的工业企业。

三品一标：无公害农产品、绿色食品、有机农产品和农产品地理标志。

限上企业：年主营业务收入2000万元及以上的批发业法人单位；年主营业务收入500万元及以上的零售业法人单位；年主营业务收入200万元及以上的住宿业、餐饮业法人单位。

规上服务业：年主营业务收入1000万元以上或者期末从业人员50人以上的交通运输、仓储和邮政业，信息传输、软件和信息技术服务业，租赁和商务服务业，科学研究和技术服务业，水利、环境和公共设施管理业，居民服务、修理和其他服务业，教育、卫生和社会工作，文化、体育和娱乐业；物业管理、房地产中介服务等行业法人单位。

“五有”规范化：有健全的班子、有可行的发展规划、有民主的决策程序、有规范的理财制度、有科学的管理机制。

农村集体“三资”：村集体所有的资金、资产、资源。

农村普惠金融：以可负担的成本为有金融服务需求的农村居民提供适当、有效的金融服务。

一带一路：“丝绸之路经济带”和“21世纪海上丝绸之路”。

三严三实：严以修身、严以用权、严以律己，谋事要实、创业要实、做人要实。

两学一做：学党章党规、学系列讲话，做合格党员。

两个共同：共同团结奋斗、共同繁荣发展。

五位一体：中共十八大报告指出，建设中国特色社会主义，总布局是坚持经济建设、政治建设、文化建设、社会建设、生态文明建设于一体。

四个全面：全面建成小康社会、全面深化改革、全面依法治国、全面从严治党。

“3+1+2”城市经济圈：韶关市在“十三五”规划中提出，依托市辖三区和乐昌、南雄城区现有城市规模以及丹霞山机场建设，将浈江、武江、曲江、乳源东北部和乐昌、南雄城区打造成为“3+1+2”城市经济圈。

互联网+：把互联网的创新成果与经济社会各领域深度融合，推动技术进步、效率提升和组织变革，提升实体经济创新力和生产力，形成更广泛的以互联网为基础设施和创新要素的经济社会发展新形态。

多证合一：营业执照、组织机构代码证、税务登记证、社会保险登记证和统计登记证等多证合一的登记制度。

三去一降一补：去产能、去库存、去杠杆、降成本、补短板。

供给侧结构性改革：就是从提高供给质量出发，用改革的办法推进结构调整，矫正要素配置扭曲，扩大有效供给，提高供给结构对需求变化的适应性和灵活性，提高全要素生产率，更好满足广大人民群众的需要，促进经济社会持续健康发展。

僵尸企业：已停产、半停产、连年亏损、资不抵债，主要靠政府补贴和银行续贷维持经营的企业。

PPP：Public－Private－Partnership的字母缩写，指政府与私营商签订长期协议，授权私营商代替政府建设、运营或管理公共基础设施并向公众提供公共服务。

一片两带：城郊观光农业产业示范片和石灰岩山区耐寒耐旱农业产业带、深山区农林经济产业带。

一核、五带、六片区：“一核”即“乳水瑶城”休闲旅游服务核；“五带”即农禅田园休闲带、必背瑶乡风情带、南湖古道文化带、南岭养生度假带、峡谷探奇体验带；“六片区”即“云门农禅”特色休闲片区、“瑶乡篱园”风情体验片区、“南岭印象”森林度假片区、“奇秀峡谷”生态游憩片区、“多彩天井”科普养生片区、“爽爽南湖”户外休闲片区。

智慧旅游：利用云计算、物联网等新技术，通过互联网、移动互联网，借助便携的终端上网设备，主动感知旅游资源、旅游经济、旅游活动、旅游者等方面的信息，让人们能够及时了解这些信息，及时安排和调整工作与旅游计划，从而达到对各类旅游信息的智能感知、方便利用的效果。

四改一美化：对农村环境卫生进行综合整治，实施改路、改水、改厕、改造危房和美化工程。

一屏一区二带："一屏"为中部、西北部连绵山体生态屏障，"一区"为北部石漠化生态功能区，"二带"为平原区城乡一体和通道绿化带、山区木材主产区经济培育带。

三高一低：高投入、高消耗、高污染、低效益。

"1+N"政策："1"指有扶贫产业，"N"指有若干项扶贫政策措施。

八个到户：在新时期精准扶贫精准脱贫工作中，实施资产和投资性收益到户、产业帮扶到户、就业服务到户、教育资助到户、危房改造到户、医保救助到户、金融扶持到户、社会保障到户等政策措施。

中国人民政治协商会议
第九届乳源瑶族自治县委员会常务委员会
工　作　报　告

（2016年10月18日）

费玉海

各位委员：

我受政协第九届乳源瑶族自治县委员会常务委员会的委托，向大会作报告，请予审议，并请列席会议的同志提出意见。

过去五年工作回顾

九届县政协任期的五年，是我县爬坡越坎、积蓄后劲的五年，是实现平稳发展、重民本惠民生的五年，也是人民政协凝心聚力，求真务实，开拓创新，各项工作富有成效的五年。在中共乳源瑶族自治县委的正确领导下，县政协深入贯彻中共十八大和十八届三中、四中、五中全会精神及习近平总书记系列重要讲话精神，牢牢把握团结和民主两大主题，切实履行政治协商、民主监督、参政议政职能，充分发挥协调关系、汇聚力量、建言献策、服务大局的作用，为我县经济发展和社会和谐稳定发挥了重要作用，作出了积极贡献。

一、坚持以促进发展作为第一要务，政治协商更加扎实有效

五年来，我们坚持把促进乳源发展作为履行职能的第一要务，紧紧围绕“五大战略”和“六大工程”的强力实施和县委的中心工作，紧密联系各党派团体和社会各界人士，广泛协商议政，积极建言献策，努力为全县经济社会加快发展献计出力。

整体协商善谋全局。全委会是政协最全面、最集中履行政治协商职能的重要形式。九届县政协共召开全体会议6次，委员们以大会发言、分组讨论、专题协商等形式围绕县政府年度工作报告，就事关全局的重大事项、经济社会发展的突出问题、人民群众关注的热点难点问题积极建言议政，向县委、县政府提出许多建设性的意见建议。为提升全会协商成效，我们注重发挥大会发言的直接建言作用，共组织了5次大会发言，共有18位委员先后在大会上发言，内容涉及循环经济、林业保护、生态农业、旅游开发、环境保护、医疗卫生等课题。这些委员的发言一语中的、见解独到，引起与会人员的共鸣，经办理落实后，对党政科学决策，部门改进工作，解决实际问题，起到了积极推动作用。

民主协商务实创新。县委书记吴春腾同志、县长邓志聪同志每年都到政协与各民主党派、工商联、各人民团体、界别代表人士，就乳源重大决策实施和共同关心的重要问题进行面对面协商，认真听取各界人士的意见和建议。对政协提供的调研、视察报告高度重视，作出批示，要求有关部门和单位认真研究，抓紧落实。2015年12月，还特别就我县“十三五”规划召开专题协商会议，参会委员踊跃发言，所提许多意见建议被吸纳到我县“十三五”规划建议当中。此外，每年县委全会和“两会”之前，还专门召开常委会议和各民主党派、工商联协商会议，专题协商讨论《县委工作报告》和《政府工作报告》（征求意见稿），做到了协商于决策之前。

专题协商成效明显。常委会围绕事关乳源经济社会发展的重大问题，每年选择3－4个课题，在深入调查研究、充分论证的基础上，有针对性地开展专题协商。五年来，共召开常委会议26次，先后就“加快我县工业强县步伐”“转变工作作风、营造良好发展环境”“优化县城中小学校教育资源配置”等课题进行专题协商。主动邀请县委、县政府分管领导到会通报有关情况，与常委们面对面协商。在常委会专题协商中，大家坦诚建言，真诚沟通，共商发展大计，共谋发展良策，取得了很好的协商效果。2014年，县长邓志聪与政协委员代表就瑶医瑶药的开发利用、旅游景区建设、南水湖湿地公园建设等专题深入协商，充分肯定委员提出的建议，委员提出的许多建议得到采纳落实。

重点协商紧贴中心。主席会议除研究政协工作外，还听取提案办理情况通报，跟踪督办一些关系民生的重点、热点提案。坚持主动对接县委、县政府中心工作，每年选择3－4个课题，开展专题视察调研。五年来，共召开主席会议41次，先后就“县一小和中医院新建工程”“三打两建”“扶贫双到”“新农村建设”“医疗卫生改革”等重点、难点问题，开展协商议政，提出建设性的意见建议。

二、坚持以关注民生作为第一导向，民主监督促进社会和谐

五年来，我们坚持把实现好、发展好、维护好广大人民群众的根本利益作为民主监督的着眼点，切实把关注民生、改善民生作为一条主线，贯穿于政协履行职能的全过程，体现在政协工作的各个方面。

有序开展视察工作，推进民主监督。组织委员围绕全县重点工作和人民群众普遍关心的重点、热点、难点问题，开展了多层次的视察活动。五年间，主席会议、常委会议及有关专门委员会先后组织了“云门寺佛教生态保护区建设”“旅游景区开发”“南水湖湿地公园建设”“生活垃圾填埋场建设运营”“贯彻落实《广东省信访条例》”等16个专题视察活动，形成了一批视察报告直接向县委、县政府领导反映，得到了县党政主要领导的高度重视，如《强化责任齐抓共管大力推进云门寺佛教文化生态保护区建设》《迎难而上破解难题大力加快南水湖湿地公园建设》等等，已被县委批转有关部门研究落实。

监督渠道不断拓展，深化民主监督。每年通过常委会议、各界人士座谈会、党政领导与委员座谈会等形式，听取县政府经济社会发展情况，县纪委、县法院、县检察院的工作情况通报，并提出多项意见和建议，有力助推工作开展。积极推荐委员受聘担任特约监督员、陪审员、评议员，认真参与各项监督活动，选派委员近200人（次）参与政风行风建设、教育强县测评、绩效工作考评、政务环境考核及干部测评等活动。委员们以高度负责的态度和敢于监督的精神，及时客观地反映群众的意见、要求和呼声，赢得县委的重视、政府的支持和群众的尊重与信赖，提高了政协的社会影响。

三、坚持以参政议政作为第一使命，广集众智提供有益参考

五年来，我们始终注重发挥政协的人才智力优势，加强和改进提案工作，深入开展调研、考察活动，积极建言献策，用实际工作成效为党委、政府的决策提供了有益的参考。

扎实推进提案办理。围绕提高提案质量，通过严格立案审查、开展提案业务培训，引导委员围绕中心选题，提高了委员撰写提案质量和以提案方式参政议政的积极性。五年来，共收到提案198件，立案39件，其中党派团体集体提案70件。同时，狠抓提案办理、跟踪、反馈和落实等关键环节，完善提案督办的长效机制，不断加大督办力度，做到事事有结果、件件有落实。坚持党政主要领导和政协班子成员督办重点提案做法，对涉及面广、影响大、群众诉求强的重大提案，由县党政主要领导领衔督办，其他重点提案由政协班子成员分工督办；定期召开提案督办会议，听取提案办理情况汇报，提出工作要求；认真落实提案办理责任制，明确要求承办单位要有专人负责提案办理，而且办理情况要及时反馈委员；创新提案办理考核机制，把提案办理实效与绩效考核挂钩；积极做好承办单位和提案委员之间的沟通联络工作，让提案委员参与督办，促进提案办理落实，委员满意度明显提高。通过各方共同努力，所有立案提案得到了有效落实，如《关于育才路建设的提案》《关于扩建金禧小学的建议》《关于关闭鹰峰东路垃圾集中转运站的建议》《关于要求修复方洞村委至桂坑尾乡村公路的建议》《关于对县政府大院公共卫生间改造的建议》等等，充分发挥了提案办理在关注民生、体现民意、维护民利方面的重要作用。

深入调研促进发展。我们紧紧围绕“五大战略”深入实施、“六大工程”强力推进和县委工作重点，选择具有综合性、全局性、前瞻性的课题，以专委会为依托，以委员为主体，深入调查研究，形成了我县工业发展情况、山区基础教育、林业生态建设、优化县城教育资源配置、加强作风建设、发展瑶医瑶药、民族文化传承发展、贯彻落实《广东省信访条例》、特色村寨建设等方面的17个重大课题调研报告，提出建议110多条，其中《加快转型升级破解发展难题进一步加快我县"工业强县"步伐》《解放思想求实创新以优质服务开创发展新局面》《弘扬民族传统打造瑶医品牌》等调研报告，客观全面，有理有据，针对性强，多数建议和意见得到了县委、县政府重视，有的已被采纳落实，有的正在实施当中，有的纳入了今后发展规划，对推进我县经济社会发展产生了重要影响，凸显了人民政协建言献策，服务大局的智库作用。

外出考察服务发展。我们坚持调研与考察相结合，学习与履职相统一，组织政协委员赴省内外少数民族地区、特色发展地区，学习考察它们在工业转型升级、旅游开发、民族文化传承发展和特色村寨建设等方面的经验，形成了《宜都工业发展考察报告》《恩施旅游考察报告》《关于我县少数民族特色村寨建设的考察报告》等材料，为县委、县政府科学民主决策提供了参考依据。

四、坚持以服务大局作为第一目标，主动作为助推科学发展

五年来，我们坚持以围绕中心，服务大局为目标，主动参与支持我县改革、发展和稳定大业，为推动经济社会协调发展，改善民生主动作为。

主动服务重点项目。我们服从县委的分工和安排，认真贯彻落实领导分工负责制，班子成员分别联系县重点项目和企业，做到沟通联系到位、跟踪落实到位、协调服务到位，主动配合县党政有关领导，深入园区、厂矿、企业、工地调查研究，了解情况，掌握项目进展，帮助企业搞好协调，化解纷争，全力推动重点项目的实施。

积极参与中心工作。我们协助配合县党政领导到省有关部门争取资金、争取项目，前往香港和珠三角地区开展宣传推介活动，动员和鼓励外商到我县投资置业，力推招商引资；为港澳热心人士捐资扶贫、捐资助学和兴办公益事业牵线搭桥。据不完全统计，五年来共筹集了价值800多万元善款和物品，多渠道支持我县经济社会建设。落实领导包案制，带队深入县直部门、挂点镇，指导综治维稳、抗灾复产、灾后重建、扶贫"双到"工作，特别在2013年"8·16"洪灾中勇于担当，县政协领导班子根据县委的部署，奔赴抗洪抢险第一线，与当地干部群众齐心协力抗洪救灾，协调各方力量投入复产重建。发动政协委员、社会各界有钱出钱，有物出物参与救灾，全力维护社会稳定，尽心竭力为我县经济社会发展作出了应有的努力。

五、坚持以团结民主作为第一责任，凝心聚力共促和谐稳定

五年来，我们坚持把团结和民主作为人民政协事业发展的主题，充分发挥人民政协包容性强、联系面广的优势，协调各方关系、深入合作、加强联谊、促进和谐，营造良好社会氛围，凝聚发展合力，共谋事业发展。

发挥党派作用，推动多党合作。坚持多党合作和政治协商制度，重视加强与各民主党派、工商联、无党派人士的合作，为他们有序的政治参与搭建平台。以会议为载体，利用全委会、常委会、情况通报会以及专题座谈会等，向他们通报工作情况，广泛听取各方意见，为各民主党派、各人民团体、社会各界人士知情明政创造条件。以专委会为依托，组织民主党派和无党派人士参加视察、调研和民主监督活动，大力支持他们就有关重大问题发表见解和主张。五年来，各党派团体共提交提案70件，大会发言18篇，提出意见建议190多条，许多建议得到了县委、县政府的重视和采纳。

深化联谊交流，凝聚发展合力。坚持走出去、请进来等多种形式，组织开展联谊活动。政协领导每年安排时间亲自带队到香港、珠三角开展联谊活动，及时向港澳和珠三角委员通报县委、县政府各个时期的重要决策部署和县政协工作重点，并组织他们到乳源参观考察。如2015年4月专门组织港澳委员在县内参观考察，使港澳委员更加深入了解乳源经济社会各方面发展情况，更有利于港澳委员参政议政。积极协助港澳和珠三角委员在乳源投资置业或兴办社会公益事业，推进港澳、珠三角与乳源的交流合作。继续办好各界人士迎春座谈会、中秋茶话会，凝心聚力，共谋发展。

注重文史宣传，扩大政协影响。以"学习交

流、议政建言、实践探索”为宗旨，编辑出版了县政协八届委员会《委员建言选编》（2006.12—2011.11）和6期《乳源政协》，并以此为载体推动委员学习，扩大政协社会影响。征集出版了《党的光辉照瑶乡》和《同舟共进谱新篇》文史专辑，发挥了政协文史“存史、资政、团结、育人”的作用。加强与新闻单位合作，报道政协动态，组织专题采访，建成“委员之家”网络互动平台，运用网络渠道生动反映政协组织的履职工作和委员风采，着力打造永不落幕的政协全会。

六、坚持以提升素质作为第一追求，切实加强政协自身建设

五年来，我们始终注重强化自身建设，在深化学习、提高素质、提升服务上下功夫，着力打造“学习型、服务型、创新型、和谐型、活力型”机关，稳步推进“制度化、规范化、程序化”建设，着力加强自身建设，推动政协工作创新发展。

*扎实开展学习教育，改进工作作风。*按照中央部署和县委安排，县政协党组和机关扎实开展了“党的群众路线教育实践活动”“三严三实”专题教育和“两学一做”学习教育。不断加强作风建设，着力提升“四种能力”“四种意识”，进一步严明党的政治纪律和政治规矩。严格执行中央“八项规定”和省、市、县相关规定，查摆问题、立行立改，构建改进作风长效机制，从严从实转变作风。

*健全完善制度，推进“三化”建设。*制定了《政协委员意见建议“直通车”制度》和《县政协对政府职能部门民主评议试行办法》，积极探索发挥政协界别功能和委员主体作用的形式和载体，更好地发挥政协作为协商民主重要渠道作用。结合“党的群众路线教育实践活动”开展，针对自身存在问题，全力强化整改不动摇、狠抓制度建设不放松，制定完善了19项规章制度，并且注重抓好落实，促进机关建设常态化、长效化，持续推进政协工作规范化、制度化、程序化，保证了政协事业健康有序开展。

*加强理论学习，提升履职能力。*组织班子成员、委员和机关干部深入学习中共十八大和十八届三中、四中、五中全会精神和习近平总书记系列重要讲话精神。认真学习县第十二次党代会精神，深刻领会全会的新思想、新观点和新论断，准确把握县委的战略部署和工作要求，进一步充实了头脑、更新了理念，提高了履职素质和能力。认真学习新《党章》《中国共产党廉洁自律准则》《中国共产党纪律处分条例》，加强廉洁从政和法律法规教育，提高党员干部拒腐防变的意识和能力。

*加强队伍建设，激发委员活力。*根据委员工作岗位变动情况，五年来先后增补了31名政协委员，把有关方面的优秀代表吸纳到政协组织中，及时充实了政协的主体力量。举办委员培训班，就人民政协是什么、做什么、怎么做，以及政协委员的权利义务，如何当好政协委员等内容进行辅导。创新了委员管理机制，坚持委员履职登记备案制度，强化委员管理，继续坚持一年一度的优秀政协委员、优秀提案和承办提案先进单位表彰制度，先后表彰优秀委员40名，优秀提案10件，承办提案先进单位11个，进一步激发了广大委员的责任感和履职热情。

*加强机关建设，增强服务能力。*按照建设“五型”机关的要求，以提高服务和保障能力为重点，全面加强机关干部队伍的思想、组织、作风和制度建设。重视抓好理论业务学习，努力提高机关干部的政治素质和服务水平。重视工作规范，完善机关岗位职责，建立和健全了各项规章制度，确保机关工作高效有序。注重党风廉政建设，明确责任分工，认真落实党风廉政建设目标责任制。

各位委员、同志们，回首过去的五年，我们用心尽力，不辱使命，不负众望，积极进取，扎实工作，为推动我县经济发展和社会建设作出了积极贡献。可以说，九届县政协的五年，是在继承中发展，在发展中创新，在开拓中前进，在实践中提高的五年，是不断推进人民政协事业发展的五年。这些成绩的取得，靠的是中共乳源瑶族自治县委的正确领导，靠的是县人大、县政府及社会各方面的大力支持，靠的是历届政协老领导、老同志打下的良好基础，靠的是全体政协委员和机关干部的共同努力。在此，我代表九届县政协常委会，向所有关心和支持我县政协工作的各级领导，向各民主党派、工商联、各人民团体、九届县政协委员以及致力于人民政协事业发展的同志们、朋友们，表示衷心的感谢和崇高的敬意！

通过九届县政协的不懈努力，我们取得了显著成绩，成功探索总结了一些宝贵经验，但我们也清醒地认识到，我们的工作还有不足之处。比如，探索新形势下协商民主政治建设举措不多，创新协商民主方式不够，民主监督的实效需要进一步增强，调研视察需要更加深入，委员主体作用还有待进一步发挥，等等。这些都需要在今后的工作中认真研究措施，切实加以改进。

各位委员、各位同志，回顾九届县政协的工作实践，我们深刻地体会到，做好新形势下的人民政协工作，必须始终把握好以下几条：

第一，必须坚持和依靠中国共产党的领导，保持坚定正确的政治方向。县委、县政府高度重视政协工作，为我们开展工作提供了良好的环境和条件。县政协珍惜机遇倍加努力，始终坚持与党委思想上同心同德、目标上同心同向、行动上同心同行。每年工作要点向县委汇报，重要问题向县委请示。无论协商监督，还是参政议政，都着眼于落实县委决策、支持政府工作，使政协工作与党政工作同频共振。实践证明，坚持党的领导，是人民政协必须始终遵循的一项基本原则，也是做好政协工作的根本保证。

第二，必须围绕中心服务大局，突出促进发展这个第一要务。围绕中心、服务大局是政协工作的主线。县委想什么、政协谋什么，政府干什么、政协帮什么，政协工作才能有为有位。九届县政协紧紧围绕全县改革发展的大局确定工作思路，从县委、县政府强力实施“五大战略”和“六大工程”上来把握大局，从人民群众的呼声和意愿中服务大局。实践证明，只有把政协工作融入到全县中心工作上来，为县委、县政府谋实招、办实事、求实效，才能充分发挥政协优势、体现政协特色。

第三，必须关注民生履职为民，找准工作的出发点和落脚点。民生连结民心，民心凝聚民力。五年来，我们不断拓展民情民意信息渠道，协助党委、政府多做雪中送炭、凝聚民心的工作，为群众诚心诚意办实事、尽心竭力解难事、坚持不懈做好事，真正把“人民政协为人民”的理念体现在履职之中。实践证明，只有以群众利益为重，以群众期盼为念，常谋富民之策，常为利民之举，才能体现人民政协为人民的宗旨。

第四，必须坚持团结和民主两大主题，积极维护社会和谐稳定。扩大团结，增进民主，是政协工作的重要内容。我们坚持靠团结凝聚人心、以民主催生动力，积极协助县委县政府做好协调关系、化解矛盾、解疑释惑、维护稳定的工作；着力搭建民主党派、人民团体和各界人士合作的载体，充分尊重他们的民主权利，以大会发言、调研视察、重要活动等为平台，充分吸纳他们的真知灼见、意见要求，畅通公民有序政治参与的渠道，广泛凝聚各党派团体和社会各界人士的智慧和力量，共谋发展、共创伟业。实践证明，团结、民主是政协工作的两大法宝，是人民政协的永恒主题。

第五，必须坚持与时俱进、开拓创新，勇于开创政协工作新局面。我们着眼于政协工作新的实践和发展，注重理念创新、制度创新和工作创新，协商议政更加深入，民主监督更富实效，建言献策水平不断提高，服务能力不断增强，政协工作更加富有生机和活力。我们坚持以委员为主体，努力做到尊重、依靠和服务委员，使委员议政有讲台、履职有平台、发挥作用有舞台。实践证明，与时俱进、开拓创新是人民政协事业保持蓬勃生机和旺盛活力的不竭动力。

2017年工作的建议

2017年是全面建成小康社会决胜阶段的关键之年，是新一届政协开局之年。开好头，起好步至关重要。县政协要高举中国特色社会主义伟大旗帜，深入贯彻落实习近平总书记系列讲话精神，紧紧围绕我县“十三五”规划和县第十二次党代会提出的目标任务，通过广泛开展协商民主实践，认真履行政治协商、民主监督、参政议政职能，开拓创新，求真务实，为主动融入珠三角加快建设新乳源，全面建成小康社会作出积极贡献。

一、加强学习培训，为提高履职水平奠定基础

学习是人民政协的一项优良传统，是政协委员履行好职能的基础。新一届政协，首要的是加强理论学习和培训，用科学理论武装头脑，指导实践。坚持自学与集中辅导相结合，组织委员深入学习中国特色社会主义理论体系，认真学习习近平总书记在庆祝人民政协成立65周年大会上的重要讲话、统战理论和人民政协知识。结合政协工作实际，一是举办委员学习培训班，就如何当好政协委员、如何做好提案工作等进行专题辅导；二是举行专题学习会，组织委员继续深入学习《政协章程》、政治协商《规程》和提案工作《规程》；三是组织政协委员参加全县举办的有关专题辅导；四是办好政协自身刊物，印发学习资料。通过形式多样的学习培训活动，切实把各党派团体、各族各界人士的思想行动统一到中央和县委的重大决策部署上来，使广大委员深刻理解县第十二次党代会精神，准确认识和把握我县今后发展的总体思路、奋斗目标和主要任务，进一步增强广大委员履行职能的责任感和使命感，不断提高履行职能的能力和水平。

二、积极主动履职，汇智聚力推动乳源改革发展

服务中心工作，积极建言献策。围绕“重点项目落实”“企业发展现状”等专题深入开展调查研究，从多个层面与县委政府部门广泛协商，多提有深度、有价值、有前瞻性的意见建议，为县委、县政府决策提供参考。

加强民主监督，促进工作落实。围绕县委、县政府重大决策部署和重大民生问题，对“精准扶贫”“创文”“新农村建设”等工作开展专题视察，推动工作落实。要重点围绕群众关心的热点、难点问题提出提案，深入分析问题，努力提高提案质量和水平。要加强提案的征集、审立、交办、督办等环节建设，继续完善提案办理机制。

三、发挥委员主体作用，激发政协工作新活力

政协委员是政协工作的主体，政协是“舞台”，委员是“主角”。只有充分发挥委员的主体作用，政协工作才会生机勃勃。要进一步健全委员管理制度，对委员参加政协会议、调研视察、撰写提案和社情民意等情况进行备案动态管理，用制度管队伍、管作风、管事情。要搭建知情参政平台，通过专题报告会、政情通报会、协商讨论会，推荐委员担任部门民主监督员，组织参加调研视察考察活动等，帮助委员认清形势，熟悉政策，知晓内情，拓宽思路，使广大委员真正成为传递上情的宣传员、反映下情的联络员、服务发展的参谋员、促进和谐的调解员和改进工作的监督员。

四、坚持民主团结，促进党派团体发挥更大作用

积极支持各民主党派、工商联结合自身优势开展工作，联合各民主党派、工商联开展重大课题调研、重要视察和监督工作，为各民主党派、工商联履行职能创造条件、搭建平台。密切与新经济组织、新社会组织的联系，引导经济、工商界人士通过产业开发、科技推广、就业增收、智力开发和帮扶捐赠等形式，促进贫困村和扶贫户在经济发展和教育、卫生、文化等方面取得进步，为脱贫攻坚助推加力。

五、加强自身建设，全面提高履职尽责能力

要更加重视政协常委会的建设，坚定地做推进政协自身建设的组织者、促进者、实践者。要以上率下、履职践责，扑下身子、扎根实际、转变作风，致力建设效能政协。要更加注重发挥专委会基础作用，开展广泛的调研议政，切实增强履行职能的实效。要更加注重发挥政协机关牵头抓总作用，切实抓好机关的思想、作风、组织、制度和业务建设，提高全局观念和服务意识，增强协调能力和统筹能力，为人民政协有效履行职能、顺利开展工作提供有力保障，把政协机关真正打造成为“委员之家”。

各位委员、各位同志，回顾过去工作，我们肝胆相照谋发展；展望乳源未来，我们和衷共济谱新篇。让我们更加紧密地团结在以习近平同志为总书记的中共中央周围，在中共乳源瑶族自治县委的坚强领导下，振奋精神，不忘初心，同心协力，善作善成，为主动融入珠三角加快建设新乳源、全面建成小康社会而努力奋斗！

大 事 记

2016 年乳源大事记

1　月

1 月 5 日，中国共产党乳源瑶族自治县第十一届委员会第七次全体会议在县城召开。全会听取和讨论吴春腾代表县委常务委员会所作的《适应新常态开启新征程为全面建成小康社会而努力奋斗》工作报告和《2015 年县委常委会工作总结》，审议通过《中共乳源瑶族自治县委关于制定国民经济和社会发展第十三个五年规划的建议》。

1 月 6 日，广东省人防办党组成员、总工程师黄丹冬率考核组，到乳源考核 2015 年人民防空建设目标管理工作，县委常委、人武部部长吴炬光，副县长陈耀宇，及市、县人防办负责人陪同考核。

1 月 7 日，由广东省文化馆副馆长、省非物质文化遗产保护中心副主任、副研究馆员蓝海红，省立中山图书馆数字资源部主任、副研究馆员方崴，省文化厅信息中心主任徐健，省文化厅信息中心副主任蔡嘉璇等人组成的专家组到乳源就《南岭瑶族文化资源多媒体数据库》建设项目进行验收。

1 月 9 日，县公安局在县政府广场组织开展以“警民携手共创平安乳源”为主题的宣传日活动，县领导马福德、赵志敏、许尔华、连卫、陈松海等与近 2000 名瑶汉群众参加活动。活动出动警力 150 余人、展示特种车辆 5 辆，装备、枪支、收缴毒品及投毒工具 1 批，设立咨询服务台 11 处，发放各类宣传品 3000 余份，现场解答各类问题 800 余人次。

1 月 13 日，县打假办、县烟草专卖局、县质监局、县工商行政管理局、县经侦队、县交警大队、县交通局等多部门在桂头镇区开展烟草打假联合执法检查行动。检查组成员对该镇韶乐路来往货车进行重点检查，查获 1 辆无证运输卷烟车辆，各种品牌卷烟 35 万支，价值约 10 万元。

1 月 15 日，加拿大著名侨领、香港道德会永久会会长霍宗杰及夫人到游溪镇、东坪镇开展慰问活动，为乳源 1066 户贫困群众捐赠 32 万元慰问金。县委常委、副县长刘永生参加活动。

1 月 19 日，由国家新闻出版广电总局电影局、中国电影集团公司、广东省新闻出版广电局共同主办，中影集团新农村数字电影放映公司等承办的 2016 年度电影“三下乡”活动启动仪式在广东省韶关市乳源瑶族自治县举行。国家新闻出版广电总局电影局巡视员、副局长毛羽，省新闻出版广电局局长白洁、副局长刘小毅，韶关市人民政府副市长王伟阳，县领导林昌卫、简连英等出席活动。

1 月 19 日，乳源南水湖国家湿地公园管理处正式收到国家林业局有关 2015 年试点国家湿地公园验收情况的通知，确定“广东乳源南水湖国家湿地公园”正式成为“国家级湿地公园”。

1 月 26 日，广东省教育厅公布“2015 年广东省计算机教育软件评审活动暨第十九届全国教育教学信息化大奖赛广东省初赛”的获奖结果，县教育局获“优秀组织单位”荣誉，成为受表彰的全省 10 个县（区）教育行政部门之一。乳源参赛作品：《珍奇的稀有动物——针鼹》获广东省一等奖，《“一国两制”与祖国统一》《肾脏的结构与功能》获广东省二等奖，《深入认识计算机》《十五从军征》《Unit5 Let’s eat. Letters and sounds》《使用蒙版特效制作中文手写字》《动画补间》获广东省三等奖。其中，获广东省一等奖作品《珍奇的稀有动物——针鼹》经评审推荐，代表广东省参加第十九届全国教育教学信息化大奖，获全国二等奖。

1月27日，由市财政局、市委组织部、市经信局、市行政服务中心、市监察局、市民政局组成的市基层公共服务综合平台建设考核组到乳源进行考核验收。县委常委、常务副县长林昌卫及县有关部门负责人陪同考核。

1月28日，受省文明办委托，市政协副秘书长、市创文办主任何新文、市文明办副主任李梅率检查组到乳源开展省文明县城复查工作。县委常委、宣传部部长简连英以及相关单位负责人陪同检查。

1月，经上海股权托管交易中心股份有限公司同意，县新新生态农业股份有限公司正式在上海股权托管交易中心E板成功挂牌。新新生态农业股份有限公司成立于2012年4月28日，企业类型为股份制，企业注册资本500万元人民币。该公司有员工30人，集农业种植、水产养殖、研发、加工、销售为一体，2014年被评为韶关市农业龙头企业，2015年被评为广东省重点农业龙头企业。

1月，乳源瑶族自治县成立安瑶融资担保有限公司并举行开业仪式，副县长林军及市县相关行业负责人出席开业仪式。乳源瑶族自治县安瑶融资担保有限公司为一家政策性担保公司，注册资本为人民币5000万元，主要经营范围是为企业及个人提供融资性担保、部分非融资性担保及与担保业务有关的融资咨询、财务顾问等中介服务。

2　月

2月2日，韶关市人民政府市长骆蔚峰先后到一六镇、游溪镇、桂头镇看望慰问优抚对象、低保残疾户、困难党员、精准扶贫对象、单亲特困母亲、敬老院老人。市人大常委会副主任林平杰、县委书记吴春腾、县长邓志聪及市县有关部门负责人陪同慰问。

2月4日，中共韶关市委书记江凌，市委常委、市委秘书长孔云龙到乳源调研扶贫“双到”、基层党建、旅游开发、新农村示范片建设、电商物流项目和重点工业企业等情况。县委书记吴春腾、县长邓志聪及县相关部门负责人参加调研。

2月7日至13日，春节黄金周，全县接待游客共65.65万人次，比2015年春节黄金周增长35.25%，旅游收入4.47亿元，比2015年春节黄金周增长35.45%。

2月15日，乳源瑶族自治县2016年“南粤春暖”企业用工现场招聘会在县政府广场举行，24家企业进场招聘，提供新增就业岗位760个，进场求职人数达2000多人次，达成就业意向人数597人，现场派发宣传资料1000份。

2月18日至19日，中国人民政治协商会议第九届乳源瑶族自治县委员会第六次会议在县政府中心会堂召开。县政协主席费玉海，副主席陈松海、刘宏美、温则精、吴巧英、释明向、邓国雄及政协委员参加会议。县委书记吴春腾，县长邓志聪，县委副书记伍文，县人大常务副主任马福德，县委常委、常务副县长林昌卫，县委常委、统战部部长黄寿生，县委常委、县委办主任许益云出席会议。会议听取县政协主席费玉海向大会作工作报告，听取县政协副主席刘宏美所作的提案工作报告。会上，黄茂东、黄立东、陈永汉、庄小丽等四位委员分别代表民革乳源支部、县工商联、县司法局和县人民医院作大会发言。县政协在大会表彰2015年度政协委员优秀提案、承办提案先进单位以及优秀政协委员。

2月19日，乳源瑶族自治县第十一届人民代表大会第六次会议在县政府会场召开。会议听取和审议《县人民政府工作报告》《县人大常委会工作报告》《县人民法院工作报告》《县人民检察院工作报告》《乳源瑶族自治县国民经济和社会发展第十三个五年规划纲要及纲要报告》《乳源瑶族自治县2016年国民经济和社会发展计划报告》《乳源瑶族自治县2016年财政预算报告》。会议补选刘树明为县第十一届人民代表大会常委会委员。

2月23日，教育部召开新闻发布会，发布2015年全国义务教育均衡发展督导评估工作报告和公布2015年全国义务教育发展基本均衡县（市、区）名单，乳源是全国545个县（市、区）基本达到国家义务教育发展基本均衡县（市、区）之一，也是广东省51个县（市、区）国家义务教育发展基本均衡县（市、区）之一。

2月24日，中国共产党乳源瑶族自治县第十一届纪律检查委员会第六次全体会议在县中心会堂召开。县四套班子党员领导，法检“两长”，县纪委委员，县监察局副局长，派驻纪检监察组正副组长，特邀监察员，各镇党委书记、纪委书记，县直机关副科以上单位党政“一把手”、纪委书记（纪检组长），垂直管理单位党政“一把手”、纪检组长，中省驻县单位党委书记、纪委书记（纪检组长），县纪委各室负责人参加会议。县委常委、县纪委书记张军主持会议，并代表县纪委常委会作题为《坚持纪在法前，忠诚履行职责，深入推进党风廉政建设和反腐败工作》的工作报告。县委书记、县人大常委会主任吴春腾出席会议并作重要讲话。

2月，乳源出台人才引进实施意见，实施意见中明确，县设立人才资源开发专项资金，引进人员享受正常工资待遇，安排特殊津补贴及住房补贴。引进的医疗卫生系统正高职称人才或全日制博士研究生给予特殊津补贴每年30万元，安排130平方米左右小区住房1套，服务满5年后归其所有；对具有副高职称人才或全日制硕士研究生给予特殊津补贴每月1000元，安家费10万元，提供人才公寓供其居住等。

3 月

3月4日，省教育厅第五督导组一行四人到乳源开展2016年春季开学专项督导检查，县人大常委会副主任朱均玉及市、县教育部门相关领导陪同检查。督导组一行先后到中等职业技术学校、大桥小学、大桥中心幼儿园等学校实地开展检查工作，重点检查开学条件保障、学校章程实施、规范办学行为、护校安园行动落实、校舍安全管理以及食品安全管理等情况。

3月5日，县政府在乳财服务中心举行大棚农业科技观光园项目签约仪式，副县长林军，广西神达新能源有限公司总经理韦海贵，以及县发改、国土、经促、开发区、大布镇等相关部门负责人参加签约仪式。仪式上，林军代表县政府与广西神达新能源有限公司总经理韦海贵签署项目投资合同书。

3月14日，乳源首个公众科学素质教育体验馆揭牌仪式暨韶关市科普进校园活动在县一小举行。韶关市科协主席成绍强，副县长梁丽娟，以及县科协、教育等部门负责人参加揭牌仪式。公众科学素质教育体验馆有3D电影、益智玩具、《未成人上网警示与自护》科普图片展、《机器人表演与儿童防性侵知识讲座》等内容，该校学生积极参与活动。

3月15日，韶关市林业生态红线和林地变更工作会议在乳源召开，广东省林业厅督查组领导、副处长储昭东，副县长李明华，及各县（市、区）林业局负责人和专职技术人参加会议。

3月15日，“新消费，我做主”为主题的第34个“3·15”国际消费者权益日纪念活动在县政府广场举行，县委常委、副县长刘永生出席活动，为获得2015年韶关市“行业十大诚信单位”“诚信单位”的企业、个体经营者颁奖。

3月15日至18日，县委常委、政法委书记赵志敏率县委办、县文广新局、县档案局、县民宗局领导一行5人，赴湖北省咸宁市通山县、通城县学习考察瑶族历史文化。

3月16日，创建广东省推进教育现代化先进县动员大会在县政府会场召开，县“创先”工作领导小组成员单位主要负责人，各镇委书记、分管教育工作的负责人，县教育局各股室负责人、全县各中小学校长、幼儿园园长共120多人参加大会。县长邓志聪，县委常委、常务副县长林昌卫，副县长梁丽娟出席会议。会上，梁丽娟宣读《乳源瑶族自治县创建广东省推进教育现代化先进县实施方案》，明确各镇党委、政府及各职能部门的工作职责，县长邓志聪作动员讲话。

3月17日，市长骆蔚峰率市相关部门负责人到乳源调研经济发展情况，实地查看中国供销·粤北农特产品电商物流商贸城、恒扬（韶关）工业有限公司、冠华食品有限公司、步步高集团商贸公司等，了解各企业的建设、生产经营等情况。县委书记吴春腾、县长邓志聪，及县直相关部门负责人陪同调研。

3月18日至19日，由英国伊丽莎白女王学校、香港信义中学共计40余人组成的文化交流小组到乳源中学进行校园文化交流活动。文化交流小组中学生参观乳源中学校园文化建设，与该校学生结对子，并随班听课及观摩体验校园大课间活动。其间，3 所学校互相交流各自学校的办学理念、管理模式以及学校校园文化建设特色。19 日，英国伊丽莎白女王学校、香港元朗信义中学与乳源中学（在该校）举行“友好学校签约仪式”，县海外联谊会会长胡又新及县教育局、县驻香港办事处等单位领导出席签字仪式。仪式上，英国伊丽莎白女王学校、香港元朗信义中学、香港旭日扶轮社、乳源中学共同签署友好合作协议。

3 月 19 日，全县出现大雨到暴雨、雷雨大风、局地冰雹等强对流天气，导致各镇不同程度受灾，截至 3 月 20 日下午 15∶30，全县受灾农户 500 多户，因冰雹袭击，受损农房 1200 多间，受损经济作物 212 公顷，屋漏淋湿稻谷 1.8 万公斤，冲毁饮水工程 100 米。安全转移人员 310 人，无人员伤亡报告。灾情发生后，县委书记吴春腾和县长邓志聪立即对抢险救灾工作作出部署，县四套班子领导分别深入各挂点联系的乡镇察看灾情、组织抢险救灾工作。

3 月 25 日，省文明办常务副主任林海华先后深入县行政服务中心、县妇幼保健院、县一小、县文昌公园以及东坪镇东莞“双到”瑶族新村、雕子塘瑶族新村和一六镇乌石岭新村等地实地检查指导乳源创建全国文明城市工作。韶关市文明办副主任李梅以及县委常委、宣传部部长简连英领导陪同。

3 月 30 日，县政府召开全县 2016 年迎接省卫生县城复审动员大会暨创建卫生镇、村工作总结表彰大会。县长邓志聪，县人大常委会副主任邱波，副县长梁丽娟，县政协副主席吴巧英，各镇镇长，县直及上级直管副科级以上单位主要负责人等约 130 人参加会议。会议总结近年全县卫生创建工作情况，部署 2016 年迎接省卫生县城复审及全县创建卫生镇村工作，公布 2015 年成功创建卫生镇村名单以及“以奖代补”奖励资金安排情况，表彰 2015 年荣获“广东省卫生村”称号的东坪镇梯下村委会，荣获“韶关市卫生镇”的东坪镇和必背镇，荣获“韶关市卫生村”称号的乳城镇云门村委会、岭溪村委会，大桥镇大桥村委会等 11 个村委会，被评为乳源瑶族自治县卫生标兵单位的县公安局、县卫生和计划生育局、县地方税务局等 12 个单位和被评为乳源瑶族自治县卫生先进单位的县交通运输局、县国家税务局、县林业局等 34 个单位。

3 月，副县长梁丽娟率队赴河源市、梅州市学习考察旅游发展经验。现场察看河源市 AAAA 级景区万绿湖、美思威尔顿酒店，梅州市五华县 AAA 级景区汤湖热矿泥山庄、梅县区 AAAAA 级景区雁南飞、桥溪古韵景区及其游客服务中心，并与相关市、县、区及景区景点负责人互动交流，了解其在旅游资源开发建设、创建国家 AAAAA 级旅游景区和旅游管理、营销宣传工作的先进经验和做法。

4 月

4 月 7 日，广东省人才交流协会会长张志明率调研组到一六镇以座谈会的形式对农村实用人才资源开发情况进行调研，韶关市人社局党委委员、人才局局长陈志宏，县委常委、副县长刘永生出席座谈会。

4 月 8 日，省环境保护专项检查组到乳源开展实地核查 2015 年度产业园区环境保护工作。市相关部门负责人，副县长陈耀宇及县有关部门负责人陪同核查。

4 月 12 日，省卫计委副主任陈祝生率督查组到乳源开展二类疫苗预防接种专项督查检查。县委副书记伍文、副县长梁丽娟和市县卫计局有关负责人陪同检查。

4 月 12 日，市人大常委会副主任邓小杰率部分市人大代表和市气象有关领导到乳源，就贯彻实施《广东省气象灾害防御条例》情况进行现场调研。县人大常委会副主任许尔华、副县长李明华及市县有关部门负责人参加调研活动。

4 月 14 日，县领导吴春腾、邓志聪、费玉海、马福德、张军、许益云、陈耀宇以及县委办、县政府办、县住房和城乡建设局、县国土局、县经济开发区和 9 个镇等有关负责人，前往始兴县、南雄市考察学习城市建设管理工作。

4 月 15 日，县政府召开全县安全生产暨消防、道路交通和食品安全工作会议，县长邓志聪，县委常委、常务副县长林昌卫，县委常委、副县长刘永生，以及县安全生产委员会、食品安全委员会、消防安全委员会、道路交通安全联席会议成员单位负责人，县府直属及上级直管各单位主要领导，各镇镇长、分管领导、安监站站长，省属驻县各单位分管领导、安委办主任，部分重点生产企业负责人参加会议。

4月16日，受外交部驻香港特别行政区特派员公署邀请，由县委常委、统战部部长黄寿生担任团长，县民族文化传习馆29名演职人员组成演出交流团，赴港参加“祖国好，香港好”为主题的大型公众开放日活动文艺演出。《亲人来到咱瑶寨》《扁担挑起情嘿罗》《霓裳绣影》《变脸》《赛装》《竹竿舞》等系列文艺表演获得观众的好评和得到外交部驻香港特别行政区特派员公署领导的赞扬。

4月17日，2016年乳源公开招聘事业单位紧缺高层次人才笔试在乳财服务中心会议室开考。由县直属医疗卫生事业单位、各镇农业技术推广站等10个单位，向社会公开招聘事业单位工作人员37名（其中免笔试岗位15个，共17人），来自全国各地的考生共30名参加笔试，其中研究生8人，重点高校（985、211工程院校）本科以上毕业生3人。县委副书记伍文，县委常委、常务副县长林昌卫到场巡考，县人力资源和社会保障局、县卫计局、县教育局等部门负责人陪同。

4月21日，由县人民医院、县妇幼保健院、县疾控中心、县中医院、县慢病站、县计生服务站等医疗卫生单位抽调业务骨干30人，在县政府广场展开“2016年爱国卫生月暨迎接省卫生县城复审系列宣传活动”为主题的大型义诊活动，向群众宣传公共卫生惠民政策，解答卫生、计生群众关心的热点问题，普及合理膳食、传染病防控等医学常识和健康知识，引导群众健康就医，并为群众提供妇科、内科、中医科等多种专科的义诊活动，免费提供测血压、测血糖等服务。共接待300多名群众前来问诊咨询、免费检测血压等项目，共发放宣传资料7000余分。

4月28日，韶关市落实乳源少数民族地区税收优惠政策现场会议在乳源召开。会上，县委书记、县人大常委会主任吴春腾就乳源少数民族地区企业所得税优惠政策进行解读，列举步步高集团入驻乳源例子，介绍乳源招商引资情况，市委常委、常务副市长陈波出席会议并讲话。

4月28日，县委召开“两学一做”学习教育动员会和乡镇领导班子换届工作会议，县领导吴春腾、费玉海、伍文、马福德、张军、黄寿生、许益云、伍梅华及各镇党委书记、镇纪委书记、镇组织委员，各基层党委书记、县直上级直管各单位主要负责人等参加会议。会上，县委常委、组织部部长伍梅华对县“两学一做”学习教育工作和县镇领导班子换届工作进行具体的安排和部署，县委书记吴春腾作动员讲话，各镇党委书记与县委签订加强换届风气监督责任书。

4月29日，县委、县政府召开新时期精准扶贫工作会议，县四套班子成员、县直及上级直管有关单位负责人，各镇党委书记等参加会议。会议学习贯彻中央、省、市关于新时期扶贫开发的决策部署和会议精神，安排部署新时期精准扶贫工作。

5　月

5月2日，乳源首届青年公益彩色跑活动在县财政广场举行，活动跑程5千米。全县各行各业共1000多社会青年参加活动，县委常委、常务副县长林昌卫出席开幕式并致辞。

5月4日，省清洁生产专家应韶关市经信局邀请到乳源东阳光氟有限公司，开展企业清洁生产审核验收工作。县经济促进局、环境保护局，东阳光企业负责人参加现场审核验收会，省清洁生产专家组经过听取汇报、实地察看一致评审认为，乳源东阳光氟有限公司对清洁生产工作高度重视，申请报告切实可行，实施方案流程科学规范，重点工作明确合理，实现经济发展、环境保护和社会效益，符合《广东省清洁生产审核验收管理办法》要求，顺利通过省清洁生产专家组审核验收。

5月6日，粤北人民医院托管乳源瑶族自治县人民医院签约仪式在乳源举行。县领导吴春腾、费玉海、伍文、马福德、伍梅华、邱波、梁丽娟，市、县卫计部门负责人等参加签约仪式。县长邓志聪主持签约仪式，副市长王伟阳出席签约仪式并讲话。粤北人民医院托管乳源瑶族自治县人民医院后，该县人民医院加挂“粤北人民医院乳源分院”院名，原行政隶属关系、所有权、公益性质、医疗任务、职工编制等保持不变。

5月9日，市委书记江凌到乳源“围绕县域经济如何发展”的专题开展调研，市委常委、秘书长孔云龙，县委书记吴春腾，县长邓志聪等领导陪同调研。

5月12日，省基层公共服务平台考核验收组对乳源基层公共服务平台建设工作进行考核验收，县委常委、常务副县长林昌卫陪同。考察验收组认为，乳源对基层公共服务平台建设工作非常重视，各级平台服务设施完善、工作有创新，在基层公共服务平台建设中取到示范作用。

5月12日至13日，县农业局和县畜牧兽医水产局到一六镇、游溪镇开展免费送鱼苗下乡助农致富活，共发放禾花鱼苗10万尾，涉及2个镇100多户村民。

5月15日，2016年县公开招聘事业单位紧缺高层次人才面试工作在县中等职业技术学校进行，公开招聘33个职位的岗位包括：县中医医院院长职位、县民族实验学校校长职位、县高级中学教师岗位和县直属医疗卫生事业单位部分职位、各镇农业技术推广站工作人员等职位，全县共31名考生参加面试。县委副书记伍文，县委常委、常务副县长林昌卫及县人社局、县卫计局、县教育局等部门负责人到场巡考。

5月17日，省安委办督查组到乳源开发区新材料特色产业园开展危险货物、危险化学品生产储存安全风险评估工作。副县长陈耀宇，及市、县安全生产监督管理局、县住房和城乡建设局、县经济开发区等部门负责人陪同评估。

5月20日，省科委发起“银龄行动”第十三期科学养殖技术讲座在县农业局五楼举办，华南农业大学离退休技术教授以及全县80多户养殖户参加活动。讲座课题为授科学养殖技术、安全生态养殖技术以及鸡的养殖技术等内容。

5月20日，韶关市农村普惠金融现场会在乳源召开，市政府金融工作局局长汤满懿率南雄市、乐昌市、仁化县、始兴县金融办和人民银行相关负责人，参观学习乳源农村普惠金融示范点建设工作，研究部署推进全市示范点普惠金融建设。

5月20日，乳源公车首场拍卖会面向社会公开展示，22台待拍车辆正式展示时间从5月20日至5月26日。拍卖标的公车品牌为丰田汉兰达、帕萨特、日产奇骏、现代、起亚、长城、尼桑、大众途安等，其中轿车、SUV与商用车，车辆分别来自于县属机关单位。

5月21日至22日，由乳源瑶族自治县人民政府主办、乳源瑶族自治县教育局承办的第一届“税宣杯”羽毛球邀请赛在县体育馆举行，副县长林军及相关负责人出席活动，新丰县羽毛球协会、曲江区羽毛球协会、武江区羽毛球协会、仁化县羽毛球协会、乐昌市羽毛球协会、翁源县羽毛球协会及乳源瑶族自治县羽毛球协会等8支代表队百余名运动员参加比赛。经过两天激烈的角逐，夺得冠、亚、季军的代表队分别为鑫源环保代表队、曲江羽电代表队、荣苑集团代表队。

5月23日，省政协副主席温思美一行到乳源调研新时期精准扶贫精准脱贫工作。座谈会上，县委常委、宣传部部长简连英就乳源新时期精准扶贫工作基本情况、主要措施、存在的困难和问题作汇报。温思美一行到游溪镇八一瑶族新村、东坪镇雕子塘村实地查看瑶族地区贫困群众生产生活情况，与村民亲切交谈，仔细了解农业产业发展、人畜饮水、道路硬化、村低保及救助情况。市政协副主席兰茵，县领导费玉海、简连英、邓国雄陪同调研。

5月23日至24日，省政协副主席温兰子率领部分省政协常委、委员、专家学者到乳源调研。温兰子一行先后到一六镇乌石岭新村、南岭国家森林公园，实地察看一六镇乌石岭新村乡林绿化美化情况和南岭生态修复和生物多样性保护情况，详细听取有关部门负责人汇报情况。副市长王青西，市政协副主席林嘉，县领导梁丽娟、吴巧英等，省市县林业及有关部门负责人陪同调研。

5月24日至25日，粤旺集团董事长万俊华带领广东第六产业联盟有关专家学者组成的考察团到乳源新新生态农业股份有限公司，就该公司今后发展规划和产业升级进行考察。通过实地考察，新新生态农业股份有限公司于2012年4月成立，公司集农业种植、水产养殖、研发、加工、销售为一体，采用多元化与专业合作方式横向合作，重点打造有乳源瑶乡特色的“盘王”系列农产品。2014年被评为韶关市农业龙头企业，2015年被评为广东省农业重点龙头企业。考察团认为乳源新新生态农业股份有限公司环境优势市县农业局、水产局有关领导陪同考察活动。25日，广东粤旺集团与乳源新新生态农业股份有限公司签订4000万元产销合同。

5月26日，县委书记吴春腾到挂点镇大桥镇作“两学一做”专题党课，该镇机关党支部全体党员、32个支部书记参与听课。

5月28日至30日，广东省老科技工作者联合会医疗团暨南大学第一临床学院6名专家到乳源开展“银龄行动”，免费为乳源市民诊疗，近500余人接受免费的疾病诊疗和健康科普知识宣教等服务。

6 月

6月1日，由乳源瑶族自治县旅游局主办、韶关丽宫旅游度假区承办的首届“冰雪嘉年华”旅游节开幕式暨2016年韶关旅游创新发展研讨会在韶关丽宫旅游度假区举行。

6月2日至3日，省民族宗教事务委员会调研组到乳源就全省推动民族地区加快发展现场办公会精神及各项扶持政策和项目的落实情况以及乳源少数民族特色村镇保护与发展“十三五”规划开展专题调研。县委常委、统战部部长黄寿生，市、县民宗局相关领导及县直相关单位负责人陪同调研。

6月3日，省妇联副主席许红率由省妇联、省人社厅组成的调研组到乳源开展妇女创业就业情况调研。韶关市政府秘书长欧阳全、市妇联主席邢丽以及副县长梁丽娟陪同调研。

6月5日，县政府在县政府广场举办“6·5”世界环境日宣传活动。副县长陈耀宇，县环保局、发改局、安监局、工商局、国土局、住建局、农业局、经促局、教育局、开发区等部门领导参与活动。活动围绕“改善环境质量，推动绿色发展”主题，重点宣传新《中华人民共和国环境保护法》、新《中华人民共和国大气污染防治法》等内容，向群众派发宣传手册、宣传单、口袋书4000余份，发送手机用户短信息1万余条，发放环保纪念品1000多份，并全程邀请乳源20多家重点企事业单位参加，增强重点企业的环境法律意识和社会责任感。

6月13日晚，由县委宣传部、县文明办主办，县行政服务中心、县人防办和县农信社共同承办的“乳源瑶族自治县2014—2015年度精神文明建设工作表彰会暨县2016年第四期道德讲堂”在县行政服务中心广场举行。县文明委领导，县直及上级直管各单位领导，各镇镇委书记、宣传委员，县核心价值观示范点负责人，受表彰的先进集体和个人代表，县行政服务中心全体干部职工及市民群众近500人参加。由“树典型，学先进”“现情景，崇善行”“赞美德，献爱心”“送祝福，扬正气”四个环节组成活动，将精神文明表彰融入讲堂之中。

6月15日，县畜牧兽医水产局购买32万尾鲤鱼鱼苗，免费赠送大桥镇塘峰岩村、中冲村、核桃山村和红云村委会的村民，帮助村民实施稻田养殖禾花鱼，增加收入，助力贫困户脱贫致富。

6月15日至17日，县委书记吴春腾率队，赴贵州省湄潭县学习考察新农村建设工作。县领导张军、林昌卫、许益云、陈耀宇、李明华，县委办、政府办、扶贫办，县住建局、国土局、农业局等单位的负责人和各镇党委书记参加学习考察。

6月17日，县委书记吴春腾率队考察英德市深化农村综合改革工作，英德市市长黄镇生及相关部门的负责人陪同考察。考察团走访英德市西牛镇小湾片区新城村、西牛镇金竹片区公共服务站、西牛镇金竹片区垭田村，与镇村干部进行交谈。

6月20日至22日，广东省人大常委会副主任陈小川率调研组，到乳源就自然保护区建设管理工作情况开展专题调研。韶关市人大常委会副主任杨小明，副市长许志新，县领导周志军、许尔华、李明华及省、市、县相关部门负责人陪同调研或参加座谈会。

6月23日，深圳、中山市韶关商会联合组团一行40人到乳源进行为期2天的参观考察活动，就旅游、教育、体育、农业等方面进行商务考察或项目对接，实地了解乳源的投资环境、招商优势等方面情况。副县长梁丽娟及县经促局、旅游局、教育局等有关部门及企业主要负责人陪同考察。

6月23日，省农业厅和省旅游局公布第三批省级休闲农业与乡村旅游示范点名单，韶关市共6个点入选，乳源的一峰生态度假庄园、粤凰生态农业科技园榜上有名。

6月24日，省能源局新能源产业处处长刘文胜率省能源局业务骨干到大布镇，实地查看乳源大布一期风电场项目。市发改局副局长罗伟强，县委常委、常务副县长林昌卫，市县发改局、粤水电集团等部门人员陪同调研。

6月24日，县委、县政府召开全县城乡建设管理工作会议。县领导吴春腾、邓志聪、伍文、许尔华、陈耀宇、禤继文及各镇党委书记、镇长，各村（社区）支部书记、村（居）委主任，县直及上级直管副科级以上单位负责人等参加会议。会上，县住建局、乳城镇政府就城乡建设管理工作发言，副县长陈耀宇就《乳源瑶族自治县关于进一步加强城乡规划建设管理工作的实施意见》等4份文件起草情况作说明，县长邓志聪对全县城乡建设管理工作作安排部署，县委书记吴春腾就做好全县城乡建设管理工作发表讲话。

6月27日，中央电视台记者张琦等采访人员，到乳城镇采访陈鹏雨夜在公路塌方地段拦车的英勇事迹。6月12日深夜11时多，国道323线K409KM+100M乳源境内腊岭路段受暴雨袭击，发生大面积公路路基塌方。乳城镇居民陈鹏及其妻子谢细悦开车回家经过塌方路段，目击一摩托车司机因路面漆黑闪躲不及连人带车坠入约20多米高的悬崖，他报警后冒着风雨坚守现场设置路障，提醒过往车辆避免再发生悲剧，直到交警到达现场才离开。其间，10余辆过往车辆在陈鹏及其妻子谢细悦的提醒和指挥引导下安全通过。

6月27日，市长骆蔚峰率队到乳源开展“七一”建党节慰问老党员和困难党员活动，副县长梁丽娟及县政府办、组织部等相关部门负责人陪同慰问。

6月28日至29日，市档案局、农业局在乳源举办全市农村土地承包经营权确权登记颁证档案管理工作培训班，各县（市、区）农村土地承包经营权确权登记工作办公室相关负责人、档案局和乡镇街道主管负责人及中标测绘公司负责人共计180余人参加培训。会议对《广东省土地承包经营权确权登记颁证档案管理实施办法》和《农村土地承包经营权确权登记颁证档案整理规则》及《确权工作规范操作》进行专题解读和培训，对综合管理、确权登记、纠纷调处、特殊载体等不同类别的土地确权登记颁证文件材料的收集整理方法、组卷步骤、归档范围、保管期限的划分标准和对实际整理过程中遇到的问题进行具体讲解。

6月29日，乳源瑶族自治县南岭双创现代农业促进中心正式揭牌成立。市农业局副局长刘志福，副县长李明华，广州科信光机电企业孵化器有限公司董事长李志刚、广州市海汇投资管理公司副总裁王小良博士共同为南岭双创中心揭牌。

6月30日，在中国共产党建党95周年之际，县直属机关工委举行新党员入党宣誓仪式，43名新党员面对鲜红党旗庄严宣誓。仪式上，县直属机关工委为县政法委党支部、环保局党支部颁发2015年度规范化党支部建设达标单位牌匾。

6月，2016年乳源普通高考再创佳绩，一本上线78人（含农村专项24人），本科上线437人。其中应届一本上线41人（不含农村专项）完成市指标228%，应届二本上线338人，完成市指标126%。

7　月

7月2日，第三届南岭“瓜果花香世界”旅游节在乳源一峰生态园开幕，市旅游局、县旅游局等单位有关负责人及省内外旅游单位的嘉宾共300多人参加活动。

7月5日，市委书记江凌到乳城镇新兴村调研指导挂点的软弱涣散村党组织整顿工作。市委组织部副部长钟曦，县委书记吴春腾，县委副书记伍文，县委常委、县委办主任许益云，县委常委、组织部部长伍梅华等领导陪同调研。

7月6日至7日，县委副书记、县长邓志聪率队到清远市英德市、清城区、佛冈县等地学习考察，实地感受清远市各地改革发展的成果，学习城市规划建设、交通路网、征地拆迁工作等新理念、新做法，县领导伍文、陈耀宇、李明华及县直相关部门负责人，各镇镇长参加考察学习。

7月7日，广东省企联执行副会长全军率队到乳源督促检查构建和谐劳动关系工作。市委改革办副主任刘华益，县委常委、县委办主任许益云及市、县相关部门负责人陪同检查。

7月8日，全省工商系统《广东省商事登记条例》普训班在乳源举行。韶关市工商系统主管登记业务的领导和相关（科）股室及窗口业务骨干共184人参加培训。县委常委、副县长刘永生参加普训班动员会并致欢迎辞，普训班动员会由市工商局副局长容江主持，省局素质中心副主任蓝宝作动员讲话，培训邀请省素质中心老师余健、珠海市工商局登记注册科科长严子龙进行主讲授课。

7月7日至8日，2016年粤东西北地区乡镇事业单位专项公开招聘事业单位工作人员韶关考区乳源考点面试工作在乳源高级中学举行，有112名考生参加面试。

7月9日，乳源救援辅助队在县AAAA级旅游景区——广东大峡谷，开展应急救援辅助实战演练活动。广东救援辅助队（香港）协会会长曾景添、行政总监曾昭嫦，香港民安队高级教官陈荣强、林仕廉，县卫计局、旅游局相关领导以及主要旅游景点、主要酒店宾馆、招待所等单位派出的40多名代表在现场观看演练。

7月11日，县委召开中国共产党乳源瑶族自治县第十一届委员会第八次全体会议，吴春腾、邓志聪、费玉海、伍文等十一届县委委员，候补委员参加会议。县委书记吴春腾主持会议。全会研究和审议关于召开中国共产党乳源瑶族自治县第十二次代表大会工作。全会决定，根据中央、省委和市委工作安排，中国共产党乳源瑶族自治县第十二次代表大会定于2016年9月下旬在县城召开。

7月11日，在中国地方志指导小组组织开展的全国地方志优秀成果（年鉴类）评奖中，《乳源年鉴（2013）》荣获县区级综合年鉴二等奖。

7月11日至13日，广东技术师范学院民族学院研究生暑期班一行45人在该院院长符昌忠的带领下，到乳源开展瑶族语言和文化田野调查。

7月13日，省立中山图书馆副馆长吴昊、东莞图书馆副馆长冯玲、佛山禅城区图书馆馆长田碧一行到乳源调研指导2016年图书馆总分馆试点建设工作进展情况。市、县文广新局负责人及图书馆相关人员陪同调研。

7月13日至14日，由省水利厅专家及相关人员组成的验收组在市水务局负责人的陪同下到乳源，对乳源小型水利工程管理体制改革试点工作进行验收，乳源试点工作顺利通过省级验收。

7月14日，由中山大学医学院、乳源高级中学主办的第四届“两岸医家”海峡两岸医学学生联合夏令营开班仪式在乳源高级中学举行。中山医学院、台湾大学、台湾慈济大学、台湾中山医学大学、台湾阳明大学、台湾成功大学、华中科技大学、上海交通大学、中国医药大学等院校76名营员和县高级中学100多名学生参加开班仪式。

7月15日，县举办以“搭建供需平台，引进优秀人才”为主题的高校毕业生现场招聘会。招聘会共邀请18家用人单位，提供空缺岗位674个，主要招聘工种有技术类、财务类、管理类等岗位。现场达成就业意向人数达354人，现场派发宣传资料500多份。

7月17日晚，云门山第二届水上旅游狂欢节系列活动之2016年亚洲比基尼小姐大赛华南区总决赛在云门山旅游度假区举行，领导嘉宾、新闻媒体和各地慕名而来的游客近3000人参加活动。

7月19日，省编办副主任陈华江，电子政务中心主任梁绮罗、审改办黎巧能一行到乳源调研“一门式一网式”政务服务模式改革工作情况，考察乳源的县、镇、村三级公共服务平台建设。县委常委、常务副县长林昌卫及相关部门负责人陪同调研。

7月19日，“2016年炫彩天井山”森林生态科普文化旅游节在广东天井山国家森林公园开幕。市县旅游局、天井山林场、洛阳镇有关领导和嘉宾及近百名青少年学生参加活动。广东天井山举行的“炫彩天井山”森林生态科普文化旅游节活动为韶关市2016年旅游节庆活动之一，其主要目的是开展森林生态科普活动，充分宣传展示广东天井山国家森林公园的秀美森林自然风光，着力推介景区的精品生态旅游科普旅游线路。

7月22日，县开发区与广东万森生态科技发展有限公司就年产100吨天然冰片及其系列产品开发项目举行签约仪式，县委常委、武装部部长吴炬光，副县长林军出席签约仪式。年产100吨天然冰片及其系列产品开发项目建设内容包括天然冰片生产线及其相关配套设施建设、种苗繁育基地建设、原料林基地建设、开发生产龙脑系列产品的相关建设等。

7月26日，“中国天然氧吧”创建活动发布会在北京钓鱼台国宾馆召开。发布会称，广东省南岭国家森林公园风景区等全国9个景区被选为全国首批“中国天然氧吧”。广东省南岭国家森林公园风景区是广东省唯一入选的景区。

7月26日，由佛山市委统战部副部长、工商联党组书记朱卫华率队，佛山市工商联考察团一行10多人到乳源考察投资环境，佛山市多家企业表示对乳源未来的发展充满信心，并初步达成投资意向。县领导吴春腾、陈耀宇、林军和县发改、经促、国土、住建等相关单位负责人参加考察活动。

7月27日至28日，连南瑶族自治县副县长李一贵率该县相关部门负责人一行16人到乳源开展专题调研。先后参观考察必背镇必背瑶寨、盘王纪念馆、中农批、东坪镇东下山瑶族新村、雕子塘瑶族新村、云门山旅游度假区。副县长梁丽娟，县文广新局、农业局、旅游局等相关部门负责陪同调研。

7月29日，市人大常委会副主任邓小杰率调研组到乳源调研农村饮水安全和农村“村村通”自来水工程建设情况。县人大常委会副主任许尔华，副县长李明华及县人大经工委、政府办、水务局等相关单位负责人陪同调研。

8　月

8月2日，乳源瑶族自治县第十一届人民代表大会常务委员会第三十二次会议决定：任命杨云为乳源瑶族自治县人民政府副县长、县公安局局长。免去连卫的乳源瑶族自治县人民政府副县长、县公安局局长职务。

8月5日，中共乳源瑶族自治县第十一届委员会第九次全体会议在中心会堂召开。吴春腾、邓志聪、费玉海、伍文等十一届县委委员、候补委员出席会议，不是县委委员、候补委员的县人大、县政府、县政协党员领导等列席会议。县委书记吴春腾主持会议，全会学习贯彻市委十一届九次全会及系列会议精神，总结2016年上半年工作，研究部署主动融入珠三角加快县域经济发展工作；听取吴春腾代表县委常委会所作的《主动融入珠三角加快县域经济发展》的报告和邓志聪关于经济工作的讲话以及县农村改革发展、提高机关效能2份文件的说明。

8月8日至9日，由省审计厅副厅长、党组成员黄建勋率领的省委换届风气专项巡视组第三小组一行4人，在市委组织部副部长、市直工委书记李志斌的陪同下到乳源开展专项巡视工作。在汇报会上，县委书记、人大常委会主任吴春腾就乳源换届工作进展和换届风气监督工作情况进行汇报。

8月10日，市委“两学一做”学习教育党课巡回宣讲团第三宣讲分团到乳源开展党课宣讲，县四套领导班子成员、法检“两长”、其他在职处级干部，各镇党委书记、镇长、分管党建的副书记、纪委书记、组织委员、宣传委员，县直及上级直管各单位领导班子成员共260多人聆听宣讲。县委书记吴春腾主持宣讲会。宣讲会上，韶关学院马克思主义学院副院长严兴文作以《中国共产党的光辉历程历史经验与现实启示》为主题的专题讲座，韶关学院政治与公共事务管理学院教授杨华山作以《学系列讲话做合格党员》为主题的专题党课。

8月12日，由省“行动”办和省健康中心工作人员组成的督导复查组到乳城镇开展“全国亿万农民健康促进行动”省级示范镇考核评审工作，市县有关部门负责人陪同检查。

8月15日，县委宣传部、团县委联合举办“解放思想求跨越，共建美丽新乳源”主题演讲比赛。评委们根据演讲主题内容、语言表达技巧、选手综合形象等方面现场评分。经过激烈的角逐，由卫计局党委选送的周佩琛发挥出色，获得第一名。另外，比赛还产生二等奖2名、三等奖3名，优秀奖6名。县领导吴春腾、张军、林昌卫、刘永生、简连英出席观看比赛，并为获奖人员颁奖。

8月18日，广东省第十届双拥模范县表彰大会在广州市召开，乳源连续三届获评“广东省双拥模范县”，县委常委、副县长刘永生，县委常委、武装部部长吴炬光代表乳源接受表彰。

8月19日，省委常委、常务副省长徐少华到乳源调研扶持民族地区加快发展工作情况。市委书记江凌，市领导王青西、王伟阳，县领导吴春腾、邓志聪、刘永生及相关部门负责人参加调研。徐少华先后深入中农批、云门山旅游度假区、县金禧小学等项目建设现场，调研农产品电子商务、推进义务教育、发展特色旅游业等工作。

8 月 19 日，省农村普惠金融“村村通”专项督查组到乳源督查农村普惠金融“村村通”工作，县委常委、常务副县长林昌卫，市普惠金融工作领导小组成员单位负责人，各试点县分管副县长、金融办主任、人民银行行长等陪同检查。督查组先后到县综合征信中心、一六镇东粉村委、罗屋村委等地，详细了解县综合征信中心、助农取款点、信用村、金融服务站建设与运作等情况，并听取相关情况介绍。座谈会上，韶关、乳源、乐昌、始兴、仁化分别就 2016 年农村普惠金融工作进行汇报，并就相关问题与省督查组进行互动交流。

8 月 20 日，“激情乳源，勇奔高峰”2016 年广东省（韶关・乳源）迷你铁人三项赛在乳源举行。比赛由广东省社会体育中心、《中国体育报》、南方日报社、广东广播电视台体育频道、广东广播电视台文体广播、韶关市体育局和乳源瑶族自治县人民政府主办，乳源瑶族自治县教育局（体育）承办。赛事分男、女公开组和男、女本地组，来自全国各地的 200 名参赛选手经过游泳（0.2 千米）、自行车（12 千米）、徒步（3 千米）三个项目共 15.2 千米的激烈角逐，吴兴栋获男子公开组第一名，郭朝阳获女子公开组第一名，彭剑辉获男子本地组第一名，黄云娟获女子本地组第一名。省体育局巡视员曾晓红、副市长王伟阳、县委书记吴春腾、县长邓志聪等领导出席开幕式并为获奖运动员颁发奖杯、证书及奖金。

8 月 24 日，韶关市文广新局公布 2015 年度全市群众文艺作品评选结果，由乳源文化馆选送的乳源原创音乐作品《铜铃悠歌》荣获一等奖。

8 月 25 日，广东省文物考古研究所专家尚杰一行到乳源实地调研指导西京古道文物保护工作，副县长梁丽娟及市、县相关部门人员陪同调研。

8 月 25 日，由县国税局、地税局、建行乳源支行联合主办的“银税互动”工作推进会暨贷款签约仪式在建行乳源支行会议室举行，中国建设银行韶关市分行、县经促局、县国土局、县地税局、中国人民银行韶关乳源支行、中国建设银行乳源支行有关负责人及 6 家企业代表出席会议。会上，中国建设银行乳源支行有关负责人介绍贷款产品背景及简要产品说明，中国建设银行乳源支行与企业进行贷款签约仪式，韶关得利包装有限公司是乳源第一笔“税易贷”业务的办理者。

8 月 30 日，省人大常委会原副主任肖志恒率驻粤部分全国人大代表一行 13 人，到乳源就新时期精准扶贫精准脱贫工作进行专题调研。市人大常委会代理主任林平杰，副市长彭裕殿，县委书记吴春腾，县人大常委会副主任许尔华，副县长李明华及市、县相关部门负责人陪同调研。

8 月 30 日，县文明交通宣讲启动仪式暨首场宣讲活动在县政府会场举行。活动由县文明办、县公安局、县交通运输局主办，各镇、县直及上级直管各单位代表，公安交警、环卫、交通等行业及村（居）民代表近 300 人参加活动。县委常委、宣传部部长简连英，副县长陈耀宇，副县长、公安局局长杨云等县领导出席活动。简连英作动员讲话并宣布宣讲活动正式启动。

8 月 31 日，省文明办副主任马必文带领检查组一行到乳源检查指导文明镇村创建工作，市文明办副主任李梅，县委常委、宣传部部长简连英等陪同检查。检查组一行先后到一六镇乌石岭新村、一六镇镇区、东坪镇东莞“双到”瑶族新村等地进行实地查看，并听取相关负责人的介绍。

8 月 31 日晚，由市民宗局和县联合主办的韶关市 2016 民族团结进步宣传月走进东阳光文艺晚会暨民族团结进步宣传月启动仪式在东阳光山水城举行。省民委民族二处处长张朝发，副市长王伟阳，副县长梁丽娟等相关领导，以及东阳光公司职工等 1000 多人参加仪式。

8 月，接中共韶关市委组织部韶组干发《关于刘峰等同志职务任免的通知》的通知，市委批准：刘峰、谢向军任中共乳源瑶族自治县委委员、常委；免去伍文的中共乳源瑶族自治县委副书记、常委、委员职务。

9　月

9 月 1 日，市残联残疾儿童复筛工作小组会同省三九脑科医院、市第二人民医院、市爱尔眼科医院有关专家一行 12 人，到乳源开展残疾儿童康复救助项目复筛工作。

9 月 7 日，省海洋渔业局巡视员杨志仁率省海洋渔业局、省财政厅、省质监局、省经信委、省供销社等相关部门组成的专项调研督导组，到乳源进行农产品质量安全监管、检测工作专项调研。县委常委、副县长刘永生及市、县农业局等相关部门负责人陪同。

9月7日，乳源瑶族自治县第十一届人民代表大会常务委员会第三十三次会议决定：免去林军的乳源瑶族自治县人民政府副县长职务。

9月7日，乳源瑶族自治县第十一届人民代表大会常务委员会第三十三次会议通过：同意接受蓝韶东辞去乳源瑶族自治县人民法院院长、审判委员会委员职务的请求；同意接受袁瑞刚辞去乳源瑶族自治县人民检察院检察长、检察委员会委员职务的请求。任命：陆国东为乳源瑶族自治县人民法院审判委员会委员、副院长、代院长；赖正志为乳源瑶族自治县人民检察院检察委员会委员、副检察长、代检察长。

9月8日至11日，县组织南岭国家森林公园、广东大峡谷、丽宫国际旅游度假区、云门山旅游度假区等重点旅游企业参加由省旅游局在广州琶洲中国进出口商品交易会展馆举行的2016广东国际旅游产业博览会。博览会期间，乳源南岭国家森林公园、避暑林庄温泉大饭店分获2016广东人最喜爱旅游目的地和最佳度假酒店两项殊荣。

9月11日，大桥客家联谊会在大桥镇古道文化森林公园举行2016年丙申岁纪念舜帝诞辰公祭大典文化旅游节活动。大桥镇大桥村、红星村、红云村等镇域约40多个村庄部分村民和县有关部门负责人等500多人参加活动。

9月13日，广东万森科技龙脑香樟叶中天然冰片的提取与综合开发应用研究成果鉴定会在乳源召开。鉴定会由韶关学院牵头，组织专家对该项目的科技水平进行咨询、提问，并听取相关人员的答辩。综合评议结果：该项目创新点突出，整体达到国内领先水平，同意通过鉴定。

9月14日，中共乳源瑶族自治县第十一届委员会第十次全体会议在县中心会堂召开。吴春腾、邓志聪、费玉海、马福德等十一届县委委员及候补委员参加会议。县委书记吴春腾主持会议。会议圈选县出席市第十二次党代会代表预备人选，酝酿县第十二届“两委”委员候选人预备人选，审议通过第十一届县委工作报告和十一届纪委工作报告。

9月20日，电影交流系列活动主题为“让广府文化开出绚丽的电影之花”由广东省新闻出版广电局、香港电影发展局及澳门文化局携手主办，电影交流系列活动在乳源南岭避暑林庄大酒店举行，来自粤港澳三地电影业界的60余名代表参加活动。广东省新闻出版广电局副局长刘小毅、韶关市副市长王伟阳、广东省新闻出版广电局电影管理处处长陈松，县委常委、宣传部部长简连英等领导出席活动。

9月22日至23日，中国共产党乳源瑶族自治县第十二次代表大会在县政府会场召开。会上，县委书记、县人大常委会主任吴春腾代表中国共产党乳源瑶族自治县第十一届委员会向大会作题为《建设韶关融入珠三角发展先行区　为全面建成小康社会而努力奋斗》的工作报告。会议选举产生县第十二届县委委员、候补委员和县纪委委员以及出席市第十二次党代会代表。会议举手表决一致通过《关于中国共产党乳源瑶族自治县第十一届委员会工作报告的决议》和《关于中国共产党乳源瑶族自治县第十一届纪律检查委员会工作报告的决议》。

9月23日，中共乳源瑶族自治县第十二届委员会第一次全体会议召开，会议选举中共乳源瑶族自治县第十二届委员会常委、书记、副书记。经选举，吴春腾当选为县委书记，邓志聪、张军当选为县委副书记，邓志聪、伍梅华、刘峰、许益云、吴炬光、吴春腾、张军、陈耀宁、秦正京、谢向军、简连英当选为县委常委（县委常委按姓氏笔画为序排列）。

9月23日，中共乳源瑶族自治县第十二届纪律检查委员会第一次全体会议召开。会上，选举产生县十二届纪律检查委员会常务委员会委员和县十二届纪律检查委员会书记、副书记。刘峰当选县十二届纪律委员会书记，赵鹏、杨志坚当选县十二届纪律委员会副书记。

9月24日，“激情乳源，勇奔高峰”2016年奔向广东第一峰（韶关·乳源）铁人三项挑战赛在乳源南水湖国家湿地公园和南岭国家森林公园举行，比赛由广东省社会体育中心、《中国体育报》、南方日报社、广东广播电视台体育频道、广东广播电视台文体广播、韶关市体育局和乳源瑶族自治县人民政府主办，乳源瑶族自治县教育局（体育）承办。省体育局局长王禹平，副市长彭裕殿，市政协副主席兰茵，县委书记吴春腾，县长邓志聪等领导和嘉宾出席开幕式并为获奖运动员颁奖。

9月26日，广东省人民政府通报2015年度省产业园建设管理考评情况，乳源产业转移工业园在全省起步园中排名第二，获优秀名次。

9月26日，由韶关市委主办，市委组织部、直属机关工委、党史研究室、党校，市文广新局、档案局，韶关日报承办的“永远的丰碑，光辉的历程”纪念建党95周年图片巡回展到乳源。展览为期7天，期间县四套班子领导、各镇、各单位党员干部前往参观展览。

9月26日晚，央视一套综合频道CCTV1《中华民族》栏目播放乳源原创旅游歌曲《我爱南岭五指山》MTV。该歌曲由词作家郑南作词，作曲家刘长安作曲，由著名男高音歌唱家戴玉强演唱。歌曲旋律优美，赞美四季风景如画，生态资源丰富的乳源南岭国家森林公园。《我爱南岭五指山》歌曲收录在《映像乳源》旅游音乐电视原创歌曲MTV专辑中。

9月28日，广东省民族宗教委员会主任黄强一行到乳源调研民族宗教工作。市委常委黄劲东，县领导吴春腾、黄寿生、秦正京及市、县民族宗教事务局等相关部门负责人陪同调研。先后走访中农批、云门山旅游景区、云门寺等项目建设现场，实地调研农产品电子商务、发展特色旅游业、民族宗教文化保护与发展等工作。

9月28日，县人民政府与省价格和产业发展协会开展长期战略合作协议签订仪式，县领导张军、林昌卫及县发改、经促、开发区等有关部门负责人参加仪式，张军主持签约仪式。会上，林昌卫介绍县经济社会发展情况，并与省价格和产业发展协会负责人进行签约。

9月，在第五届中国创新创业大赛先进制造业全国总决赛中，落户乳源新材料工业园化工基地的硕成集团集团胶带事业部广东硕成科技股份有限公司（韶关聚力胶粘制品有限公司）以91.02的成绩荣获优秀企业奖。

10　月

10月1日，由必背镇王茶村半埂村小组发起，县文化志愿者全程指导并参与举办的“王茶村庆国庆暨重走红军路活动”在王茶村委举行。参加活动的人员身着红军服装，高举国旗，从村委驻地步行近十千米前往半岗岭村附近的“红七军经过半岗岭瑶寨遗址”。王茶籍瑶族干部以及村委干部、附近村民、外出返乡人员100余人参加活动。活动仪式上，参加活动的党员重温入党誓词，并向红军先烈献上鲜花。

10月1日至7日，国庆黄金周假期，全县总接待人数31.4万人次，比2015年增长52.75%，旅游综合收入2.13亿元，比2015年增长54.78%。各酒店都保持较高的客房入住率，平均客房出租率达75.12%，酒店餐饮呈现火爆状况。

10月3日，由韶关市委宣传部、韶关市文化广电新闻出版局主办，韶关市文化馆承办的韶关市2016年“九龄风度”国庆群众文化活动暨韶关市首届音乐舞蹈花会在市中山公园中心广场闭幕，县文化馆、民族文化传习馆选送的舞蹈《地动山摇》《日头下　田埂乐》荣获舞蹈组金奖，歌曲《歌春》获得歌曲组金奖，歌曲《相聚这里》获得铜奖，乳源文广新局获得花会“优秀组织奖”。

10月9日，县委召开中心组理论学习（扩大）会议。吴春腾、邓志聪、费玉海、马福德、张军等县委中心组成员、各镇党委书记、镇长，县直及上级直管各单位主要负责人参加会议。县委副书记张军主持会议。会上，县委常委、宣传部部长简连英，县纪委常委付慧燕通过专题讲座的形式，分别对《中国共产党地方委员会工作条例》《中国共产党党组工作条例（试行）》和《中国共产党问责条例》进行解读学习，县委书记、人大常委会主任吴春腾作讲话。

10月12日至14日，广东省世行项目办在乳源召开世界银行贷款建设农村经济综合开发示范镇项目2016年度第二次督导会议。世行项目经理梅伯杰等5名世行专家，省发改委副巡视员、项目办主任魏济章，省财政厅处长刘捷，韶关市发改局副局长刘剑成，县委常委、常务副县长林昌卫，中山市、云浮市、阳江市、河源市、肇庆市等市项目办负责人共50多人参加会议。省发改委农经处陈建军副处长主持会议。

10月13日，由县纪委、县委组织部组织的全县新提拔科级领导干部一行68人，在县委常委、县纪委书记刘峰的带领下，到清远市监狱廉政警示教育基地开展警示教育活动，全体人员参观服刑人员的工作、学习、生活区域，观看廉政教育图片展和服刑人员的忏悔警示教育片。

10月17日，仁化县县长王晓梅率县政府领导班子成员一行16人到乳源，就政务服务体系建设、粤北人民医院托管乳源瑶族自治县人民医院（以下简称县人民医院）等方面工作进行考察。县长邓志聪等有关领导陪同考察。考察团一行到县行政服务中心办事大厅进行实地查看，详细了解政务服务体系建设，“一门一网式”审批改革等方面的工作情况，并通过交流座谈会，与乳源相关负责人就政务服务体系建设和粤北人民医院托管县人民医院等方面工作进行探讨。

10月18日至20日，中国人民政治协商会议第十届乳源瑶族自治县委员会第一次会议在县政府中心会堂召开。县领导吴春腾、邓志聪、费玉海、马福德、张军、林昌卫、赵志敏、刘宏美、吴巧英、释明向、邓国雄、禤继文以及盘才万、邓中兴、梁家珍、莫瑞福、陈莲花、胡又新等县级老领导出席会议，会议听取县政协主席费玉海向大会作工作报告、县政协副主席刘宏美所作的提案工作报告。会议还表彰2016年度政协委员优秀提案、承办提案先进单位以及优秀政协委员。会议选举赵志敏为政协第十届乳源瑶族自治县委员会主席，陈松海、黄寿生、刘宏美、吴巧英、释明向、禤继文为政协第十届乳源瑶族自治县委员会副主席，邓雯珍为政协第十届乳源瑶族自治县委员会秘书长；马新海、王双陆、文胡胜等21位委员为政协第十届乳源瑶族自治县委员会常务委员，与会委员表决通过中国人民政治协商会议第十届乳源瑶族自治县委员会第一次会议决议。

10月19日至21日，乳源瑶族自治县第十二届人民代表大会第一次会议在县政府会场召开，160多名人大代表参加会议，县领导吴春腾、邓志聪、费玉海、马福德、张军、林昌卫、许尔华、朱均玉、赵雷、邱波等出席会议。大会由县委书记、县人大常委会主任吴春腾主持。会议听取和审议县政府工作报告、县人大常委会工作报告、县人民法院工作报告、县人民检察院工作报告、2012—2016年计划报告和财政情况报告。会议选举林昌卫为县十二届人大常委会主任，朱均玉、赵雷、邱波、邓国雄、许尔金、吴衍雄为县十二届人大常委会副主任，刘树明等16位代表为县十二届人大常委会委员；选举邓志聪为县人民政府县长，许益云、梁丽娟、杨云、李明华、唐保生、龚民为县人民政府副县长；选举陆国东为县人民法院院长，选举赖正志为县人民检察院检察长。会议还选举出席韶关市第十四届人民代表大会代表。会后，县人大常委会新班子成员参加乳源瑶族自治县第十二届人民代表大会法制委员会的揭牌仪式。

10月24日，广东省司法厅副厅长梁震带领第4督导组到乳源督导检查司法行政工作。市、县司法局相关领导陪同检查。督导组先后到东坪镇、一六镇，通过实地查看司法所工作环境、现场座谈、查阅工作档案等方式，对乳源的司法行政工作进行检查。重点对开展矛盾纠纷排查化解专项活动及一村（社区）一法律顾问工作进行督导。

10月28日，县总工会劳模疗休养基地授牌仪式在乳源避暑林庄温泉大饭店举行。市总工会副主席钟山红、生产保护部部长李少光参加授牌仪式。县人大常委会副主任、总工会主席赵雷及乳源避暑林庄温泉大饭店总经理陆发权在会上致辞。县总工会劳模疗休养基地，是全市首个劳模疗休养基地，常态化为全县各级劳动模范和先进工作者提供健康体检、疗休养等服务。

10月29日，由广东省委宣传部、省教育厅、团省委、省军区政治部、省国防教育办公室主办，以“弘扬长征精神，决胜全面小康”为主题的2016年广东省“南粤长城杯”电视网络演讲比赛总决赛暨颁奖典礼在广州图书馆举行，乳源选手梁钰杉获一等奖。

10月30日，主题为“畅骑南水湖，激情新韶城”的2016年广东省（韶关·乳源）环南水湖自行车公开赛在乳源举行。属第四届广东省环南水湖的自行车赛事，由广东省社会体育中心、《中国体育报》、南方日报社、广东广播电视台体育频道、广东广播电视台文体广播、韶关市体育局和乳源瑶族自治县人民政府主办，乳源瑶族自治县教育局（体育）承办。赛程共69千米，起点设在第十届乳源瑶族“十月朝”文化旅游节暨第二届粤北（乳源）农特产品博览会开幕式主会场，终点在南岭国家森林公园避暑林庄广场。来自美国、中国香港及澳门地区和17个省、自治区、直辖市的近400名选手参加比赛。邓湖平以2时30分23秒获女子组第一名，周克强以2时01分06秒获男子青年组第一名，李建国以2时11分58秒获男子中年组第一名。省体育局巡视员曾晓红，省民族宗教事务委员会党组副书记李秀英，副市长王伟阳，县委书记吴春腾，县长邓志聪等领导出席活动。

10月30日，第十届乳源瑶族“十月朝”文化旅游节暨第二届粤北（乳源）农特产品博览会开幕。省民宗委党组副书记李秀英，省农业厅总农艺师陆国煌，省农业科学院副院长何秀古，韶关市人民政府副市长王伟阳，省直、市直、各县（市区）和东莞市扶贫乳源单位，海外华侨代表等领导和嘉宾参加节庆活动。县委书记吴春腾在开幕式上致辞，县委副书记、县长邓志聪主持开幕式。

10月30日，2016年瑶族“十月朝”文化旅游节暨非物质文化遗产展演活动在云门山旅游度假区举行。县政协主席赵志敏，县委常委、统战部部长简连英出席活动。简连英在活动上致辞。在展演活动中，由县瑶区乡镇的民间艺人、县中小学校的师生以及县民族文化传习馆、文化馆的专业技术人员、非物质文化遗产项目代表性传承人组成的演职队伍，用优美的歌声和娴熟的瑶绣技艺，展示多姿多彩的瑶族风情和独特魅力的瑶绣艺术。

11　月

11月7日，县委书记吴春腾率考察团赴曲江区参观学习经济开发及城市建设经验。县领导邓志聪、林昌卫、赵志敏、张军及县开发区、发改局等单位负责人参加活动。

11月10日，市长骆蔚峰带领市政府办、经信局、人社局、国税局、地税局等部门有关负责人，到乳源东阳光集团进行实地走访调研。县长邓志聪，县政府办、发改局、经促局、国土局、环保局等相关部门负责人陪同调研。

11月11日，县委常委、常务副县长许益云，副县长龚民组织县各有关部门，会同韶关海事部门，开展“三无”游船联合执法行动。广东粤电南水发电有限责任公司、县武装部、公安局、交通运输局、安监局、工商局、水务局、渔政大队、消防大队、南水湖湿地公园管理处、东坪镇政府等单位约200余人参加这次联合执法行动。这次执法行动依法暂扣5艘在南水湖水域发现的“三无”游船和码头等游乐设施，并对“三无”游船的载客设施栏杆和座椅等进行拆解。

11月11日，省道249线坪乳公路罗口坑桥、多田桥、东田桥、半山桥、通济桥等6座危桥加固维修工程全部完成并正式开放通行。

11月15日，市总工会、司法局在乳源东阳光公司举行全市工会法律顾问进企业签约暨授牌活动启动仪式。市人大常委会副主任、市总工会党组书记邓小杰出席会议并讲话。市司法局主要领导，市律师协会会长，各县（市、区）总工会主要领导和工会保障部部长，各县（市、区）司法局主要领导，签约律师代表，东阳光工会主席等70余人参加仪式。

11月15日，乳源在佛山市举办招商引资推介会，推介会由县长邓志聪主持。会上，县委书记吴春腾以及佛山工商业联合会代表致辞，省工商联合会经济科技与信息部副部长李茂添作政策宣讲，副县长李明华作招商推介。现场签约7个重点项目，总投资额达42.3亿元，5家企业确定投资意向。省价格和产业发展协会会长孙庆齐，县领导吴春腾、邓志聪、林昌卫、赵志敏、许益云、秦正京、李明华以及各界商会企业家150多人共同见证签约。

11月15日至18日，省卫生县城复审考核组对乳源巩固省卫生县城工作进行省级考核。

11月19日，由县旅游局、县教育局主办，南岭国家森林公园、韶关家园传媒有限公司承办的“2016年韶关市南岭森林公园徒步公开赛暨乳源新八景颁奖仪式”在南岭国家森林公园举行，韶关市各个县（市、区）近1100名选手从南岭国家森林公园景区大门出发徒步经石坑口、九重山到达终点小黄山迎客松景点，全程约16.6千米。副县长梁丽娟及县相关部门负责人出席活动并为获奖选手颁奖。

11月20日，澳门霍英东基金会主席霍震寰一行12人到乳源参加鲜明八一希望学校英东楼落成仪式，副市长李欣，市教育局局长张立江，县领导朱均玉、梁丽娟等市县有关负责人出席仪式，并共同为英东楼落成揭幕。澳门霍英东基金会捐助人民币300万元建设英东楼，该楼共四层，课室18间，建筑面积2284平方米，英东楼的建成，可为该校增加学位900个，改善学校的硬件设施。

11月23日，由市教育局、市食品药品监督管理局组成的联合考核组，对乳源创建示范性“平安食堂”的单位进行现场考核验收。经考核，乳源8所创建示范性“平安食堂”的单位全部顺利通过验收。

11月24日，肇庆市德庆县县委书记朱宜华一行到乳源考察社会经济发展情况，县领导吴春腾、张军、秦正京、李明华及相关单位负责人陪同考察。考察团一行先后考察县广东中农批农产品批发市场建设项目、东阳光公司，考察团对乳源社会经济发展工作的做法和取得的成效给予充分肯定，认为乳源在招商引资、市场培育、政务服务方面的经验很值得德庆县借鉴。

11月26日，由大布镇政府、乳源旅游局、乳源农业局、广东斯量农业有限公司等单位联合举办的首届腐竹文化节暨农特产品展销会在大布镇举办。县领导许益云、梁丽娟、杨云、刘宏美以及相关部门负责人、企业代表、大布镇部分乡贤和部分经营农产品的村民约500人参加活动。县委常委、常务副县长许益云宣布开幕，副县长梁丽娟介绍活动的有关情况，大布镇镇委书记赵财保介绍举办活动的目的和意义。

11月28日至12月1日，县领导干部“两学一做”党性锤炼培训班第一期在井冈山江西干部学院举行，41名领导干部参加培训，县委书记吴春腾作开班动员讲话。

11月30日，市委常委王青西到乳源调研指导新农村示范片建设，村庄整治和精准扶贫工作。副县长唐保生以及市县农办、扶贫办领导参加调研。

12　月

12月6日，广东省文化馆副馆长、广东省非物质文化遗产保护中心副主任蓝海红一行到乳源考察广东省非物质文化遗产传承基地建设情况，实地考察县民族博物馆、盘王纪念馆、民俗文化展厅、《瑶族刺绣》传承基地等非物质文化遗产传习场所，并前往云门山风景区考察文化旅游融合发展项目《瑶山古寨》建设工作情况。县文广新局有关负责人陪同考察。

12月11日，县人力资源和社会保障局在县政府广场举办2016年精准扶贫专场招聘会。招聘会共邀请18家用人单位，提供工种84个，提供就业岗位约1100个。主要招聘工种有技术类、财务类、管理类等岗位，招聘会现场达成就业意向人数达380人，派发宣传资料1000多份。

12月12日，市政协副主席、九三学社韶关市委主委兰茵一行到乳源开展医疗卫生体制改革工作调研。县委常委、统战部部长简连英，副县长梁丽娟，卫计局负责人等陪同调研。

12月12日，县委召开中共十八届六中全会精神宣讲报告会，邀请韶关学院马克思主义理论与思想政治教育副教授薛晓芳作题为《全面从严治党开启新征程》的专题辅导报告。吴春腾、邓志聪、林昌卫、赵志敏等县委中心组成员，常规列席成员，县委中心组学习秘书，各镇、县直及上级直管各单位班子成员聆听宣讲报告。

12月15日至16日，省人大常委会委员、教科文卫委员会副主任委员张宇航率队到乳源，就省人大代表约见政府部门负责人座谈会上提出的关于扶持民族地区加快发展的意见建议落实情况进行检查。县领导林昌卫、简连英、朱均玉、许尔金，及市、县人大办，县民宗局，县文广新局，大桥镇，必背镇等部门负责人陪同检查。

12月20日，全市社区戒毒社区康复工作推广会暨乳源瑶族自治县禁毒经验现场会在乳城镇召开，县委常委、政法委书记陈耀宇，副县长、公安局局长杨云及市县有关部门负责人参加现场会。

12月21日至23日，县第七期专业技术拔尖人才赴湖北宜都市学习考察。听取宜都市委组织部有关人员介绍宜都市经济社会发展情况和宜都市人才工作情况，并实地考察宜都市第一中学、宜都市人民医院、宜都市土老憨科技园、宜都市东阳光公司等单位。

12月22日，人社部副部长汤涛率组到乳源东阳光实业有限公司调研，实地察看博士后科研工作站、观看专题片、听取情况汇报，并召开座谈会，详细了解东阳光公司发展情况。省人社厅厅长黄汉标，副市长李欣，县人大常委会主任林昌卫和省、市、县人社部门相关领导陪同调研。

12月26日，全省推动民族地区加快发展现场办公会在乳源召开。市委书记江凌，市长骆蔚峰，副市长王伟阳，县领导吴春腾、邓志聪、林昌卫、赵志敏、张军、简连英、梁丽娟，省直有关部门负责人，辖有自治县和民族乡的市县党委、政府领导及民族宗教局局长，7个民族乡主要负责人参加会议。省委常委、统战部部长林雄出席会议并讲话，副省长何忠友通报全省贯彻落实《关于扶持民族地区加快发展的意见》情况并作具体部署。与会人员到乳源第一小学、民族实验学校、东阳光公司、粤北农特产品批发基地、乌石岭新村、云门山旅游度假区、雕子塘村等地实地考察。

12月27日，乳源瑶族自治县第十二届人民代表大会常务委员会第三次会议决定：免去刘永生的乳源瑶族自治县人民政府副县长职务。

12月29日，县人民政府与中国联通韶关市分公司签订“互联网+行动”战略合作框架协议，就“加快信息基础设施建设、积极推进互联网+行动”等工作达成合作共识。县委常委、常务副县长许益云，副县长李明华，韶关联通公司总经理肖舟等领导出席签约仪式。

12月29日至30日，省委老干部局副局长钟铨率督导组到乳源，调研老干部学习活动场所基础设施建设、专项资金拨付及使用情况。县委书记吴春腾，县委常委、组织部部长伍梅华，以及市、县老干局相关负责人陪同督导检查。

12月，接中共韶关市委组织部韶组干〔2016〕501号文通知，市委同意：免去刘永生的中共乳源瑶族自治县委常委、委员职务。 （林新绘）

概　　况

县 情 概 貌

【建置沿革】　乳源，秦属南海郡，汉属桂阳郡，三国吴属始兴郡，唐属韶州。宋乾道三年（1167年），分曲江县西境2个乡12个里、乐昌县南境1个乡3个里，共3个乡15个里设立乳源县，因县北丰岗岭溶洞产钟乳石，穴中有源泉流出，故得名乳源。宋时，乳源属韶州府，元、明、清未变，民国属广东省第二行政区。中华人民共和国成立初期隶属北江区（1952年11月改为粤北区，1956年3月改为韶关地区）。1952年3月与曲江县合并为曲江乳源县；1953年5月恢复乳源县；1958年12月撤销乳源县，归入韶关市郊。1963年10月1日成立乳源瑶族自治县，隶属韶关地区，1983年以后属韶关市。

【地理】　位置与面积　乳源瑶族自治县地处广东省北部、韶关市西北、南岭山脉骑田岭南麓。介于北纬24°23′—25°33′，东经112°52′—113°20′。东临韶关市浈江区、武江区，西接清远市阳山县，南连韶关市曲江区罗坑镇、英德市波罗镇，北与乐昌市及湖南省郴州市宜章县相接。行政区域总面积2299平方千米。

地势　乳源地势西北高、东南低，自西向东倾斜。五指山平头寨、大东山、狗尾嶂、老婆头等五大山脉横亘，山峦连绵，交错纵横。海拔1000米—1500米山峰82座，1500米—1902山峰20座，南粤第一山峰——猛坑石（石坑崆），坐落于县境西北部边缘。

地貌　县境处在新构造间歇上升地区，县境溶蚀地貌显著，地形切割强烈，山谷生成明显。以纵横划分，西部是海拔1000米—1902米的山区，是乳源最高地带，中部是海拔600米—1200米山区，是次高地带，东北至东南是海拔300米以下的丘陵平原地带。山溪小流密布县境西部和北部山区，9条主要河流纵横县境。

山脉　县境内主要山脉有：东部老婆头山，主峰“老婆头”海拔1241米；南部大东山，东西横亘，主峰“大东山”海拔1390米；西北部有五指山，南北走向，与湖南宜章县交界处的主峰“猛坑石”海拔1902米，为广东省第一高峰；北部瑶山主峰“狗尾嶂”和平头寨山，其中“狗尾嶂”海拔1684米，东西走向的平头寨山，主峰“平头寨”海拔1534米。

河流　乳源河系分布广，较大的河流有武江由乐昌流入乳源北境，经桂头镇流向韶关，在县境内流域长度16.25千米。中部有南水河（古称洲头水），长65千米，发源于县境西北与阳山县交界的安墩头，由西向东流入南水水库，穿过县城，经武江境内汇入北江。西部有大潭河（又称大湾水），长44千米，发源于天井山北麓的蚁岩，由北向南流经洛阳镇、大布镇汇入英德市之波罗河。南部有黄洞水（大布河）横贯大布镇，长10.5千米，入英德市汇锦潭河。北部有：杨溪河，长64千米，发源于县境西北面与湖南省宜章县交界的猛坑石东麓，由西北向东南经大桥镇、必背镇、桂头镇汇入武江；上司庙河（又称新街河、游溪河），长43.95千米，发源于狗尾嶂，从游溪西北部山区向东流经桂头镇、游溪镇烈村经武江区重阳镇汇入武江；柳坑河，长20千米，发源于上营，由西向东穿过游溪镇全境在烈村与上司庙河相融经武江区重阳镇汇入武江；五官庙河（又名草田坪河），长51.8千米，发源于方洞，由西向东流经必背镇、游溪镇、桂头镇汇入武江；大寮坑河，长26千米，发源于计竹园，由西向东流经东坪镇、游溪镇、一六镇，经武江区重阳镇汇入武江。

【环境】 2016年乳源环境质量稳中向好，9个镇区环境空气质量达标天数比例100%，主要河流水质监测断面水质达标100%，城市集中式饮用水水源地水质达标100%，城市区域声环境质量达到二类区水平标准。

大气环境　城市环境空气质量达到优良天数为348天，达到中国空气环境质量二级标准。达标天数占全年96.9%，与2015年持平。其中空气中二氧化硫年平均浓度均值为0.011毫克/平方米、二氧化氮年平均浓度均值为0.012毫克/平方米，可吸入颗粒物平均浓度均值为0.031毫克/平方米，均达到中国空气环境质量二级标准。臭氧、一氧化碳评价指标均达标准。城市降雨酸浓度pH年均值为5.98，酸雨频率23.7%。

水环境　全县境内主要河流有武江河、南水河、杨溪河、大潭河等，9条主要河流总流域面积达2205平方千米。大部分河流处于河的源头和上游，没有受到污染，符合国家饮用水标准。只有武江河段因上游大量接受各种工业废水和生活污水，污染比较严重，只符合地表水质标准，可作工业用或农田灌既之用。位于县城西部10千米处的南水水库，水库面积3800公顷，库容12.43亿立方米，是韶关市区和县城主要饮用水源，水质一直保持在中国地表水环境质量标准Ⅱ类标准。全县9条主要河流总体水质良好，全部满足水功能区目标要求。在监测的6个断面均符合地表水环境质量Ⅲ类标准，水质达标率100%，与2015年持平。

声环境　2016年，县城区域环境噪声等效声级平均值昼间为52.3分贝，比2015年降低2.4分贝，主要声源为生活噪声和交通噪声。县城区域道路交通干线噪声等效声级平均值为64.1分贝，未超过标准值70分贝，比2015年上升1.6分贝，平均车流量541辆/小时，监测点达标率为100%。

辐射环境　开展全县辐射安全大检查专项行动，对县域东阳光精箔有限公司的X射线测厚仪、鑫源环保金属科技有限公司的伽玛射线料位仪和7家医疗卫生机构的普通X线机共5台及CT/CR/CT等在用设备共7台进行专项排查，对发现的安全隐患督促整改。定期开展放射源、射线装置辐射环境执法检查，确保全县的辐射安全。

固体废物　乳源境内的固体废物主要包括生活垃圾、养殖废物、矿山尾渣、工业垃圾等。2016年，实施5个镇垃圾转运到县城生活垃圾无害化填埋场处置，3个镇垃圾收集后就近填埋。14家规模化养殖场实行猪粪返田利用，用作种植基肥。工业垃圾进行分类处置，可回收利用垃圾全部实行回收，危险废物全部安全暂存和处置，污泥、中和渣的进行填埋处置。

自然生态　乳源生态环境良好，水、空气、土壤和声环境都保持在优良水平，空气质量达到国家空气质量二级标准，环境空气质量优良率达到100%。主要饮用水源、江河水质全年监测达标，分别达到国家地表水Ⅱ类、Ⅲ类标准，全县拥有多个国家级、省级、市级自然保护区。实施生态立县，巩固县域自然保护区、饮用水源保护区、生态公益林等，制定环保规划、林业保护规划、农业发展规划、生猪养殖规划，着力控环评审批、用地审批，县域生态环境向良性化发展。

【气候·水文】 气候　1. 温度。县域地处亚热带季风性湿润气候区。2016年全县气候温和，四季分明，年平均气温20.6℃。冬季多呈现干冷少雪，平均气温为10.8℃。夏季呈现高温，平均气温为28.4℃。秋季往往出现阴雨连绵的天气，平均气温为22.1℃。春季气温极不稳定，冷暖无常，空气较潮湿，平均气温20.5℃。一般最高温度出现在7月份，最低温度出现在1月份。

2. 日照。全年日照为1329.0小时，平均每天为3.6小时。日照率为30%。

3. 霜期和无霜期。全县平均无霜期为350天左右。初霜期一般在1月25日前后，终霜期一般在2月9日前后。

4. 风。平均风速为1.7米/秒。2016年，5月到10月多东南风，其余多为西北风。

水文　乳源地处亚热带季风性气候区和广东第一高峰山脉南缘，季节性降雨明显，水量丰富，境内高山、峡谷、森林众多，海拔1000米以上山峰有102座，集雨面积35平方千米以上的河流有9条，水资源十分丰富。

1. 地表水。2016年降水总量53.32亿立方米，全县年均拥有总水量达41.04亿立方米。乳源地表水全年径流系数为65%，平均每人拥有地表水径流量4.5万立方米。雨水引发的河流汛期为4月至10月，其中5月20日，超警戒水位的有大潭河、黄洞水等4条河。

2016年乳源瑶族自治县各月降雨量资料

表1　　　　单位：天、毫米

月份	1	2	3	4	5	6	7	8	9	10	11	12	全年
天　数	18	14	17	21	18	16	15	20	9	14	12	5	179
降雨量	250.2	81.3	273.8	353.5	289.9	299.6	89.7	274.8	124.9	144.3	183.0	21.1	2386.1

2. 地下水。根据《广东省多年平均地下水总补给模数分区图》划分，乳源属V11512区，地下水资源拥有量为5.6亿立方米。

3. 地热水。乳源地质构造属于新构造间歇褶皱上升地带，境内由5个地质界、9个地质系组成。境内发现具有较高开发价值的温泉有县城、龙南车间水、大桥温汤、乳城青岗等规模较大的温泉。开发投入使用的有县城汤盆、龙南车间水、大桥温汤、丽宫温泉、大峡谷温泉、银山南岭温泉等。

【自然灾害】　2016年1月21日至26日15时，受"寒潮"天气影响，乳源气温急剧下降，部分高寒山区大桥、必背、洛阳等镇出现冰冻雨雪天气，导致冰冻灾害的发生。3月19日19时至20日10时，受强盛西南暖湿气流和高空槽共同影响，全县普降暴雨，局部伴有雷雨大风、冰雹等强对流天气过程，洛阳镇、东坪镇、乳城镇部分地区出现直径1—5厘米的冰雹。5月5日，受弱冷空气和偏南暖湿气流影响，县域出现强降水和强对流天气。8时40分左右，受雷雨和瞬时风力达11级的大风影响，造成县城部分区域出现内涝，以及大树吹倒砸坏汽车事件，部分商铺卷砸门受损。5月6日，受弱冷空气和偏南暖湿气流影响，乳源出现强降水和强对流天气。12时05分，乳源站出现19.7米/秒（8级）的大风，12时30分游溪镇烈村1名农妇在田埂遭雷击死亡。6月12日夜间11时，国道323线409KM+100M处乳源境内腊岭路段受暴雨袭击，发生大面积公路路基塌方，塌方路段位于县城西腊岭盘山公路，地势高陡险峻，1名往大桥方向摩托车驾驶者从公路塌方处掉落，受轻伤。8月2日，受第4号台风"妮妲"影响，乳源普降大雨到暴雨，局部大暴雨，伴有7到8级大风，县城出现10级大风（县气象局记录得最大风速26.7米/秒），有11个测站降水超过50毫米，其中有4个站降水超过100毫米，分别是中心洞村委130.4毫米、大布镇115.1毫米、必背镇政府109.8毫米、东坪镇政府102.5毫米。受4号台风"妮妲"影响，乳城镇部分农户种植的桉树及大桥镇部分农户种植的玉米被大风吹倒或折断，受损较严重。

【资源·物产】　*土地资源*　乳源地处粤北山区，辖区比较辽阔，人均拥有土地资源丰富，全县区域总面积（含水面）达22.9901万公顷。农用地总面积21.4828万公顷，占县域土地总面积的93.44%，其中耕地总面积1.9674万公顷（水田1.2738万公顷，水浇地0.0660万公顷，旱地0.6276万公顷）、园地总面积0.1401万公顷、林地总面积19.0056万公顷、其他农用土地总面积0.3697万公顷。建设用地，包括城乡居民点、交通、水利、工矿等建设用地0.9825万公顷，占县域土地总面积的4.27%。未利用土地资源0.5248万公顷，占县域土地总面积的2.28%。

矿产资源　乳源境内矿产共发现有28种，矿床69处，矿化点25个，主要是铁、铜、铅、锌、钨、锡、铋、锑、汞、金、稀土（钇族）、钽铌、锗、铀、烟煤、无烟煤、泥炭土、耐火黏土、硅、萤石、水晶、硫、磷、重晶石、锰等。

乳源瑶族自治县已探明主要矿产资源品种储量表

表 2　　单位：万吨

矿种	铁	铜	钨	锡	铋	锑	汞	稀土	硅石	黄铁矿	重晶石	烟煤	无烟煤
储量	220	0.36	1.2	2.9	0.34	5	0.01	0.3	0.05	16.2	9.7	248.3	78.3

水利资源　乳源境内高山、峡谷、森林众多，属亚热带季风性气候区，季节性降雨明显，水量丰富，集雨面积 2.33 平方公顷以上的河流有 9 条，水资源十分丰富。2016 年降雨总量平均值达 2242.5 毫米，加上过境水武江河水量年均有 52 亿立方米，全县年均拥有总水量达 36.38 亿立方米，人均拥有水资源 1.96 万立方米。乳源地表水全年径流系数为 0.52%，多年径流平均总量为 27.29 亿立方米（未加过境水量 52 亿立方米）。乳源的水资源主要由江河水、山塘、水库水、地下水等组成。地表水水电装机总容量达到 29.77 万千瓦（规模以上）。境内最大的河流为武江（又名武水），其次为南水河，是乳源境内唯一能通航的两条河流。

动植物资源　县境内发现野生植物共计 216 科 946 属 2572 种，其中蕨类植物 43 科 100 属 211 种，裸子植物 9 科 22 属 32 种，被子植物 164 科 824 属 2329 种，约占广东省已查明野生维管束植物总数的 36%。发现野生动物多达 1500 种。较大的野生动物 700 多种，其他较小的野生昆虫类超过 1100 种。乳源森林境地属广东省动植物科考研究基地之一。

旅游资源　乳源的旅游资源得天独厚。有山川峡谷、飞瀑流泉、森林生态、洞穴奇观、地热温泉、古道风韵、佛教禅宗、水库风光、民族风情等景观。主要景点开发有南岭国家森林公园、广东乳源大峡谷、云门寺佛教文化生态保护区、云门峡漂流景区、天井山国家森林公园、天景山仙人桥景区、必背过山瑶之乡生态旅游景区、南方红豆杉森林公园、通天箩地下森林公园、西京古道等，省重点建设项目在建的有大桥银山岭南温泉度假村。乳源为广东省旅游资源丰富的县区之一。

土特产品　乳源地方特色产品丰富，主要有还原笋、瑶山熏肉、瑶山苦爽酒、香芋、大布腐竹、山坑螺、金竹峰单丛茶、食用菌、南水水库野生淡水鱼、番薯干、巴西果汁等。

【人口】　据县统计局提供数据，2016 年全县总人口 22.32 万人，其中男 11.55 万人，女 10.77 万人，人口比 2015 年增加 6461 人。常住人口 18.57 万人。少数民族总人口 2.62 万人（其中瑶族 2.42 万人，占全县总人口的 10.84%，其他少数民族占全县总人口的 0.9%）。

2016 年人口发展呈以下特点：一是人口出生率、死亡率和自然增长率较平稳，户籍人口出生 3882 人，人口出生率 14.35‰ 比 2014 年低 0.22 个百分点。人口死亡率 6.82‰ 比 2014 年高 1 个百分点。人口自然增长率 7.53‰ 比 2014 年低 1.22 个百分点。二是全县常住人口性别比趋于自然发展。三是随着健康水平的提高，人口实际寿命不断延长。全县 60 岁以上的老人有 2.89 万人，占全县人口总数的 13%。四是人口受教育程度稳步提高，6 岁至 18 岁具有小学以上文化程度的人口 2.83 万人，占总人口的 12.68%。其中高中 3992 人（中职 1257 人、普高 2735 人）、初中 6294 人、小学 15837 人、特殊教育学生 57 人。

2016 年全国高考乳源生源被高校录取统计数

表 3

录取分类	一本	二本	三 A	三 B	专科	普高	高职	其中：少数民族学生录取数
人数（人）	57	348	283	393	676	1081	47	79

【行政区划】 乳源瑶族自治县是韶关市人口较少的山区县，区域地理可分为山区地带与丘陵平原地带，县域总面积22.99万公顷。户籍总数6.76万户，总人口22.32万人。辖9个镇，102个村民委员会，13个（社区）居民委员会，1183个村民小组。

2016年乳源瑶族自治县各镇村（居）委会一览表

表4

镇	村民委员会	居民委员会
乳 城	云门、鲜明、大联、岭溪、大群、坝厂、河北、共和、新民、新兴、健民、大东、前进	鹰峰、源峰、云峰、松峰、康乐
桂 头	阳陂、凰村、草田坪、均村、小江、王龙围、杨溪、塘头、莫家村、红岭、七星墩、大坝、松围、东岸	桂头
大 桥	大桥、红星、石角塘、武丰、塘华、大岗、均容、岩口、新谷、大坪、青溪洞、和平、歧石、红光、中冲、核桃山、塘峰岩、三元、红云、柯树下、深源	大桥街
大 布	夹水、坪山、鸽连、鸽英、英明、白坑、埕头	大布
洛 阳	深洞、坪溪、田螺坑、洛阳、半星、白竹、月街、月坪、富塘、古母洞、双坪、板长	阳升
东 坪	新村、茶坪、东田、下寨、长溪、龙溪、梯下、方武、南水、汤盆	龙湖
游 溪	大村、冷水歧、莲塘边、中心洞、江背、烈村、中联、茨良坑、营坑、上营、大寮坑	中心
必 背	必背、桂坑、公坑、半坑、王茶、方洞、横溪	必背口
一 六	一六、东粉、罗屋、乐群、东七、西岸、团结	为民
合 计	102	13

【民族】 乳源是广东省少数民族聚居县之一。境内有30个少数民族（世居少数民族有瑶族和畲族），少数民族总人口2.62万人。其中瑶族主要聚居在必背镇、游溪镇、东坪镇。畲族主要聚居在洛阳镇深洞村民委员会。其余少数民族是新中国成立以后工作需要调入、毕业分配、招聘（录用）、部队转业或经商等移居乳源的非本土少数民族居民。

【语言】 县内普通话全覆盖。瑶族人口母语使用的是属于汉藏语系苗瑶语族谣语支的勉语，瑶族人可用客家方言交流，编纂有瑶语教材。畲族使用汉语客家方言。世居乳源的汉族人口70%使用汉语客家方言，其余则使用连滩话、白话（粤语）、湘语（湖南话）、船话（船民特有的语言）和古母水方言话。

【宗教】 乳源境内的主要宗教有佛教、基督教，各教设有宗教活动场所，开展正常宗教活动。有宗教界人士当选为地方人大代表和政协委员。

佛教　主要合法聚集点有：由南华寺六祖慧能第七世弟子文偃禅师于南汉乾亨七年（923年）创建、中国佛教五大禅宗——云门宗发祥地的云门寺，寺院有僧尼近500人，寺内办有佛教学院；金峰庵又名观音堂，位于县城西人民公园内，建于明万历二十一年（1593年），后几度兴废。修建位于洛阳镇的东平寺。

基督教　新中国成立前曾有基督教在县城、桂头、侯公渡等地活动。2016年有经人民政府批准的桂头镇基督教聚会点，设在桂头镇武江河东岸新农贸市场东侧农民街第1栋4楼，面积130平方米，有基督信徒60人。

【经济和社会发展】　2016年，县委、县政府团结带领全县人民，以科学发展观统揽工作全局，主动适应新常态，加快建设韶关融入珠三角先行区，全力推进“三大主题（项目攻坚、城市提升、县域发展）”工作，大力发展“四大产业（绿色工业、生态农业、特色旅游、商贸物流）”，全县经济社会呈现平稳发展态势，“十三五”开局良好（据快报数），全年完成生产总值73.7亿元，增长9.5%，其中一、二、三产业增加值分别为8.06亿元、33.86亿元和31.78亿元，增长3.9%、8.6%和12.1%；地方财政一般预算收入5.21亿元，增长3%（可比口径）。

工业经济较快增长。举办招商推介会12场，2016年引进1000万元以上项目31个，投资总额38.7亿元。加快园区设施建设，工业污水处理建设稳步推进，完成新材料产业园河堤、护坡、道路等一批基础设施建设，乳源产业转移园获评全省优秀起步产业园。新增规上（2000万元规模以上企业）工业企业4家。全县规上工业产值93.38亿元，增长3.6%；电力生产和供应产业产值12.49亿元，增长23.2%；工业增加值29.67亿元，增长10.3%。

农业经济平稳增长。出台扶持农业产业化发展政策，扶持水果、茶叶、中药材等产业发展，全县种植茶叶533公顷、中草药500公顷。新增水果种植面积1000公顷，水果种植面积达2666.67公顷。发展农业体验式稻田养鱼，禾花鱼养殖面积666.67公顷。新增农民专业合作社19家、家庭农场46家，拥有农业产业化经营组织504家。新新农业、金盛农业在上海股权托管交易中心挂牌上市。全县“三品”认证产品17个。成功举办“第二届粤北（乳源）农特产品博览会”。全县农业总产值12.86亿元，增长3.9%。

旅游经济快速增长。南岭国家森林公园木屋别墅和银山南岭温泉度假村酒店、综合楼等设施加快建设，云门山旅游度假区梯田花海、机动乐园等项目投入运营，古母水旅游度假区、大瑶山户外徒步等项目开展前期工作。完成“乳源新八景”评选，制作旅游形象宣传片《粤北明珠·乳源》。成功举办瑶族“十月朝”系列节庆活动。成为广东省首批全域旅游示范县创建单位。全县接待游客413.6万人次，增长10%；旅游综合收入34.7亿元，增长12%。

商贸物流加快发展。落实税收优惠政策，新增市场主体1450户、限上商贸企业11家、规上服务企业1家。步步高集团在乳源注册省级代理商43家，实现营业收入120亿元，占全县批发业总额的75%。全县批零业销售额135亿元、增长70%，社会消费品零售总额22.47亿元、增长10.1%，以批零业为主的第三产业成为拉动经济增长的主力，第三产业增加值占GDP比重达43%。

项目建设扎实推进。大布风电一期、恒扬二期、威鸣研磨等项目建成投产，中农批项目一期一标段农产品批发市场板块建成，东阳光氟化工基地、锂电池正极材料、100吨天然冰片等项目有序推进。建成源水居、富邦华景等一批商住小区，滨江印象等一批旧城改造项目有序推进。建成朝阳路、建设路等一批市政道路，完成南环路汽车站段和广播电视台段排水设施改造，兴建南水桥头、风光岭等一批城市公园，完成县城主要街道柏油路面铺设。“五彩瑶乡”省级新农村示范片投入资金1.27亿元，实施项目110个。完成碳汇造林3393公顷，建成生态景观林带26.5千米，新增森林公园2个。省道258线鸭麻湖至大布段动工建设，红云至大坪等旅游公路和环瑶山公路有序推进，完成农村公路硬底化40千米。全年完成固定资产投资66.97亿元，增长2.7%，其中39个重点项目完成投资28亿元。

社会事业全面发展。全面启动新时期精准扶贫工作，精准核实建档立卡贫困户2944户7508人，各项帮扶工作有序推进。金禧小学、鲜明八一希望学校二期改扩建工程动工建设，一六、大布通过省教育强镇复评，创建广东省推动教育现代化先进县有序推进。深化县级公立医院综合改革，粤北人民医院对县人民医院的托管初见成效，率先在全市实行市级医院托管县级医院新模式。建成县人民医院住院楼。顺利通过省级卫生县城复评。“南岭瑶族文化资源”多媒体资源库通过文化部验收，持续开展文化下乡、激情广场等文化惠民活动，《双朝节》等列入市非遗名录。全省推动民族地区加快发展现场办公会在乳源召开，有力推动全县经济社会事业加快发展。举办“春风行动”“南粤春暖”等招聘会30场，提供就业岗位10429个。城镇新增就业人数2085人，农村劳动力转移就业人数3010人。成功召开全县城乡工作会议，全国文明城市创建工作有序推进。扎实推进平安乳源“十大工程”（法制建设工程、民生保障工程、群众权益保障工程、社会矛盾化解工程、公共安全防控工程、人口服务管理工程、‘两新’组织建设工程、信息网络服务保障工程、基层基础建设工程、平安文化建设工程）和“平安细胞”（平安街道、平安村、平安家庭、平安单位）建设，安全生产形势保持稳定，社会治安秩序良好。

政治文明建设

【民主法制建设】　全面推开法治框架解决基层矛盾工作。根据创平重点工作，依法治县办在洛阳镇进行“按法治框架解决基层矛盾”试点工作。5月25日，县委在洛阳镇召开“全面推开按法治框架解决基层矛盾工作现场会”，推广洛阳镇的工作做法，要求以“更大的决心、更强的力度、更有效的措施”全面推开按法治框架解决基层矛盾工作。全面把握按法治框架解决基层矛盾工作的新形势、新任务和新要求，运用法治思维和法治方式解决基层社会矛盾。2016年，洛阳镇、东坪镇、大桥镇通过县法治镇创建标准考核。抓好普法教育“进机关、进乡村、进社区、进学校、进企业”主题活动，广泛开展平安文化论坛、法律讲座、法制展览、专题演讲、送戏下乡，举办具有瑶族特色的平安文艺节目演出，法制文化有效推进。

【民主党派、工商联和无党派人士参政议政】　发挥政协群体的智力优势，抓住党委政府重视和人民群众密切关注的重大问题，积极调查研究。就《中共乳源瑶族自治县委关于制定国民经济和社会发展第十三个五年规划的建议》收集各民主党派、工商联及各界别委员提出的建设性意见、建议。2016年各民主党派与界别委员、县相关部门完成专题调研报告《关于我县贯彻落实〈广东省信访条例〉情况的调研报告》《关于我县少数民族特色村寨建设的调研报告》。各党派团体还通过大会发言、各界人士迎春座谈会等方式提出意见和建议33条。多条建议得到县委、县政府的重视和采纳。政协委员36件提案全部办复，立案6件提案全部落实。发挥政协职能，组织各民主党派、工商联、各人民团体、各界别委员组成的视察组完成赴云浮市新兴县温氏集团考察学习、县看守所监察工作专题考察。民主党派、工商联和无党派人士参政议政效果展现，专题调研和视察成果对促进乳源政治、经济和社会各项事业发展起到积极的推动作用。

【行政项目审批改革】　乳源推进政务服务、资金融资、社会治理等改革，释放发展活力，助推经济发展。县委制定《乳源瑶族自治县项目投资建设行政审批改革工作方案（试行）（草案）》，构建项目审批服务新机制，加快推进项目落地建设。一是实行项目模拟审批制度。对土地使用权主体相对明确的重大产业项目和政府投资项目，实行投资方自愿申请、作出相关承诺，实行模拟审批制度。二是实行项目直接落地制度。对获得项目土地使用权的政府投资项目和国家鼓励类产业项目，实施前置事项承诺加备案、开工前备案登记、竣工验收和责任追究、全过程监管等制度，实现“先建后验”直接落地。三是实行项目代办服务制度。对符合产业发展政策的招商引资项目（不含房地产开发项目）和政府投资项目，县开发区、县代建办和县行政服务中心分别为入园项目、政府投资项目和其他项目提供代办服务。四是实行行政审批中介服务改革。编制中介服务事项目录，由投资方自主选择中介机构，中介服务机构统一进驻县行政服务中心并实行定期考核、动态管理。

【平安乳源创建工作】　全面推进平安乳源、法治乳源建设，县平安创建工作领导小组于4月15日印发《乳源瑶族自治县2016年综治创平工作要点》和《乳源瑶族自治县2016年综治暨创建平安宣传工作方案》。5月16日，印发《关于组织开展平安创建重点工作的通知》。以细胞创建带动工程建设，2016年，全县各类平安细胞共计56012个，参与创建56012个，创建覆盖率达100%，创建达标55754个，创建达标率99.54%。25项重点工作全部按计划完成创建任务，市立体化治安防控体系建设试点县成效明显。9月13日，在县民族实验学校举行捐书仪式，平安校园创建活动共捐赠图书1126套。加强中小学生思想道德建设，增强中小学生的法制意识，有效预防青少年违法犯罪，推动乳源平安校园创建工作创造有利条件。县创文办根据中央文明办专门发布的新版《全国县级文明城市测评体系》的要求，重新制定《测评体系任务分解表》。7月，召开文明镇村创建工作推进会，印发《文明镇村考评标准、文明镇村“八大行动”（文明创建内涵提升行动、“最美乳源人”宣传实践深化行动、文明行为养成行动、乡风文明培育行动、“窗口”服务提质行动、志愿服务推进行动、诚信文化建设行动、优秀传统文化传承滋养行动）实施方案》《核心价值观建设重点工作措施》《星级文明户评选方案》《善行义举榜评选方案》等系列文件，有效组织指导各镇推进文明创建工作。

精神文明建设

【精神文明风尚倡导】 2016年，推进核心价值观“六进（机关、镇、村（社区）、小区、学校、企业）”活动，抓好全县第一个社会主义核心价值观主题公园文昌公园（“和”主题公园）的打造工作。开展“身边好人，最美人物”评选表彰活动，评选出“最美警察”4人、“最美法官”2人、“最美检察官”2人、“最美律师”2人。统筹推进“五彩瑶乡”省级新农村示范片建设，打造一六镇乌石岭新村、下社村，东坪镇东莞“双到”瑶族新村、雕子塘瑶族新村等成为品牌特色示范点，新农村示范片建设在省、市有关工作会议作经验交流。

【思想道德建设】 树典型立标杆，常态化抓“道德讲堂”“身边好人”推选和主题教育实践活动。实施“道德讲堂”开设总堂，各文明单位开设分堂，着力提升内涵。2016年县创文办举办“道德讲堂”活动9次，各级文明单位共举办分堂52场次。评出“乳源好人”13人，推荐1人获评“广东好人”、2人获评“韶关好人”。

【道德模范宣传】 深化道德讲堂活动，用身边好人的凡人善举诠释注解“中国梦”和社会主义核心价值观。道德讲堂在乳源电视台《空中道德讲堂》栏目播出，“学好人，做好人”宣传舆论氛围中提升文明素质。县妇联继续推进开展“妇女之家”活动，弘扬中华民族优良传统。

生态文明建设

【生态环境宣传教育】 2016年开展环保宣传咨询6次，发放环保宣传手册6000多份，发送手机用户短信息1万余条，悬挂宣传横幅15条，LED电子屏滚动播放宣传标语3万多条次，制作环保宣传橱窗8个，在南水水库周边制作宣传告示牌52块。利用“6·5”世界环境日和全省环保宣传周开展环境主题宣传，通过悬挂横幅标语、设立固定宣传标牌、出动宣传车、发放环保宣传单、设立环保宣传咨询台、开辟宣传栏、制作宣传画册、发送环保知识手机短信等形式开展环保主题系列宣传活动，深入农村、企业、社区开展形式多样的生态环境宣传。

【生态示范区建设】 乳源地处于粤北山区，水力、森林、矿产、风力、旅游等资源丰富，生态环境良好，水、空气、土壤和声环境都保持在优良水平，空气质量达到国家空气质量二级标准，环境空气质量优良率达到100%。主要饮用水源、江河水质全年监测达标，分别达到国家地表水Ⅱ类、Ⅲ类标准，全县森林覆盖率为78.27%，林地绿化率93.67%，拥有多个国家级、省级、市级自然保护区。建成省级以上生态公益林8.49公顷。为保护良好的生态环境不被污染、破坏，县委、县政府加强环境保护的力度，提出生态立县的发展战略，对自然保护区、饮用水源保护区、生态公益林等严格保护，通过制定环保规划、林业保护规划、农业发展规划、生猪养殖规划等，从宏观上调控这些区域的过度开发建设，通过把控环评审批、用地审批等行政手段限制一些不宜项目的开发，保障乳源生态环境良性发展，推动新一轮绿化广东大行动乳源计划。

【耕地资源保护】　乳源围绕严格落实耕地保护制度和节约用地制度，严守耕地资源保护红线。2016年，完成耕地保护目标任务总面积达1.8657万公顷（含可调整地类），其中基本农田面积1.6418万公顷（含可调整地类）。启动耕地质量等别年度更新评价与年度监测评价工作。开展城市周边永久基本农田划定工作，完成任务范围面积为0.0198公顷。开展全域永久基本农田划定工作，经核实举证，划定全域永久基本农田面积约1.5546公顷。建立和实施基本农田保护经济补偿机制，下达2015年度农田保护经济补偿省级补助资金751.1596万元，专项用于基本农田后续管护、农村土地整治等。保持耕地实有面积基本稳定、质量不下降。

（赵天养）

各级机构领导人名单（2016）

中国共产党乳源瑶族自治县委员会

中共乳源瑶族自治县委

书　记：吴春腾
副书记：邓志聪
　　　　伍　文（任至8月）
　　　　张　军（9月任职）
常　委：张　军
　　　　刘　峰（9月任职）
　　　　林昌卫（任至10月）
　　　　许益云
　　　　刘永生（挂职）
　　　　赵志敏（任至10月）
　　　　陈耀宇（10月任职）
　　　　黄寿生（任至10月）
　　　　简连英
　　　　秦正京（10月任职）
　　　　谢向军（10月任职）
　　　　伍梅华
　　　　吴炬光
　　　　戴浩平（挂职）

县委办公室

主　任：许益云（任至10月）
　　　　秦正京（10月任职）
副主任：吴新超
　　　　刘良军
　　　　丘振强
　　　　巫淑坤

县委宣传部

部　长：简连英（任至10月）
　　　　谢向军（10月任职）
副部长：欧先凤
　　　　邓伟成

县委组织部

部　长：伍梅华
副部长：苏　葵
　　　　张典华
　　　　罗天养（2月任职）
　　　　房东明（任至2月）
　　　　赵群英（9月任职）

县委统一战线工作部

部　长：黄寿生（任至10月）
　　　　简连英（10月任职）
副部长：邓良胜
　　　　文胡胜

县政法委

书　记：赵志敏（任至10月）
　　　　陈耀宇（10月任职）
副书记：连　卫（任至10月）
　　　　罗天松（任至1月）
　　　　房东明（2月任职）
　　　　徐越健
　　　　陈文忠（任至11月）
　　　　谢荣欣（11月任职）

县综治办

主　任：罗天松（任至1月）
　　　　房东明（2月任职）
副主任：申飞翔

县国安办

主　任：徐越健

县防范办

主　任：陈文忠（任至11月）
　　　　谢荣欣（11月任职）
副主任：刘建华

依法治县办

主　任：许尔华
副主任：林光平

县社会工作委员会

主　任：伍　文（8月调离乳源）
副主任：赵志敏（10月，工作岗位变动）
　　　　陈耀宇（10月任职）
　　　　许益云（10月，工作岗位变动）
　　　　连　卫（10月，工作岗位变动）
专职副主任：郑新群
　　　　　　冯水生（8月任职）

县信访局

局　长：丘振强
副局长：吴细定

县机构编制委员会办公室

主　任：张光胜
副主任：吴学东
　　　　张炼杰

县直属机关工作委员会

书　记：朱远娥
副书记：王海涛（任至1月）
　　　　许碧葵（7月任职）

老干部局

局　长：赵群英
副局长：潘玲娟
　　　　谢建华

县委党校

校　长：伍梅华
常务副校长：俞振炜
副校长：张明城
　　　　李寿营

县关工委

第一主任：伍　文（8月调离乳源）
　　　　　张　军（12月任）
第二主任：许益云（12月任）
　　　　　伍梅华
　　　　　梁丽娟
执行主任：盘才万（任至12月）
　　　　　费玉海（12月任）
常务副主任：章国棠（任至12月）
　　　　　　许尔华（12月任）
　　　　　　邓筱俊（12月任）
　　　　　　赵群英

县委农办

主　任：秦正京（任至11月）
　　　　秦春苟（11月任职）
副主任：王明煌
　　　　莫胜华

乳源瑶族自治县
人民代表大会常务委员会

主　任：吴春腾（任至10月）
　　　　林昌卫（10月任职）

副主任：马福德（任至10月）
许尔华（任至10月）
朱均玉
赵　雷
邱　波
邓国雄（10月任职）
许尔金（10月任职）
吴衍雄（10月任职）

县十二届人民代表大会法制工作委员会

主　任：邓国雄（10月任）

内务司法工作委员会

主　任：李社权

经济工作委员会

主　任：张寿钦

教育科学文化卫生工作委员会

主　任：蔡东华（任至2月）

选举联络人事任免工作委员会

主　任：马永安

县人大办公室

主　任：欧明永（任至2月）
刘树明（2月任职）

乳源瑶族自治县人民政府

县　长：邓志聪
常务副县长：林昌卫（任至10月）
许益云（10月任职）
副县长：刘永生
陈耀宇（任至10月）
连　卫（任至8月）
林　军（任至9月）
梁丽娟
李明华
杨　云（8月任职）
唐保生（10月任职）
龚　民（10月任职）

县人民政府办公室

主　任：赵　鹏（任至12月）
陈毓斌（12月任职）
副主任：曹军贵
盘伟群
廖聪华
齐天伦（任至12月）

政府职能部门

县人力资源和社会保障局

局　长：林建华
副局长：马展平
罗冰倩（任至7月）
罗天养（任至2月）
赖志远（2月任职）
邱冬凌（7月任职）

局党组

书　记：林建华
成　员：马展平
罗天养（任至2月）
赖志远（2月任职）
邱冬凌（7月任职）

县民政局

局　长：陈　璋
副局长：李洪发

张馥菁
陈志雄

局党组

书　记：陈　璋
成　员：李洪发
张馥菁
陈志雄

县民族宗教事务局

局　长：王　东
副局长：赵伟胜
许昌发

县发展和改革局

局　长：李智军
副局长：姚铁骏
邹秋凯
陈秋云

局党组

书　记：李智军
成　员：姚铁骏
邹秋凯
陈秋云

县市场监督管理局

局　长：许均华

县食品药品监督管理局

局　长：陈　凯（任至2月）
许钧华（2月任职）
副局长：李　琳
钟亚平

县工商行政管理局

局　长：陈日富
副局长：谭志林
王伟东

县质量技术监督局

局　长：章钢生
副局长：陈三福
黄志鹏

局党组

书　记：章钢生
成　员：陈三福
黄志鹏

县国土资源局

局　长：秦春苟（任至12月）
齐天伦（12月任职）
副局长：隆周立
曹　瑜
邹立清

局党组

书　记：秦春苟（任至12月）
齐天伦（12月任职）
成　员：隆周立
曹　瑜
邹立清
李素玲
邹福前

县安全生产监督管理局

局　长：陈　凯（任至2月）
许钧华（2月任职至9月）
张桂辉（9月任职）
副局长：袁振谦
赵云天

局党组

书　记：陈　凯（任至2月）
许钧华（2月任职至9月）
张桂辉（9月任职）
委　员：袁振谦

县国有资产监督管理委员会

主　任：沈鸿标
副主任：丘华忠
　　　　林建伟
工会主席：池火生

县明源国有资产经营有限公司

董事长、总经理：沈鸿标
副总经理：丘华忠
　　　　　林建伟
公司党委
书　记：沈鸿标
副书记：丘华忠
委　员：林建伟

县审计局

局　长：温　存
副局长：丘勇生
　　　　邝显华

县农业局

局　长：秦正京（任至11月）
　　　　秦春荀（12月任职）
副局长：王明煌
　　　　莫胜华
　　　　李少灵
　　　　李颖兴
　　　　朱益坚
局党委
书　记：秦正京（任至11月）
　　　　秦春荀（12月任职）
委　员：王明煌
　　　　莫胜华
　　　　李少灵
　　　　李颖兴
　　　　李金照

县扶贫办
主　任：莫胜华
副主任：陈见星
　　　　许井养
渔政大队
队　长：李颖兴
指导员：赵兴辉
副队长：付胜书

县林业局

局　长：唐保生
副局长：宋治华
　　　　陈日华
　　　　范永兴
局党委
书　记：唐保生
委　员：宋治华
　　　　陈日华
　　　　范永兴
县公安局森林分局
局　长：朱　斑

乳源南水湖湿地公园管理处

主　任：李茂文
副主任：李建宏
　　　　黄明彩

县农业机械管理局

局　长：马新泙
副局长：陈胜华

县水务局

局　长：李加武
副局长：赵安贵
　　　　雷振宇
　　　　李珊娜
局党委

书　记：李加武
副书记：赵安贵
委　员：雷振宇

县气象局

局　长：王玉宝
副局长：曾德松
纪检组副组长：周中意

县旅游局

局　长：谭群英
副局长：潘伟洪
　　　　黄　清
局党组
书　记：谭群英
成　员：潘伟洪
　　　　黄　清

县公安局

局　长：连　卫（任至8月）
　　　　杨　云（8月任职）
政　委：张伙胜
副局长：邓思东
　　　　张文东
　　　　白宜安
　　　　韩东生（7月任职）
政工办主任：郑卫忠（7月任职至11月）
消防大队大队长：于卫平（任至6月）
局党委
书　记：连　卫（任至6月）
　　　　杨　云（6月任职）
副书记：张伙胜
纪委书记：龙东升
委　员：邓思东
　　　　张文东
　　　　白宜安
　　　　韩东生（7月任职）
　　　　郑卫忠（7月任职至11月）
　　　　于卫平（任至6月）

县供电局

局　长：罗海斌
副局长：刘孟宁（兼任工会主席）
　　　　阙胜和
　　　　李书双
局党委
书　记：刘孟宁
副书记：罗海斌
委　员：阙胜和
　　　　李书双
　　　　谢世军（兼任纪检书记）
　　　　谭志明

乳源经济开发区管理委员会

主　任：邬宝华
副主任：张展兴
　　　　李胤锋（任至12月）
　　　　黄为民（12月任职）
管委会党组
书　记：林　军（任至8月）
副书记：邬宝华
成　员：张展兴
　　　　黄为民

县经济促进局

局　长：刘文泉
副局长：包　勇
　　　　梁丽君
　　　　唐　彪
局党委
书　记：刘文泉
委　员：包　勇
　　　　梁丽君
　　　　唐　彪

县财政局

局　长：禤继文
副局长：何　娟
　　　　盘良叁
　　　　邹国忠
县国库支付中心
主　任：刘梅峰（3 月任职）
局党组成员
书　记：禤继文
成　员：盘良叁
　　　　邹国忠
　　　　刘梅峰（3 月任职）

县交通运输局

局　长：王明生
副局长：谢灿辉
　　　　曹华山
　　　　彭胜利

县公路局

局　长：刘文生
副局长：陈健萍
　　　　苏泉鸣

县司法局

局　长：陈永汉
副局长：郭富强
　　　　付冬妹
局党组
书　记：陈永汉
成　员：郭富强
　　　　付冬妹

县住房和城乡规划局

局　长：龚　民
副局长：谭堂奎
　　　　陈大伍
　　　　孙科军

县环境保护局

局　长：吴文伟
副局长：钟寿文
　　　　陈发云
局党组
书　记：吴文伟
成　员：钟寿文
　　　　陈发云
　　　　邓战勋（兼任县环境监察分局局长）

县文广新局

局　长：赵丹丹
副局长：刘宏美
　　　　彭良勤

县广播电视台

台　长：邹卫平
副台长：冯帮助
　　　　李　玲
台党组
书　记：邹卫平
成　员：冯帮助
　　　　李　玲
　　　　陈启发

县教育局

局　长：郑东红
副局长：潘继明
　　　　曹国秀
　　　　邱冬凌（任至 7 月）
　　　　吴振光（8 月任职）
局长助理：曹胜书

县卫生和计生局

局　长：许尔金（任至12月）
　　　　谭延明（12月任职）
副局长：邓向东
　　　　朱洪养
　　　　张育青

局党委

书　记：许尔金（任至12月）
委　员：邓向东
　　　　朱洪养
　　　　张育青

局党组

书　记：谭延明（11月任职）

县应急办

主　任：曹军贵

县法制局

局　长：齐天伦（任至12月）
副局长：李为生

县外事侨务和台湾工作局

局　长：彭伟英

县人民防空办公室

主　任：傅神双
副主任：庞胜星

县机关事务管理局

局　长：刘树明（任至2月）
　　　　陈　凯（2月任职）
副局长：欧远清
　　　　邓建中
　　　　张纯忠

局党组

书　记：刘树明（任至2月）
　　　　陈　凯（2月任职）
成　员：欧远清
　　　　邓建中
　　　　张纯忠

县接待办

主　任：刘树明（任至2月）
　　　　陈　凯（2月任职）
副主任：吴美兰
　　　　梁春玲

县供销合作联社

主　任：赵兴志
副主任：童树带
　　　　李胤锋

县档案局

局　长：赵天林
副局长：赵伟荣
　　　　郑绍东

局党组

书　记：赵天林
成　员：赵伟荣
　　　　郑绍东

县史志办

主　任：赵天林

县行政服务中心

主　任：陈毓斌（任至12月）
　　　　陈文忠（12月任职）
副主任：肖　健
　　　　唐亚坤

县畜牧兽医水产局

局　长：李金照

县粮食储备中心

主　任：李细平
副主任：骆卫平
　　　　黄振文（任至6月）
　　　　骆红财（7月任职）

粮食购销有限责任公司

经　理：李细平
副经理：骆卫平
　　　　黄振文（任至6月）
　　　　骆红财（7月任职）

县政府信息中心

主　任：赖南坡
副主任：林小钰

中国人民政治协商会议乳源瑶族自治县委员会

主　席：费玉海（任至10月）
　　　　赵志敏（10月任职）
副主席：陈松海
　　　　刘宏美
　　　　温则精（任至1月）
　　　　禤继文（2月任职）
　　　　吴巧英
　　　　释明向
　　　　邓国雄（任至10月）
　　　　黄寿生（10月任职）
秘书长：邓雯珍

提案委员会

主　任：刘宏美

经济委员会

主　任：黄立东

教科卫体委员会

主　任：郑东红（任至10月）
　　　　邓伟成（12月任职）

社会和法制委员会

主　任：房东明（任至10月）
　　　　罗天养（12月任职）

民族和宗教委员会

主　任：赵天聪（任至10月）
　　　　赵天林（12月任职）

文化和文史资料委员会

主　任：伍尚元（任至10月）
　　　　邓雯珍（12月任职）

港澳台侨联络委员会

主　任：姚永林（任至10月）
　　　　岑少华（12月任职）

中共乳源瑶族自治县纪律检查委员会

书　记：张　军（任至9月）
　　　　刘　峰（9月任职）
副书记：谢荣欣（任至9月）
　　　　谭延明（9月任职）
　　　　赵　鹏（9月任职）
　　　　杨志坚（9月任职）
常　委：陈文炳（任至9月）

李东生
付慧燕
杨志坚（任至9月）
付晓娟（9月任职）
陈文煜（9月任职）

县监察局

局　长：谭延明（任至12月）
　　　　赵　鹏（12月任职）
副局长：李东生
　　　　付慧燕
　　　　邓丽燕

社会团体

县总工会

主　席：赵　雷（任至10月）
　　　　许尔金（10月任职）
副主席：伍尚元
　　　　叶新强

共青团乳源瑶族自治县委员会

书　记：赵婵媛
副书记：赖金平（2月任职）

县妇女联合会

主　席：邓爱萍
副主席：郭小兰

县科学技术协会

主　席：黄章城
副主席：曾耀宗

县文学艺术界联合会

主　席：陈路生

县社会科学界联合会

主　席：欧先凤

县残疾人联合会

理事长：吴巧英
副理事长：冯邦庭

县归国华侨联合会

副主席：郭富强（兼）
　　　　邓学良（兼）

县老促会

会　长：莫瑞福
副会长兼秘书长：钟永进

县红十字会

会　长：梁丽娟
副会长：文清良
秘书长：曾凯鸿

县工商业联合会

会　长：张红伟
专职副主席：黄立东

瑶族海外联谊会

会　长：赵志发
秘书长：王　东

法院、检察院

县人民法院

院　长：蓝韶东（任至8月）

陆国东（8月任职）
副院长：许智昌
廖聪有
舒粤平

法院党组

书　记：蓝韶东（任至8月）
陆国东（8月任职）
副书记：许智昌
党组成员：廖聪有
舒粤平
邱慧芬
梁毓刚

县人民检察院

检察长：袁瑞刚（任至10月）
赖正志（10月任职）
副检察长：赵良湾
李和平
谢　健
反贪局局长：谢　健

院党组

书　记：袁瑞刚（任至10月）
赖正志（10月任职）
副书记：赵良湾
成　员：李和平
谢　健

军　事

县人民武装部

部　长：吴炬光
政　委：闫振一
副部长：阳　灿

武警乳源瑶族自治县中队

队　长：刘　航
指导员：李健鑫

武警乳源瑶族自治县公安消防大队

大队长：于卫平（任至6月）
吴云波（6月任职）
教导员：王云晖（任至6月）
邓银良（6月任职）
副队长：罗良梁（任至6月）

大队党委

书　记：王云晖（任至6月）
邓银良（6月任职）
副书记：于卫平（任至6月）
吴云波（6月任职）

县直企业部门

县银源公司

董事长：徐　明
董事、总经理：赖显东
董事、副总经理：肖正春
副总经理：岑少峰
董事：刘建国
董事、总经理助理：林　楠

公司党委

书　记：徐　明
副书记、纪委书记：胡　丹
委　员：赖显东
肖正春
岑少峰
刘建国

县泉水水电厂

厂　长：赖显东
党总支书记、工会主席：李万田
副厂长：罗国雄

县自来水公司

经　理：吴梦龙（7月任职）

经理、党支部书记：刘建国（任至12月）
副经理：张志光
副经理、工会主席：吴丽华

烟草·盐业·物资

县烟草专卖局

局　长：张忠礼（任至9月）
　　　　张劲辉（9月任职）
副局长：李丹平

广东烟草韶关市有限公司乳源瑶族自治县分公司

经　理：张劲辉（9月任职）
副经理：黄跃鹏
　　　　曾　涛（任至12月）
　　　　许坚鸿（12月任职）

县盐务分局（盐业分公司）

局长、经理：张可芳（任至12月）
　　　　　　钟让明（12月任职）

县物资总公司

经　理：蔡汉章
副总经理：罗　辉
　　　　　王莉萍

税务·金融·保险部门

县国家税务局

局　长：侯世长
副局长：李颂华
　　　　曹天射
　　　　陈永彰
　　　　徐　哲（2月任职）

局党组

书　记：侯世长
成　员：李颂华
　　　　曹天射
　　　　张汝卞（兼任纪检组长）
　　　　陈永彰
　　　　徐　哲（2月任职）

县地方税务局

局　长：蔡俊波
副局长：田石通

局党组成员

书　记：蔡俊波
副书记：冯志坚
纪检组组长：吴金城
党组成员：田石通
　　　　　钟振春
　　　　　邓粤雄（任至10月）

中国人民银行乳源支行

行　长：张伟旗
副行长：雷　平
　　　　文　光
副主任科员：江雄文

中国工商银行股份有限公司乳源支行

行　长：陈建雄
副行长：邹创宁
　　　　张　雪
　　　　沈学智

中国农业银行乳源瑶族自治县支行

行　长：赖志勇（任至11月）
　　　　唐向华（11月任职）
副行长：杨莉萍

王长江

中国建设银行乳源支行

行　长：石班门
副行长：周峥嵘
营销主管：周峥嵘
营运主管：刘忠平

县农村信用联社

主　任：唐晓飞
副主任：吴小亮
　　　　陈显芳
理事长：张初富
监事长：陈世祯
联社党委
书　记：张初富
副书记：唐晓飞
纪委书记：陈世祯
委　员：吴小亮
　　　　陈显芳

中国邮政储蓄银行乳源县支行

行　长：胡蝶飞

中国人民财产保险股份有限公司乳源瑶族自治县支公司

总经理：李立伟
经理助理：黄志勇
综合部经理：许志清

中国人寿保险股份有限公司乳源瑶族自治县支公司

总经理：潘祝文
副总经理：范相科

韶关市社会保险服务管理局乳源分局

局　长：陈海聪
副局长：万戈华
　　　　李炳才

邮政·通信·客运部门

中国邮政集团公司广东省乳源瑶族自治县邮政分公司

党支部书记、总经理：邓国辉
副总经理、工会主席：何新良
业务主管：李智民

中国电信股份有限公司乳源分公司

总经理：廖海辉
副总经理：钱　平
　　　　　卢炎石（12月任职）
　　　　　戚永锐（任至12月）

中国移动通信集团广东有限公司乳源分公司

总经理：张震宇
副总经理：房勇明

中国联合网络通信有限公司乳源分公司

总经理兼政要营服公司经理：蔡志鸿
公众营服公司经理：张　毅
一级高级业务主管：李建军

县汽车站

站　长：黄兴彩

副站长：黄志良
杨亚养
支部书记：黄兴彩
工会主席：黄志良

医疗机构·学校

医疗机构

县人民医院
院　长：邱　波（2月任职至6月）
高凌俊（6月任职至11月）
凌亚非（12月任职）
副院长：邱　波（6月任职）
庄小丽
莫永清（11月任职）
党支部书记：赖兴荣（7月任职）
县中医院
院　长：刘朝华
副院长：邓优胜
张志伟
县妇幼保健院
院　长：冯晋康
副院长：陈美玲
雷粤英
县疾病预防控制中心
主　任：江金华
副主任：欧初贵
吴增洲
黄　敏
县卫生监督所
所　长：欧六增
副所长：邹远群
黄　攀
桂头镇中心医院
院　长：赖桥养
副院长：许其学
霍文欢
张苏波
大桥镇崇安医院
院　长：李树华
副院长：饶林东
周满花
文建福

重点学校

县高级中学
校　长：周维发
副校长：王新阳
宋显长
刘文英
县教师进修学校
校　长：邓光荣
副校长：冯四清
陈培养
邓家庆
县中等职业技术学校
校　长、党总支书记：何先彩
副校长：齐巧花
黄恩雄
冯慢松
乳源中学
校　长：孙献忠
副校长：马靖辉（任至8月）
余前镜（9月任职）
黄恢文
龚衍科
桂头中学
校　长：毛永星
副校长：张佐芬
钟明昌
县民族实验学校
校　长：余前镜（任至8月）
马靖辉（9月任职）
副校长：赵天金
许红保
张传湘
乳源第一小学
校　长：罗镇球
党支部书记：许日轩

副校长：曾春林
蔡　虹
黄学军

金禧小学

校　长：傅　庚

副校长：邓天伟
秦锦修

县机关幼儿园

园　长：黄爱兰

副园长：黎　慧
刘纪斌
张绣中

大桥欧晖中学

校　长：李德光

副校长：陈伟波
邓才生

侯公渡中学

校　长：欧永辉

副校长：丘伟信
曾伟波
朱东明（挂职）

一六中学

校　长：黄少华

副校长：张勤辉
张海英

大布中心学校

校　长：吴宏远

副校长：黄明星

红云中心学校

校　长：黄镇秋

副校长：廖树养
尧良华

省驻乳源单位

广东省核工业地质局二九一大队

队　长：苏文聪

副队长：周　鑫
张辉仁
张焕雄

工会主席：李毓成

大队党委

副书记：李毓成（兼任纪委书记）

委　员：苏文聪
周　鑫
张辉仁
张焕雄

广东省粤电南水发电有限责任公司

总经理：周喜安（任至11月）

副总经理：刘发胜

工会主席：许洪文

公司党委

书　记：周喜安

副书记：许洪文

委　员：刘发胜
吴耿桐

广东省乳阳林业局

局　长：陈振明

副局长：容建明
丁海胜

办公室主任：陈国元

局党委

书　记：陈振明

副书记：杨武权

委　员：容建明（工会主席）
丁海胜
谷建国
陈国元

广东省天井山林场

场　长：梁东成

副场长：彭华贵
黄长娣

办公室、党工办主任：何月玲

林政生产科科长：曾庆团

场党委

书　记：梁东成

副书记、纪委书记：赵学军

委　员：彭华贵

黄长娣

黄衍斋（工会主席）

何月玲（工会副主席）

曾庆团

广东省高速公路有限公司京珠北分公司

总经理：田增华

副总经理：张建泉

吴朝晖

总工程师：刘　伟（任至4月）

康瑜德（7月任职）

分公司党委

书　记：蔡国辉

副书记：田增华

广东乳源大峡谷省级自然保护区

主　任：林顺和

副主任：许根有

管理处党组

书　记：林顺和

党组成员：许根有

赵梅英

郑飞舟

乳　城　镇

中共乳城镇委

书　记：许钧华（任至4月）

林桥远（4月任职）

副书记：林桥远（任至4月）

肖福城

陈面先（7月任职）

张润岳（7月任职）

纪委书记：赵　强

武装部部长：赵伟军（任至7月）

杨启梁（7月任职）

委　员：侯贱娇

许碧葵（任至7月）

陈面先

张润岳

朱君鹏（任至7月）

张新芳（7月任职）

邓永华（7月任职）

镇人大

主　席：林桥远（任至7月）

陈荣生（9月任职）

副主席：侯贱娇（任至7月）

镇人民政府

镇　长：林桥远（任至4月）

肖福城（4月任职）

副镇长：陈荣生

陈顺华

张新芳（任至7月）

丘国雄（9月任职）

卢淑珠（9月任职）

陈广华（9月任职）

桂　头　镇

中共桂头镇委

书　记：吴衍雄

副书记：邓桂雄

黄永久（任至7月）

黄博东（7月任职）

兰　贤（7月任职）

纪委书记：吴振光（任至7月）

丘国全（7月任职）
武装部部长：丘国全（2月任职至7月）
李教化（7月任职）
委　员：钟美凤（任至7月）
钟慧秀
卿笃雄（7月任职）
陈玉明（任至7月）
马桂洲
黄博东（任至7月）
邓良辉（任至7月）

镇人大

主　席：吴衍雄（任至7月）
黄永久（9月任职）
副主席：陈玉明（任至7月）

镇人民政府

镇　长：邓桂雄
副镇长：钟美凤（任至7月）
马桂洲（9月任职）
李教化（任至7月）
李月祥（任至7月）
邓晓辉（9月任职）
周文龙（9月任职）
黄玉玲（9月任职）

大　桥　镇

中共大桥镇委

书　记：饶峻洪
副书记：张桂辉（任至9月）
黄祖胜（9月任职）
陈　粤
纪委书记：林文辉（任至7月）
李天福（7月任职）
武装部部长：黄先龙（任至2月）
袁涔皓（2月任职）
委　员：张芬城（任至7月）
邓冬英
赵少辉（2月任职）
袁涔皓
邹伟群（7月任职）
黄　磊（任至2月）

镇人大

主　席：饶峻洪（任至7月）
林文辉（9月任职）
副主席：罗龙贵（任至7月）

镇人民政府

镇　长：张桂辉（任至9月）
黄祖胜（9月任职）
副镇长：赵　章（任至9月）
张芬城（任至7月）
邓冬英（9月任职）
李雪辉
陈大俊（9月任职）
余　周（9月任职）

大　布　镇

中共大布镇委

书　记：李世华（任至4月）
赵财保（4月任职）
副书记：杨川毅
黄祖胜（任至7月）
罗　凯（7月任职）
张芬城（7月任职）
纪委书记：罗　凯（任至7月）
邝　东（7月任职）
武装部部长：叶福全（7月任职）
委　员：邓永华（任至7月）
林文坤（7月任职）

谢　华
叶福全（7 月任职）
邓奕良（2 月任职）
许石安（任至 7 月）

镇人大

主　席：李世华（任至 4 月）
赵财保（5 月任职至 7 月）
侯永娣（9 月任职）
副主席：邓奕良（5 月任职至 7 月）

镇人民政府

镇　长：杨川毅
副镇长：侯永娣（任至 7 月）
林文坤
吴旺灵（任至 7 月）
禤月明（9 月任职）
陈晓锋（9 月任职）

游　溪　镇

中共游溪镇委

书　记：李国洪
副书记：赵天聪
蒋健保（任至 2 月）
许路华（7 月任职）
钟美凤（7 月任职）
纪委书记：吴韶华
武装部长：许路华（任至 7 月）
盘小军（7 月任职）
委　员：赵　敏
丘国前
林永平（任至 7 月）
黄先龙（7 月任职）

镇人大

主　席：李国洪（任至 9 月）
黄贱胜（9 月任职）
副主席：赵明明（任至 7 月）

镇人民政府

镇　长：赵天聪
副镇长：盘良银（任至 7 月）
黄贱胜（任至 9 月）
黄先龙（3 月任职）
李月祥（9 月任职）
江石庆（9 月任职）

东　坪　镇

中共东坪镇委

书　记：廖功文（任至 8 月）
华　跃（9 月任职）
副书记：赵财保（任至 4 月）
赵春英（5 月任职）
郑玮如（任至 7 月）
廖　平（7 月任职）
邓良辉（7 月任职）
纪委书记：邓兴云（任至 7 月）
陈耀忠（7 月任职）
武装部部长：肖润文（任至 7 月）
朱君鹏（7 月任职）
委　员：盘兴秀（任至 3 月）
陈耀忠
杨红卫（任至 7 月）
廖　平
谢佰天（7 月任职）
杨细金（7 月任职至 9 月）

镇人大

主　席：廖功文（任至 8 月）
郑玮如（9 月任职）
副主席：盘兴秀（任至 3 月）

镇人民政府

镇　长：赵财保（任至4月）
　　　　赵春英（5月任职）
副镇长：黄静莉
　　　　谢佰天（任至9月）
　　　　杨细金（任至8月）
　　　　赵劲成（9月任职）

洛　阳　镇

中共洛阳镇委

书　记：华　跃（任至9月）
　　　　吴志俭（9月任职）
副书记：吴志俭（任至9月）
　　　　张　杰
　　　　罗光宝（7月任职）
纪委书记：谢翠群（任至7月）
　　　　　蓝　源（7月任职）
武装部部长：郑小明（2月任职）
委　员：曾亚松（任至7月）
　　　　陈庭武（任至7月）
　　　　周国祥（任至7月）
　　　　谢智敏（任至4月）
　　　　陈顺华（7月任职）
　　　　江立佳（7月任职）
　　　　廖桂珍（7月任职）

镇人大

主　席：华　跃（任至9月）
　　　　盘良银（9月任职）
副主席：曾亚松（任至7月）

镇人民政府

镇　长：吴志俭（任至9月）
　　　　张　杰（9月任职）
副镇长：罗光宝（任至7月）
　　　　廖桂珍（任至7月）
　　　　江立佳（任至7月）
　　　　陈顺华（9月任职）
　　　　陈庭武（9月任职）
　　　　童杰明（9月任职）

必　背　镇

中共必背镇委

书　记：黄燕斌（任至4月）
　　　　李世华（4月任职）
副书记：赵伟明
　　　　赖志远（任至3月）
　　　　赵春英（3月任职至4月）
　　　　赵　章（7月任职）
　　　　邹福利（7月任职）
纪委书记：欧天永
武装部部长：胡　亮
委　员：庹　校（任至9月）
　　　　邝志红（任至2月）
　　　　邹福利
　　　　盘成华（2月任职）
　　　　吴旺灵（7月任职）

镇人大

主　席：黄燕斌（任至4月）
　　　　李世华（4月任职至9月）
　　　　庹　校（9月任职）
副主席：盘成华（2月任职至7月）

镇人民政府

镇　长：赵伟明
副镇长：赵春英（任至3月）
　　　　赵华端（任至7月）
　　　　邓晓辉（任至7月）
　　　　赵艳梅（9月任职）

盘天发（9月任职）
吴旺灵（7月任职）

一六镇

中共一六镇委

书　记：邓远林（任至7月）
副书记：马新萍（任至9月）
潘　鸿
郭桂运（7月任职）
林永平（7月任职）
纪委书记：龙金培（任至7月）
陈良志（7月任职）
武装部部长：冯水生（任至7月）
赵明明（7月任职）
委　员：文水福（任至7月）
陈大俊（任至7月）
郭桂运（任至7月）
盘小军（任至7月）
雷　英
邓素萍（7月任职）
陈玉明（7月任职）

镇人大

主　席：邓远林（任至7月）
杨细金（9月任职）
副主席：盘小军（任至7月）

镇人民政府

镇　长：马新萍（任至9月）
潘　鸿（9月任职，其间7月至9月主持人大工作）
副镇长：叶福全（任至7月）
丘国雄（任至7月）
雷　英（任至7月）
赵华端（9月任职）
谢永旺（9月任职）
陈玉明（9月任职）

中共乳源瑶族自治县委员会

综　　述

2016年，县委在以习近平为核心的党中央坚强领导下，全面贯彻中共十八大和十八届三中、四中、五中、六中全会精神，深入学习贯彻习近平总书记系列重要讲话精神，积极实施省、市重大决策部署，按照“一二三四五”（“一”是明确一个定位，建设韶关融入珠三角先行区；“二”是突出两大特色，生态特色和民族特色；“三”是狠抓“三大抓手”，交通基础设施、城市扩容提质、园区扩能增效；“四”是发展“四大产业”，绿色工业、生态农业、特色旅游、商贸物流；“五”是建设“两区三地”，即世界过山瑶中心区、休闲度假精品区、健康产业首选地、现代产业聚焦地、绿色食品集散地）发展思路，加快建设韶关融入珠三角先行区，全力推进“三大主题”（项目攻坚、城市提升、县域发展）工作，大力发展“四大产业”（绿色工业、生态农业、特色旅游、商贸物流），扎实推进深化改革，持续增进民生福祉，深入推进全面从严治党，经济社会各项事业取得新进步，实现“十三五”良好开局。全年实现地方生产总值73.7亿元，增长9.5%；地方财政一般预算收入5.2亿元，增长2.95%，其中税收收入完成3.76亿元，增长16.6%；固定资产投资完成66.97亿元，增长2.7%。城镇居民人均可支配收入2.18万元，增长9.5%左右；农民人均纯收入达到1.22万元，增长11%。

重　要　会　议

【县委十一届七次全会】　中国共产党乳源瑶族自治县第十一届委员会第七次全体会议于2016年1月5日在县中心会堂召开。全会认真学习贯彻党的十八届五中全会、中央经济工作会议、省委十一届五次全会和市委十一届八次全会精神，总结回顾“十二五”时期和2015年工作，精心谋划“十三五”蓝图，研究部署2016年工作任务，审议《中共乳源瑶族自治县委关于制定国民经济和社会发展第十三个五年规划的建议》和《县委常委会2015年工作总结》。

全会听取和讨论吴春腾代表县委常委会作的《适应新常态　开启新征程　为全面建成小康社会而努力奋斗》工作报告和《2015年县委常委会工作总结》，审议通过《中共乳源瑶族自治县委关于制定国民经济和社会发展第十三个五年规划的建议》。

全会实事求是评价“十二五”时期全县经济社会发展取得的重大成就。五年来，县委团结带领全县人民，紧紧围绕“加快生态发展、建设美丽乳源”核心任务，坚定不移打好民族牌、走好生态路，在探索全国少数民族地区科学发展征程中，坚持“两个并重”（以科学发展观统领全局、以改善环境质量为核心、污染防治与生态环境保护），突出“三大战略重点”（生态立县、工业强县、旅游旺县），强力推进“六大工程”（生态保护、绿色工业、生态农业、特色旅游、生态人居、生态文化），基本完成“十二五”提出的奋斗目标和主要任务，谱写乳源发展史上精彩新篇章。

全会指出，2016年是实施“十三五”规划的开局之年，也是十一届县委任期的最后一年，做好2016年的工作至关重要，要重点抓好六方面工作：以园区扩能增效为抓手，培育壮大现代新兴产业；以绿色食品基地建设为重点，加快推进现代农业发展；以发展健康产业为引擎，推动第三产业加速发展；以城市扩容提质为中心，建设生态宜居美丽家园；以弘扬瑶族文化为特色，擦亮世界过山瑶之乡品牌；以加强党的建设为核心，确保“十三五”实现良好开局。

全会号召，全县各级党组织、广大共产党员和全县人民，要更加紧密地团结在以习近平为总书记的党中央周围，凝心聚力、攻坚克难，为建设韶关融入珠三角先行区，全面建成小康社会奠定坚实基础。

【县委十一届八次全会】 中国共产党乳源瑶族自治县第十一届委员会第八次全体会议于2016年7月11日在县中心会堂召开。全会主要任务是研究和审议关于召开中国共产党乳源瑶族自治县第十二次代表大会工作。全会决定，根据中央、省委和市委工作安排，中国共产党乳源瑶族自治县第十二次代表大会定于2016年9月下旬在县城召开。

全会号召，全县各级党组织和全体共产党员要认真贯彻执行党的基本路线、方针、政策，努力实践“三个代表”重要思想和科学发展观，全面贯彻落实习近平总书记系列重要讲话精神，团结和带领全县人民，凝心聚力、开拓创新、奋发有为，努力做好经济社会发展各项工作，以优异成绩迎接中国共产党乳源瑶族自治县第十二次代表大会的胜利召开。

【县委十一届九次全会】 中国共产党乳源瑶族自治县第十一届委员会第九次全体会议于2016年8月5日在县中心会堂召开。全会认真学习贯彻市委十一届九次全会及系列会议精神，总结2016年上半年工作，研究部署主动融入珠三角加快县域经济发展工作。全会听取吴春腾代表县委常委会所作《主动融入珠三角　加快县域经济发展》的讲话和邓志聪关于经济工作的讲话以及农村改革发展、提高机关效能两份文件的说明。

全会指出，主动融入珠三角加快县域经济发展，要全力推进项目攻坚，完善项目承载平台，狠抓项目引进，服务项目发展，努力提高融入发展的支撑力。要全力推进城市提升，强化规划引领，增强城市功能，提升城市文明，优化公共服务，努力提高融入发展的承载力。要全力推动镇域特色发展，提升镇域经济发展环境，培育各具特色的特色小镇，建设特色新农村，推进精准扶贫攻坚，努力提高融入发展的吸引力。

全会号召，全县各级党组织和广大党员干部要自觉担负起历史赋予的光荣使命，团结带领各族人民解放思想、抢抓机遇，不忘初心、继续前进，努力实现今年经济社会发展目标任务，为加快建设韶关融入珠三角先行区、全面建成小康社会而努力奋斗！

【县委十一届十次全会】 中国共产党乳源瑶族自治县第十一届委员会第十次全体会议于2016年9月14日在县中心会堂召开。会议的主要任务和议程是：圈选乳源瑶族自治县出席市第十二次党代会代表预备人选；酝酿县第十二届“两委”委员候选人预备人选名单；审议通过十一届县委工作报告和十一届纪委工作报告。

全会就做好下一阶段工作提出三点要求，一是县纪委、县委办、县委组织部、县委宣传部要牵头做好县第十二次党代会的各项筹备工作和会议召开时各项工作，各镇各单位要密切配合，确保县第十二次党代会如期胜利召开。二要把纪律和规矩挺在前面，坚决贯彻执行中央、省委的换届政策规定，严明“九严禁”纪律要求，确保换届风清气正。三要保持良好的换届心态，各级领导干部要以“换届不涣心，工作不断档”的工作热情，做到集中换届与各项中心工作两手抓、两不误，保证换届之前思想不涣散、换届之中工作不间断、换届之后工作常态化。

【第十二次党代会】 中国共产党乳源瑶族自治县第十二次代表大会于2016年9月22、23日召开。会议主要议程：一、听取和审议中国共产党乳源瑶族自治县第十一届委员会工作报告；二、审议中国共产党乳源瑶族自治县第十一届纪律检查委员会工作报告；三、选举中国共产党乳源瑶族自治县第十二届委员会；四、选举中国共产党乳源瑶族自治县第十二届纪律检查委员会；五、选举出席中国共产党韶关市第十二次代表大会代表。

中国共产党乳源瑶族自治县第十二次代表大会，审议并同意吴春腾代表中国共产党乳源瑶族自治县第十一届委员会所作的《建设韶关融入珠三角发展先行区为全面建成小康社会而努力奋斗》工作报告以及县委常委、县纪委书记张军代表中国共产党乳源瑶族自治县第十一届纪律检查委员会所作的《坚持挺纪在前，落实从严治党，为全面建成小康社会提供坚强的纪律保障》工作报告。

大会提出，未来五年要重点抓好五项工作任务：要选准突破口，加快融入珠三角，培育生态发展新支点；要严格保护生态，弘扬瑶族文化，打造特色发展新亮点；要完善配套设施，提升城市功能，增创融合发展新优势；要继续解放思想，全面深化改革，营造创新发展新环境；要坚持以民为本，不断改善民生，实现共享发展新目标。同时也指出，推进反腐倡廉工作必须要紧紧抓住主体责任这一牛鼻子；必须要让纪律成为管党治党的尺子；必须要树立强烈的担当意识；必须要依靠群众的参与和支持；必须要把握正确的执纪导向。

大会号召，全县各级党组织和广大党员干部群众，要紧密团结在以习近平为总书记的党中央周围，高举中国特色社会主义伟大旗帜，解放思想，务实创新，不忘初心，奋力前行，为主动融入珠三角加快发展，实现全面建成小康社会的目标而努力奋斗。号召全县各级纪检监察机关和广大纪检监察干部要在新一届县委的坚强领导下，坚定信心，锐意改革，扎实工作，不断开创全县党风廉政建设和反腐败工作新局面。

会议上选举产生中国共产党乳源瑶族自治县第十二届委员和纪律检查委员，选举出席中国共产党韶关市第十二次代表大会代表。23日下午，召开十二届一次全会，选举产生县委常委、书记、副书记。

重 要 活 动

【“两学一做”专题教育活动】 县委坚持把学习教育作为党建工作的龙头任务，成立县委学习教育协调小组，分类指导各基层党组织推进学习教育。坚持以上率下，13名县委常委带头深入基层搞调研、讲党课，各级领导班子和党员领导干部切实履行主体责任，示范带动全县421个基层党组织开展集中学习会850多场次。认真落实规定动作，组织9658名党员参加网上考学、400多名党员领导干部参加“两学一做”巡回宣讲，积极开展解放思想大讨论、“我为先进典型点赞”等活动，取得较好的学习教育效果。积极创新学习教育载体，编印发放学习册子8000多份，组织县四套班子领导及各镇、各单位主要负责人到革命圣地井冈山举办党性锤炼培训班，开展专题节目《榜样》观后感征文评比活动，促进学习教育真正做到入脑入心。坚持榜样引领，在县电视台、远程教育网开办宣传专栏，以身边的先进党员事迹制作《平凡民政人》等电教片，教育激励各级党组织和广大党员比学赶超，在基层治理、精准扶贫等重点工作中争先锋、作表率。坚持学做结合，突出抓好党员组织关系排查、党费收缴工作专项检查等7项重点任务，基层党建的顽症痼疾得到有效根治，广大党员干部“四个意识”（政治意识、大局意识、核心意识、看齐意识）普遍增强，凝聚推动乳源加快发展的强大能量。

【江凌到乳源调研】 2月4日，市委书记江凌到乳源调研扶贫“双到”、基层党建、旅游开发、新农村示范片建设、电商物流项目和重点工业企业等情况，县委书记吴春腾、县长邓志聪陪同调研。

期间，江凌先后调研游溪镇卫生院、一六镇乌石岭新村、云门山旅游度假区、东坪镇雕子塘新村、中农批和东阳光公司，详细听取镇、村干部及企业负责人的相关情况介绍。

5月9日，市委书记江凌到乳源调研县域经济发展工作并召开座谈会，市委常委、秘书长孔云龙，县领导吴春腾、邓志聪、许益云等陪同调研。江凌对乳源县域经济发展工作给予充分的肯定，认为乳源的发展思路清晰，工作扎实，经济发展与改善民生统筹到位，形成良好的发展态势和形成合理的发展格局。

【骆蔚峰到乳源调研】 3月17日，市长骆蔚峰率市相关部门负责人到乳源调研经济发展情况，县委书记吴春腾、县长邓志聪等陪同调研。骆蔚峰强调：要充分利用生态和少数民族优势，保持生态、民族特色，作为重点来推；要继续抓好工业，加强园区整理；要做好少数民族政策落实，通过用好政策，配合全市拉动商贸企业，积极引进总部企业。

【陈伟东到乳源调研】 3月24日，省纪委副书记陈伟东到乳源调研瑶族文化建设工作情况，市委常委、纪委书记郭健生，县领导吴春腾、张军陪同调研。陈伟东强调，必背作为“世界过山瑶之乡”，在发展的同时必须要保留住瑶族的原始风貌和民族特色，兼顾好宣传工作，要让旅居外地甚至是海外的瑶胞，知道家乡的发展情况。

【温思美到乳源调研】 5月23日，省政协副主席温思美等一行到乳源调研新时期精准扶贫精准脱贫工作。市政协副主席兰茵，县领导费玉海、简连英、邓国雄陪同调研。温思美指出，精准扶贫工作是党中央、国务院为加快扶贫攻坚进程、构建和谐社会做出的一项重大战略决策，要严格按照省委的要求和市委、市政府的科学部署，深入推进精准扶贫工作向前发展。温思美要求，市、县相关单位部门要狠抓工作落实，努力提高扶贫工作的精准性、有效性和持续性，确保每一项扶贫措施落到实处、见到实效。

【温兰子到乳源调研】 5月23日至24日，广东省政协副主席温兰子率领部分省政协常委、委员、专家学者到乳源调研。副市长王青西，市政协副主席林嘉，县领导梁丽娟、吴巧英等省市县林业及有关部门负责人陪同调研。

【江凌到乳城镇新兴村调研】 7月5日，市委书记江凌到乳城镇新兴村调研指导软弱涣散村党组织整顿工作。市委组织部副部长钟曦，县领导吴春腾、伍文、许益云、伍梅华陪同调研。江凌对抓好软弱涣散村整顿工作提出几点要求：一是对软弱涣散村要深入了解原因、深入查找根源、深入分析问题、研究解决问题；二是对整顿软弱涣散村要找准主要问题、解决突出问题、化解群众关注度高的难点、热点；三是整顿软弱涣散村要加强村党支部、村委干部队伍建设；四是整顿软弱涣散村要发挥第一书记的作用。

【黄建勋到乳源开展专项巡视工作】 8月89日，省审计厅副厅长、党组成员黄建勋率省委换届风气专项巡视组第三小组到乳源开展专项巡视工作。县领导吴春腾、张军、黄寿生、伍梅华陪同巡视。

【徐少华到乳源调研】 8月19日，省委常委、常务副省长徐少华到乳源调研扶持民族地区加快发展工作情况。市领导江凌、王青西、王伟阳，县领导吴春腾、邓志聪、刘永生及相关部门负责人参加调研。

徐少华强调，要认真贯彻落实中央和省委省政府关于加快少数民族和民族地区发展的部署要求，牢固树立自强意识，积极推动民族地区经济社会加快发展。要扎实推动省委、省政府《关于扶持民族地区加快发展的意见》确定的各项政策落实到位，省里将在交通基础设施、民生项目建设等方面予以支持帮助。要弘扬少数民族传统文化，在推进宗教、旅游等项目建设时，树立精品意识，从容规划建设，传承好瑶族文化。要做好教育、医疗、残疾人康复等民生事业，切实改善生产生活条件，惠及少数民族群众。要加强生态环境保护，认真研究生态补偿机制，按照生态发展区功能定位，因地制宜发展生态农业、特色旅游业，走出一条山区民族地区振兴发展新路子。

【肖志恒到乳源调研】 8月30日，广东省人大常委会原副主任肖志恒率驻粤部分全国人大代表一行13人，到乳源就新时期精准扶贫精准脱贫工作开展专题调研。市人大常委会代理主任林平杰，副市长彭裕殿，县委书记吴春腾，县人大常委会副主任许尔华，副县长李明华及市、县相关部门负责人陪同调研。

【黄强到乳源调研】 9月28日，广东省民族宗教委员会主任黄强到乳源调研民族宗教工作。市委常委黄劲东，县领导吴春腾、秦正京、黄寿生等陪同调研。

【骆蔚峰到乳源东阳光调研】 11月10日，市长骆蔚峰到东阳光调研，县长邓志聪陪同调研。骆蔚峰指出，全市各部门要积极支持东阳光集团的发展，具体各项任务要尽快讨论落实，希望东阳光集团在市委、市政府和县委、县政府的关心支持下，发展得越来越好，为乳源乃至韶关地区的经济建设发展作出更大的贡献。

【全省推动民族地区加快发展现场办公会在乳源召开】 12月26日，全省推动民族地区加快发展现场办公会在乳源瑶族自治县召开。省委常委、统战部部长林雄出席会议并讲话，副省长何忠友通报全省贯彻落实《关于扶持民族地区加快发展的意见》情况并作具体部署。

市委书记江凌，市长骆蔚峰，副市长王伟阳，县领导吴春腾、邓志聪、林昌卫、赵志敏、张军、简连英、梁丽娟，省直有关部门负责人，辖有自治县和民族乡的市县党委、政府领导及民族宗教局局长，7个民族乡主要负责人参加会议。会议研究分析广东省民族地区全面建成小康社会的主要困难和短板，督促检查各地各部门贯彻落实《意见》各项政策措施情况，研究部署下一步推动民族地区加快发展相关工作。 （何龙强）

县委办工作

【概况】 县委办公室是协助县委领导处理县委日常工作的机构，挂县委保密委员会办公室（县国家保密局）、县决策咨询和政策研究室、县委机要局、县信访局牌子。根据《中共乳源瑶族自治县委关于成立全面深化改革领导小组的通知》，县委全面深化改革领导小组下设办公室（简称县委改革办），作为常设机构。县委改革办和县接待办公室挂靠县委办公室。办公室内设7个职能股，其中办公室主任1名，副主任4名，股长4名，机关总编制21名，其中机关行政编制20名。县接待办10月份合并到机关事务局。

2016年，县委办在县委的正确领导下，坚持以中共十八大和十八届三中、四中、五中、六中全会以及习近平总书记系列重要讲话精神为指导，积极适应新常态，按照“两学一做”学习教育要求，围绕中心、服务大局，积极做好服务领导、服务基层、服务群众“三服务”工作，为推动全县经济社会发展作出积极贡献。

【公文管理】 严格做好公文管理，完成2015年文书档案的归档工作；办理和印发乳发7件、乳委55件、乳办发7件、乳委办31件、乳委办发电50件，县委会议纪要25期（其中十一届县委常委会议纪要共19期，十二届县委常委会议纪要共6期）。收发处理来文1423件，其中上级和县的纸质来文701件，市级、县级OA来文332件、390件；向市委报备党内规范性文件9份。处理领导各类批示近300件，收发各类报刊近4000份，收发领导各类信件近300多封，填报各类报表近60份。严格按照《中央、省委文件发布、阅读和管理工作实施细则》的要求办文和送阅，特别加强密级件的传阅管理，未出现漏发、错发、重发和失密等现象。充分利用电子政务系统的便利和环保功能，文件的收发、传阅、归档高度实现便利、高效、环保的作用。

【会务工作】 完成县委十一届七至十次全会、县十二次党代会、全省推动民族地区加快发展现场办公会、“十月朝”活动等大型会议和各类工作会议的会务工作24场。

【综合调研】 准确把握乳源发展实际和领导意图，起草和审核县委主要领导在全县性各类会议上的讲话稿共50多篇，有效地贯彻上级党委、政府的决策部署和思路举措，切实发挥凝心聚力、指导工作的作用。撰写完成刘云山、李长春、徐少华、黄强、陈开枝、江凌、骆蔚峰等领导到乳源调研的汇报材料。按照县委工作部署，起草《乳源瑶族自治县农村改革发展实施意见（2016—2018年）》《乳源瑶族自治县投资项目建设行政审批改革工作方案（试行）》《中国共产党乳源瑶族自治县委员会工作制度》和《中共乳源瑶族自治县委关于全面从严治党行动计划》等事关改革发展及党的建设重要文件，较好地贯彻中央和省市重要决策部署的。办好《乳源调研》，刊发领导干部调研文章30多篇，推广好做法好经验好建议。向省、市选送优秀调研文章，《广东调研》采用2篇、《韶关调研》采用9篇，其中《赴贵州湄潭清远英德考察学习新农村建设的调研报告》得到市委江凌书记批示并转发各县交流学习。创办《乳源决策参考（试刊）》2期，聚焦征地拆迁和村民自治难题，刊登乳源瑶族自治县专题调研报告和外地先进经验做法6篇，开拓决策视野和思维，得到县领导和各单位好评。与韶关学院图书馆达成信息服务合作协议，借助高校资源提升辅助决策水平。

【信息采编】 坚持把领导关注热点、难点、焦点问题作为信息工作服务的主攻方向，突出反映全县各项工作的创新做法和成效以及存在问题，为领导决策提供参考。及时总结报送全县关于经济发展、深化改革、文化建设、生态保护、信访维稳、民族团结等方面工作的亮点，全面反映全县的工作成效。2016年，向省、市报送《少数民族地区税收优惠政策执行过程中存在问题和相关建议》《基层医疗卫生人才队伍建设存在问题和相关建议》《乳源打造四个区域性发展优势加快农业融入珠三角步伐》等专题信息10余篇，日常信息110篇。对重点信息主动联系相关部门约稿，发出约稿通知8份。2016年共收集各镇各单位上报信息500多篇。全年共编发《乳源要情》48期，涉及各种意外事故、自然灾害、矛盾纠纷和网络舆情等。

【督查督办工作】 按照中央、省、市、县委有关抓落实的要求，为进一步贯彻落实上级和县委、县政府重大决策部署，制定《关于进一步加强督查督办推进落实提高执行力的实施意见（试行）》。分别由两办、纪委、组织部及相关牵头职能部门，结合重点项目建设、创建全国文明城市、精准扶贫、推进社会矛盾化解以及干部作风建设等重点工作开展督促检查13次；编发《乳源督查》6期，为县委领导决策提供参考依据。重点围绕全县重点工程建设、民生项目、招商引资、县域发展、党风廉政、安全生产等相关工作及时抓好督办落实，向市委报送有关工作落实情况报告30份，陪同市委督查室开展实地督查4次，上级领导批示事项、重点工作事事有回音，件件有落实。2016年，共办理网民留言733件，每一件群众关注的热点问题都能得到回应和解决。

【机要工作】 做好密码安全保密和密码通信基础设施安全管理自查工作，严把电报质量关。签订《广东省密码干部密码安全保密责任书》，严格执行24小时值班的两班倒制度，做好不定期全省电报演练工作，2016年县机要局完成收发密码电报、明传工作，实现“无事故，无差错，无错情”的工作目标。通过普通电话传真和OA办公系统接收传真件307份，发送124份。

【保密工作】 开展保密专项检查、保密管理专项检查、保密普查等专项工作，制定全县“十三五”时期保密事业发展规划，并利用纪律教育学习月、法制宣传日的契机，开展一系列保密集中宣传活动；将保密培训纳入县委党校的培训内容，全年两次为参加党委党校科级领导干部培训班、中青年学员进行保密知识培训。组织全县保密员参加广东省保密技术巡回演示（韶关专场）活动，增强保密员保密意识和技能。积极组织各镇各部门征订《保密工作》杂志，乳源瑶族自治县被评为全市《保密工作》杂志学刊用刊先进单位。会同教育、公安等相关部门完成高考、中考、事业单位招考等试卷保密监管工作。

【信访维稳工作】 深入推进信访工作制度改革，运用法治思维和法治方式解决信访问题，解决矛盾纠纷，社会大局和谐稳定得到维护。全年共受理群众信访285批684人次（来信24封、网络问政651宗），与2015年相比，2016年全县信访形势呈良好态势。县委、县政府主要领导和分管领导亲自研究部署化解进京上访户疑难案，亲自对上京老案难案分析研究，制定解决方案，督促信访局牵头协调化解，全县重点上访人员领导包案分工17宗，成功调解12宗。10月，市编办批准县信访局成为独立的县委工作部门。

【接待工作】 严格执行中央八项规定，厉行节约，坚持精细化管理，注重餐饮住宿质量，接待服务水平得到提升，较好地完成各项接待任务。接待来宾1433批次共计约26990人次，其中接待省部级（含全国人大、省委、省人大、省政府、省政协各类综合检查、督查）21批次29人次，厅级（含副厅级）90批次342人次，完成肖志恒、黄先耀、徐少华、许瑞生、林雄、邓海光、温思美、温兰子、张左己等领导到乳源的接待工作。

【改革办工作】 认真做好县委改革办日常工作，组织召开县委全面深化改革领导小组第二次会议，对县委全面深化改革领导小组和专项小组成员进行适时调整；印发《关于印发〈乳源瑶族自治县2016年全面深化改革工作要点〉的通知》，提出7个方面41项改革任务，为推进改革工作作出详细的部署。按上级要求及时上报文件资料，全年向市委改革办报送商事制度改革、县级公立医院改革、上半年总结、全年总结等资料，为上级了解乳源改革工作情况提供参考。向市委改革办报送信息3篇。

【绩效考核工作】 抓好2015年绩效考评工作，完善2016年绩效考评方案。严格按照《乳源瑶族自治县2015年绩效考评实施方案》的工作要求和步骤，对全县9个镇、53县直机关单位和6个上级垂直管理单位开展2015年度绩效考评职能指标考核工作，分别评选出4类68单位一、二、三等奖若干名。根据韶关市新调整的县（市、区）绩效考核方案及标准，及时调整、完善全县2015年度经济社会科学发展和绩效考核的等次和奖励方案及2016年绩效考评方案。（何龙强）

宣传工作

【概况】 县委宣传部内设办公室、理论和宣传股（县国防教育领导小组办公室）、精神文明建设办公室等3个股室，机构编制9名。部长由县委常委兼任，县文联、县社科联挂靠县委宣传部，县委宣传部其中1名副部长由县社科联主席兼任。

2016年，全县宣传思想文化战线坚持以习近平总书记系列重要讲话精神为统领，以学习贯彻中共十八大，十八届三中、四中、五中、六中全会和省、市、县委全会精神为主线，主动适应经济社会发展和宣传文化工作新常态，牢牢掌握意识形态工作的领导权和主动权，巩固壮大主流舆论，大力培育和践行社会主义核心价值观，着力构建现代公共文化服务体系，扎实推进全国文明城市创建工作，为加快生态发展、建设美丽乳源，加快建设韶关融入珠三角先行区提供强大思想保证、精神力量、道德滋养和文化条件。

【理论武装】 一是加强领导，确保学习取得实效。印发《乳源瑶族自治县2016年党委（党组）中心组理论学习安排意见》，对中心组成员全年理论学习内容、学习重点、学习要求进行安排。全年开展10次集中性的县委中心组理论学习，重点传达学习治国理政新理念新思想新战略内涵、中共十八届六中全会精神、省市“两会”精神，围绕全县重点建设项目工作进行交流研讨，以“两学一做”学习教育为重点开展学习研讨。围绕治国理政新理念新思想新战略内涵、党的十八届六中全会精神主题，组成宣讲团深入乡镇、企业、学校开展宣讲活动33场次。为党委（党组）中心组成员购发推荐《习近平总书记系列重要讲话读本（2016版）》《时事政治》《胡锦涛文选》等一批学习书目。督促各级党委（党组）中心组开展学习研讨活动228场次。进一步贯彻落实学习领导负责制，认真做好巡学、督查、考核工作，将学习考核纳入县委工作目标，实行动态化管理。二是把握重点，确保学习不走过场。坚持把学习宣传贯彻习近平总书记系列重要讲话精神作为重点，引导广大党员干部结合“两学一做”学习教育深入学习贯彻党的十八届六中全会精神，采用个人自学、集中学习、考察体验等形式，坚持读原著、学原文、悟原理，全面系统掌握新理念新思想新战略，深刻学习领会协调推进“四个全面”（全面建成小康社会、全面深化改革、全面推进依法治国、全面从严治党）战略布局，深刻学习领会五大发展理念，紧密结合思想和工作实际，做到学而信、学而用、学而行，切实增强道路自信、理论自信、制度自信、文化自信。利用县电视台、县政府门户网、“两微一端”（微信、微博、客户端）等媒体平台开辟专题、专栏进行宣传引导，把学习教育渗透到基层。二是聚焦亮点，推进理论成果转化。把理论学习和基层调查研究相结合，紧密结合县情实际，推出一批理论调研成果。其中，《全力推进乳源民族文化传承发展》等理论文章在《韶风》刊发，《赴湖北通山通城学习考察瑶族文化的报告》等29篇理论调研文章在《乳源调研》刊发。2016年度信息和理论文章刊发工作位列全市各县（市、区）第一名。

【重要宣传】 一是落实意识形态工作责任制，牢牢掌握意识形态工作领导权、话语权。认真组织关于意识形态工作责任制和习近平总书记在党的新闻舆论座谈会上的讲话精神的传达学习，深化广大党员干部理想信念教育。教育引导、督促各类新闻媒体和广大新闻舆论工作者牢记习近平总书记提出的“48字”方针。加强对传统媒体和新兴媒体的建设和管理，严格落实信息发布审核制度。加强对各种研究机构、形势报告会、研讨会、讲座、论坛、出版物的管理和指导。深入开展文化市场专项整治行动，加大网吧监管治理力度，加大对政治性非法出版物的查处力度，加大“扫黄打非”力度，营造一个安全、和谐的文化环境。积极开展“清理网上歪曲党史国史内容并加强宣传引导”专项行动、宣传文化领域防范意识形态渗透专项整治、维护意识形态安全专项整治等工作，进一步规范涉意识形态领域工作内容。二是坚持正面宣传，壮大主流舆论。开展日常动态宣传报道的同时，坚持围绕全县重点工作早筹划、早安排，在县电视台、县政府门户网、“两微一端”开设专题、专栏，组织好学习贯彻党的十八届六中全会精神、培育和践行社会主义核心价值观、创建全国文明城市、创建平安乳源、“两学一做”学习教育等主题的宣传报道。充分发挥新兴媒体的优势，全面展示政务动态、地域文化、瑶乡特色、城市文明等亮点工作，为全县加快建设韶关融入珠三角先行区、实现振兴发展营造良好氛围。围绕主题宣传、成就宣传、典型宣传，在中央电视台、新华网、人民网、广东电视台、《南方日报》等中省级媒体刊播稿件332篇（条），在《韶关日报》、韶关电视台、韶关电台、韶关市政府门户网等市级媒体刊播稿件826篇（条），出版12期《重点》乳源专版。其中，中央电视台《焦点访谈》栏目和《24小时》栏目分别以近20分钟篇幅拍摄播出陈鹏英勇事迹，展现乳源良好形象，营造有利于乳源加快发展的良好舆论氛围。

【舆情监控】 强化舆论监管，营造和谐环境。加强与公安、信访等部门联动，做好舆情监测和分析，全面、及时、准确地把握舆情动态，不断健全完善突发事件的应急协调机制，牢牢把握舆论引导的主动权，妥善处理负面舆情事件18起。其中，在“国道323线腊岭段发生塌方事件”中，县委宣传部及时组织网络文化传播者对在微信朋友圈流传的人员伤亡消息进行更正，并主动联系省市新闻媒体快报事实、慎报原因，消除网友猜疑和社会恐慌。配合中央、省、市媒体对事件中涌现出的目击者深夜冒雨拦车、保障过往人车安全的好人好事进行挖掘和宣传报道，将一起突发自然灾害事故变成“身边好人”正能量的传播，成功引导网友对事件的关注重心，社会良好风气得到弘扬。

【文化发展】 大力整合文化资源，积极开展文体活动，创作文艺精品，打造特色文化品牌，极大地丰富人民群众的精神文化生活，推进瑶族文化的传承发展。一是主题文化系列活动异彩纷呈。成功举办文化“三下乡”、迎春书画展和摄影展、爱国影视展播、纪念长征胜利80周年“农行杯”书法大赛作品展等活动、6场“激情广场·幸福乳源”群众文化系列活动，成功举办“扬帆计划”专场文艺汇报演出以及“落实两学一做、关爱留守儿童”文化志愿者校园行文艺演出，开展“百家千场下基层”文学创作专题讲座。指导必背镇王茶村群众举办具有乡土文化特色的春节“村晚”活动和国庆节纪念红军长征胜利80周年重走红军路活动；大桥镇民间组织先后举办南岭观音诞、“阿公搓轿”尝新节、纪念舜帝诞辰公祭大典文化旅游节；桂头镇举办侯安都纪念馆揭牌暨庆典活动。二是公共文化服务水平不断提升。制定《关于加快构建现代公共文化服务体系的实施方案》《乳源瑶族自治县镇、村（社区）公共文化设施管理使用办法（试行）》，对各镇、村公共文化服务绩效进行检查考核。建立一批农家书屋流传点、图书馆分馆、基层综合公共文化服务中心等。落实公共场馆免费开放政策。三是文化生态保护有序推进。完成《广东省瑶族文化生态保护实验区总体规划》编制工作。成功申报《双朝节》《西京古道石阶除道》《苦爽酒酿造工艺》列入韶关市非物质文化遗产名录。第一次全国可移动文物普查登记、录入资料信息1576件，通过省级普查办的验收。成功争取瑶族文化保护利用设施（民族文化传承中心）中央预算资金360万元，完成新文化馆建设项目立项工作。通过积极争取，世界瑶族经贸文化交流中心区建设纳入国家“一带一路”建设项目库。四是瑶族文化资源库建设顺利通过验收。该项目成为全国唯一一个获得文化部立项的瑶族文化资源数据库，在全国瑶族地区具有示范性作用。五是文艺精品创作繁荣发展。选送的舞蹈《地动山摇》《日头下·田埂乐》获韶关市首届音乐舞蹈花会舞蹈组金奖，《歌春》获歌曲组铜奖。六是文化交流有序开展。组团先后赴湖南宜章参加2016湘粤两省四地（宜章、连州、乐昌、乳源）春节联欢晚会，赴花都、东莞春节文艺晚会演出5场，参加外交部驻香港特派员公署“祖国好，香港好”专题文艺演出以及广东工人艺术团走进粤北林区文艺晚会演出。组织瑶绣、瑶族歌舞参加第十二届中国（深圳）文化产业博览会。完成与东莞市文化馆达成合作协议的15场演出活动。

【文明建设】 结合创建全国文明城市（以下简称“创文”）工作，大力推进社会主义核心价值体系建设，深入开展精神文明创建活动，进一步提升公民思想道德素质和城乡社会文明程度。一是大力培育和践行社会主义核心价值观。开展社会主义核心价值观融入百姓生活主题活动。大力推进价值观“六进”主题活动。春节前，组织开展6场“春联进万家——现场挥毫送春联活动”。5月份，组织开展“文明志愿行，绘美新农村”主题墙绘活动。发挥先进典型的引领作用，从各行业中评选出胡广平等12人为2016年“乳源好人”。深入开展公民道德教育活动，举办10期道德讲堂活动。制定印发《乳源瑶族自治县帮扶生活困难道德模范和身边好人实施办法（暂行）》，做好道德模范帮扶礼遇工作。开展爱国主义教育基地评选活动，推荐金狮公园、天井山科技园参评市级爱国主义教育基地。二是深化群众性精神文明创建活动。评选并表彰2014—2015年度精神文明建设先进单位和先进工作者、培育和践行社会主义核心价值观优秀示范点、“五好文明家庭”。进一步完善县级文明单位、文明窗口、文明村、文明镇等测评体系。制定印发《关于要求开展“五星级文明户”创建评选活动的通知》，开展星级文明户评选，推动美丽乡村建设。三是深入推进创建全国文明城市工作。召开2016年创建全国文明城市工作推进会，对2016年的创文工作进行全面部署。每季度开展一次创文工作督查，确保各单位对创文工作的干劲不松。对部分破损工地围档的创文宣传图进行更换，制作15个以社会主义核心价值观、中国梦、创文等为主题的宣传广告灯箱，制作2块大型广告牌等，持续营造浓厚的创文氛围，确保市民群众对创文的热情不减。四是大力弘扬志愿服务精神。贯彻落实《关于进一步加强志愿服务工作的意见》的要求，进一步完善志愿服务机制。组织广大志愿者先后开展“建设美丽乳源·投入绿色怀抱”义务植树、“三月花开助人乐·雷锋精神暖人心”全民学雷锋志愿服务行动月等志愿活动。成功举办文明交通巡回宣讲活动，并组织全县交警及优秀驾驶员到韶关市参加培训。五是加强未成年人思想道德建设。积极构建学校、社会和家庭相互协调、密切配合的未成年人思想道德教育“三结合”网络。成功举办第三届全县青少年现场书画比赛、全县“青少年宫彩票公益杯”鼓号操展评活动等，全县首部小学生诗集《飞吧！飞吧！和平鸽》在《南方日报》刊载。推进全县乡村学校少年宫的建设，县第一小学少年宫、桂头镇中心小学少年宫荣获“韶关市优秀学校少年宫”称号。

（朱海艳）

组　织　工　作

【概况】 2016年是“十三五”规划的开局之年，也是县镇集中换届年，县委组织部紧紧围绕县委、县政府的中心工作，切实做好乡镇换届工作，配合市委做好县级换届工作，圆满地完成县镇两级班子换届工作。深入开展“两学一做”学习教育，突出“学、做”主题，确保“两学一做”学习教育各项任务落到实处。继续深化干部人事制度改革，领导班子和干部队伍建设进一步增强。注重人才发展，完善人才机制，人才工作开创新局面。夯实基础，党建工作水平进一步提升。县委组织部年末在职在编共有18人。

【县、镇两级换届工作】 2016年为县、镇集中换届年，层层落实，夯实主体责任，实现齐抓共管换届新局面。4月初成立由县委书记任组长的换届工作领导小组，切实加强组织领导，确保高位推动。成立2个换届风气督查组，利用“12380”电话、信访、网络和短信“四位一体”的综合举报受理平台，及时受理违反换届纪律问题举报，组织全县领导干部、党员干部观看警示教育片《镜鉴》达2467人次，印发宣传资料1900多份，强化监督，严肃换届纪律，营造风清气正的换届环境。认真制定并细化责任清单，落实县委书记亲自抓、带头抓、全程抓的第一责任人，明确县纪委、县委组织部和县人大常委会、县政府、县政协等有关部门的职责任务，全面开展组织、指导、监督和联合会审等各项工作，做到协调配合、齐抓共管、形成合力。严把程序关、结构比例关、资格审查关，推优选强县镇两级党代表，其中，镇党代表842名，县党代表330名，确保县镇党员代表大会的顺利召开。做好提前综合研判、严格考察程序、树好用人导向等工作圆满完成2016年县、镇两级换届工作。

【领导班子和干部队伍建设】 充分发挥组织监督和群众监督的作用，认真做好来信来访接待核查工作。加大经济责任审计力度，规范领导干部的经济行为。严格执行《党政主要领导干部和国有企业领导人员经济责任审计规定》，2016年委托审计部门对11名科级单位“一把手”进行任期经济责任审计。加强对干部出国的管理备案工作。进一步完善科级后备干部的动态管理，采取“两推一评”（两推荐一评选）方式对后备干部队伍进行调整，更新后备干部信息库，为后备干部的培养选拔提供更加详实的依据。制定《乳源瑶族自治县2016年干部培训计划》，采取选派参加省、市专题培训、联合举办短训班和开讲座等方式，共培训各类干部1300多人次。组织全县1580多名干部职工进行在线网络培训学习，实行季通报制，及时提醒和督促，切实增强广大干部理想信念和履职能力，干部队伍综合素质得到提升。

【“两学一做”学习教育】 成立县委学习教育协调小组，制定并印发学习实施方案，组成督导组加强对各镇各单位的督促检查和分类指导。开展党员组织关系集中排查，摸清全县党员基数，确保每名党员学习教育不缺位，全县各级党组织召开集中学习会850多场次。利用共产党员网、韶关党员教育微信公众号等平台，定期传达全县开展“两学一做”学习教育的安排和内容。认真落实“八个到户”（产业帮扶到户、就业服务到户、社会保障到户、教育资助到户、医保救助到户、危房改造到户、金融扶持到户、资产收益到户）措施以及“1＋N”扶贫政策文件，解决影响基层党组织建设的源头性、基础性问题。全县解决拖欠被征地农民的征地补偿款、落实历史留用地、解决被征地农民养老保障滞留资金分配、村（社区）执行“两个联席会议制度”等工作完成率均达100%。

【干部人事制度改革】 改变民主推荐定位和改进民主推荐方法，有效提高干部选任的科学性和精准度。改进干部推荐考察方法，科学设置参与民主推荐人员范围，注重参与人员的广泛度、关联度、知情度。采取民主测评、民意调查、实绩分析、个别座谈、综合评价等办法，进一步扩大考察范围、丰富考察手段，加强综合评价，提高选人用人工作水平。规范干部考核标准，坚持把实绩作为检验和评价干部的重要标尺，积极打破论资排辈、平衡照顾的传统思维定式，注重选拔崇尚实干、敢于负责、敢抓敢管的干部，树立以实绩评优劣、定升迁、论奖惩的选人用人导向。

【人才工作】 先后制定出台引进培养紧缺高层次人才实施意见、名师名医名家工作室建设实施办法和专业技术拔尖人才选拔管理实施意见等政策性文件。设立每年500万元的人才资源开发专项资金，用于人才的引进、培育、奖励等。倡导“人才不求所有、但求所用”理念，引导激励各镇、部门和企业通过项目合作、技术入股、聘请顾问、挂职锻炼等柔性方式引进人才，对柔性引进的人才给予特殊津贴。在医疗卫生、生态旅游、文化教育等事业中引进一批急需紧缺中高层次人才，先后举办近20场次人才招聘活动。2016年成功招聘事业单位紧缺高层次人才16人，其中具有正高职称的1人、副高职称的1人、全日制硕士研究生6人，实现全县未有正高专业技术职称人才的零突破。

【基层党建】 严格落实部门责任，进一步排查化解征地社保滞留资金分配、农村“三资”（资金、资产、资源）管理、社会矛盾等问题，基层治理工作得到加强。深入实施基层党建创新“书记项目”，确立和实施党建“书记项目”20个。制定并下发《乳源瑶族自治县开展村（社区）基层党建工作考核的实施方案》，进一步增强全县各级党组织书记管党治党意识。制定并印发村（社区）党组织书记权力清单以及村（社区）党组织书记备案管理制度、个人有关事项报告制度、经济责任审计制度、“底线”管理制度等四项制度，进一步规范村级党组织书记权利与义务。落实“一定三有”（村党组织书记定权责、立规范，村党组织书记工作有合理待遇、干好有发展前途、退岗有一定保障）政策，2016年各行政村办公经费提高到6万元，村干部补贴提高到人均每月不低于2200元。对全县排查出的11个村（社区）软弱涣散基层党组织，重点落实“四个精准”要求，精心挑选11名责任心强、综合素质较高的年轻干部任“第一书记”，联合镇整顿工作组，扎实推进整顿工作。注重农村党建示范点建设。乡镇领导干部驻点普遍直接联系群众常态化开展。坚持精准培养、精准发展，坚持党建带妇建，党员教育管理进一步加强。（张春华）

统战工作

【概况】 中共乳源瑶族自治县委统一战线工作部（以下简称县委统战部），是县委工作职能部门。归口管理县民族宗教事务局、县工商联、县侨联。内设办公室。

2016年，在县委的正确领导和市委统战部的精心指导下，县委统战部坚持以科学发展观为指导，全面贯彻落实党的十八届三中、四中、五中、六中全会及中央、省、市统战工作会议精神，贯彻落实党的“长期共存、互相监督、肝胆相照、荣辱与共”统战方针，以开展“两学一做”学习教育为契机，牢牢把握大团结大联合主题，紧紧围绕服务全县经济社会发展大局，进一步攻坚克难，抓好各项工作的落实，提升统战工作服务水平。

【学习贯彻中央、省、市统战工作会议精神】 1月27日，组织县委统战部全体干部、工商联负责人、民宗局领导班子、各民主党派主委、知联会副会长等，学习中共广东省委办公厅印发的《关于学习贯彻〈中国共产党统一战线工作条例（试行）〉实施方案》文件精神。4月13日，在县委常委会议上传达学习全市统战工作会议精神，会议要求抓好民主党派、民族宗教等各项工作，切实把会议精神落到实处。5月6日，组织县委统战部全体干部、民宗局领导班子、侨联、工商联、驻香港办事处负责人和各民主党派、知联会、宗教界代表人士等在县工商联会议室召开中央、省、市统战工作会议精神传达会，确保会议精神宣传到位、学习到位、落实到位，切实用会议和《条例》精神来思考和谋划统战工作。

【民主政治建设】 支持各民主党派、知联会团结和带领广大成员，不断加强自身建设，充分发挥自身优势，紧紧围绕县委、县政府重点工作和群众关心的热点、难点问题，开展视察调研和建言献策活动。民建乳源支部主委黄联锋的提案《关于清理城区街道两旁报废公共电话亭的建议》在县政协十届一次会议上被评为2016年度优秀提案；民革乳源支部主委黄茂东被评为2016年度县优秀政协委员；民革乳源支部被评为2016年度民革韶关市委优秀支部。7月3日，九三学社韶关市委召开第七次代表大会，九三学社乳源第一支社社长王双陆当选为九三学社市委第七届委员会委员；7月9日，民建韶关市第十三次代表大会召开，民建乳源支部主委黄联锋当选为民建韶关市第十三届委员会委员；10月，组织王双陆、黄联锋参加韶关市民主党派新一届市委委员培训班。9月25日，组织民革、民建、民盟等民主党派人士围绕乳源特色旅游的前景、基础设施投入、经营管理模式等方面情况开展特色旅游调研。

【党外和民族干部培养选拔、党外代表人士安排工作】 为全面掌握党外、民族干部的基本情况，上半年开展了党外干部、少数民族干部大调查工作，建立健全党外、民族干部人才库。11月，联合县委组织部推荐县领导邱波参加省委统战部举办的党外处级干部培训班，组织县领导邱波、梁丽娟、吴巧英参加市知联会理想信念培训班。

协同县政协做好市、县政协委员安排工作。根据《中国共产党统一战线工作条例（试行）》《中共中央关于加强和改进人大代表、政协委员有关工作的通知》《关于进一步明确县（市、区）政协委员有关安排要求的通知》等文件规定，从加强党的领导、控制好政协规模和结构比例、严格人选标准和条件、严格推荐提名和组织考察、严格规范政协委员安排等多方面做好市政协委员的推荐和县第十届政协委员安排工作。推荐赵志敏、简连英、邓丽燕、秦彩霞、林悦、释性国作为市十二届政协委员人选；县政协十届委员会共安排政协委员 150 名，其中非中共委员 93 名，占总人数 62%，包括 16 名港澳委员。

【非公经济统战工作】 县四套班子主要领导与县工商联（总商会）、珠三角联谊会代表座谈，听取县工商联（总商会）及珠三角联谊会的工作情况汇报，勉励他们发挥好桥梁纽带作用，凝聚力量抱团发展，并为促进乳源与珠三角的经济交流合作做出新的贡献。在非公有制企业中组织专题学习习近平总书记重要讲话精神，积极走访调研、研讨交流、举办培训班等多种方式，引导广大非公有制经济人士认清形势，把握政策，提振发展信心。引导和推动非公有制经济人士积极投身“感恩行动”和“光彩事业”等社会服务活动，指导县工商联（总商会）协同广东狮子会福慧服务队、旗峰服务队前往桂头镇东岸村开展敬老爱老慰问活动，为该村 65 岁以上老人发放慰问品和慰问金合计 5 万余元。注重质量发展会员，稳步壮大县工商联队伍，全年新增 9 家企业会员、2 个团体会员。指导乳源东阳光电化厂“双氧水技术改造项目”、韶关绿之源包装食品有限公司“年产 2 亿罐天然果汁及饮料生产线全面升级技术改造项目”成功申报全国光彩事业重点项目。成立县工商联（总商会）换届工作领导小组，完成非公有制经济代表人士的综合评价以及县工商联（总商会）领导班子人选考察等工作，推荐 10 名非公经济代表人士作为县政协工商联界别委员人选。

【民族工作】 抓住全省推动民族地区加快发展现场会、全市扶持民族地区加快发展推进会议在乳源召开的有利契机，做好扶持政策对接，加快项目资金落地。深入开展民族团结进步示范点创建活动，游溪镇人民政府、民族实验学校等 6 个单位成功创建为“全省民族团结进步创建活动示范单位”。推进少数民族特色村寨的保护和发展，做好 2016 年少数民族特色村寨检查验收和第二批中国少数民族特色村寨命名挂牌推荐工作，雕子塘瑶族新村等 7 个村申报为广东省“十三五”期间扶持发展的特色村寨。3 月，县委常委、统战部部长黄寿生率县住建、民宗、林业等部门相关人员到广西阳朔县、恭城瑶族自治县和富川瑶族自治县参观考察新农村特色建设及城市规划建设。推进瑶族姓氏文化史料收集工作，完成东坪镇、游溪镇、必背镇史料登记收集工作。瑶族迁移人口土地确权工作议案经县人民代表大会审议通过。抓好少数民族发展资金项目落实和资金监管，加强对各镇少数民族发展资金项目的跟踪检查，严格把关发展项目落实情况，确保资金使用合理规范。

【宗教工作】 做好宗教政策法规的学习和宣传，及时召开相关宗教场所负责人工作会议，认真分析形势，总结经验，排查宗教方面存在的问题，有效防治和及时处置涉及宗教因素的突发性事件。组织学习 4 月 22 日至 23 日在北京召开的全国宗教工作会议精神，认真贯彻党的宗教工作方针政策，依法管理宗教事务，积极引导宗教与中国特色社会主义社会相适应。做好节庆期间宗教场所安全工作，组织工作人员对云门山大觉禅寺、仙人桥道观及桂头基督教聚会点进行检查，仔细排查安全隐患。积极推动解决云门寺历史遗留问题，着力解决云门寺门前乱摆乱卖、岭头和范屋村搬迁工作、锑粉厂以及武装部的弹药库土地移交等问题。抓好正觉寺恢复重建工作，7 月 14 至 15 日，广东省技术中心专家对正觉寺重建生态环评工作进行评审，专家评审组原则上通过项目环评，对编制单位提出修改意见。8 月，韶关市佛教协会副秘书长、云门寺首座、广东佛学院云门学院教务长释性国率云门寺僧人一行 16 人组成佛教文化交流团，前往台湾访问佛光寺、中台禅寺、法鼓山等佛教场所，进行佛教文化交流。

【港澳台和海外统战工作】 做好香港乳源同乡联谊会的义工团筹备工作，组织安排联谊会成员到乳源投资考察。4月16日，受外交部驻香港特派公署的邀请，组织文化交流团赴港参加“祖国好，香港好”为主题的大型公众开放日活动文艺演出。积极联系港澳和海外各界人士到乳源开展慈善活动，香港旭日扶轮社捐建乳源第五座净水系统落成启用，协助广东救援辅助队（香港）总队到乳源开展徒步筹款助学助医活动。

【“两学一做”】 按照县委开展“两学一做”学习教育的要求，制定《县委统战部关于开展“学党章党规、学系列讲话，做合格党员”学习教育实施方案》《县委统战部关于开展“学党章党规、学系列讲话，做合格党员”学习教育计划》，成立领导小组，并及时召开动员大会。5月25日，将“两学一做”专题党课开到挂扶的必背镇，与镇机关单位全体党员和各党支部书记一起上专题党课，让学习内容更贴入基层实际。组织支部党员深入学习《中国共产党地方委员会工作条例》和《中国共产党党组工作条例（试行）》等系列文件，做好“两学一做”考学工作。完成党员党费补缴工作，全部上交县直属工委。春节、“七一”等节日组织开展慰问困难老党员活动。

【软弱涣散村整治工作】 在软弱涣散村整治工作中，投入近2万元改善必背村委办公条件。积极帮助必背村委解决半岭迁移点（杨溪口集市至半岭迁移点）及一六坪山村瑶族迁移点的公路硬底化工程缺口资金近40万元。

【统战信息工作】 编印《乳源统战》杂志1期；被《韶关统战信息》采用信息8篇；县委统战部被市委统战部评为2016年度全市统战信息工作先进单位；叶招娣被评为2016年度全市统战信息工作先进个人。 （叶招娣）

机构编制管理

【概况】 2016年是实施“十三五”规划的开局之年，是全面建成小康社会决胜阶段的起步之年，县机构编制委员会办公室在县委、县政府和县编委的正确领导和上级机构编制部门的精心指导下，认真贯彻落实中共十八大、十八届五中、六中全会精神，紧紧围绕中心、服务大局，以深入推进政府职能转变和机构改革、行政审批制度改革、政府部门权责清单制度建设、深化事业单位登记管理等任务为重点，强化部门自身建设，积极适应改革新常态，开创机构编制工作新局面。年末，县机构编制委员会办公室在编人数9人。

【政府职能转变和机构改革】 按照政府职能转变和机构改革要求，制发县农业局、县信访局、县政法委机关“三定”方案，印发县旅游局、县机关事务管理局机构编制方案。将县信访局由县委办挂牌机构调整为单独设置的县委工作部门；重新组建政法委员会机关；设置县安全生产监督管理局，将县旅游局由县政府工作部门调整为县政府直属的公益一类事业单位，在县机关事务管理局挂县接待办公室牌子；将县环保局承担的规划、指导、协调、监督城市生活污水处理厂的建设和运营职责，划转县住房和城乡规划建设局承担。根据省、市要求，整合县农业局机关及所属事业单位行政执法职责，设立乳源瑶族自治县农业局农业综合行政执法股；撤销县劳动监察大队，设立县人力资源和社会保障局劳动保障监察综合执法大队，撤销县人力资源会社会保障局劳动监察股（信访投诉中心），在劳动保障监察综合执法大队加挂信访投诉中心牌子。

【行政审批制度改革】 制发《乳源瑶族自治县人民政府办公室关于报送行政许可实施和监督管理情况年度报告的通知》，要求县直单位以政府部门权责清单为依据，对2015年度行政许可依法实施、公开公示情况、监督管理情况、改革事项落实情况、实施效果和监督管理情况进行自评总结，并将相关资料进行公示。开展行政审批标准化工作，及时衔接《广东省行政许可事项通用目录（2016年版）》《韶关市县级行政许可事项通用目录（2016年参考版）》，调整完善乳源瑶族自治县的行政许可事项目录，公布《乳源瑶族自治县行政许可事项目录（2016年版）》，确定行政许可事项大项214项、子项424项。为进一步做好行政审批标准化工作，举办两次行政许可和公共服务事项业务培训班，统一县直各单位对标准化工作的认识，提高具体经办人员的业务水平；建立行政许可标准化工作交流QQ群，答疑解惑、探讨交流，督促各部门业务人员抓紧行政许可标准化录入工作，全县各部门顺利完成行政许可事项录入工作。

【规范清理中介服务事项】 为破除垄断，规范管理行政审批中介机构，贯彻落实《广东省人民政府关于第一批清理规范58项省政府部门行政审批中介服务事项的决定》《广东省人民政府关于第二批清理规范68项省政府部门行政审批中介服务事项的决定》和《韶关市人民政府关于第一批清理规范48项市政府部门行政审批中介服务事项的决定》精神，印发《乳源瑶族自治县人民政府关于第一批清理规范33项县政府部门行政审批中介服务事项的决定》，公布33项中介服务事项不再作为行政许可的受理条件，涉及县发改局、国土局等10个政府部门。

【权责清单制度建设工作】 按照国家、省和市关于推行权责清单制度工作部署，根据有关规定，提请县政府常务会议和县委常委会议讨论通过，制发《乳源瑶族自治县人民政府关于取消非行政许可审批事项的决定》，取消18项非行政许可审批事项，将21项非行政许可审批事项调整为政府内部审批，不再保留“非行政许可审批”这一审批类别；制发《乳源瑶族自治县人民政府办公室关于调整县直有关部门职能的通知》，调整各类职能事项31项，其中取消28项，转移3项；印发《乳源瑶族自治县人民政府部门权责清单》，公布县发展和改革局等34个县直部门各类职权事项共6488项。采用以县政府的名义发文公开和在政府门户网站、重点领域信息公开两种方式统一公开，按照有关要求制发《关于做好权责清单公开工作的通知》，县直各职能单位采用网站公开、发文公开、窗口公开等三种形式进行公开。

【控编减编工作】 县机构编制委员会办公室紧紧围绕实现财政供养人员只减不增总要求，坚持严控总量、盘活存量、有保有压、增减平衡的原则，转变政府职能、深化改革创新，各类编制不突破上级编制部门核定的总额，事业编制总量、财政补助类事业编制数额以2012年年底统计数为基数，只减不增。根据上级机构编制部门关于控编减编工作部署和自查，全面核实全县机构编制和人员情况，不断更新完善机构编制台账，顺利通过市编办的检查。

【深化事业单位登记管理】 印发《关于事业单位提交2015年度报告等有关事项的通知》，共有190个事业单位通过事业单位登记管理平台提交2015年度报告。认真贯彻落实《事业单位登记管理暂行条例》《事业单位登记管理暂行条例实施细则》及相关文件要求，严格按照规定办理事业单位法人登记，共办理事业单位法人设立登记3个，变更登记148个。开展事业单位法人公示信息抽查工作，以《事业单位登记管理暂行条例》及其实施细则规定的登记事项、年度报告的具体内容为检查依据，对被抽查的5个事业单位准备好的资料进行详细检查，对事业单位的牌子、宣传栏和事业单位法人证书等进行拍照归档。

【“三证合一”、机关群团统一社会信用代码赋码工作】 按照省编办的统一部署，根据全县工作实际，印发《关于做好事业单位法人证书换发工作的通知》和《关于开展县、镇机关群团统一社会信用代码赋码工作的通知》，有效推进机关、群团和事业单位统一社会信用代码制度改革工作，共办理换发事业单位法人证书206个，机关群团统一社会信用代码赋码32个。

【网上名称管理】 4月27日，在县财政局电教室举办中文域名注册培训班，指导全县党政机关做好中文域名注册，各镇、县直各单位共39人参加培训；积极争取地方财政支持，将乳源瑶族自治县机关事业单位网上名称管理工作专项经费列入县编办财政预算，统一向国家政务和公益机构域名注册管理中心支付网上名称注册与年度维护费用；加强与上级机构编制部门沟通联系，批量导入中文域名，全面核查中文域名台账，6月底，全县党政机关事业单位中文域名覆盖率达到100%。

【精准扶贫工作】 开展精准扶贫工作，对帮扶的桂头镇草田坪村委10户贫困户进行多次入户调查全面复核，摸清贫困户家庭基本情况，制定帮扶规划，协助贫困户申请助学补助、产业扶持奖励，建立完善贫困户帮扶记录簿等资料。（张吉缘）

直属机关工委工作

【概况】 县直属机关工作委员会为县委组织部挂牌机构。行政编制3名，后勤服务人员编制1名。主要职能是规划县直机关党建工作、分类指导行政、事业单位和有关企业单位党的工作，抓好党的思想、组织、作风建设。检查指导县直机关、事业单位和有关企业党的纪检工作。审议直属机关股级以下党员干部违纪问题；指导县直机关、事业单位和有关企业党组织的党代会、代表选举工作，协调有关部门组织劳模和先进工作者的评选工作，完成县委交办的其他任务。设办公室、组织股。直属机关设有基层党总支13个，所辖支部77个；直属支部31个，党员总数为1441名。

【基层组织建设】 根据中央组织部《关于逐步建立发展对象入党前短期集中培训的通知》精神，2016年举办一期全县各镇和直机关发展对象培训班，参加培训学习112人。抓好吸收预备党员和转正的审批工作，全年共吸收预备党员17名，审批党员转正10名。做好支部换届改选和补选工作。全年有19个党组织调整改选，共充实更换支部成员23名。做好党员排查和党员组织关系的接转工作。6月29日，举行县直机关新党员入党宣誓仪式，43名新党员进行入党宣誓。

【机关党风廉政建设】 按照县纪委《关于2016年全县开展纪律教育学习月活动的意见》，认真抓好廉政建设和反腐倡廉工作。党委坚持把查办案件当作反腐倡廉的重中之重的工作来抓，加强与纪检部门的协调配合，重点查处党员干部违纪案件。2016年协助县纪委查处违纪案件共2宗，查处违纪党员2人，其中开除党籍1人，党内严重警告1人。

（杜永莲）

老干部工作

【概况】 2016年县委老干部局认真贯彻中共十八大，十八届四中、五中全会精神，围绕全县工作大局，落实好老干部的各项政策，确保“两个待遇”，真诚为老干部服务。全县有离休干部31人，平均年龄87岁。2016年，县老干局在职干部职工7人（含1名借调干部）。

【老干部学习活动】 加强老干部大学建设。每月组织离休干部开展学习活动，内容有中共十八大，十八届四中、五中全会和习近平总书记系列讲话精神、新党章、国际国内形势等。举办电脑班、书法班、舞蹈班、音乐班和剪纸班，学员有200多人。在元旦、春节和重阳节期间，利用“一团三组”（即红叶艺术团、歌唱组、舞蹈组、书法组）组织老干部开展书法、棋牌、球赛、音乐、歌舞、剪纸等活动。10月4日，举办有200多名老干部参加的“2016年重阳节老干部活动中心联欢会暨红叶艺术团十五周年团庆活动”。

【老干部待遇落实】 春节期间，县党政班子主要领导慰问部分离退休干部和原四套班子老领导，送上慰问品和慰问金。老干部局领导带上慰问金到各老干部家中或医院进行慰问。发放离退休老干部及遗孀慰问金65万元。9月底，为全县80岁以上的离休干部祝寿，送上水果篮和慰问金。6月15日，组织9名身体健康行动方便的离休干部参观考察一六镇乌石岭新农村和云门山建设情况；9月27日，组织原四套班子成员参观一六镇乌石岭新村和五指山南岭国家森林公园建设情况。为离休干部和原四套班子老领导人手订阅1份《秋光》杂志以及《老年日报》《南方日报》《韶关日报》等报刊。向老干部通报全县经济和社会发展情况，倾听老干部对县各项事业发展的意见和建议；组织原四套班子老领导列席县党代会、人代会和县委全会。

建立健全离休干部“两费”（离休费、医疗费）保障的“三个机制”（离休费保障机制、医疗费保障机制、财政支持机制）。机关及企业离休干部的医药费全部实行每月报销一次。2016 年，离休干部医药费支出 220 万元，与往年持平，其中机关离休干部医药费支出 190 万元，企业离休干部医药费支出 30 万元。兑现离休老干部健康节约奖，有 8 名离休干部获得奖金和奖品。

【精准扶贫工作】 全力做好精准扶贫工作。做到精准扶贫“一对一”，坚持“四看”（一看房；二看粮；三看劳力强不强；四看家中有无读书郎。）“五优先”（一是五保户和低保户优先；二是无房户和危房户优先；三是重大疾病和残疾户优先；四是因病返贫和因灾返贫户优先；五是因教和因老致贫户优先）“六进”（一是家庭主要劳动力死亡、孩子未成年的农户要进；二是不符合五保条件的孤寡农户和单亲家庭要进；三是家庭主要劳动力长期生病、不能从事基本劳动的农户要进；四是丧失劳动能力的残疾人口占家庭人口一半以上的农户要进；五是住房不避风雨的农户要进；六是因自然灾害、突发事件造成家庭特别困难的农户要进）“七不进”（一是近三年内有标准住房或在城镇购买商品房的农户不能进；二是子女有赡养能力但不履行赡养义务的农户不能进；三是家庭拥有小汽车或大型农机具的农户不能进；四是直系亲属有吃财政饭的农户不能进；五是长期雇佣他人从事生产经营活动的农户不能进；六是对举报或质疑不能作出合理解释的农户不能进；七是有劳动能力但好吃懒做、抹牌赌博导致贫困的农户不能进）“十一流程”（政策宣传、群众发动→农户自愿填表申请→镇村工作组对提出申请的农户的家庭基本情况进行核实→行政村召开村民大会或村民代表大会进行民主评议→形成初步名单后在行政村和各村小组公示 7 天→群众无异议后村委会在农户申请表出具初审意见，造册汇总报镇政府审核→镇政府组织工作组对各村上报的相对贫困户情况进行核查→核查后在农户申请表上加具审查意见→以行政村为单位按有劳动能力农户和无劳动能力农户分类造册统计上报县扶贫办，同时镇审核后的全镇相对贫困户名单在各行政村公示 7 天→县组织对各镇上报的相对贫困户和人口数量真实性进行核查→核实后向市、省上报，同时核查结果在县、各镇、各行政村进行公告）。对 2015 年桂头镇塘头村人均可支配收入低于 4000 元的贫困户严格申报，精准识别，扶贫到位。2016 年支持桂头镇政府扶贫资金 1 万元，慰问贫困户资金支出近 1 万元。

（秦彩金）

县关工委工作

【概况】 2016 年，乳源瑶族自治县关心下一代工作委员会（以下简称县关工委），认真学习贯彻习近平总书记重要指示精神和中央、省、市关工委工作会议精神，围绕县委、县政府的中心工作，在基层关工组织建设、青少年思想道德教育、农村创业青年培训等事项开展各项工作。

【专题调研】 3 月 28 日至 4 月 14 日，县关工委就乡镇基层关工组织的建设情况、农村青年创业的情况、农村留守儿童教育现状进行专题调研。县关工委执行主任盘才万带队，先后到教育局、桂头镇、游溪镇、大桥镇、洛阳镇等有代表性的乡镇和主管局进行调研，其他乡镇作书面汇报。在集中调研期间，各单位主管领导全程陪同并作详细情况汇报，有关中小学负责人就学校管理和留守儿童问题作专题汇报。集中调研结束后，根据调研专题和了解到的情况，撰编专题调研报告并送县委、县政府有关领导。

【农村创业青年培训】 举办农村创业青年培训班是关工委一项重要工作之一。8 月 28 日至 31 日，韶关市关工委举办农村创业青年培训提高班。乳源学员有桂头王文定，大桥朱志伟，东坪谢桂英，必背邓才水。根据市关工委下达的培训任务及要求，在做好充分调研和认真筹备后，11 月 20 日至 23 日，县关工委在大桥镇中冲村委举办以禾田养鱼为主要内容的农村创业青年培训班（第十三期），学员 65 人，市关工委常务副主任肖志雄一行 5 人出席指导办班工作。

【省、市老干部局领导到乳源调研】 4 月 21 日，广东省老干部局局长郭跃文、市老干部局局长陈熙、市组织部副部长李斌等省、市老干局领导到乳源调研，并到县关工委看望老领导盘才万，县委常委许益云、县老干部局局长赵群英陪同。

【《关工十五年》纪念册出版】 由袁春荣主编的《关工十五年》纪念册反映乳源县关工工作15年所走过的历程，对全县关工工作有很好的参考价值。经过近一年的努力，9月26日正式出版发行。该书编辑出版，得到县委、县政府的重视和支持，县领导伍文、许益云、梁丽娟等先后到关工委指导编辑工作。

【关工委组成人员调整】 12月29日，全县关工委工作会议在县老干活动中心召开。县委副书记、县关工委主任张军，县委常委、组织部部长伍梅华，县政协副主席禤继文，县关工委原执行主任盘才万，政协原主席费玉海，人大常委会原副主任许尔华等县领导和老领导出席会议，县关工委全体成员、各镇关工委主任参加会议。会议由组织部部长伍梅华主持，会上宣读《关于调整乳源瑶族自治县关心下一代工作委员会人员的通知》，原执行主任盘才万回顾16年关工工作历程，感谢历届县委、县政府对关工工作的重视和支持，衷心祝愿新一届关工委取得更大成绩。新任关工委执行主任费玉海在讲话中表示，新一届关工委将不辜负县委重托，不辜负上一届关工委打下的基础和大家的期望。恪尽职守，开拓创新，努力完成各项任务，为青少年健康成长，为乳源经济社会又好又快发展做出应有的贡献。县委副书记、县关工委主任张军在讲话中对盘才万16年的关工工作给予高度评价，代表县委对县新一届关工委班子组成作说明并对全县关工工作提出希望和要求。（袁春荣）

县委党校工作

【概况】 县委党校是县委直属的行政事业性单位，负责全县党员干部培训、轮训工作，承担县广播电视大学国民教育任务。党校与电大合署办公，内设办公室、教务室、教研室、培训办公室四个股室。编制18人，在编16人，校长由县委常委、县委组织部长担任，设常务副校长（兼电大校长）1人，副校长2人。校园占地面积0.35公顷，建有教学综合楼、学员楼，配备多媒体教室、学员电脑室、图书室等功能室。

【教育培训工作】 2016年县委党校以学习贯彻中共十八大，十八届三中、四中、五中、六中全会以及习近平总书记系列重要讲话精神为主线，深入开展党的理论宣讲和干部教育培训工作。与县委组织部、县人社局、县委宣传部、直属党委等部门联合举办全县公务员培训16期，全县公务员初任培训1期，2100人次参加培训，建党对象培训1期，110人参加培训，全县党支部书记培训1期，60人参加培训。派出三名骨干教师参加县讲师团，到全县九个乡镇及县教育局、消防、供电等部门巡回宣讲中共十八届五中、六中全会、党章以及习近平总书记系列重要讲话精神，宣讲对象达3208人次。

【办公办学条件改善】 对家属区、篮球场的围墙进行整治修补，消除安全隐患；对校园花圃重新设计更新，校园面貌焕然一新。

【教师队伍建设】 加强领导干部理论学习，加强教师队伍建设，派出骨干教师4人到市党校参加业务理论培训，组织教师之间互相说课，集体备课，进行教学心得交流，提升教师的综合素质。

【电大工作】 县广播电视大学属于国民教育系列，国家承认学历。2016年根据县情和学校的工作实际，设置行政管理、法学、会计三个大专专业以及行政管理、法学、会计三个本科专业。2016年大专招生80人，毕业107人，本科招生70人，毕业73人。

【精准扶贫工作】 积极开展精准扶贫工作，学校派出1名教务主任到帮扶点东坪镇方武村驻村，单位干部职工都挂扶有帮扶对象。2016年深入走访调研、慰问帮扶、解决困难和联系群众，8次进村入户走访对接，送上慰问金每户300元，支持方武村委会建设1万元。2016年对方武村进行人力、财力支持，精准扶贫工作有序推进。（邓永银）

乳源瑶族自治县人民代表大会

综　述

2016年，县人大常委会全面贯彻落实中共十八大和十八届三中、四中、五中、六中全会精神，深入学习贯彻习近平总书记系列重要讲话精神，自觉在思想上政治上行动上同以习近平为核心的党中央保持高度一致，在县委的正确领导下，围绕中心，服务大局，依法履行职责，积极开展工作，顺利完成县十一届人大六次会议确定的各项目标任务。为加快建设韶关融入珠三角先行区，促进经济社会持续较快发展发挥重要作用。驻县有十二届全国人大代表2名、广东省第十二届人大代表1名、韶关市第十二届人大代表23名，县十二届人大代表163名。

重　要　会　议

【县十一届人大六次会议】 2016年2月18日至19日，县十一届人大六次会议在县城召开。会议应到代表159人，实到代表154人。会议听取审议并表决通过县长邓志聪代表县人民政府所作《政府工作报告》、县人大常委会常务副主任马福德所作《县人大常委会工作报告》、县人民法院院长蓝韶东所作《县人民法院工作报告》、县人民检察院检察长袁瑞刚所作《县人民检察院工作报告》。会议审查并表决通过县第十三个五年规划纲要、2015年国民经济和社会发展计划执行情况及2016年计划草案的报告、2015年财政预算执行情况和2016年预算草案的报告，批准县2016年国民经济和社会发展计划、2016年财政预算。会议选举刘树明为乳源瑶族自治县第十一届人民代表大会常务委员会委员。驻乳源的全国人大代表、市人大代表，出席政协乳源瑶族自治县九届六次会议的政协委员，部分离退休老干部，不是县人大代表的县四套班子领导和政府组成人员，县人民法院院长、副院长，县人民检察院检察长、副检察长，中省直属部分行政企事业单位负责人，县直副科以上行政企事业单位的正职，县人大常委会“一室四委”副主任，各镇人大副主席和工作人员等列席会议。

【县十二届人大一次会议】 2016年10月18日至21日，县十二届人大一次会议在县城召开。会议应到代表163人，实到代表161人。会议听取审议并表决通过县长邓志聪代表县人民政府所作《县政府五年工作报告》、县人大常委会常务副主任马福德所作《县人大常委会五年工作报告》、县人民法院代院长陆国东所作《县人民法院五年工作报告》、县人民检察院代检察长赖正志所作《县人民检察院五年工作报告》。会议审查并表决通过县2012—2016年国民经济和社会发展计划执行情况与今后五年经济和社会发展计划草案的报告、关于县2012—2016年财政工作情况的报告。会议依法选举林昌卫为县人大常委会主任，朱均玉、赵雷、邱波、邓国雄、许尔全、吴衍雄为县人大常委会副主任，马永安、邓爱萍、刘树明、李社权、张伟华、张寿钦、张典华、林光平、欧先凤、周传文、周维发、赵婵媛、钟国轩、聂水娣、黄章城、赖显东为县人大常委会委员，邓志聪为县长，许益云、梁丽娟、杨云、李明华、唐保生、龚民为副县长；陆国东为县人民法院院长，赖正志为县人民检察院检察长（按照法律规定，须报请市人大常委会批准）。会议还选举出23名韶关市第十四届人民代表大会代表：华旭初、刘志嘉、杨小明、曾旭源、谢建忠、吴春腾、邓志聪、林昌卫、释明向、张红伟、黄章城、赵丹丹、赵财保、肖兰、赖显东、罗国强、谢燕莺、许天华、张志立、冯秀群、彭美云、廖学成、谢艺琳。驻乳源的全国人大代表，省、市人大代表，出席政协乳源瑶族自治县十届一次会议的政协委员，部分离退休老干部，不是县人大代表的县四套班子领导，县十一届人大常委会组成人员和党组成员，县人民法院副院长，县人民检察院副检察长，垂直管理单位、中省驻乳单位和金融保险部门、县政府组成部门、县直副科以上行政企事业单位和社会团体的负责人等列席会议。

【组团参加韶关市十三届人大六次会议】 2016年1月17日至22日，韶关市十三届人大六次会议在市区举行。乳源瑶族自治县代表团共24名代表参加会议，吴春腾任代表团团长。代表就市政府工作报告、市人大常委会工作报告、市人民法院工作报告、市人民检察院工作报告、市2015年国民经济和社会发展计划执行情况及2016年计划草案报告、市2015年财政预算执行情况和2016年财政预算草案报告等六大报告进行审议，提出意见建议。围绕如何认真实施“一一二三八”（一个总目标，即与全国同步全面建成小康社会；坚持一个总战略，即全面融入珠三角；突出两个主战场，即城市经济和县域经济；抓紧“三大抓手”，即交通基础设施建设、产业园区扩能增效和中心城区扩容提质；培育八个大产业，即大力发展钢铁深加工产业、先进装备制造业、能源电力产业、大旅游、大物流、大农业、新材料、特色轻工）发展战略，将韶关建设成为珠三角融合发展区、国家生态文明先行示范区、“一带一路”节点城市，确保与全国同步全面建成小康社会，强化投资拉动、加强产业培育、强化双创支撑、城市扩容提质、深化改革开放、抓好生态环保、保障改善民生、推进依法行政八大着力点等方面展开热烈讨论。乳源团代表共提出代表议案2件、意见建议4件。

【县人大常委会会议】 2016年，县十一届人大常委会召开10次常委会会议，召开主任会议12次。听取和审议县政府关于县2015年财政预算执行和其他财政收支的审计工作报告，听取和审议县政府关于2016年上半年财政预算执行情况的汇报，听取和审议“一府两院”工作报告8个，听取县政府关于县人民代表大会代表议案、建议和意见办理情况汇报。听取和审议县人民政府关于2016年国民经济和社会发展计划执行情况报告、县人民政府关于2016年财政预算执行情况报告。审议决定人事任免事项。

主 要 工 作

【县镇两级人大代表换届选举】 按照中央和省、市、县委的统一部署，2016年6月，县、镇两级人大代表换届选举工作开始启动。6月30日，县委印发《中共乳源瑶族自治县委转批县人大常委会党组〈关于认真做好县镇两级人民代表大会换届选举工作的意见〉的通知》，县人大常委会作出《关于县、镇两级人民代表大会换届选举工作的决定》，要求加强党的组织领导，突出工作重点，精心组织实施，严肃政治、组织和人事纪律，以铁的纪律保证换届选举的风清气正。全县和各镇相继成立县和镇级选举委员会及办事机构，确定县、镇人大代表选举日，县人大制定选举代表工作方案及具体日程，确定代表分配名额为167名，选举代表163名，全县划分121个选区。7月1日，召开全县的县、镇人大换届选举暨培训工作会议，培训工作骨干，为县镇两级人大换届选举工作依法有序开展奠定基础。9月13日，全县依法选出县十二届人大代表163名，各镇新一届镇人大代表共计490名。10月10日，经县十一届人大常委会代表资格审查委员会审查确认，全县121个选区选出的163名县十二届人大代表的代表资格全部有效。

【监督工作】 2016年，县人大常委会听取“一府两院”专项工作报告11项，开展视察、调研和执法检查35次，作出决议、决定5项，提出审议意见25条，对22个政府组成部门进行书面评议。围绕加快建设韶关主动融入珠三角先行区建设中心工作，按照“一二三四五”发展思路，充分发挥人大职能作用，依法行使重大事项决定权、监督权等宪法和法律赋予的职权，保证县委重大决策的有效实施，着力推进全县重点项目建设和生态保护、绿色工业、生态农业、生态旅游、生态人居、生态文化

“六大工程”的落实，推动全县经济社会持续较快发展。高度关注全县经济发展运行情况，聚焦供给侧结构性改革，助推“三农”工作，完善配套措施，激发农村发展活力。听取审议县政府2016年全县国民经济计划执行情况、财政预算执行情况、县级财政预算和其他收支情况的审计等报告，大力支持县政府和有关部门抓好各项工作的落实。

【组织人大代表视察和调研活动】 组织县人大代表参加法院“百庭观摩”“执行听证”活动和人民检察院“阳光检务”活动，加深代表对法院和检察院工作的了解。组织人大代表视察县看守所和拘留所，促进“两所”强化监管、提高管理水平。

【人事任免工作】 坚持党管干部与依法任命干部相结合的原则，认真行使人事任免权。在人事任免中，严格按法定程序办事，依法实施县人大新任命的国家机关工作人员向宪法宣誓制度，实行干部任前法律知识考试制度。2016年累计任免国家机关工作人员45人次，其中决定任职29人，决定免职12人，批准辞职4人。

【民族立法工作】 组织县人大有关工委和县有关部门负责人开展地方立法工作考察，积极开展立法调研。启动《云门佛教文化生态保护条例》立法，顺利完成前期调研工作。做好《乳源瑶族自治县集体土地拆迁安置补偿条例》的起草工作。在条例起草过程中，共组织韶关学院立法基地、县有关职能部门和各镇召开座谈会7次，召开县人大代表立法座谈会9次，向全体十二届县人大代表召集意见65条，向社会征求意见55条，对条例草案修改6次。

【代表工作】 加大议案建议督办力度，积极跟进县十届人大六次会议通过的《关于加强封山育林优化生态环境的议案》和县十一届人大四次会议通过的《关于加强县城周边森林生态保护建设的议案》办理工作。严格实行常委会领导和相关工委对重点议案建议督办的制度，将群众关注度高的建议列为重点建议，由常委会领导和相关工委负责跟踪督办。县十一届人大六次会议期间代表提出29件建议意见全部办复。配合市人大做好市人大代表初任培训，联合各镇人大开展县镇人大代表履职学习培训，进一步提高代表理论素养和业务能力。进一步加强常委会组成人员联系和走访县人大代表工作制度，加强与代表沟通联系。加强对各镇人大工作的指导，规范乡镇人大代表联络室标准化建设，完善代表轮值接访、走访选民等制度，充分发挥镇人大代表联络室的作用。认真做好县十一届人大六次会议期间和乳源代表团出席市十三届人大六次会议的各项服务工作，不断提升代表履职服务保障水平。组织出席县十一届六次会议的代表对县政府组成部门及“两院”上一年度工作开展评议，及时向代表、被评议部门和社会通报评议结果。由常委会领导带领相关委室人员，深入到评议排名后三名的被评议单位开展调研。采取听取工作汇报、召开座谈会等方式，全面了解被评议单位贯彻执行宪法和法律法规、依法履行职责、执行县人大决议决定、办理代表建议、廉政勤政等情况，实事求是地找出被评议单位工作中存在的问题与困难，针对性地提出意见和建议，进一步促进工作作风的转变。

【宣传工作】 加强对宣传工作的组织领导，落实宣传工作责任，采取积极有效措施，巩固原有成果，实现人大宣传工作的整体推进。加强与宣传新闻部门的联系和沟通，共同研究和探讨进一步加强和改善人大宣传工作的相关事宜。积极参加省、市人大代表在线交流平台学习。加强人大网站管理和人大信息报送，充分利用县内外新闻、网络等媒体，加强对人大制度、人大会议、代表活动的宣传，全面反映县人大及其常委会依法行使职权的全过程，进一步扩大人大工作的影响，深化社会对人民代表大会制度的认识。2016年，出版《乳源人大》简报3期，在各级媒体发表人大理论文章12篇、发布人大新闻35条。

【信访工作】 高度重视人大信访工作，认真落实信访工作责任制，通过信访渠道，督促“一府两院”和有关部门认真研究解决涉及群众切身利益的实际问题。2016年，共受理群众来信来访25件，其中来信3件，来访22宗62人次，市人大转办2件，督办个案8宗。

【自身建设】 积极参加县委中心理论组学习、党廉教育等培训学习活动，坚持机关干部政治理论和业务学习制度，认真组织学习中央、省、市和县有关文件精神，不断提高干部队伍的政治思想素质和业务素质。根据中央、省委要求和市委、县委的统一部署，认真组织开展“两学一做”学习教育活动，组织机关干部开展学习杨善洲、焦裕禄等先进事迹活动，进一步增强机关全体干部职工团结干事的工作热情，有效增强党员干部的政治意识、大局意识、核心意识、看齐意识。新一届县人大常委会领导班子成立之后，坚持务实、规范、高效的原则，进一步规范和完善常委会和机关工作运行机制，加大代表重点意见建议督办、县人大常委会组成人员联系县代表工作等制度的贯彻落实力度，努力把人大工作纳入制度化、规范化的轨道，为县人大常委会更好地行使职权奠定基础。（冯春润）

乳源瑶族自治县人民政府

综　　述

乳源瑶族自治县人民政府是县人民代表大会的执行机关，是乳源瑶族自治县的地方国家行政机关，对县人民代表大会和上一级国家行政机关负责并报告工作。2016年，县人民政府坚持高举中国特色社会主义伟大旗帜，以邓小平理论、“三个代表”重要思想和科学发展观为指导，深入贯彻习近平总书记系列重要讲话精神，全面落实中共十八大，十八届三中、四中、五中、六中全会精神和中央、省、市重大决策部署，围绕建设韶关融入珠三角先行区“一个定位”，突出民族和生态“两大特色”，狠抓项目攻坚、城市提升、县域发展“三大主题”工作，大力发展绿色工业、生态农业、特色旅游、商贸物流“四大产业”，建设世界过山瑶文化中心区、休闲度假精品区、健康养生首选地、现代产业聚集地、绿色食品集散地“两区三地”。主动适应发展新常态，围绕抓发展、稳增长、调结构、促改革、惠民生、优环境，全面推进深化改革，巩固党的群众路线教育实践活动成果，扎实开展“两学一做”学习教育，政府建设得到全面加强，依法行政水平得到显著提升，经济社会呈现平稳较快发展，为加快建设韶关融入珠三角先行区、全面建成小康社会奠定坚实的基础。全县实现地方生产总值73.7亿元，增长9.5%；地方财政一般预算收入5.21亿元（可比口径），增长3%；社会固定资产投资66.97亿元，增长2.7%；城乡居民人均可支配收入1.71万元，增长10%。

重　要　会　议

【县政府常务8次会议审议各类议题】　2016年县政府共召开8次常务会议，审议《乳源瑶族自治县政府部门权责清单》《乳源瑶族自治县政府部门职能调整目录》《乳源瑶族自治县国民经济和社会发展第十三个五年规划纲要（讨论稿）》、县十一届人大六次会议《乳源瑶族自治县2015年国民经济和社会发展计划执行情况及2016年计划草案的报告》、县十一届人大六次会议《政府工作报告（讨论稿）》　《乳源瑶族自治县旅游发展总体规划（2010—2025）（修编）》《乳源瑶族自治县林业生态红线划定工作成果（2015—2020）》《乳源瑶族自治县山区和农村边远地区学校教师生活补助实施方案》《乳源瑶族自治县校车服务方案》《乳源瑶族自治县镇级征地工作经费管理暂行办法》《乳源瑶族自治县人民政府2016年工作要点》《乳源瑶族自治县新材料产业园安全风险和安全隐患专项治理工作方案》《乳源瑶族自治县环境监管网格化管理责任制考核办法》《乳源瑶族自治县财政专项资金使用管理暂行办法》《乳源瑶族自治县县政府投资非经营性项目代建管理办法》《乳源瑶族自治县行政许可事项目录（2016年版）》《乳源瑶族自治县南水水库环境综合整治实施方案》《乳源瑶族自治县“十三五”环境保护与生态建设规划》《乳源瑶族自治县乳城镇区域性敬老院公建民营管理实施方案》《乳源瑶族自治县南水水库非法养殖及捕捞设施整治工作方案》《乳源瑶族自治县供给侧结构性改革实施计划》、县十二届人大一次会议《政府工作报告（讨论稿）》《2012—2016年财政工作情况的报告（讨论稿）》《2012—2016年国民经济和社会发展规划执行情况与今后五年国民经济和社会发展规划（草案）的报告（讨论稿）》《乳源瑶族自治县2016年招聘乡镇和开发区（工业园区）专职安全生产监督检查员队伍实施方案》《乳源瑶族自治县农村污水整县推进PPP项目工作方案》《乳源瑶族自治县全民健身实施计划（2016—2020年）》

《关于2016年国民经济和社会发展计划执行情况及部分指标调整方案的报告》《关于2017年国民经济和社会发展计划草案及重点项目计划安排的报告》《乳源瑶族自治县国有企业出清重组“僵尸企业”促进国资结构优化实施方案》《广东乳源经济开发区低碳建设专项资金管理办法》等内容。

【县政府常务会议】 县政府召开8次常务会议，主要审议《乳源瑶族自治县政府部门权责清单》《乳源瑶族自治县政府部门职能调整目录》《乳源瑶族自治县国民经济和社会发展第十三个五年规划纲要（讨论稿）》、县十一届人大六次会议《乳源瑶族自治县2015年国民经济和社会发展计划执行情况及2016年计划草案的报告》、县十一届人大六次会议《政府工作报告（讨论稿）》《乳源瑶族自治县旅游发展总体规划（2010—2025）（修编）》《乳源瑶族自治县林业生态红线划定工作成果（2015—2020）》《乳源瑶族自治县山区和农村边远地区学校教师生活补助实施方案》《乳源瑶族自治县校车服务方案》《乳源瑶族自治县镇级征地工作经费管理暂行办法》《乳源瑶族自治县人民政府2016年工作要点》《乳源瑶族自治县新材料产业园安全风险和安全隐患专项治理工作方案》《乳源瑶族自治县环境监管网格化管理责任制考核办法》《乳源瑶族自治县财政专项资金使用管理暂行办法》《乳源瑶族自治县县政府投资非经营性项目代建管理办法》《乳源瑶族自治县行政许可事项目录（2016年版）》《乳源瑶族自治县南水水库环境综合整治实施方案》《乳源瑶族自治县“十三五”环境保护与生态建设规划》《乳源瑶族自治县乳城镇区域性敬老院公建民营管理实施方案》《乳源瑶族自治县南水水库非法养殖及捕捞设施整治工作方案》《乳源瑶族自治县供给侧结构性改革实施计划》、县十二届人大一次会议《政府工作报告（讨论稿）》《2012—2016年财政工作情况的报告（讨论稿）》《2012—2016年国民经济和社会发展规划执行情况与今后五年国民经济和社会发展规划（草案）的报告（讨论稿）》《乳源瑶族自治县2016年招聘乡镇和开发区（工业园区）专职安全生产监督检查员队伍实施方案》《乳源瑶族自治县农村污水整县推进PPP项目工作方案》《乳源瑶族自治县全民健身实施计划（2016—2020年）》《关于2016年国民经济和社会发展计划执行情况及部分指标调整方案的报告》《关于2017年国民经济和社会发展计划草案及重点项目计划安排的报告》《乳源瑶族自治县国有企业出清重组“僵尸企业”促进国资结构优化实施方案》《广东乳源瑶族经济开发区低碳建设专项资金管理办法》等内容；并讨论设立群体性欠薪应急周转金，必背镇区灾后重建新增工程项目，瑶乐居管理实施工作方案，收储云门锑粉厂地块，五彩瑶山南侧地块“两不具备”（生产条件不具备、生活条件不具备）安置点建设资金，补缴原民族宾馆土地出让金，减免一六镇旧市场地块滞纳金，将乳城镇幼儿园综合楼房地产权属划拨给乳城镇区域性敬老院，新规划县残疾人康复中心建设，变更五彩瑶山项目土地用途和项目建设，乳源瑶族自治县世界过山瑶文化风情园项目投资意向书，中国供销·粤北农特产品电商物流商贸城专项建设基金回购事宜，莞韶城建设发展总部及商务配套项目，县人民医院能力提升项目配套资金，建设七人灯光足球运动场，新建特殊教育学校综合楼，金瑶山温泉宾馆报建费用，补缴原民族宾馆土地出让金和补办出让用地手续，解除《投资开发“瑶山古寨”景区项目协议书》，收储乳城镇云门村委、坝厂村委、大联村委和游溪镇中联村委及一六镇东粉村委等地块，乳城镇新兴村委木竹坝村整村搬迁工作，改造县城南环路鲜明“八一”希望学校段排水设施，招聘国地税联合办税窗口工作人员，乳源瑶族自治县2016年公共机构节约能源资源工作计划，解决文昌北回迁安置房回迁后剩余3套公有住房，接管乳源瑶族自治县绿色食品公司，解决住房改革补贴资金，收储新兴村委集体土地，乳源瑶族自治县“一门式”“一网式”审批服务改革工作方案，调整水价、简化用水分类实施居民阶梯水价，采用政府购买服务模式相关建设项目，中国供销·粤北农特产品电商物流商贸城基金项目资本金投入及约期回购，全县2016年农村生活垃圾清运扩面环卫设备购置资金，乳源瑶族自治县景华房地产开发有限公司申请解决市政配套设施建设资金，扩建旧G323线坝厂至侯公渡段道路，交通基础建设项目建设模式，Y882线县城至乌坑（金竹峰）公路改建工程建设等级，乳源瑶族自治县南水湖“三无”游船整治方案，调整高考奖励方案，侯公渡中学教学楼连楼项目，2016年新增地方政府债券使用计划，科普宣教服务站经营竞标，南方出版传媒股份有限公司要求换购县公共资产管理中心持有的广东新华发行集团股份有限公司股份，大布镇自来水厂移交县自来水公司管理，县银源公司增加经营范围，游公坑至老游溪（K8+500~K11+892.686）公路建设，县城北环公路改造，低速载货汽车（变型拖拉机）的档案及行政管理权限移交县公安交警大队管理，生猪定点屠宰场聘用工作人员，广东乳源经济开发区基础设施建设，县农牧发展公司、县南水渔业开发有限公司划转到县国有资产管理部门，水利大厦债权债务处置，“两不具备”安置点建设资金，乳城镇农村综合安居安置房建设用地，乳源瑶族自治县2015年基准地价，不动产统一登记信息平台及数据整合建库工作经费，省道S258线征地、拆迁补偿及工作经费，政府储备用地收储资金，收储乳城镇大联村部分地块，收储东源烟花爆竹厂国有土地，鲜明八一希望学校护坡工程建设，实施县民族文化广场等工程，县城市政道路铺设柏油路面，2016年第二批新增地方政府债券使用计划，调整县人民警察警衔津贴标准，实施山塘除险加固工程项目，支持广东耀能温泉投资管理有限公司修建水电和道路设施，审定粮食风险基金规模，建设公共财政综合管理平台项目，县运动中心项目建设，民族农贸市场建设用地规划，农村卫生站规范化项目建设，解决县中医院运营经费，乳城镇卫生院标准化建设业务用房，坝厂旧村场土地收储资金，县“两不具备”安置点建设资金，支持县重点项目加快建设，成立县创园污水处理有限公司，兴建6万吨粮食仓储及加工项目，县粮食购销有限责任公司与冠华食品有限公司合作代储县级储备粮，成立县城市发展与管理委员会、交通发展与建设委员会、经济发展委员会、旅游发展委员会、生态与环境工作委员会、土地管理委员会，乳城镇基础设施建设项目采用政府购买服务模式建设，中国·乳源·大瑶山旅游区项目，县广播电视台偿还部分债务和新业务发展资金，实施乡镇工作补贴，机关事业单位工作人员养老保险制度改革的贯彻意见，解决学校工程欠债并列入政府债务项目库，洛阳镇相关楼房设施划拨管理使用，将乳城镇大联一、三村集体留用地收储用于大布风电项目用地及农村安居工程，解决县征收仙湖工业园土地专项资金，调整县档案馆新馆建筑面积及投资概算，新农村示范性安居工程坝厂安置点异地建设地下人防工程及停车场，批准使用县2016年地方政府债券（第二批）建设产业园基础设施项目，增拨小水电技术改造资金，给予嘉旺商品混凝土搅拌有限公司财政扶持资金，给予广东中农批农产品批发市场有限公司财政扶持资金，乳城镇基础设施建设项目采用政府购买服务模式建设，南水湖湿地公园管理处要求解决乡镇工作补贴，南水湖湿地公园管理处要求安排工程建设资金，支持中农批公司基础设施建设，追加地方政府债务利息，续签财政性资金代理支付及统发工资服务业务协议，解决乳城镇收储土地资金，购置空气自动站备用监测仪器设备，增拨县地方税务局、县国家税务局2016年税收征收经费，落实开展新一轮森林资源二类调查工作经费，县银源水电有限责任公司办理流动资金贷款手续，将乳城镇东北片区、桂头镇村村通自来水工程项目交由县银源公司自来水厂负责实施，县民族博物馆陈列布展工程进行资格预审及设计施工总承包招标，县检察院申请批准现有政府雇员转任为合同制司法辅助人员，金禧小学改扩建、鲜明八一希望学校扩建教育装备经费，大布中心幼儿园用地和工程项目经费，将县人民医院住院大楼改扩建项目资金列入县财政预算管理，支持东阳光磁性材料有限公司薄片新材料项目技术研发经费，交通信号灯改建经费纳入2017年财政预算，提高辅警待遇，聘请社区戒毒康复工作人员，预先垫付县Y585线等四条公路安全生命防护工程建设费用，2016年调整机关事业单位退休人员基本养老金，注册新承贷企业，使用县燃化总公司液化石油气站土地、设备厂房与汇新公司合作，合作企业乳源瑶族自治县骏源运输公司变更中方，项目用地征收、收储土地资金和网上交易出让地块征收、收储土地资本金，坝厂旧村场及周边土地征地款，县城新铺沥青路面标志线项目建设资金，清理县逾期政府债务等问题。

【县政府工作会议】 县政府召开37次工作会议。主要审议讨论区域敬老院搬迁，全县河道采砂采石治理，广东乳源经济开发区污水处理工程项目推进，桂头镇生猪屠宰场整治，东坪瑶头新村建设，全县果树产业发展，研究与国家政策性银行融资合作加快乳源发展，市农发行与乳源对接融资项目，桂头、大桥镇污水处理厂建设，政府购买服务模式建设相关项目，京珠北高速新岭分离立交桥和江乌分离立交桥安全隐患处理，机构调整协调工作，县协税护税工作，推进政府性投资项目，一六镇村村通自来水扩网工程推进，大布大棚农业科技观光园项目租地，坝厂村两不具备安置点建设，矿山整治工作，乳城镇坝厂新村建设及旧村场征地拆迁工作，新能源材料项目配套工程建设，县工业污水处理厂建设，大布风力发电项目，韶关机场建设项目征地工作，化解钢铁过剩产能工作，2016 年度全县果树种植验收专项工作，乳城镇旱洞村生态养殖项目协调工作，县城社会噪音专项治理，2017 年国家重点生态功能区考核工作部署，云门山旅游度假区观光缆车和玻璃桥两个新建项目推进，大布镇钨连村委水尾村房屋建设工程，中国供销·粤北农特产品电商物流商贸城项目建设协调工作，新兴县温氏食品联营有限公司一体化肉鸡养殖项目洽谈，迎接中央环境保护督察工作，图书馆总分馆制试点建设，大布镇自来水厂移交接管，全县金融扶贫贫困户小额信贷工作，县城东北片区自来水扩网工程协调，南水水库非法养殖设施拆除工作等内容。

重要政务

【社会建设稳步推进】 2016 年，全县经济社会建设取得新的成绩，地方生产总值增速位居韶关市七县（市）三区第一，顺利完成新一届政府换届选举，广东省推动民族地区加快发展现场办公会在乳源瑶族自治县召开，第三次全国农业普查全面铺开，农村普惠金融试点工作通过验收，创建成为全国义务教育发展基本均衡县、国家级农村职业教育和成人教育示范县、广东省县域旅游综合竞争力十强县，第三次被命名为广东省双拥模范县，获评全国国土资源节约集约模范县。

【经济保持稳步增长】 全县实现地方生产总值 73.7 亿元，增长 9.5%，增速高于全市平均水平 3.2 个百分点。三次产业结构优化为 10.9 ∶ 46 ∶ 43.1，第三产业成为拉动经济增长的重要支撑点。地方财政一般预算收入 5.21 亿元，增长 3%；完成社会固定资产投资 66.97 亿元，增长 2.7%；39 个县重点项目完成投资 26.42 亿元，省、市重点项目完成年度投资计划的 189%；城乡居民人均可支配收入 1.71 万元，增长 10%。全年引进 1000 万元以上项目 35 个，投资总额 39.5 亿元，实际利用外资 801 万美元。工业污水处理厂动工建设，产业转移工业园被省政府评为优秀起步园。抗丙肝原料药上市销售，大布风电一期、威鸣研磨等项目建成投产。新增规上（2000 万元规模以上企业）工业企业 4 家，限上企业 15 家。

【新型城镇化加快推进】 水岸国际、坝厂新村等项目建设进展顺利，建成源水居、滨江印象等一批商住小区。北环路、滨江西路改造稳步推进，打通朝阳路南段、沿江东路，完成主要街道柏油路面铺设一期工程和南环路汽车站段、广播电视台段排水设施改造。建成南水桥头一期、风光岭城市公园。建成保障性住房 43 套。乳城区域性敬老院管理改革顺利推进。“平安乳源”、全国文明城市创建工作扎实推进，“数字乳源”地理空间框架建成启用。

【精准扶贫取得实效】 新时期精准扶贫精准脱贫投入帮扶资金 1.16 亿元，精准识别建档立卡 2835 户 7172 人。“八个到户”扶贫措施全面落实，符合条件的贫困人口 100% 实现医保、社保兜底，为所有贫困人口购买大病医疗商业补充保险，发放重大疾病补助 82 万元和助学资金 74 万元；投入 5353 万元开展资产性收益帮扶，改造危房 406 套，2514 名贫困人口实现脱贫。

【社会事业协调发展】 金禧小学、鲜明八一希望学校改扩建工程稳步推进，完成中等职业技术学校实训楼、桂头镇中心小学综合楼主体工程建设。大布、一六通过省教育强镇复评，创建广东省推进教育现代化先进县扎实推进。世界瑶族经贸文化交流中心区列入省“一带一路”建设项目，南岭瑶族文化资源多媒体数据库通过文化部验收。盘王纪念馆被评为省级非遗传承基地，“瑶族双朝节”“西京古道石阶除道”“苦爽酒酿造技艺”列入市级非遗名录。完成可移动文物普查1576件和观澜书院修缮。公共卫生信息系统和医疗保障系统上线使用，电子健康档案建档率达76.62%。建成县人民医院新住院大楼，粤北人民医院托管县人民医院初见成效。“全面两孩”政策得到落实。成功举办广东省第四届环南水湖自行车公开赛、第二届奔向第一峰铁人三项挑战赛和首届迷你铁人三项赛，建成村级健身广场10个。新增城镇就业2085人，农村劳动力转移就业3010人，城镇登记失业率控制在2.4%以内。发放创业担保贷款1472万元。城乡居民基本养老保险、医疗保险人数分别达7.05万人和18.39万人。全县发放低保金1242万元、五保供养金293万元，医疗救助、临时救助、优待抚恤等政策有效落实。南水水库综合整治取得实效。产品质量、食品药品有效监管，社会救助、救灾救济、应急处置得到加强，安全生产形势保持稳定。

【政府自身建设不断加强】 完成安全生产监督管理、机关事务管理、旅游、农业等行政机构改革和工作职能调整。取消政府工作部门非行政许可审批事项18项、调整21项，梳理、公布34个部门权责清单6488项。出台投资项目建设行政审批改革工作方案，清理行政审批中介服务项目33项。推出“全天候一窗式”公共服务，成立经济发展、土地管理等6个专委会，政务服务水平和行政效能全面提升。办理人大代表议案和建议25件、政协委员提案和建议15件，处理网络问政、“民声热线”和县长信箱反映问题250个。“三严三实”“两学一做”学习教育深入开展，党风廉政建设责任制有效落实。

重 要 决 策

【农村普惠金融试点工作推进】 出台实施《乳源瑶族自治县农村普惠金融试点工作方案》，推进以建设县级综合征信中心、信用村、乡村金融（保险）服务站、乡村助农取款点，推广农村产权抵押担保贷款、“政银保”合作农业贷款、妇女小额担保财政贴息贷款、金融扶贫贷款等“八项行动”为主要内容的农村普惠金融建设，优化农村金融环境，提升金融服务水平。

【生活垃圾和污水处理基础设施建设推进】 加快全县城乡生活垃圾和污水处理建设，切实改善城乡人居环境，出台实施《乳源瑶族自治县新一轮生活垃圾和污水处理基础设施建设工作方案》，明确总体目标、工作任务等。

【全县水果产业发展加快】 为提升全县水果产业化水平，大力发展质优价高的水果生产，进一步提高果农收入和推动旅游产业的发展，出台实施《关于加快全县水果产业发展的意见》，推进县特色水果产业又快又好发展。

【精准扶贫精准脱贫工作全面推进】 为贯彻落实中央、省、市关于新时期扶贫开发的决策部署，打赢新时期脱贫攻坚战，出台实施《乳源瑶族自治县新时期精准扶贫精准脱贫三年攻坚实施方案》，落实“八个到户”和“1+N”扶贫政策，确保到2018年全县贫困人口全部脱贫。

【审批服务改革推进】 为进一步优化审批流程，精简审批环节，缩短审批时限，提高行政效能，出台实施《乳源瑶族自治县“一门式”“一网式”审批服务改革工作方案》，让群众、企业办事更方便，更快捷；让政府部门审批服务更高效、更阳光。

【城乡整体提升行动计划得到实施】 为加快城乡发展，统筹推进城乡市政项目，完善城乡管理体系，出台实施《乳源瑶族自治县城乡整体提升行动计划》，实现城乡功能形象整体提升。

【城乡规划建设管理加强】 为加快新型城镇一体化进程，提升县城综合承载能力和文明水平，出台实施《关于进一步加强城乡规划建设管理工作的实施意见》，推进中心城镇和美丽乡村建设，促进产城融合和城乡统筹发展。

【农村人居环境综合整治工作加强】 为补齐农村建设短板，加快推进农村人居环境综合整治，出台实施《乳源瑶族自治县加强农村人居环境综合整治建设美丽乡村三年行动计划（2016—2018 年）》，促进农村社会文明进步，建设美丽乡村。

【社会办医加快发展】 为切实转变政府职能，加快形成以非营利性医疗机构为主体、营利性医疗机构为补充的社会办医体系，出台实施《乳源瑶族自治县促进社会办医加快发展实施办法》，力求提高全县医疗服务水平和实现医疗服务城乡全覆盖。

【农业产业化发展得到扶持】 为推动新型农业经营主体发展，发挥优质、培育主导产业，出台实施《乳源瑶族自治县关于扶持农业产业化发展的实施方案（2016—2018 年）》，提高全县农业产业化发展水平。

【南水水库环境综合整治工作推进】 为加强南水水库水质保护，消除水库保护区内环境污染隐患，严厉打击水库保护区内环境违法违规行为，出台实施《乳源瑶族自治县南水水库环境综合整治实施方案》，重点开展库区内网箱养殖的整顿清理、生产生活污染源综合整治和取缔非法运营船舶等工作。

【国家农产品质量安全县创建】 为进一步强化农产品质量安全监管能力，提高农产品质量安全水平，出台实施《乳源瑶族自治县创建国家农产品质量安全县实施方案》，构建农产品质量安全全程监管长效机制。

【供给侧结构性改革推进】 为贯彻落实省、市工作部署，集中力量打好供给侧结构性改革攻坚战，落实去产能、去库存、去杠杆、降成本、补短板等结构性改革重点任务，出台实施《乳源瑶族自治县供给侧结构性改革实施计划（2016—2018 年）》，促进经济平稳较快发展。

【全民健身推进】 为实施全民健身国家战略，加快完善具有乳源特色的公共体育服务体系，出台实施《乳源瑶族自治县全民健身实施计划（2016—2020 年）》，助力全面建设小康社会。

重 大 活 动

【精神文明建设工作表彰会暨 2016 年第四期道德讲堂】 6 月 13 日晚，县委宣传部、县文明办在县行政服务中心广场举办 2014—2015 年度精神文明建设工作表彰会暨县 2016 年第四期道德讲堂。活动由“树典型，学先进”“现情景，崇善行”“赞美德，献爱心”“送祝福，扬正气”四个环节组成，将树、学、说、访、赞、扬等互动性强的节目展现形式和三句半、情景剧、歌舞、手语等艺术表现形式融为一体，充分展示县窗口服务工作人员的爱岗敬业精神和身边的好人好事。（调至到县委）

【民族团结进步宣传月活动启动仪式在乳源举行】 8 月 31 日晚，韶关市民族宗教事务局和乳源瑶族自治县联合主办，韶关市 2016 民族团结进步宣传月走进东阳光文艺晚会暨民族团结进步宣传月活动启动仪式，在东阳光山水城举行，近千名干部职工参加。晚会是全市民族团结宣传教育“进机关、进企业、进社区、进乡镇、进学校、进宗教活动场所”等系列宣传教育活动的重要组成部分，活动的举办让“共同团结奋斗、共同繁荣发展”的民族工作主题和“三个离不开”（汉族离不开少数民族、少数民族离不开汉族、各族少数民族之间也互相离不开）的思想更加深入人心，进一步凝聚民族团结的力量，推动各族干部群众和睦相处、和衷共济、和谐发展，开创全市民族团结进步事业新局面，为全市经济社会较快发展和实现全面建成小康社会目标营造出更加良好的环境和氛围。

【三项省级户外体育赛事】 2016 年广东省（韶关·乳源）迷你铁人三项赛、2016 年奔向广东第一峰（韶关·乳源）铁人三项挑战赛、2016 年广东省（韶关·乳源）环南水湖自行车公开赛分别于 8 月 20 日、9 月 24 日和 10 月 30 日在乳源成功举行。赛事由广东省社会体育中心、《中国体育报》、南方日报社、广东广播电视台体育频道、广东广播电视台文体广播、韶关市体育局和乳源瑶族自治县人民政府联合主办。迷你铁人三项赛首次在乳源举行，赛程总距离15.2千米，含游泳（0.2千米）、自行车（12千米）、徒步（3千米）三项，有来自广州、深圳、佛山等珠三角城市及周边省市和韶关本地200名选手参赛。2016年第二次举行的奔向广东第一峰（韶关·乳源）铁人三项挑战赛与南粤古驿道定向大赛、徒步穿越丹霞山活动共同组成广东省南粤古驿道三大赛，其赛程总距离51千米，分为游泳1千米、骑自行车43千米、跑步7千米三个项目，有来自法、德等国家和北京、天津、黑龙江等23个省、自治区、直辖市的260名选手参赛。环南水湖自行车公开赛连续四届在乳源瑶族“十月朝”文化旅游节开幕典礼举行。自行车赛赛程共69千米，有来自美国、中国香港、澳门地区和17个省、自治区、直辖市380多名参赛选手参赛。

【第十届乳源瑶族“十月朝”文化旅游节】 10月30日上午，乳源瑶族自治县举行第十届瑶族“十月朝”文化旅游节暨第二届粤北（乳源）农特产品博览会开幕典礼。第十届瑶族“十月朝”文化旅游节的系列活动从8月20日持续到11月上旬，内容包括2016年广东省（韶关·乳源）迷你铁人三项赛、2016年奔向广东第一峰（韶关·乳源）铁人三项挑战赛、第十届乳源瑶族“十月朝”文化旅游节暨第二届粤北（乳源）农特产品博览会开幕典礼、2016年广东省（韶关·乳源）环南水湖第四届自行车公开赛、非物质文化遗产专场展演、拜盘王祭祀活动、第二届挑战“广东最高峰”南岭登山节等8项活动，涵盖经济、文化、旅游、农业等各个领域。

【全省推动民族地区加快发展现场办公会在乳源召开】 12月26日，全省推动民族地区加快发展现场办公会在乳源召开。省委常委、统战部部长林雄和副省长何忠友出席会议并讲话，省直有关部门负责人，市委、市政府及县委、县政府主要领导和分管领导，辖有自治县和民族乡的市县党委、县政府领导及民族宗教局局长，7个民族乡主要负责人参加会议。会议研究分析广东省民族地区全面建成小康社会的主要困难和短板，督促检查各地各部门贯彻落实《意见》各项政策措施情况，研究部署下一步推动民族地区加快发展相关工作。会议代表还深入乳源第一小学、民族实验学校、东阳光公司、粤北农特产品批发基地、乌石岭新村、云门山旅游度假区、雕子塘村等地进行实地考察。（曹建新、张建华、吴文君、张峥、侯远林、郭二妮、马杰）

县政府办工作

【概况】 根据《乳源瑶族自治县人民政府职能转变和机构改革方案》，设立县政府办公室，挂县外事侨务和台湾工作局、县法制局、县人民防空办公室牌子，为县人民政府工作部门。县政府办公室机关行政编制21名，内设秘书股、综合股、调研股、信息股、督办股和县应急管理办公室（应急指挥中心）等6个职能股室。其中办公室主任1名，副主任3名，县应急管理办公室主任1名，股长5名，后勤服务人员4名。承担外事侨务和涉台事务、县政府法制、人民防空、辖区内金融机构协调服务和小额贷款公司监管等工作。

2016年，县政府办公室紧紧围绕县委、县政府中心工作，解放思想、转变职能、勤勉尽责、优化服务，积极作为、开拓创新，以服务领导、服务基层、服务群众为宗旨，以强化知识储备、严肃纪律作风、提高服务水平为重点，切实履行参谋助手、综合协调、督促检查、信息反馈等职能，充分发挥综合协调、以文辅政作用，创新工作方法、提高行政效率、积极履行职责，不断提升服务水平，狠抓落实上级和党委各项要求，全力服务乳源加快发展大局。

【秘书工作】 牢固树立效率意识和质量意识，严格遵循办事、办文、办会程序，及时准确、保质保量完成文件上传下达、会议通知筹备、文稿撰写审核等各项工作。2016年，完成以县政府及县政府办公室名义编号印发的文件共591份；利用OA系统发送文件2357份，接收市委、市政府及市直、县直部门文件4961份。完成登记在册的各类会议通知共350个，转发领导批示件共221件。根据省、市信息公开的有关要求，利用政府信息公开平台发布县政府及办公室的公开信息共342条。完成文字材料拟写任务2000多份，完成十二届人大一次会议政府工作报告、县十二届人大二次会议政府工作报告的撰写任务。累计受理网络问政、县长信箱、民生热线250个。

【政务调研信息】 围绕工作重点、改革难点、社会热点和县政府主要领导的指示，紧扣“一二三四五”的发展思路，组织对全县经济、社会发展及相关政策等方面的调查研究，协助领导撰写《新常态下乳源加快经济发展的思考》《关于对我县特色小镇建设的思考》等多篇调研文章。多次组织开展重点项目进展情况专题调研，深入基层、企业开展学习调研，掌握重点项目、重点工作进展情况，为领导科学决策提供参考依据。参与年中、年末两办工作调研，组成2个调研组深入各镇、各单位，全面了解全县2015年经济社会发展情况，听取各镇、各部门关于2017年的工作打算以及对县委、县政府的建议，为起草两会报告打下坚实的基础。政府门户网、微博、微信、“醉美乳源”党政客户端四大平台在推动信息公开、加强政民互动、引导网络舆论、宣传推介乳源等方面的重要作用。2016年，发布政府门户网信息3593篇，图片2086张，通知公告734条，视频新闻365条；“醉美乳源”党政客户端共推送“乳源要闻”板块信息394篇，“聚焦乳源”板块信息271篇；“乳源发布”政务微博信息1866篇、图片2541幅，发布微博818篇、图片510幅；“乳源发布”公众号推送微信信息87次358篇、图片970幅；发布县政府及办公室的公开信息共399条。

【督办工作】 围绕县委、县政府2016年工作要点，对重大决策、重点工作、上级督办事项、领导批示和民生热点等进行督查，全年开展各项督查活动11次，撰写督查报告、信息52篇，实事求是反馈情况，针对存在困难和问题，提出意见建议供领导决策参考。一是着重督促落实重大决策和工作部署。对落实县委、县政府年度工作要点情况进行跟踪督办，对主要经济指标和各镇各部门绩效完成情况开展不定期督查，对行政审批改革、重点项目建设、精准扶贫精准脱贫、农村土地确权、农村普惠金融、环境保护、创建国家文明城市等专项工作进行督查指导，促进顺利完成年度建设任务。二是着重督促抓好干部作风建设的。督促各镇各部门贯彻落实好《关于进一步转变作风提高机关效能的行动方案》，日常加强对放假期间领导干部值班值守、上班期间工作作风等情况的督查，督促进一步解放思想，抓好作风转变，全面提高机关效能，为加快县域发展提供坚强保障。三是着重督促落实上级督查事项。每月督查跟进市委、市政府关于县域发展落实情况，督促主要经济部门抓好落实；跟踪好县政府10件民生实事推进情况，督促抓好试点县普惠金融“村村通”、村村通自来水工程等工作，确保及时办结，如期完成各项工作。

【应急管理】 制定完善《危险化学品生产安全事故应急预案》，修订完善《乳源瑶族自治县春运应急预案（修订）》《乳源瑶族自治县卫生计生系统春运卫生应急预案（修订）》等应急专项预案。积极开展预案演练，如安全生产、防空、防危化品泄漏演练，提高部门和企业处置突发事件的反应和处置能力。建立健全应急管理体制，增强对全县突发公共事件应急工作的组织领导，建立乡镇和工业园区专职安全生产监督检查员队伍并正式运作，完成县突发事件预警信息发布中心建设项目立项。科学处置强降雨引发灾情、国道323线乳源腊岭段塌方等五起社会事件并做好信息报送工作。落实涉及自然灾害、事故灾难、公共卫生、社会安全等方面突发事件风险隐患排查和整改工作。广泛开展应急知识宣传培训，加强学校应急管理科普宣教工作，利用广播、宣传单、标语等多种渠道，针对各类易发的公共事件，面向社会公众进行应急管理宣传教育，县应急委员会其他成员单位通过开展形式多样的培训和宣传活动，发放各类宣传资料近万份，电视宣传100多条次。

【法制服务】 充分发挥参谋助手作用，对县政府签订的各项合同进行合法性审查；严格审核县政府出台的规范性文件，促进依法行政。不断加强行政执法管理监督。依法开展行政复议和应诉工作，受理行政复议案件3件，审结3件。办理涉及县政府的行政应诉案件19件，胜诉13件。（曹建新、张建华、吴文君、张峥、侯远林、郭二妮、马杰）

外事侨务和台湾工作

【概况】 县外事侨务和台湾工作局负责对外宣传交流、引进海外捐资投资和先进科技、办理因公出国（境）手续、落实各项侨务政策、维护归侨侨眷合法权益以及对台事务等工作。年末在职在编人数1人。

【外事工作】 严格执行因公出国（境）有关规定，做好全县因公出访人员审查申报和管理工作。2016年，受理全县因公出国（境）55批212人次。做好外宾接待及对外交流工作，积极对外宣传推介“美丽乳源”。4月，协助做好县民族文化传习馆馆员赴外交部驻香港特派员公署参加“祖国好，香港好”大型公众开放日活动演出；12月协助安排约300人的香港教师专业考察团到乳源瑶族自治县考察社会主义新农村建设情况。

【侨务工作】 引导港澳同胞、海内外热心人士捐资助学、扶贫济困，全年共接受海外捐赠资金174万元，有力促进教育、卫生等事业的快速发展。加强为侨服务，维护归侨、侨眷的合法权益，节日期间对归侨进行慰问。

【对台工作】 坚持把“为经济建设服务、为招商引资服务、为台胞台属服务”作为工作重点，积极开展对台交流交往，全力维护台胞台属台商权益，解决台属生产生活中遇到的困难。 （张　峥）

档案·史志

【概况】 2016年，乳源瑶族自治县档案局（以下简称县档案局）实行局馆合一体制，是省一级国家综合档案馆，加挂县史志办公室牌子，设局长（史志办主任）1名，副局长2名，内设办公室、档案业务指导股、档案管理股、党史股和方志股。10月，调入1人，招录1人，年末有公务员编制14个，在编人员13人，工勤编制1个，在编人员1人。

【档案业务指导和专项验收】 2016年，县档案局安排工作人员前往全县9个镇和县委办、发改局、经济开发区、气象局、公路局等20多个县直及上级直管单位，开展档案业务指导和档案行政执法检查工作。组织各单位档案工作人员9人参加韶关市档案局2016年（第66期）档案工作人员岗位培训班。指导、协助县纪委进行档案管理升级工作，6月29日，协同市纪委、市档案局工作人员完成对县纪委档案室升省特级的验收工作。9月6日，完成县道X327线大桥镇至湖南交界公路路面大修工程项目档案专项验收。12月9日，完成县供电局桂头变电站新出工业园单线工程项目档案验收。

【档案接收及保护】 2016年，新购置1台电脑、2台扫描仪，聘请2名工作人员对已进馆档案进行扫描备份，加快档案数字化建设。全年修饰完成档案扫描件67000页，新增完成档案扫描50000页。聘请1名工作人员开展照片档案和寄存档案整理入库，协助做好到期档案接收和消毒工作。2016年馆藏新增文书档案368卷、2468件，专门档案3265卷、114件，照片档案349张，声像档案130盘，实物档案19件，图书资料1455册，现行文件106件。其中：整理入库原乳源水泥厂寄存文书档案20卷、会计档案2719卷、声像档案3盒、房地产权属档案51卷；乳源稀土厂寄存文书档案97卷、会计档案407卷、基建档案42卷、书籍资料档案126册；乳源收费站寄存会计档案25卷；天井山林场纠纷寄存档案114件。

【档案服务和利用】 2016年，县档案局（馆）接待查阅档案群众1219人次，提供档案资料2100卷，供查档群众查阅、摘录或拍照，为查档群众复印档案资料3210张。

【档案馆新馆建设】 2016年1月12日，县委常委、县委办主任许益云在县委办会议室主持召开新档案馆建设工程工作协调会，县委办、档案、国土、住建、发改、环保等单位有关负责人参加会议，共同推进新馆建设工作。乳源瑶族自治县档案馆新馆建设项目于3月正式立项，9月完成建筑工程图纸设计，12月完成招投标工作。新档案馆馆址位于乳城镇南环西路县图书馆南侧，项目占地面积2413.6平方米（约0.24公顷），总建筑面积4996.92平方米，建筑基底面积798.11平方米，地上5层、地下1层共6层，由库房、对外服务用房、档案业务和技术用房、办公室及附属用房组成。项目概算总投资（包括土建、装修和设备）为2481.42万元，其中省财政补助资金300万元（首期补助资金171.26万元于2015年到位），剩余2181.42万元由县财政自筹。

【党史编研】 2016年，县档案局（史志办）编纂出版《乳源瑶族自治县党史大事记（2015）》，完成《中共乳源瑶族自治县历史（三卷）》资料收集工作。整理乳源申报广东省欠发达地区革命老区县材料，编印《乳源革命史迹图册》。搜集资料，编写乳源“大跃进”时期农田水利建设历史材料，为广东省委党史研究室组织编写《“大跃进”时期的广东农田水利建设》（专题资料丛书）提供资料参考。

【书稿评议】 2016年，县档案局（史志办）安排工作人员参与由中共韶关市委党史研究室组织开展的《朱德革命活动在韶关（送审稿）》和《韶关年鉴·2016》出版前评议活动。对《朱德革命活动在韶关》涉及乳源的第一、第四章内容，以及《韶关年鉴·2016》“韶关市人民政府”“工业”和“全市概况”三部分内容进行审读和评议，形成完整的评议材料。

【年鉴编纂】 2016年，县档案局（史志办）开展《乳源年鉴（2016）》编纂工作，全县160多位编纂人员共同参与编纂，于12月下旬公开出版。《乳源年鉴（2016）》体例框架完整，结构设计合理，条目类型完备，统计资料、数据图表客观真实，特色栏目鲜明，以点带面展现2016年乳源主要政治、经济、文化、社会、生态等方面的新成就和新经验，所载资料全面、系统、翔实、准确，具有高度的可读性、资料性。在宣传、推介乳源和招商引资方面起到推动作用。

【自然村落历史人文普查】 2016年，乳源全面启动自然村落历史人文普查和古驿道沿线自然村落调查工作。县档案局（史志办）向各乡镇转拨普查经费共19.5万元，保障工作经费。组织县普查办工作人员前往各镇对各镇普查员进行专题培训，提高普查员技术水平，实现县、镇、村三级对接。8月至9月，由县委办、县政府办与县档案局（史志办）抽调人员组成2个督查工作小组，对各镇开展自然村落历史人文普查工作进展情况进行专项督查，加快推进普查工作。全县采取先预填、再正填普查表的二次普查法开展工作。截至12月31日，全县9个镇填写普查表初表1192份，审核识别确定为普查对象的自然村落为1072个，填普查正表1072份。大桥镇、乳城镇、东坪镇完成古驿道沿线自然村的普查工作。

【乳源瑶族传统村落调查】 2016年，县档案局（史志办）继续开展乳源瑶族传统村落调查工作，编纂完成《乳源瑶族村寨》。《乳源瑶族村寨》图文并茂，以概况形式对瑶族村寨进行记述，内容包括地名由来、地理环境、村寨形成、隶属关系演变、姓氏源流、人口、语言、民间传说、主要人物、重要历史事件、重要历史遗迹、重要荣誉等，全书21.3万字，图片450张，全面客观记录各村寨历史人文信息，反映村寨基本面貌。

【精准扶贫】 2016年，县档案局根据县精准扶贫工作方案要求，成立乳源瑶族自治县档案局新时期精准扶贫精准脱贫工作小组。5月17日，组织全局帮扶干部前往武丰村委各村小组，走访各贫困户，并进行贫困户信息采集，完成对接工作。12月22日，前往大桥镇武丰村委和塘华村委开展送温暖扶贫慰问走访活动，为20户贫困户分别送上200元慰问金，以及棉被、食用油等物资，共计8400元。全年帮助13名贫困户子女申报县精准扶贫教育助学金，帮助2户贫困户进行住房改造申报，帮助13户贫困户办理精准扶贫产业扶持“以奖代补”奖励申报，帮助2户贫困户办理子女入户，组织3名有劳动能力的贫困户参加在大桥镇举办的就业技能和农业实用技术培训，帮助5户贫困户实现脱贫。

（李德胜）

机关事务管理

【概况】 2016年，县机关事务管理局围绕县委、县政府中心工作，以服务为宗旨，加强管理，圆满完成县委、县政府部署的各项工作。乳源瑶族自治县机关事务管理局（以下简称县机关事务局）是县人民政府直属公益一类行政类事业单位，正科级，参照公务员法管理。6月，县机构改革，县接待办并入县机关事务管理局，挂县接待办公室牌子，县机关事务管理局内设5个股，分别是人秘股、接待综合股、财务股、房管股、环境和保卫股。核定事业编制参公人员21名，实有参公人员13人，其中局长1名，副局长3名、接待办副主任2名，副主任科员2名，科员7名（其中2人于2016年退休），后勤服务人员2人。管理县政府车队、机关事务管理局后勤保障服务中心、县政府招待所3个事业单位。其中政府车队在编5人，后勤保障服务中心在编6人（其中2人于2016年退休），政府招待所在编3人。落实公务员职务与职级并行工作，欧远清职级晋升为正科级。

【财务管理到位】 做好大院机关有关经费管理。2016年，争取财政核拨各项经费，各项经费按时到位；规范财务管理，严格执行财经管理制度，落实各项经费的使用与监督、管理，做好县委、县政府内部办公设备的采购工作。

【公务用车管理】 2016年，进一步深化公务用车改革，规范公务用车，完成县领导及相关部门工作用车的安全和服务保障。完成十二次党代会、县人大、县政协“两会”期间的车辆调配工作。全年共投入车辆维护维修5862个工时，车辆维修及保养375台次，节省经费开支19余万元。

【会务保障与内务管理】 公共设施维修与管理。2016年，做好县中心会场、政府家属区、政府大院等公共场所设施的维修，加强对水电设备设施管理，完成消防设施维护保养10次、供排水管道维护检修12次、会场与大院内办公室等相关公共设备设施供电线路维护检修30多次。安全隐患得到有效预防和排除，政府大院公共设备设施正常运转。

会场会务保障服务。2016年，添置会场设备2套；购置移动会议设备2套，完成会场会议布置110余场次，后勤服务得到保障。

保洁绿化工作。定期对政府大院内绿化植物进行养管护，落实卫生保洁制度和轮值班制度，明确卫生保洁工作职责范围，大院公共区域实行日（两次）清扫，政府各家属区实行专人包干。

安全保卫管理。加强大院日常管理，严格执行值班制度、夜间巡逻制度、信息上报等制度。2016年政府大院和家属区无发生安全事故。

【县政府招待所管理】 完成抽油烟机和热水锅炉的更新改造，进一步提高接待能力，改进餐饮部、客房部的服务质量，完成县委、县政府下达的各项接待任务。

【精准扶贫工作】 根据上级部署，县机关事务局派出赵天辉到游溪镇，作为精准扶贫驻镇干部，全力以赴做好游溪镇的精准扶贫工作。陈凯等11位干部分别帮扶游溪镇、大桥镇的11户贫困户。

（雷耀荣）

行政服务中心

【概况】 乳源瑶族自治县行政服务中心（以下简称县行政服务中心）。2016年，县行政服务中心紧扣县委、县政府中心工作，深化行政审批制度改革，整合县、镇、村公共服务平台资源，加强对镇、村（社区）公共服务平台业务指导，推进审批服务标准化和“一门式一网式”政府服务模式改革，实现公共服务事项“一站式”办理、“一条龙”服务。

【县办事大厅建设】 重新规划改造办事大厅。结合企业及群众的切实需要，将办事大厅重新规划为企业办事服务区、个人办事服务区、公共资源交易服务区、咨询引导服务区和自助填表区5个服务区域，使群众办事更方便快捷。专设休闲阅读区，供群众等候办理期间休息阅览书籍。重新规划改造停车场。中心在原有停车场空间的基础上，扩充停车位，解决群众办事停车难的问题。建设24小时自助服务区，中心将全县涉及公共服务的9个部门的自助终端服务机进驻到24小时自助服务区，为群众提供8小时以外的公共服务。配备便民信息化设备。中心在办事大厅新购置排队叫号机、身份证读卡器等便民信息化设备，群众办事更简便、更省时。强化宣传推广力度。中心采用制作公共服务平台宣传动画片，开通乳源公共服务微信公众号，印发网办大厅和乳源政务服务宣传册等方式，加强日常公共服务宣传推广工作，扩大群众对公共服务平台知晓度。

【县办事大厅的管理和考核】 完善管理考核制度。中心在《办事大厅常驻窗口工作人员考核细则》的基础上，印发《乳源瑶族自治县公共服务中心办事大厅窗口专职人员评优评先办法（试行）》《乳源瑶族自治县公共服务中心办事大厅窗口专职工作人员绩效考核办法（试行）》，每季度组织人员对窗口人员工作情况进行考核。实行月通报制度。每月通报全县各镇、各进驻窗口、各分中心的业务数据情况和日常管理情况，把月通报情况纳入各镇公共服务工作的考核。加强县、镇、村三级公共服务平台的监管，升级改造政务服务体系电子监察系统，对县、镇、村（社区）进行实时监控，强化日常化管理督查，杜绝违规操作、拒办、拖办等现象。截至2016年年底，县办事大厅可受理公安、自来水、供电、乳城镇派出所等35个职能部门的319项行政审批和服务事项。

【镇（村、社区）公共服务中心（站）的管理和考核】 招聘镇村（社区）公共服务专职人员。研究出台方案，指导各镇完成115个村（社区）站窗口专职工作人员招聘和体检工作。规范镇村（社区）公共服务平台的管理和考核，中心设立管理办公室和考核办公室，专门负责县、镇、村（社区）三级公共服务平台的管理和考核。制定印发《乳源瑶族自治县镇村（社区）公共服务工作考核方案（试行）》，把日常监控、通报和实地查看情况都纳入到每季度的考核，将考核结果直接与镇村公共服务平台的运行经费下拔挂钩。开通县公共服务平台24小时热线电话。为方便群众咨询和办事，给全县115个村（社区）公共服务站安装固定电话，将县、镇、村办事大厅窗口电话录入系统，群众只需拨打公共服务平台总机就可以查询或转接到任一办事窗口咨询业务。组织镇村（社区）窗口专职工作人员培训。为促进镇村（社区）公共服务工作，提高窗口专职工作人员的业务水平，2016年中心通过跟班学习，集中授课等方式对县、镇、村公共服务专职人员进行多次培训，共计培训人次达到399人。

【网上办事大厅建设】 实现网上办事大厅全覆盖。完成县、镇、村（社区）三级网上办事站点的建设，开发乳源瑶族自治县公共服务平台“全县通”系统，打通镇、村代办服务渠道，实现公共服务线上与线下有机融合。与邮政部门合作，实施公共服务直通车业务，开展进村入户，打通联系服务群众的最后1千米。实行网上办事大厅动态管理。根据权责清单梳理优化网办进驻事项、清单及流程，更新审批人员信息，及时统计分析各职能部门的网办业务情况，对办理不及时，出现红牌的事项，查明原因，上报有关单位追究责任。加大对网办大厅的宣传推广力度。利用印发宣传单、制作宣传动画等渠道，扩大网上办事大厅在群众中的知晓度；把网办大厅对接到IPTV，方便群众通过电视进入网办大厅查询审批服务事项信息。

2016年，县级共39个部门、361项服务事项进驻网上办事大厅，其中340项可在线申办，镇级59项服务事项、村级51项服务事项可在线办理。2016年，全县网上办件共6824件，办结率100%。

【“一门式一网式”审批服务模式改革推进】 推行审批服务“全天候”。为更大限度方便群众办事，创新推出“全天候”服务。一是在办事大厅各窗口推行“全天候”服务。县办事大厅打破传统的5天工作日模式，实行全年365天对外办理业务，让审批服务更便民利企。二是推行“自助办”服务。设立24小时自助办事服务区，方便群众利用现代信息化设备24小时自主办理相关业务。推行审批服务“全能型”。中心大力推进办事大厅“一窗式”服务，把职能部门专设窗口进行综合化，让多个职能部门事项集中到一个窗口办理。为建设一支高素质、能力强、业务精的公共服务队伍，中心采取购买社会服务方式招聘12名窗口专职工作人员，对窗口专职工作人员开展全方面培训，专职窗口工作人员能胜任跨部门、跨专业、多业务的窗口岗位，实现“一窗通办”，解决群众跑多道门、找多扇窗办事的难题。推行审批服务“标准化”。按照权责统一、便民利民的要求，中心结合权责清单，编印出全县平台适用的《公共服务办事指南》，编制事项要素书，要求窗口工作人员严格按照事项要素书受理审批业务，真正实现“一套标准、无差别审批”。

【公共资源交易管理工作】 按照《韶关市人民政府办公室关于印发〈韶关市整合建设统一的公共资源交易平台实施方案〉及工作任务分工的通知》文件要求，中心积极推进公共资源交易平台整合工作，完成分中心挂牌，并积极配合市公共资源交易中心做好人事档案审查和资产清查工作。为推进公共资源交易规范化、透明化，中心将公共资源交易报名收费事项进驻到县办事大厅进行统一管理。

【政府信息公开】 按照市信息公开领导小组的各项工作要求，指定专人负责指导各政府信息公开责任单位完成政府信息公开工作，组织重点领域信息公开平台操作培训，印发《关于进一步规范市政府信息公开平台和重点领域信息公开专栏更新工作的通知》，督促各相关单位按照省、市要求更新栏目，及时录入信息。

【农村普惠金融建设推进】 中心按上级要求成立县级综合征信中心，按期完成基础建设任务，配备信息化设备、办公家具和工作人员，制定征信系统管理的规章制度和办事指南，“全县通”办事系统部署“征信模块”用于对接、查询企业信息。完成征集县工商局、国税局等6个部门涉及企业的征信信息；大厅征信窗口可查询个人金融和农村农户信息；“全县通”系统可查询全县农村合作社、企业及个体户的信息。

【“12345”投诉平台建设推进】 中心作为乳源瑶族自治县“12345”政府服务热线处办单位，统筹协调处理县内群众投诉和咨询等业务，在规定限期内按职责做好分转业务的接收、分流、跟踪、处理、督办和反馈工作。（卢诗婷）

中国人民政治协商会议乳源瑶族自治县委员会

综　　述

中国人民政治协商会议乳源瑶族自治县委员会（以下简称县政协）。县政协机关工作机构，承担为县政协履行政治协商、民主监督、参政议政职能提供各项服务工作。2016年，县政协全面贯彻中共十八大和十八届三中、四中、五中、六中全会精神，深入学习贯彻习近平总书记系列重要讲话精神，围绕县委、县政府提出的奋斗目标和中心任务，积极履行政治协商、民主监督、参政议政职能，充分发挥人民政协协调关系、汇聚力量、建言献策、服务大局重要作用，为主动融入珠三角加快建设新乳源、全面建成小康社会作出了新贡献。

乳源有第十一届广东省政协委员1人，第十一届韶关市政协委员6人，第九届县政协委员154人，第十届县政协委员150人。县政协机关编制10名，其中行政编制9名，后勤服务人员事业编制1名。年末行政在职人员9人。

重　要　会　议

【县政协九届六次会议】　2月18日至19日，县政协九届六次会议在县城召开。九届县政协委员154人，出席会议133人。县政协主席费玉海，副主席陈松海、刘宏美、吴巧英、邓国雄、释明向、禤继文，秘书长邓雯珍出席会议。县委书记、县人大常委会主任吴春腾，县委副书记、县长邓志聪，县委副书记伍文，县人大常务副主任马福德，县委常委、县政府常务副县长林昌卫，县委常委、县委统战部部长黄寿生，县委常委、县委办主任许益云，原县领导邓中兴、盘才万、梁家珍、莫瑞福、陈莲花、邓运良、胡又新等到会祝贺。会议听取和审议县政协主席费玉海代表县政协常委会所作的工作报告；听取和审议县政协副主席刘宏美代表县政协常委会所作的提案工作报告；列席县十一届人大六次会议，听取和讨论县政府工作报告；会议选举禤继文为县政协副主席；会议审议通过九届六次会议决议。

会议期间，黄茂东、黄立东、陈永汉、庄小丽四位委员就发展现代休闲观光农业、创新工商联管理和服务职能、强化法治理念、加强医疗卫生队伍人才建设等议题在大会发言。吴春腾在闭幕大会上作重要讲话。

【县政协十届一次会议】　10月18日至20日，在县城召开县政协十届一次会议。十届县政协委员150人，出席会议130人。县政协主席赵志敏，正处级干部费玉海，副主席陈松海、刘宏美、黄寿生、吴巧英、释明向、禤继文，秘书长邓雯珍出席会议。县委书记、县人大常委会主任吴春腾，县委副书记、县长邓志聪，县领导林昌卫、张军、马福德、许益云等，原县领导邓中兴、盘才万、梁家珍、莫瑞福、陈莲花、邓运良、胡又新到会祝贺。会议听取和审议九届县政协主席费玉海代表县政协常委会所作的工作报告；听取和审议县政协副主席刘宏美代表县政协常委会所作的提案工作报告；列席县十二届人大一次会议，听取和讨论县政府工作报告。会议通过无记名投票，选举赵志敏为政协第十届乳源瑶族自治县委员会主席，陈松海、黄寿生、刘宏美、吴巧英、释明向、禤继文为政协第十届乳源瑶族自治县委员会副主席，邓雯珍为政协第十届乳源瑶族自治县委员会秘书长，马新海、王双陆等21名委员为政协第十届乳源瑶族自治县委员会常务委员。会议审议通过十届一次会议决议。吴春腾在闭幕大会上作重要讲话。

【政协常委会议】 2016年，政协常委会后召开5次会议。

1月19日，县政协召开九届常委会第23次会议，同意增补禤继文为县政协委员。

1月29日，县政协召开九届常委会第24次会议，同意温则精辞去政协第九届乳源瑶族自治县委员会副主席、委员职务。

8月4日，县政协召开九届常委会第25次会议，会议协商通过十届县政协委员名额、协商通过十届县政协委员建议名单、乳源瑶族自治县贯彻落实《广东省信访条例》情况的调研报告（讨论稿）、乳源瑶族自治县少数民族特色村寨建设调研报告（讨论稿）。

9月30日，县政协召开九届常委会第26次会议。会议协商通过县政协十届一次会议常委会工作报告（讨论稿）、县政协十届一次会议提案工作报告（讨论稿）、县政协十届一次会议议程（草案）、县政协十届一次会议日程（草案）、2016年度优秀提案和承办提案先进单位（建议名单）、2011年度优秀政协委员（建议名单）、十届一次会议主席团成员建议名单和十届一次会议主席团执行主席、常务主席、会议主持人建议名单，协商通过委员增补调整相关事宜，通报县政协十届常委会组成人员候选人名单。

12月27日，县政协召开十届常委会第1次会议。会议听取县纪委2016年党风廉政建设和反腐败工作情况通报和县人民法院、县人民检察院2016年工作情况通报；协商通过《政协乳源瑶族自治县委员会关于加强协商议政工作的实施意见（讨论稿）》；协商通过《政协乳源瑶族自治县委员会委员履职工作规则（试行）（讨论稿）》；协商通过十届县政协专委会、工作组设置和组成人员名单；协商通过《关于赴云浮市新兴县温氏集团考察学习的报告（讨论稿）》。

重要活动

【专题议政调研视察】 4月，县政协组织部分委员组成调研组围绕“乳源瑶族自治县贯彻落实《广东省信访条例》情况”开展专题调研。56月，县政协民族和宗教委员会调研组围绕“乳源瑶族自治县少数民族特色村寨建设”开展专题调研。12月，县政协组织部分委员对全县看守所监管工作进行专题视察。

主要工作

【参与中心工作】 在履行三大职能工作的同时，主动参与县委、县政府的中心工作。做好政协班子成员联系重点项目、计划生育以及薄弱村的联系工作。带领相关部门经常深入挂点镇，做好精准扶贫工作。

【提案办复】 2016年，共收到委员提案35件，个人提案20件，委员联名提案13件，党派团体提案2件；立案6件，采纳落实6件，跨年续复续办跟踪提案2件，落实1件。

【文字信息】 截至2016年12月，完成《同舟共进谱新篇》文史专辑、《乳源政协》第13期的出版。

【团结各界和“三胞联谊”】 坚持团结和民主两大主题，广泛开展联谊活动。接待省、市政协领导及江西全南等兄弟政协80多人次。密切与县各民主党派、工商联以及社会各界、各人民团体的联系。办好各界人士迎春座谈会。坚持重大调研活动邀请民主党派、工商联代表参加的制度。密切与珠三角委员、港澳委员、香港社团的联系，促进与港澳地区的经济文化交流与合作。积极参与配合省政协组织的“精准扶贫精准脱贫工作”“乡村绿化美化工程建设及生态修复和生物多样性保护”的专题调研。

【自身建设】 认真贯彻落实《中共乳源瑶族自治县委政治协商规程》，发挥各民主党派、工商联和无党派代表人士在政协工作中的重要作用。发挥专委会的基础作用，调整充实专委会组成人员；发挥委员的主体作用，继续实行县政协正副主席、秘书长联系委员的工作制度，加强对委员的履职管理，建立委员微信群，密切同委员的经常性联系，拓宽委员参加政协活动的形式，进一步调动委员履行职责的积极性和主动性。扎实开展“两学一做”专题学习教育。完善机关管理，不断提升机关服务保障能力。

（侯　华）

中共乳源瑶族自治县纪律检查委员会

综　述

县纪委机关与县监察局合署办公，实行“两块牌子、一套人马”，内设10个室，另设7个派驻纪检组，县纪委监察局机关和派驻纪检组行政编制合计50名，后勤服务人员数3名。截至2016年12月，在职48人，其中机关工作人员29人，派驻纪检组人员19人。

2016年，在县委和市纪委的坚强领导下，全县纪检监察机关认真学习贯彻中共十八届六中全会精神，按照中央、省、市纪委和县委的决策部署，以坚强的政治定力推进党风廉政建设和反腐败斗争。

主要工作

【廉政宣传教育】　开展以“学党章强党性、讲规矩守纪律”为主题的纪律教育学习月活动。组织全县党员干部认真学习廉洁自律准则、纪律处分条例、问责条例等党内法规，深入领会精神实质，增强贯彻执行的自觉性。开展廉政教育讲课6场次，发挥案件以案治本功能，点名道姓通报曝光6起典型案件，拍摄制作2部警示教育片。对68名新提任领导干部开展任前廉政考试和廉政谈话教育。组织全县90多名新任科级领导干部到清远监狱接受警示教育。挖掘瑶族文化和客家文化的廉政元素，提炼总结有乳源特色的廉政文化。在县国税局办公楼建设县级反腐倡廉教育基地，打造“主题鲜明、特色突出、警示性强”的廉政教育新载体、新阵地。

【党风廉政建设】　坚持动真碰硬纠正“四风”。认真贯彻落实中央八项规定精神，紧盯“三个后”即重点察处十八大以后、中央八项规定出台以后、群众路线教育实践活动以后仍顶风违纪的行为，紧盯“两会”、中秋、国庆等关键节点，坚持暗访、查处、追责、曝光“四管齐下”。共开展明察暗访12轮次，进行专项治理4项，对6名违反工作纪律人员进行组织处理，对4起公车私用问题和1起挥霍公款行为进行查处，曝光典型案例4起。

开展农村基层党员、干部违纪违法线索排查活动。共排查违纪违法线索323条，转立案45件。把扶贫领域违纪违法问题纳为基层党员、干部违纪违法线索排查的重点，建立全县扶贫领域监督执纪问责工作部门协作机制，共排查出扶贫领域违纪违法问题线索18条，其中重大问题线索1条，立案5宗，查处5人。对15户低保户和8户精准扶贫户资格存疑问题进行核查，责成相关乡镇及时组织专人对存在问题进行核实整改，对相关责任人员进行谈话提醒。

【监督检查工作】　建立“咬耳朵”“扯袖子”的常态化机制。坚持惩前毖后、治病救人方针，把工作重心从盯违法向盯违纪转变，认真落实党员干部谈话提醒工作，全县各级领导干部开展谈话提醒795人次，开展信访函询5件。对8名有苗头性、倾向性问题的党员干部及时进行诫勉谈话、通报批评。

加强对党内法规执行情况的监督检查。把《中国共产党党内监督条例》作为纪检监察机关实施党内监督的指导和遵循，做到纪律红线始终高压带电。抓住各级党政领导班子及其“一把手”这个重点，着重加强对贯彻执行民主集中制、“三重一大”（重大问题决策、重要干部任免、重大项目投资决策、大额资金使用）决策等情况的监督检查，切实解决管党治党宽松软问题。通过检查，发现县直单位领导班子存在问题34个，提出整改意见15条。

【派驻纪检组工作】 各派驻纪检组积极参与党风廉政建设监督检查工作，应邀参加所辖单位党政领导班子会议、领导班子民主生活会及“三重一大”会议，参与所辖单位违纪案件的查办工作。深入开展派驻巡察工作，以派驻巡察作为发现问题、抓早抓小的利剑，7个派驻纪检组全年共对14个县直部门、8个镇、70个村（居）委进行巡察，发现问题线索31条，诫勉谈话8人，下发督办函5份，提出整改意见45条。

【纪律审查工作】 坚持“两个尊重”（尊重历史、尊重实情）“三个区分开来”（区分因缺乏经验、先行先试出现的失误与明知故犯违纪的行为，区分国家没有明确规定时的探索性试验与国家明令禁止后我行我素的行为，区分加快发展的无意过失与为谋私利故意违纪的行为）原则，既严肃惩治腐败，又保护干部干事创业积极性。着重审查中共十八大后不收敛、不收手，问题线索反映集中、群众反映强烈，现在重要岗位且可能还要提拔使用的领导干部，三类情况同时具备的作为重中之重。全年共立案78件，结案78件，均比2015年增长4%；给予党纪政纪处分78人，其中：乡科级干部9人，一般干部7人，其他人员62人，移送司法机关处理4人，为国家和集体挽回经济损失146.69万元。把“四种形态”贯穿于监督执纪的全过程，在给予纪律处分的78人中，轻处分47人、重处分27人，移送司法机关4人，运用后三种形态作出处理的人数分别占受处理人数的60.2%、34.7%和5.1%。

健全“五位一体”（来信、来访、来电、网络、短信，联合一体）的信访举报平台，共受理群众信访举报108件，初核问题线索88条。举办“举报贪腐、共创廉洁”专题宣传活动，倡导实名、精准举报，规范实名举报处置，及时跟踪发现的问题线索。加强反腐败组织协调，进一步完善线索移送和办案协作工作机制，形成反腐败工作合力，向县司法机关移送案件线索6条，接收县公检法等单位移送党员干部违纪问题线索19条。

扩充县级谈话场所功能，升级改造乡镇谈话场所。对纪律审查安全业务工作进行专门培训，提高办案、陪护人员安全责任意识和防范、处置突发事件的能力。建立36人的“办案人才资源库”，进一步充实纪律审查工作人才库力量。落实线索处置和执纪审查“两报告”制度，防止“只报不管”，切实发挥“两报告”制度对下级纪委执纪审查工作的指导、规范、监督和推动作用。加强对乡镇纪律审查工作的监督指导，全县各级纪委实现办案“零事故”目标。

【“两个责任”落实推动】 开展“两个责任”（党委负主体责任、纪委负监督责任）主题巡回宣讲活动，树牢各级党委（党组）“不抓党风廉政建设就是严重失职，抓不好党风廉政建设就是不称职”的思想意识。印发《关于细化党风廉政建设主体责任强化责任追究的通知》，要求各级党委（党组）制定党风廉政建设责任清单，将主体责任具体化、明晰化，强化领导干部的责任担当。

落实县直单位和各镇党政“一把手”述责述廉述德制度。共有52个单位党政主要负责人提交落实党风廉政建设主体责任情况报告，其中8个单位“一把手”在县纪委全会进行“三述”（科室及二级机构负责人向分管副职、副职向党委（党组）主要负责人、主要负责人向上级纪委（全委会）述责述廉），现场接受县纪委委员的评议。对各党组织落实“两个责任”情况进行专项督查，采用听汇报、查资料、暗访、调研等多种方式，全面了解各单位落实“两个责任”的情况，共发现问题23个，全部责令整改到位。

认真贯彻落实《中国共产党问责条例》，坚持“一案双查”，既追究当事人责任，也追究相关领导责任，既追究主体责任，也追究监督责任，以严格的问责倒逼“两个责任”落实。共对2名党风廉政建设责任制工作落实不到位的单位“一把手”进行约谈，对监督责任落实不力的2名纪委书记进行组织调整，对主体责任落实不力的2名党组织负责人进行组织处理。

【干部队伍建设】 开展“两学一做”学习教育，县纪委领导班子成员带头讲党课、参加所在党支部组织生活会。开展“能力建设年”活动，坚持每周五集中学习制度，组织学习党规党纪，强化纪检干部依纪依法办事意识。选派13人次参加中纪委、省纪委举办的业务培训班，选派1人到市纪委跟班学习。举办全县纪检监察综合业务培训班，对全县70名基层纪检干部进行业务培训，实施乡镇纪委书记、副书记、纪检专干轮流到县纪委跟班学习制度，增强基层纪检干部监督执纪的能力水平。

加强对全县纪检监察干部的监督和管理，认真落实“各级纪委书记、副书记的提名和考察以上级纪委会同组织部门为主”精神，把好镇级纪委班子人选关。圆满完成县镇两级纪委换届工作，优化班子结构。建立健全内部约束机制，制定完善领导干部外出请示报告、书记办公会、常委会议事规则、涉案款物管理等十项制度，进一步加强纪检监察系统惩防体系建设。坚决防止“灯下黑”，对5名纪检干部进行工作约谈，以严格的管理打造忠诚干净担当的纪检监察干部队伍。

重　要　会　议

【第十一届纪律检查委员会第六次全体会议】　中国共产党乳源瑶族自治县第十一届纪律检查委员会第六次全体会议，于2016年2月24日在县中心会堂举行。全会听取县委书记、县人大常委会主任吴春腾的讲话，审议并通过张军代表县纪委常委会所作的《坚持纪在法前，忠诚履行职责，深入推进党风廉政建设和反腐败工作》的工作报告。

【第十二届纪律检查委员会第一次全体会议】　中国共产党乳源瑶族自治县第十二届纪律检查委员会第一次全体会议，于2016年9月23日在县档案局五楼会议室举行。全会讨论通过会议议程、选举办法、监票人和计票人名单，选举产生新一届县纪委常委及县纪委书记、副书记。刘峰、赵鹏、杨志坚、李东生、付慧燕、付晓娟、陈文煜当选县纪委常委，刘峰当选县纪委书记，赵鹏、杨志坚当选县纪委副书记。（许双和）

监　察　工　作

【概况】　2016年，县监察局围绕县政府中心工作，充分发挥行政监察的职能作用，采取有力措施，坚决纠正损害群众利益的突出问题，切实加强领导干部廉洁自律，确保政令畅通。

【执法效能监察】　开展“为官不为”专项治理，深入整治机关懒政怠政。综合运用直接抓、牵头抓、协调抓、督办抓的方式方法，督促职能部门强化主责、履职尽责。全年开展专项督查4次，参与县委政府监督检查5轮次，查处不作为问题8起，对3起“不作为、乱作为、慢作为”典型问题进行通报批评。

开展换届纪律监督。提前召开专题会议分析研究，找准症结，确定重点、难点，努力控源治本，防止和抵制不正之风对换届的干扰。采取观看换届纪律警示教育片、开展专题学习、约谈提醒、派驻专项巡察等方式，对换届纪律进行宣传和监督。对党代表人选、人大代表人选、政协委员人选及拟提拔干部的廉政情况严格把关，共对1248人次进行党风廉政情况审核，坚决防止“带病提名”“带病提拔”，确保换届风清气正。

强化对党员领导干部的日常监督管理。在游溪镇开展党员领导干部“八小时以外”监督管理试点工作，制定行为规范，开展风险排查，发放《关爱提醒卡》，聘请“家庭廉政监督员”“三圈”（社交圈、生活圈、朋友圈）监督员等，对党员领导干部“八小时以外”的活动进行全方位监督；建立党员领导干部“八小时以外”主动联系群众机制及“八小时以外”监督管理工作联席会议制度，确保党员领导干部“八小时以外”监督工作规范化、常态化。（许双和）

社会团体

县　总　工　会

【概况】　2016年，乳源瑶族自治县总工会（以下简称县总工会）深入贯彻落实《中共中央关于加强和改进党的群团工作的意见》和中国工会十六大以及广东省工会十三大会议精神，围绕县委、县政府工作大局，按照韶关市总工会2016年工作要点和县总工会十一届七次全委（扩大）会议工作部署，尽职履责，积极稳妥服务职工，推进工会各项工作。

2016年，县总工会设办公室（组织维权部），机关行政编制4名，其中：主席1名、副主席2名，主任（正股级）1名，后勤服务人员1名。

3月，县银源水电有限责任公司自来水公司营销部、国家税务局纳税服务股（办税大厅）被韶关市总工会授予“2015年度粤北女职工文明岗”称号，丽宫国际温泉酒店有限公司卢桂香、县人民医院黄秀珠、广东粤电南水发电有限公司罗津被授予“2015年度粤北建功立业女能手”称号。9月18日，丽宫国际温泉酒店选派曾卫芬代表乳源参加广东省电子商务师职业技能大赛韶关选拔赛，荣获“2016年广东省电子商务师职业技能大赛韶关选拔赛职工组第三名”和“韶关市职工技术创新能手”称号。11月，乳源代表队参加韶关市职工乒乓球团体赛，荣获县（区）组第二名。12月，广东省粤电南水发电有限责任公司工会委员会被广东省总工会授予“省模范职工之家”称号，乳源东阳光实业发展有限公司工会副主席应旺萍被授予“省优秀工会工作者”称号。

【县总工会十一届七次全委（扩大）会议】　3月18日，县人大常委会副主任、县总工会党组书记、县总工会主席赵雷主持召开十一届七次全委（扩大）会议，审议通过县总工会2015年度工作报告和2016年工作意见、《关于县级劳动模范管理试行办法》和《关于工会“职工之家”规范化建设的实施办法》，增补、替补县总工会十一届委员会委员、常委，补选蒋健保为县总工会十一届委员会委员、经费审查委员会主任。县总工会十一届委员会委员、经审委员参加会议，副县长陈耀宇出席会议。

【县总工会十一届八次全委会议】　12月13日，县总工会党组副书记、副主席伍尚元主持召开县总工会十一届八次全委会议，会议以等额选举办法和无记名投票方式选举许尔金为乳源瑶族自治县总工会第十一届委员会主席，县总工会十一届委员会委员（21人）全部参加会议。

【帮扶解困活动】　2016年，县总工会开展“百万帮扶暖千家”活动。春节前夕，为8家困难企业和610位困难职工及县级劳模发放春节送温暖慰问金20.11万元。为138位困难职工发放医疗、生活、助学、临时救助金22.9万元（中央财政专项帮扶资金帮扶45人，11万元；县总工会资金帮扶93人，11.9万元）。夏季，为一线户外作业工人发放清凉饮料1110箱。办理女职工安康、职工医疗互助保障计划2523人，为4人申领互助金6万元。办理住院医疗综合、住院津贴互助保障计划320人，为10人申领互助金9155.1元。

【精准扶贫】　5月，县总工会挂点帮扶领导、工作人员深入一六镇西岸村委6个自然村对挂点贫困户进行全面摸底调查。重阳节，为一六镇西岸村11户五保户老人送上每人1桶油和1包米；11月，为西岸村145位60岁以上老人购买“银铃安康保险”；12月，对挂点帮扶贫困户进行全面脱贫脱困调查，总结分析全年精准扶贫工作情况。

【激情广场健身舞比赛】 2016年，县总工会和县教育局联合承办“全民健身·魅力乳源——2016年‘五一’广场健身舞大赛”，全县有38支健身队参加比赛，18支健身队进入决赛，于4月29日在县体育馆进行决赛。县人大常委会副主任、总工会主席赵雷，县政协副主席刘宏美、吴巧英，县委组织部、县总工会、县教育局等相关部门负责人出席比赛活动。

【上级领导调研】 6月8日，省总工会副主席郭泽宇到乳源开展调研工作，并就乳源工人文化宫择址重建、劳模疗休养基地建设提出意见和建议。11月2日，市人大常委会副主任、总工会党组书记邓小杰到乳源东阳光公司及县总工会调研指导工作。

【成立乳源南岭劳模疗休养基地】 10月28日，县总工会在南岭国家森林公园内避暑林庄温泉大饭店举行“乳源南岭劳模疗休养基地”授牌仪式。市总工会副主席钟山红、生产保护部部长李少光参加授牌仪式。县人大常委会副主任、总工会主席赵雷及乳源避暑林庄温泉大饭店总经理陆发权在会上发表致辞。

【工会法律顾问进企业】 11月15日，市总工会、市司法局在乳源东阳光公司举行全市工会法律顾问进企业签约暨授牌活动启动仪式。市人大常委会副主任、市总工会党组书记邓小杰出席会议作重要讲话。

【工会财务经审】 8月10日至31日，县总工会派出审计组对乳城镇、桂头镇、游溪镇、大桥镇、大布镇、洛阳镇、一六镇、必背镇、东坪镇、明源国有资产经营有限公司、上狮水电站和广东省乳阳林业局工会的财务、经费收支、管理和使用等情况进行审计。10月，完成检查审计基层工会经费收支等情况工作。 （李　敏）

团　县　委

【概况】 2016年，中国共产主义青年团乳源瑶族自治县委员会（以下简称团县委）围绕一条主线（做好新时期青年群众工作）、强化两个服务（服务党政工作大局、服务青年成长成才）、突出三个重点（全面深化青少年思想引导、切实加强特殊青少年群体关爱、探索创新青年志愿服务工作），开展全县共青团工作，推动全县共青团工作迈上新台阶。年末，团县委行政在编人员3名。

【基层团建工作】 2016年，团县委开展“两学一做”专题学习，坚持青年党员先行，团县委书记带头作专题党课、团课。3月18日，召开全县共青团工作会议，组织团干部学习中央党的群团改革工作会议精神以及《共青团中央改革方案》。引导团员青年深刻认识党带领人民进行的伟大实践，深刻理解全面深化改革重大意义。

【选树模范典型】 2016年，团县委“五四”表彰一批县优秀团员青年，并向省、市共青团推报先进集体和个人奖项。其中东坪镇团委被评为“韶关市五四红旗团委”、中医院团支部被评为“韶关市五四红旗团支部”，赵敏玲、杨丽丽、庹宏炜、江石济等被评为“韶关市优秀共青团员”，李天福、李婕、童军勇、饶晓慧等被评为“韶关市优秀团干部”。

【青年思想引领工作】 2月1日，团县委联合县委宣传部、县文广新局在激情广场主办2016“农信杯”乳源达人秀暨迎新春晚会。县委常委、宣传部部长简连英等县领导出席晚会。晚会邀请成都大学蒲涛教授、广东技术师范学院音乐学院尹新春教授、韶关市舞蹈家协会副主席杨镳铭等担任达人秀决赛评委。评委从表演的内容形式、整体效果、表演技巧等方面评选出唐顺姣、彭超、马文金等为2016年“农信杯”乳源达人秀十佳达人。

5月2日，举办“乳源首届青年公益彩色跑”活动，呼吁参与者及社会大众关心关爱留守儿童，拒绝毒品，健康生活，志愿成为禁毒宣传志愿者，向社会传播快乐和正能量。

9月10日，举办乳源第三届单身青年交友活动，搭建公益性联谊平台，服务广大大龄及适龄单身青年婚恋交友，促进解决全县青年婚恋问题。

【主题教育实践活动】 3月12日至14日，团县委组织百名团员青年和部分县直机关单位志愿者到鲜明八一希望小学后山和南水湖西京古道旁开展“保护母亲河·共植青年林”义务植树活动。教育引领青少年增强爱绿植绿护绿意识，调动广大志愿者参与义务植树的积极性，为建设美丽乳源奉献青春力量。“五四”期间，组织开展成人礼、入团宣誓等活动传承五四精神，增强社会意识和担当意识。9月6日，中秋节前夕，团县委全体干部深入扶贫挂点村洛阳镇田螺坑村委，到贫困户家中走访慰问，关心和关怀贫困户。10月9日，团县委、县妇联、乳城镇团委、县志愿者联合会联合主办2016年“重阳九九·关爱久久”志愿服务系列活动，为老人们送去节日问候和祝福，让老人们充分感受党和政府的关怀。11月30日至12月27日，联合县禁毒办、教育局开展“珍爱生命，远离毒品”等系列主题宣教活动，走进学校巡展8场次。

【希望工程项目】 2016年，团县委在全县中小学开展“童享爱心压岁钱，共筑幸福中国梦”爱心募捐活动，引导青少年互帮互助。开展助学行动，排查核实全县范围内贫困学生以及应届大学生，结对助学基金帮扶，组织20名留守少年儿童参加市留守儿童福彩夏令营及韶城会亲活动。开展关爱留守儿童志愿服务，组织青年志愿者、心理健康志愿者与留守儿童结成帮扶对子。结合主题日开展“红领巾基金”“全国助残日”“6·30扶贫济困日”等爱心募捐活动。39月，在全县中小学校以队日、团日等形式开展捐款活动，用爱心播种希望，在全县少年儿童中传递爱心正能量。

【青年志愿者服务活动】 2016年，团县委大力弘扬志愿服务文化，营造人人参与志愿服务氛围。全年组织开展各类助残助弱助老、关爱留守儿童、应急救援、政策法规宣传等志愿服务活动200余次。热情服务2016年广东省（韶关·乳源）户外三项体育赛事，积极推广广东“志愿时”信息管理服务平台，截至12月31日，志愿者注册服务平台人数为3413人。（赵　莹）

县妇女联合会

【概况】 2016年，乳源瑶族自治县妇女联合会（以下简称县妇联）绕中心工作，结合“两学一做”学习教育活动，以深化创新创业、抓实民生工程、关爱妇女儿童为重点开展各项工作。

【全县妇女工作会议召开】 1月15日，县妇联在四楼会议室召开“县妇联九届六次执委（扩大）会议”，县妇联全体执委、乡镇妇联主席、县直机关妇委会主任参加会议。县妇联主席邓爱萍主持会议，代表县妇联九届执委会作2015年度妇女工作汇报，部署2016年工作任务。会后，县妇联组织各镇妇联主席到桂头镇儿童友好社区、游溪镇平安家庭示范点、一六镇团结村妇女之家进行参观学习。

【纪念“三八”国际妇女节106周年活动】 3月7日，县妇联在县云门山风景区举办“缤纷色彩·美丽三月”庆“三八”登山比赛活动，纪念“三八”国际妇女节106周年，副县长梁丽娟出席活动。各镇妇联主席、县直机关单位妇委会主任、维权志愿者及巾帼致富带头人60余人参加活动，展示女性青春活力和积极向上的精神风貌。活动产生一等奖3名、二等奖5名、三等奖7名。

【妇女先进典型人物宣传】 利用“三八”节庆，联合县委组织部开展“坚持党建带妇建·引领巾帼建新功”主题宣传活动。从全县各类妇女先进典型人物中挑选4名优秀基层妇女典型（爱岗敬业典型吴兰英、孝老爱亲典型冯秀群、致富带富典型于玉娟、刘菲英）作为宣传报道对象，制作成新闻报道和电教片，在远教网上及媒体上播放。

【妇女巾帼建功活动】 2016年，县妇联依托家庭为载体，积极引导妇女参与社会公德和家庭美德建设，为倡导和发扬社会新风、维护社会稳定做出努力。开展“五好文明家庭”（政治思想好、生产工作好；家庭和睦、尊敬老人好；教育子女、计划生育好；移风易俗、勤俭持家好；邻里团结、文明礼貌好）评选表彰活动，评选出县委办丘伟东等20户先进家庭，展示家庭美德，树立良好家风。许玉英家庭荣获全国、省、市寻找“最美家庭”称号，谢桂英家庭获得韶关寻找十大“最美家庭”称号，涂寿伟家庭获得韶关寻找十大“最美家庭”提名称号。培树一批技能标兵和文明窗口，引领城乡妇女“服务创一流、巾帼展风采”，东坪镇公共服务中心、乳源地方税务局桂头税务分局办税服务厅和中国移动乳源鹰峰中路服务厅通过韶关市妇联检查验收，获市级“巾帼文明岗”称号。

【“平安家庭”创建活动】 2016年，全县有115个村委、社区，62103户家庭参与创建“平安家庭”创建活动，参评率100%，其中“平安家庭”61894户，达标率99.66%，完成2016年度既定目标。东坪镇梯下村委等4个村委、社区获评韶关市“平安家庭”先进示范村，赵春花等11户家庭获评韶关市“平安家庭”先进示范户。

【上级调研】 6月3日，广东省妇联副主席许红率省妇联、省人社厅调研组一行到必背镇巾帼瑶绣创作基地、巾帼创业示范基地牧草园农场开展妇女创业就业情况调研。韶关市政府秘书长欧阳全、市妇联主席邢丽、副县长梁丽娟和县妇联主席邓爱萍陪同调研。

【妇女创业发展】 2016年，县妇联参与举办乳源瑶族自治县2016年“南粤春暖”企业用工现场招聘会。有24家企业到场公开招聘，提供新增就业岗位760个，进场求职人员2000多人次，达成就业意向人数597人。推进小额担保贷款项目，为9名农村妇女获得创业贴息贷款共45万元。粤凰生态科技有限公司乳源生态农业科技园被省命名为“第七批广东省巾帼创业示范基地”。为游溪镇槟榔芋种植基地申请韶关市“十百帮扶贫困妇女精准脱贫项目”经费2万元，引领妇女群众创业增收。

【妇女儿童合法权益维护】 2016年，县妇联接待来信来访来电39宗，离婚案件陪审1宗。法律援助妇女1名，县妇联干部作为合适成年人全程陪同参与审讯2名未成年人刑事案件。以“倾听妇女心声·关护妇女权益”为主题，开展“12338”热线妇联主席接听日活动，为妇女群众答疑2宗。以“3·5”雷锋日、“三八维权周”“6·26”禁毒日、“11·25”反家暴日、“12·4”宪法日等为契机，开展以“关爱儿童·反对拐卖”“建设法治乳源 巾帼在行动”“不让毒品进我家—生命无毒·人生无悔”“反家暴促和谐”道德讲堂系列法律宣传活动。采用悬挂宣传横幅、发放宣传资料等方式，积极宣传《中华人民共和国反家庭暴力法》《中华人民共和国妇女权益保障法》《中华人民共和国新婚姻法》《中华人民共和国未成年人保护法》等多种法律法规。全年举办法律咨询、讲座5场，参与群众1000余人，发放宣传资料1万余份，提升法律知识普及率，增强广大妇女儿童法律意识，营造良好的学法用法氛围。9月6日“女童保护基金——儿童保护公益行动”启动仪式在乳源县第一小学举行。女童保护基金会驻广东粤北站负责人侯雪军、县妇联、教育局、团县委、公检法司等相关部门负责人及乳源第一小学师生参加启动仪式。该公益行动通过讲授生动易懂的防性侵教育课，增加儿童自我保护意识，减少一些可以避免的伤害，让所有小学生从中受益，多一份安全，少一份伤害，健康、快乐、安全地成长。

【家庭教育大讲堂】 2016年，县妇联联合市妇联、教育局等部门，到乳源部分幼儿园和小学举办家庭教育系列讲座3场，参与人数1600人次。发挥家长学校作用，开展各类教育培训活动，培训47800人次。

【省级留守儿童之家创建】 2016年，县妇联重视农村留守儿童关爱服务工作，打造“儿童之家”等农村留守儿童关爱服务阵地。帮助大桥镇和平村委、石角塘村委成功创建省级“留守儿童之家”，为留守儿童与外出父母交流搭建网络平台。

【“妇女之家”建设】 2016年，县妇联加强妇联基层工作，推动建设“妇女之家”示范点，活跃妇联基层工作。帮助乳城镇康乐社区、桂头镇凰村成功创建韶关市第三批“妇女之家”示范点。乳城镇康乐社区、桂头镇凰村“妇女之家”作为农村传播知识的课堂、传递信息的纽带、联系和服务妇女群众的窗口、展示妇女风采的平台，举办法律知识、农村种养知识培训班，慰问特困妇女家庭、困境儿童等活动。

【妇代会改建妇联】 2016年，县妇联按照市妇联“试点先行，创出经验，示范带动，全面铺开”的工作思路，动员各镇妇联开展村、社区妇代会改建工作，全县村（社区）115个，66个村（社区）完成改建工作，完成率57.39%，超过年内完成全县50%村（社区）妇代会改建妇联工作任务的既定目标。

【妇女儿童民生实事】 *送温暖慰问活动*。2016年，县妇联利用“春节”“六一国际儿童节”“重阳节”等节日开展送温暖慰问活动，春节走访慰问48名单亲特困母亲，送去慰问金2万元；为2名“两癌”（宫颈癌和乳腺癌）贫困妇女向上级妇联申请“两癌”求助款2.8万元，并送上棉被、面条等生活必需品和食物。“六一”国际儿童节前夕，市妇联、县四套领导班子和县妇联前往乳源一小、特殊教育学校、大布镇中心小学、乳城镇幼儿园等学校开展慰问活动，为师生们送去慰问金及节日祝福。

关爱留守儿童活动。县妇联联合团县委、县防拐办在东坪镇中心小学开展“情寄留守·爱暖童心”关爱留守儿童活动。活动其间，志愿者与学生进行游园活动、送学习用品和小礼物。

大病救助活动。县妇联到一六镇东粉村、乳城镇大东村开展走访慰问重大疾病儿童活动，为2名身患地中海贫血儿童送去爱心求助金1万元。

关爱帮扶活动。县妇联利用“春节慰问”“冬日阳光·温暖你我”“秋季爱心助学”等特困帮扶爱心活动，走访全县各乡镇，为孤贫学生、留守儿童送去慰问金、米、衣物等，救助贫困儿童47名，发放助学资金49000余元。充分发挥桥梁作用，在香港励贤会、爱心父母及社会爱心人士的支持下，为67名贫困学生，发放助学资金3.8万元，解决贫困学生读书问题，让更多贫困学生能够顺利完成学业成就梦想。争取到省、市妇联“母亲安居房”援建款6万元，为2户单亲特困母亲圆安居梦。

关爱女性“两癌”保险宣传活动。县妇联联合人寿保险公司对全县妇女开展“关爱女性生殖健康团体疾病”保险项目。发动各镇妇联宣传，提高广大妇女保障意识及参保积极性，提高妇女对“两癌”风险防范意识，增强妇女自我保健意识。全县有600余名妇女参加“两癌”保险。（郑结园）

县科学技术协会

【概述】 乳源瑶族自治县科学技术协会（以下简称县科协），为全县各自然科学学会、协会的联合组织，属省科协地方组织和市科协团体会员。年末，县科协在职人数4人。

县科协下设有农学会、林学会、工业学会、水利学会、农电学会、中华医学会乳源分会、建筑学会、蚕桑研究会、烟草研究会、气象学会、金属学会、花卉学会、兰花学会、赏石学会、青少年辅导协会、畜牧水产学会、天井山林学会、五指山林学会等县属学会（研究会）18个，有会员936人。农村专业技术协会15个，会员730多人。科技示范户230多户，科普示范基地5个、科普示范社区1个。

2016年，熊桂林获得国家奖励科普带头奖补，县科协获得全市科协系统先进集体荣誉称号。

【《瑶族刺绣》科教片入选科普专栏栏目】 3月，由韶关市科协和县科协联合摄制的《瑶族刺绣》科普宣教片入选中国数字科技馆科普专栏栏目，为传播乳源瑶族刺绣科普文化，推动民族传统优秀文化传承、创新和发展再谱新篇章。《瑶族刺绣》摄影方式独特，视觉清晰，瑶族音乐古朴清新，完美展现瑶绣历史、特点、流派、运用、常见形纹、绣法及其文化价值等科普知识。

【“公众科学素质教育体验馆”揭牌】 3月14日下午，广东省第一批试点建设公众科学素质教育体验馆在乳源第一小学揭牌，韶关市科协主席成绍强，党组成员、副调研员陈添辉，副县长梁丽娟，县科协、教育局等单位领导以及县第一小学师生

800多人参加此次揭牌仪式。韶关市纲要办、韶关市科协在仪式上向体验馆捐赠科普系列丛书及科普宣传资料一批。揭牌仪式后，市科技馆在县第一小学开展科普进校园活动，女童保护基金开展以“爱护我们的身体”为主题的儿童预防性侵知识公益讲座。公众科学素质教育体验馆由省科普中心、省科普志愿者协会牵头举办，经广东省科协同意，旨在深入贯彻落实《中华人民共和国科普法》和《全民科学素质行动计划纲要》，构建开放式的科学素质教育和传播平台，营造全社会广泛参与科普服务的氛围。

【科普先进典型培育】 2016年，县科协通过培育科普惠农兴村先进典型，加强优秀项目后备库建设，推进全县科普惠农兴村计划。利用典型示范，引导县农技协、科普带头人、科普示范基地发挥科技兴农示范作用，增强产业区域辐射作用。一峰生态度假庄园获得“韶关市科普示范基地”称号。

【科普进山区校园】 3月29日，县科协联合市科协在县第一小学开展“2016年中科院老科学家科普讲座韶关行”科普巡讲活动。中国科学院力学研究所研究员周家汉及空军指挥学院研究员徐邦年分别为师生作《神奇的爆破》和《飞向蓝天》科普讲座。5月13日，县科协联合韶关市地震局、韶关市科协和韶关市纲要办在一六镇中心小学开展韶关市全民科学素质“5·12”防震减灾系列科普活动。活动以“减少灾害风险、建设安全城市”为主题，向学生宣讲避险逃生自救相关科普知识。10月至11月，市科技馆在大布镇中心小学和乳源金禧小学开展“科技馆科进校园”活动，以科普图片展览、有奖知识问答、智能机器人表演、3D画巡展、3D电影、益智玩具、励志课及科普课等向学生普及科普知识。全年开展科普进校园活动6场次，发放科普宣传小册5000份，约1万师生参加活动。

【科普进社区】 12月7日，县科协联合市科技馆在云峰社区开展韶关市2016年全国科普日“科普进社区”系列活动，促进公民科学素质提高和建设，倡导科学文明生活方式，满足社区居民科普文化需求。活动为云峰社区居民带来科普知识图展、科普3D电影、科普有奖知识问答和智能机器人表演，向社区居民发放科普知识小手册，开展连环套、猜灯谜等游园活动，此次活动有1000多名群众参与，现场气氛热烈。

【科普宣传】 2016年，县科协协助市科协开展“科普自由行”活动，天井山林场科技馆、粤凰生态科技有限公司乳源生态农业科技园、一峰生态假庄园作为“科普自由行”活动承办单位，开展活动16场，接待游客约900人次。该项活动创新科普宣传方式，将亲子游和科普活动结合在一起，帮助乳源科普示范基地在韶关提高知名度，盘活基地资源，增加基地经济效益。 （曾祥伦　黄杰峰）

县文学艺术界联合会

【概况】 县文学艺术界联合会（以下简称县文联）与县委宣传部合署办公，编制2名。2016年，县文联以习近平总书记在文艺工作座谈会上的讲话精神统揽全局，贯彻落实“五大发展”（创新、协调、绿色、开放、共享）总体布局和“四个全面”战略布局，按照县委的统一部署，开展“两学一做”学习教育，加强自身建设，发挥文联联络、服务、协调、指导作用，团结引导全县广大文艺工作者，围绕中心，服务大局，积极开展各项文学艺术活动，推动全县文化事业的繁荣发展。

【自身建设】 开展“两学一做”学习教育，学习习近平总书记在党的新闻舆论工作座谈会重要讲话精神、习近平总书记在文艺工作座谈会上的讲话精神、党的十八届六中全会精神，坚定党对文艺工作的领导；举办省“百家千场艺术讲座下基层”专题讲座，邀请省摄影家协会艺术委员会主任唐卫东作“摄影技巧”专题讲座，省作协副主席、广东文学院院长熊育群作“文学创作概论”专题讲座，邀请广州寻梦天下刘建立作“拍摄理念——逆袭”主题讲座，进一步提升乳源会员的创作技巧和理念，构建与省内知名专家教授交流的新平台；作家协会每月举办一期文学沙龙，开展文学创作概论探讨，组织相关人员参加在广州举办的“广东省青年作家创作培训班”，提升文学基础和写作能力；舞蹈协会组织举办舞蹈培训班、广场舞培训班、拉丁舞培训班，不断提高舞蹈水平；书法协会邀请知名书法家宋红正、李广志到乳源开展书法讲座，提高乳源书法爱好者创作水平。

【惠民志愿活动】 大力开展惠民志愿活动，促进文艺进农村进校园。县音乐协会、舞蹈协会分别到桂头镇东岸村、县中职学校、一六小学、红云中心学校等地进行慰问演出；作家协会到桂头小学开展文学创作讲座，丰富学校师生精神生活，提升学校“软实力”和影响力；书法协会分别到县政府广场、桂头镇、一六镇、洛阳镇、乳城镇、县农行等地开展以“春联写价值观”为主题的“春联进万家”现场挥毫送春联惠民志愿活动，累计送出春联近3000对；美术协会到一六镇下社村为该村1300平方米的农家围墙绘制100多幅宣扬社会主义核心价值观、孝老爱亲、文明礼让、爱护环境等主题墙画。

【赛事展览活动】 组织开展赛事展览活动，丰富群众文化生活。举办“墨颂书香·红色经典”群众迎春书画展、“纪念中国共产党成立95周年暨红军长征胜利80周年”书法大赛及书法展；摄影协会举办“创建平安县城”迎春摄影展、乳源“生态洛阳杯”摄影大赛获奖作品展、乳源“创新创业杯”摄影大赛获奖作品展、乳源“法治杯”获奖作品展；舞蹈、音乐协会组织参加乳源达人秀“农信杯”大赛暨迎新春晚会、全县广场舞比赛、韶关市首届群众音乐舞蹈花会、广东省首届民歌民乐大赛等赛事，并获得较好成绩；作家协会举办“南水湿地杯”征文比赛颁奖仪式、全民阅读活动暨诗歌朗诵会、“清廉修身、廉洁齐家”主题演讲、侯永红作品诵读会、乳源古八景与新八景创作比赛等活动。

【文艺交流活动】 积极参加文艺交流活动，促进文艺水平的提高。摄影协会组织会员跨区域交流，分别参加湖南宜章迎春联欢晚会、深圳文博会、珠玑港首届文化节晚会；作家协会组织会员参加在韶关举行的韶关作协新生代诗人作品研讨会、在乳源与省内网络作家举办广东网络作家采风团学习探讨交流活动；观赏石协会组织人员参加在江西鹰潭举行的“全国观赏石文化经济论坛”以及在北京、仁化、广州琶洲三地举行的中国观赏石精品展、广东（韶关仁化）石展、广东省文博会石展，并在展出中获得较好成绩。

【采风创作活动】 积极开展采风创作活动，促进文艺作品创作。县舞蹈协会、音乐协会分别在必背镇、东坪镇、游溪镇开展“瑶歌、瑶舞”采风创作；作家协会组织开展“南岭国家森林公园”“西京古道行”“走进中国围楼之乡始兴”“看粤东西北振兴发展”等采风创作；摄影协会组织开展“五彩瑶乡杯”“乳源小学校园建设杯”“人防杯摄影大赛”“五彩瑶乡杯”、深圳文博会、“红色印记——纪念中国共产党成立95周年暨红军长征胜利80周年摄影大展”“大布好山好水摄影”等采风创作；云峰诗社组织市县诗友到乌石岭新村、八一瑶族新村等地开展“歌颂新农村”采风创作。

【主要成果】 书法协会许定滨、王恺分别获“韶关市第二届书法临帖大赛”楷书优秀奖（一等奖）、隶书优秀奖（一等奖）；作家协会梁红玉、罗朋仙的作品《九龄故里》获得“第四届广东省期刊”优秀作品三等奖；《品读时光》（侯永红著）书籍出版；陈文忠、马月兰等4人的作品入选省作协主编《南雄采风诗歌散文集》；县作协会员共同创作的作品《梦里瑶乡》出版；舞蹈、音乐协会盘桂青的作品《歌春》和《相聚这里》参加韶关市首届群众音乐舞蹈花会分别获得金奖和铜奖。（陈路生）

县社会科学联合会

【概况】 县社会科学联合会（以下简称县社科联）与县委宣传部合署办公，编制2名，县社科联主席由县委宣传部一名副部长兼任。社科联有研究学会15个，会员1850人。2016年，县社科联围绕县委、县政府的中心工作，紧扣“加快建设韶关融入珠三角先行区”这一主题，深入学习贯彻中共十八大和十八届三中、四中、五中、六中全会以及习近平总书记系列重要讲话精神，在探索研究历史文化产业等方面取得新成就。

【学术科研活动】 2016 年，县社科联协助省有关部门、有关专家对古驿道的调查，全程与广东省考察组实地考察，组织《西京古道行》有关书籍、歌曲和音像、图片等相关资料，西京古道列入广东省 6 条古驿道开发利用之列。

2016 年，由县社科联原副主席许化鹏直接参与，协助大桥客家联谊会在大桥镇先后于 3 月 27 日和 9 月 11 日，成功举办韶关市非物质文化遗产名录南岭观音诞“契娭生日”“圣祖祭”纪念舜帝诞辰庆典文化旅游节和余靖纪念馆奠基等文化活动。

2016 年 9 月，由县社科联原副主席许化鹏创作的原创歌曲《瑶乡恋歌》，在中央电视台“举杯邀明月 2016 电视中秋晚会”播出。10 月，《瑶乡恋歌》被评为韶关市群众文艺作品评选音乐类三等奖。

2016 年，县社科联协助县非物质文化遗产保护中心做好非遗项目申报工作，3 个项目成功被列为韶关市第六批非物质文化遗产名录，其中《西京古道石阶除道》由县社科联工作人员直接参与，承担大量工作完成。

【科研成果】 2016 年 4 月，参与韶关日报社在乳源进行为期一个月的古村落调查采访，完成关于乳源有关古村落的调研文章。7 月，协助南方日报社 6 人采访组完成对西京古道进行全面实地采访。9 月，协助广东省《地名中国》摄制组在乳源完成为期 7 天的摄制工作。

2016 年 6 月，完成“粤北丝绸之路，韶关古道文化”专稿撰写。韶关市社科规划办与广东地方特色文化（韶文化）研究基地向各县征集 2016 年课题论文，《西京古道厚重的历史文化内涵和开发利用新途径》论文获得课题立项。 （许化鹏）

县归国华侨联合会

【概况】 乳源瑶族自治县归国华侨联合会（以下简称县侨联）属人民团体，是由归侨、侨眷组成，归口县委统战部管理，有编制 2 名。县侨联作为县委、县政府联系广大归侨、侨眷和海外侨胞的桥梁和纽带，依法代表和关心、维护归侨、侨眷和海外侨胞在国内的合法权利和利益。

2016 年，县侨联围绕市侨联和县委、县政府中心工作，服务大局，认真履行“海外联谊、参政议政、群众工作、维护侨益”等职能，充分发挥侨联自身优势，服务侨界群众、拓展交流联谊。

【法制宣传】 2016 年，县侨联按照上级要求，开展《中华人民共和国归侨侨眷权益保护法》和《广东省华侨权益保护条例》宣传活动，采取多种形式向归侨、侨眷普及法律常识，提高法律和维权意识，有效维护归侨、侨眷的利益。

【参政议政】 2016 年，县侨联按照发展社会主义民主政治的要求，在人民政协中充分发挥界别作用。开展参与协商和推荐、提名侨界政协委员人选工作。推荐 5 名归侨、侨眷任县十届政协委员。引导归侨、侨眷主动参与政治协商和民主监督，支持他们为侨界群众切身利益表达意愿。

【为侨服务工作】 2016 年春节期间，县侨联集中走访慰问、关心关爱困难侨界群众，看望老归侨、侨眷。全年主动工作，深入实际，掌握动态，积极与相关职能部门协调，做好侨界信访工作，把矛盾纠纷化解在基层、解决在萌芽状态。

【交流联谊】 5 月 11 日至 12 日，佛山市禅城区侨联主席陈璐兰带领该区侨联委员、侨界青年代表、归侨代表、留学生代表等一行 47 人到乳源开展“爱心慈善行”活动。11 日下午，县侨联带领“爱心慈善行”活动一行人与东坪镇东坪中心小学学生进行舞狮、武术、书法、绘画等教学交流，向东坪中心小学捐赠学生用品、体育器械、教学器材等一批，学生桌椅 100 套，生活用品一批（价值 2 万多元）。走访慰问东坪镇东田村委大寮下一村 10 户贫困户，为他们送上生活用品和慰问金。12 日上午，带领“爱心慈善行”活动一行人参观县世界过山瑶博物馆。

【“侨爱心·光明行”活动】 从5月起，县侨联联合中国华侨公益基金会、韶关爱尔眼科医院开展“侨爱心·光明行”公益复明活动，到9个镇为137名贫困患者进行筛查，免费为符合手术条件的白内障患者实施手术，帮助22名贫困白内障患者复明。

（叶招娣）

县残疾人联合会

【概况】 乳源瑶族自治县残疾人联合会（以下简称县残联）承担全县残疾人业务工作，内设办公室和康复教育就业股，有行政编制5名，下设残疾人综合服务中心，有事业编制4名。2016年年末，在职人数14人。

【康复工作】 2016年，县残联按照市残疾人康复服务实施方案，认真抓好各项康复工作。全年，开展39岁脑瘫、智障残疾儿童免费抢救性康复训练21人，培训残疾儿童家长40人次。9月1日，邀请省、市康复医疗专家到乳源开展0—9周岁疑似脑瘫、智力、听力、语言残疾儿童筛查，确诊出符合残疾指征儿童20名。11月18日，组织10名视力残疾人开展“盲人定向行走”专项培训班，提升视力残疾人出行能力。坚持需求适配原则，向45名困难残疾人免费发放盲杖、拐杖、轮椅等各类辅助器具45件（套）。

【教育与就业帮扶】 2016年，县残联深入贯彻《残疾人教育条例》，将残疾儿童少年教育纳入义务教育体系，执行“两免一补”（免费提供教科书、免杂费和对其中的寄宿生补助生活费）政策，随班就读、送教上门、特殊教育等多种形式提高残疾儿童少年入学率，全县适龄残疾儿童入学率100%。开展困难残疾学生扶残助学工作，为16名中、高等学校残疾学生每人提供60.08万元助学补贴，为1名新考入大学的残疾学生提供1.5万元助学金。选送11名残疾人到市残联参加初级电脑、西式糕点制作、养蜂、毛线编织等技术培训班，提升残疾人职业技能水平和就业能力。积极落实《残疾人就业条例》，依法征收残疾人就业保障金，全年年审企业、单位80多家，征收残疾人就业保障金62万元。采取行政、企、事业单位按比例安置残疾人就业与鼓励支持残疾人自谋职业相结合，全年新增安排10名残疾人到企业就业，提高有劳动能力残疾人就业率。

【社会保障】 2016年，县残联落实省、市、县民生政策，为1735名重度残疾人发放护理补贴312.3万元，为1197名贫困残疾人发放生活津贴143.64万元。将3065名农村残疾人、重度残疾人及精神残疾人纳入城乡居民基本医疗保险补助范围，将448名重度残疾人纳入城乡居民基本养老保险补助对象。为104名肢体残疾人发放2016年机动轮椅车燃油补贴2.7万元，切实保障残疾人出行权益。开展年终慰问残疾人活动，走访慰问150户贫困残疾人，累计发放慰问物资和慰问金5万元。开展“精准扶贫”工作，帮扶干部每月走访1次扶贫对象，了解贫困户基本情况，为贫困户带去粮油物资，根据贫困户家庭实际落实相关保障政策。

【组织维权】 2016年，县残联抓好村级残疾人专职委员队伍建设，严格按照选拔条件，选聘117名村、社区残疾人专职委员，完善基层残疾人服务网络队伍。5月，举办培训班，对残疾人专职委员进行系统业务知识培训，落实工作补贴14.04万元。健全盲人、聋人、肢残人协会组织，推荐选举一批文化素质较高、有较强组织能力的残疾人担任专门协会主席、副主席和秘书长。加强残疾人证核发，成立评残委员会，调整评残机构，优化残疾人证申办程序，2016年新增办证350张，累计核发二代残疾人证4844张。认真贯彻《信访工作条例》，做好信访接待和调查处理工作，全年接待来访残疾人及残疾人亲属100多人次、电话咨询服务50多人次，有效处理来信、来访、网络问政等转办件3件，办结率100%。

【宣传文体】 2016年，县残联积极挖掘残疾人艺术人才，鼓励残疾人踊跃参加省、市各类比赛。推荐残疾人邓小芳的作品《瑶绣：润万物和谐美》参加第五届广东省残疾人艺术作品大赛，荣获手工类二等奖。第26次全国助残日期间，组织100多名残疾人到乐昌市残疾人创业基地、福利厂等地进行“香芋”种植经验、就业经验学习。12月1日（国际残疾日）前夕，组织80名肢残人、聋人到天景山登山锻炼，引导残疾人走出家门、融入社会、增强体魄。根据省、市统一要求，投入15万元在大桥镇建立全县首个残疾人健身广场，配备室内外基本健身器材，培训3名健身指导员，为残疾人就近开展体育活动提供便利。

【残疾人信息数据动态更新】 7月，县残联根据中残联工作意见以及省、市残联统一部署和安排，全面开始全县残疾人基本服务状况和需求信息数据动态更新工作。7月1日，动员组织镇、村（社区）采集员对底册的4824人进行入户和电话调查。7月31日前，完成所有信息采集工作。经审核验收，录入4622份残疾人登记表和117份社区登记表进行信息比对、上报，8月25日，顺利通过省、市残联验收。（范永平）

县红十字会

【概况】 乳源瑶族自治县红十字会（以下简称县红十字会）是从事人道主义工作的社会救助团体，属群团机关序列副科级单位，主要负责在自然灾害突发事件中，对伤病人员和其他受害者实施救助，开展人道领域内的社会服务、社会公益活动和人道主义救援工作，推动县无偿献血工作的发展。

县红十字会挂靠县卫生和计划生育局，有编制3名，其中会长1名（由县领导兼任），副会长1名，秘书长1名。配备办公用房2间、红十字会备灾救灾物资仓库1间。

2016年，县红十字会协助完成无偿献血1020人次，无偿献血量达20.41万毫升。对全县各类人群进行急救培训150人次。

【援建项目】 红十字博爱卫生站援建项目。2016年，县红十字会向广东省红十字会成功申请到桂头镇王龙围红十字博爱卫生站援建项目，获省红十字会20万元援建资金。王龙围红十字博爱卫生站于4月6日建成，12月底投入使用，解决3000多名群众看病就医问题，群众医疗救治、预防保健条件得到改善。

幸福天使红十字会救护站援建项目。县红十字会成功申请到幸福天使红十字会救护站援建项目，在广东省南岭森林景区和源之都云门山旅游度假区分别设立1个红十字会救护站，每个站投入21万元，其中10万元用于设备采购、6万元用于项目标准化改造、5万元为后期工作经费补助，分5年拨付。广东省南岭森林景区红十字会急救站于9月22日动工兴建，建筑面积178.53平方米，12月22日，完成改造装修工程验收并投入使用。源之都云门山旅游度假区红十字急救站于5月20日动工兴建，建筑面积85平方米，6月20日，完成改造装修工程验收并投入使用。

【无偿献血】 2月14日，县红十字会协助情人节爱心献血活动；6月30日，协助政府机关和公安武警系统爱心献血；7月22日，协助南方电网、银源公司员工无偿献血；8月5日，协助教育系统爱心献血；10月14日，协助乳城镇爱心献血。35名志愿者参与协助上述5次活动，完成450人次无偿献血计划。

【关爱活动】 2016年，县红十字会协助3名贫困先天性心脏病儿童、1名唇腭裂儿童申请免费手术，4人均顺利完成手术，康复回家。组织红十字会志愿者210人次开展探访、慰问老人和贫困户等活动14次，关爱老人，为老年朋友送上慰问品。1月22日，到乳城镇新民村麻子埂开展送温暖活动；1月23日，到丘屋、曾屋、万陈村、老付屋等村开展送温暖活动；1月24日到龙南兰厂、东坪长溪、一六简屋等村开展送温暖活动；5月29日，“六一”国际儿童节儿童节前到一六探访孤儿和留守儿童等小朋友；6月5日，到大桥敬老院开展慰问活动；6月19日，探访侯公渡大东独居老人黄石坚；7月31日，到洛阳坪溪、元洞慰问贫困户；9月4日，到桂头敬老院开展慰问活动；10月1日、4日，组织志愿者到云门寺帮助后勤、打扫环境卫生；10月16日，到一镇六敬老院开展慰问活动；10月22日，给瑶族贫困户送床；11月13日，探访兰厂孤

寡老人邵月保，到洛阳敬老院开展慰问活动；12 月 11 日，探访大布敬老院老人。（曾凯鸿）

县革命老区建设促进会

【概况】 乳源瑶族自治县革命老区建设促进会（以下简称县老促会）属县政府管理的社团组织，以促进老区人民交通、水务、教育、卫生、住房等方面民生事业发展，促进老区革命遗址保护和修复，促进爱国主义教育基地、红色旅游景区开发和利用等事务工作为主要职责。

【大桥革命史迹调研】 2016 年，县老促会组织人员前往大桥镇调研民国 17 年（1928 年）柯树下村农军同国民党军队战斗、民国 20 年（1931 年）铁龙头村反围剿战斗和红七军伤病员在该村养伤、1949 年核桃山村“抗征烘炉队开展革命斗争”以及 1950 年“三区事件”（土匪数百人攻打三区（大桥）人民政府）等革命斗争史迹情况。

【一六镇乐夫村革命遗址旧村落保护和开发】 2016 年，县老促会贯彻落实县委办《一六镇乐夫村革命遗址旧村落保护和开发工作会议纪要》，协助一六镇政府制定《红色旅游，绿色发展——一六镇乐群村委革命老区保护和开发规划》，建立红色教育基地，复原六百古载村落、设置镇级公园、建设绿色生态农业观光园、培育花果生态景区、建设小康村、发展旅游产品。

【上级调研】 6 月 89 日，广东省老促会会长陈开枝到乳源开展老区脱贫攻坚调研活动，召开调研座谈会议，县委书记吴春腾、县长邓志聪等县领导参加座谈会。县长邓志聪在会上作乳源瑶族自治县革命老区脱贫攻坚工作情况报告，提出县革命老区脱贫攻坚计划安排：2016 年脱贫 2567 人，2017 年脱贫 2507 人，2018 年脱贫 1287 人。县老促会积极为调研活动做好准备，会长莫瑞福全程参与调研活动。联合市老促会开展以 2018 年建成小康社会为主要内容的调研活动，专程到大布镇召开座谈会。

【资金支持争取】 2016 年，县老促会争取到市级革命老区建设专项资金 17 万元。其中，洛阳镇白竹村委玉竹生产基地 3 万元，乳城镇大东村委文化室装修配套 4 万元，大布镇革命老区纪念公园建设 10 万元。填报中国老促会《老促会系统动员社会力量支持老区建设情况》，为老区争取到县级以上政府批准立项建设项目 3 个，投资总额 1.2 亿元。争取到香港“希望之友”捐赠资金 20 万元用于维修大布中学校舍。争取到省老促会老区扶贫公路项目补助资金 7 万元，支持大布镇英明村委 3 个自然村村道硬底化建设。

【老区建设宣传】 2016 年，县老促会组织传达学习《关于加大脱贫攻坚力度支持革命老区开发建设的指导意见》26 人次，转发文件 30 份。完成 2017 年度老区杂志《中国老区建设》1800 份和《源流》1680 份的订阅任务。获得中国老促会 2016 年度老区宣传工作三等奖。莫瑞福被韶关市老促会评为先进工作者。（李亚才）

县瑶族海外联谊会

【概况】 乳源瑶族自治县瑶族海外联谊会（以下简称县瑶族海外联谊会）成立于 1998 年 9 月 25 日，是乳源各界人士与海内外瑶族人士及其社团进行联系、合作的涉外民间组织和具有独立法人地位的全县性社会团体。

2016 年，县瑶族海外联谊会重点开展过山瑶文化史料收集整理工作，为县域经济及各项事业发展出谋划策。

【过山瑶文化史料收集】 2016 年，县瑶族海外联谊会与瑶学会一起继续开展过山瑶文化史料收集整理调查登记工作。截至 9 月底，完成三个瑶族镇资料收集工作，展开全面整理笔记、查漏补缺工作。

【为瑶区发展出谋划策】 年初，县委分管领导带领有关部门到县瑶族海外联谊会就瑶区经济发展及交通建设和城建等方面进行座谈，会领导提出可行意见被采纳。为游溪镇中心学校校门设计方案提出建议被采纳。

【国内联谊】 8月8日，县瑶族海外联谊会与瑶学会共同接待广西金秀县瑶学会一行来访，互赠瑶歌光碟和书籍。12月8日，参加广东省民族宗教研究院科研基地工作座谈会，加强瑶族文化研究。

【瑶族非物质文化遗产保护传承】 2016年，县瑶族海外联谊会与瑶学会共同研究，采用音乐视频（MV）形式录制《耕种歌》《盘王歌》《十二月花》和《孝顺歌》等四首瑶族传统原生态民歌。

（盘永花）

县工商业联合会

【概况】 乳源瑶族自治县工商业联合会（以下简称县工商联）是人民团体和商会组织，由中国共产党领导，面向工商届，以非公有制企业和非公有制经济人士为主体。2016年，县工商联机关有行政编制2人，在职2人（党组书记兼专职副主席），工勤编制1人，在职1人。

【参政议政】 2016年，县工商联（总商会）党组书记黄立东，副主席朱忠伟、曾芳当选中国人民政治协商会议第十届广东省乳源瑶族自治县委员会常委，陈静宜、陈龙春、唐国照、罗勇荣、许清平、冯文侠、邹治国、胡燕华、李家安、丘慧坚、赵伟华、吴国章、黄剑华、董红雨、何有全、李琦、文布儒、钟聪、付胜强当选第十届政协委员，积极参政议政，做好党委、政府的参谋助手。

【和谐劳动关系】 5月，县工商联（总商会）与县人力资源和社会保障局、县总工会组成协调劳动关系三方机制，构建和谐劳动关系，促进企业健康发展，维护企业职工合法权益。

【商会交流】 8月，县工商联（总商会）召开座谈会，向县四套班子主要领导汇报年度工作情况，并就如何发挥商会桥梁纽带作用，凝聚力量抱团发展，为促进乳源与珠三角经济交流合作等问题，与乳源珠三角工商联谊会代表展开座谈。

【社会公益活动】 2016年，县工商联（总商会）支持必背镇精准扶贫、精准脱贫工作扶贫款1万元。积极组织非公有制经济人士参与尊老爱老活动。年初，协同广东狮子会福慧服务队、旗峰服务队前往桂头镇东岸村开展敬老爱老慰问活动，为该村65岁以上老人发放慰问品和慰问金，共计5万余元。中山市鸿邦制漆有限公司董事长梁仲华为大桥镇11名贫困学生发放助学款1.4万元。

【关心下一代工作开展】 2016年，县工商联（总商会）引导县非公有制经济组织和非公有制经济人士积极推进关心下一代工作。抓好青年职工业务技能培训，全面提高青年职工和职工子女思想道德素质和科学文化素养，帮助青年职工排忧解难。关心青少年弱势群体和特殊群体，促进“两个健康”（非公有制经常健康发展和非公有制经济人士健康成长）发展，努力构建和谐社会。艺天实业有限公司关工小组为品学兼优的贫困学生余娥娥捐献助学款6000元。

【商会会员发展】 2016年，县工商联（总商会）发展广东中农批电商有限公司、乳源嘉旺混凝土有限公司、韶关绿之源食品有限公司、乳源瑶族自治县华瑶茶叶有限公司、乳源瑶族自治县东坪镇乡镇企业供销公司大坑电站、乳源瑶族自治县金源电气工程技术有限公司、深圳高立高空作业有限公司、乳源瑶族自治县一峰农业发展有限公司、乳源瑶族自治县金润农业有限公司、乳源瑶族自治县源治农牧有限公司、韶关市龙德生态有限公司、乳源瑶族自治县展风装饰设计工程有限公司、乳源车之家车业等非公有制经济代表人士加入商会。

【千企调研活动】 2016年，县工商联（总商会）深入基层企业开展千企调研活动，对“劳动关系概况”“法制广东建设第三方评估调查”“民营企业两个健康调查”和“统战工作向商会覆盖调查”等10多个课题展开调研，征集民营企业家意见和建议。

（骆艳红）

法　　治

政法委及综治

【概况】 2016年，中共乳源瑶族自治县委政法委员会（以下简称县政法委）以创建“平安乳源”“法治乳源”为目标，认真履行职责，落实工作举措，扎实推进各项工作，为全县经济建设和社会发展营造良好法治环境。

【维稳工作】 组织协调助推信访维稳。2016年，县政法委充分发挥职能作用，积极指导协调政法综治部门维护社会稳定，制订下发《2016年全县政法工作要点》《2016年综治暨平安创建工作计划》等文件。4月1日，召开县委政法暨信访工作会议，全面安排部署2016年全县政法工作，县委书记吴春腾出席会议并讲话。坚持每月召开一次维稳形势研判分析会，及时掌握全县信访维稳信息动态，组织、指导、协调相关单位落实维稳措施。全年牵头组织县领导、县直有关单位分管领导集中收听收看中央、省、市政法综治维稳工作会议30场次，组织召开全县排查分析会16场次。在重要敏感节点启动维稳情报信息研判机制，24小时值班和零报告制度，实现维护稳定常态化，推动落实全县政法综治工作，保持政法综治工作在全市处于前位态势。

挂牌整治治安突出问题。4月下旬开始，在全县部署开展社会治安重点地区和突出治安问题排查整治工作。县综治委挂牌整治县城及平原镇“盗窃摩托车”突出治安问题，县综治办结合实际制定整治工作方案，认真组织实施。截至12月，查处盗窃摩托车案件10宗、入室盗窃案件11宗，有力打击和震慑犯罪，重点地区治安秩序明显好转。

重点人群稳控。密切关注利益诉求群体动向，强化预警，细化工作措施，加大涉军群体、重点人员稳控力度。做好情报信息排查、“一对一”工作专班、劝返等相关工作，把责任落实到职能部门、镇、村，严防进京上访和极端个人事件发生。5月，在韶关火车东站成功劝返3名拟进京上访人员，解决“黄某高女儿意外溺水身亡诉求”“乳城镇陈某前反映鱼塘污染问题”“大桥镇余某香反映因计生手术导致多种后遗症问题”等信访积案。特别敏感期全县社会政局稳定，实现“四个不发生”工作目标。

【矛盾化解】 2016年，县委政法委创新预防和化解矛盾纠纷工作机制，抓好重点领域和重点利益诉求群体的矛盾化解，解决一批难案、积案。2016年，全县排查矛盾纠纷265宗，化解253宗，化解率95.5%，其中县列账22宗较突出矛盾纠纷积案，全部得到化解或稳控，全县信访维稳形势稳中向好。

建立矛盾纠纷多元化解机制。3月至4月，县综治办牵头组织全县各职能部门、各镇开展矛盾纠纷多元化解机制调研，形成《探索建立健全矛盾纠纷多元化解工作长效机制》调研报告。健全落实稳定形势定期分析研判和矛盾纠纷滚动排查制度，完善信访与人民调解、行政调解、司法调解联动多元化解工作机制。对于排查发现的各类矛盾纠纷，落实领导包案，每一宗包案案件都按照“五个一”（一个案件、一个领导、一套班子、一个解决问题的方案、一抓到底的办法）要求，落实化解措施，规定化解时限。落实责任追究机制，造成群体聚集上访、越级上访或群体性事件的，实行“一票否决”。

深化重点领域社会矛盾治理。从4月底开始，在全县部署开展进一步深化涉农涉土、涉环保、涉房地产、涉劳资纠纷、涉众型金融问题、涉交通运输问题和信访积案等重点领域社会矛盾治理工作，制定印发《乳源瑶族自治县进一步深化重点领域社会矛盾治理工作方案》，成立以县委副书记为组长的领导小组和“涉农涉土问题”等6个专项组，分别由县分管领导任专项组组长。全县22宗较突出矛盾纠纷积案，全部落实县领导、职能部门、镇、村居四级包案，县党政主要领导包难案。成功化解“云门寺与县矿业公司及云门村委会关于‘羊头岭’山林权属纠纷”和“云门寺与云门村委林某清、林四某山林权属纠纷”这两宗长达30多年的林地纠纷。

【综治创平】 2016年，县委政法委、县综治办以“破解难题、补齐短板”为目标，落实主体，夯实责任，深化平安乳源建设，全面落实综合治理各项措施，确保社会大局持续平稳。2016年韶关市对乳源综治创平工作进行实地考评，认为乳源以文化为引领扎实开展各项工作，氛围浓厚，具有民族特色，“打、防、管、控、建、教”等各方面工作到位，效果明显，群众满意。

综治平台建设及网格化管理。制定印发《关于落实各镇综治信访维稳中心目标管理和社会治安综合治理网格化管理任务的工作方案》和《乳源瑶族自治县全面推行社会治安综合治理网格化管理工作实施办法》，明确网格化管理目标任务、方法步骤和各阶段工作安排。以东坪镇为试点，在全县农村推行四级网格管理，划分一级县网格1个、二级镇网格9个、三级村（居）网格115个、四级村小组网格1044个，各级网格员配备到位。配合省市开展综治平台建设，组织各镇、各有关单位和职能部门进行前期数据采集，确定第一批视频联网终端及建设场所，落实县配套资金。政法综治视频联网平台建设按照省统一部署推进，提高办事效率和群众安全感。

社会治安防控体系建设。县综治办制定下发《乳源瑶族自治县社会治安防控体系建设2016年项目推进任务分工方案》，明确提升社会安全指数、遏制毒品犯罪、压减“两抢一盗”（抢劫、抢夺、盗窃）发展、防范打击电信诈骗、治安防控信息化建设等十大重点目标任务，指定项目牵头单位和参与单位。全年完成94个点高清摄像头改建任务，新增高清摄像头100个，完成社会视频联网1200个。全县社会面、重点部位、居民区三级技术防范网络初步形成，治安防控体系发挥积极作用。

精神障碍患者服务管理。按照省综治委统一部署，开展严重精神障碍患者救治救助工作。印发《乳源瑶族自治县严重精神障碍患者排查工作方案》，对全县精神病患者进行地毯式排查，登记造册，台帐健全，成立9个排查工作专班，配备226名排查人员，对115个村居同步开展排查。建立排查进度每天一报、隔天通报制度。完成249名疑似患者评估分级，完善监护人和协助监护人制度。全县有在册患者1235名，检出率6.71‰，管理率91.7%，规范管理率87.5%。三级以上患者23名，全部落实卫生院、公安派出所、村（居）委三家共同管理，做到“应治尽治、应管尽管、应收尽收”，全年未发生严重精神障碍患者肇事肇祸案事件。

平安乳源创建。年初，印发《乳源瑶族自治县2016年综治暨创建平安宣传工作方案》以及《关于组织开展平安创建重点工作的通知》，确定2016年度全县25个重点创建工作项目，明确责任单位、总体目标、工作措施、推进步骤，每个项目都由县分管领导挂点负责。各类平安细胞牵头单位主动加强与各镇、各成员单位联系沟通，认真总结经验，去短板、抓机制，以创建无医闹、场所无三害、无传销、无邪教镇街、无刑案村居的“十无县”为目标，全面提升平安村居、平安小区等平安细胞创建水平。抓好特色亮点打造，建成雕子塘、新会村、瑶新雅居、木笼新村4个瑶族特色村寨。平安村居、平安校园、平安家庭、平安企业、平安铁路创建工作成效明显。截至年底，全县各类平安细胞共计56012个，创建参与率和覆盖率达100%，创建达标55754个，验收达标率99.54%，人民群众对社会治安状况满意率达到90%以上。

社会治安治理。完善青少年等重点群体服务管理机制，构建学校、家庭、社会“三位一体”的未成年人违法犯罪预防体系，加强教育帮助农村留守儿童、学生，加强管理服务刑满释放人员、吸毒人员等高危人群，重点人群服务管理水平得到提升。加大重点行业治理力度，重点防控危险化学品、交通运输、寄递物流等行业安全风险，开展危爆物品寄递物流清理整顿专项行动，未发现有寄递危爆物品的问题及安全隐患。推进枢纽型社会组织建设，截至12月，全县有社会组织90个。组织开展第五届乳源“南粤幸福活动周”活动，在全县各镇开展“舞动幸福南粤、共建平安乳源”主题巡回演出，为群众搭建舞台，提升群众幸福感。

铁路护路联防。开展涉铁矛盾纠纷排查、突出治安问题整治、爱路护路宣传、重点部位巡查等活动。6月22日，在桂头镇中心小学和桂头镇健身广场开展“平安铁路线，大家来创建”主题集中宣传咨询活动。2016年，铁路沿线师生群众爱路护路意识提升，治安秩序稳定，铁路安全畅通，未发生各类事故案件。

【国安工作】 2016年，县委政法委、县国安办牵头宣传、教育、统战、民宗、公安等部门，组织开展宣传文化领域防范意识形态渗透、维护校园政治安全、防范境外宗教渗透、打击挤压政治重点人和防范境外非政府组织渗透等5项整治工作。构建国家安全防控体系，加强人民防线建设与人民大众国家安全宣传教育，4月15日（国家安全教育日），在县电视台开展国家安全法宣传，与县普法办联合在县城及乡镇开展宣传教育活动。在县城主要路段利用LED屏滚动播放《中华人民共和国国家安全法》与《中华人民共和国反间谍法》宣传教育，印制《中华人民共和国国家安全法》宣传手册2000份，提高人民大众国家安全意识。建立健全情报信息工作网络和舆情分析研判制度，规范重大敏感案事件新闻报道，加强舆情监管，加强审查管理境外非政府组织到乳源活动，对政治重点人进行基础调查和动态管控。全年搜集维稳信息8条，向县委、县政府、市国安局上报情况汇报、总结、调研报告18份，参与社会矛盾化解4起，口头上报情报7宗，增加各类人员信息3个，开展国家安全及《中华人民共和国反间谍法》教育活动8次，全年没有出现危害国家和社会政治安全事件。

【防范工作】 2016年，县防范办以“无邪教创建示范工程”为主线，深入推进防范和处理邪教工作。调整充实防范和处理邪教问题领导小组成员，制定《乳源瑶族自治县防范和处理邪教问题警示教育宣传工作方案》，加强反邪教宣传阵地建设，开展反邪教警示教育宣传活动。5月，结合“文明志愿行·绘美新农村”主题墙绘活动，在一六镇下社村农家围墙绘制100多幅宣扬社会主义核心价值观、孝老爱亲、反邪教警示教育等主题图画。6月1日，联合县公安局在县政府广场开展“反恐怖反邪教”主题宣传活动，展出“反邪教百米长卷”。国庆期间，在县城广客隆等4家大型超市开展反邪教宣传活动，派发印有反邪教内容的环保袋、围裙5000多个。10月，结合综治创平工作，在游溪镇木笼新村制作宣传长廊，编制反邪教“三字经”、防范邪教公约、防范邪教诗歌等内容，向村民宣传反邪教常识，宣传长廊长70米、高1.2米。11月29日至12月2日，在必背、大布、大桥、游溪等镇开展“舞动幸福南粤·共建平安乳源”巡回展演，由民间表演队自行编制反邪教宣传节目“认清邪教·拒绝邪教”，并开展反邪教知识问答。全年开展反邪教宣传活动20余场次，发放宣传资料15000余份，接受群众咨询1000余人次，有效提高群众识别抵御邪教的能力。在全国“两会”“4·25”等敏感节点，严格值班备勤，未发生邪教组织聚会闹事等违法事件。开展无邪教创建活动，3月24日，全市防范办主任工作会议在乳源召开。成功打造必背镇为省级“无邪教创建”示范镇，是全市5个省级示范镇之一，并上报中央防范办授牌表彰。

【执法监督】 疑难案件协调。2016年，县政法委组织公检法等相关部门召开联席会8次，协调重大疑难案件8件。有效避免当事人缠访，促进社会和谐稳定。

执法司法规范化建设。开展执法司法公开和规范化信息化建设，强化“阳光执法”“阳光司法”，健全完善人民陪审员、人民监督员、警风警纪监督员制度，着力解决执法司法中存在的突出问题。落实《领导干部干预司法活动、插手具体案件处理的记录、通报和责任追究规定》和《司法机关内部人员过问案件的记录和责任追究规定》，依法规范司法人员与当事人、律师、特殊关系人、中介组织的交往行为，杜绝“关系案”“人情案”“金钱案”发生。全县未发现领导干部干预司法活动、插手具体案件处理情况。

涉法涉诉信访工作。健全完善政法系统涉法涉诉信访联席会议制度及司法救助工作制度。协调政法部门解决信访群众合理诉求，帮扶符合救助条件的弱势信访群体，全力化解涉法涉诉信访积案。全年接待群众来信来访12人次，督促政法部门受理涉法涉诉信访案件80件，办理75件，落实司法救助12件，救助人数16人，发放司法救助资金23.6万元，未发生因处理不及时而激化社会矛盾的案件。

司法体制改革。年初，县政法委积极牵头协调，制定《乳源瑶族自治县司法体制改革工作实施方案》《完善司法责任制改革实施方案》和《人员分类管理改革实施方案》等方案，开展司法体制改革前期准备工作。6月，完成入额法官、检察官人员面试、业务考核、组织考察以及20名合同制书记员和3名司法警察招录工作。12月底，按要求完成政法委机关改革重组工作。

【机关党建】 2016年，县政法委狠抓党员干部理论学习、业务培训、“两学一做”学习教育等活动，“两学一做”学习教育得到市督导组充分肯定。4月下旬开始，每季度在政法部门开展“身边好人、最美人物”推荐评选表彰活动，分别授予黄飞跃等4人“最美警察”称号、吴志红等2人“最美法官”称号、骆国安等2人“最美检察官”称号、韩冬双等2人“最美律师”称号。5月，县政法委机关“党支部工作规范化”建设通过县直工委考评验收。全年组织党员观看教育影片5场，开展学习培训14场，“党员固定活动日”活动12次，志愿服务活动2次。机关作风得到转变，党员干部为民服务意识增强，整体形象提升，工作水平得到提高。（吴新平）

法治政府建设

【概况】 2016年县依法治县办贯彻落实《乳源瑶族自治县法制广东建设五年规划（2011—2015年）工作实施方案》，法治乳源工作顺利通过省、市检查组的验收，法治镇创建工作，法治责任落实到位。2016年县依法治县办取得较好成果。

【继续开展法治镇创建工作】 按照县委的统一部署，依照法治框架解决基层矛盾重点工作，下发《关于继续深入开展法治镇创建活动的通知》，明确创建工作的要求、安排时间，按阶段完成重点创建的任务。各镇利用各村委会公开宣传栏及相关会议等载体，重点宣传《中华人民共和国村民委员会组织法》《中华人民共和国土地管理法》《中华人民共和国农村土地承包法》等内容。通过公务员群体法制讲座、集体培训、年度普法考试等方式，培养公务员有权必有责，有权受监督，违法要追究的法纪观念。根据中共广东省政法委有关工作文件精神和中共韶关市政法委《关于做好法治镇创建评估验收工作的通知》要求，县依法治县办下发《关于迅速做好法治镇创建评估验收工作的通知》。落实《乳源瑶族自治县法治镇创建实施工作方案》和县法治镇创建实施方案工作规划要求，2016年，洛阳镇、东坪镇、大桥镇完成法治镇创建达标工作，并顺利通过省、市检查组的验收。洛阳镇政府被评为广东省依法治省工作先进单位。

【落实法治责任制工作】 县依法治县办、县司法局、县普法办联合发文《关于开展2016“法治乳源宣传教育周”暨“12·4”全国法制宣传日的通知》，依照省、市、县依法治理和年度普法工作安排要求，推进落实“谁执法，谁普法”责任制。全县就普法不执法、执法不学法、不懂法的状况得到好的改变。根据中共中央办公厅、国务院办公厅发文《党政主要负责人履行推进法治建设第一责任人职责规定》文精神，简称《职责规定》，县依法治县办印发《关于学习贯彻（党政主要负责人履行推进法治建设第一责任人职责规定）的通知》，要求机关各单位、各乡镇领导把《职责规定》列入2017年专题学习内容，推进县依法治理工作上新台阶。（林光平）

公　安

【概况】 乳源瑶族自治县公安局（以下简称县公安局）位于乳城镇滨江中路，是县人民政府主管公安工作的部门，是具有武装性质的治安行政和刑事司法力量，担负着惩治犯罪、保护人民、服务社会、维护稳定的重要职责。内设指挥中心（加挂办公室、情报信息中心牌子）、国内安全保卫大队、刑事侦查大队（加挂县禁毒办牌子）、经济犯罪侦查大队、治安管理大队（加挂爆炸危险物品监管大队牌子）、交通警察大队、特警大队（加挂巡逻警察大队牌子）、出入境户政管理科、政工办公室、监督室、法制科、警务保障科、网络警察大队等13个执法勤务和综合管理机构；下辖乳城镇、侯公渡、一六、游溪、桂头、必背、大桥、东坪、洛阳、大布10个公安派出所和看守所、拘留所2个监管场所。行政编制226人，年末实有民警228人、普工11人、辅警117人。

2016年，县公安局有18个集体、80个个人获得各级各类立功表彰和荣誉称号。在“飓风2016”专项行动考核中被评为优秀档次，综合成绩为全市二类地区第一名。

【政治安全维护】 2016年，县公安局根据省公安厅、市公安局统一部署，开展“清源断腿2016”“断流2016”专项打击行动，保障国家安全和政治安全。组织开展8次反恐演练、4次防空袭演练，处置涉疆事件3起、查处涉恐案件2宗2人。

【社会稳定维护】 2016年，县公安局收集深层次、内幕性、预警性情报信息378条，开展近年非正常死亡事件调研。处置群体事件苗头18起、灾害事故2起。

【刑事犯罪惩治】 2016年，县公安局根据省公安厅、市公安局统一部署，开展“飓风2016”专项打击整治行动，严厉打击各类违法犯罪。全县立年内刑事案件589宗，破168宗，补立年前隐案19宗，破隐案、积案195宗。抓获犯罪嫌疑人257人（刑事拘留244人，提请批准逮捕163人，移送起诉207人）。

【经济犯罪惩治】 2016年，县公安局侦破涉众涉访型经济案件2宗3人。侦破地下钱庄案件1宗4人，案值2600多万元，是韶关市首宗地下钱庄案件。开展“猎狐行动”缉捕外逃经济犯罪嫌疑人1名，实现零突破。

【禁毒工作】 2016年，县公安局侦破毒品刑事案件56宗（其中省公安厅目标案件5宗，市公安局目标案件3宗，千克毒品案件1宗），刑事拘留86人，提请批准逮捕61人，打掉贩毒团伙5个。查处吸毒人员536人（强制戒毒95人，社区戒毒148人，行政拘留233人），收缴毒品冰毒672.3克，铲除罂粟106株。

【治安管理】 2016年，县公安局受理治安案件625宗，查结398宗，查处违法人员497人，其中警告79人、罚款95人、行政拘留265人（并处罚款139人）、其他58人。全年审批炸药324991公斤，雷管49640发。审批剧毒化学品购买许可证25个，烟花爆竹道路运输许可证6个。查处违反民爆物品管理规定案件1起。收缴枪支13支。查处旅馆业擅自经营案件1宗。审核刻制公章1993个。全县核查在册精神障碍患者1275人，列管3级以上重性精神障碍患者48人。全年整治涉校治安乱点2处，处置涉校案事件5起（故意杀人案1宗、猥亵幼女案1宗、意外溺亡2起、意外死亡1起），化解涉校纠纷10起。

【交通安全管理】 2016年，全县发生道路交通事故42起，死亡13人，受伤52人，直接经济损失155650元，万车死亡率为4.62‱。开展重点车辆交通违法行为清零工作，排查整治道路隐患15处。开展10类专项整治60场次，查处纠正交通违法行为数量有无证驾驶591起、酒驾79起、醉驾16起、超速行驶11384起、违法停车2799起、其他21326起，查扣无牌无证、假牌假证机动车921辆。推进“两员两站”工作，在9个乡镇建立交管办，配备专职交通安全员96人，在108个行政村配置交通安全协管员，设立农村交通安全劝导站96个。受理机动车注册登记2211辆、转移登记853辆、变更登记80辆、抵押登记95辆、补换牌证合格标志186辆、年检6107辆。受理驾驶证初领增学388人、补证换证2334人、年审签注770人、自降驾驶证41人。

【出入境户政管理】 2016年，县公安局开展公民文明出境旅游宣传。开展人口统计工作，2016年度全县总户数67583户，总人口223220人。开展户口清理整顿工作，处理人相比对912人，清理注销双重户口68人。审批户口迁移731人、入户6175人、户口变更467人、制发二代居民身份证23513张，办理临时身份证2885张。新增流动人口登记492人、办理居住证681人，新增境外人员登记11人（总计31人）。登记刑满释放人员79人、社区矫正人员103人。办理普通因私护照2495人、港澳通行证及签注20132人、赴台通行证及签注646人、赴港澳定居申请10人。国家工作人员报备单位65个2718人。

【监所管理】　2016年，县看守所羁押546人，处理出所404人，年末羁押142人。拘留所关押行政拘留人员386人，期满释放383人，年末关押3人。年内，通过省公安厅监管总队医疗卫生专业化验收，被公安部评为二级看守所，是韶关市唯一的县区二级所。

【网络安全管理】　2016年，县公安局监控收集舆情信息14条，处置网络舆情4起、网络谣言2起。收集全省涉军群体内幕性信息1条，并协助做好稳控工作。对乳源76家存量网站备案20家、关停26家、因属地管理责成返回开办地备案30家。对22家微信公众号进行备案。整改网站22家、网吧5家，行政处罚14家。

【治安防控体系建设】　2016年，县公安局开展治安防控体系（全市试点）建设。技术视频防控网：改建90个监控点为高清摄像头，建成12个治安卡口和缉查布控系统，建设电子围栏10套，建设智能感知示范小区1个。信息网络防控网：安装WIFI警用热点111个、WIFI上网场所管控系统131个。社会面巡逻防控网：在洛阳镇建立市际公安检查站，设置2个机动卡点。人口房屋车辆防控网：15家旅业安装门匙提醒功能，出租房屋安装“门禁+视频”系统在嘉乐花园小区试点。重点人员防控网：全年在控七类重点人员1963人（其中前科人员838人、涉毒人员948人，精神病人47人、其他重点人员130人）。重点行业防控网建设：落实全县889个行业场所从业人员责任。全县26家寄递行业、4家物流公司纳入治安管理。城乡社区防控网：配备38名社区民警，加强城乡社区安全防控。单位内部防控网：加强全县65个治安重点单位治安保卫工作的检查指导，督促履行治安保卫和安全防范主体责任。

【全国社区戒毒康复示范点创建】　2016年，县禁毒办在乳城镇建成社区戒毒康复中心工作站，在桂头镇、一六镇、东坪镇和大桥镇建立工作分站，制定完善《工作程序规定》和《工作流程图》等工作规范。中心工作站楼高三层，建筑面积297平方米，设七个办公区域，配备专职社工5人。

【安保工作】　2016年，县公安局开展警卫任务9次。完成第十届“十月朝”文化旅游节、第四届环南水湖自行车赛、第二届粤北（乳源）农特产品博览会和普通高校招生考试等大型活动安保工作6次。

【基础建设】　2016年，县公安局通过“210工程建设”验收，完成全局清产核资工作。全年投入839.88万元改造监所硬件设施、110接处警系统、视频监控系统，建设社区戒毒康复中心站、PDT对讲系统、作战信息共享平台、车辆检验平台和视频接访系统，购置12个枪柜、一辆囚车，以及一批公用和单警装备、办公设备。

【惠民服务】　2016年，县公安局服务窗口完善前台人工受理区、自助服务区和24小时自助办证区分区建设，完成“一门式一网式”服务模式改革。畅通群众诉求渠道，信访部门接受、办理群众来信来访23件、网络问政144件。

【公安宣传】　2016年，县公安局在中央、国家级媒体发稿34篇、省级媒体177篇、市级媒体70篇。

【队伍建设】　2016年，县公安局开展“两学一做”等学习教育活动，增强民警的政治意识、大局意识、核心意识、看齐意识，纪律意识，全年无发生民警违法违纪问题。加强领导班子建设，提拔2名中层干部任局领导职务、2名民警任科室副职。

做好党建工作，3 名民警转为中共预备党员、5 名预备党员转为正式党员，重新核算补交党费 29062 元。落实“战训合一，轮训轮值”制度，组织开展领导干部大轮训、民警岗位大练兵、警种专业大比武活动，提高队伍综合素质。开展典型选树工作，选送一批民警参与“韶关好警察”“最美警察”评选活动，组织各类文体活动，提升队伍凝聚力。落实各项从优待警措施，加强警察职业保障。

（朱孝华）

消　防

【概括】　乳源瑶族自治县公安消防大队（以下简称县公安消防大队）成立于 1997 年，下辖一个中队。现有多功能抢险救援车、多功能主战消防车、水罐泡沫消防车、水罐消防车、抢险救援消防车、化学事故抢险救援消防车、22 米登台平台消防车等执勤车辆。负责东至曲江区以西，南、西与清远市交接，北至乐昌市以南，总面积 2125.5 平方千米的消防安全工作，负责京港澳高速粤北段 37 千米至 98 千米，6 个隧道、3 个出口的安全保卫以及抢险救援工作。

【抢险救援】　2016 年，县公安消防中队共接警 147 起，出动消防车 256 辆次，出动消防人员 1231 人次，抢救被困人员 29 人，疏散人员 168 人，抢救财产价值 120 万元。参与市县两级安全保卫工作 6 次。火灾起数相比 2015 年持平，继续保持零伤亡记录。

【消防监督执法】　2016 年，县公安消防大队联合安全生产监督管理局、工商局和环保局等部门推进易燃易爆危险品场所大排查大整治专项工作，对全县所有易燃易爆场所进行大检查，发现问题以县安委办的名义督促整改。联合安全生产监督管理局、教育局、食品药品监管局和交通局等单位，对全县 27 间幼儿园和 8 家敬老院开展专项检查。全年检查单位 1548 家，发现和整改火灾隐患 1223 处，临时查封单位 17 家，责令关停 10 家，行政拘留 1 人，立案重大火灾隐患单位 1 家，罚款 24.4 万元。

【消防安全保卫】　2016 年，县公安消防大队清除辖区内火灾隐患，做好春节、县两会和 2016 年“乳源农产品博览会”等重大节日、活动期间的消防安保工作。

【消防宣传】　2016 年，县公安消防大队继续完善消防宣传主题公园和消防安全宣传示范街，为群众营造随时随地学消防的良好氛围。结合“119”消防宣传月，联合相关部门，利用电视广播、户外电视、公共交通、沿街铺面 LED 等媒介播放消防宣传示范片和公益广告，全面推开消防安全宣传新形势。

【正规化建设】　2016 年，县公安消防大队坚持每月召开一次队伍形势分析会制度和大队值班领导每周对中队进行督察指导制度，严格落实一日生活制度和等级执勤备战秩序，督促实现执勤规范化、训练实战化、工作流程化、生活条令化、管理精细化。

【思想政治教育】　2016 年，县公安消防大队坚持每月议教，着力提升班子软实力，落实每周集中学习制度，提升官兵综合素质。推进思想建设、组织建设、作风建设、制度建设以及反腐倡廉建设，保证我大队的高度稳定和健康发展。严格落各项规章制度，抓好各项主题教育活动，将廉政教育制度化、经常化，真正把廉政教育落到实处，有效维护队伍铁的纪律。

【荣誉】　2016 年，县公安消防大队党委被韶关市公安消防支队党委评为“党委建设好班子”，乳源中队荣获广东省总队级 2016 年度“先进中队”、韶关市消防支队“执勤岗位练兵先进中队”。大、中队 2 人被韶关市公安消防支队授予“个人三等功”；1 人被广东省公安消防总队评为“训练标兵”，1 人被评为“红旗车驾驶员”；4 人被韶关市公安消防支队评为全市“优秀警官”，6 人被评为“优秀士官”，9 人被授予“个人嘉奖”。

（吴剑辉）

检 察

【概况】 乳源瑶族自治县人民检察院（以下简称县检察院），内设政工科、办公室、侦查监督科、公诉科、反贪污贿赂局（含侦查一科、侦查二科）、反渎职侵权局、刑事控告申诉检察科、监所检察科、民事行政检察科、职务犯罪预防科、案件管理中心、未成年人检察工作办公室、司法警察大队、派驻桂头检察室。在编干警42人。

2016年，县检察院始终围绕“强化法律监督，维护公平正义”的检察工作主题，不断强化法律监督、强化自身监督、强化队伍建设，积极参与依法治县和社会综治及创平、创文工作，深入推进司法及检察改革。

【侦查监督工作】 2016年，依法受理审查逮捕案件143件207人。依法批准（决定）逮捕112件156人。批捕率75.36%

【公诉工作】 2016年，依法受理移送审查起诉案件159件233人，依法提起公诉案件127件161人，移送其他院审查起诉24件44人，法院作出判决118件165人，有罪判决率100%。

【未成年人检察工作】 2016年4月未成年人检察工作办公室正式挂牌成立。全年共审查逮捕案件12件13人，审查起诉案件11件15人。

【反贪污贿赂工作】 2016年，依法立案查处涉嫌贪污贿赂犯罪案件8件8人。移送审查起诉8件8人。

【反渎职侵权工作】 2016年，依法立案查处涉嫌渎职侵权犯罪案件3件3人。移送审查起诉3件3人。

【刑事控告申诉检察工作】 2016年，依法受理举报线索8件，受理来信9件。检察长（含部门负责人）接访24次，办理刑事被害人救助案件1件。

【监所检察工作】 2016年，依法保障在押人员的合法权益，维护监管场所的安全与稳定防止超期羁押。依法向看守所发出《检察建议》1份，依法监督社区矫正工作。

【民事行政检察工作】 2016年，依法受理并立案民事行政诉讼案件14件，办结12件。

【犯罪预防宣传工作】 2016年，开展“进机关、进企业、进乡村、进社区、进学校的“五进”专项预防工作。讲授法律知识辅导课14次。组织县直有关单位、村（居）干部到韶关市预防职务犯罪教育基地等接受警示教育18次。组织有关单位人员观看警示教育光碟7场。

【案件管理工作】 2016年，利用网络信息平台，发布案件程序性信息266件；主要案件信息45件；公开法律文书132份；辩护与预约申请36次；举办“检察开放日”活动2次。

【派驻检察室工作】 2016年，驻桂头检察室对所辖的桂头、游溪、一六、必背四镇区公职人员上法制教育课4次。

【接受人大、政协监督】 2016年，先后2次邀请县部分人大代表、政协委员到本院听取开展规范司法行为专项整治工作情况专题汇报；组织县部分人大代表、政协委员到县人民法院参加公开观摩庭活动。

【司法体制及检察改革工作】 2016年，根据上级检察机关的部署要求，分两批次遴选员额检察官14人，并规范做好资产清算、登记资产、编制等工作。

【队伍建设】 2016年，县检察院结合开展“两学一做”教育实践活动以及司法专项整治工作，开展抓中央八项规定的落实，干警的政治纪律、组织纪律、廉洁从检纪律等方面的教育颇见成效。同时抓干警的业务培训学习，全年参加各类培训学习近300人次。

（黄小健）

法　院

【概况】 2016年，乳源瑶族自治县人民法院（以下简称县人民法院）有内设机构12个（政工科、纪检监察室、办公室、研究室、审判管理办公室、书记员管理办公室、立案庭、刑事审判庭、民事审判一庭、民事审判二庭、行政审判庭、执行局）、直属机构1个（司法警察大队）和派出机构3个（桂头人民法庭、大桥人民法庭、大布人民法庭）。年末，有在职中央政法编制55人，工勤编制3人，合同制书记员19人，政府雇员16人。全年受理各类案件1700件（含旧存135件），审结、执结1457件，比2015年分别上升20.31%和14.01%，结案率85.71%，法定审限内结案率99.09%。

【刑事审判】 2016年，县人民法院履行刑事审判职责，严厉打击各类刑事犯罪，新收刑事案件136件，旧存2件，审结134件，判处罪犯168人。坚持宽严相济刑事政策，对情节较轻、有悔罪表现的初犯、偶犯、从犯、未成年人犯等，依法从宽处理，判处非监禁刑62人，非监禁刑适用率为36.90%。贯彻“教育、感化、挽救”方针，延伸帮教未成年罪犯工作，审理未成年人案件5件5人。参与社区矫正工作，减少社会对抗，促进社会和谐稳定。

【民商事审判】 2016年，县人民法院以“服务群众，关注民生”为根本，坚持“调解优先，调判结合”的民事审判原则，及时调处婚姻家庭、劳动争议、抚养继承、人身损害赔偿等各类民事案件。依法加强对妇女、儿童、老人及社会弱势群体的司法保护。全年受理各类民商事案件1020件，旧存59件，审结990件，诉讼标的2.22亿元。

【行政审判】 2016年，县人民法院认真履行司法审查职能，严格执行法律法规，加强与行政机关交流协调工作，促进司法与行政良性互动，化解行政争议，促进依法行政，积极配合做好韶关市基层法院行政案件集中管辖工作。全年受理行政诉讼案件5件，审结4件。

【执行工作】 2016年，县人民法院受理执行案件376件，旧存74件，执结301件，执结率66.88%，执行标的金额1.53亿元。实行被执行人银行账户、工商登记、车辆等信息全国查控。启用网络司法拍卖案件11件，执行财产“网拍”成交金额3451.18万元。加大执行惩戒力度，对122名失信被执行人信息予以公布，限制其融资信贷、交通出行等。适时召开清理执行标的款兑现大会，向申请执行人发放标的款1274.20万元，维护法院生效裁判文书的权威。对无法通过诉讼获得有效赔偿且生活陷入困难的当事人，给予及时救助，全年为10件执行案件25名当事人发放司法救助资金共计22万元。

【司法改革】 2016年，县人民法院完成14名法官入额推报工作。建立院、庭长办案制度，实现院、庭长办案常态化，全年院、庭长承办和参与合议庭案件387件，占比37.28%。下放裁判文书签发权，落实办案责任制，实现“让审理者裁判，由裁判者负责”。施行人民陪审员“倍增计划”，完成28名人民陪审员选任、培训和宣誓等工作，提高人民陪审员案件参审率。推进审判辅助人员管理改革，招录19名合同制书记员，成功组建“法官+助理+书记员”模式审判团队，保障法官专注“审”与“判”，提升整体办案效能。

【司法公开】 2016年，县人民法院常态化运行审判流程、裁判文书、执行信息“三大公开平台”，及时公开审判工作进度，当事人可随时通过网络查询案件进展。在法院门户网站裁判文书公开平台和中国裁判文书网公布裁判文书819份，生效裁判文书上网率100%。加强法院官方网站、内网及微信公众号的日常管理，按时更新内容，及时发布典型案例、法院动态、法院工作亮点、分析性信息、新法律法规司法解释、开庭公告等主题信息。

【司法为民】 2016年，县人民法院推行“五心工作法”（接待要倾心、倾听要耐心、帮助要热心、审查要公心、工作要用心）和“一站式服务”模式，树立“文明立案”理念。及时更新诉讼指引及常用诉讼文书样式，印发各类案件诉讼常识、诉讼须知，方便群众诉讼。全年对困难群众减、缓、免交诉讼费15.28万元。立案阶段，告知当事人诉前保全和先予执行的权利，及时采取措施，为顺利执行符合条件的案件奠定良好基础，共办理诉前保全案件22件。推行多元化纠纷解决机制，全年民商事案件调撤结案432件，调撤率43.64%。推行法官进村寨（社区、景区）工作，到东坪镇东田村委会、桂头镇杨溪村委会、大桥镇石角塘村委会巡回开庭，在洛阳镇半星村委会、东坪镇新村村委会成立法官工作室，在必背镇必背口社区、南岭国家森林公园、云门山风景区成立旅游巡回法庭驻景区工作室，让群众切实感受到司法服务就在身边。

【司法廉洁】 2016年，县人民法院开展廉洁司法教育活动，落实“一岗双责”。在法院大门滚屏宣传栏、办公楼内墙体、电梯内挂框设廉政标语，图书室开设廉政专柜，法院门户网站公开栏上传廉洁文化内容。让干警家属书写廉政格言赠与干警，并印制到干警办公桌面的工作牌与日常佩戴挂牌上，时刻提醒干警廉洁自律。组织干警前往广东省清远监狱廉政教育基地参观学习，现场接受廉政警示教育。严格廉政档案信息填写和个人廉政情况申报，结合查办案件加强反腐倡廉教育，加强对重点岗位、重点人员业内、业外监督，完善廉政风险防控机制。

【队伍建设】 2016年，县人民法院深入开展“两学一做”专题教育活动，引导干警坚定理想信念、坚守法治信仰、坚持秉公用权。组织开展数字法庭操作、新行政诉讼法、新民事诉讼法司法解释等多项培训及新招录书记员岗前培训，共358人次。和华南农业大学人文与法学学院共建实践教学基地，加强与高校合作交流，促进资源共享，邀请法学专家学者讲授法律知识，增强干警政治理论、法学素养，提高法官司法能力和水平。　（张思思）

司　法　行　政

【概况】 乳源瑶族自治县司法局（以下简称县司法局）是县人民政府的司法行政管理机关，对全县司法行政工作进行统一管理、指导、监督和检查。内设办公室、宣传教育股、基层工作管理股、公证律师管理股、社区矫正股、政工科。局机关政法专项编制16名，其中：局长1名，副局长2名，政工科科长（副科级）1名，正副股长（主任）6名（含政工科副科长1名）；后勤服务人员数1名。

直属机构：县法律援助处、公证处，其中：法律援助处配备参公管理的事业编制10名（含主任1名，副主任2名），公证处配备事业编制2名（含主任1名）。

各镇司法所是县司法局的派出机构，9个镇司法所政法专项编制21名，其中：乳城镇、桂头镇、大桥镇司法所各3名，其余司法所各2名；镇司法所各配备所长（正股级）1名。

【人民调解】 2016年，县司法局对《中华人民共和国调解法》《广东省实施〈中华人民共和国调解法〉办法》《人民调解法律常识》等进行宣传，开展各类人民调解宣传活动15次，接待群众咨询2500人次，发放各类宣传资料6000余份；排查受理各类矛盾纠纷1269件，调解成功1247件，成功率98.27%。

【法治宣传教育】 2016年，县司法局开展法治活动42次，派出宣传员300人次，为群众解答法律咨询12000多人次，发放宣传资料20000多份，悬挂横幅80多条。

【法律援助】 2016年，县司法局办理各类法律援助案件136件，解答群众法援咨询350人次，为当事人挽回经济损失55万元。向群众印制派发《法律援助条例》《法援知识小册子》等资料8000份、便民卡片1000张。

【公证工作】 2016年，县司法局办理495件公证。对经济困难、残疾人申请办理的公证给予减免，上门为行动不便的老人办理公证，免费为70周岁以上老人办理遗嘱公证。

【安置帮教】 2016年，县司法局坚持“以帮教为手段、以安置为重点、以稳定为目标”的工作思路，探索新形势下开展安置帮教工作的有效途径和方法，加强组织管理，健全工作制度，扎实开展工作。接收刑释解教人员89名，总在册人员471名。

【社区矫正】 2016年，县司法局严格按接收、入矫、建档、教育、监管、解矫流程开展社区矫正工作，接收社区矫正人员83人，解除社区矫正人员46人，在册社区矫正人员140人。其中：缓刑138人，假释1人，暂予监外执行1人，未发现脱管失控现象。

【一村（社区）一法律顾问工作】 2016年，县司法局根据省、市工作部署和要求，22名律师分别签订法律顾问合同挂点到全县115个村（社区）担任法律顾问，实现一村（社区）一法律顾问工作城乡全覆盖。顾问律师在村（社区）开展法治宣传，解决社会矛盾纠纷，促进基层组织民主法治建设，维护基层和谐稳定，全年提供服务1969件，出具法律专业意见26件，法律咨询937件，法治宣传420件，人民调解38件，法律援助11件，其他537件（民事438件，婚姻家庭69件，赡、抚扶养17件，工伤赔偿7件，请求支付劳动报酬7件，交通事故39件，其他人身损害赔偿15件，合同纠纷59件）。

（曹松发）

军　事

人 民 武 装

【概况】 2016年，乳源瑶族自治县人武部（以下简称县人武部）坚决贯彻习主席系列重要指示，认真落实党中央关于新形势下国防和军队建设思想，紧紧围绕“能打仗、打胜仗”的目标，加紧战备准备，强化军事训练，突出抓好军官和民兵骨干基本知识、基本技能、基本战术训练、强化机关新知识、新技能、新装备训练，分层次、分类别参加和组织各种集训。强化军事训练，狠抓从严治军，积极推进改革，圆满完成上级赋予年度各项军事工作任务。

【全面规范日常战备工作】 2016年，县人武部严格落实经常性战备制度，突出抓好重大活动和敏感时期战备工作，保持正规战备秩序和良好戒备状态。认真抓好《战备工作条例》的学习贯彻，解决经常性战备教育不落实、效果不明显，敌情观念、使命意识、责任意识和战斗精神不强等问题。认真贯彻全军军事设施保护有关要求，3月，县人武部对全县国防坑道进行普查，并完善有关资料。加强对干部职工和民兵预备役人员战备观念，强化专武干部和民兵预备役人员战备意识。

【召开全县武装工作会议】 2月28日，县人武部在武装部会议室召开全县武装工作会议，全面部署年度武装工作。

【参加韶关军分区组织战备拉动】 韶关军分区组织的战备拉动，县人武部部长吴炬光率部主要领导和骨干共5人参加。

【现场观摩会】 5月5日，韶关军分区战备、正规化建设试点在乳源人武部召开现场观摩会。

【参加市轻舟集训】 5月6日，县人武部组织乳源轻舟分队到韶关军分区参加轻舟训练和考核。乳源4名队员取得拆装机、水上障碍操作考核总分第三名的好成绩。

【组织鲜明“八一”小学教师军训】 8月26日至29日，县人武部组织鲜明“八一”小学教师开展军训活动。

【专武干部、民兵营长集训】 11月2日至11月6日，县人武部组织全县专武干部、民兵营长进行为期5天业务培训，促进县武装工作的全面协调发展，全县专武干部、民兵营长带兵能力和整体素质得到提高。

【开展“学条令、正秩序、树形象”活动】 2月至3月下旬，根据军分区“学条令、正秩序、树形象”活动的统一部署，县人武部认真开展“学条令、正秩序、树形象”活动，严格按照动员部署、分学习教育、训练考核、整改提高、总结讲评四个阶段，干部职工查找到自身存在的问题，人人写出对照检查，制定出整改措施，及时改正存在的问题。通过活动，干部职工思想作风、工作作风、学风得到明显好转，呈现出“三多”良好面貌，即谋单位建设多、扎实工作多、严于律己多。

【安全管理工作】 2016年，县人武部按照军区“突出七个防范重点，确保五个不发生”的目标要求，紧紧围绕人防、物防、技防、联防的安全工作思路，突出抓好人员、车辆、营院、武器装备仓库和信息保密的安全管控和隐患排查。狠抓条令宣传教育和学习训练，推动条令学习制度化、常态化，参加上级开展的军容风纪检查、队列会操和条令知识考核，增强干部职工条令意识。组织司机队伍进行教育整顿，集中解决安全意识不强、私自出车、酒后开车、违章行车等问题。加大经常性管理检查督导力顿，大力整治倾向性问题。认真学习贯彻《广州军区保密工作检查量化评估规范》文件精神，深入开展防间保密教育，加强对各类涉密载体、工具、指挥网络和信息终端的管理，严抓信息防护，堵塞泄密漏洞。

【开展作风纪律教育整顿】 5月10日至15日，县人武部按照省军区、军分区统一部署，狠抓作风纪律教育整顿。作风纪律教育整顿工作严格按照军分区提出的要求抓落实，及时召开部党委会，部署和制定教育整顿计划，成立领导小组，明确各级责任，详细分工。按照筹划部署、学习教育、检查整改、总结讲评四个步骤进行。一是查找存在的问题。二是制定切实可行的整改措施、人员管理。三是严格落实集中采购计划，杜绝计划外采购。通过教育整顿活动，深化依法治军思想认识，强化法制和纪律观念，提高干部职工自我约束能力，进一步规范正规化管理机制。

【全面建设量化考评检查】 11月23日，韶关军分区政治主任吴楚峰大校带工作组到乳源瑶族自治县人武部开展武装全面建设工作量化考评检查。

【开展“两项教育活动”】 以“三严三实”专题教育整顿活动和“践行强军目标，做新一代革命军人”主题教育活动为契机，抓思想政治工作。一是建立健全组织领导，人武部成立“三严三实”专题教育整顿领导小组，部长、政委任组长，各科科长任组员，设立办公室负责“三严三实”专题教育整顿的具体组织实施，确保教育活动按计划进行。二是周密制定教育计划，专门召开会议研究教育方案和计划，广泛征求大家意见，制定出教育计划方案。三是按计划、按步骤抓好县人武部全员教育和“四落实”（落实组织领导、落实学习内容、落实学习制度、落实保障措施）。四是组织爱国主义教育下基层、进校园活动，与驻地“八一希望小学”结对子。五是充分发挥平台功能，组织开展“强军梦、我的梦”大讨论，进一步增强干部、职工献身强军实践的使命感，树立实现强军目标的信心，增强教育效果。6月份部领导到挂钩乡镇洛阳镇调研指导，密切军政军民关系。6月3日，县人武部召开民主生活会，会上党委成员针对班子建设和个人实际开展批评与自我批评。六是按照上级要求组织群众路线教育“回头看”和支部组织生活会，巩固教育成果。

【慰问困难复转军人】 2月11日，韶关军分区副司令员杨克到大桥镇慰问困难复转军人，县人武部部长吴炬光、政委闫振一陪同。

【美化绿化环境】 2016年，县人武部组织后勤人员抓好国防教育训练基地饭堂和机关大院的管理，认真开展主要区域植树美化绿化工作，完成营院内绿化带的植树任务。

【开展新一轮扶贫“双到”工作】 县人武部按照省军区、军分区的要求，根据县委、县政府新一轮扶贫开发工作部署，积极开展扶贫工作。主动与必背镇横溪村和桂坑村27户瑶族贫困户建立帮扶对子。主动协调协助上级和驻军做好对瑶胞的帮扶工作。协助韶关军分区投入70万元，建立必背镇横溪村20公顷油茶种植基地。开展扶贫献爱心活动，“七一”建党节建党节期间走访慰问瑶族贫困老党员，“八一”建军节、“春节”期间走访慰问困难瑶族军烈属、五保户。2016年，县人武部走访慰问3批30人次。

【国防教育】 2016年，县人武部采取多种形式开展丰富多彩的国防教育活动。一是利用国防教育训练基地，组织民兵预备役人员集训；组织八一小学教师军训和上国防教育课。二是县、镇各级召开征兵工作大会，开展征兵工作宣传发动，进行国防教育。三是召开县委常委议军会和县四套班子过军事日活动，传达学习习主席有关军队建设和国防建设系列重要讲话的文件、传达两级军区、军分区有关会议精神，增强县四套班子成员的国防意识。四是利用广播、黑板报、宣传栏、图片展览、网络等形式，向广大人民群众开展国防教育。

【开展年度兵役登记工作】 5月，县人武部针对夏秋季征兵的新特点，按照早期部署普查，中期宣传跟踪、统筹登记防漏的原则开展兵役登记工作。成立县各级的兵役登记领导小组，利用发布告、张贴标语、挂横幅等方式进行宣传，号召全县所有适龄青年积极报名参军。

【征兵工作】 2016年，征兵时间提前，政策调整大、兵员素质要求高。县人武部针对乳源地区人员少、当兵冷等实际问题，积极协调地方政府出台相关配套法规政策，抓好各项优抚安置政策的落实，鼓励适龄青年积极应征入伍。 （县武装部）

人民防空

【概况】 乳源瑶族自治县人民防空办公室，为正科级行政单位，核定人员编制5名，其中行政编制3名，后勤编制2名，是县国防动员委员会常设机构和县人民政府办事机构。设专职主任1名、副主任1名。

【人防疏散基地建设】 结合新农村建设，在东坪镇投资890万元建设人防疏散基地，2016年12月份完成第一期建设任务。

【人民防空方案修编】 委托成都九洲电子信息系统股份有限公司完成全县人民防空方案编制工作。

【防空警报试鸣和防空疏散演练】 9月20日，在县城区组织防空警报试鸣活动，在县民族实验学校举行防空疏散演练活动，进一步增强人民群众国防观念和人防意识。

【人防宣传】 举办“人防之夜”文艺汇演活动；联合摄影家协会开展“民实人防杯”摄影大赛；组织全县初中二年级开展人民防空知识教育活动。

（周俊丽）

武警中队

【概况】 武警韶关市支队乳源瑶族自治县中队（以下简称县武警中队）组建于1983年6月，主要担负县看守所看守勤务和“处突”“反恐”、城市武装巡逻、抢险救援等任务。

2016年，县武警中队完成“执勤”“处突”“反恐”为中心的各项任务，被武警广东省总队评为“基层建设标兵中队”“正规化执勤标兵单位”“思想政治教育等级达标一级单位”“先进基层团组织”，被韶关市支队评为“先进基层党支部”，获韶关市支队军事训练网上会操第一名。选送技术学兵2人，预提指挥士官3人，发展党员3人，选改晋升士官5人，2人获得三等，中队获得集体三等功。

【思想政治教育】 2016年，县武警中队深入学习中共十八大精神和习近平总书记系列重要讲话精神。1月至3月，开展“学规范、用规范、保安全”活动。2月，开展“读书铸魂、投身强军”活动。4月，开展“抓规范、打基础、治隐患、保安全”执勤安全教育整顿活动及“强军风采”系列文化活动。7月，开展“党纪条规学习月”活动。8月至12月，开展“红色基因代代传”活动。2016年，县武警中队官兵思想政治教育等级评定为一级。

【军事训练】 2016年，县武警中队全体干部士官达到“四会”（会讲、会做、会教、会做思想工作）教练员标准，1名战士参加反恐骨干集训。开展“岗位练兵”活动，完成专勤专训、应急棍术、警棍盾牌操、擒拿技术、战术及体能等科目的训练，在支队考核中取得第一名的成绩。11月，在省武警总队、市支队组织的年终《军队基层建设纲要》考评中，取得优异的成绩。

【执勤处突】 2016年，县武警中队圆满完成看守所固定勤务及上级赋予的各项任务，协助看守所押解罪犯嫌疑人71人次。 （李健鑫）

经济管理

县发展和改革局

【概况】 乳源瑶族自治县发展和改革局（简称县发改局）是县人民政府工作部门，负责全县计划、物价、统计、粮食的行政管理、经济体制改革和指导全县统计工作。内设办公室（国民经济动员办公室、综合规划股）、投资与审批股（招投标管理股、重点项目稽察办公室）、工业科技农村社会股（经济体制改革股）、物价业务股、价格监督检查所、粮食调控与监督管理股、国民经济统计股、国民经济核算股、能源管理办公室等9个股（室、所）。机关行政编制24名。其中：局长1名、副局长3名；股长（主任、所长）9名。后勤服务人员3名。下辖县粮食储备中心（县粮食购销有限责任公司）、县价格认证中心、县普查中心。年底全局在职人数为53人。

【编制规划】 2016年，联合韶关学院、中山大学编制乳源瑶族自治县“十三五”规划纲要，通过县人民代表大会审议，正式实施。制定印发《乳源瑶族自治县2015年国民经济和社会发展计划执行情况及2016年计划报告》。

【固定资产投资】 社会固定资产投资完成66.97亿元，增长2.7%。其中，2016年共安排重点项目39个，总投资188.2亿元，年度计划投资35.16亿元；安排预备项目21项，估算总投资154.7亿元。全县5个项目被列入市重点项目（其中省重点2项），2016年度计划投资14.5亿元，完成投资17.65亿元，占年度投资计划的121.7%。

【项目监督管理】 执行《广东省生态发展区产业发展指导目录》《广东省政府核准的投资项目目录》，全年共完成项目立项130项，总投资额161.5亿元。其中审批85项、备案45项。配合省发改委开展2015—2016年中央预算内投资项目督查，重点检查新型垃圾热能处理站、怡乐居配套基础设施、瑶族刺绣歌舞保护利用设施等项目，确保专款专用，推进项目进展。

【新能源项目】 10月，粤水电集团大布一期风电项目完成电网送出工程建设。12月底，5台风电机组实现并网发电。大布二期仍在开展前期工作。12月，协助广州崇象公司、中电工程申报2017年度省风电开发方案项目。

【公务用车制度改革】 1月，批复全县各镇公务用车制度改革方案，开展各镇封存停驶公务车辆督导检查工作。10月，对县畜牧兽医水产局执行公务用车制度改革。全年，共分三批次对全县封存停驶公务车辆进行公开拍卖，截至12月底，成功拍卖公务车辆50辆，报废69辆。

【世界银行贷款】 完成世行贷款一期项目供水厂中控楼及实验设施工程采购包、生态区发展模式研究咨询服务包招投标，累计支付供水管网、污水管网、培训中心等工程款3839.23万元，其中世行贷款累计提款报账到位金额3213.23万元。世行贷款二期项目勘察设计于9月获市发改局批复，2016年完成乳城镇城区供水、污水管网完善工程施工图设计、审查及施工图预算工作。

【深化改革】 完成乳源瑶族自治县产业准入负面清单的修订，完善县主体功能区功能规划，为全县产业发展提供明确方向。印发《乳源瑶族自治县行政许可和行政处罚等信用信息公示工作实施方案》，完成行政许可标准化录入。利用助保贷基金推动中小微企业发展，全年共发放贷款2910万元。

【项目申报】 积极申报桂头、大桥镇生活污水处理厂、新型垃圾热能处理站、金禧小学、桂头小学、保障房基础设施建设、瑶族文化保护设施等中央预算内项目 7 个，总投资约 1.21 亿元。成功争取中农批农特产品电商物流商贸城专项建设基金、侯公渡至江湾公路改扩建、粮安工程等项目资金 2.02 亿元。其中，中央资金 0.42 亿元。

【淘汰落后钢铁产能】 9 月 10 日前全面完成鸿峰特钢有限公司、尚东金属有限公司、三宝拉丝有限公司、鑫鹏特钢有限公司四家企业合计 103 万吨钢铁过剩产能设备拆除（报废、封存）任务。中央、省、市共下达补偿资金 3393 万元，其中中央 2169 万元，省 1024 万元，市 200 万元。（温施琦）

统计行政管理

【概况】 乳源瑶族自治县统计局是对全县国民经济和社会发展情况进行统计调查、统计分析，提供统计服务、统计资料和统计咨询意见，实行统计监督的政府职能机构。2014 年 8 月县级机构改革组建县发展和改革局。将县统计局的职责整合划入县发展和改革局，挂县统计局牌子。

【统计监测调查】 完成全县农业、工业、能源、固定资产投资、建筑业、社会消费品零售业、基本单位名录库维护、综合核算、城乡一体化住户调查等各种专业 2015 年度年报、2016 年月报、季报、年报和各项统计调查工作。

【统计服务】 加强经济运行监测。围绕全县经济增长目标，做好 2016 年计划指标细化预测，每月定期向县领导汇报经济增长目标完成进展情况；按时完成每月的统计月报、统计信息和分析，撰写年度统计公报、完成 2015 年度小康社会进程监测报告。

【统计督导检查】 根据上级部门相关文件要求，年内继续对 9 个镇的“双基”（基层基础）工作（7 个部分、26 个方面的内容和指标）、县级统计机构基础建设（5 个部分、25 方面的内容和指标）、联网直报企业的基础台账建设进行督导检查。

【联网直报工作】 继续开展统计“四大工程”（建立一个真实完整、及时更新的统一化单位名录库；建立统一规范、方便企业填报的企业统计报表表示制度；建立功能完善、统一兼容的统一数据采集处理软件系统；建立统一高效的统计联网直报系统）建设。专业负责人员到企业开展调研，加强协调与企业的工作联系及业务指导，解决联网直报工作难题，推进联网直报工作。2016 年 12 月，全县实行联网直报工作的企业有 168 家，比 2015 年同期增加 18 家。积极培育“四上”（规模以上工业企业、资质等级建筑业企业、限额以上批零住餐企业、限额以上服务业企业）重点企业，截至 2016 年年底，全县完成 26 家“四上”企业申报工作，并全部通过国家统计局的审批入库。其中：房地产 4 家、工业 4 家、批发 14 家、零售业 1 家、服务业 1 家，投资 2 家。

【统计执法检查】 8 月至 9 月，落实《中华人民共和国统计法》和《广东省统计管理条例》，开展统计法治宣传，实施统计执法检查和统计巡查。抽取 58 家企业进行检查，责令 6 家企业进行统计整改，维护统计法权威。

【全国第三次农业普查】 按照上级统一部署，相继完成镇、村农业普查机构的组建、“两员”选调和培训、普查区的划分及手工制图，普查在全县范围内的宣传工作。12 月完成摸底工作，做好农业普查摸底数据评估。

【统计队伍建设】 重视专业人员的业务技能提高，选派两名专业人员到郑州、南昌参加全国性的统计系统业务培训，组队参加全市统计业务技能竞赛，取得较好名次。（彭韶安）

物　价

【概况】 2016 年，物价部门充分发挥价格杠杆作用，依法治价管费，加强价格监管调控，保持价格总水平基本稳定，着力营造良好价格氛围，为经济社会发展大局服务。

【价格监测】 密切关注市场重要商品价格变动，重点加强对粮油、蔬菜、肉、禽、蛋等农副产品和群众生活必需品的价格监测，及时掌握市场情况，跟踪分析价格动态，发生市场价格异动，及时上报预警，采取妥善措施，稳定价格总水平，安定群众生活。

【差别电价】 6月，成功争取到对县侯公渡韶源水泥厂取消实行差别电价，根据《转发省发展改革委省经信委关于乳源瑶族自治县侯公渡韶源水泥厂等企业执行差别电价政策问题的通知》，该项规定自2013年12月1日起执行，为该厂减负100多万元。

【三项建设】 重视蔬菜大棚、冷链设施、平价商店“三项建设”工作。根据《广东省发展改革委关于印发广东省农副产品价格调控项目库管理办法的通知》要求，严格审查入库项目，做好申报及入库工作。2016年，全县共有4个项目单位进入广东省农副产品价格调控项目库，其中，生产环节项目单位（蔬菜大棚）共1家，销售环节项目单位（平价商店）共3家。

蔬菜大棚建设。2016年，1家企业进入生产环节项目单位，另有1家企业申报进入广东省农副产品价格调控项目库。

平价商店管理。规范完善平价商店建设，建立长效平价、稳价和惠民机制，充分发挥平价商店作用，对不规范行为进行纠正，稳定全县市场物价。

【价格听证会】 根据《中华人民共和国价格法》《政府制定价格听证办法》及《广东省价格听证目录》有关规定，2016年12月28日召开简化用水分类实施居民阶梯水价听证会，提高价格决策透明度，确保公民知情权和参与权，促进企业发展，提高公民节水意识，建立节约型社会。

【价格调节基金】 根据《转发省发展改革委关于关于取消停征和整合部分政府性基金项目等有关问题的通知》，2月1日起全面暂停价格调节基金征收工作。充分利用剩余基金，发挥保供应、稳价格和安民心作用，按照政府价格联动机制，妥善落实低收入群体临时价格补贴政策，临时价格补贴全县困难群体59.5万元，惠及城乡低保户、优抚对象和农村五保户共2975户，每户200元。

【价格专项监督检查】 积极开展春运票价、节日市场价格、行政事业收费、物业收费、食盐价格等价费专项检查。

行政事业性收费年审。根据《广东省行政事业性收费管理条例》文件精神，5月中旬对全县主要收费单位开展2015年度收费年审工作，重点审查涉农、涉企收费部门，跟踪落实国家和省市清费减负政策，保障和改善民生，减轻企业和群众负担。

节日市场价格检查。春节、“五一”国际劳动节、国庆等节日期间，切实加强市场价格监管，建立健全定期巡查和专项巡查相结合制度，开展对节日期间市场食品价格、公路客运票价、旅游景点门票等价格检查工作，重点检查大峡谷、南岭国家森林公园、天井山仙人桥等景区执行价格政策情况及相关市场价格秩序，尤其是景区门票在“黄金周”优惠票价落实情况检查，对检查中发现价格问题，运用宣传、提醒、告诫、限期整改手段，规范市场价格行为，维护市场秩序。

食盐销售价格检查。会同质监、工商、盐务等部门于7月中旬对县城食盐经营价格进行检查。重点检查各大型超市、农贸市场和小区门店食盐零售价格，宣传食盐价格政策。

商品房明码标价检查。会同建设部门组成专项检查组，于12月对县城嘉乐风景园、滨江印象、源水居和紫荆花园等楼盘新建商品房明码标价执行情况进行专项检查。针对检查中发现明码标价不规范问题，责令其立即进行整改和纠正，有效维护商品房交易价格秩序，树立诚信经营形象。

【举报受理和网络问政】 重视网络问政工作，全年共受理群众网络问政工作（含投诉咨询）25宗，涉及旅游、物业收费、经营服务性收费、药品以及其他商品价格，经详细调查了解后，及时处理并给予反馈，着力化解价费矛盾，切实为民排忧解难。

（李雯雯）

食品药品监督

【概况】 乳源瑶族自治县食品药品监督管理局设办公室、规划财务股、政策法规股（行政审批股）、综合协调股（应急管理办公室）、食品安全监管股、药品和医疗器械监管股、人事股、稽查局8个内设机构和乳城镇、桂头、东坪、大桥4个镇级食品药品监督管理所。行政编制12名，专项执法编制14名，后勤编制3名，四个乡镇派出机构专项执法编制12名。在职人员29人，其中局长1人，副局长2人，科员23人，后勤3人。全县监管对象1670家。其中药品经营企业58家，药品批发企业1家，药品使用单位（医疗服务机构）157家（实际有人执业113家），保健食品经营企业86家，餐饮服务单位359家，食品流通企业997家，食品生产企业12家。

2016年，按照“创新监管、服务发展、确保安全”的总体要求，坚持标本兼治，严格依法行政，强化日常监管，深化专项整治，不断提升监管能力，有序推动食品药品监管工作开展，注重发挥政府领导、部门协同、县镇村联动、社会共治的作用，构建全方位、多层次的社会协同机制，推动食品药品监管社会共治格局的形成。

2016年11月荣获韶关市食品药品快检技能竞赛团体三等奖。

【稽查执法】 2016年，出动稽查执法人员584人次、车辆287台次，检查食品、药品企业363家次，查处食品药品化妆品案件50宗，涉案物品金额17.2万元，罚没款131.7万元。其中：药品案件24宗，涉案货值金额0.2万元，罚没款0.3万元；食品案件21宗，涉案金额16.5万元，罚没款131元；化妆品案件5宗，涉案金额0.5万元，罚没款0.4万元。移送食品药品案件涉嫌犯罪线索6宗，其中食品案件4宗，药品案件2宗。接到各类举报投诉17宗，依法受理17宗，其中食品15宗，化妆品2宗。全部依法处置并按时回复举报投诉人。在韶关市食品药品监督管理局的督办下，查处乳源瑶族自治县福农农副产品加工厂无证生产红糖粉的违法行为，没收违法生产的红糖粉18.375吨，货值11万元，罚款101.25万元。

【生产环节食品安全监管】 2016年，出动140人次检查70家次生产加工单位，下达整改通知书2份，约谈企业3家，完成市级抽检任务14批次，县级抽检任务10批次。按照《广东省食品生产加工小作坊和食品摊贩管理条例》及省市食品药品监管系统要求，启动食品生产加工小作坊登记工作。2016年发放小作坊登记证2家。

【流通环节食品安全监管】 2016年发证397份，变更8家，注销16家。落实新《中华人民共和国食品安全法》，积极开展食品流通环节日常监管和专项整治，出动执法人员1932人次，检查食品经营户966家次，出动执法车辆161次，发出责令整改通知书11份，监督意见书17份。

【餐饮食品安全监管】 根据新《中华人民共和国食品安全法》和《食品经营许可管理办法》规定，积极受理食品经营许可证的申请，按照《广东省食品药品监督管理局关于食品经营许可的实施细则（试行）》进行现场验收，合格一家，发证一家。2016年，核发“食品经营许可证”234户，不予食品经营者27户。对已审批的餐饮单位的场所卫生和设施设备、食品原料贮存方式、索证索票及采购台账、加工操作、餐饮具的清洗消毒保洁等进行日常检查，出动执法人员750人次，检查餐饮服务单位355户次，下发整改意见书85份。

推进餐饮服务食品安全量化分级管理工作，按照《广东省餐饮服务食品安全量化分级管理规定》对新办“食品经营许可证”餐饮服务单位，实施取证后4个月内完成首次等级评定。全县餐饮单位359家，完成量化分级评定298家，评定A级餐饮单位12家，B级86家，C级200家。

【药品、保健食品、化妆品和医疗器械监管】 2016年，乳源瑶族自治县共有药品经营企业59家，其中药品批发企业1家，药品零售企业58家。

2016 年新开办药品零售企业申请 11 家，办理“药品经营许可证”变更事项 49 项，办理“药品经营许可证”换发事项 19 项，受理“药品经营许可证”注销事项 4 项。2016 年检查药品批发企业 1 家，检查覆盖率 100%，检查药品零售企业 58 家，检查覆盖率 100%。全县共有 113 家医疗机构，疫苗使用单位 14 家。开展日常检查医疗机构 41 家次，疫苗使用单位 22 家次，出动执法人员 270 人次。有保健食品经营企业 86 家，日常检查覆盖率 100%。出动执法人员 168 人次。有化妆品生产企业 1 家，开展日常检查 1 家次。开展化妆品安全综合整治专项工作，从 4 月至 10 月，检查 200 家化妆品经营企业。发出《责令改正通知书》7 份。有医疗器械经营企业 9 家，第二类医疗器械经营备案企业 36 家。核批新增二类医疗器械备案企业 17 家，变更备案 8 家，注销备案 6 家。2016 年度，日常检查医疗器械经营企业覆盖率 100%，出动执法人员 76 人次。

【惩治食品违法犯罪“清源行动”】 联合公安部门开展专项整治行动 3 次，检查食品生产、经营（含餐饮）企业 131 家次，抽验调味品、酒类、火锅底料、糖果、乳及乳制品、水产品、肉及肉制品、米面制品及豆制品、保健食品、食品添加剂等共 20 批次样品，结果全部报告合格。结合瘦肉精专项整治行动，抽取猪肉、牛肉检品 10 份送市质监所检验。2016 年度查处餐饮食品案件 1 宗，涉案货值 3.1 万元，没收不合格食品大米 350 公斤，查处小作坊生产加工不合格食品案件 9 宗，其中不合格土榨花生油 5 宗，不合格散装米酒 4 宗，全部立案查处并及时结案。

【铝添加剂及集体食堂食品安全专项检查】 根据省、市食药监局有关文件要求，开展含铝食品添加剂和集体食堂食品安全专项检查，出动执法人员 190 人次，检查餐饮服务单位和集体食堂 73 家次，下发监督意见书 50 份，责令存在问题的餐饮服务提供者按时整改，及时消除餐饮服务环节食品安全隐患。

【惩治保健食品非法添加违法犯罪“蓝剑行动”】

2016 年检查保健食品经营企业 84 家次，出动执法人员 168 人次，抽验保健食品 6 批次（节日专项 3 批次、监督抽验 3 批次），均显示所检项目合格。开展保健食品等三类食品非法添加问题专项治理行动，完成对 84 家次经营企业开展检查，其间未发现存在违规行为。

【惩治冻肉走私“利剑行动”】 2016 年出动稽查执法人员 62 人次，检查冷冻库、肉及肉制品生产经营企业、餐饮等 58 家次，未发现经营、使用无合法来源证明的冷冻肉及冷冻的肉制品行为。

【桂头镇猪肉产品专项整治】 对桂头镇销售未经肉品品质检验生猪产品等违法行为进行专项整治，依法查处销售未经肉品品质检验生猪产品的违法案件 2 宗，没收未经肉品品质检验的生猪产品 15 公斤，罚款 2.5 万多元。

【药品、医疗器械、化妆品违法犯罪“雷霆行动”】

与检察院、公安局联合印发“雷霆行动”方案，会同公安部门开展专项整治行动 2 次，检查药品、化妆品生产、经营、使用单位 131 家次，立案查处不合格药品案 6 宗。开展中药饮片专项整治，查处不合格中药饮片案件 10 宗。开展化妆品专项整治行动。检查药品、医疗器械、化妆品经营企业（零售）245 家次。查处药品、化妆品案件 29 宗，涉案金额 7352 元，罚没款 7507 元；责令改正未经备案经营二类医疗器械案件 2 宗。

加大药品领域抽验力度，发现问题，及时消除药品领域安全隐患。2016 年完成药品抽验任务 78 批次，药品快筛快检 200 批次，化妆品抽验 19 批次。

【对熟肉制品的专项整治工作】 加强对获证企业的检查力度，下达《责令限期整改通知书》1 份，对该厂的法人代表进行约谈，督促其按 GB14881 及审计的标准要求去落实相关工作，根据市局的工作安排向其下达肉制品审计通知。完成对全县熟肉生产经营单位的摸底排查工作，督促熟肉制品经营单位必须按《食品经营许可管理办法》及相关要求在生产加工场所办理“广东省食品生产加工小作坊登记证”。

【对食用油小作坊的专项检查】 根据乳源清明时节的霉雨天气，花生仁及花生油可能存在霉变的可能，开展对全县的花生油小作坊的专项检查，共检查15家生产花生油小作坊。督促其把好原料采购关，不能采购和使用受潮、霉变的花生米进行生产加工，生产机器必须进行经常性的清洗、消毒，避免机器上的花生油残渣受潮发霉，搞好车间卫生，做好防潮工作。

【白酒专项监督检查】 督促白酒生产加工单位不得采购原酒或者食用酒精加工白酒，采购的原辅材料必须符合相关法律法规标准规定，对乳源瑶族自治县4间白酒生产加工单位进行监督抽检，对2间滥用食品添加剂的生产单位移交稽查进行立案处理。

【节假日及重大活动期间食品安全专项整治】 制定元旦、春节、“五一”国际劳动节、中秋等节假日和“高考”等期间食品安全保障实施方案，加强对食品安全的巡查。根据节日消费情况，把节日期间消费量大的肉、蛋、禽、酒类、糖果、饮料、水产品、元宵汤圆、民俗特产等食品作为重点检查品种，抓好进货查验、索票索证、购销台账等市场准入制度的落实，打击各种以节日为由促销过期霉变、假冒伪劣食品的违法行为，维护节日期间食品市场秩序。

【春季、秋季学校食堂食品安全专项检查】 主要对学校食堂持证情况、食品加工及从业人员卫生、食品原料采购索证索票及登记、餐具清洗、消毒及保洁、食品贮存、食品留样等进行检查，出动检查人员220人次，检查学校食堂91家次，对不符合食品安全要求的食堂下发监督意见书和责令改正通知书共50份。

【1000家农贸市场食用农产品快检工作】 积极贯彻省局1000家农贸市场开展食用农产品快检工作的部署，选取桂头镇新市场和乳城镇中心市场作为开展食用农产品快检工作的试范点，每天每个试范点快速检测蔬菜类农产品（农药残留）至少10批次，每月每个试范点快速检测水产品10批次，并结合《食用农产品市场销售质量安全监督管理办法》指导农贸市场开办方做好入场经营户的规范管理，从7月份开始，组织完成食用农产品快速检测任务3700批次。

【食品追溯企业平台工作】 认真开展食品追溯平台工作，把纳入省重点监管食品电子追溯系统的食品经营企业，按照食品电子追溯的标准和规范，建立完善企业内部电子追溯体系，向省重点监管食品电子追溯系统定期报送数据。完善食品电子追溯系统工作：一是做好食品经营企业许可管理，严格审核经营条件。二是利用系统平台加强企业自身进货检验检查制度的落实，如有问题可以及时排查。三是消费者可以利用追溯平台的公众号搜索食品信息，做到买卖放心。四是让经营户加入县食品追溯QQ群，加强联系与宣传。五是对于不会使用食品电子追溯系统平台的企业进行手把手的指导。

【食品药品网格化监管】 据省市局《关于全面开展食品药品网格化监管工作的实施意见》，积极推广“智慧食药监”系统应用，指导开展婴幼儿配方食品（乳粉、谷类辅助食品等）、食用油和酒类等重点监管品种录入追溯工作，不断实现全环节监管痕迹化、检查智能化，顺利完成市局所下达的“重点产品覆盖率达到90%以上、生产经营企业持续上报率达80%以上、溯源查询成功率达90%以上”的目标任务。

【示范性平安食堂】 为规范全县学校食堂建设，提升学校食堂安全管理水平，打造“平安校园”，根据韶关市百所中小学（幼儿园）示范性平安食堂建设工作方案有关要求，大力推进县示范性平安食堂建设工作。一是制定《乳源瑶族自治县中小学（幼儿园）示范性平安示范食堂建设工作方案》，成立建设工作领导小组，确定目标任务，明确分工职责。二是落实职责，扎实推进，县教育局、食药监局和创建单位签订建设工作目标管理责任书，要求对照示范性平安食堂创建标准，从内部管理、硬件设施提升、资料台账建立健全等方面逐项逐条予以落实。联合教育局对创建单位进行现场督查指导，对在检查中发现的问题，督促指导创建单位认真整改。三是扩大宣传，营造氛围。要求创建单位采取黑板报（宣传栏）、课堂讲座、座谈会、印发宣传资料、校园广播（网站）等形式，大力宣传示范性平安食堂创建的重大意义、方法、步骤和进展情况。乳源有8家学校（幼儿园）食堂通过韶关市百所中小学（幼儿园）示范性平安食堂建设工作领导小组的综合考评验收。

【精准扶贫】 县食品药品监督管理局精准扶贫对象分住桂头镇七星墩和东岸两个村委9个村民小组，有贫困户48户110人，其中一般贫困户18户52人，低保贫困户29户54人，五保户4户4人（七星墩村贫困户23户37人，其中一般贫困户1户2人，低保贫困户18户31人，五保贫困户4户4人；东岸村贫困户25户73人，其中一般贫困户17户50人，低保贫困户8户23人）。县食品药品监督管理局在职人员29人，除司机和新录的公务员每人帮扶1户贫困户以外，其他干部每人帮扶2户贫困户。

开展进村入户调查，拟定精准帮扶计划；完善建档立卡，建立一户一档，健全扶贫系统信息。加大帮扶资金投入，落实教育帮扶及医疗保障，开展产业帮扶及住房改造计划。

县食药监局2016帮扶对象脱贫人口数达22户34人，脱贫率（以户为准）为41.7%，较好的完成县下达的2016年脱贫任务数。完成的脱贫人数中，23人属无劳动能力低保、五保户，全部实现政策兜底。低保贫困户7人通过享受转移就业、产业扶持、教育扶持、医疗保障、资产性收益等扶持政策实现脱贫。（钟婷婷）

工商行政管理

【概况】 乳源瑶族自治县工商行政管理局机关为正科级单位，内设8个股室、1个直属行政单位、2个事业单位，下设4个工商所（乳城、城南、桂头、大桥），全系统在职干部职工68人。

全县2016年有市场主体8844户，其中企业总数1384户，个体户总数7126户，农民专业合作社总数334户。2016年度，新登记企业215户，新增注册资本（金）438724万元，比2015年分别增长44.3%和300.11%。新登记个体户1104户，新增注册资本14973.62万元，比2015年分别增长58.17%和99.98%。新登记农民专业合作社31户，其中分支机构0户，比2015年减少24.39%，新增注册资本2822.3万元，比2015年减少37.74%。

【地方经济】 2016年，县工商局全面推进“放管服”总体要求，放宽注册资本登记准入和经营场所限制，推进简政放权、提升公共服务和行政管理效能，简化个体工商户登记注册程序，便利公民从事个体经营，促进个体私营经济健康发展，进一步推动大众创业、万众创新。

【商事制度改革】 “同城通办”于2016年7月1日正式实施，落实异地办理乳源瑶族自治县企业营业执照政策，大大压缩驻乳源新企业的登记时间，减少运营成本，提高审批效率，实现企业在韶关区域县级工商登记机关开通申请办理属地为乳源瑶族自治县的营业执照。12月5日申请人在新丰县行政服务中心领取由乳源瑶族自治县工商局打印、新丰县工商局颁发的第一张“异地办理”营业执照。

9月1日，全县实施“五证合一、一照一码”登记制度改革，分别由工商行政管理部门核发工商营业执照、质量技术监督部门核发组织机构代码证、税务部门核发税务登记证、社会保险登记证、统计证，改为一次申请，由工商行政管理部门核发一个统一社会信用代码的营业执照。

11月1日起，正式实施个体工商户营业执照和税务登记证“两证整合”，公民只需填写“一张表”，向“一个窗口”提交“一套材料”即可办理个体工商户工商及税务登记，由工商行政管理部门核发加载法人和其他组织统一社会信用代码的营业执照，该营业执照具有原营业执照和税务登记证的功能，实现一照一码，信息共享，业务协同，进一步提高个体工商户创业、经营的便利化程度。

【市场主体年报及抽查】 乳源瑶族自治县2015年度企业年报：内资企业应报1187户，实报1074户，年报率为90.48%；农专社应报305户，实报305户，年报率100%；个体户应报6094户，实报5171

户，年报率84.85%。企业年报率全市排第三。

年报抽查：县工商局严格按照《企业信息公示暂行条例》和《企业公示信息抽查暂行办法》的规定，组织开展即时信息抽查、不定向抽查（2015年报公示信息抽查）工作，此次抽查按已报年报商事主体3%的比例抽取检查对象，抽查33户企业。其中因年报公示信息隐瞒真实情况、弄虚作假被列入经营异常名录的有12户，因即时信息未及时公示被责令整改的有8户，责令通知书发出后有7户及时公示了即时信息，1户因未按时公示即时信息拟列入经营异常名录。抽查13户农专社。检查情况全部正常。抽查154户个体户。其中121户个体户检查情况正常（其中5户已办理注销登记），33户个体户通过登记的住所（经营场所）无法联系，拟标记为经营异常状态。

【安全生产监管】 开展危爆物品寄递物流清理整顿和矛盾纠纷排查化解专项行动，加强全县邮件、快件寄递安全管理工作，组织核查辖区内的快递经营户。开展夏季消防检查工作，立足工商职能，加强日常监管和法律法规宣传，制定检查计划，重点加强辖区内消防器材、设施经营单位和易燃易爆危险品行业以及“三小”（小作坊、小档口、小娱乐场所）场所市场主体的监管；严肃查处经营不符合质量要求或假冒他人注册商标消防产品。开展城市风险点危险排查整治专项行动，切实加强城市运行安全管理，遏制重特大事故发生。

【商标品牌战略】 一是加大对新《中华人民共和国商标法》的宣传、引导和规范工作。累计走访企业、个体户55户次，引导商标权利人正确使用商标和广告宣传。二是到乳源瑶族自治县冠华食品有限公司等6家商标持有企业调研，协助企业解决问题，扶持企业发展。三是引导企业创立品牌，协助21户企业办理商标注册登记。

【广告管理】 县工商局邀请乳源境内主流媒体单位参加由韶关市工商局举办的全市食品广告审查培训班，对新《中华人民共和国广告法》的颁布实施中新情况新问题进行深刻的解读，明确食品广告的审查标准，提高广告审查工作的质量。举行新《中华人民共和国广告法》培训暨创文（清理整治户外广告）工作会议。5月12日，县工商局邀请近50位广告审查员参加该次会议，分管广告业务的副局长王伟东以解析新《中华人民共和国广告法》出台的半年以来处罚案例为手段，探讨广告行业的禁用词，促进广告审查人员对广告政策、法规的充分了解和正确把握，提高广告审查人员的业务素质和能力水平。

【农资市场】 认真组织开展“红盾护农保春耕”专项农资打假行动，出动执法人员122人次，检查农资经营户86户，指导经营户落实进货台账和索证索票制度；积极配合省局春季化肥抽样检验工作，在全县范围内开展不合格化肥排查，严厉打击售假行为，全县共抽样6个批次，发现1个不合格化肥。

【H7N9禽流感防控】 把好禽类市场准入关，加强巡查监管，督促禽类经营者落实进货查验、索证索票、进销货台账制度，督促市场开办者履行市场管理义务；加强对禽类经营者个人防护工作指导，落实群防共治等措施，切实加强禽类市场监管和防控力度，特别“1110”制度落到实处。

【网络市场监管】 规范完善网络经济户口，截至12月底全县纳入主体数据库企业37户，网站（网店）8个，向网络经营主体网站发放“红盾电子标志”17个。开展2016网络市场监管专项行动，网上巡查网站、网店并实地核查，发现涉嫌网络违法案件线索3条，对涉及企业进行约谈并责令其限期改正。

【惩治传销和变相传销活动】 2016年，按照上级指示精神，深入开展打击传销和变相传销活动，积极开展创建无传销城市工作，维护全县内社会稳定和正常的经济秩序。5月中旬组织各镇完成无传销镇的申报认定工作；7月中旬完成无传销县的申报考核工作，经韶关市政府同意，乳源瑶族自治县被认定为无传销县。

【惩治走私活动】 专项整治与日常监管相结合，围绕重点时段、重点市场、重点商品，开展元旦、春节、中秋和国庆商品走私及成品油走私“春雷”专项行动，冻库清查、第一次走私集中清理行动，共出动执法人员153人次，执法车辆42辆次，检查市场主体229户次，有力维护良好的市场经济秩序。

【反不正当竞争执法工作】 开展打击侵犯知识产权和制售假冒伪劣商品行动，大力查办与人民群众生活密切相关的家用电子电器、日用百货、建筑材料等商品的“傍名牌”案件和虚假宣传、虚假表示违法行为，出动执法人员659人次，检查经营主体1160户次，查处销售侵犯注册商标专用权商品案1宗、移送公安机关制作假冒注册商标案件○宗。

【消费维权】 3月15日开展主题为“新消费，我做主”的“3・15”国际消费者权益日宣传咨询活动。活动中共计向群众派发消费警示、消费提示、打传打私、商事登记改革的法律法规知识宣传资料1万多份，现场向群众解答有关法律法规的问题98人次，接受群众咨询360人次，受理消费者投诉3宗。利用移动、联通、电信三大通信企业发出5.4万条公益短信，吸引数千名市民群众驻足参与活动。营造出浓厚、和谐的“3・15”节日氛围，收到良好的社会效果。

【队伍建设】 加强基层党组织建设。针对工商局党总支下设县局机关党支部、乳城工商所党支部、桂头工商所党支部、城南工商所党支部、大桥工商所党支部、退休老干部党支部6个机关党支部和1个非公经济党支部个私协会党支部，局党总支部共党员66人且各支部党员数量不均衡的实际情况，采取总支支委分派党员充实各基层党支部的方式，确保党内政治生活各项制度的落实。加强对入党积极分子的培养教育和做好发展党员工作。对申请入党的积极分子有计划、有步骤、分期分批选送到县直机关党委建党对象培训班学习，做到慎重发展、均衡发展，成熟一个发展一个，及时做好培养教育工作。落实党风廉政建设专题教育制度，深化廉政文化建设。把党风廉政建设教育列入党课教育计划，把学习党纪党规和中央“八项规定”、《反腐倡廉教育读本》《廉洁齐家》作为开展党风廉政建设教育的重要内容，确立以贪腐为耻的道德观念，教育全体干部职工加强纪律意识和法制观念，自觉做到依法行政和廉洁从政，不断推进反腐败工作体系建设。

（尹　淇）

质量技术监督

【概况】 乳源瑶族自治县质量技术监督局内设办公室（与纪检组、监察室合署）、政策法规股、质量股（稽查队）、标准与计量股、特种设备安全监察股等5个股室，行政编制12名，行政执法专项编制2名，年末在职在编公务员12人，聘用人员3人。承担全县产品质量安全监管、特种设备安全监察、计量监管、标准化管理和打假治劣相关职能，乳源瑶族自治县人民政府打击生产和经销假冒伪劣商品违法行为办公室设在乳源瑶族自治县质量技术监督局。

【质量强县】 贯彻落实《质量发展纲要（2011—2020年）》，开展质量宏观管理理论和质量指标体系研究，发挥质量强县工作领导小组的组织、协调作用，加强对全县产品质量状况统计分析，建立大质量工作机制，提升乳源瑶族自治县的质量竞争力。全年共走访相关企业16家，发动帮助2家企业申报省名牌产品，获得广东省名牌产品1个。

10月份在韶关市质计所举办一期中小微冶金铸造企业质量管理能力提升培训班，有效提升企业代表对质量监管和质量管理的目的、产品质量持续改进手段等内容了解，促使企业加强质量管理、开展质量研发、提升产品质量水平。

【标准化建设】 大力开展标准基础工作。积极推动企业开展采标、创建“标良”工作，经省质监局考评审核，乳源瑶族自治县湘粤永利实业有限公司生产的“轻轨钢”确认为采用ISO 630：1995产品，获采用国际标准认可证书，提高企业竞争市场，为下一步创建名牌产品奠定基础。全年审查企业标准2个，备案企业标准2个，登记企业执行标准5个。5月份《〈地方标准乳源彩石〉制修订项目》通过立项，8月份县丰源九节茶专业合作社申报韶关市九节茶种植标准化示范区通过韶关市质监局立项。有序开展“两码”工作，全年新申请条码1个，续展2个，确保“三证合一”改革平稳过渡。

【民生计量】 组织县检测所对集贸市场与基层医疗卫生单位在用计量器具2363台（套）进行免费检定，严格执行省政府关于免征涉企行政事业性收费的文件，检测所全年检定在用强制计量器具3767台（套），免征检定费用9.022万元。协助2家企业完成三级计量体系确认，1家企业通过计量标准考核认证。加强对资质认定获证实验室的监督管理，规范获证实验室的检验检测行为，对县内5家资质认定获证实验室依法开展专项监督检查。

【特种设备安全监察】 全县有特种设备使用单位182家，在用特种设备共2316台（套），其中锅炉35台、压力容器1184台、电梯305台、起重机械210台、厂内机动车54台、大型游乐设施24台、压力管道共504套，气体充装单位6家，属于重点监控使用单位7家，设备数量68台。

全年出动检查人员302人次，检查特种设备使用单位144家，告知施工现场检查7起，检查特种设备519台（套），发现一般事故隐患327台，发现重大事故隐患46台，整改设备事故隐患364台，发出安全监察指令书22份。丽宫国际温泉度假区、云门山景区在夏季入园人数屡创新高的高压形势下，坚持强化系统性风险防范和隐患排查治理，未发生特种设备事故。全县特种设备安全形势稳定，未发生等级以上的安全事故，无人员伤亡，达到预期的目标。

【稽查执法】 重点开展春季农资、液化石油气、水泥行业、特种设备等专项行动以及节前的联合检查，有效保障人民群众的合法权益，维护市场正常秩序。县质监局全年出动执法人员406人次，检查企业184家，立案2宗，结案2宗，罚没款2万元。县打假办定期组织各打假部门开展打击生产和经销假冒伪劣商品违法行为联合行动，全县未发现区域性、行业性、系统性制假售假现象。 （李　贲）

国土资源管理

【概况】 国土资源局是县人民政府职能部门，主要是贯彻执行国家有关土地、矿产、测绘管理的方针、政策和法律、法规，合理利用和保护土地资源。内设办公室、规划用地股、不动产登记局（地籍测绘股）、耕地保护股、矿产资源管理股（地震股、地质环境股）、执法监察大队、行政审批股等职能部门。5个派出机构中心镇国土资源管理所，以及4个事业单位国土资源综合服务中心、土地整治管理中心、土地储备中心、不动产登记中心。

【土地利用规划管理】 2016年，开展土地利用总体规划调整完善和永久基本农田划定工作，核减不宜耕种基本农田946.67公顷，核减普通耕地560公顷。完成粤北农特产品电商物流商贸城项目、乳源丽宫温泉综合开发项目的规划修改编制，完成源之都云门生态文化旅游区申请占用多划基本农田方案编制，完成韶关机场项目占用多划基本农田方案编制、用地预审，完成大布风电用地预审，出具80个县级建设项目用地（预审）意见。

【用地服务】 2016年，获得5个批次用地批文，面积71.63公顷，获得用地指标40公顷。完成2015年国有建设用地使用权基准地价更新成果，由县人民政府发布。完成2016年度国有建设用地供应和储备计划工作，完成土地收储111.58公顷，供应土地17宗50.81公顷。审批集体建设用地3个批次116户、集体土地使用权变更手续7宗、国有建设用地61宗。

【土地管理和监管】 开展节约集约模范县创建活动，被国土资源部评选为国土资源节约集约模范县。依法收回3宗地块，清理3宗疑似闲置宗地。完成2015年度土地市场动态监测与监管系统运行情况的实地检查工作。开展2015年度城乡建设用地增减挂钩试点拆旧区复垦工程，总规模75.08公顷，完成北片36.05公顷，完成南片39.03公顷约81%。

【耕地保护】 完成2015年度耕地质量等别年度更新评价与年度监测评价工作。通过省市2015年度耕地保护目标责任考核，全县耕地保有量不少于18653.33公顷、基本农田面积不少于16420公顷。实施基本农田保护经济补偿机制，下达2015年度和2016年度基本农田保护经济补偿省级补助资金1526.61万元。完成一六镇团结村瓜岭补充耕地项目整改工程，项目建设规模61.36公顷，总投资91.38万元，通过县级验收确认。开展县城周边永久基本农田划定工作，编制《乳源瑶族自治县全域永久基本农田划定方案》，划定永久基本农田面积15482.2公顷。开展耕地提质改造摸底调查工作，摸清可提质改造区域和影响质量提升的情况，调查水田改造和耕地质量等别提升潜力，初步统计潜力资源地块约120公顷。开展“十三五”土地整治规划编制工作，完成内业处理和外业调查。

【不动产登记】 完成不动产登记机构职责整合，完成房屋登记档案、信息系统、登记数据库等资料移交，整合不动产数据库；制定工作流程再造方案、办事指南，梳理39项登记事项流程。经县人民政府批准实施《乳源瑶族自治县不动产统一登记（土地、房屋）若干问题处理暂行办法》，于2016年6月25日正式受理不动产登记业务。办理不动产权证书1059本、不动产登记证明952张；完成不动产地籍测绘4220宗。

【地籍测绘】 2016年，完成2015年度土地变更调查工作，实地调查图斑129个，核实变更图斑81个，面积39.1公顷。完成土地登记发证144宗，涉及土地面积377.96万平方米。开展农村地籍调查工作，完成农村建设用地数据入库1499.2公顷。确权登记瑶族迁移村房屋土地，完成一六镇房屋和耕地测绘227.53公顷、游溪镇耕地测绘17.93公顷、桂头镇耕地测绘74.42公顷。完成交通、工业等重点建设项目测绘面积321.08公顷

【矿产资源管理】 落实采矿权矿山年检，完成3个矿权发证、1个采矿权设置发证、1个采矿权延续；征缴46.68万元矿产资源补偿费。实施第三轮矿产资源总体规划工作；实施乳城镇岭溪石场矿山地质环境恢复治理项目。

【执法监察】 完成2015年度土地矿产卫片执法检查外业核查工作，新增建设用地118.09公顷，核实合法用地87.18公顷；确定违法图斑61宗，面积31.27公顷，其中耕地面积2.7公顷。查处违法用地41宗，缴交罚款354万元，完成复耕复绿。开展矿产资源违法占地、非法取土与占用耕地取砂、堆砂排查整治违法违规行为专项查处行动，6个堆沙场存在占用耕地堆砂，未发现占用农用地与耕地非法取沙情况。依法查处整治非法采矿行为22宗，罚没款项76.31万元。

【地质灾害防治】 开展汛期地质灾害隐患点排查，更新在册地质灾害隐患点，组织韶关盈田环保材料有限公司、韶关硕成化工有限公司开展地质灾害避险应急演练。完成必背镇必背口村特大型滑坡群治理项目主体工程、七号滑坡地治理项目，实施4个滑坡地质灾害治理工程、1个崩塌地质灾害治理工程。

【高标准基本农田建设】 高标准基本农田建设项目总面积5386.67公顷，完成2013年度、2014年度建设；2015年项目规模1012.6公顷，约完成总工程量71%；2016年项目规模1373.33公顷，完成前期选址、建设实施方案编制、立项、规划设计及监理工程招标工作。

【专项基层治理】 全县清查农村土地“三乱”问题案件共112宗，立案率、结案率达到100%。排查历史留用地遗留问题23.04公顷，兑现金额完成分发。清理拖欠被征地农民补偿款248.82万元，下发至涉及镇村和村民。

【精准扶贫精准脱贫】 召开精准扶贫精准脱贫工作会议，具体部署帮扶工作。帮扶干部职工到大桥镇青溪洞村、大坪村以及新谷村入户走访36户挂扶贫困户，进行新时期精准扶贫精准脱贫对接帮扶和宣传慰问。

【“土地日”宣传】 围绕“节约集约用地，切实保护耕地”主题，开展第26个全国“土地日”宣传活动，全县悬挂横幅12条、接受群众咨询200

余人次、发放宣传资料6000余份、出动宣传车3车次。设立宣传咨询点，向群众解答关于基本农田保护、不动产、农民建房审批程序等问题，向公众宣传讲解土地管理法律法规、办事流程以及地质灾害防治知识，提高珍惜土地意识，营造节约集约用地氛围，宣传舆论覆盖全县城镇和村组。（穆漫云）

安全生产监督管理

【概况】 根据《关于县政府工作部门机构设置调整问题的通知》文件，将县安全生产监督管理职责从县市场监督管理局划出，设置安全生产监督管理局（挂县安全生产委员会办公室牌子），为县政府工作部门，负责全县安全生产、执法等工作，属正科级单位。2016年9月2日起，乳源瑶族自治县安全生产监督管理局内设办公室、规划法规股（县安全生产应急救援指挥中心办公室）、安全监督管理一股、安全监督管理二股、安全行政综合执法大队（副科级）5个职能股室，人员编制15名，后勤服务人员2名。

2016年，全县发生生产安全事故11起，死亡3人，受伤2人，直接经济损失95.35万元。其中：建筑施工企业发生生产安全事故1起，死亡1人，直接经济损失90万元；经营性道路交通事故4起，死亡2人，受伤2人，直接经济损失1.65万元；消防事故6起，无受伤死亡人数，直接经济损失3.7万元。各项数据均比2015年有较大幅下降，有效遏制较大事故发生，较好地实现市政府下达的各项控制指标任务，保持全县安全形势的总体稳定。

【安全生产“一岗双责”制度】 严格落实安全生产行政一把手负总责、分管领导牵头抓、其他领导成员具体抓的“一岗双责”制度。县级各行业主管部门依法履行行业监管职责，坚持“谁主管、谁负责”“谁审批、谁负责”的原则，加强对主管行业的安全监管，确保全县安全生产形势稳定。4月15日，在县政府中心会堂召开全县安全生产工作会议，各镇、县安委会成员单位及部分重点企业共110多人参加会议。县政府与各镇、县安委会成员单位及重点生产经营单位签订《安全生产责任书》，明确各镇、各单位部门的年度安全生产工作目标任务、监管责任，层层落实安全生产责任制。将安全生产工作列入县委、县政府对乡镇和全县所有副科级以上单位的年度重点工作绩效考评，客观评价各镇、各单位年度安全生产工作，对安全生产责任制考核不合格、连续两年突破安全生产控制指标或发生重特大安全生产事故的单位，实行“一票否决”和责任追究。

【宣传教育】 广泛普及安全生产法律法规知识和职业卫生知识，全面提高全民安全生产意识和素质。一是多次组织企业主要负责人和职业卫生管理人员参加市安监局举办的企业安全生产管理人员和职业卫生管理培训班，联合韶关市安全生产宣教中心，县安监局组织举办安全生产标准化建设及冶金等工贸行业使用危险化学品企业法律法规安全教育培训班，全县共120余人参加培训；二是结合职业卫生经常性监督工作，向企业负责人宣传《中华人民共和国职业病防治法》有关规定及企业应当履行的职责。6月10，对全县11家非煤矿山企业负责人及管理人员进行职业卫生培训，共发放宣传资料50余份。有效提升全民安全生产意识和技能，预防和减少违规作业与违反劳动纪律行为。6月22日，以“强化安全观念，提升全民安全素质”为主题，联合县公安、食药监、住建、交通、气象、供电等15个部门，在县经济开发区民族工业园举办2016年安全生产宣传咨询日活动，采用悬挂安全主题标语、设置展板、现场设摊咨询、回答群众提问、发放安全生产宣传品及安全知识手册、现场扫描二维码关注安全生产等一系列活动形式，普及安全科学知识，提高公众安全意识，倡导安全健康生产生活方式，营造遵章守法、关注安全、关爱生命的良好氛围。制作“五落实，五到位”宣传牌和挂图1200块发放至企业，确保企业安全生产主体责任落到实处。

【安全标准化建设】 推行安全标准化三级达标及平安企业创建活动。建立安全生产责任制，制定安全管理制度和操作规程，排查治理隐患；建立预防机制，规范生产行为，确保各生产环节符合有关安全生产法律法规和标准规范要求。2016年，全县创建平安企业60家、平安企业示范点1家、在建平安企业示范点2家，54家工矿商贸企业完成安全标准化三级达标验收。各企业生产环节符合有关安全生产法律法规和标准规范要求，企业安全生产得到加强。

【安全生产专项整治】 按照“全覆盖、零容忍、严执法、重实效”的总要求，着力抓好重点行业领域安全生产专项整治工作。制定《关于印发乳源瑶族自治县2016年安全生产隐患排查专项整治工作方案的通知》《乳源瑶族自治县2016年非煤矿山安全生产隐患排查治理工作方案》《关于开展危险化学品和烟花爆竹安全生产大检查工作方案》《关于印发非煤矿山安全生产专项整治方案》等文件，组织县国土、公安、交通、住建、气象等职能部门联合行动，重点对未经安全条件审查建设的项目、证照过期未及时换证、安全生产指令执行情况、无证上岗情况、制度和操作规程、应急预案建立完善情况和安全设备设施配备情况的非煤矿山、危险化学品、烟花爆竹等重点行业企业执法检查，打击非法违法行为。2016年，检查各类生产经营单位696家，发现一般隐患405条，完成整改405条，整改率100%；对无证上岗、安全意识不足、设施设备设计安装不符合行业标准违法行为的2家经营企业进行处罚，处罚金额共计22.72万元。

【安全生产应急管理】 安监局认真贯彻全国安全生产电视电话会议和安全生产工作会议精神，树立安全“红线”意识，推进应急管理立法，加强应急救援队伍能力、应急机构职能、应急救援基地、应急信息化建设和应急宣传教育工作。6月开展安全生产月和安全生产万里行活动，组织危险化学品、烟花爆竹、公共场所消防安全相关企业应急预案演练，全县举办演练82次，直接参与演练人员达2564人次。以演练磨合队伍、明确职责，提高应急救援能力。

【职业卫生监管】 切实贯彻《中华人民共和国职业病防治法》，落实企业职业病防治主体责任，强化职业病危害源头治理和前期预防，推进安全生产和职业卫生一体化监管执法。按照市局统一安排，委托广东省安全生产技术中心对乳源瑶族自治县6家企业作业场所职业病危害因素进行检测，准确识别企业职业危害因素种类和浓度，协助企业建立与完善职业卫生的规章制度、操作规程及职业卫生档案。全年完成建设项目职业卫生“三同时”7件，收到现状评价报告10件。共有35家企业开展职业健康检查，检查人数3000余人。

【文体市场监管】 加大日常及节假日期间的监督检查和行政执法力度，重点对网络文化市场、音像市场、出版物市场的安全生产责任、消防设施设备、游乐设备设施、突发事件应急预案、用电用气安全等存在的问题进行排查和整治。2016年，办理娱乐、演出等市场门类行政审批40余件，无任何违法行政收费现象，无一例被申请复议或提起行政诉讼，无群众行政投诉、无举报反映行政不作为、乱作为的案件，无因具体行政审批行为不规范而引起的行政赔偿。文化市场项目审批合格率达100%。截至2016年年底，全县经工商部门登记注册的文化经营场所共62家，其中：网吧9家，KTV歌舞娱乐场所9家，游戏机室4家，音像制品销售店8家，印刷厂7家，书店25家。

【基层安监队伍建设】 根据粤安〔2015〕10号和韶安委〔2015〕13号文件精神，结合乳源实际，加强基层安监队伍建设，招聘工作分2年逐步进行，第一批专职安监员员33人于2016年4月经培训正式上岗，第二批招聘预计在2017年年初完成。

（马一飞）

国有资产管理

【概况】 县明源国有资产经营有限公司（简称县明源公司）成立于2004年1月，内设办公室、企财审计部、资产经营部3个职能部门。县明源公司是由县政府出资设立的资产经营有限公司（国有独资公司），主要以独资、控股方式从事国有资产产权经营和资本运作的企业法人，是县政府授权的国有资产运营机构（国家授权投资的机构），对政府授权范围内的国有资产直接行使资产受益、重大决策、选择经营者等出资者权利，承担国有资产保值增值责任。

【国有企业改革】 2016年，完成县民族水泥厂资产评估、债务清查等破产前期工作，基本安置遣散完毕职工88名。

【国有资产监管】 2016年，进一步健全国有企业财务管理制度，确保财务监督管理落实到位。完成燃化总公司液化石油气站合资经营预案，争取资本收益最大化。以债权置换债务的方式妥善解决原水利大厦的遗留问题。

【国有资产运营】 2016年，相继完成坝厂“两不具备”安置点项目2亿元缺口资金的申贷、图纸审核、工程量预算编制以及建设工程规划许可证等报建手续。完成乳城镇农村综合安居工程的融资及项目工程的总承包招标工作。做好县经济开发区基础设施建设项目的融资工作。做好金瑶山宾馆（原民族宾馆）升级改造前期筹备工作。做好县生猪定点屠宰场的改造前期筹备工作。

【商业总公司】 县商业总公司是县明源公司下属企业，公司以“保障国有资产增值保值”为核心，主要经营房产物业，收取物业租金。业务涉及深圳、珠海、韶关市及乳源城区，房屋店铺共有57间。为保证企业正常运行，提高公司效益，商业总公司要求员工严格遵守明源公司的管理制度，企业有在职人员5人，离退休人员19人。

【公司经营】 2016年，公司挖潜增效，投入资金改善企业的物业经营环境，加强资产管理，适当提高到期物业的租金，企业年收入有所提高，全年总收入约达190万元，较上一年增长0.7%，保持良好的增长势头，进入稳步发展阶段。（乔茹茵）

审 计 工 作

【概况】 乳源瑶族自治县审计局成立于1984年3月。2011年3月，组建乳源瑶族自治县监察和审计局。2014年8月，县审计局由原县监察和审计局划出，单独履行职能。内设机构：办公室、法规审理股、经济责任审计股、经贸审计股、财政金融审计股。核定机关行政编制10名，其中：局长1名，副局长2名；股长（主任）5名；后勤服务人员2人。2016年，完成审计项目26个，查出管理不规范资金3.24亿元，审计发现非金额计量问题105个，审计提出建议155条。

抓好精准扶贫、“两学一做”学习教育活动及各项政治工作和审计业务学习。完成审计专网网广域互联、金审工程二期应用部署、局域网改造等信息化建设。

【县级预算执行审计】 2016年，完成2015年的县级预算执行和其他财政收支的审计。围绕构建财政审计大格局，进一步拓展预算执行审计的广度和深度，以全部政府性资金为主线，对县级财政预算执行和其他财政财务收支情况进行审计，延伸审计部分单位的部门预算执行情况以及部分乡镇和行政事业单位的财政财务收支情况。重点审计预算编制、调整、预算收支执行和预算平衡情况，审计调查国库集中收付等财政管理制度执行情况。审计中着重从体制、机制和管理层面研究财政问题和提出审计建议，注重审计的整体性、效益性和建设性，进一步强化了财政资金的预算约束力。

【民生项目资金审计】 2016年，按照上级审计机关的统一部署，组织开展城镇保障性安居工程跟踪审计、稳增长促改革调结构惠民生政策措施落实情况跟踪审计、精准扶贫精准脱贫工作审计等项目。查找各项惠民政策贯彻执行存在的问题，促进国家各项政策措施落实到位，推动乳源经济平稳运行、健康发展和转型升级。

【部门预算执行审计】 2016年，结合乳源实际，把预算执行单位作为审计工作的重点，强化预算执行及财务收支审计，促进预算资金健康有效运行。对县畜牧兽医水产局、县环境监测站、县东坪卫生院进行了审计。对审计发现的问题提出意见和建议，督促整改和纠正，促使单位资金规范管理、有效运行。

【经济责任审计】 2016年，受县委组织部委托，对16个单位的领导干部开展经济责任审计。重点审查领导干部任职期间单位“资金、资产、资源”管理制度是否完善，制度是否有效执行，单位资产账实是否一致，是否存在账外资产、资产未经规定程序随意处置，防止国有资产的流失，是否存在违规发放津贴补贴、违反中央八项规定现象，是否发生资金截留挪用、体外循环、私设“小金库”等问题，提高相关单位资金的管理水平和使用效益。针对存在问题，提出审计处理意见，对违规问题依法作出审计处理决定，增强领导干部执行“中央八项规定”和财经纪律的意识，促进领导干部依法行使权力和履行职责，提高单位财务管理水平和依法理财能力。

【上级交办的审计任务】 2016 年，在人员少任务重的情况下，统筹兼顾，合理安排审计力量，完成上级交办的各项任务。抽调 3 人参加市审计局组织的为期 1 个月的乡镇党政领导异地同步经济责任审计、1 人参加为期 1 个月的韶关市 2011 年至 2015 年水污染防治资金专项审计调查、1 人参加为期 2 个月的全国医疗保险基金审计、1 人参加省审计厅为期半个月的财政审计、4 人参加市组织的农村危房改造交叉审计工作，完成工作质量得到上级审计机关的好评。

【审计机关改革工作】 按照中办、国办《关于完善审计制度若干重大问题的框架意见》及相关配套文件的精神以及省、市的配套文件要求，在上级审计机关的统一领导下，做好审计机关改革工作。

（文慧云）

农业·农村·气象服务

农　　业

【概况】　乳源瑶族自治县农业局挂县委农村工作办公室牌子，实行“一套班子，两块牌子”，内设机构11个，下设机构23个。局机关行政编制26名。下属机构渔政大队专项编制8名，农产品质量安全监督检测站参公编制10名，动物卫生监督所事业编制8名，农业技术推广中心事业编制17名，畜牧兽医水产局事业编制16名，乡镇农业技术推广站事业编制25名，乡镇畜牧兽医水产站事业编制21名。2016年面向社会引进紧缺高层次人才3名。

【农村经济】　2016年，农作物播种总面积21953.44公顷，其中粮食播种面积12506.73公顷，总产量6.3万吨：水稻8130.27公顷、总产4.78万吨，玉米1215.6公顷、总产0.32万吨，大豆923.87公顷、总产0.2万吨，番薯1107.33公顷、总产0.34万吨，马铃薯453.34公顷、总产0.19万吨，其他66.67公顷。蔬菜4947.4公顷、总产8.6万吨，黄烟570.47公顷、总产0.11万吨，花生1937公顷、总产0.49万吨，甘蔗66.67公顷，油菜1133.34公顷，绿肥733.34公顷，青饲料133.33公顷，其他66.67公顷。2016年新增水果面积933.34公顷。全县生猪存栏为10.2万头（其中能繁母猪存栏0.99万头），肉猪出栏13.17万头；肉类总产量1.2498万吨，比2015年增长9.89%；禽蛋产量869吨，水产养殖面积5026公倾，水产生产总量2711吨（淡水捕捞产量约225吨），产值2898.85万元。2016年，全县农业总产值12.8亿元，第一产业增加值7.73亿元，增长3.9%；农村居民人均可支配收入11766元，增长7.3%。

【农业科技】　2016年，在全县重点推广粮食高产创建、测土配方施肥、病虫害综合防治、绿色防控、水稻“三控”（控肥、控苗、控病虫）技术、机械化作业等技术措施，结合春耕、冬种等工作，积极开展送科技下乡活动，举办技术培训54期，推广水稻五优308、花生粤油13号等优良品种9个，引进蔬菜、西瓜和水稻种子等14个新优品种在一六镇和乳城镇开展试验示范。实施国家农用地测土配方施肥补贴项目，全县共16个测土配方施肥示范区，安排验证试验3个，采集土样300份委托韶关学院化验，开展7个农企合作整村推进配方肥试点。深入田间做好农情信息收集整理工作，编写、发布《农作物病虫情报》14期。实施2016年度基层农技推广体系改革与建设补助项目，全县选聘专家10名，技术指导员56名，科技示范户560户，认定农业科技示范基地3家。引进中国热带农业科学院对“礼品西瓜立体栽培技术”进行指导，在一六镇团结村委试种成功，亩产达3500公斤以上。一六镇山城水都食品有限公司智能大棚项目的远程自动化控制温室生产系统成功运行。

【产业发展】　围绕省对乳源瑶族自治县北部生态农业区定位，实施“一片两带”（城郊观光农业产业示范片和石灰岩山区耐寒而捍农业产业带、深山区农林经济产业带）建设，大力发展特色生态农业主导产业和新型农业经营主体。2016年新增水果种植933公顷、稻田养鱼266.67公顷，岭南落叶水果产业带和稻田养鱼基地建设初具规模。全县有农业产业化经营组织504家，其中农民专业合作社337个，农业龙头企业38家，家庭农场101家。其中省级农业龙头企业3家，省级农民专业合作社示范社5家，新新农业和金盛农业2家农业企业在上海股权交易中心成功挂牌。6月，组建乳源瑶乡园农产品协会，协会会员单位71家。11月30日至12

月2日，成功举办“第二届粤北（乳源）农特产品博览会”，农业企业、农民专业合作社、种植养殖大户等近200家参加展销，农博会成为乳源瑶族“十月朝”文化旅游节的一颗璀璨明珠。在省级新农村示范片发展休闲农庄23家，大布番薯干等农产品网络销售量达200多吨，涉农电子商务、乡村旅游等新产业加快发展，农村一二三产业呈现融合发展的良好态势。

【农产品质量安全】 强化农产品质量安全监管，努力创建国家农产品质量安全示范县。广泛进行安全生产宣传，发放资料3000多份。落实农业生产主体责任制，与农业生产主体签订依法依规生产经营使用农药承诺书165份。为9个乡镇农技站配备农产品质量检测仪器，初步形成“以县级检测站为骨干、乡镇分站为基础”的监测体系。结合日常检测和节假日专项监测行动，加强农产品质量安全监督，2016年全县农产品检测合格率达99.5%。抓好生猪屠宰管理，在县城及中心镇各大市场悬挂横幅宣传，发放“严禁生猪私宰告知书”等宣传资料。采取单独，以及联合县工商、质监、公安等职能部门定期、不定期开展生猪屠宰、占道经营整治行动。抓好重大动物疫病防控工作，2016年完成家禽高致病性禽流感免疫注射量118.8万羽。全县产地检疫生猪77874头、家禽9600羽、羊118只，屠宰检疫生猪18074头、生猪产品1445.314吨，检测畜禽免疫抗体1317份，抽检生猪“瘦肉精”等违禁药物2713头份，屠宰环节无害化处理生猪产品600斤。建立完善农业综合执法体系，加大农资监管与农业综合执法力度，累计检查经营企业866家次，出动监督执法人员1072人次。未发生重大农产品质量安全事件，全县有无公害、绿色食品等获认证产品17个。

【农村综合改革】 出台《乳源瑶族自治县农村改革发展实施意见（2016—2018年）》《关于扶持农业产业化发展的实施方案（2016—2018年）》《关于改善农村人居环境工作三年行动计划（2016—2018年）》和《加快水果产业发展的意见》等延续性政策，2016年全县发放耕地地力保护补贴资金1608.59万元、休（禁）渔及渔船油价补助资金80.57万元、新种果树补贴272.58万元，完成政策性水稻玉米保险1.3万公顷，覆盖率100%。推进农村土地承包经营权确权登记颁证工作，完成全县农村土地权属调查和审核公示，实测面积1.45万公顷，推动流转土地0.37万公顷。完善“三资”清理核实工作，加强农村集体“三资”常态化管理，解决软件系统问题28件，初步实现各镇和信用社对接。全县102个行政村实现农村普惠金融“村村通”和惠农信息社全覆盖，为实现“网络到镇、信息到村”打下扎实基础。

【一事一议】 2016年实施一事一议村级公益事业财政奖补项目23个，涉及村委23个，村小组23个，受益人口11251人。其中：村内道路硬底化项目8个，村内小型水利设施项目3个。项目全部竣工，完成安全饮水管线10.8千米、村内水渠1.8千米、村内道路硬底化19.2千米、公共活动场所8515平方米。项目总投资3073.72万元，其中省级以上财政奖补资金662万元、市级配套资金75.75万元。

【土地流转】 2016年，全县9个镇68村委共流转农村土地3678.09公顷，占耕地总面积40.39%，占家庭承包经营耕地面积42.26%。按土地流转形式划分：出租2106.41公顷，转包288.60公顷，转让141.27公顷，互换421.94公顷，其他形式719.87公顷；按流转去向划分：流转一般农户3005.62公顷，流转农民专业合作社和家庭农场以及专业大户153.20公顷，流转农业企业519.27公顷；按流转期限划分：5年以下2902.41公顷，6—10年154.20公顷，11—20年311.47公顷，21—30年310.00公顷。

【农村人居环境】 农村人居环境日益改善，投入资金3.6亿元，在各镇和省级新农村示范片实施高标准农田、农村公路、自来水建设、中小河流治理等农田水利基础设施改造工程和污水处理、垃圾收运、外立面整治等农村环境综合整治工程。全县完成村巷道硬底化村庄410个，通自来水村庄557个，建有卫生保洁队村庄388个，实行雨污分流村庄170个，建有小公园或文化活动场所村庄115个，其中省级新农村示范片41个重点村的村巷道硬底化、路灯亮化、卫生厕所和自来水百分百完成。拆除残垣断壁和破旧危房694间，建成东坪镇雕子塘、一六镇乌石岭等12个美丽乡村。

（赖月新）

2016年乳源瑶族自治县粮食作物生产统计表

表5

统计量 粮食	播种面积（公顷）			亩产（公斤）			总产量（吨）		
作物	2015年	2016年	增长率（%）	2015年	2016年	增长率（%）	2015年	2016年	增长率（%）
稻谷	8132.93	8130.27	0.03	393	392	0.25	47931	47821	-0.23
玉米	1229.8	1215.6	1.15	231	177	23.38	4256	3233	-24.04
番薯	1109	1107.33	0.15	204	206	0.98	3393	3421	0.83
大豆	848.67	923.87	8.86	154.7	162.4	4.98	1970	2250	14.21
总计	11320.4	11377.07	0.5	/	/	/	57550	56725	-14.34

2016年乳源瑶族自治县经济作物生产统计表

表6

统计量 粮食	播种面积（公顷）			亩产（公斤）			总产量（吨）		
作物	2015年	2016年	增长率（%）	2015年	2016年	增长率（%）	2015年	2016年	增长率（%）
蔬菜	4884.67	4947.4	1.28	1125	1159	3	82456	85988	4.28
花生	1896.4	1937	2.14	141	169	19.86	4017	4896	21.88
烟叶	561.33	570.47	1.63	135	134	0.74	1135	1143	0.7
总计	7342.4	7454.87	1.53	/	/	/	87608	92027	5.04

林　业

【概况】　乳源瑶族自治县林业局内设办公室、计划财务股、政策法规股（山林纠纷调处办公室）、林政股（行政审批股）、营林股（县绿化委员会办公室）、森林防火办公室（县森林防火指挥部办公室）等6个股（室）。直属行政单位1个，为县公安局森林分局，副科级。下属事业单位有13个，分别为泉水市级自然保护区管理站、县生态公益林管护中心、9个镇林业工作站、县木材检查站及县森林资源综合管护大队、县森林资源资产评估中心。2016年，林业工作紧紧围绕“加快生态发展，建设美丽乳源”的战略目标，按照严格保护、积极发展、科学经营、持续利用的原则，积极推动乳源国土绿化，深化林业产权制度改革，加强林政管理和平安林区建设，促进全县林业和生态文明建设发展。

【造林绿化】 积极推进森林碳汇、生态景观林带、石漠化综合治理、森林进城围城、乡村绿化美化、封山育林等重点生态工程建设，2016年，全县共完成森林碳汇重点生态工程造林3393.8公顷，抚育管护面积3393.8公顷；完成迹地更新造林340公顷；完成高速公路20米至50米可视范围内26.5千米106公顷生态景观林带完善提升；推进石漠化综合治理，在石漠化地区种植油茶、果树、茶叶、药材等200余公顷；开展森林进城围城工程，完成2个镇级森林公园建设；完成乡村绿化美化示范村建设14个，完成苗木种植10300株；认真贯彻《韶关市封山育林实施办法》，落实市人大关于加强全县封山育林工作的议案，组织实施封山育林11.4万公顷，其中全封山8.87万公顷，半封山2万公顷，轮封山0.53万公顷。

【森林防火】 2015年12月重新修订和完善《乳源瑶族自治县处置森林火灾应急预案》，根据森林火灾发展态势，按照分级（四级）响应原则，调整扑火组织指挥机构的层级和相应的职责，适时开展预案演练，提高应急处置能力。严格落实森林防火责任制，根据《乳源瑶族自治县封山育林护林员管理办法》，狠抓全县各镇护林员管理，定期开展县级及镇级森林防火业务知识培训及扑火机具实战演练；全年投入55万余元经费用于森林防火宣传工作，采取印发森林防火宣传围裙和环保袋、制作宣传广告、电视台滚动播放宣传标语、手机短信温馨提醒等形式，加大森林防火宣传力度；运用森林巡护终端，建成森林巡防系统，实现绩效管理、履职监控、情况处置、指挥通信一体化。2016年度发生森林火灾5起，森林火灾受害面积26.1公顷，森林火灾受害率为0.016%。

【林政管理】 全县森林覆盖率78.27%，森林蓄积量817.6万立方米。严格执行森林采伐限额制度，成立林木采伐审批小组，做到采伐管理全流程公开，全年审核审批林木采伐50910.64立方米；严禁天然阔叶林商业性采伐；严格执行林地定额管理，积极引导建设项目集约节约使用林地，省林业厅审核审批使用林地6宗，共43.24公顷；理顺各项审批事项和服务事项的服务流程和办结时限，简化流程。积极组织产业带项目建设申报，获批茶叶产业带建设项目和油茶产业带建设项目，共226.67公顷。按照《广东省林业厅关于转发广东省林业生态红线划定工作方案的通知》，积极开展林业生态红线划定工作，完成划定森林、林地、湿地和物种4条红线。

【平安林区建设】 根据省、市森林公安机关统一部署，在全县范围内相继组织开展“打击破坏森林和野生动植物资源”“红线行动”、非法侵占用林地、非法捕猎、杀害收购销售野生动物等一系列专项行动。结合“创建平安林区”和“3·3”世界野生动植物日宣传活动工作，加强对破坏野生动植物资源违法犯罪的专项宣传和综合治理。全年受理林业行政处罚案52起，处理52起，林业行政处罚48人次，收缴木材66.29立方米，收缴柴火27.9吨，恢复林地1.43公顷。多次开展木材经营加工厂清理整顿专项行动，打击违法经营加工木材行为。制定完善林业有害生物普查方案，采取踏查和标准地调查的方法对全县9个镇的有林地、苗圃、木材加工厂进行普查，普查面积13.33万公顷，清理松树等各类疫木400多株。

【集体林权制度改革】 深入推进集体林权制度改革，2016年全县集体林地面积15.95万公顷，林地所有权发证面积15.28万公顷，林地使用权发证面积15.28万公顷，发证率95.8%。全年办理林权流转37宗，面积2335.31公顷。实施贷款抵押13宗，面积0.11万公顷，融资金额1500万元。积极开展化解山林矛盾纠纷专项行动，组建领导小组办公室，上下联动开展山林矛盾纠纷大排查、大化解，保障群众合法权益，维护社会安定团结，促进林业稳定发展。全年调处案件97宗，面积0.29万公顷。

【社会服务】 实施造林补贴项目和森林抚育补贴等林业强农惠农项目，2016年完成造林补贴0.27

万公顷，完成省级森林碳汇林抚育 2563.73 公顷，完成中央森林抚育 960 公顷；稳步推进政策性森林保险，生态公益林全部投保。

【精准扶贫工作】 抓好洛阳镇坪溪和深洞两个村委的“精准扶贫”工作，密切联系群众，加大扶持力度，加大资金投入，助力贫困户早日脱贫；投入 11 万元用于洛阳镇富塘村软弱涣散村治理和精准扶贫工作。

（瞿晓梅）

南水湖湿地公园管理

【概况】 广东乳源南水湖湿地公园地处县城西南 16 千米东坪镇境内，地理坐标为北纬 24°39′45″～24°58′57″，东经 113°08′01″～113°12′30″，南向北呈狭长型廊道走向，东西垂直长约为 10.0 千米，南北垂直宽约为 18.7 千米，规划总面积为 6283.7 公顷。湿地公园分为南水湖湿地保护保育区、山溪入库口湿地保育区、环库湖滨森林生态缓冲保育区、湿地生态功能展示区、湿地体验区、服务管理区等功能区。南水湖湿地及周边地区植被类型多样，物种丰富，共有植物 2400 多种，其中国家级珍稀保护植物 35 种和省级保护植物 2 种；有野生脊椎动物 438 种，非脊椎动物有 3000 种以上，其中有国家级保护动物 34 种，广东省重点保护动物 13 种。

乳源南水湖湿地公园管理处，属县政府直属正科级事业单位，定编人员 15 人，其中主任 1 名、副主任 2 名、股长 4 名、站长 1 名，2016 年年底在职人数 11 人。

【湿地保护】 完成腊岭段西京古道两旁及第一重山种植桃树、红枫和梅花 2500 多棵，在梯云岭段种植梅花 600 棵，红继木和毛杜鹃约 2300 平方米，植物园内种植玫瑰、杜鹃等相关植物。开展水禽栖息地恢复工程，在管理处科研监测绿道种植浆果类树种，种植李树、桃树 520 棵，在环湖路裸露边坡抛撒草种和爬山虎种子，种植湿地松完成修复、恢复裸露边坡 2.87 公顷。

【科研工程】 开展广东乳源南水湖国家湿地公园陆栖脊椎动物多样性监测项目，完成实地考察布线、2016 年度的动物监测季度报告。该监测项目预计 2018 年年底完成，届时可以查明湿地公园的鸟类、兽类、两栖类等陆栖脊椎动物的组成、种群数量、区系特点、地理分布、迁徙类型、濒危与特有现象。

【服务建设】 完成改建泉水电厂旧家属楼，初步建成乳源南水湖湿地公园科普宣教服务站，建设面积 865.66 平方米。在南水湖环湖路（国道 323 线段）及南水湖湿地公园管理处周边区域内安装太阳能高杆路灯 32 座，完成乳源南水湖国家湿地公园宣传牌、警示牌等安装工程，增加宣传牌 10 块，修复湿地公园内部分损坏的警示牌。在国道 323 线东坪镇政府至汤盆村委设置禁止“乘坐三无”游船宣传牌，在县道 358 沿线路口设置禁止随意放生动物宣传牌。

【宣传工作】 利用小册子、宣传栏等传播方式宣传湿地公园规划建设和生态保护、湿地文化。在世界湿地日举办以“湿地与未来·可持续的生计”为主题的“南水湿地杯”征文活动以及在县政府广场派发宣传资料，宣传南水湖国家湿地公园的自然生态环境、秀美靓丽风光，丰富群众文化生活，树立全民热爱湿地、保护家园的意识。

（彭云成　温家鸣）

农业机械

【概况】 乳源瑶族自治县农业机械管理局，为县人民政府直属正科级公益一类事业单位。主管全县农机安全监理、农机推广工作。内设办公室、农业机械监理股、农业机械管理股。定编 11 名，在职人员 11 人。其中局长 1 名，副局长 1 名，股长（主任）1 名。乡镇聘用农机员 8 名。

【“两学一做”活动】 为巩固和深化党的群众路线教育实践活动和“三严三实”专题教育成果，引导广大党员进一步增强看齐意识、党性意识、规矩意识，立足岗位履职尽责，按照中央、省、市、县要求，结合实际，在全体党员中开展“学党章党规、学系列讲话、做合格党员”学习教育活动，进一步强化党员意识，加强党性修养，坚定理想信念，践行根本宗旨，取得成效。

【农机化推广】 2016年，按照《广东省2015—2017年中央财政农业机械购置补贴实施方案》规定程序做好受理申请、申请确认、对象公示、机具核实，资金拨付各个环节工作，做到执行政策不走样，确保政策的严肃性和统一性。2016年全县有800户提出申请，受理资金134.705万元，使用补贴资金134.705万元，受益农户800户。带动农户投入505万元。其中补助购置大中型拖拉机12台，小型拖拉机88台，联合收割机8台，耕整地机械703台（套），其他机械27台（套），年末农业机械总动力达94865千瓦，比2015年增长9.3%。水稻机械化综合水平达62.25%。

【农机服务】 做好农机春、夏、秋耕工作。在春夏农时，派员到基层，动员农户做好备耕前机车检修保养。全县检修各类农机具520多台。组织人员深入春耕和夏耕生产中，指导农户应用农机化新技术，提升农机作业水平，发挥农机在春耕和夏耕生产中的主力军作用。在“双夏”期间，投入联合收割机90台，机收面积2200公顷，投入插秧机15台，机插秧面积240公顷。

【农机监理】 根据广东省安委会、广东省农业厅以及韶关市安委会、农业局的文件要求，扎实开展农机安全生产重点区域整治工作。于5月份开始，组织专门力量，对变形拖拉机（低速载货汽车）档案进行清理登记。共清理登记（变形拖拉机（低速载货汽车）1997台，6月20日将712台三年未年检的变形拖拉机（低速载货汽车）在县电视台公告注销。6月23日，向县政府提交《关于要求将变形拖拉机（低速载货汽车）的档案及行政管理权限县移交县公安局交警管理的请示》，经6月30日县政府常务会议讨论通过，10月17日将1285台变形拖拉机（低速载货汽车）档案及行政管理数据移交公安交警管理。

【安全生产】 2016年，按照县安委会部署，组织“安全生产检查督查”活动，派出监理人员深入田间地头，开展农机安全隐患排查，加大宣传教育力度，继续深入开展农机“安全生产月”和“创建平安农机、促进新农村建设的“六个一”宣传等活动，利用广播、电视、报刊、网络等媒体做好宣传工作，积极推进农机安全生产挂图、手册等宣传品进乡村、进农户、进地头，努力为农民办实事，推动农机安全生产文化建设，不断提高广大农机手安全生产意识和驾驶操作、防险避险、自救互救等技能。在“五一”国际劳动节和国庆黄金周前开展全县农机安全生产大检查，排查事故隐患，防范农机安全事故发生。严格查处拖拉机无牌行驶、无证驾驶、超速超载、违法载人、脱离年检以及使用伪造、变造的牌证、检验标志、保险标志等违法行为，专项整治行动共整治区域9个镇，参加人员48人次，检查拖拉机268台次，查处变形拖拉机35台，扣车18台，批评教育86人次，签发责令整改通知书42份。（蔡秋婷）

扶 贫 工 作

【概况】 2016年县扶贫开发领导小组办公室内设三个职能股室，在职人员12人。是年，按照省市的部署，经过全县上下的深入发动、严格把关、精准识别，全县建档立卡的贫困人口2944户7508人，其中按劳动能力分，有劳动能力的贫困户1531户5353人，无劳动能力的贫困人口1413户2155人。贫困人口中，残疾户952户2585人，患病人口涉及2908人（长期慢性病1093人、患大病373人、残疾1442人），需要住房改造的有1296户。2016年脱贫2500人，占总贫困人口的33.3%。

【资金投入】 全县投入帮扶资金1.16亿元，其中，省市财政资金765.5万元，县财政资金7072.85万元（入股水电企业5353万元，住房改造配套补助1500万元，社保兜底73.33万元，学前教育和大学本科及以上的助学补助74万元，贫困人口大病医疗商业补充险72.52万元），各单位和帮扶干部投入帮扶资金3722万元。完成年度脱贫人口1454户2514人，超额完成2500人的年度任务，全县的脱贫攻坚工作呈现起步较早、开局良好、初见成效的局面。

【工作落实】 县委、县政府高度重视，把扶贫攻坚作为最大的政治、最大的民生、最大的任务狠抓落实，严格按照省市的要求，结合乳源的实际，认真谋划，精心组织，工作中注重“实”字，按照“两不愁三保障一相当”（即稳定实现贫困人口不愁吃、不愁穿，义务教育、基本医疗和住房安全有保障，基本公共服务主要领域指标相当于全省平均水平）的工作目标，抓住重点，统筹全面，扎实推动工作的顺利开展。认真制定县新时期精准扶贫三年攻坚实施方案和年度工作方案，配套出台资产性收益、农业产业化、光伏扶贫、教育助学、住房改造、就业服务、产业扶持、加快水果产业发展等多项政策。

【工作成效】 一是产业帮扶工作取得初步成效，落实产业奖补资金近400万元。二是教育助学。建档立卡贫困户义务教育阶段入学率达99.9%，332名高中以上贫困家庭学生未因贫辍学，继续接受再教育。三是落实兜底保障政策，应保尽保。四是完成308户住房改造。五是资产性收益。投入贫困人口人均1万元共5353万元入股县银源公司，有劳动能力的贫困户享受10%的资产性收益。六是光伏扶贫。全县计划安装4.4万千瓦光伏电站，每年每户可获得2000元到3000元的收益。七是购买大病医疗商业补充险。每年贫困人口人均投入100元的购买医疗保险。八是解决户籍，全县243名无户籍人口有110人解决户籍。九是技能培训，全县累计开展农技培训36期，培训农村劳力603人次，开展就业技能培训18期，培训劳力463人次，转移农村劳力387人。 （许井养）

水　　利

【概况】 乳源瑶族自治县水务局设8个内设机构：办公室、财务审计股、工程管理股、水政水资源股（行政审批股）、水保农水股（规划计划股）、农电管理股、水库移民办公室、防汛防旱防风指挥部办公室。下辖县水政监察大队、机电排灌管理总站、水土保持监督站、引杨水利管理所、大桥中心水利管理所、双口水利管理所6个事业单位。核定行政编制16名。其中局长1名、副局长3名，防汛防旱防风指挥部办公室主任1名，股长（主任）7名。后勤服务人员数2名。2016年年末有干部职工107人。

【水利工程建设】 冬修水利修复工程。2016年，争取省水利专项修复补助资金550万元，完成修复塌方5处、陂头8座、水圳5000米、河道清淤疏浚4处，完成白竹排洪续建工程，可保障农田用水。完成农村饮水工程6处，恢复供水人口15997人。全县水毁水利、农村饮水工程设施基本完成修复。

新增石漠化综合治理工程。完成新增岩溶地区石漠化综合治理工程水利水保项目建设，整治渠道25千米，维修水池52个，整治山塘水库3座，整治陂头20座，修建机耕路1条。

农村水电增效扩容改造工程。全县“十三五”农村水电增效扩容改造项目20宗，总装机容量8.9万千瓦，项目总投资1.68亿元。2016年，推进“十三五”农村水电增效扩容改造项目前期设计、评审及审批以及项目上报工作，完成中央财政下达补助资金3257万元和4宗项目招投标工作。

引杨灌区改造项目。引杨灌区改造总投资为2761.35万元，项目包括改造干渠工程总长度23.253千米（A段干渠改造长度7.7千米，B段干渠改造长度12.25千米，C段干渠改造长度3.303千米），渠系建筑物80座，分别是渡槽3座，跨渠排洪沟10座，桥25座，水闸29座，箱涵13座。项目建成后，改造范围内灌溉面积由0.1万公顷恢复到0.17万公顷，灌溉水利用系数由0.40提高到0.665，水土资源潜力得到充分挖掘利用。截至2016年12月，完成工程量的90%。

中小河流综合治理工程。2016年度山区五市中小河流治理工程有4宗项目，分别是南水河治理工程、重阳水治理工程、杨溪河治理工程和其他北江一级支流治理工程，治理河长30.94千米，投资5947.19万元，省级以上到达资金4307万元。杨溪河治理工程、南水河治理工程、重阳水治理工程基本完工，其他北江一级支流治理工程完成约85%。

村村通自来水工程。2016年度建设任务总投资3521万元，其中省级资金2980万元，地方自筹541万元。主要覆盖山区5个乡镇，分别是大桥镇区饮水工程、均容片区饮水工程、塘华片区饮水工程、必背镇区饮水工程、洛阳镇片区四宗饮水工程、东坪镇片区两宗工程、大布镇片区四宗工程，共7个项目14宗饮水工程，批复概算总投资3510万元，2016年开工建设，完成投资约2800万元。

城北片区供水工程总投资8500万元，项目范围乳城镇东北片区、桂头镇。主要建设内容为县城水厂、桂头水厂管网扩建。2016年完成初步设计批复，上报省水利厅和财政厅。

【试点县工作】 2016年，推进乳源瑶族自治县深化小型水利工程体制改革试点县工作。通过上级水利部门的考核验收。完成全县小型水利工程确权颁证工作，落实工程的管护主体和责任，明确工程责任人并向公众媒体公布，确权率达到99%以上。

【防汛防旱】 开展汛前安全大检查，完善各类预案，建立预报和预警机制，落实值班巡查制度，与各镇签订安全责任书，强化防汛值班通信和汛期24小时值班制度，完成水利水电工程安全隐患专项排查及风险防控工作。

1月至9月，全县总降雨量为1548.4毫米，月最大降雨量为103.2毫米，出现在3月，月最小降雨量为29.3毫米，出现在2月。1月21日至26日，受低温冰冻空气影响，乳源气温急剧下降，大桥、必背、洛阳等镇出现冰冻雨雪天气，导致冰冻灾害的发生。全县7861人受灾害影响。166.67公顷220万株未成林幼林和3.33公顷苗圃场100万株木苗、366.67公顷农作物受灾，50头猪、牛、羊等畜禽受害，84处农村饮水工程饮水管道损坏、63处水利灌溉设施受损，2处塌方造成公路中断，7.6千米电力电线覆冰，600米通信光缆损坏。经济损失约1394万元。3月19日16时至20日，乳源普降暴雨，局部大暴雨。洛阳、大桥、乳城、桂头、东坪、必背、一六镇不同程度受灾。经济损失约375.6万元。2016年，完成7000多份县、镇、村、村小组山洪灾害应急预案修编工作，完成县127宗病险山塘勘测、设计工作。

【依法治水】 3月22日至28日的《中华人民共和国水法》宣传周期间及“12·4”全国法制宣传日，在各镇区及县政府广场开展《中华人民共和国水法》《中华人民共和国防洪法》《中华人民共和国水土保持法》等法律法规宣传。组织干部职工学习《中华人民共和国水法》《中华人民共和国防洪法》《中华人民共和国水土保持法》等法律法规36人，全县共悬挂水法宣传横幅12条，翻新固定标语6幅，张帖宣传标语400多条，发放《水法规汇编》20份、《水利工作常用相关法规选编》20份、《水行政业务法律法规规章及规范性文件汇编》30份、《中国水利特刊“世界水日·中国水周”》100份，发送手机短信1000多条，公益广告播放《盘古独白》10天500次，派出宣传车11车次43人到各镇、林场进行定点播放水法规定，设立宣传咨询点进行宣传，派发宣传资料300多份，派发法规小册子100多份，进一步提高人民群众的节水意识、水资源保护意识和水法律意识。在2016年水行政执法工作中，派出车辆108车次324人参与执法巡查（其中河道巡查84次，水土保持执法24次），现场制止水事违法行为6起，发出执法文书3份，立案2起，处理举报投诉8起。2016年依法征收水规费1198.2万元，其中水资源费1045万元，水土保持费151.7万元，罚款1.5万元。

【水资源管理】 取水管理。完成一年一度的水资源季报、水资源管理年报、水资源公报的上报统计及取水户取水许可的计划、总结工作。变更取水许可证12套，完成取水许可证换证工作411宗。

采砂管理。做好县域内河道巡视，对各采砂现场进行严格监管，对河道管理与执法做好防范措施，加强日常对河道巡查监管，对发现和人民群众反映的各类水事违法案件进行及时调查和处理，保持对河道非法采砂行为的高压严打态势。组织召开县河道采砂采石工作领导小组工作会议，出让3宗水电站陂头疏浚采砂权。做好水资源管理和采砂许可管理网上行政审批和服务工作。

水资源节约与保护。完成2015年省级水资源节约与保护专项资金项目开工前期工作（广东省乳源瑶族自治县南水水库入库河口生态修复及内源污染治理工程），完成2宗小型灌区灌溉水有效利用系数测算分析工作及武江河七星墩电站上游2000米至均村村委莲花墩对出河面勘测评估前期工作。

【安全生产】 健全落实安全生产管理制度，做好水利安全生产及消防安全工作，坚持“安全第一、预防为主、综合治理”方针，实行各级领导干部安全生产“一岗双责”制度、党政领导干部安全生产“一票否决”制度和责任追究制度。开展安全生产法规宣传教育工作，做好《水利安全生产知识》《中华人民共和国安全生产法》宣传，增强安全防范意识。采取自查与抽查相结合，定期查与不定期查相结合的方法加强在建水利工程安全生产监督检查，及时消除事故隐患。落实汛期前开展对水库、堤坝等水利工程防汛安全检查，与责任单位签订三防责任书、制定应急预案等防汛活动。开展城市风险点、危险源普查和评估以及风险分级分类管控等工作，对影响城镇的水库（含水电站附属水库）、水利枢纽、堤防工程进行水利行业风险分级和安全鉴定分类，按照“属地管理、分级负责”的原则确定责任单位。开展农村水电大检查，推进农村水电安全生产标准化建设试点工作。

【水库移民管理】 2016年计划安排为乳城镇、东坪镇、一六镇、游溪镇、桂头镇、必背镇的建设新农村、文化教育、农田水利等项目资金3057.57万元全部到位，移民生产生活和居住环境得到改善，移民信访稳定工作加强。

*落实移民后期扶持资金直补政策。*2016年足额发放大中型水库移民后期扶持资金直补到人749.38万元，受益移民13693人。

*加强移民基础设施建设。*2016年投入中央后期扶持资金152.36万元用于新农村建设5宗。

（邹春琼）

气　象　服　务

【概况】 乳源瑶族自治县气象局（简称县气象局）是基础性、科技型社会公益事业单位，实行上级气象主管机构与县人民政府双重领导、以上级气象主管机构领导为主的管理体制。内设气象灾害防御管理办公室（重大气象灾害应急指挥部办公室，简称防灾办）、办公室（人力资源股）、站网管理股、预报股、发展改革与财务股5个职能股室，下设县气象公共服务中心、县气象局机关服务中心、县气象公共安全技术支持中心3个直属事业单位，管理县突发事件预警信息发布中心、县人工影响天气管理中心、县防雷减灾管理中心3个地方气象机构。在职人数21人，其中中级及以上职称人员8人。

2016年，县气象局全面深化气象管理体制改革，在新形势、新常态下充分发挥气象服务地方经济、社会发展和人民生产生活的职能，努力当好地方政府防灾减灾、造福百姓的参谋。9月，顺利推进地面气象观测业务无人值守改革试点工作。12月，根据《中共中国气象局党组关于防雷减灾体制改革的意见》、广东省气象局关于各市、县防雷中心（防雷设施检测所）更名的通知文件精神，完成乳源瑶族自治县防雷设施检测所更名为乳源瑶族自治县气象公共安全技术支持中心的工作。

【年内气象灾害】 1月21日至26日15时，受“寒潮”天气影响，乳源气温急剧下降，部分高寒山区如大桥、必背、洛阳等镇出现冰冻雨雪天气，导致冰冻灾害发生。

3月19日19时至20日10时，受强盛西南暖湿气流和高空槽共同影响，乳源普降暴雨，局部伴有雷雨大风、冰雹等强对流天气。5月5日，受弱冷空气和偏南暖湿气流影响，出现强降水和强对流天气。8时40分左右，受11级的雷雨大风影响，造成县城部分区域出现内涝，以及大树吹倒砸坏汽车事件，部分商铺卷闸门受损。5月6日受弱冷空气和偏南暖湿气流影响，出现强降水和强对流天气，12时05分，出现19.7米/秒（8级）的大风；12时30分游溪镇烈村1名农村妇女在田埂遭雷击死亡。6月12日夜间11时，国道323线409KM+100M处乳源境内腊岭路段受暴雨袭击，发生大面积公路路基塌方。塌方路段位于县城至洛阳镇、天井山林场方向的1处盘山公路，地势高陡险峻，1人骑摩托车从塌方公路掉下，受轻伤。8月2日受第4号台风“妮妲”影响，全县普降大雨到暴雨，局部大暴雨，并伴有7到8级大风，县城出现10级大风（县气象局录得最大风速26.7米/秒），有11个测站降水超过50毫米，其中有4个站降水超过100毫米，分别是中心洞村委130.4毫米、大布镇115.1毫米、必背镇政府109.8毫米、东坪镇政府102.5毫米。乳城镇部分农户种植的桉树及大桥镇部分农户种植的玉米被大风吹倒或折断，受损较严重。

2016年全县出现五次冰雹：3月17日18时50分至19时50分洛阳镇、东坪镇出现冰雹；3月19日20时00分至22时00分洛阳镇、东坪镇、乳城镇出现直径15厘米的冰雹，造成较严重的灾情；4月17日13时、18时10分至19时30分洛阳镇出现冰雹；5月5日14时55分至15时30分洛阳镇出现直径15厘米的冰雹。造成较严重的灾情。7月30日17时40分至18时30分大桥镇出现冰雹。

【气象信息服务】 2016年，地面观测和天气预报各项指标达到广东省、韶关市气象局目标管理要求，预报质量稳步提高。是年提供《天气报告》44期信息到县委、县政府及有关部门，《重大气象信息专报》7期、《重大气象信息快报》19期，气象信息12期，决策服务短信100多期（共50000余条次），发布预警信号165次。其中：寒冷预警信号18次、暴雨预警信号38次、高温预警信号12次、雷雨大风预警信号54次、冰雹预警信号5次、大雾预警信号13次、森林火险预警信号16次、道路结冰预警信号4次、台风白色预警信号2次、台风蓝色预警信号2次、台风黄色预警信号1次，启动寒冷应急响应三级1次、二级1次，启动暴雨应急响应四级1次、三级1次，接受电视台记者采访17次。

做好和维护气象LED显示屏工作，进一步优化为农气象服务产品，增加LED显示屏提醒和农事建议栏目，在短信平台增加全县种养大户群组及将每周天气预报和预警短信发给种养大户，加强对农业生产和农事活动的提醒和指导，利于农户安排生产活动，定时发布每月农气月报和月气候影响评价。

【气象灾害防御检查】 2016年，结合建设“平安乳源”重点工作，加强气象灾害防御重点单位安全管理工作。4月份根据《韶关市安全生产委员会办公室关于开展全市旅游景区气象灾害防御及地质灾害防御专项检查督查的通知》要求，对全县6个旅游景点进行旅游景区气象灾害防御及地质灾害防御工作进行初查；4月27日，由韶关市气象、安监、经信、旅游、消防等五部门组成的联合检查小组，现场检查云门山景区气象灾害防御及地质灾害防御工作情况。5月份，组织人员对全县40个危险化学品和易燃易爆场所进行一次防雷专项检查，对3个企业单位存在的问题，提出整改建议，并督促完成。8月18日由韶关市气象、安监、经信等部门组成的联合检查组，检查乳源危险化学品、易燃易爆场所等重点单位气象灾害防御暨防雷安全生产情况。现场检查东阳光氟树脂、永恒实业有限公司气象灾害防御暨防雷安全生产情况。9月份，根据《市气象局市教育局关于开展全市中小学校建（构）筑物防雷装置情况普查行动的通知》要求，完成乳源瑶族自治县学校（构）建筑物防雷装置情况普查。10月份完成全县农村雷电灾害隐患排查，全县9个镇共有115个农村村（居）委会办公楼、78所学校、54个公交候车亭（避雨亭）和2个避难场所、147个养殖基地未安装防雷装置。全县电力、通信、广播电视等信号塔、基站防雷装置完善。

【行政许可】 2016年网上行政审批处理业务51件，出具《防雷装置设计核准意见书》24份，《防雷装置验收意见书》27份，客户满意度为100%。

【科普宣传】 围绕2016年世界气象日“直面更热、更旱、更涝的未来”主题，3月23日，开展“气象开放日”活动，向乳源第一小学和金禧小学赠送800余册《中小学生如何应对气象灾害》《广东省突发气象灾害预警信号及防御指引》等科普手册。5月份向县教育部门捐赠3000多册气象科普读本。6月22日，在乳源东阳光实业有限公司开展安全生产宣传咨询日活动，活动现场发放气象科普读本200余册。8月31日组织人员到社区开展气象防灾减灾科普讲座活动。

【应急指挥】 按照“大应急”格局，推进突发事件预警信息发布中心及应急指挥平台建设，争取广东省气象局项目经费590万元，8月份完成预警中心项目立项，9月份预警中心附属设施建成投入使用，11月份完成电梯报建，并进入采购阶段，12月底决策指挥区完成设备安装，预警中心指挥平台基本完成室内装修。（赖晓琳）

畜牧兽医水产

【概况】 2016年，县畜牧兽医水产局内设办公室、行政审批股、畜牧兽医兽药饲料管理股、水产管理股等4个股室，核定事业编制16名，后勤服务人数2名，在职人数14人。下属9个镇畜牧兽医水产站，核定事业编制21名，2016年面向社会公开招聘工作人员4名，引进紧缺高层次人才1名。

【畜牧业】 全年生猪存栏10.2万头（其中能繁母猪0.99万头），肉猪出栏13.17万头；牛存栏0.4378万头，出栏0.1655万头；羊存栏1.15万只，出栏0.7235万只；家禽存栏43.96万羽，出栏57.12万羽，其中鸡36.025万羽，出栏62.632万羽；肉类总产量1.2498万吨，比2015年增长9.89%；禽蛋产量869吨，比2015年增长0.12%。

【水产业】 水产养殖面积5026公倾，水产生产总量2711吨（淡水捕捞产量约225吨），产值2898.85万元，产量、产值比2015年增长5.3%和5.8%。其中三角鲂、禾花鲤、有机草鱼等优质鱼类产量约占总产量66%。

【重大动物疫病免疫】 2016年，完成家禽高致病性禽流感免疫注射量118.8万羽，免疫率99.99%，鸡新城疫免疫接种93.24万羽，免疫率99.89%。猪口蹄疫免疫注射30.9万头次，免疫率99.8%。猪瘟免疫31万头次，免疫率99.6%。猪蓝耳病免疫25.7万头次，免疫率99.5%。牛口蹄疫免疫注射0.978万头次，免疫率99.80%。羊口蹄疫免疫注射2.5万只次，免疫率99.89%。犬狂犬病免疫注射0.26万头次，免疫率99.7%。免疫牲畜耳标二维码信息上传率达到94.46%，免疫证发放92%，防疫台账建档率和规模养殖场建档率86%。

【动物疫病监测】 2016年，完成动物疫病抗体检测2608份，抽检畜禽血液样品1201份，完成省、市下达监测采样送检样品1500份。其中猪口蹄疫抽检样品422份，猪瘟抽检样品422份，猪蓝耳抽检样品422份，羊口蹄疫抽检样品187份，牛口蹄疫抽检样品60份，羊小反刍兽疫抽检样品60份，鸡禽流感抽检样品503份，鸡新城疫抽检样品503份，鸭禽流感抽检样品29份。免疫抗体水平：猪口蹄疫病免疫抗体合格率87.44%，猪瘟免疫抗体合格率90.52%，猪蓝耳免疫抗体合格率94.79%，羊口蹄疫免疫抗体合格率94.4%，牛口蹄疫免疫抗体合格率96.2%，羊小反刍兽疫免疫抗体合格率90.0%，鸡禽流感免疫抗体合格率100.0%，鸡新城疫免疫抗体合格率92.45%，鸭禽流感免疫抗体合格率100%，达到农业部要求。

【质量安全监管】 7月20日，举办全县畜禽、渔产品质量安全培训班，全县规模畜禽渔养殖场、饲料和兽药企业约150人参加，到场畜禽养殖场负责人签署《依法依规使用兽药、无“瘦肉精”“三聚氰胺”等禁用药品承诺书》166份，水产养殖企业签署《水产品质量安全责任书》15份，兽药、渔药经营企业签署《无“瘦肉精”等违禁品销售承诺书》7份，畜禽、渔饲料经营企业签署《无“瘦肉精”等违禁品销售和添加承诺书》10份，自配料养殖场签署《自配料质量安全责任书》17份。2016年，共出动巡查人员523人次，对辖区内8家经过GSP认证审核的兽药渔药店、12家畜禽渔饲料经营企业进行巡查，均未发现使用假劣渔兽药和添加瘦肉精等违禁药品。在养殖集中的乡镇、基层站和村委会宣传栏张贴《兽药安全使用挂图》86份，发放第二版温馨提示督导牌150块。开展水产品抽样检测62份，合格率100%。

【动物检疫】 推进检疫申报点建设，以乳城镇、桂头镇检疫申报点为示范点，在全县9个乡镇设立动物卫生监督分所并进行检疫申报点建设，严格把好宰前检疫、宰后检疫、病死牲畜无害化处理三个环节，做到定点屠宰场全日有人值班。全县定点屠宰场全日值班人员3人，确保生猪定点屠宰场检疫率达到100%。是年，完成产地检疫生猪77874头、家禽9600羽、羊118只，屠宰检疫生猪18074头、生猪产品1445.314吨，检测畜禽免疫抗体1317份，抽检生猪“瘦肉精”等违禁药物2713头份，屠宰环节无害化处理生猪产品约300公斤。出具“水生动物检疫合格证明”107张（其中A证11张、B证96张），检疫鱼苗共计1180万尾，检疫项目主要为草鱼出血病、淡水小瓜虫病等。

【畜禽养殖场染污减排】 2016年，根据《关于科学划定畜禽养殖禁养区和三区清理整治工作的通知》要求，全县初步拟定畜禽养殖禁养区、限养区、适养区划分实施方案，方案为全县畜禽养殖场布局提供科学依据。截至12月，全县列入市减排计划的15家规模养殖场均按照要求完成减排任务。

【惠农政策】 2016年，全县政策性能繁母猪累计承保5466头，赔付170头，赔付金额17.8万元。无害化处理病死猪3550头，为养殖农户补贴金额28.4万元。根据《韶关市政策性生猪养殖保险试点实施方案》，10月份起对全市所有生猪养殖企业（场、户）符合参保条件生猪实施投保，保险金额为500元/头，保费为20元/头，由中央财政补贴40%，省级财政补贴20%，市县财政分别补贴7.5%，养殖企业（场、户）负担25%（即生猪养殖保险保费：中央财政补贴8元/头，省级财政补贴4元/头，市、县两级财政分别补贴1.5元/头，养殖企业（场、户）负担5元/头），是年，共承保生猪2000头。

【有机鱼类养殖】 2016年，在大桥等地投放禾花鲤鱼苗100多万尾，在全县水产养殖示范场等投放鱼苗80多万尾。指导新新生态农业股份有限公司在必背镇横溪水库投放鱼苗60多万尾，主要品种有鳙鱼、草鱼、三角鲂等，产品“盘王鱼”销往珠三角、香港等地。2016年，全县禾花鱼养殖辐射面积666.67公顷，收成稻鱼100多吨，市场价值100元/公斤，产值达到1000多万元，农民增收效果显著。

【行政审批】 2016年，累计网上办理“动物防疫条件合格证”2份，“兽药经营许可证”换证1份，“水域滩涂养殖使用证”10份，涉及面积4.97公顷。年审“水产种苗生产许可证”2份，“水域滩涂养殖使用证”300多份。

【党建工作】 7月1日，召开支部大会，换届选举支部书记1名，副书记1名，支委委员3名。同意莫世雄、邓飞飞、江奕蓁3名中共预备党员转为正式党员，吸收侯志成为中共预备党员。（林　琳）

渔　政

【概况】 广东省渔政总队乳源大队为县农业局直属正股级行政执法单位，业务工作接受广东省渔政总队指导，主要负责渔业行政执法工作，2016年，行政编制8名，实有人员7人。

【禁渔期工作】 4月1日至6月1日为武江河桂头段禁渔期，为实施“禁渔期”制度，大队成立禁渔期领导小组，健全禁渔期值班制度，上报反映禁渔情况。出动巡查车辆16车次，人数70人次，向渔民发放禁渔宣传单200余份，设立“禁渔期渔船停靠点”标示牌，悬挂禁渔期倒计时牌以及禁渔宣传横幅2条。为适当补偿渔民因执行珠江流域禁渔制度造成损失，缓解渔民禁渔期生活困难，经审核，符合休（禁）渔补助申请资格渔船有119艘，渔业船员有238名，发放2015年度和2016年度休（禁）渔补助专项资金共计52.36万元。

【渔船安检】 加强县渔业安全生产工作，消除生产中存在安全隐患，渔政大队与126位渔民签订渔业安全生产责任书。前往桂头、杨溪和七星墩等地开展渔业安全生产大检查活动20余次，出动执法人员80人次，检查内容涵盖渔船救生设备（救生衣、救生圈）、消防、通信、船体等重要安全设备。对渔船电子标签、IC卡、渔业船舶证书等相关证件进行检查。

【执法巡查】 加大对渔业资源保护力度，严厉打击非法捕捞行为，维护南水水库水生态安全，建设和谐、美丽的南水湖，乳源渔政大队出动执法艇19

艘次、执法车辆19辆次、执法人员40人次，在南水水库开展剪网行动。剪除螺旋网10余张，收缴违规网具一批。

【油补工作】 认真贯彻落实中央财政国内机动渔船油价补助强农惠农政策，9月至12月，完成2015年度渔业渔船油价补助专项预拨资金和结算资金的拟发放对象公示及发放工作。全县符合规定可享受油价补助的捕捞渔船126艘，发放金额59.1万元。

为促进渔业可持续发展，根据省海洋渔业局与省财政厅联合印发的《关于印发〈广东省国内渔业捕捞和养殖业油价补贴政策调整总体实施方案〉的通知》要求，渔政大队制定《乳源瑶族自治县渔业捕捞和养殖业油价补贴政策调整实施方案（2015—2019年度)》和《乳源瑶族自治县渔业捕捞和养殖业油价补贴政策实施方案（2015—2016年度)》，上报县政府、省海洋与渔业局、省财厅，9月予以通过。

【船舶检验】 乳源渔政大队坚持早谋划、早着手、早预防指导思想，利用四月份禁渔期，于2016年6月至9月，按照分批分段实施方式，组织辖区内126条渔船开展2016年度渔业船舶检验工作。在检验中，坚持高标准、严要求，做到不漏一船、不少一项检验内容、不缺一人的安全教育，落实渔业船舶100%受检、检验人员100%登船检验、受检渔业船舶100%符合相关技术标准“三个100%”要求，对桂头镇区及七星墩村、杨溪村和东坪镇辖区内所有在册渔业船舶进行检验。

【增殖放流】 2016年5月，乳源渔政大队增殖放流青鱼、草鱼、鳙鱼和鲢鱼等各类水生生物苗种20万尾，其中以青鱼为主，放流鱼苗均为5到6厘米的大规格鱼苗。

【船东互保】 响应广东省渔业互保协会工作要求，开展非政策性渔业保险工作，保险险种为渔民人身意外伤害保险，全县参保渔民126人，实收非政策性渔业保险保费7.56万元。

【保护区巡查】 乳源渔政大队采取发放宣传单、悬挂横幅等方式，在山瑞鳖县级自然保护区开展野生动物保护知识宣传教育活动，发放传单40余份，出动执法车辆8辆次、执法巡逻人员30人次，实现自然保护区宣传执法全覆盖。 （刘　雅）

工　业

电力工业

【概况】 广东电网韶关乳源供电局内设9个职能部门，3个二级机构，9个供电所，2个配电运维中心，员工388人。2016年，广东电网有限责任公司韶关乳源供电局紧紧围绕《南网总纲》，深化企业改革和创先工作，认真贯彻落实中国南方电网、广东电网公司和韶关供电局工作部署，在政府及相关部门的大力支持配合下，在全体员工的共同努力下，完成全年各项工作任务。

【安全生产】 进一步落实设备主人责任机制，建立健全设备主人责任卡。规范共享平台中作业人身风险信息的管控，全程跟踪作业信息的录入、审核和实施，对发现的问题第一时间进行纠正。开展“差异化”风险督查和任务观察，以风险为切入点，科学合理安排督查计划，做到中级及以上风险作业百分百到场督查，低风险及以下作业按百分之八十的要求选点督查。全年开展安全督查1168次，督查发现问题85项，发出整改通知书58份，未发出红、黄牌，对外包项目违章人员和施工负责人开展集体约谈3次。强化应急预案管理，提高各级人员的预案管理能力和应急处置能力，全年安排演练计划73项，培训计划6项，全部按计划完成。认真落实各项保供电措施，圆满完成2016年元旦、春节、国庆、盘王节等11项保供电任务。全口径供电可靠率99.625%，综合电压合格率99.998%。

2016年局域电网连续安全运行1826天，未发生五级及以上电力安全事故事件和设备事故事件。

【经营情况】 2016年，完成供电量13.97亿千瓦时，比2015年增长5.96%；售电量13.92亿千瓦时，比2015年增长7%。抓成本控制，强化线损管理，线损精益化管理水平提升，2016年综合线损率0.29%，全面消除11%的管理线损台区，全年减少线损电量102万千万时，实现降损效益50多万元。全年缴纳税费3103万元，局连续五年被授予“A级纳税人”“模范纳税户”。持续加强警企协作，打击偷窃电，查处窃电3宗，追回电量13698千瓦时，追回电费9164.45元，追回违约使用电费27493.29元。

【电网建设】 制订乳源新一轮农网改造升级三年行动计划，全面开展新一轮农网升级改造。2016年完成中心村及小城镇改造年度任务目标。争取政府支持，政企联动确保电网建设有序推进。根据最新的《广东电网有限责任公司配电网规划技术指导原则》和“小康电”示范县工作要求，编制完成“小康电”示范县专项规划，全面开展“一镇一册”“一村一方案”规划工作，将配电网规划管理延伸至供电所。不断优化电网结构，做到优化主网、做强配网、升级农网，推动主配网、城农网协调发展，推动电力绿色转型，提高资源配置效率。2016年新投产110千伏变电站1个，“十三五”规划新建35千伏变电站3个。

【农电管理】 2016年，省公司农电部选定乳源供电局乳城供电所为全省供电所标准化建设试点单位，提炼形成《韶关供电局供电所标准化建设定置标准》，供电所标准化试点建设工作在省公司专家组现场评审中获得一致好评。2016年农电指标管控进一步强化，乳源供电局在广东电网51个县级子公司管理评价中排名第一，扎实推进所务平台建设，成为全省6家所务平台建设试点单位之一。努力打造中国最美供电所，精心筹划组织乳城供电所《服务+电力美》系列宣传短片及图片等材料，被南方电网公司评为“最美供电所”银奖。2016 年乳源供电局被评为南方电网农电先进集体。

【优质服务】 持续深入开展客户服务大讨论活动，落实客户全方位服务三项机制，着力解决客户沟通短板，为重要客户、重点关注大客户等 83 名用户配置客户经理。落实大客户差异化服务，重点对 12 户停电敏感客户进行梳理，制定个性化服务方案。大力推进智能电表和低压集抄建设，2016 年完成 28439 个智能电表轮换和 8478 户低压集抄建设工作。强化计量自动化系统建设，自动抄表率、终端在线率、低压集抄成功率在全市排列第二名。加快客户资产接收进度，全年无偿接收 7 个小区客户资产，总资产原值 497 万元，完成年度目标。推进省公司业扩工程投资界面延伸，解决供电服务“最后 1 千米”的问题。2016 年电费回收率 100%，旧欠电费回收率 100%。综合线损率 0.29%，比 2015 年下降 0.97 个百分点。客户服务第三方满意度 86 分，连续 4 年列第二梯队第一名。

【体制改革】 根据南方电网网公司《关于做好 2016 年度县级供电企业“子改分”工作的通知》，乳源供电局积极稳妥推进“子改分”工作。先后完成法律尽职调查、农电公司注销等相关工作，11 月 17 日完成分公司的设立并取得营业执照，12 月 20 日完成子公司的注销，“子改分”工作顺利完成，广东电网韶关乳源供电局正式更名为广东电网有限责任公司韶关乳源供电局，率先在全省实现由子公司转变为分公司。

【人才技能比武】 乳源供电局积极组织人才队伍参与上级组织的技能比武，7 月份，在韶关配网技能比武中荣获一等奖。桂头变电站新出工业甲线工程荣获省公司“安全、优质、文明”样板金质工程奖。大桥供电所 F15 红星线新建石断下#2 配电台区工程荣获市局样板创建金质工程奖。乳城供电所 F23 岭河线沙田配电台区改造工程荣获市局样板工程奖。省公司授予乳源供电局业主项目部“基建业务优秀团队”称号。在基建大比武中，乳源供电局荣获“基建、物资”两个专业个人一等奖，自主研究发明创新技能取得国家级专利 1 件。

【党建企业文化】 深化企业文化建设，持续开展道德讲堂等载体建设，掀起学习道德模范、争当道德模范的热潮。丰富员工业余生活，举办“迎新春”羽毛球职工联赛等活动，提升员工凝聚力和向心力。参加韶关供电局“红歌唱响价值观真情献给共产党”歌唱比赛并荣获一等奖。2016 年，乳源供电局工会被评为韶关市供电局先进工会。（吴世韶）

银 源 公 司

【概况】 银源水电有限责任公司，系以水力发电为主业，兼营自来水、污水处理、城市路灯等市政经营的县属国有独资公司。公司健全党委会、董事会、监事会和经营班子管理架构，设有行政、财务、生产技术安监和政治思想工作 4 个职能部门，下辖泉水水电厂、（乳城）自来水分公司、桂头自来水分公司、电产管理分公司、龙谷电站和鹰咀石电站 6 家分公司，以及官溪水电有限公司、上狮水电站（含必背水电站）、污水处理厂和创园污水处理有限公司 5 家子公司。在职员工 523 人，其中中专（技）以上学历 300 人，专业技术人员 150 人。退休人员 226 人。

【经营效益】 全年实现发电量 2.33 亿千瓦时、售电量 2.30 亿千瓦时，分别比 2015 年增长 30.07% 和 30.99%；产水量 1505.20 万吨、售水量 934.70 万吨，分别比 2015 年增长 16.16% 和 11.12%；污水处理量 462.06 万吨、COD 减排 652.68 吨、氨氮减排 66.91 吨、处置生活污泥 1262 吨，分别比 2015 年增长 3.99%、24.26%、33.42% 和 49.70%；路灯、彩灯亮化率达 95% 以上；实现工业总产值 1.45 亿元、销售收入 1.23 亿元、利润总额 3696.74 万元，分别比 2015 年增长 30.07%、26.80% 和 68.65%；上缴税金 2482.80 万元、财政利润 1800 万元；分配给县委基层办、县扶贫办、桂头镇政府、广东粤水水电发展有限公司等股份分红 319.18 万元。

【安全管控】 结合汛期提前的实际，年后即组织安全生产检查，对 2015 年冬修和水毁工程完成情况、防洪预案修订，防汛物质准备，设备、设施运行工况等进行检查，发现隐患及时整改，完善安全生产监管制度。以“强化安全发展观念，提升全民安全素质”为主题，采用宣传栏、图片、宣传标语、播放警示教育片等多种形式，开展安全生产知识宣传；举办安全生产摄影比赛、安规考核等活动；组织安全隐患大排查和事故应急演练，强化员工安全意识和业务技能。成立专项领导小组，组织申办官溪、鹰咀石、上狮和龙谷4座水电站增效扩容改造和安全标准化建设项目。筹措25.88万元，对制水厂设备设施进行专项维护。安排80.5万元，开展冬修。

【内部控制】 调整经营考核指标，印发执行《2016年度生产经营计划和财务预算方案》；每半年进行一次财务检查；结合部分分（子）公司负责人轮岗交流的实际，开展离任审计；与电信公司合作，启动试营办公自动化系统；利用扶贫电站入股资金等，清偿银行借款4610万元，降低财务费用，提高资本利润率。

【市政经营】 组织自来水分公司做好水源水、出厂水和管网水日常监测，确保45项常规指标和106项全分析指标，符合卫生标准；健全供水业务咨询、报装、报修、客户投诉、停水发布等工作流程，完善供水规范化管理。根据市、县关于优化营商环境的通知精神，落实优惠水价方案，为外商、民营企业让利67万元。加大对污水处理厂设备、设施和仪表的维护和技改，严格在线监测，完成省、市下达的截污减排任务。按照市政规划和节庆安排，组织电产管理分公司新建沿江东路、富华路、育才东路、滨江西路等路段路灯；整改全长12千米的沿江两岸彩灯，确保县城夜景更加亮丽。

【项目建设】 4月下旬，完成泉水水电厂增效扩容改造工程机组安装，并网试运行，装机容量由2.4万千瓦，提高至2.88万千瓦。9月底，完成世行贷款一期项目管网工程施工，共敷设供水管网13.5千米、污水管网19.9千米。11月，启动工业污水处理厂工程建设。组织完成一六、游溪、必背、东坪、大布、洛阳6个乡镇的生活污水处理工程招标。新增自来水村村通工程，先后完成桂头片区1554户、一六片区834户、游溪片区309户的农户供水安装。建成启用大布镇自来水厂。

【党群管理】 吸收3名优秀管理人员加入中共党组织；组织员工对全体中层管理人员进行民主测评；制订公司诫勉谈话细则，健全对广大党员和管理人员的党风廉洁管理制度。开展“学党章党规，学系列讲话，做合格党员”的教育活动，利用宣传栏、知识竞赛、参观省委旧址和北伐战争纪念馆、组织“两学一做”巡回宣讲银源主场活动等，增强广大党员的党性意识。举办公司首届趣味运动会。在各分（子）公司设立完善“职工之家”，构筑员工交流、学习、建言平台。

【扶贫工作】 新承县扶贫办、洛阳镇板长村委会等入股资金5403万元，每年增担分红540.3万元；筹措30余万元，支持桂头、东坪、洛阳、必背等乡镇开展精准扶贫、生态保护、水土保持和水资源管理等工作；组织30多名中层及以上管理人员挂扶阳陂、小江48户贫困户，开展教育支助、产业就业帮护、危房改造等扶贫项目，实现19户贫困户脱贫；发动员工踊跃参加“慈善一日捐”活动，共筹集到善款7.8万元，捐助社会公益事业。

（林　楠）

泉水水电厂

【概况】 泉水水电厂是1座以发电为主兼顾防洪的水力发电厂，主要由水库大坝、引水隧洞（压力管）、厂房三大部分组成。截至2016年12月31日，有在职员工人数115人，内退员工14人，退休员工82人。

【生产经营】 2016年，泉水水电厂增效扩容改造工程全面完工，由原有的每台机组6000千瓦扩容为每台机组7200千瓦，装机总容量达到28800千瓦。截至2016年12月31日，全年机组运行6083小时，实现安全生产2913天。2016年共完成发电

1.65亿千瓦时，售电1.63亿千瓦时，产值8300多万元，发售电及产值均创历史新高。

【安全生产】 2016年紧紧围绕“安全生产，预防为主”的方针，科学管理，合理调度，全年开出工作票74份，执行操作票41份，两票合格率100%。泉水大坝安装大坝测缝计保护，增加大坝坝顶垂直位移监测，完善大坝监测系统。做好防洪度汛工作，坚持以防为主，提前制定防洪方案，做好防汛物资的储备，加强对大坝水工建筑物的安全巡检、水情自动测报系统、大坝安全信息化系统的维护与管理，确保大坝安全度汛。全年泉水流域降雨为3020毫米，入库水量47亿立方米，泄洪83次，泄洪9330万立方米。在五年一度的全停水工作中，各部门紧密配合，及时修复引水隧洞的缺陷，达到预期的工作效果。

【增效扩容】 截至2016年年底，自2013年11月开始历时3年多的增效扩容改造工程全面完工。此次改造，泉水水电厂机电设备全部更新，从拆除到安装，工序繁多，期间需兼顾机组发电，难度大。员工利用节假日、周末双休时间，完成各项改造工作。2016年4月，四台机组实现并网运行；7月21日顺利通过省水利厅完工验收；12月份顺利完成近区高压柜和四个闸阀的更换，泉水电厂增效扩容改造工程全面完工。

【规范制度】 完善各类规章制度及操作规程。2016年，为适应新设备的操作及检修，专门修编《水工规程》《运行规程》《设备维护检修规程》。做到操作程序科学，有依有据。

完善各类证照及档案资料，规范经营。按政府相关部门的要求，做好“五证合一”的换证年审，按期办理好电力业务许可证的换证工作，与电力部门签订新的并网协议、并网调度协议和购售电协议等。规范整理增效扩容改造整个过程的图纸、文件及招投标资料。

【队伍建设】 加强班组作风建设，合理调整人员，优化人力资源，大胆任用年轻人，队伍呈现新的活力。加强员工岗位培训，选派员工参加大坝运行安全与应急管理学术交流会。加大运行员工培训教育，选派部分员工到广东省南方电力职业培训学院进行上岗培训，其中有9人获得《高压电工》、1人取得《继电保护》及2人取得《高压试验》等上岗资格证件。选派检修员工到南丰电气自动化公司进行实地学习及技能培训，让员工从实际操作中更加熟悉系统的操作及原理，进一步提升业务技能，为新机组的安全运行夯实基础。

【党工建设】 坚持党的群众路线，认真开展“两学一做”等系列活动。认真贯彻学习中共十八大、党章党规和习近平总书记系列讲话精神，提高思想认识，转变工作作风，完成党总支换届，按要求补缴党费等工作。精简各种会议及形式活动；厉行节约，不迎来送往，严格按标准进行公务接待，严格执行公车使用制度；认真执行上级的各项规定和禁令，厂班子成员和各管理人员，杜绝铺张浪费，倡导厉行节俭，勤俭办事。

【环境建设】 加大厂区环境建设的资金配置，投入近100多万元，建造运行监控室，改善运行值班员的工作环境，摆脱30多年在山洞值班噪音较大及空气不新鲜的困扰，厂区地面铺设沥青，大坝环境整治，优化厂区的配套环境。（陈　晟、莫波涛）

自来水分公司

【概况】 县银源水电有限责任公司自来水分公司、桂头自来水分公司，主营供水、安装、维修服务及管件销售。内设行政部、营销部、生产技术部和制水厂4个职能部门。在职员工总人数120人，退休员工37人。2016年，自来水分公司完成生产水量1349万立方米，销售水量825万立方米，产值1155万元，与2015年相比分别增幅14%、10%、10%，年平均水损率38.84%。桂头自来水分公司完成生产水量156万立方米，销售水量110万立方米，产值147万元，与2015年同期相比分别增幅34%、18%、17%，年平均水损率29.79%。全年新增用水户4230户，其中县城1488户、桂头镇2742户。有自来水本部营业厅、解放北路行政服务中心营业厅、桂头镇营业厅、一六行政服务中心营业厅、游溪行政服务中心营业厅5个业务办理、缴费营业厅。

【水质管理】 全年水质综合合格率达100%。加强值班巡逻，严格执行饮用水水源地保护制度，保障原水安全。加强水源水、出厂水、管网水的水质监测。水厂化验室每天进行9项水质常规检测、每月进行25项全分析检测并公布检测结果；每年完成三季度45项常规指标和一季度106项全分析指标检测；各项检测数据均符合《生活饮用水卫生标准》。根据城镇供水规范化考核要求，增加水质信息报告与公布，接受社会各界的监督；水质信息定期在微信公众号“乳源供水”、厂务公开栏等向社会公布。加强化验药品采购管理，指定专人负责采购及验收，严把化验药品质量关。加强化验设备维护保养，不定期对消毒设施进行检修维护。加强汛期、节假日期间值班人员巡视，确保汛期、节假日期间安全供水。

【安全生产】 全年无间断供水。乳源、桂头水厂机组设备的检修维护工作常态化，保质保量供水。在汛前、节假日前对供水设施设备进行全面检查、维护保养，对反应池、沉淀池、滤池等制水构筑物进行定期清洗，保障设备、仪表运行顺畅。2016年冬投入资金约26.71万元，对水厂设备设施进行专项维护，改善运行环境，提升水处理设施、设备可靠性。主要包括：厂区管道除锈、喷漆；乳源水厂二级泵站屋面、V形滤池管廊天面补漏、维修；增设乳源水厂一级泵站、清水池、V形滤池不锈钢安全防护栏等设施。加强管道维修巡查、查漏降损工作。全年共维修DN100600毫米管道漏点67处，维修DN80以下管道漏水和水表组漏水共371处（其中侯公渡农用水136处）；实施民族风情园、八一小学供水管道迁改工程；更换异常大小水表89个；废除民族路、鹰峰中路部分旧管道，驳接新管道。

【管网建设】 继续抓好“村村通”扩网工程建设，陆续解决桂头镇、一六镇、游溪镇等镇农村用水安全问题。2016年，完成桂头片区1579户、一六片区3个村委共1410户、游溪片区共10个村296户的通水任务。

加快大布水厂工程建设，完成厂区道路、排水、絮凝沉淀池及附属土建工程的施工，完成厂区设备安装，进入试通水阶段。完成供水主管道安装4.2千米、“村村通”扩网工程供水管网安装8.7千米。联合大布镇镇政府做好农户用水报装工作。

配合世行办推进世行项目建设，完成世行一期项目城区内供水管网改造工程，共新建改造供水管网约15千米，二期项目于2016年12月10日在广州开标。在一期供水管网升级改造工程基础上，完善乳城镇城区供水系统，对老化供水管道及漏损设施进行改建，新建供水管道16.99千米。世行二期项目实施有效提升供水管网质量，降低水损，初步实现管网智能化管理。

启动东北片区供水项目，逐步解决体育馆以北较高地势的居民、企事业单位及农村用水困难问题，完成初步设计等前期工作，计划2017年上半年动工建设。

【优质服务】 严抓供水规范化管理，严格执行《抄表考核管理制度》《收费考核管理制度》，始终坚持“安全供水、优质服务”宗旨，严格执行国家及省市有关供水法规规定，切实履行社会服务承诺，实行“首问负责制”“一站式”服务、统一形象挂牌上岗服务；提高窗口人员素质，定期组织营销工作人员学习各项业务知识，提高对外窗口人员的综合业务素质和，全面了解供水业务知识及供水管网分布，有效提高工作质量；加强营业厅规范化管理，在桂头营业厅窗口加装扩音器和摄像设施、规范行政服务中心供水交费、用水安装办事指南汇编，方便用户办理业务，提升营业厅窗口服务质量。3月，自来水营业厅荣获市总工会颁发的“2015年度粤北女职工文明岗”称号。

【党务与民主管理】 根据银源公司《关于抓紧做好党员组织关系排查工作的通知》要求，做好党员信息登记、建立党员台账及党员党组织关系排查工作，核查党员队伍情况，2016年党员25名，其中预备党员1名、退休党员6名；组织全体党员开展“两学一做”考学系列活动。

保障员工民主决策、民主管理、民主监督的权利。通过职代会和推行厂务公开制度，维护员工合法权益；组织员工普法考试，加强法制教育；组织女职工妇检及员工健康检查，看望、慰问患病困难职工1人次；开展趣味运动会，增加员工间的团队协作交流；创建“职工之家”活动室，丰富员工文化生活；关心退休职工生活，举行退休职工春节慰问座谈会，组织退休职工参观水厂。（尧雪梅）

经济开发区

【概况】 广东乳源经济开发区管理委员会（以下简称开发区）成立于1992年，2006年5月省政府批准为省级经济开发区，规划面积为667公顷，2015年5月省政府同意依托开发区建立产业转移工业园，批复面积为561.56公顷。开发区下辖富源工业园、东阳光高科技园，并辖管仙湖民营经济创业园、新材料产业园共4个工业园区。2016年园区共有规模以上企业42家，其中高新技术企业5家，拥有乳源东阳光实业有限公司、日本电产三协电子（韶关）有限公司、永恒实业有限公司、冠华食品有限公司等一大批龙头企业，园区企业主要以铝箔加工、食品加工、电子元器件制造、氯碱化工等产业为主。2016年，乳源产业转移工业园在2015年度固定资产投资（含设备投资）、规模以上工业增加值、税收、节约集约用地水平、环境保护水平等五项指标上均取得明显成效，被广东省人民政府评为优秀产业园。

开发区实行两块牌子（广东乳源经济开发区管理委员会、乳源产业转移工业园管理委员会），一套人马的管理体制。设党组书记1名（由分管副县长兼任），主任1名，副主任2名。下辖办公室、经济发展股、规划建设股3个股室。2016年，在职人员17名，其中行政编制人员12名，专职安全员3名，后勤服务人员1名，合同制人员1名。

【经济增长】 2016年，开发区纳入省产业转移工业园统计考核42家企业，共完成工业产值73.25亿元，比2015年增长5.49%，占全县工业产值的比重78.5%；实现工业增加值13.83亿元，比2015年增长9.3%，占全县工业增加值比重58.1%；新增固定资产投资项目16个，年度完成固定资产投资151127万元，设备投资89727万元；2016年新增固定资产投资16个项目，其中新建项目2个，续建项目6个。园区创税20703万元，其中国税征收13845万元，比2015年增收3507万元，增幅33.9%，地税征收6858万元，比2015年增收1374万元，增幅25.07%。

【招商引资】 2016年，开发区新引进并签约的项目有7个，其中天然冰片项目投资10亿元、大布农业科技光伏项目6亿元、6万吨粮食仓储及加工项目1.8亿元、富之光电子新材料项目0.22亿元、护理养老项目13亿元、腊岭瑶寨项目1.02亿元，共计32.04亿元。

【设施建设】 2016年，开发区充分运用省扶持产业园5000万元基础设施专项资金和农业发展银行贷款1.2亿元基础设施专项资金，大力推进园区基础设施建设，不断优化园区产业发展环境。其中：开发区工业污水处理厂占地2公顷，近期日处理污水能力达2500吨，远期日处理污水能力达到5000吨，总投资达2830万元，10月初完成招投标工作，工程队进场施工；G323线泽桥至墩子公路新建工程，全长0.563千米，总投资249万元，4月份完成招标，10月份进场施工；新材料产业园河堤建设项目一期总长度450米，总投资达442万元，6月份完成招投标，完成工程量达70%以上。新材料产业园河堤建设项目二期完成招投标；安全应急桥梁长约125米，总投资550万元，12月份完成招投标。

【重点项目】 对园区项目采取“保姆式”跟踪服务，及时有效解决项目推进过程中遇到的困难和问题，加强项目监管和指导。截至2016年12月初，全面完成100吨天然冰片项目征地工作，土地等待招拍挂。聚力胶粘制品有限公司二期主体工程在12月底全面完工，车间占地3940平方米、仓库999平方米，整个项目占地1公顷，投资达2000万元。永恒实业有限公司二期项目用地3.33公顷，全面完成厂房、仓库建设。全面完成鑫源环保有限公司二期的木竹坝整体搬迁，嘉旺二期在12月初全面建成，12 月 16 日开始投产，产能翻一番，达到 160 万吨。威鸣研磨项目在 10 月开始建成试产，深圳高立高空项目在 12 月底完成设备安装。

【钢铁过剩产能】 根据市政府下达的化解钢铁过剩产能目标责任，2016 年，开发区督促、指导园区鸿峰特钢、尚东金属、鑫鹏特钢、三宝拉丝四家企业完成去产能拆除，超额完成全县 118 万吨压减粗钢产能任务。

【组织建设】 2016 年，开发区党支部深入开展“两学一做”专题学习教育活动，抓好基层党建 6 项重点任务，着重排查各类党员 19 人，及时收取补交党费 5388 元。

【廉政建设】 2016 年，开发区积极推进党员干部示范教育、警示教育和岗位廉政教育。组织干部职工观看《黄克功案件》《榜样》等教育片；组织党员干部到“韶关防腐倡廉教育基地”“北伐战争纪念馆”“粤北省委旧址”参观学习；开展“廉洁读书月”活动。

【安全生产】 2016 年，开发区对新材料产业园开展专项整治工作，督促企业安装视频监控，组织完成新材料产业园的园区应急预案。 （许红传）

民营规模以上企业

【乳源东阳光电化厂】 乳源东阳光电化厂隶属广东东阳光铝业股份有限公司，位于广东乳源经济开发区氯碱特色产业园内，是广东省最大的氯碱生产厂，2016 年员工总人数 474 人。主要经营研发、生产和销售氢氧化钠、高纯盐酸、双氧水、液氯和次氯酸钠等产品，其中盐酸和氢氧化钠可用做食品添加剂。离子膜烧碱项目采用最先进的烧碱生产工艺，核心装置选择先进的离子膜电解工艺，双氧水项目生产装置采用国内蒽醌固定床自动氧化法，2 万吨（50%）食品级双氧水生产装置系国内最大的食品级生产装置之一。该厂是高纯盐酸行业标准的编纂单位，生产高纯盐酸符合食品添加剂盐酸、化学试剂盐酸、电子级盐酸标准，高纯盐酸品质居全国同行业前列。实现产值 78208 万元，比 2015 年增长 5.35%。

【韶关包装印刷有限公司】 韶关包装印刷有限公司位于广东乳源经济开发区，隶属深圳东阳光实业发展有限公司的全资子公司。2016 年有员工 168 人，其中大专及以上学历占 20%。公司拥有国际先进的生产设备和“务实、进取、和谐、高效”的管理团队。主要从事纸品印刷、镀铝包装膜、转移膜/纸及相关镭射制品三大系列产品生产与销售，集产品设计开发、生产、服务为一体高新企业。实现产值 5009 万元，比 2015 年下降 5.53%。

【乳源东阳光优艾希杰精箔有限公司】 乳源东阳光优艾希杰精箔有限公司位于广东乳源经济开发区，于 2002 年 6 月成立，注册资本 74650 万元。被认定为高新技术企业。2016 年有员工 816 人。主要产品有：电子光箔、钎焊箔等最尖端的产品，其中 HFF 铝板带荣获“中国名牌”称号。设计年产能力为 15 万吨铝板、带、箔。实现产值 212297 万元，比 2015 年增长 4.38%。

【乳源阳之光亲水箔有限公司】 乳源阳之光亲水箔有限公司位于广东乳源经济开发区，公司占地面积 4 万平方米，建筑面积 2 万平方米，2016 年有员工 236 人，其中技术管理人员 20 余人，是以生产空调器散热翅片用亲水涂层铝箔为主，集科研、开发和生产为一体高新企业，是全国最大亲水箔生产基地。多次获得管理技术创新奖、优秀奖、专利奖。实现产值 134523 万元，比 2015 年增长 25.18%。

【乳源东阳光化成箔有限公司】 乳源东阳光化成箔有限公司位于广东乳源经济开发区，成立于 2004 年 12 月，注册资本 15000 万元，是全球最大腐蚀箔生产商，生产能力为年产中高压 3500 万平方米。公司员工总人数 445 人。产品主要销往日本的尼吉康、罗比康、凯美康和欧洲的 EPCOS 等世界主流市场，主要产品为腐蚀箔、化成箔、阴极箔。2016 年实现产值 61413 万元，比 2015 年下降 6.51%。

【乳源东阳光机械有限公司】 乳源东阳光机械有限公司位于广东乳源经济开发区，主要产品为：腐蚀化成设备电柜、镍锌材料模具、“三鸭”智能座便器一体机。2016年有员工105人，拥有近30台数控精密电加工机床，为乳源东阳光化成箔厂及宜都东阳光化成箔厂生产上百条腐蚀化成生产线，为乳源东阳光磁性有限公司提供磁性材料模具。重点发展方向是智能冲洗座便器、太阳能组件设备及机器人制造。实现产值8472万元，比2015年增长43.47%。

【乳源东阳光磁性材料有限公司】 乳源东阳光磁性材料有限公司位于广东乳源经济开发区，公司员工总人数1223人。主要产品种类有：高频低功耗软磁铁氧体材料、抗电磁干扰高磁导率软磁铁氧体、抗电磁干扰镍锌及镍铜锌软磁铁氧体材料。产品主要原材料有：三氧化二铁、四氧化三锰、氧化锌等。主要辅助材料有：硬脂酸锌、聚乙烯醇、分散剂、五氧化钒、五氧化二铌等。公司拥有全自动氮气保护烧结窑14条、钟罩炉7台、镍锌空气窑4条、全自动磨床近60台、3T100T全系列自动干粉压机100多台。制粉工序，从配料到成品料出口均采用流水线操作，产品质量稳定，长期与国内著名研究机构建立合作关系，拥有一流磁性材料生产技术，产品主要用于小型变压器、电磁开关等，广泛应用于家电、通信、数码、汽车、电脑等行业配件变压器中。锰锌功率铁氧体生产规模9000吨/年，锰锌高磁导率铁氧体1000吨/年，镍锌抗EMI铁氧体1000吨/年。2016年实现产值23530万元，比2015年增长15.03%。

【韶关东阳光电容器有限公司】 韶关东阳光电容器有限公司位于广东乳源经济开发区，是集产品开发、生产、服务为一体的高新技术企业，2016年有员工550人，其中大专以上技术管理人员50人。专业生产全系列高、中、低压铝电解电容器，主要用于电脑、彩电、空调、照相机、VCD等家用电器及数控车床、占地电子机等工业设备。拥有国家一流的大型自动化生产设备，月生产量Φ18毫米以上800万只，Φ5Φ12.5毫米1亿只，实现产值7867万元，比2015年下降31.93%。

【乳源阳之光铝制品有限公司】 乳源阳之光铝制品有限公司位于广东乳源经济开发区，是以铝制品再冶炼为核心业务铝加工企业，员工总人数400人。主要产品有成品铝锭和合金铝锭等，重点的发展方向为太阳能用框架铝合金和焊带，产品直接供应铝加工企业。2016年实现产值20499万元，比2015年增长214.30%。

【乳源东阳光氟有限公司】 乳源东阳光氟有限公司位于广东乳源经济开发区，是国内A股主板上市公司广东东阳光科技控股股份有限公司下属子公司，成立于2011年，注册资本3.5亿元，公司员工总人数445人。主要经营新型环保制冷剂系列产品：R125、R32、R134a、R22、R410a、R407c、R404a、R507等。公司秉承“科技兴企，质量第一，客户至上”经营理念，以科学企业管理体系和完善的品质保障体系促进企业不断改进，2014年顺利通过ISO 9001、ISO 14001及OHSAS18001体系认证。与格力、美的、日本大金、韩国三星、TCL、志高空调等公司建立战略合作伙伴关系。2016年实现产值31428万元，比2015年增长65.23%。

【广东宝华农业科技股份有限公司】 广东宝华农业科技股份有限公司位于广东乳源经济开发区富源工业园，公司员工总人数88人。是一家以油茶产业为主体生物科技企业，集良种油茶育苗、种植、油茶深加工及销售科研于一体广东省农、林业龙头企业。2016年实现产值3270万元，比2015年增长4.44%。

【广东冠华食品有限公司】 广东冠华食品有限公司位于广东乳源经济开发区富源工业园，员工总人数185人。生产“冠益”牌系列排米粉产品，原料为大米，是一家集产品研发、生产、销售为一体的农产品深加工企业，采用国家最新节能、环保循环流化床锅炉、全不锈钢自动流水生产线和先进生产工艺质量控制技术，推行“公司+基地+农户”的生产经营模式，真正达到双赢目标。2016年实现产值7277万元，比2015年增长6.96%。

【乳源瑶族自治县永恒实业有限公司】 乳源瑶族自治县永恒实业有限公司位于广东乳源经济开发区

新材料产业园区内，以生产经营氯化石蜡及副产盐酸等系列产品为主，主要产品氯化石蜡52具有低挥发性、阻燃、电绝缘性良好等优点。公司氯化石蜡产品注册“挂绿”牌商标，是广东省知名商标产品，主要销往长三角、珠三角、江浙一带等省内外28个大中城市。有在册员工60人，其中：各专业中高级以上技术人员16人，管理人员10人，产业人员46人。2016年实现产值7833万元，比2015年下降42.34%。

【韶关赛普超硬材料科技有限公司】 韶关赛普超硬材料科技有限公司位于广东乳源经济开发区富源工业园。主要从事超硬材料专用设备和人造金刚石的研发生产及销售。公司自主研发ZZSP1500型压机具有自主知识产权和7项技术专利，系国内先进生产金刚石的设备。2016年实现产值2069万元，比2015年下降0.78%。

【韶关市晟发有色金属有限公司】 韶关市晟发有色金属有限公司于2006年5月成立，注册资本4000万元。位于广东乳源经济开发区富源工业园，公司员工总人数102人。主导产品为：电解锌及综合回收铟、铋、锡等有价金属，设计年产电解锌15000吨。公司以绿色环保资源综合利用及清洁生产为宗旨，利用固体废物再生资源次氧化锌为原料，生产电解锌及综合回收铟、铋、锡等有价金属，每年综合利用次氧化锌近30000吨，减少固体废物排放量近150000吨。公司不断加大投入研发新工艺、新技术，大力降低能耗，使用离子交换除杂等新型技术及工艺达到清洁生产目的，获得ISO 9001质量管理体系认证和ISO 14001环境管理体系认证。2016年实现产值7105万元，比2015年下降6.16%。

【乳源瑶族自治县鑫源环保金属科技有限公司】
乳源瑶族自治县鑫源环保金属科技有限公司位于广东乳源经济开发区富源工业园，是一家专业化综合处理工业固体废物科技型环保和资源综合利用企业。公司员工总人数130人。主要收集利用电子、电镀工业废水和渣等工业固体废物（WH17、WH22和WH46等危险废物）为生产原料，在进行无害化、减量化处理过程中，综合回收其中有价值铜、镍等有色金属和金、银、钯等贵金属，实现工业固体废物资源化。2016年实现产值5415万元，比2015年增长14.77%。

【乳源瑶族自治县富特机械配件制造有限公司】
乳源瑶族自治县富特机械配件制造有限公司位于桂头镇七星墩，主要经营机械零部件加工、制造和销售。是广东富华工程机械制造有限公司上下支板、托架成品、凸耳、连杆、钢圈等汽车悬挂产品的合格供应商，是其上下支板唯一供应商。有员工45人，管理人员4人。2016年实现产值4013万元，比2015年下降15.29%。

【乳源瑶族自治县恒力炭素制品有限公司】 乳源瑶族自治县恒力炭素制品有限公司位于桂头镇七星墩，是一家炭素制品企业，主要生产和销售电池炭棒、再生胶，及销售原材料。与广州市虎头电池集团有限公司达成友好长期合作伙伴关系，完成第二期生产线建设，投入生产。有员工100多人，其中95%为乳源籍农民工，管理人员任用以外招和内部培养提拔共存。2016年实现产值4228万元，比2015年增长2.83%。

【韶关好特利电子有限公司】 韶关好特利电子有限公司位于广东乳源经济开发区富源工业园，是一家专业生产高精密度线路板、盲埋孔板厂家。工艺有无铅沉锡、无铅喷锡、化学沉金、化学银等。主要生产线路板、节能灯具、LED灯，产品广泛应用于电脑、通讯、汽车、医疗设备、光电仪器、仪表等领域，客户遍布国内外，60%销往美国、韩国及中国台湾地区，40%销往华北、华东及本地客户。建有一支技术力量雄厚和高素质员工队伍，员工122人，其中本、专职技术人员60人。2016年实现产值2563万元，比2015年下降7.78%。

【韶关大唐研磨材料有限公司】 韶关大唐研磨材料有限公司位于广东乳源经济开发区富源工业园，主要生产经营磨料、磨具、砂纸、砂布及其制品。其母公司——顺德大唐研磨材料有限公司是华南地区第一家集磨料磨具、抛光研磨材料、抛光工具、表面处理器材的开发、制造、销售于一体的企业，拥有一支高素质、专业化的员工队伍，建立一套完整质量管理体系，2000 年 8 月通过 ISO 9000 质量体系认证，是中国涂附磨具协会副理事长和中国超硬材料协会理事单位，开发生产花轮、纱布砂纸、金刚石软磨片砂轮、抛光轮等系列磨具产品 100 多种，创立小太阳、坚力士、新东江、永亮等著名品牌，产品畅销国内外市场。有员工 160 人，其中大专以上学历人员 42 人。2016 年实现产值 2638 万元，比 2015 年增长 5.81%。

【韶关硕成化工有限公司】　韶关硕成化工有限公司位于广东乳源经济开发区氯碱特色产业园内，生产销售化工原料、化工产品、电子线路板及相关产品，注册资本 1390 万元，有员工总人数 95 人。2016 年实现产值 2781 万元，比 2015 年下降 16.57%。

【韶关绿之源包装食品有限公司】　韶关绿之源包装食品有限公司位于广东乳源经济开发区富源工业园，是收购原韶关乳源绿鲜冠天然食品有限公司基础上新成立一家食品饮料加工企业，注册资本 500 万元，占地面积 25.33 公顷。公司是集研发、生产、销售一体的综合性企业。拥有先进金属易拉罐制罐全套生产设备和 PET 热罐装生产线，年产能达 700 万箱。2016 年实现产值 2052 万元，比 2015 年下降 2.07%。

【乳源瑶族自治县鑫中胜汽车零部件有限公司】
乳源瑶族自治县鑫中胜汽车零部件有限公司成立于 2012 年 2 月，经营范围为生产销售汽车零部件及配件。位于广东乳源经济开发区富源工业园，有员工总人数 95 人，生产能力为年产 60 万件汽车零部件。2016 年实现产值 2258 万元，比 2015 年下降 1.53%。

【韶关威鸣研磨材料有限公司】　韶关威鸣研磨材料有限公司成立于 2013 年 10 月，注册资本 2000 万元，生产销售砂布、砂纸类研磨产品。位于广东乳源经济开发区富源工业园，占地面积 1 公顷。有坯布浸渍定型/涂刮线、重型砂纸、砂布制造线、柔曲机、磨毛机、烧毛机、分卷机、在线质量检测系统（准备）等各种生产设备 20 多台（套），生产能力为年产 300 万平方米涂附类研磨产品。2016 年实现产值 2961 万元。（文锦洪）

商贸・商业

经济贸易

【概况】 2016年面对错综复杂的国内外经济发展环境，县委、县政府认真落实中央发展新理念，积极利用少数民族地区税收优惠政策，加大招商引资力度，推进供给侧改革、缓解钢铁行业对县工业的不利影响，动员促投资，攻坚克难稳增长，经济运行呈现“总体平稳、稳中有升、稳中向好”的态势。全县实现地区生产总值73.7亿元，比2015年增长9.5%，增速高于全市平均水平3.2个百分点，在韶关市7个县（市）3个区中排第一。完成社会消费品零售总额22.47亿元，比2015年增长10.1%。

【工业经济】 2016年，全县实现地区生产总值73.7亿元，比2015年增长9.5%，增速高于全市平均水平3.2个百分点，在七县（市）三区中排第一。其中：第一产业增加值8.06亿元，比2015年增长3.9%；第二产业增加值33.86亿元，比2015年增长8.6%，第二产业实现工业增加值29.67亿元，比2015年增长10.3%；第三产业实现增加值31.78亿元，比2015年增长12.1%，分别拉动GDP增长0.4、4、5.1个百分点。经济实力跃上新台阶。产业结构进一步优化，三次产业结构由上年的11.1∶47∶41.9调整为10.9∶46∶43.1，三大产业对GDP增长的贡献分为4.6%、42.2%、53.2%，第三产业成为拉动经济增长的重要支撑点。全县工业总产值完成116亿元，比2015年增长3.9%。其中规模以上工业实现工业增加值24.74亿元，比2015年增长11.4%，增速在韶关排名第三，比韶关市平均水平高6.4个百分点。工业增加值对GDP的贡献率为43.7%，拉动GDP增长4.17个百分点。东阳光集团规模以上工业完成工业总产值60.14亿元，比2015年增长18.2%，产值占全县规上工业产值的比重提高到64%，实现工业增加值10.76亿元，比2015年增长17.9%，占全部规上工业增加值的45%，拉动规模以上工业增长7.72个百分点。水电企业由于2016年雨水量充足均匀，产值与2015年相比有大幅度的增长，2016年规模以上电力生产及供应业完成工业总产值12.39亿元，比2015年增长22.8%，产值占全县规上工业产值的比重为13%，实现工业增加值6.99亿元，比2015年增长31.3%，占全部规上工业增加值的29%，拉动规模以上工业增长7.67个百分点。工业主要产品完成量较大幅度增长。全年规模以上工业企业完成腐蚀箔1588万平方米，比2015年增长3%；完成亲水箔8.7万吨，比2015年增长34%；发电量14.66亿千瓦时，比2015年增长47.3%。

【招商引资】 2016年，充分利用少数民族税收优惠政策进行招商，全年共举办各类宣讲会15场，效果良好。全年新设立市场主体1411个，其中有限责任公司213个（外地引进162个），注册资本超50亿元，注册资本超1000万元以上项目39个，投资总额39.5亿元，完成年目标任务25亿元的158%。引进步步高集团一级代理商在县设立公司42家，完成销售额135亿元，累计纳税费近2亿元，为县级财政贡献税收5000多万元。成功在佛山举行招商推介大会，现场7个重点项目实现签约，总投资额达42.3亿元，4家企业确定投资意向。全县新批外资项目2个，合同吸收外资662万美元；全年实际利用外资801万美元，完成年目标任务460万美元的174.2%。

【外经外贸】 2016年，全县完成外贸进出口总额12805.3万美元，同比2015年增长5.7%，其中进口2152.9万美元，比2015年下降22.5%，出口10652.4万美元，比2015年增长14.1%，完成市下达县货物进出口目标12500万美元的102.5%。

【规上企业】 2016年，共新增“四上”企业27家。其中：新增规模以上工业企业4户，完成市下达全年目标的100%；限额以上批零住餐企业21户，规模以上服务业企业2户，完成市下达全年目标的460%。截至2016年年底，全县“四上”企业共170户，规模以上工业企业69户，限额以上批零住餐企业64户，规模以上服务业企业11户，资质等级建筑业企业26户。

【社会消费】 2016年，全县完成社会消费品零售总额22.47亿元，比2015年增长10.1%，增速比全市平均水平高0.2个百分点。全县批发业销售额151.4亿元，比2015年增长127%，零售业销售额20.99亿元，比2015年增长9.7%，批发和零售业增加值6.91亿元，比2015年增长29.2%。住宿业营业额0.99亿元，比2015年增长9.4%，餐饮业营业额2.82亿元，比2015年增长7%，住宿和餐饮业增加值2.23亿元，比2015年增长3.6%。

【节能降耗】 2016年，落实用电产出相匹配政策，严控能耗上升，落实钢铁行业化解过剩产能实现脱困发展目标任务，圆满完成鸿峰特钢、尚东金属、三宝拉丝、鑫鹏特钢等企业的主体设施（生产线）拆除，单位GDP能耗下降6.37%，下降幅度全市第一，圆满完成市下达年度节能目标。

【科技成果】 2016年，专利申请总量184件，其中发明34件，实用新型52件，外观设计98件。专利授权112件，其中发明1件，实用新型30件，外观设计81件。完成市下达任务的136%。宝华科技、立东电子等进入高新技术企业培育库；聚力胶粘制品、硕成化工、立东电子等企业正式成为国家高新技术企业。硕成化工在全省创新创业大赛中获得三等奖，代表广东省参加全国创新创业大赛获得优秀企业奖。

【企业服务】 2016年，为企业向上级申报专项发展资金1.35亿元。其中东阳光化成箔有限公司获得2016年省级技术改造专项资金5000万元，韶关绿之源包装食品有限公司获得2015年省级技术改造专项（第四批）资金1800万元，东阳光药业获得2015年省级技术改造专项（第四批）资金3400万元等。协助企业向银行融资，助企业做大做强。2016年，协助恒扬、鑫中胜、锴盛模具等八家企业向银行贷款2910万元。

【重点项目】 2016年，重点项目共计5项：中国供销·粤北农产品电商物流商贸城项目、东阳光氟化工基地建设（续建）项目、东阳光药业扩建项目、大布农业光伏科技园项目、蓝威生态科技园项目。

【教育活动】 2016年，扎实开展“两学一做”专题教育，党员干部政治意识、大局意识、核心意识、看齐意识显著增强。严格落实党风廉政、政风行风建设，扎实推进“廉洁经促”，不断提高服务企业水平，教育活动重点突出、特色鲜明、成效明显，为服务企业创造良好的政务环境。

【安全生产】 2016年，坚持以“安全第一、预防为主、综合治理”方针，以落实安全生产责任制为核心，开展民爆安全生产专项整治、安全生产大检查等活动，确保全年无安全生产责任事故发生，为乳源工业发展创造良好安全环境。

【招商引资推介会】 11月15日，在佛山市成功举办招商引资推介会。投资客商与县政府现场签约项目7个，总投资额42.3亿元，4家企业确定投资意向。此次招商引资推介会，重点推介乳源四大招商优势（政策措施、交通区位、投资成本、政务服务）。

（卢建军）

粮油购销与储备

【概况】 2016年，县粮食储备中心和县粮食购销有限责任公司贯彻执行国家各项粮食工作方针政策，履行粮食安全职责，落实粮食工作政府负责制，加强粮食宏观调控，承担全县粮油储备管理和军粮保障供应等政策性业务工作。12 月，县粮食储备中心内设办公室、调控财会监督股、规划储运军粮股 3 个副股级机构，编制 10 人。县粮食购销有限责任公司内设财务部、综合部，下辖 4 个分公司［仙湖粮库、一六粮库、侯公渡粮库、民族刺绣工艺经销部（惠民平价商店）］和 1 个军供站，在职干部职工 25 人。

【粮食安全政府责任制预考核】 根据省粮食局等省直有关部门《关于开展 2016 年度广东省粮食安全责任考核工作的通知》和韶关市《关于开展 2016 年度韶关市粮食安全责任预考核工作的通知》要求，成立以县委常委、常务副县长许益云为组长的乳源瑶族自治县粮食安全责任考核工作领导小组，由县发改、农业、粮食部门作为考核工作牵头单位，贯彻执行市委、市政府 2016 年度粮食安全责任考核工作的指示精神，县发改局、财政局、国土局、农业局、水务局、环保局、工商局、食药监局、粮食储备中心等各成员单位切实担负起保障粮食安全的主体责任，加强粮食生产、储备和流通能力建设，全面推进粮食安全政府责任制落实。11 月，县各成员单位按照省市的评分细则，对年度考核任务指标进行梳理，开展查漏补缺，相互协调，整理预考核相关佐证材料编印成册，施行粮食安全政府责任制落实申报材料的报送，完成县粮食安全责任预考核各项任务，为年度粮食安全政府责任制落实的省、市考核迎考工作做好铺垫。

【县级储粮新增规模】 根据市政府下达乳源瑶族自治县地方粮食储备规模任务指标，确保新增规模于 2015 年年底前至少落实 40%，总规模于 2016 年底前全部落实到位”的具体要求，在 2015 年 10 月落实县级储备粮增储规模完成比例 64.04% 的基础上，县粮食部门加大加快夏粮收储力度，截至 2016 年 9 月 30 日，全县当年各级储备粮油收储总量 4400 多吨，其中完成 2016 年度县级储备粮增储规模收储任务 103.05%。2015 年，2016 年合计完成县级储备粮增储总规模收储任务 101.01%。

【粮食风险基金调整】 2016 年，乳源瑶族自治县地方粮食储备新增规模的粮食风险基金账户调整为 550 万元，完成市下达的粮食风险基金规模指标，完成比例达 100%。抓好粮食风险基金使用，做到严格审批，专款专用，符合国家有关粮食风险基金的使用规定，保证粮食储备和市场调控的实际需要。

【军粮供应管理】 县军供站按照省市军粮办对军粮工作的要求，以《军粮供应服务公约》为指导，开展“一保三提高一满意”（即保证所供应的军粮符合质量标准，提高服务质量、提高工作效率、提高企业形象，让部队官兵满意）的优质服务活动，形成“上下联动，人人参与，为优质服务出力量”的良好氛围，有效地调动军供员工的工作热情，为部队提供“全天候”的军粮供应服务保障，保质保量满足部队的粮油需求。按照建设平战结合军粮供应保障体系的总体要求，省市安排军供网点维修改造资金 40 万元，对县军粮供应站实施维修改造，军供网点购粮环境、基础设施、服务功能得到较大改善，增强基层军供企业的保障能力和发展后劲。

【储粮监管机制】 县粮食储备中心加强储备粮油质量监管，严格执行国家和省有关质量安全标准，制订《乳源瑶族自治县县级储备粮管理暂行办法》《乳源瑶族自治县县级储备食用植物油管理暂行办法》，加强对储备粮油规模的落实，完善县级储备粮管理办法、储备粮油轮换管理制度和库存监管机制，落实储备费用和利息补贴资金，规范县级储备粮油的运作机制，没有发生储备粮油管理违法、违规行为。坚持每年春秋两季开展储备粮库检查和不定期的监督抽查，强化上下级政府的责任，储备粮油常储常新、质量良好、数量真实、储存安全，确保储备粮油宜存率保 100%，在紧急情况下调得动、用得上。

【粮食仓储设施维修改造】 制定《乳源瑶族自治县粮食仓储设施建设和“粮安工程”危仓老库维修改造规划》，继续兴建一批高标准粮食仓库，加快粮食仓储设施建设和危仓老库维修改造工程进度。一是县粮食现代物流项目仙湖粮库新仓建设收尾工作。2016年4月完成仙湖粮库6仓、7仓竣工验收，新仓在今年夏粮入库投入使用，其中6仓代储清城区区级储备粮，7仓用于收储县级储备粮。二是一六粮库“粮安工程”危仓老库维修改造项目，建设2栋合计仓容1万吨，总投资2050万元（省补助400万元，地方配套1650万元），于2016年7月动工兴建。县财政安排20万元维修资金，用于粮食仓储设施建设、维护，改善仓储环境和储粮性能，降低保管和流通成本，提高效能，实现科技储粮的目标。

【与社会储粮企业合作共赢】 按照省市粮食局“储备功能完善，品种结构优化，储存方法灵活，承储主体多元，粮食储备安全”的要求，县粮食储备中心提出县级储备粮社会代储管理试点提议并经县政府同意，县粮食购销有限责任公司与广东冠华食品有限公司于2016年9月合作代储定额县级储备粮。冠华公司投资兴建采用先进储存方式的大容量米仓，内装电子测温系统，全天候监测储粮温度，县粮食购销有限责任公司定期进行监督检查，确保县级储备粮储存安全，有效地发挥社会储粮企业的积极作用。

【粮食应急保障演练】 2016年县粮食储备中心完善粮食应急供应网点9家，为平战结合军粮供应保障体系建设和应对突发事件下的粮食应急供应积累经验，合理组织调度粮源，没有出现脱销断供及区域性粮食价格的波动，完成驻韶部队的军粮供应任务，确保军需民食。编制《乳源瑶族自治县粮食应急预案操作手册》，组织粮食应急操作演练，2016年7月8日在桂头镇仙湖粮库开展消防安全兼粮食应急预案演练活动，邀请县消防中队官兵进行全程培训并参与指导，参加应急演练干部职工30人。演练指导有方、准备有序、组织有力，达到预期目标，有效提高县粮食部门干部职工的安全生产责任意识和粮食应急保障处置能力。

【爱粮节粮宣传】 根据《关于做好2016年世界粮食日和全国爱粮节粮宣传周活动的通知》要求，县粮食储备中心做好世界粮食日“气候在变化，粮食和农业也在变化”的主题和“积极应对气候变化，促进粮食减损增效”全国爱粮节粮宣传周的主题宣传活动，在单位大门口、县城各大超市、粮油店、粮库悬挂宣传横幅，发放爱粮节粮知识读本50多册及科普宣传海报资料30多份，讲解粮食安全形势、粮食供给状况、气候变化对粮食安全的影响等科普知识，营造“珍爱粮食、从我做起，积极促进粮食减损增效”的良好社会氛围。（许勇强）

供销合作社

【概况】 2016年，结合县供销合作社工作实际，深化供销合作社综合改革，加强为“三农”服务的意识。全年全县系统实现销售总额9022万元，比2015年增长5%。其中：农资销售1738万元，比2015年增长5%；日用消费品销售6743万元，比2016年增长5.7%；农产品加工与销售450万元，比2015年增长6%；烟花爆竹销售230万元，比2015年下降-12%。社会贡献总额70万元，比2015年增长65%。供销合作社内设办公室、人事股、财会股和业务股。年末在职干部职工12人。

【试种新稻】 2016年，县供销社直属种子公司在乳城镇前进村试种新稻种“Y两优1173”，面积3.33公顷。为确保试种能达到最佳的技术要求，县供销社聘请农业技术人员对水稻试种工作从浸种、育秧管理到插秧后的施肥用药田间管理进行全程的技术指导和跟踪，试种取得成功，水稻亩产达700公斤，2017年可望获得推广。

【安全生产】 *强化烟花爆竹经营市场监管。*规范烟花爆竹市场监管，配合安监、公安、工商部门对烟花爆竹经营市场进行整治，打击非法经营烟花爆竹行为，共收缴罚没非法烟花爆竹3326箱，市值约18万元，于3月18日，集中公开销毁。

*加强农资质量大检查。*县供销社重视农资商品质量，到农资经营网点开展农资商品质量大检查，杜绝供销社销售渠道出现假冒伪劣产品和过期农资商品。

*加强消防安全检查工作。*注重加强系统安全生产工作，定期或不定期对基层社和直属公司经营网点用电用气开展安全检查，对存在消防安全隐患的

网点和场所责令立即整改，及时消除安全隐患。重视烟花爆竹批发仓库的消防安全工作，每年举行12次消防安全演练，提高工作人员的应急救援能力。

【精准扶贫】 县供销社挂点扶贫乳城镇前进村委、新兴村委，共27户困难户，每位干部职工帮扶2户至3户。县供销社派出专门工作人员驻镇驻村，组织单位干部职工进行帮扶对象家庭收入、住房家庭成员、致贫原因调查摸底登记，驻村工作人员将摸底情况汇总后报乳城镇政府复核公示；针对困难户家庭信息采取过程中存在遗漏、不准确等情况，组织干部职工多次再调查核实，确保帮扶工作不遗漏，不走过场，保证帮扶信息采集的准确性和完整性。根据困难户的实际情况制定切实可行的帮扶措施上报乳城镇政府。中秋节春节期间，县供销社帮扶干部对困难户进行节日慰问，慰问金开支3000多元。县供销社派出党员干部进驻洛阳镇富塘村委，帮助该村委党支部加强村级软弱涣散党组织整顿转化工作，支持资金2000元。2016年供销社支付帮扶资金共2.8万元。

【探索新路】 县供销社通过电子商务平台建设等办法来弥补自身的发展短板，走出一条既符合供销社实际，又符合市场经济发展要求的新路子。按照主辅分离的原则，县政府常务会议决定，将由农业局接管的县绿色食品公司交由县供销社接管。8月底顺利完成交接工作。

【廉政建设】 县供销社注重加强支部党建工作，完善党支部各项制度，落实年初制定的“三会一课”工作制度，开展纪律教育学习月活动，以“两学一做”丰富教育内容，提高党员干部的政治素养和廉洁自律意识。严格执行中央“八项规定”和有关党纪党规，遵守《中国共产党廉政准则》和《中国共产党纪律处分条例（试行）》有关规定，构建不敢腐，不能腐的纪律约束机制。（罗　骏）

烟草专卖

【概况】 2016年，县烟草专卖局（广东烟草韶关市有限公司乳源瑶族自治县分公司）有员工100人。县分公司完成卷烟销售38638.39万支，销售金额23735.08万元；收购烟叶22913.49担，收购金额3002.90万元，全部完成烟叶调拨任务；创税29353.65万元。

【专卖管理】 县烟草专卖管理，保持打假高压态势，整治卷烟市场，抓好非烟治理工作，巩固打假成果，“两烟”市场得到规范净化。提高内部监管效能，健全专卖内管长效机制，严格规范意识，履行同级监管，各项工作有效开展，“两烟”生产经营更趋规范。2016年全县查处涉烟违法案件214宗，查获涉案卷烟360.23万支，涉烟违法案值836801.32元。全县持证经营户共计778户。

【卷烟销售】 2016年，“按客户订单组织货源”，做好卷烟品牌培育、明码标价和配送工作。是年，需求预测38127.10万支，零售客户需求量38996.72万支，需求预测准确率97.77%，实际销售量38638.39万支，订单满足率99.08%。由配送人员将订购的卷烟直接送到卷烟零售户店，配置3辆专用送货车负责对全县768户持证经营户进行配送，按时、按质、按量把卷烟配送到零售客户手中。全年销售卷烟38638.39万支，其中：一类烟8153.71万支，二类烟7982.28万支，三类烟18018.38万支，四类烟2284.18万支，五类烟2186.84万支，无价类13.01万支。

【收购调拨】 乳源烟叶收购工作于2016年7月28日开磅，9月30日全面结束。其间，县烟草专卖局（分公司）成立烟叶收购工作领导小组，加强专卖管理和宣传力度，严格烟叶收购“七条要求”（严格按合同收购，制止超计划收购；完善服务措施，提高服务质量；严格执行价格政策，及时兑现烟农货款；坚持烟叶国家标准，确保等级质量；强化专卖管理；加强监督检查；健全领导责任制）和“五条纪律”（一是严禁不按合同收购，违者一经查实，视情节轻重，对直接责任者给予记过、记大过、降级、撤职处分；对负有领导责任者给予记过、记大过处分。二是严禁跨区收购，违者一经查实，视情节轻重，对直接责任者给予记过、记大过、降级、撤职处分；对负有领导责任者给予记过、记大过处分。三是严禁加价收购，违者一经查实，视情节轻重，对负有领导责任者给予记过、记大过、降级、撤职处分。四是严禁内外勾结，体外循环，非法从系统外收购烟叶，违者一经查实，视情节轻重，对直接责任者给予撤职、留用察看、开除处分；对负有领导责任者给予记大过、降级、撤职、留用察看处分。五是严禁降低标准收购烟叶，凡执行国家烟叶标准不到位、收购等级合格率和工商交接等级合格率严重偏低的，全行业通报批评，视情节轻重，分别给予直接责任者和负有领导责任者记过、记大过、降级、撤职处分）。树立“烟农至上、服务至上”的原则，提高服务质量和水平，确保烟叶收购任务的顺利完成。2016年，收购烤烟22913.49担，完成收购计划99.62%，实现收购额3002.90万元。分两批次向广东中烟工业公司调拨烟叶22936担，完成全年的烟叶调拨任务。（潘伟雄）

盐业专营与管理

【概况】 韶关市盐务局乳源分局、广东省盐业集团韶关有限公司乳源分公司成立于2004年6月。是国有企业和法定的食盐专营机构，一套班子两块牌子。执行韶关盐业有限公司下达的食盐年度计划销售任务，负责乳源区域人口的食用盐、辖区内小工业用盐供应以及盐业市场的行政管理工作。2016年人员定编4人。

【市场掌控】 对食盐供应实行一级批发直达配送的服务，实现全县食品加工企业、酒楼饭店、超市食盐直配供应，增强对全县食盐终端市场的掌控力度。引导群众吃用合格碘盐，科学用盐，依照《2010—2020年中国减盐行动大纲》的要求，鼓励市民少吃盐、吃好盐，继续开展消除碘缺乏病的宣传。

【机制改革】 2016年5月国家公布盐改方案。国家盐业体制改革是以确保食盐质量安全和供应安全为核心，在坚持食盐专营制度基础上推进供给侧结构性改革，坚持依法治盐，严管市场监管。

乳源盐务分局以三方面推进机制改革。一是完善食盐定点生产制度和食盐批发环节专营制度。二是完善食盐专业化监管体制。三是改革食盐生产批发区域限制。2016年，乳源盐务分局（盐业分公司）按照《广东省人民政府关于印发广东省盐业体制改革实施方案的通知》精神，加强与政府有关部门的对接，积极应对盐业体制改革，向市场化转型发展。在2016年全县共查处销售假冒伪劣食盐（小案件）2宗。有力地加强食盐市场监管力度，坚决打击制假贩假盐等违法违规行为，守住食盐安全底线，确保全县人民的食盐安全。（钟让明）

民爆物资监管

【概况】 县物资总公司（以下简称公司）2016年有员工14人，其中总经理1人，副总经理2人，干部职工11人。

【安全学习】 2016年，县物资总公司派出6人参加学习培训，其中1人参加主要负责人培训班学习，3人参加保管员安全继续教育，1人参加安全管理人员培训，1人参加押运员取证学习，做到每个员工持证上岗。

【安全生产】 2016年1月6日，在“2016年岁末年初安全生产大检查，2015年安全生产回头看”行动中，检查组对公司提出六个存在问题；2016年1月20日广东省经信委安全生产专项整治检查，检查组对县公司提出三个存在问题，检查需立即整改。1月22日，公司组织相关人员进行安全生产检查，对整改项目逐一确认，全面整改，仓库达到安全级。1月，在县公安局治安管理大队协助下，公司邀请韶关宏大爆破工程有限公司协助销毁一批过期民爆器材，5月仓库防雷设施通过安全检测并取得合格证书。

【安全检测】 每年6月是安全生产月，公司制定活动方案。一是公司负责人组织员工一起学习演练安全操作，学习各项安全生产操作规程、安全生产规章制度、岗位责任制等相关规定，学习《广东省经济和信息化委印发经济和信息化系统2016年“安全生产月”和“安全生产万里行”活动方案的通知》精神，通过学习测验，全部合格；二是组织在职员工在民爆仓库进行消防应急演练，取得良好效果；三是组织有关人员对仓管人员进行思想教育，不能带有情绪工作；四是韶关市公安局督导组对公司仓库进行安全检查，提出整改意见；五是县防雷设施检测所对民爆仓库防雷设施进行检测取得合格证书。（王莉萍）

财税·金融·保险

财　　政

【概况】 县财政局内设17个机构，挂靠归属管理单位有县国库集中支付中心、财政投资评审中心，垂直管理9个镇财政所。

2016年，县地方一般公共财政预算收入完成52071万元，比2015年（可比口径）增收1493万元，增长3%，比县第十二届人民代表大会常务委员会第三次会议审议通过的预算调整方案增加637万元。

上划中央收入完成38235万元，比2015年增收6606万元，增长21%；上划省“四税”收入完成17681万元，比2015年增收7991万元，增长82%。

全县一般公共财政预算支出完成223451万元，比2015年减支25106万元，减少10%，比县第十二届人民代表大会常务委员会第三次会议审议通过的预算调整方案增加3535万元，主要是新增上级转移支付资金形成支出。

全县公共财政预算总收入293007万元，其中：地方一般公共预算收入52071万元，上级补助收入161047万元，调入预算稳定调节基金5298万元，债务转贷收入36000万元，2015年滚存结余38161万元，调入资金430万元。

公共财政预算总支出230400万元，其中：一般公共预算支出223451万元，上解上级支出4776万元，安排预算稳定调节基金3092万元，债务还本支出1213万元，增设预算周转金2132万元。

上述收支相抵后，年终滚存结余62607万元（含新增债券结余28052万元），全部结转下年支出。

【优化财政收入结构】 加大财税政策宣传力度，努力推进“营改增”工作，大力挖掘财源税源。一般预算收入实现52071万元，增长3%，总量排在全市第5位，增速排在全市第4位；地方税收收入实现37571万元，增长16.64%，总量排在全市第2位，增速排在全市第1位；非税收入14500万元，占一般预算收入的27.85%，在全市各县（区）中占比最小。

【供给侧结构性改革】 牵头落实供给侧结构性改革降成本计划，建立健全工作机制，加强沟通联系，落实省定涉企行政事业性收费“零收费”政策。2016年减免矿产资源补偿费、土地登记（证书）费、耕地开垦费、河道工程修建维护管理费、水土保持补偿费1720万元。认真落实免征企业应缴企业所得税优惠政策，将符合政策范围的企业全部享受该税收优惠政策，受惠面达100%。全县享受优惠政策的企业289户，减免税收14950万元。

【民生项目资金储备保障】 2016年，县财政局按照县政府的部署和要求，落实市农发行项目融资贷款11.04亿元。努力向省财政厅争取政府债券资金4.6亿元，用于精准扶贫、道路基础设施建设等项目；全年向上级争取专项转移支付资金7亿元，为全县民生重点项目的实施提供资金保障。

【财政支出进度达到预定目标】 2016年，省财政厅制订实施财政支出“三挂钩一通报”（建立市县财政综合支出考核与转移支付挂钩、库款资金存量与增量调度挂钩、省直部门综合支出考核与财政资金安排挂钩，市县财政支出进度考核通报的机制）制度，上半年全县基础设施及重点项目建设进展缓慢，库款支出较慢，库款指标、支出进度不理想。下半年，采取有效措施推进重点项目实施，如农田水利、城乡公路、城市基础设施等重点项目建设，加快项目评审工作和项目资金拨付进度，进一步提高资金支出效率，有效减小库款规模。加强财政资金支出的专项督查，落实支出责任追究机制。年底，财政支出实现较快增长，12月综合支出进度在财政省直管县中排名第四。

【财政资金使用效益】 严格落实预算审批，规范预算公开工作，推进保障民生发展，发挥财政资金使用效益。立足全县中心工作，推进重大项目建设，落实金禧小学和鲜明八一小学扩建、妇幼保健院先进设备购置、人民医院住院大楼建设等项目资金，筹集环瑶山公路、老年人活动中心、县城污水管网改造、柏油路铺设等项目资金。2016年用于民生方面的财政资金占全年支出的74.62%，教育方面投入37140万元、社会保障方面投入17617万元、医疗卫生方面投入26409万元、节能环保方面投入24767万元、农林水方面投入31830万元（其中投入精准扶贫资金近1亿元）。

【公共服务试点工作】 按照县委、县政府的部署和要求，牵头扎实推进试点建设工作，投入3600多万元完成县、镇、村三级公共服务平台建设，实现公共服务事项“一站式”办理、“一条龙”服务。推出“全天候一窗式”及“直通车”两大特色服务，提升公共服务实效。（马万里）

国家税务

【概况】 县国家税务局（以下简称县国税局）内设办公室、政策法规股、收入核算股、纳税服务股、征收管理股、人事教育股、监察室、税源管理一股、税源管理二股等9个行政股室。另设1个直属机构稽查局、1个事业单位信息中心和1个派出机构桂头税务分局。2016年，在职干部职工69人。

【组织收入】 2016年，组织税收收入66518万元，比2015年增收25573万元，增长62.5%。其中：中央级收入42407万元，比2015年增收12413万元，增长41.4%，完成市局下达年度中央级收入预期目标31120万元的136.3%；省级收入9964万元，比2015年增收8557万元，增长608.2%；县级收入14147万元，比2015年增收4603万元，增长48.2%，完成县政府下达的年度收入预期目标10603万元的133.4%。

各税种收入情况：增值税55207万元，比2015年增收21276万元，增长62.7%，剔除“营改增”扩围增值税收入4424万元，与2015年同口径相比实际增收16852万元，增长49.7%；企业所得税10277万元，比2015年增收3729万元，增长56.9%；车辆购置税1026万元，比2015年增收562万元，增长121%。

各产业实现税收收入情况：第一产业实现税收收入68万元，比2015年减收207万元，减幅为75.3%；第二产业实现税收收入37217万元，比2015年增收2762万元，增长8.0%；第三产业实现税收收入29233万元，比2015年增收23017万元，增长370.3%。全年第二、三产业实现税收收入占总收入的比重分别为56.0%和43.9%，2015年同期分别为84.1%和15.2%，第二产业比重下降28.1个百分点，第三产业则上升28.7个百分点，第三产业增收贡献率达90.0%。

【税制改革】 开展国地税深化征管体制改革工作。深入开展国地合作，落实各项税收优惠政策。2016年，为享受小型微利企业所得税优惠政策的129户企业减免税额85万元，优惠面达100%，为享受民族地区企业所得税优惠政策的255户企业减免税额6096万元。

【税收征管】 2016年，共完成222户风险应对任务，其中稽查高风险7户，纳税评估中风险33户，问题核查低风险182户。全年实现查补入库税款1899万元，加收滞纳金110万元，罚款65万元。主动对接“五证合一、两证整合”。2016年，采用“五证合一、一照一码”登记制度登记317户，新增“两证整合”个体工商户174户。

【税务稽查】 开展国地税联合稽查。与县地税局联合成立“国税、地税联合稽查办公室”，加大国地税联合执法力度。2016年，县国税局、地税局联合查办案件4宗，查补入库税款198万元。开展税警合作，与县公安局联合成立“警税联合执法办公室”，建立税警协作联席会议制度及案件协作制度。

【纳税服务】 开展联合办税，互设联合办税窗口。启用桂头镇国地税联合办税服务厅。与县地税局、建设银行乳源支行联合开展“税银互动”工作。推广电子税务局，方便纳税人网上办税。与县地税局联合开展纳税信用等级评价，2016年，对388户纳税人开展纳税信用等级评价，评选出2015年度纳税信用级别A级纳税人13户，B级纳税人188户，C级纳税人143户，D级纳税人44户。

【文明建设】 纳税服务股被韶关市总工会和韶关市总工会女职工委员会授予2015年度“粤北女职工文明岗”荣誉称号，被继续认定为“2014—2015年度国税系统广东省青年文明号集体”。全局共有2名团干被团县委评为先进个人，分别授予“优秀共青团干部”“优秀共青团员”等荣誉称号。县国家税务局被县爱国卫生运动委员会评为“2014—2015年度乳源瑶族自治县爱国卫生先进单位”、被县文明办评为“2014—2015年度乳源瑶族自治县培育和践行社会主义核心价值观优秀示范点”。（黄泽琪）

地方税务

【单位概述】 乳源瑶族自治县地方税务局内设6个职能部门，分别为办公室、人事教育股、征收管理股、税政股、纳税服务股、监察室，辖稽查局和4个税务分局。2016年，在职干部职工79人。

【组织收入】 2016年组织税费收入75301万元，比2015年增收2858万元，增长3.95%，创历史新高，增量及增长幅度在全市排名第一。其中税收收入44207万元（省级固定收入701万元），比2015年增收2087万元，增幅4.95%，剔除营改增因素增收7843万元，增长21.57%。剔除省级固定收入后税收总额42775，比2015年增收2174万元，增幅5.35%，完成市局税收收入预期105.36%。其中：中央级收入12733万元，比2015年增收4734万元，增幅59.18%，完成市局税收收入预期127.33%；省级共享收入7052万元，比2015年减收1231万元，减幅14.86%，完成市局税收收入预期97.94%；县级收入23721万元，比2015年减收891万元，减幅3.62%，完成市局税收收入预期101.37%，剔除营改增因素增收1693万元，增长7.69%。其他各费收入31094万元，比2015年增收771万元，增长2.54%。其中社保费收入25968万元，比2015年增收1047万元，增长4.20%；教育费附加收入1902万元，增收505万元，增幅36.15%；地方教育附加收入1268万元，增收337万元，增幅36.20%；文化事业费、堤围费同比略有减收。

【改革创新】 积极探索“后营改增时代”地方附征税费管理模式，与县国税部门相互委托代征税款，协同开展风险应对，通力提升征管质效。加强与房管、国土、国税、工商等政府部门的涉税信息交换与共享，利用第三方信息增加税收收入。实现全省通办业务试运行，大力推行广东省电子税务局。国地税合作实现新突破。建成桂头国地税联合办税厅，城区分局办税服务厅实现双方“互设窗口，互派工作人员”，全县国地税所有办税服务厅全面实现“一人一机双系统联合办税”新模式。国地双方开展信息共享、联合开展纳税评估和税收执法、稽查执法等活动。双方联合开展税收知识培训，联合开展纳税辅导和税收宣传，提高纳税人的税法遵从度。在全市率先实现国地税联合与纳税人签订委托银行（金融机构）划缴税款三方协议的办税服务新措施。落实《合作规范3.0版》，国地合作44项事项均实现。全面完成“营改增”工作任务，共向县国税局移交“营改增”管户1170户，5月1日，成功开出增值税发票，代征增值税、代开增值税发票业务实现无缝对接。做好营业税欠税清理以及资料完善工作，2016年，建筑业税收入库4850万元，比2015年增长6.6%，房地产业税收入库2383万元，比2015年增长2%。

【依法行政】 采取措施，对照省地税局党组巡察组巡视韶关发现的问题进行逐项自查，逐项落实到责任部门和责任人。制定整改清单，形成整改方案，业务部门对巡察发现的执法与征管方面共性问题举一反三进行排查，把税收征管方面问题作为整改自查的重点，为防范税收执法风险，堵塞征管漏洞，打下坚实基础，落实税收优惠政策。2016 年局辖区内符合省少数民族地区企业应缴企业所得税地方分享部分政策的纳税人有 51 户，减免税共 4536.36 万元。局辖区内符合企业所得税优惠条件的小型微利企业 70 户。共减免税额 83.35 万元。积极推进绩效管理工作，增强机关行政效能。健全制度体系，重新修订《绩效管理办法及其实施细则》和《岗位人员绩效管理办法及其实施细则》。强化绩效过程管理，强化考评结果运用，彻底打破“吃大锅饭”的模式。

【纳税服务】 联合国税部门与县银行金融机构签订“银税互动”方案，推出“税银互动”守信激励措施，加强纳税信用管理，强化结果运用，通过“银税合作”为韶关得力包装有限公司提供 100 万元贷款。全力推进电子办税服务厅、24 小时自助办税服务模式，电子办税厅开通率为 64.27%。积极推广网上申报，纳税人网上申报率为 66.15%。做好“二维码”办税事项一次性告知，强化办税服务时限，明确登记办理、发票领用、涉税审批、投诉处理、咨询答复等涉税事项办理时限。12 月正式开启“全省通办”模式，可办理全省范围内地税业务，打破地域限制，极大方便纳税人。

【队伍建设】 认真开展“两学一做”学习教育，组织开展“岗位大练兵、业务大比武”活动，共组织 2 次模拟考试，分 2 期到暨南大学开展全员知识更新和不定期业务的培训，更新税收业务知识，2016 年组织培训 201 人次。在省、市、县局大练兵活动中，县地税局有 1 人列入省局岗位能手人才库并列入全国税务系统实施素质提升 115 工程的岗位能手人才库，2 人列入市局岗位能手人才库。在用人方面，加强编制和职数管理，树立正确选人用人导向，以德为先，用其所长，着力开发干部潜能，建立师徒结对、“以老带新”培养机制，加大干部轮岗交流力度，多层面、多岗位培养和锻炼年轻干部。

【作风建设】 严格落实“两个责任”。明确责任分工，明底线、划红线、筑防线，抓好分解责任落实。主体责任落实始终保持一级抓一级，一级带一级，一级监督一级，齐抓共管的工作格局。持续狠抓“四风”整治。贯彻落实中央“八项规定”，加大“四风”问题整治力度，完成公务用车、办公用房、参与涉税中介、公职人员入股经商等专项问题清查和整改，做好行风评议和效能投诉处理，全年实现零案件和零有效信访。强化“两权”监督，推进内控机制信息化建设。整合干部监督、内审监督、执法监督、兼职监察员监督等，形成监督合力，有针对性地开展廉政执法风险排查和防控，督促各岗位及时梳理执法权力清单，健全岗责体系，优化业务流程。加强与地方纪委、检察院及特邀监察员沟通交流，采用座谈、走访等形式，收集纳税人诉求和建议，确保监督不缺位。加强反腐倡廉宣传教育，筑牢拒腐防变思想防线。扎实开展以纪律教育学习月为主线的廉政教育活动，抓好“八小时以外”活动监督管理，紧密结合培育和践行社会主义核心价值观，积极参与南粤地税“好家风”主题宣传系列活动，组织廉政公益海报和廉政漫画作品征集活动，征集作品 21 件，引导党员干部自觉廉洁修身、廉洁齐家，传承优良家风，以良好家风带税风、促政风。

（辛建平）

人民银行乳源支行

【概况】 人民银行乳源支行内设机构 3 个，有干部职工 21 人。2016 年坚持稳中求进工作总基调，实施稳健的货币政策，更好平衡增长、调结构、抑泡沫和防风险之间的关系，为供给侧结构性改革营造适宜的货币金融环境，不断推动金融改革创新，维护金融稳定，提升金融服务水平，全县金融业稳健运行。

【金融机构】 2016 年，全县有人民银行乳源支行、工商银行乳源支行、农业银行乳源支行、建设银行乳源支行、邮储银行乳源支行、农村信用合作联社、德杰小额贷款有限公司、财产保险公司、人寿保险公司 9 家金融机构。金融机构营业网点 26 个，其中：工行 2 个、农行 2 个、建行 1 个、农信社 13 个、邮政储蓄 5 个、小额贷款有限公司 1 个、人寿保险1个、财产保险1个。全县金融机构从业人员291人。

【货币政策】 继续实施稳健的货币政策，灵活运用各种工具组合，保持银行体系流动性合理充裕，不断优化信贷结构，支持实体经济发展，加大信贷政策和产业政策协调配合，引导辖内金融机构合理、适度、平稳投放。2016年，全县各项存款87.20亿元，比2015年增长12.96%。各项贷款40.78亿元，比2015年增长4.04%，存贷比达到46.77%，在韶关市各县（市）中名列第三。全县涉农贷款余额27.16亿元，比2015年增长9.22%，有效支持县辖“三农”经济发展。

【金融服务】 推进普惠金融工作，全面提升金融服务。首批建成102个标准化乡村金融综合服务站，升级改造助农取款点102个，实现村级全履盖，形成以金融综合服务站为中心、助农取款点为辐射的基础设施实体网络体系。2016年，全县城乡离行式自助设备ATM机增加至81台、POS机增加至267台，进一步完善短信服务、手机银行、网上银行、微信银行、第三方网上支付等业务，实现“基础金融不出村、综合金融不出镇”的初衷，金融服务的便利性持续提升，带动服务的覆盖率、可得性、满意度等大幅提升。

【跨境结算】 积极加强联系沟通和政策宣传，促进县辖区内重点出口企业继续提升使用人民币跨境结算的意愿，促进出口企业开辟结算业务新领域，贸易便利化、降低企业汇率风险和经营成本的政策效应进一步显现。2016年，全县结算业务量6.1亿元。

【国库服务】 配合国库集中支付制度改革，建立起以国库单一账户体系为基础、资金缴拨以国库集中收付为主要形式的乡镇财政国库管理制度。做好第二代支付系统、国库集中支付系统、中央银行会计核算数据集中系统上线推广工作，落实核算操作程序化、账务处理标准化、业务管理制度化“三化”一体的管理机制，支付结算及国库服务持续保持高效、安全。全年办理一般预算收入5.20亿元，办理一般预算支出27.98亿元。

【金融稳定】 积极协调公安经侦等有关部门落实好维护金融稳定、打击洗钱、打击假币、打击银行卡犯罪等工作职责，确保社会秩序稳定；加强对金融机构的风险监测，密切关注金融运行情况，及时分析金融稳定形势和风险状况，牢固守住不发生系统性、区域性金融风险的底线；加强对县各银行机构开展专项执法检查，促进各金融机构塑造更好的专业服务形象；充分发挥金融协会在金融知识宣传、纠纷调处、综合评价等方面作用，构建和谐的金融消费关系。（欧阳会）

工商银行乳源支行

【概况】 工行乳源支行在职员工30人，内设4个机构。2016年，围绕市分行下达各项业务指标，坚持“四大标杆”（同业占比、资产质量、经济效益、考核位次）理念，贯彻落实“稳中提速”要求，推动转型发展，各项工作保持发展势态，实现内控案防双零目标。各项存款余额121548万元，比2015年减49.3万元。其中对公存款比2015年减5451万元；储蓄存款比2015年增467万元。各项贷款余额82063万元，比2015年减少5502万元，含还原后的拨备前利润3642万元，实现年初制定相关核心目标任务。

【负债业务】 落实负债业务经营目标，完善考核机制，调动员工积极性，采取多种形式加大业务营销，依托综合业务系统优势，重点发展银行卡、电子银行、工银e支付业务。加强自助网点建设，引导客户逐步改变传统柜面储蓄方式，推动客户多使用自助银行产品，缓解客户排队问题。强化分层次营销工程，完善考核激励机制，全方位、多层次开展市场营销，促进存款业务持续发展。

【信贷业务】 为发展乳源经济，加强经济金融良性互动，达成银企双赢，县工行紧紧围绕“招商引资”“工业园区建设”工作重点，以城市化、工业化、住房商品化为三大主攻方向，按照“大投入、大集聚、大发展”信贷工作思路，落实“择优扶植”信贷原则，一手抓信贷有效投入，一手抓信贷风险防范，促进乳源经济和社会事业发展。

【业务亮点】 县工行在开展传统金融业务的同时向资本市场业务和投行业务领域迈出坚实一步。2016年工行担任主承销商为企业注册发行中期票据、超短期融资券等债券融资工具，并办理理财计划直接投资和中长期项目贷款等投行业务。为更多样化地满足企业的现金管理需求，降低财务成本、改善企业融资结构、使企业灵活应对突发性资金需求，累计为韶关市首个跨境人民币资金池实现跨境人民币资金进出合计4660万元。

【“工银E缴费”业务拓展】 2016年，工商银行乳源支行拓展“工银E缴费”业务，实现燃气费代扣1家，物业费代扣2家，全面接触涉及人民群众水、电、电视等各项缴费业务，推动缴费的互联网化，给予企业、个人以方便快捷银行缴费服务，拓展客户2000多户，开通手机银行1800多户，“工银E缴费”业务推广成为市工行系统内第一个实现实质突破，成为年度十大营销案例之一，取得良好业绩推广效果。

【支持企业】 2016年，针对企业融资需求，县工商银行创新信贷产品，优化信贷流程，为地方重点工业企业和商贸企业提供符合其生产经营特点信贷产品，有效解决企业生产经营所需资金。全年发放各项表内企业融资44143.84万元，发放表外融资6个亿元。在创新业务品种方面，根据企业的临时资金周转需求，创造性地利用上级行的理财资金向企业投放6亿元的短期表外融资，有效满足企业资金需求。资本市场业务，县工商银行主动与上级合作，成功为县里重点企业东阳光集团承销发行16亿元的中期票据和十亿元的超短期融资券，有效地为企业提供生产经营资金。利用工商银行的科技系统优势，继续推广网络循环贷款等小微企业适合的业务品种，并提供便利的企业网银、现金管理、网银对账、法人理财等多项现金管理配套服务。

【社会效益】 加大对企业信贷、结算等服务投入，实现自身业务快速发展，社会经济效益明显。一是在流动性收紧的形势下，把重点企业、重点项目、优质成长型企业作为首选目标，拓展新能源、新材料和文化旅游等新兴产业市场，支持实体经济发展和结构调整，支持一批规模以上企业快速成长。二是为企业提供资金，支持企业加快转型、扩大规模，确保企业经营稳定，用工稳定。三是创新金融产品，满足多样化融资需求。做到担保方式多样化，推动不动产抵押、动产抵押、动产质押、企业保证、保证金质押、应收帐款质押等工作创新，完善贸易融资类、置业按揭类、权利质押类等产品，形成较为完善产品体系。四是通过支持地方企业发展，自身发展取得明显成效，2016年表外贷款投放6亿元，表内贷款投放44143.84万元，比2015年底减少3091万元，全年实现拨备前利润3642万元（净利润3077万元），比2015年减202万元，计划完成率为88.8%，比2015年增幅5.3%。

【中间业务】 2016年，实现中间业务收入1366万元，比2015年减237万元。通过依法合规经营，加大在结算服务、代理业务、投融资顾问、高端财务顾问、贵金属销售等业务开拓。

【“反洗钱”工作】 组织落实反洗钱制度学习培训，提高员工对反洗钱工作重要认识和遵守反洗钱规章制度自觉性，做好反洗钱工作。对可疑交易和可疑行为进行监测、分析，严格执行人民银行及工总行、省行关于反洗钱各项规章制度。

【优质服务】 组织员工认真学习“五声服务”（来迎有声、问有答声、去有送声、错有歉声、赞有谢声）“七步曲”（手相迎、笑相问、资料传递、快速办、巧营销、业务处理完毕后：使用话术“请对我的服务进行评价”，通过资料传送口传递完资料后，要说“请收好”、目相送）等规范化服务流程，领会规范化服务意义，要求员工在服务中规范用语、规范操作，保障争创规范化服务示范网点工作开展。

【队伍建设】 落实案件防范责任，依法合规经营，落实各岗位职责。加大监督，督促相关责任人履行职责。加强道德教育、制度建设，监控机制等三方面工作。以人为本，从严治行，提高干部员工队伍素质，促进精神文明建设。把创建市级文明单位作为精神文明建设、支行党建重要任务。开展“严格执章、严肃执纪、严防案件”“三严”教育活动，“学制度、纠违章”。层层签订责任书，每季召开防案分析会，加强员工行为动态管理和安全防范意识教育，强化内控管理和安全保卫月度检查，实现“三防一保”（防抢劫、防盗窃、防诈骗）和内控防范“双零”目标。

【家园文化】 2016年落实好总行、省行“共创、共建、共享”的家园文化建设要求。一是落实好老干、困难员工的慰问工作；二是继续完善饭堂建设，对网点放心午餐实施统一配送；三是做好员工生日、生育、有疾病员工实时问候工作；四是完善职工书屋建设和支行宣传栏信息发布。努力营造好家园文化建设，不断提高员工满意度。

【精准扶贫】 工行乳源支行挂扶贫户共13户，42人，分布在乳城镇大群村委会、共和村委会。2016年扶贫人员下到扶贫户与户主对接和进行摸查了解扶贫户的基本情况，完成对扶贫户相关信息的采集工作，完成扶贫户的建档立卡工作。做到每户一册、一卡，对每户贫困户制定三年扶贫规划，把有关信息录入电脑，建立电子档案，做到户有表、有册、有电子档案。（黄胜波）

农业银行乳源支行

【概况】 中国农业银行乳源瑶族自治县支行（以下简称县支行），内设综合管理部、客户部、风险管理部3个机构和支行营业部、乳源乳城支行2个营业网点，开设16个服务窗口，15台ATM存取款机，其中6个离行式自助银行服务点。乳城镇、侯公渡、桂头镇共有ATM存取款机9台，在职员工47人。

2016年各项存款131384万元，比2015年增长9864万元，各项贷款余额为87070万元，比2015年减少11624万元，实现利润2303万元，存款、利润均完成分行下达经营指标。全年运营安全无事故、无案件，实现“双零”目标。

【存款业务】 2016年，县支行各项存款131384万元，比2015年增长9864万元，增长8.12%，增量为乳源国有银行第二。其中：对公存款50073万元，比2015年增长1498万元；个人存款81311万元，比2015年增长8366万元。各项存款日均余额126187万元，比2015年增长13888万元。其中：对公日均存款48575万元，比年初增长4518万元；个人日均存款77612万元，比2015年增长9371万元。

【信贷业务】 根据总行“服务‘三农’、支持‘三农’”的指导思想，主动应对市场变化，支持地方经济的发展，2016年投放贷款27182万元，其中中小企业贷款18090万元，个人住房按揭贷款8682万元，住房按揭贷款净增5934万元，其他个人生产经营贷款368万元，各项贷款余额为87070万元，比2015年减少11624万元，比2015年降低11.78%，市场份额36.63%，比2015年减少4.61%，主要受企业改制、融资渠道多元化等因素的影响。

【业务推广】 开展走进社区、走进农村“双走进”活动，服务农村、农民，担当社会责任。2016年继续做好乳源金融村村通工作，农行金融服务站有效点达41个，达到符合条件全覆盖。

【党建工作】 县支行健全完善支行中共党组织体系，把党支部设在基层网点，在支行营业部、乳城支行分建党支部，强化支部战斗堡垒作用。开展“两学一做”党员教育活动，引领广大党员干部不忘初心，继续前行，打造严守纪律、敢于担当的干部队伍。落实“五有十上墙”（有党员活动室的牌子、有必需的播放设备和经费、有党支部的职责和任务、有活动工作台账和有一定数量的党报、党刊、电教片和党旗上墙，入党誓词上墙、党员的权利和义务上墙、伟人头像上墙、党员情况上墙、党支部基本概况和职责任务上墙、党建工作任务上墙、党建工作制度上墙、组织活动情况上墙和党员缴纳党费情况上墙）的要求，制定《关于党总支部领导班子成员2016年度党风廉政建设工作任务分解意见》制度，各班子成员分头抓好分管范围内党风廉政建设工作的推动和落实，做到党风廉政建设工作有人抓、有人管、有人负责办，有人监督的良好机制。

【风险管控】 2016年做好风险防控工作，做到业务发展与风险防控二手抓。一是加强企业运作、现金流以及贸易真实性核查，开展资金流向动态跟踪监管，协助企业做好资金规划，将信贷风险管控工作前移，提高信贷资产质量；二是做好贷后管理，跟进贷后服务，及时发现风险点，协助企业采取措施归还贷款，保持资产良好状态；三是做好逾期及不良贷款催收工作，多策并举，依法清收，把不良贷款控制在萌芽状态。2016年县支行资产不良率0.06%，为乳源金融同行业较低水平，低于国际《巴塞尔协议》要求，达到业务发展，风险控制双目标。

【队伍建设】 贯彻落实干部员工交流、重要岗位人员轮岗、近亲属回避等制度规定，县支行主要领导进行调整，选拔任用二级支行营销副行长1人，人员轮岗8人。强化基础管理，优化队伍结构，促进领导干部履职能力的提升。（林恒青）

建设银行乳源支行

【概况】 中国建设银行乳源支行内设营业部和客户部二个部门，按照“三综合”（综合性网点、综合制柜员和综合化营销队伍）网点转型要求进行岗位的设置，即网点负责人岗、营销主管岗、营运主管岗、网点客户经理岗、产品销售经理岗、高级柜员岗、柜员岗和大堂经理岗共八个岗位。综合业务，按要求除经办对公业务、个人业务及对公和个人外汇业务外，经办中小微企业信贷业务、个人类贷款业务，业务趋于全方位、综合发展。2016年，以打造“三大工程”（发展工程、平安工程、幸福工程）和塑造“六大机制”（产品创新管理机制、产品营销管理机制、绩效考核管理机制、合规安全机制、员工幸福机制、目标客户营销机制）的发展思路，推进网点“三综合”转型工作，提升综合服务能力和价值创造能力，完成2016年各项KPI指标。

【人员结构】 在职人员18人，其中网点负责人1人，营销主管1人，营运主管1人，员工15人。

年龄结构。30岁以下（不含30岁）5人，其中柜员1人，产品经理3人，大堂经理1人，占在职人数28%；30～40岁（不含40岁）4人，其中客户经理3人，营运主管1人，占在职人数22%；40～55岁（不含55岁）9人，其中柜员3人，高级柜员1人，大堂经理1人，客户经理2人，营运主管1人，网点负责人1人，占在职人数50%。

学历结构。本科学历8人，其中柜员1人，产品经理3人，大堂经理1人，客户经理1人，营销主管1人，网点负责人1人，占在职人数44%；大专学历9人，其中柜员3人，产品经理1人，客户经理4人，营运主管1人；中专学历1人，其中高级柜员1人，

【各项业务】 2016年，全口径存款余额175564万元，比2015年新增51971万元，增幅42.05%，存款增额为乳源金融同行业排名第一。其中：企业存款余额104898万元，比2015年新增37815万元，增幅56.37%，增额乳源金融同行业排名第一；个人存款余额70666万元，比2016年新增14156万元，增幅25.05%，完成率乳源金融同行业排名第一。各项贷款余额68584万元，比2015年新增15500万元，增幅29.20%。其中：公司类贷款余额52511万元，比2015年新增11225万元，增幅27.19%；个人类贷款余额16073万元，比2015年新增4276万元，增幅36.25%。中间业务净收入667万元，比2015年增加274万元。不良贷款（一逾一非）余额79万元，比2015年增57万元。全年实现账面利润3490万元，比2015年增1257万元。对东阳光集团公司投放1.4亿元流动资金贷款。

【工作创新】 2016年，按照上级建设银行工作部署，推进乳源支行“三综合”转型建设工作，提高

支行综合服务能力和价值创造力。配合县委、县政府支持县域高新企业发展工作，通过综融创新业务，于2016年上半年对东阳光集团公司投放1.4亿元流动资金贷款。

建立“三综合”工作架构。组织全员学习培训“三综合”文件、会议精神，统一思想认识、明确工作重点，对照各项具体工作实施方案，逐条抓落实，按时、保质推进“三综合”转型建设工作。

完善支行业务功能。一是制订会计业务培训管理考核办法，组织安排员工对公柜台轮岗培养，确保柜员均熟练掌握对公、对私业务。二是加强对柜员的外汇业务学习、培训，更多员工熟悉外汇业务操作。三是提升网点信贷经营能力，整合现有客户经理岗位职能，提高信贷业务知识，提升拓展市场能力。

提升“三综合”转型建设工作。乳源支行全员综合素质和各项经营指标得到提升，于年末顺利通过建设银行广东省分行的验收工作，成为建设银行韶关市分行系统内唯一荣获广东省分行“三综合”转型标杆的示范网点。（周淑婷）

农村信用合作联社

【概况】 2016年，乳源瑶族自治县农村信用合作联社（以下简称乳源联社）领导班子成员5人，在岗职工145名，内设7部1室，辖内有营业网点13个（含1个离行式自助银行）。

【经营成效】 截至2016年年末，乳源联社各项存款余额30.14亿元，比年初增长5.34亿元，增幅21.53%，市场份额为34.57%。各项贷款余额15.64亿元，比年初增长1.8亿元，增幅13.01%，市场份额为38.35%。实现经营利润0.67亿元，比2015年增加0.24亿元，全年缴纳各项税赋695万元。

【信贷品种对接服务】 创新信贷品种，满足多元化金融需求。为使金融消费者享受更贴身的金融服务，乳源联社创新推出“助保贷”“税信通”、卡贷宝、妇女创业贷款、二手房按揭贷款、汽车消费贷款、车位贷等便民金融产品。

落实国家宏观政策，支持县域高新企业发展。乳源联社配合县委、县政府推动有竞争力、有市场、有效益的优质企业“走出去”完善投贷联动业务模式，主动做好韶关市2016年重点建设项目的对接服务，支持县域企业产业结构调整。2016年，为韶关威鸣研磨材料有限公司发放“助保贷”，提供授信400万元。

【支农扶小企业贷款】 加快推动乳源企业转型升级，发挥深耕农村金融市场支撑作用，乳源联社秉承“小而美”情怀，截至2016年年末，涉农贷款余额13.63亿元，比年初增加2亿元，增幅17.20%，小微企业贷款余额9.37亿元，比年初增加1.08亿元，增幅13.03%。实现涉农贷款“两个高于”（涉农贷款投放增速必须高于全部贷款增速，增量必须高于上年水平）和小微企业贷款“三个不低于”（小微企业贷款增速不低于各项贷款平均增速、小微企业贷款户户数不低于上年同期户数、小微企业申贷获得率不低于上年同期水平）目标。

【绿色信贷业务】 不断优化信贷资源配置，大力发展绿色信贷业务，共建绿色金融生态环境，支持美丽乳源建设。截至2016年年末，绿色农业开发项目贷款余额350万元，绿色林业开发项目贷款余额6340万元，工业节能节水环保项目贷款余额1200万元，水力发电项目贷款余额15246万元。

【富民惠农】 乳源联社借力省联社“鲜特汇”电商平台为县域优质农特产品与互联网“牵手联姻”，拓宽乳源农特产品销路，助力产商增收致富。2016年12月份乳源瑶族自治县山卡拉商行的大布番薯干上架“鲜特汇”电商平台，12月销售量达140余份。

【社会公益事业】 一是积极开展各类金融公益知识宣传活动，2016年，发放宣传资料逾15000多份，接受咨询18000人次。二是为“老、弱、病、残”等特殊客户提供“上门”特色服务，主动下乡为村民激活社保卡2000余张。三是组织员工参加5月2日在乳源瑶族自治县举行的首届青年公益跑活动，独家冠名赞助“农信杯”乳源达人秀暨迎新春晚会、支持赞助桂头镇均村村委会开办首届“马蹄开挖节”活动，协助承办乳源瑶族自治县2014年至2015年度精神文明建设工作表彰会暨县2016年第四期道德讲堂。

【精准扶贫工作】 乳源联社对口帮扶贫困户11户，共41人。2016年帮助扶贫户落实产业奖补、助学金、医疗保险等扶贫政策。提高基础金融服务，扩大建档立卡贫困户扶贫小额信贷覆盖率，努力解决建档立卡贫困农户创业、生活的小额贷款需求。2016年共发放金融精准扶贫贷款3户，贷款余额42万元。

【普惠金融试点工作】 坚持“便利、低价、平等”特色的普惠金融理论指导，瞄准经济发展的重点领域和薄弱环节，扩大普惠金融试点，大力推进“八项行动”（推进建设区综合征信中心、信用村、乡村金融服务站、乡村助农取款点、妇女创业小额担保财政贴息贷款、政银保合作农业贷款、农村产权抵押担保贷款、农村产权抵押—宅基贷行动）。参与建设信用村4个，录入信用户11250户；新增40家农村金融综合服务站；建设助农取款服务点62个，覆盖62个行政村，遍布7个乡镇；发放妇女小额贷款8.27亿元、金融扶贫贷款6.64亿元。

【队伍建设】 从严治党，从严治社，从严治贷。扎实开展“两学一做”、践行“三严三实”，反对“四风”、组织形式多样的教育活动落实党风廉政建设，以从严治党带动从严治社，以从严治社带动从严治贷。

加强内控建设，提升从业人员素质。落实合规责任，由联社“一把手”牵头，层层签订责任书。开展各类培训，2016年，共开展各项培训23次，培训达816人次。组织员工参加知识考试185人次，观看警示教育片201人次，参观廉政建设基地54人次。

守住不发生系统性金融风险的底线。紧紧扭住信用风险“牛鼻子”，化解信贷风险。构建“教、制、监、责、惩”五位一体的案件防控长效机制，提升合规经营水平。加大常规、专项检查的力度，切实将案件风险消灭在萌芽状态。实行案防新机制，定期开展家访活动，实行八小时以外行为监察，对违规违纪行为进行严肃查处。强化安全意识，落实安全责任，提高“人防、物防、技防”水平，构建“四防一体”安全屏障，确保全年安全经营无事故。

（贺　莎）

邮储银行乳源县支行

【概况】 2016年，中国邮政储蓄银行股份有限公司乳源瑶族自治县支行（以下简称邮储银行乳源县支行）认真贯彻落实中共十八大、十八届历次全会及习近平总书记系列重要讲话精神，坚持服务“三农”、服务小微企业的战略定位，主动履行普惠金融责任，积极融入地方经济建设，服务实体经济发展，为乳源经济发展做出积极贡献。

【业务发展】 2016年，各项存款规模达到11.96亿元，比年初增长1.52亿元，其中个人储蓄存款为9.95亿元，比2015年增长1.12亿元；各项贷款规模保持稳定增长，贷款余额达到2.16亿元，比年初增长0.86亿元。

【履行责任】 邮储银行乳源县支行响应“万众创新、大众创业”，与县人社部门合作，为全县41名创业者提供再就业担保贷款527万元；投入信贷资金支持小微企业和实体商户，发放贷款2369万元，成功向东阳光集团发放贸易融资贷款6755万元。推进新农保服务，辖内5个营业网点为广大农民办理新农保业务提供“一站式”服务。全县9个镇累计开设50个银行卡助农取款服务点，2016年新增15个服务点，进一步解决乡镇村民金融服务最后1千米问题，将基础金融服务送到村民百姓面前。

【基础管理】 一是夯实案防合规管理。定期召开邮银风控会，先后开展各项案防排查、党员干部及员工警示教育，提高全体员工案防意识、合规意识、廉洁意识，全年实现资金管理、案件防控“双零”目标。二是严控风险保证质量。信贷资产各条线的不良率在1%以下，信贷资产总体不良率为

0.1%。三是落实精细化管理。全体动员落实精细化管理、9S管理，支行行风行貌保持良好。四是强基固本抓党建。深入开展“两学一做”学习教育活动，持续开展党风廉政学习教育，切实为经营发展提供可靠的政治保障和思想保障。（陈晓慧）

财产保险

【概况】 中国人民财产保险股份有限公司乳源支公司（以下简称乳源支公司）是中国人民财产保险股份有限公司在乳源瑶族自治县的分支机构，主要开展的险种有：车辆保险、农业保险、责任保险、意外险、学生平安保险和企财险。

乳源支公司有在职职工14人，其中领导成员2人。支公司内设经理室、办公室、直销业务一部、直销业务二部、营销业务一部、理赔分部及客户服务部。在9个镇设有三农保险服务站，有协保员126人，其中桂头三农保险服务站升级为三农保险服务部，是广东省公司发展的重点对象之一。

乳源支公司始终立足乳源经济社会发展全局，坚持以市场为导向、以客户为中心，引领乳源财产险市场的发展，以金牌服务回报客户，公司积极履行企业的社会责任和公众责任，响应和配合政府做好扶贫工作，积极支持地方公益及教育事业。

【经营情况】 2016年，乳源支公司得到县委、县政府领导的关心和支持，认真贯彻相关工作会议精神，提供保险保障共327.1亿元，保单量1.5万份，完成保费2350万元，比2015年增长10%。其中车辆保险1570万元，占总保费的67%，承保的单位企业车辆占10%，个人车辆占90%。

2016年共处理保险赔案1438宗，支付赔款共728.6万元。其中：车险929宗，支付赔款509.7万元；财产险75宗，支付赔款40.9万元；责任信用险74宗，支付赔款42.6万元；意外健康险182宗，支付赔款91.6万元。

【三农保险】 乳源支公司按照县政府、农业局、畜牧水产局等部门的要求，积极开展政策性农业保险工作，站在“农民利益无小事、民生工程无小事”的高度，积极推动政策性农业保险工作的开展。2016年开展的农业保险有水稻玉米保险、能繁母猪保险、生猪保险、农村住房保险，9个镇共3.7万户农户参保，提供保险保障9亿元，其中承保水稻1.3万公顷、玉米940公顷、能繁母猪5466头、生猪2000头、农房36995户。全年政策性保险共处理理赔案件178宗，支付赔款49.5万元。其中：水稻保险理赔9宗，赔付金额8.5万元；农房保险理赔55宗，赔付金额23.2万元；能繁母猪保险理赔170宗，赔付金额17.8万元。

【特殊理赔案件】 一是2016年3月2日承保乳源瑶族自治县源盛园林绿化工程有限公司的林木火灾保险，保险标的是县城周边景观林，承保面积共473.13公顷。3月27日，人保财险乳源支公司接到报案后，组织人员立即前往出险现场乳城镇新民村国公岩林地进行初次查勘，发现所种植的林木均为观赏林木，因火灾导致严重受损，地表植被明显发黑碳化，大部分树叶被烧枯黄，受损面积达26.67公顷，火灾案件受到总公司的重视，经过半年多次的复勘工作，严格按照理赔规则程序，于11月23日结案，县公司支付赔款共计17.56万元。二是2016年5月6日，游溪镇烈村村民吴某在野外不慎被雷击中身亡。县政府为乳源户籍人口投保自然灾害公众责任险，人保财险乳源支公司根据保险责任及公安局司法鉴定中心出具的报告，经核实验证，最终支付赔款10万元。

【普惠金融】 2016年，人保财险乳源支公司积极履行社会责任，践行普惠金融，全年共举办10余场保险金融知识下乡活动，有风险防范知识下乡，保险服务知识下乡，三农保险知识下乡，反洗钱知识下乡，非法集资知识下乡等，积极引导农民树立正确的、科学的保险理念，帮助农民学保险知识、用保险产品、懂保险服务，提高农民对金融保险的意识，有效改善金融保险发展环境，提升金融保险的普及度，调动社会力量推进社会金融保险业务的可持续发展。

【服务创新】 2016年，乳源支公司联合乳源六大修理厂推出i保养服务，全年共为千余名客户提供免费更换机油保养的服务，获得客户群众的一致好评。秉承“做人民满意的保险公司”的宗旨，强化细化理赔及售后服务工作，简化理赔手续，提高服务水平，抓好售后服务，代办年审、入户、拖车、送油、更换轮胎等服务工作，提高服务质量，提高客户的满意度。（钟燕群）

人 寿 保 险

【概况】 中国人寿保险股份有限公司乳源支公司（以下简称县公司）内设总经理室、办公室、客户服务部、个险销售部、中介代理部、团险销售部，下辖6个营业及服务网点，分别为：桂头镇营业部、一六镇营销服务部，大布镇营销保险站，乳城镇侯公渡营销服务部，大桥镇营销服务部，洛阳镇营业务部。2016年拥有员工255人（含正、副总经理各1人、客户服务部经理1人）。

【队伍建设】 县公司始终坚持“忠诚服务，笃守信誉”的宗旨，以“成人达己，成己为人”为经营理念，努力构建服务规范化、经常化、人性化的发展与和谐的一流寿险公司，实现又快又好发展，服务于社会。

【业务发展】 县公司调整业务结构，应对市场竞争，强化市场优势地位，保持业务稳定健康发展，业务规模平稳较快增长，成效明显。公司抓实队伍建设，以科学谋划，按既定的“基础建设年”发展主基调，坚持队伍驱动业务发展、狠抓基础建设、积极主动发展，引领公司快速发展，圆满完成各项目标任务，实现“十三五”的良好开局。2016年公司总保费收入突破5846万元，其中长期人身寿险保费4694万元、短期人身意外险1152万元。全县新参加人寿保险人数69534人、参加机关团体医疗保费7396户。

【管理机制】 严格遵照上级监管部门要求，对业务经营、资金运用、财务管理及偿付能力管理、消费者权益保护、信息系统安全性、案件风险管控有效性等方面开展自我排查与检查，建立长效机制，防范化解风险。

县公司以防范化解风险为核心，以规范市场行为为重点，严格执行财政部、保监会、人民银行和上级公司有关财务管理的各项规章制度，严格管理，合规经营，提高企业经济效益。持续开展销售误导综合治理工作：一是重点加强宣传资料检查与业务资料真实性检查。二是现场突击检查产品说明会、报告会，强化合规意识。三是加强营销员诚信教育，提升展业人员素质修养。四是在培训过程加入新人销售误导知识培训。五是固化职场防范销售误导知识培训。六是加大销售误导行为处理力度，强化队伍防范风险能力。七是组织开展小额保险业务专项自查，确保承保信息真实、完整。

按照上级公司部署，根据“职务能上能下，收入能增能减，员工能进能出”的原则，落实“定岗、定责、定薪、定人”的要求，构建扁平化管理体系，增强公司的核心竞争力。加强内控合规守则学习和风险防范教育及员工守则的学习，岗位职责每年要重新认知、签名确认各自风险防范点，把风险发生降至低点。

【客户服务】 一是以加强服务管理、规范服务行为为重点，夯实服务基础，提高服务质量，提升公司形象，以规范、快捷、高效的工作方式，为客户在投保咨询、承保办理、保费缴纳、现场查勘、理赔受理、赔款领取等方面提供富有特色的保险服务，推行“一站式”办公和“一条龙”服务。要求员工佩戴胸卡上岗，做到要服务态度热情、语言文明，客户满意。要求员工解答客户提出的问题要清楚、准确、不推诿扯皮。2016年服务考评全市第一，新单保费创全省第三。公司承保全县中小学生平安险和银龄安康老人保险，有效提升公司美誉度和个性化的服务质量。二是为确保各项服务措施落实到位，县公司推行稽查制，给客户一个“权利”，加强对公司日常工作的外部监督和内部稽查。聘请行风监督员，设立举报电话，推行总经理热线电话岗位责任，客户投诉追究及业务差错追究制度，提高受理客户咨询，投诉和挂失等服务质量。充分发挥稽查队作用，采取抽查，暗访等方式解决违纪问题。三是强化与客户的沟通联系，随时掌握客户的舆情动向，提供客户所需的各项服务。2016年在公司内开展“情系中国人寿，温暖千万家”的上门服务活动，内业人员深入企业，了解企业员工保障需求，为企业排忧解难，用专业和周到的服务，温暖每一位需求保险保障的客户。四是抓服务和理赔速度。2016 年全县理赔案 943 件，全年赔付金额 5846 万元（其中长期人身险共赔付 4694 万元、短期意外险 1152 万元）。

【产品宣传】 一是积极推广增值服务活动。开展向 VIP 客户赠阅特别文摘活动，共计 2400 人次参与；组织“健康养生”“少儿天赋开启大讲堂”“第五届少儿绘画比赛”以及“3·8”和“6·16”客户节等系列活动共计 41 场。二是持续扩大微信服务范围。另支公司为扩展业务和服务领域，举办“客户服务节”“牵手国寿，健康生活”等客户联谊活动。以客户服务中心为主，感恩回馈强强连手礼品大派送活动 15 场，联系上级公司开展问卷调查，了解群众最关心的热点话题，有目的性加强对分红险和意外险宣传和销售，使“国寿鑫福年年两全分红”及国寿防癌保险，如意随行意外险等险种得到客户普遍认同。三是以个险为主普及保险知识讲座，发挥品牌效应，扩大公司影响力。2016 年组织 100 场保险知识讲座，内容包括风险管理、投资理财、养老、教育、健康、意外知识等，参加人数近 100 人次，有效提高城乡居民保险意识，促进业务增长。四是借助民政、银行、邮局，农村信用社等窗口行业，将中国人寿经营理念和保险产品推介出去。五是以上级政府及主管人组织保险知识读本进校园、保险教育进农村、进社区活动。六是发挥党团组织和工会作用，开展各种形式文体活动，增强中国人寿凝聚力。七是公司上下始终坚持风险防范不放松，管控加强，资源整合继续推进，品牌形象大幅度提升。（胡忠有）

旅游·服务业

旅　游

【概况】　乳源瑶族自治县旅游局于2016年6月12日，由县政府工作部门调整为县政府直属的公益一类事业单位，正科级。内设机构有办公室、资源开发和市场拓展股、行业管理股和下设一个直属单位：旅游发展服务中心。有在职人员12人。2016年，县旅游局按照“全域旅游”发展要求，积极推进重点项目建设、培育旅游节庆市场、提高旅游产业水平，旅游产业得到又好又快发展。2016年，接待游客414.56万人次，比2015年增长10.25%，旅游综合收入34.77亿元，比2015年增长12.23%。县域旅游综合竞争力在广东省名列第六名，成功申报为首批广东省全域旅游示范区创建单位，被广东省企业品牌促进会授予为2016—2020中国品牌广东峰会共建品牌人家园大本营战略合作单位。

【旅游项目建设】　2016年，投资9.99亿元用于旅游重点项目建设，完成全年投资总额的125%。其中：南岭国家森林公园项目完成年投资1.1亿元，完成年投资总额110%；银山南岭温泉度假村项目完成年投资6.5亿元，完成年投资总额130%，云门山旅游度假区项目完成年投资2.39亿元，完成年投资总额120%。2016年完成“十三五”重点项目旅游入库储备项目12个。

【旅游节庆】　围绕春节黄金周、“三八”国际妇女节、“五一”国际劳动节、中秋节、国庆等法定假日，以及暑期学生假日，组织云门山景区、南岭国家森林公园、丽宫国际温泉度假区、天井山等各大景区开展9大系列的旅游节庆和赛事活动，吸引广大游客前来消费，拉动全县主要景区景点、酒店餐饮行业和乡村旅游等综合经济效益增长。

【旅游营销】　组织县旅游企业深入珠三角地区、港澳地区开展联合营销推介活动，广泛推介乳源旅游资源，连续在电视台、电台、报纸、新媒体、自媒体、通信行业等媒介推出原创旅游歌曲MTV、原创微电影、新版旅游宣传片和多元化的系列旅游节庆活动，吸引大量的自驾游客人，吸引港澳、珠三角的旅行社争做乳源的产品路线。央视一套《中华民族》栏目、央视一套微信公众号、央视网站播出乳源瑶族自治县旅游歌曲《我爱南岭五指山》，全年在韶关电视台播出乳源瑶族自治县旅游歌曲、宣传片和微电影，开展电信手机短信旅游APP推送。组织旅游企业开展7次旅游推介营销工作，先后赴香港、深圳、广州、湖南、湖北开展旅游联合促销活动及举办1场澳门、珠海、中山三地到乳源推介营销活动。

【旅游安全】　围绕“查隐患、严治理、防事故、保安全”主题，认真抓好安全生产各项工作。在各大假日期间，对大峡谷、南岭、云门山、丽宫、小岛等主要景区、酒店开展旅游安全生产检查，出动安检人员50多人次，在大型游乐机械、餐饮食品、消防设施、游客步道、安全标志等方面作重点检查。查出隐患，立即要求相关景区进行整改。

【旅游扶贫资金】　争取市旅游发展专项资金40万元，省市级旅游资金341万元，其中省市级旅游厕所建设专项资金301万元，用于新建旅游厕所14个，改扩建旅游厕所12个。

【精准扶贫工作】　县旅游局主要负责大布镇鸰英村15户贫困户的精准脱贫工作。2016年县旅游局派出人员多次到大布镇鸲英村委开展进村入户核查工作，确定帮扶贫困户对象，为挂扶的每位贫困户进行建档立卡，制定“新时期精准脱贫三年帮扶总规划”，支持大布镇开展精准脱贫工作经费1万元。春节临近期间，对扶贫户对象送上节日问候与慰问物品。

【旅游名县】 根据韶关市旅游局《关于开展旅游名县、旅游名镇、旅游名村创建工作的通知》及《韶关市旅游名县评定标准（试行）》文件精神，县旅游局完成向县政府提请申报乳源瑶族自治县为“韶关市旅游名县”工作。

【新八景评选】 开展“乳源新八景”征集评选活动既是传承古文化，又是地方经济与文化融合发展的创新举措。活动于2016年7月份开始至12月结束，从网络征稿及线下投稿，共有49人参赛，征稿213幅，32幅作品入围，评选出南岭云海、峡谷飞瀑、云门禅韵、必背梯田、南湖烟雨、天井杜鹃、古道遗踪、乳江晨雾为“乳源新八景”。

【旅游城市宣传片】 2016年5月，县旅游局制作2016年乳源旅游城市形象宣传片《粤北明珠·乳源》，该影片打破传统汇报式旅游宣传模式，采用微电影拍摄手法，以一个游客身份讲述一段故事，融贯全县各主要景区景点。

【全域旅游创建】 按照国家、省市有关全域旅游工作部署，县旅游局开展“省级全域旅游示范区”创建工作，上报创建方案、行动计划等相关申报材料。依据粤旅函〔2016〕1186号文，乳源成功申报为首批“广东省级全域旅游示范区”创建单位。

（何　俊）

旅游景区简介

【南岭国家森林公园】 位于广东省韶关市乳源瑶族自治县与湖南省郴州市宜章县交界处。273平方千米的公园内有小黄山、瀑布群、亲水谷、广东最高峰等知名景区，南岭主峰石坑崆海拔1902米，是广东省最高峰。第二、第三峰也位于此处，有“广东屋脊”之称。南岭有广东省保存最完好，最大片的原始森林，是中国亚热带绿阔叶林中心地带，保存着最完整的自然生态系统。南岭是广东的天然生态保护屏障，被誉为“广东物种宝库”“岭南生物多样性最丰富之地”，在公园内发现的植物有3000多种，野生动物有500多种，有82种属于国家一、二级保护动植物，是华南虎的最后栖息地。南岭山脉是长江水系与珠江水系的分水岭，是华中气候和华南气候的分界线。南岭被列为“中国生物多样性保护示范基地”“中国人与生物圈保护区”“全国科普教育基地”“全国林业科普基地”。2014年被评选为“全国首批负氧离子高含量健康旅游区示范景区”，2015年荣获“广东最美森林”荣誉称号、“2015中国·广东旅游总评榜游客最喜爱景区”、2015年全国优选旅游项目。

【广东乳源大峡谷】 位于乳源瑶族自治县西南的大布镇，是国家AAAA级旅游景区，属石英砂岩地貌，是华南地区唯一的地陷式峡谷，有“华南第一谷”之美誉。峡谷长达15千米，谷深300多米，集“雄、奇、险、峻、秀、美”于一身，沟壑纵横、奇峰林立、古木参天、飞瀑流泉，构成一幅巧夺天工的水墨画卷，被评为“广东最美的峡谷”“最受外国人欢迎的广东十大景观之一”“广东自驾游十大最优景点之一”，是游客最喜爱的休闲旅游好去处。

【云门寺佛教文化生态旅游区】 位于广东省乳源瑶族自治县城东北6千米的云门山慈悲峰下，俗称“云门寺”，是国家AAAA级旅游景区。云门寺佛教文化生态保护区旅游资源主要分佛教文化类和生态资源类。云门寺创建于后梁龙德三年（923年），由六祖惠能七代弟子文堰禅师开山建寺，有1000多年的历史，与湖南沩仰宗、河北临济宗、江西曹洞宗、南京法眼宗齐名，并称佛教禅宗五大宗，是国家重点寺院，是佛教禅宗一花五叶之“云门宗”的发祥地，寺内设有云门佛学院，是全国为数不多农禅并重的寺院之一。

【云门山旅游度假区】 位于乳源瑶族自治县城东北6千米的云门寺佛教文化生态保护区内，有乳源唯一建成开业的生态漂流项目。景区占地面积约200公顷，投资11.3亿元，区内面积5平方千米，依托云门山得天独厚的自然风景，突出体现“云门禅宗文化”及“过山瑶民俗风情文化”特色。景区划分为云门山自然风景区、过山瑶民俗文化旅游区、云门山户外游乐区、印象洲街服务区、云门山旅游度假酒店区、观光农业休闲体验旅游区六大功能板块。

【天井山国家森林公园】 位于乳源瑶族自治县西北部，距县城33千米，是国家AAA级旅游景区，属山岳型自然风景区，面积5593公顷，以原始森林、山地矮林和云锦杜鹃、溪流瀑布等景观著称，是广东省天然林面积最大的国家级森林公园。景区内动植物资源极为丰富，森林层次众多，有维管植物216科946属2572种，约占广东省已查明野生维管束植物总数7055种的36%，是名符其实的“植物基因宝库”和“岭南天然博物馆”。对外运营景区：生态长廊景区、广东屋脊景区、古结洞田园农家乐景区、刚阳石探险景区和公园服务休憩区。

【天景山仙人桥景区】 位于洛阳镇境内，距县城38千米，景区内自然生态原始，景色迷人，集山水溶洞、仙踪奇迹、道教文化、仙人桥于一体。主景区仙人桥高约138米，内拱106米，宽53米，长156米，突显秀、奇、峻、美的特点。景区内开发的景点有雅玛秀水、同心鹊桥、仙人朝圣、源远流长、鱼跃龙门、木石姻缘、仙山大象、龙凤朝阳、情侣奇树、天下第一洞天、神童戏水、悬崖栈道、仙人古洞、仙桥神游、西京古道、古道迷踪、灵霄宝殿、天上美景等。

【必背过山瑶之乡生态旅游景区】 位于必背镇，是旅居海外瑶族同胞的祖居地之一，被誉称为“世界过山瑶之乡”。景区内游客可以欣赏瑶山风光，观看瑶族歌舞，领略瑶族风俗，品尝瑶家美食。瑶族同胞热情好客，喜用甘甜的瑶山茶、清香味美的竹筒饭和自制的瑶家水酒招待游客。必背瑶寨自然风光优美，人文景观丰富、民族特色突出，是集旅游、科考、休闲于一体的民族生态休闲旅游景区。

【南方红豆杉森林公园】 位于乳源瑶族自治县西北部的大桥镇，京珠高速公路、坪乳公路可直达，距县城约45千米。公园是自然观光体验型风景区，因国家一级保护植物红豆杉树数量众多而得名，面积约10190公顷。核心景区内约有红豆杉3万棵，百年以上树龄的有1000多棵，其中最为壮观的是“红豆杉王”，树龄约2000多年，树径超过5米，是华南地区生长最古老的红豆杉。南方红豆杉森林公园是全国唯一以红豆杉为观光主题的森林公园，为广东省内赏雪、赏雾淞的胜地。

【通天箩地下森林公园】 位于大桥镇，距县城约50千米。在海拔高度690多米的石灰岩高原上垂直下陷而成，洞口直径100多米，垂直深度90多米，底部最大直径140多米，四壁反坡峭立，形似一个倒扣的谷箩，故名“通天箩”。底部有一片原始森林植物群落，面积约4500平方米，洞底有洞相互连通，神秘莫测，被誉为“中华第一洞”。

【西京古道大桥段】 西京古道大桥段被列入广东省文物保护单位。位于大桥镇，西京古道指东汉时期，在南岭开凿的一条南起英德浛洸，途径乳源，北接湖南湘粤古道，通往古京都西京的大路。保存较完好的路段在乳源境内有：梯云岭路段约2.5千米，猴子岭路段约2千米，乌桐岭路段约2.5千米，续成亭路段约3千米，红云乐善亭路段约2.5千米，老虎冲纳凉避雨亭和三元寿德亭路段较短，约800米。其中梯云岭路段和猴子岭路段被纳入为广东省文物保护单位。古亭有8个：梯云岭亭、红云村仰止亭、猴子岭心韩亭、乌桐岭官止亭、老虎冲纳凉避雨亭、红云乐善亭、三元寿德亭、续成亭。其中梯云岭亭、红云村仰止亭、猴子岭心韩亭被纳入为广东省文物保护单位。

【南水湖国家湿地公园】 位于广东省乳源瑶族自治县西南，距县城13千米，京珠高速公路、坪乳公路可直达。南水湖是1958年由国务院总理周恩来亲自批准动工修筑的大型水库，是中华人民共和国成立以来中国采用定向爆破筑坝工程仅存项目，水面达3800公顷，库容12亿立方米，是广东省第三大人工湖。水库呈狭长形，南北走向，其水质晶莹透碧，沿岸青山连绵，美不胜收。湖中有12个岛屿，湖水最深处达120多米，湖水呈深蓝色，故又称“蓝水湖”，是广东省一级水源保护地、广东省第三大人工淡水湖泊、广东第二座国家湿地公园。南水湖的西北面有全省稀有的碳酸型温泉游泳池和温泉鱼苗养殖场。（何　俊）

2016年乳源瑶族自治县星级酒店一览表

表7

酒店名称	地　址	星级标准	拥有客房
避暑林庄温泉大饭店	大桥镇南岭国家森林公园	按五星级酒店标准建设	193间
广东大峡谷丽宫果园度假村	大布镇		83间
丽宫国际温泉旅游度假区	乳城镇	按五星级酒店标准建设	500间
宁泰商务新店	县城	三星级酒店	100间
白云天园林宾馆	县城	按五星级标准建设	157间
小岛饭店	县城	三星级酒店	107间
云锦山庄	天井山国家森林公园	三星级酒店	42间
星之光酒店	县城	二星级酒店	35间
名瑶酒店	县城	二星级酒店	95间

2016年乳源瑶族自治县主要旅行社一览表

表8

名　称	地　址
天翔旅行社	乳源县沿江路嘉乐花园大门右侧19号
南岭瑶乡旅行社	乳源瑶族自治县鹰峰东路2号
广州市金马国际旅行社有限公司（韶关乳源店）	鹰峰中路嘉乐步行街西侧11号

交通·邮政·通信

交 通 运 输

【概况】 2016年，乳源瑶族自治县交通运输局内设机构有：办公室、综合运输股（交通战备办公室）、综合规划股（基建管理股）、政策法规股、交通综合行政执法局和行政审批股。行政编制9名，综合行政执法局行政专项执法编制35名，后勤服务人员5名。事业单位有：县地方公路管理站，事业编制41名，其中站长1名、副站长3名。县交通运输管理中心，事业编制7名，其中主任1名。

2016年，侯敏军被评为“2016年度韶关市地方公路管理工作先进个人”，李杨林被评为“2016年度韶关市地方公路养护之星”。

【公路建设】 完成杨溪大桥建设。县城至乌坑（金竹峰）、桂头省道248线至开发区（成大砖厂）开工建设。瑶区公路建设项目中的油公坑至老游溪、公坑尾至大村公路进场施工。省道258线鸭麻湖至大布段公路建设项目、县城北环公路开放改建项目，完成招标工作。云门寺至云门山公路建设项目处于设计施工总承包招标阶段，红云至大坪公路改建项目处于施工招标阶段，省道258线至正觉寺公路改建项目进入施工图设计工作阶段，银山渡假区至大桥高速路口改建工程项目已被列入市旅游公路“笼子”，进入施工图设计招标阶段。乳城至江湾和油田至游溪公路建设项目均完成施工图设计。

【修复乡村道水毁公路】 共投入资金约233万元，分别修复县道325线、326线、327线、357线、357线5条线路一般水毁56处，修复挡土墙3000立方米，路面800平方米，涵洞5座。修复乡道905线、924线、934线3条线路，修复挡土墙1100立方米，路面200平方米，重建盖板涵3座。修复村道C702线盖板涵1座。

【路政管理】 做好路政巡查。2016年，巡查时间263天，巡查里程25134.345千米。新增建设警示桩400条，标志牌20块，清理塌方8000立方米。有效保护公路路产路权，确保管养路段公路安全畅通。

【运输监管】 与18家下属单位签订2016年“安全生产目标管理责任书”，组织开展“安全生产月”活动，制定《乳源瑶族自治县交通局2016年“安全生产月”活动实施方案的通知》。对客运站场、危货运输企业及在建公路重点工程等进行50余次安全生产检查，开展安全生产应急演练周活动。开展南水湖“三无”游船整治工作，配合韶关海事部门开展宣传教育和对南水湖非法船只进行排查。

【行政审批】 2016年办理行政审批事项9535项，其中行政许可21项（道路运输经营许可16项，机动车维修经营许可5项），非行政许可9514项（其中驾驶员培训受理审核8881项、车辆审验298项、车辆二级维护登记167项、其他168项）。

【质量信誉考核】 对杰狮运输有限公司等4家客运运输企业，县交通汽车修理厂等2家一类汽车维修企业，韶关市粤运汽车运输有限公司乳源汽车站保修厂等2家二类汽车维修企业以及47名机动车教练员进行质量信誉考核。2家评为AAA、7家评为AA，机动车教练员47人评为AA。

【交通执法】 2016年出动执法人员6370人次，车辆1252辆次，检查车辆1686辆次，查处违章案件63宗，罚没款26.27万元，其中路政案件42宗（全部为超限运输），运政案件21宗（无从业资格证 8 宗、非法改装 4 宗、其他 9 宗)，卸载货物 1482.29 吨。

【公路养护】 2016 年，全县纳入交通运输局管养地方公路养护 1366.902 千米，其中县道养护 178.886 千米，好路率 80.5%。乡道养护 799.405 千米，良好路率 76.5%。村道养护 388.611 千米，良好路率 76.5%。

【春运工作】 成立春运工作领导小组，制定春运工作方案。检查县汽车客运站、公路主干线、旅游区公路、横水渡口、渡船。对进站经营的班线客车、出租小汽车进行安全性能检测评定。春运期间没有发生重大道路交通安全事故，没有发生任何火灾、爆炸、工伤工亡事故。大桥道班定购溶冰用盐 5 吨、沙 10 立方米、碎石 15 立方米，定租铲车 1 辆，桂头道班、古母水道班各定购沙 10 立方米、碎石 15 立方米，定租铲车 1 辆。确保路面整洁，公路通畅。

【“两学一做”学习教育活动】 一是狠抓学习，每周集中学习不少于半天；二是虚心听取意见，紧扣交通工作，多形式面对面地听取工作对象和服务对象意见；三是认真撰写对照检查材料，扎实开好民主生活会和组织生活会；四是重视整改落实，完善相关制度；五是结合纪律教育学习月，深化“两学一做”学习活动。

【党风廉政建设】 落实党风廉政建设责任制，做好纪律教育、党风廉政、党务公开、公车治理、反腐纠风等各项工作，抓好“两学一做”学习教育活动，开展民主评议政风行风活动，征求各单位以及社会公众对交通运输系统在政风行风建设方面的建议和意见，共发放和收回《县交通运输局 2016 年民主评议政风行风征求意见表》29 份，评议结果均为满意。召开纪律教育月集中学习会，组织全体干部职工 80 余人去县图书馆参加廉洁读书月活动，组织党员观看典型事迹专题影片《谋富民之策勤利民之事》，参观省“感动交通人物”事迹（清远片区）巡展，参观市检察院预防职务犯罪警示教育基地。

（潘瑞红）

公路建设与管理

【概况】 乳源公路局是韶关市公路局垂直管理的正科级事业单位，位于乳城镇沿江东路。2016 年在职干部职工 74 人，退休干部职工 175 人。内设办公室、生产技术股、人事监察股、路政管理所、收费管理所、财务股、安全生产股 7 个正股级机构。主要负责辖区内公路的改造建设与养护、路政管理、机动车辆路桥通行费年票征收等。

【路桥建设】 2016 年，乳源公路局以提高国省道公路路况水平和公路公共服务能力为主攻方向，进一步优化路网结构，改善国省道公路状况，着力提高国省道公路通行服务能力。一是完成省道 249 线罗口坑桥、多田桥、东田桥、半山桥、通济桥 5 座危桥的加固维修工程，总投资 1180.19 万元。二是完成国道 323 线 K409 +080 段右侧灾毁路面修复工程，该工程建设批复预算 407.28 万元。三是完成国道 323 线、国道 240 线、省道 250 线各路段多处水毁塌方工程。在不等、不靠，资金未到位的时间节点上，及时清理塌方，确保公路的安全畅通，受到沿线地方政府和村民的一致好评。

【公路养护】 “省检”工作。乳源公路局召开公路管理工作会议，明确要求做好“省检”工作，外业、内业资料要重点抓。一是抓好平时的日常养护工作，大搞路容路貌整治，做好路面保洁、边沟、杂草清理、路树修剪刷白、完善公路沿线设施等工作；二是利用 8 月至 9 月份的高温晴朗天气，及时处置病害路面，对路面的裂缝进行灌缝处理；三是做好路肩培植、边坡整理，及时疏通边沟、涵洞等排水设施，保持排水系统畅通；四是完善养护内业资料，注重资料的完整性和逻辑性，按照国检标准规范装订、统一样式、分类摆放。

加强日常养护管理工作。养护所实行每月下旬生产检查制度，结合“省检”要求，严格按照《乳源公路局公路养护绩效考评标准》进行考评。各养护所按月度计划目标做好养护工作，加强内务管理，提高管理水平和服务水平。及时更新省道 248

线的路树，在道路两旁种植香樟树。

*加强预防性养护，提高应急处置服务能力。*乳源公路局管养的路段多属山区公路，特别是国道323线抗灾能力弱，当发生洪水等自然灾害时，极容易诱发公路边坡、路基塌方等影响公路交通安全的水毁灾情。针对上述情况，乳源公路局做到“早部署，早安排，早预防”，汛期前要求各养护所对管辖路段的排水设施包括水沟、桥梁、涵洞和高危边坡等进行全面检查，及时发现隐患及时依规处置。汛期加强雨天巡路和四勤养护，实行24小时值班制度，发生塌方积极快速组织清理，确保管理路段安全畅通。

*开展坪乳线整治，确保乳源“十月朝”期间公路安全畅通。*坪乳公路产权属于福田公司，整条公路杂草丛生，水沟淤塞，边坡落石，标志不全，严重失养，乳源公路局接养后发现罗口坑桥等五座桥梁属于危桥，不得不封路加固，在11月完成危桥加固工程后实现全线畅通。做好坪乳公路的养护工作，乳源公路局积极主动投入资金，清理坪乳公路杂草、水沟、边坡落石、路面积沙。配合地方政府做好“十月朝”安全保畅工作，营造坪乳公路“畅、洁、绿、美”的公路交通环境。

【路政管理】 乳源公路局始终坚持“依法治路，规范管理”，加强路政管理，严格规范路政许可审批，确保公路安全畅通。2016年共清理各类路障110平方米，拆除非公路标志及横幅88块，查处公路违法案件18宗，自行制止52宗，移交交通行政综合执法局违法案件32宗，办理路政协议10宗，事故车辆损坏路产9宗，收取损坏路产补偿费16万多元。

*加强公路窗口建设。*一是加强路政队伍建设，提高路政执法人员综合素质。要求每位路政人员必须熟练掌握《中华人民共和国公路法》《公路安全保护条例》《广东省公路条例》等有关路政管理法律法规，在工作中做到熟练运用。二是加大路政管理法律法规宣传力度，提高群众爱路护路意识。三是践行行政服务窗口服务承诺，按“严格执法，热情服务”要求，规范路政审批程序，加强对公路不准建筑区的管理，提高公路部门在群众中执法、服务形象。履行路政管理的职责，加大上路巡查力度，实行与养护所联动的巡查制度，及时发现和制止各种违反路政管理法律法规的行为，及时处置，保护公路的完好。

*加强宣传力度，提高爱路护路意识。*加强《中华人民共和国公路法》《广东省公路条例》《路政管理规定》《公路安全保护条例》等法律法规的宣传力度，乳源公路局在5月“路政宣传月”活动中以“爱护桥梁，保障安全，规范执法，提升服务”为主题，开展形式多样的宣传活动，印制横幅14条，派发宣传单126份，利用宣传车宣传《中华人民共和国公路法》等相关法律法规。多次发放宣传资料到沿线乡镇及街道，沿线居民的法律意识有所增强，许多需要在建筑控制区内设置项目的单位和个人都能自觉前来咨询及办理有关手续，路产路权得到有效保护。

【年票征收】 按市政府对年票收费工作的要求，加强年票收费宣传，加强收费员业务学习，提高服务质量，强化窗口服务，树立良好服务形象。至12月，乳源公路局征收车辆数是12711台，征收总额423万元。（杨芸蔚）

汽　车　客　运

【概况】 2016年乳源汽车站在编车辆131辆（含乳源出租小汽车分公司50辆、乳源顺达城乡公共客运公司38辆），总座位2613位，拥有营运线路18条（其中市际班线2条、县际班线3条、县内班线13条、外单位进站配客11条）。

2016年实现总营收1716.96万元（含顺达公司、出租小汽车分公司），上缴税金147.48万元，车辆总运行1667.72万千米（含出租、顺达公司），全年发生责任事故〇宗。完成客运量371.94万人次（不含出租车），完成客运周转量11998.76万人千米（不含出租车）。

【农村客运】 2016年乳源汽车站为更好地发展农村客运，将3辆原来承包经营的乳源至桂头农村客运班车回收自营，并在4月1日更新营运车辆后，将客运经营线路从原来的乳源至桂头延伸至必背。

受城市化进程的影响，农村人口越来越少，客源呈直线下降，乳源汽车站为稳定农村客运市场，积极与县交通运输局沟通，将3辆到期的大桥线班车运行线路由原来乳源至大桥变更为乳源至红云、岐石、大岗等村，直接将运行线路延长至村委，确保农村客运不受客源下降影响，能持续运行。

【便民服务】 乳源汽车站为做好便民服务，在韶关粤运公司的统一部署下，在车站快货托运处及候车室启动网上飞巴士速递和乐驿便利店。网上飞巴士速递在2016年8月份成功并网运行，实现广东省内各客运站场连通，广东省内小件快递当日交寄当日到达。乐驿便利店则是以服务旅客、满足旅客需求为主，方便到站候车的旅客能及时补充食物。便利店于2016年10月设计动工，12月份开始营业。

【安全管理】 安全管理是乳源汽车站工作重点，2016年全年没有发生大小行车责任事故，无发生火灾、爆炸、工伤工亡、机械责任等事故。在安全管理工作中除抓好日常行车安全管理工作外，乳源汽车站还组成家庭访问组，对驻县城司机进行家访。访问组由工会办、安技办联合组成，家访期间对驾驶员家庭收入情况，有无生活困难，工作日有无按时回家，作息情况是否良好等一一进行了解并登记在册，做好驾驶员家庭情况分类，在后期驾驶员培训、学习中能做到因材施教。全年完成驾驶员家访57人，驻县城驾驶员家访完成率100%。（李志怀）

邮　政

【概况】 中国邮政集团公司广东省乳源瑶族自治县分公司（以下简称乳源县邮政分公司）内设综合办公室、金融部、市场部，下设投递部和四个支局，8个邮政所，有从业人员84人。2016年，乳源邮政按照市公司“一个平台，三驾马车”的发展战略，深入实施“十百千万”工程和“三个一把手”工程的落地，真抓实干。2016年超额完成市公司下达的全年收入和利润目标，收入规模突破2000万大关，完成收入进度的102.57%，收入比2015年增长9.83%，完成利润进度的100.02%，实现金融、寄递和农村电商等重点业务的稳健发展，实现“十三五”规划的良好开局。

【领导关怀】 2016年6月15日上午，国家邮政局副局长赵晓光一行到乳源调研，副市长许志新、副县长陈耀宇陪同调研。在调研中赵晓光一行到空白网点乳源邮政分公司游溪营业所，对提供便民服务的游溪邮储营业所的经营情况进行深入了解，对乳源乡镇填补空白网点的运营工作表示充分肯定，对下一步工作提出指导性意见，指出：“当前邮政正处于改革时期，邮政业发展也要转型升级，监管工作是行业发展的监督保障，一刻也不能放松，一定要坚持惠民生、促发展的工作思路，以抓服务的态度，探索出适应当地实际的工作方法，为企业发展服务，维护用邮者的权益，同时也要敢于执法，提升服务质量，让老百姓得到实惠。”

【邮务工作】 寄递业务蓬勃发展。参照市场化调整揽投模式，优化邮路，出台政策抢夺市场，重点开发农特产寄递项目、政企客户和电商客户。全年实现寄递收入70多万元，完成进度132.7%，比2015年增长62.2%。新成立汽车揽投班，合并营业投递班。新签行服、车管所和云门寺等一批政企客户。打通县城至大布的区内邮路，合并1条县城普邮线路。开发番薯干寄递、桂头均村马蹄和国税通知书等寄递项目。全年累计进口邮件11.9万件，日进口峰值为986件，全年累计出口邮件5.9万件，日出口峰值为693件，全年当日妥投率维持在92.9%以上。

金融+快递+农村电商模式初见成效。全年电商服务站拓点30个，完成进度103%，其中优质站点28个，占比达93%，叠加四项重点业务的比例分别为：助农取款67%、邮掌柜100%、便民PC占93%和快递揽收60%。助农取款点存量50个，全年业务量达2.5万笔，交易额达600多万元。国家邮政局副局长赵晓光在游溪网点调研时，对乳源邮政服务地方农村电商和落实公民基本公共服务均等化方面所作的努力给予充分肯定。

文化创意工作亮点频现。扎根政府购买服务，打破传统思维，引进先进元素，文化创意单项合同金额不断创新高。全年累计开发主要项目5个，累计创收100万元。其中行政服务中心标识项目创收47万元，省级新农村文明示范片项目创收39万元，税法知识进校园项目创收8万元，下社村文化墙绘改造项目创收6万元。着力推动传统邮政项目触网，全年集邮微营销实现线上销售102笔，创收11.5万元，发展粉丝人数和完成进度均排全区前列。

【金融业务】 以“互联网+流通”为载体，充分挖掘电子商务在释放消费潜力、激发行业活力和增加大众创业、就业机会等方面的重要作用，大力实施韶关邮政“十百千万”工程（即创建“十个县（市、区）级电子商务创业园、一百个乡镇电子商务中心、一千个农村电子商务站点、一万家POS金融商户”）。全年新增余额突破1亿元，比2015年增量5006万元，比2015年增长89%。新增余额市场占有率为22.32%，比2015年提升6.74个百分点，余额规模市场占有率为20.04%，比2015年提升0.25个百分点，新增余额市场占有率和余额规模市场占有率均排当地金融机构第二位。全年完成保费2000多万元，进度102.14%，其中中邮期交完成保费90.30万元，进度112.88%。全年新增有效POS商户196户，进度186.67%，位列全市第二。全年开发代发项目32个，代发金额1.5亿元。全年新增银信通7755户，收入比2015年增幅为31.7%。

【安全生产】 组织各单位签订2016年各级安全生产责任书，签订率达100%。积极推进安防专项设施改造，全县邮政安全物防和技防能力和水平得到进一步的提升。组织开展“安全生产月”专项教育活动，组织金融网点人员、安全管理人员、押钞警等人员深入学习资金安全和操作相关管理规定，提高各相关部门和人员安全责任意识和履职行为。开展金融资金安全专项整治活动，对全县网点重点部位、办公楼、邮件处理场地等进行检查，检查涉及屡查屡犯、重大违规、十条禁令等高风险行为，共发现问题共73个，整改73个。乳源邮政金融实现“零案件、零重大违规违纪事件”的“双零”目标。

【速递业务】 2016年，乳源邮政速递物流公司按照省公司“变革、质量、发展、服务、效益”的工作方针和“突出重点，专注核心，讲究效益”的工作思路，经营方式和制度建设进行一些变革，提升EMS品牌形象和美誉度，优化业务种类，明确业务发展重点，狠抓进、出口邮件服务质量，在“双十一”和“双十二”生产旺季中实现重点客户和业务量的突破，2016年全年共完成邮寄量1.42万件，比2015年增长15.45%；实现收入近40万元，完成年计划的96.43%，比2015年增长6.32%。

【两学一做】 扎实开展“两学一做”学习教育活动。开展书记上党课、敬抄党章、班子走基层，“双体验”活动，新建“党员活动室”，推进“两学一做”融入日常，引向深入。全县邮政27名党员参与到“两学一做”学习教育中，实现支部党员学习覆盖率100%。完成县分公司党支部支委的改选工作，进一步健全和规范基层党的组织体系。加强反腐倡廉建设，积极开展党风廉政建设，落实“一岗双责”。

【职工之家创建活动】 齐心打造邮政特色的“家文化”，为员工提供温暖力量。2016年将星级职工之（小）家创建活动中注入“家”的文化和内涵，完善相关星级职工小家创建标准，累计投入30多万元对职工之（小）家硬件进行升级改造。大桥支局职工小家被评为一星级职工小家，桂头支局职工小家被评为二星级职工小家，特色的“家文化”的成功创建，为基层一线员工提供温馨舒适的工作和生活环境。把县公司职工饭堂改造得更加温馨亮丽，为每月的员工集体生日聚餐创造舒适温馨的环境。

（陈尚升）

电　　信

【概况】 2016年，中国电信乳源分公司（以下简称分公司）按照市公司各项工作部署，以“电视引领、光纤入户”“光进铜退”为抓手，以“粤想家”“天翼视讯”为切入点，落实各项工作要求及行动部署，推进“电视引领、光纤入户”，贯穿全年的“渠道拓展、产能提升”“4G份额提升”等工作，精心组织，成立专项团队，重点抓好发展项目执行，落实过程管控，狠抓存量维系与服务，做好网络建设和通信保障，重视支部和工会工作，关心关爱员工，做有责任的企业，有效完成全年各项工作任务。分公司被市公司评为2016年度先进县分公司二等奖，政企客户中心、桂头营销服务中心被分别评为营销服务中心先进单位一等奖、二等奖。

【服务工作】 重视做好服务工作，开展“五优五心”服务提升活动，以服务领先带动双百兆发展，从网络、业务、渠道、终端、关怀五方面提升服务质量，为客户提供优质的服务，助力光纤大会战及百兆4G规模提升。每季度开展“总经理接待日”活动，总经理现场倾听客户的声音，让服务更贴心，收集并解决涉及网络服务、装维服务、资源覆盖、营销口径、营业受理、终端质量等方面的客户投诉清单，对存在问题现场解决或跟进处理，用户满意度得到提高。组建维系团队，实施专人负责制度，对新入网移动及光纤入户用户开展回访，对网络、装维、套餐有意见的客户，100%进行跟踪、回访并落实客户投诉问题，切实提高工作效率与服务质量。

【网络建设】 加快网络建设。完成政府115个便民服务点固话业务，公安信息收集网66个网点，15个三防项目网络点的改造及安装，农信社、工商局、地税局等单位的网络光改；完成平安金融7个点的组网开通、公安视频监控90个点的开通、星之光等酒店完美联盟项目业务的开通、教育系统基教网70个点的安装等工作。分批次进行光网建设，新建端口15087个，完成桂头、一六、游溪平原乡镇所有自然村庄的覆盖，以及大布、古母水、天井山、大桥、龙南、必背部分村委及下带自然村的光网覆盖。推进老旧设备的退网，整治老、旧、残线路，加快光进铜退工作进展。

【网络保障】 重视网络保障，确保通信畅通。做好各专业设备的日常维护、抢修和应急预案的完善，加强隐患排查整治和应急演练等工作，培育维护人员AB角的执行和一级干线机房人员的ABC角的培训，确保通信网络安全平稳运行。全年完成各类线路抢维修、迁改312宗；开展业务资源清理和整治工作，完成光网资源OBD的整治、光交设施、乡镇中继光缆的清查工作，加强资源按单施工检查及管控，提高光网资源占用准确率。对城区营业厅、装维班和桂头、大桥、侯公渡、一六营销中心安装标准地址管理系统人员进行培训，提升故障应急反应速度。加强宽带故障24小时故障修复及时率和48小时装机完工率的管控，加大管线及后端人员对故障处理时限的管控，减少故障工单的挂起。

【支部建设】 做好党员资料排查整理工作。根据县委组织部及经促局党委要求，对支部党员进行全面排查工作。召开专门会议研究部署，指定专人负责党员排查工作，完善党员各项档案，及时向上级党委报送党员排查的各项报表，汇报支部党员排查情况进展，所有党员资料得到有效完善。

做好党员党费自查补缴工作，对2008年以来的党费进行自查，支部进行专题研究，召开党员大会进行思想动员，提高认识，统一思想，安排专人负责该项工作。经过梳理各年度党员的工资收入情况，结合上级党委的指导文件精神，把党费自查工作按文件要求落实到位。积极落实“三会一课”制度，按时召开支部会、党员学习会、支部书记讲党课和党小组学习会等，传达党的路线、方针、政策和上级的决议、指示、文件等，强化党员学习意识，提高党员的政治思想觉悟。

做好支部换届工作，于2016年12年，召开支部大会，进行支部换届工作，产生新一届支部委员。

【工会关怀】 继续完善基层“小家”建设，创建“六好”（党政支持好、围绕中心服务大局好、工会组织建设好、服务维护帮扶职工好、开展职工活动好、依法依规收缴工会经费好）中心。2016年，为不断巩固好“四小”（小食堂、小活动室、小卫生间、小浴室）建设成果，在市公司工会的大力支持下，工会认真对各基层中心的相关生活、活动设施进行维护及优化。为女员工新建一个瑜伽健身房，增添跑步机、哑铃等一批健身器材；改善大桥营服中心工作环境，添置员工休息室沙发、电视等物品；在创建“省公司星级家园式营销服务中心”工作中，大桥营服中心在原申报成功四星小家的基础上，2016年被省公司工会评定为五星小家，侯公渡营服中心被省公司工会评为一星级家园式营销服务中心；为城区、政企、大桥、桂头、一六、侯公渡、渠道等中心，及客响部、销售部、综合部等单位配置小药箱和日常常用应急药品；积极开展元旦、春节等节日送温暖活动，在元旦、春节期间，工会分组对部分离退休及八十岁以上的老员工进行看望和慰问，对部分优秀员工代表家属进行慰问；在员工生日时送上礼物和祝福，为全体员工、离退休人员开展健康检查。

【社会责任】 针对民众在网络呼吁和县政协委员提案，要求清除县城公话亭。随着移动电话的普及，公用有线电话逐渐少人使用，不少公话亭遭人为破坏，影响市容。公司收到县政府转来有关拆除旧电话亭提案后，及时向上级报告，得到上级公司的支持。成立专项工作组，在短时间内，把县城100多个公话亭清除完毕，得到社会各界好评，中国电信乳源分公司2016年被县政协委员会评为“提案办理先进单位”。（张树明）

移动通信

【概况】 中国移动通信集团广东有限公司乳源分公司（以下简称乳源分公司）秉持中国移动“大连接”战略要求，做大连接规模、做优连接服务、做强连接应用，全面贯彻落实省公司战略部署，认真执行市公司工作方针，各项工作紧紧围绕4G客户发展、家庭数字化、政企数字化、4G网络建设、渠道效能和党风廉政建设有序、扎实开展，实现市场、网络、管理新突破。设综合、市场和网络3个部门，其中市场部下设政企、渠道、家宽、CD集团和服务厅6个班组。2016年4月26日，张震宇就任乳源分公司总经理职务，主持全面工作，主管网络部、市场部、政企组；房勇明副总经理协助张震宇总经理开展工作，分管综合部、渠道组、城乡区域和服务厅。

【网络通信保障工作】 2016年1月，分公司提前完成沿线基站扩容、加强冰冻灾害区域巡查保障，寒潮期间为观雪、滞留人流通信网络确保正常。6月省、市、县三级联动，一周内完成5座危桥干线及网络汇聚割接工作，确保坪乳路危桥修缮工作顺利开工。10月，在“十月朝”文化旅游节暨农博会应急通信保障中，分公司提前对周边基站、比赛线路进行测试、扩容，突击完成云门山景区门口2G、4G站点建设，现场布置应急通信车，完成通信保障任务。

【4G客户规模获突破】 2016年，乳源分公司加强与政府部门沟通，充分利用市公司营销政策，开展系列“4G下乡”主题营销活动；针对非4G客户积极投入手机终端资源，在9个镇开展巡回主题促销。截至2016年年底，4G客户规模比2015年增长超过70%，4G用户规模发展取得阶段性的突破。

【党风廉政建设】 围绕“两学一做”主题，夯实党建基础，扎实推进党风廉政建设。2016年，乳源分公司党支部规范建立“三合一本”工作档案及台账，规范会议制度，定期召开支委会和党员大会，完成两学一做专题研讨4次。采取多次与班组座谈、深入一线现场调研、流程痛点梳理等方式，共收集问题22个，90%以上问题得到有效解决。开展嵌入式廉洁风险防控，对照内部违纪违规案件开展自查自纠，对业务风险进行排除。

【职工小家建设】 根据集团公司关于开展少数民族自治地区专项关爱工作的精神和要求，省公司对少数民族基层工会组织和会员开展专项关爱工作，全力支持少数民族自治县公司提高建家水平。借此契机，乳源分公司广泛收集员工建议，根据场地情况配备健身器材、影音设备和读书角，在综合楼附属楼建设职工小家。2016年，职工小家兼具健身、交流和学习功能，为员工打造一个快乐生活、激情工作的健康平台，提升全体员工的归属感和幸福感。（邱丽霞）

联通通信

【概况】 中国联合网络通信有限公司乳源分公司，

设乳源营业中心、乳源政要营服公司、乳源公众营服公司、综合支撑室。2016年，联通乳源分公司在编员工18人，其中总经理1人（兼政要营服公司总经理）、公众营服公司总经理1人、一级高级业务主管1人、乳源营业中心3人、乳源政要营服4、乳源公众营服6人、综合支撑2人。

2016年，分公司围绕上级公司工作总体战略，各项业务保持稳健发展，积极提高政府和企业信息化水平，坚持为行业客户提供以创新科技为核心的全方位、高品质的移动信息化服务。

【“互联网+”助力政府信息化】 乳源联通积极与县人民政府沟通商讨“互联网+”战略合作事宜，结合乳源“互联网+行动计划”，利用联通“云计算、物联网、大数据”三大核心平台优势，打开乳源产业“互联网+”新空间。发布“沃4G+”战略，旨在全面升级4G网络、提升服务质量、创新业务产品，更好地满足各级政府、企业以及广大用户个性化、多层次的信息服务需求。

【沃服务体系】 在服务层面，扎实推进“越用越放心、越用越便捷、越用越实惠”十大服务举措，以感分会为载体，开展“双单”攻坚工作，执行工单倒逼机制，在乳源范围，督办解决26个重点感知问题，解决率73%。宽带新装满意率96.3PP、修障满意率92.17PP。销售服务过程满意率90PP。

【网络传输能力】 按照4G网络建设进度要求，以视频超卓网为抓手对标超卓网目标精细规划，快速建设，实现县区网络覆盖优秀，各重点乡镇价值区域实现覆盖良好。以大数据分析为手段，提高传输基础网络接入能力。满足4G及家集客业务的接入及带宽需求。

【党风廉政建设和反腐倡廉】 组织学习《中国共产党纪律处分条例》，落实中央的“八项规定”，充分认识反腐倡廉，加强党风廉政建设的重要性。廉政建设做到有组织、有活动、有成效。按照省公司党委的统一部署，学习贯彻中共十八届四中、五中全会精神，开展“三严三实”专题教育，2016年召开12次民主生活会。抓好“三严三实”活动在党支部的落实，组织3次“三严三实”学习汇报及一次学党章活动。坚持“三会一课”制度，完善党务公开制，公司在选人用人方面坚持先通过党组开会统一意见再进行人才选拔任用。强化班子内部权力运行程序的监督机制——重大决策和大额资金使用，经过集体讨论才作决定。（陈慧芳）

城建·环保

住房和城乡建设

【概况】 2016年，县住房和城乡规划建设局（以下简称县住建局）内设办公室、城乡规划股（县城市规划委员会办公室）、城市建设管理股（住房保障与房地产管理股、城市建设档案室）、建筑管理股、行政审批股等5个股室。

2016年，县住房和城乡规划建设局紧紧围绕县委、县政府城建工作目标任务，认真履行工作职责，狠抓工作作风，扎实有效推进城乡建设与管理工作，较好地完成全年各项工作任务。

【城乡规划】 加大规划编制力度，形成包括城市总体规划、分区规划、专业规划、控制性详细规划和修建性详细规划在内的完整的城市规划体系。完成原民族宾馆地块、金禧小学地块、五彩瑶山南侧地块、亿林雅居、三协电子厂东北侧地块和乳城镇政府东南侧等地块得控制性详细规划和修建性详细规划。启动《乳源县县域乡村建设规划》《乳源县近期建设规划（2016—2020年）》修编，完成60个村的《村庄整治规划》编制工作。核发“一书三证”，依据《中华人民共和国城乡规划法》及县城区总体规划，审查报建资料，核发《建设项目选址意见书》、“建设用地规划许可证”“建设工程规划许可证”共108宗，用地面积约98万平方米。

【房地产市场管理】 审批粤北农特产品电商物流商贸城、盈翠银湾A栋、紫荆阁、亿林雅居、滨江印象商住小区A、B、C、D栋、得源锦绣花园项目商品房预售许可，建筑面积9.15万平方米；办理商品房预售登记1532套，预售面积16.24万平方米；办理商品房现售登记145套，现售面积3.66万平方米；办理二手房转让309套，成交面积4.25万平方米；办理抵押登记1051宗，其中预购商品房贷款抵押371宗、现房抵押621宗、其他抵押59宗，合计建筑面积49.72万平方米，贷款金额2.89亿元。抓好保障性住房建设。全面竣工旧民族实验小学原有建筑改建为公租房43套（建筑面积1740平方米）。

【市政设施】 完成鲜明北路至华景路（一小路口段）路面扩建、育才路乳源中学大门口段改造、示范农场至新一小（示范农场段）市政道路建设，及南环路广播电视台段、八一小学段排水渠改造工程的建设；完成南水桥头公园一期建设；启动县滨江西路（民族桥至南水电厂段）道路改造工程、民族文化广场建设项目，及县城主要街道路面“白改黑”工程。完成怡乐居（旧民族实验学校公租房）配套基础设施建设项目、坝厂新村道路设施工程、南水桥头公园二期、风华路（二小至金狮北路）市政道路招投标工作。完成朝阳路（新一小至国道323线段）道路、鲜明北路至朝阳路（幸福家园段）道路等市政道路的设计及勘探工作，及原国道323线坝厂至侯公渡中学段道路扩建工程的勘察、设计、审图、预算等工作。

【园林绿化】 抓好绿化美化亮化工程建设。完成沿江东路、瑶乐居至滨江路、富华城路段种植树木165棵；完成南水公园绿化工程；完成鲜明北路、解放北路、环城路、鹰峰路全线行道树修剪、整形工作；完成安装滨江东路、沿江（中、西）路、鲜明南路行道树树池改造；补种市政道路行道树193棵、补种绿化苗木12.87万株，并启动观音山公园和金狮公园配套设施建设工作。

【环卫管理】 大力推动“门前三包”责任制的落实，提高县城清扫保洁水平；全面清除县城四大出口、边坡、堆积的生活垃圾、建筑装修垃圾；加强河道漂浮物打捞工作，确保水面清洁。完成渗滤液处理站建设并进入运营阶段，积极做好水分选项目实施的前期准备工作，完成建筑垃圾堆放场和大桥镇、必背镇、大布镇、洛阳镇的热能垃圾处理站项目上报国家重点项目库的工作，完成燕子窝生活垃圾存量治理二期工程建设。

【城市管理】 加强城管法律法规宣传，强化执法力度，对县城主要街道占道经营、乱摆乱卖、乱涂乱画等现象进行比较彻底的清理和整顿。加大对违法违章建筑巡查和查处力度，发出《责令停止违法违章建筑行为通知书》35份，《责令限期整改通知书》6份。

【建筑市场管理】 一是加强质量管理，提高工程质量水平。2016年，全县新开工项目21项，其中房屋建筑面积14.46万平方米，钢筋混凝土箱涵562米，市政道路930米，工程造价1.88亿元。办理竣工验收备案工程25项，其中房屋建筑面积31万平方米，市政工程312米，工程造价3.16亿万元，工程验收合格率100%。二是狠抓施工安全生产和文明施工。为保障建筑施工安全生产、文明施工，确保工程质量和人民生命的财产安全，年初与各施工企业负责人签订《安全生产工作目标管理责任书》，明确双方的安全生产责任。全面实施安全生产许可证、建筑业安全生产“三类人员”持证上岗、安全生产措施费和建筑意外伤害保险等项制度，实行安全生产动态化管理。坚决落实省市节能减排工作要求，确保完成节能减排目标。组织定期与不定期、全面性和专项性相结合的安全生产大检查，对存在隐患的工程发出整改通知，并限期整改。

（江春凤）

环境保护

【概况】 2016年，县环境保护局内设3个股室：办公室、环境保护管理股（加挂行政审批股）、环境应急与监察股（环境监察分局），下属事业单位乳源瑶族自治县环境监测站。机关行政编制5名，行政执法专项编制10名，后勤服务人员1名，下属事业单位编制20名。年底实有干部职工35人。

【环境质量】 2016年，县城城区环境空气质量达标天数比例96.9%，主要河流水质监测断面水质达标100%，城市集中式饮用水水源地水质达标100%，城市区域声环境质量达到二类区水平标准。

大气环境　城市环境空气质量达到优良天数为348天，全年有效天数为359天，达标天数占全年有效天数96.9%。其中，空气中二氧化硫年平均浓度均值为0.011毫克/立方米、二氧化氮年平均浓度均值为0.012毫克/立方米、臭氧（日最大8小时平均值）年平均浓度均值为0.081毫克/立方米、一氧化碳年平均浓度均值为0.926毫克/立方米、可吸入颗粒物（PM10）年平均浓度均值为0.031毫克/立方米、细颗粒物（PM2.5）年平均浓度均值为0.030毫克/立方米，均达到国家空气环境质量二级标准。城市降雨酸浓度pH年均值为5.98，酸雨频率23.7%。

水环境　全县境内有武江河、南水河、杨溪河、大潭河等9条主要河流，总流域面积达2205平方千米。这些河流大部分处于源头和上游，未受到污染，符合国家饮用水标准。武江河段上游因有工业废水和生活污水排放，造成一定污染，只符合地表水质标准，可作工业用水或农田灌既之用。位于县城西部10千米处的南水水库，水面面积3800公顷，库容12.43亿立方米，是县城主要饮用水源和韶关市区饮用水源，水质一直保持在国家地表水环境质量标准Ⅱ类标准。全县9条主要河流总体水质良好，均达到水功能区目标要求。在监测的6个断面中，均符合地表水环境质量Ⅲ类标准，水质达标率100%，与2015年持平。

声环境　县城区域环境噪声等效声级平均值昼间为52.3分贝，比上年降低2.4分贝，主要声源为生活噪声和交通噪声。县城城区道路交通干线噪声等效声级平均值为64.1分贝，未超过标准值70分贝，比2015年上升1.6分贝，平均车流量541辆/小时，监测点达标率为100%。

【环境影响评价】 2016年，县环保局共完成建设项目环评审批50宗，其中报告书审批1宗、报告表审批25宗、登记表审批24宗，完成环保竣工验收8宗，完成排污许可证发放69份，其中新证6宗、换证57宗、变更5宗、注销1宗。

【污染物减排】 2016年，乳源瑶族自治县将县城基础设施与县城生活污水管网改造统筹规划合并施工建设，完成6.78千米管道改造，完善污水管网建设，提高县城生活污水厂进水浓度。完成全县16家养殖场环保治理设施建设和台帐编制工作，15家上报核查核算，其中14家拟通过环保核查核算，顺利完成农业源减排任务。桂头镇和大桥镇污水处理厂建成并投入运行。机动车减排进展顺利，机动车环保检测率达到80%以上，发放环保标志5297个，发放率达95%以上。

2016年，全年化学需氧量排放控制在2508吨，氨氮排放控制254.5吨，二氧化硫排放控制在1000吨，氮氧化物排放控制在825吨，完成年度减排任务。

【环境监察与排污费征收】 县环保局扎实开展环境安全大检查，主要对南水水库周边、南水河流域、涉重金属、涉危险废物、化学品和规模化养殖企业进行全面细致排查，依法依规查处多起环保违法违规行为。加强饮用水源环境监管力度，定期和不定期组织执法人员到饮用水源地周边区域进行执法巡查，坚决查处饮用水源地周边违法排污行为。2016年，共出动执法人员1233人次，680台车次，检查企业722家，发现环境安全隐患企业92家，责令整改企业92家，实施行政处罚企业4宗，处罚金额11多万元。征收排污费97.02万元。

【环境监测】 完成2016年全县环境质量报告书编制，做好空气质量、水环境质量、常态预警监测、农村环境质量、降尘降雨等常规监测以及企业监督性监测，及时做好信息公开工作。2016年，获得有效监测数据12806个，其中：水质常规监测数据2451个、监督性监测数据2181个、环境调查监测数据394个、污染调查数据112个；大气监督性监测数据6495个、环境调查监测数据915个；噪声监督性监测数据49个、污染调查数据17个、环境调查数据60个、常规监测数据132个。

【政务信息及环境信访】 加大环境信息公开力度，按时在市重点领域信息公开平台、政府信息公开平台等网站上发布城市环境空气质量日报、重点流域水质月报、集中式饮用水水源地水质月报、重点企业监督性监测信息，全年主动公开政府信息169条。

2016年，受理投诉案件148宗，其中水污染投诉26宗，大气污染投诉86宗，噪声污染28宗，固体废物8宗，全数处理，处理率达100%。

【固体废物监管】 乳源瑶族自治县固体废物主要包括生活垃圾、养殖废物、矿山尾渣、工业垃圾、医疗废物等。2016年，5个镇垃圾转运到县城生活垃圾无害化填埋场处置，4个镇垃圾收集后就近填埋。52家规模化养殖场实行猪粪返田利用，用作种植基肥。工业垃圾进行分类处置，可回收利用垃圾全部实行回收，危险废物全部安全暂存和处置，污泥、中和渣进行填埋处置，工业危险废物处置利用率为55.44%。全县医疗废物大部分交由韶关市波丽医疗废物处理有限公司进行无害化处理，少部分边远镇医疗机构的医疗废物自行消毒焚烧，医疗废物集中处置率为98.2%。

【自然生态保护】 乳源地处于粤北山区，水力、森林、矿产、风力、旅游等资源丰富，生态环境良好，水、空气、土壤和声环境都保持在优良水平，空气质量达到国家空气质量二级标准，环境空气质量优良率达96.9%。主要饮用水源、江河水质全年监测达标，分别达到国家地表水Ⅱ类、Ⅲ类标准，全县拥有多个国家级、省级、市级自然保护区。为保护良好的生态环境不被污染、破坏，县委、县政府加强环境保护力度，提出生态立县的发展战略，对自然保护区、饮用水源保护区、生态公益林等严格保护，制定实施环保“十三五”规划、土地利用规划、畜禽养殖“三区”划分方案等，从宏观上调控这些区域的过度开发建设，用把控环评审批、用地审批等行政手段限制一些不宜项目的开发，保障生态环境良性发展。

【生态环境宣传教育】 结合“6·5”世界环境日、道德讲堂、法制宣传日和环保志愿服务活动，深入农村、企业、社区开展形式多样的生态环境宣传。2016年开展环保宣传咨询6次，发放环保宣传手册4000多份，发放环保纪念品1000多份，悬挂宣传横幅10条，滚动播放宣传标语5000多次，制作环保宣传栏3个。

【农村环境保护】 县环保局申请环保专项资金，开展农村环境连片综合整治，推进农村整治示范县建设，2016年，完成游溪镇中联村委、中心社区，桂头镇莫家村、小江村等农村环境综合整治。建成一批农村生活垃圾和生活污水集中处理设施。完成南水水库隔离防护项目（二期）建设，保障饮水安全。加强畜禽养殖业污染防治，对列入2016年减排的15家规模化养殖项目每月进行督查，督促按期完成污染治理设施。（杨路秀）

文 化

文化行政管理

【概况】 县文广新局内设办公室（行政审批股）、社会文化股、文物和非物质文化遗产股、新闻出版与广播电视股、文化产业和艺术股，下辖县民族文化传习馆、民族博物馆、文化馆、图书馆4个下属单位。

【文化阵地建设】 政府文化支出比率明显提高，将县民族文化传承中心、县文化馆建设项目列入政府民生实事。按照文化馆（站）达到国家二级馆（站）以上和村（社区）“五个有”标准，启动新文化馆项目工程建设，建成省、市两级村（社区）综合性文化服务中心试点各1个，建成省级文化广场试点1个，有效提升三级公共文化服务整体水平。建成《南岭瑶族文化资源多媒体数据库》收录上传《南岭瑶族文化资源多媒体数据库》文字资料达23万多字，照片3043张，视频录像23部，总时长达263分钟，瑶族民歌音频33首，总时长221分钟以及瑶绣作品上百幅。项目于2016年1月份通过省文化厅组织的专家评审验收。

【公共文化】 完成图书馆总分馆制第一批试点建设，实现县图书馆为总馆、5个镇文化站为分馆、15个村（社区）农家书屋为服务点的借阅一卡通及通借通还，为广大读者提供更为便捷的借阅服务。开展2016年图书轮换活动，对乳城镇、东坪镇5个村级农家书屋的旧书进行编目轮换，配送2500册基层农村实用知识新书，补充完善农家书屋设施和制度，推动农家书屋图书资源的整合利用。图书馆接待进馆读者112106人次，阅览图书260220册次，比2015年增加23%，开展各类阅读推广活动（含讲座、展览、送书下乡等）21场次。文化馆举办及承办全县乡镇文化站和业余文艺团体舞台化妆、摄影摄像、广场舞、拉丁舞、非遗保护等培训班11期，共487人次，开展文艺辅导996人次，完成在县民族实验学校举办的第十一个中国文化遗产日暨乳源非物质文化遗产知识讲座和瑶族山歌、瑶绣艺术节非物质文化遗产展演、展览、展示活动，利用瑶族十月朝筹备编排契机，到必背镇举办瑶族民歌、瑶族盘王节文化传承培训班。博物馆《乳源过山瑶民俗文化展厅》《盘王纪念馆》《进校园、进村镇文物图片展》等展览免费开放接待人数7.6万人次。完成农村电影场次超过1224场。

【社会文化】 发挥现代公共文化服务阵地作用，鼓励、支持和指导群众自办文化活动。举办“激情广场·幸福乳源”——农信杯·乳源达人秀暨2016年迎新春晚会、乳源瑶族自治县道德讲堂暨纪念“5·12”国际护士节文艺晚会、教育系统专场文艺晚会、“非遗传承·文化共享”文艺晚会等系列“激情广场·幸福乳源”广场群众文化活动7场次，观众10500人次。在一六镇中心学校、大桥镇红云中心学校开展“落实两学一做、关爱留守儿童”文化志愿者校园行，到桂头镇东岸村、乳城镇敬老院开展敬老乡村行，到东阳光等为外来工开展企业行文艺演出活动。11月启动共计12场的“舞动幸福南粤共建平安乳源”文化惠民巡回演出活动。全年累计开展送戏、送春联和文化遗产保护成果展超过30场次，观众超过30000人次。丰富城乡广大群众和校园的精神文化生活。基层群众文化呈繁荣发展态势，必背镇王茶村群众自发举办春节非物质文化遗产展演暨“村晚”活动和国庆节纪念红军长征胜利80周年重走红军路活动，大桥镇民间组织先后举办南岭观音诞、“阿公搓轿”尝新节大型民俗文化活动、纪念舜帝诞辰公祭大典文化旅游节，桂头镇举办侯安都纪念馆揭牌暨庆典活动，有力推动“一镇一品”群众文化活动品牌建设。

【文化遗产】 非物质文化遗产保护。完成《广东省瑶族文化生态保护实验区总体规划》编制工作。开展非遗普查采风申报工作，搜集原生态歌曲38首，原创歌曲4首，改编10首，古歌书30本，古乐器8件。《双朝节》《西京古道石阶除道》《苦爽酒酿造工艺》申报列入韶关市第六批市级非物质文化遗产名录。先后在必背镇以及县中等职业技术学校、民族实验学校、乳源第一小学等学校开展一系列非遗培训活动，举办及承办非遗保护业务工作培训班，参加培训超过1000人次。在县中等职业技术学校举办的“扬帆计划”成果汇报展演活动，观众900人次。以“文化遗产日”为契机，以“让非遗融入现代生活”为主题，在民族实验学校举办非遗保护知识讲座，参加讲座的有96人次。举办文化遗产展演、展览活动，观众1560人次。先后在大桥镇举办《契娭生日》《圣祖祭》非遗展演暨群众文艺汇演，观众4500人次。组织《瑶族刺绣》《瑶族民歌》项目，先后完成参加深圳文博会和莞韶两地非物质文化遗产交流展演展示活动。

文物保护。乳源第一次全国可移动文物普查共普查登录可移动文物1576件，通过省级普查办的验收。完成广东省重点文物保护单位观澜书院修缮工程，启动革命文物乐富村农民协会旧址修缮工程工作。西京古道保养工程顺利推进。完成《乳源过山瑶民俗文化展厅》布展并于春节前免费开放，收集乳源过山瑶生产生活、文化艺术、宗教器具等100多件藏品，涵盖民族信仰、农耕文化、渔猎文化、饮食文化等方面。民族博物馆布展大纲基本形成。

【文艺创作】 创作快板《“四个全面”入人心》《吴氏美德代代传》；三句半《创业，就业》《政通人和》《便民服务，情系万家》以及舞蹈《公民道德歌》《爱的阳光》《365个祝福》《瑶乡恋歌》《瑶山飞来一群金鸪鸪》和瑶族音乐剧《猺啊瑶》脚本等文艺作品。《地动山摇》《日头下·田埂乐》获韶关首届音乐舞蹈花会舞蹈组金奖，广东省群众文艺作品评选三等奖；《相聚这里》获铜奖；《歌春》获首届广东民歌民乐大赛总决赛银奖。启动瑶族连环漫画创作项目。

【文化交流】 先后赴湖南宜章参加2016湘粤两省四地（宜章、连州、乐昌、乳源）春节联欢晚会；赴佛冈县进行2场元旦文艺演出暨2016年瑶族文艺汇演；赴花都、东莞春节文艺晚会演出5场；参加外交部驻香港特派员公署“祖国好，香港好”专题文艺演出以及广东工人艺术团走进粤北林区文艺晚会演出。5月份，组织瑶绣、瑶族歌舞参加第十二届中国（深圳）文化产业博览会主会场和分会场活动。6月，组织参加在连南举办的2016年中国“文化遗产日”广东主会场系列活动和在郁南县兰寨古村落举办的中国“文化遗产日”广东（云浮）分会场系列活动。完成与东莞市文化馆达成15场演出和广东省“推动民族地区加快发展现场会”主题晚会演出。

【广播电视新闻出版】 安全播出和出版行业监管得到加强。加强院线和广播电视安全播出监管，组织开展企业接收卫星传送情况检查，主动对接丽宫国际温泉酒店做好接收卫星传送注销“许可证”工作。加强印刷出版行业行政监管和执法检查，组织相关部门开展打击侵权盗版行为。广播电视宣传播出质量提升，2016年完成县台新闻播出1345条，其中上送省电视台5条，市电视台351条，市电台203条。在韶关市广播电视优秀节目评比中，《瑶族好媳妇守寡孝敬公婆》《村民自制传统特色年货热热闹闹过新年》分别获得二等奖，《七旬老人和她的剪纸艺术》《保护环境收获真爱》《天灾无情人间有情，瑶族灾民新居入伙》等作品分别获得三等奖。

【人才队伍建设】 承办2016年韶关市非物质文化遗产保护工作业务培训班，组织参加莞韶文化交流跟班学习、文化馆（站）业务骨干培训、非物质文化遗产传承业务培训、广东省民间文艺之乡（传承基地）培训、全省基层宣传文化能人培训、全省传承人群培训等。邓雄华获得广东省基层宣传文化能人、“乳源好人”称号，刘丽霞被评为广东省基层

文化系统工作先进个人，民族文化传习馆被评为广东省基层文化系统工作先进单位。（邓雄华）

广播电视

【概况】 县广播电视台是县政府直属正科级事业单位，主要职责是：把握舆论导向，发挥党和政府的喉舌作用，围绕县委、县政府的中心工作开展新闻宣传；制订、组织、实施广播电视台事业和产业的发展规划，负责广播电视节目的制作、播出，制定镇广播电视事业发展规划，整合镇广播电视传输网络，指导基层广播电视工作。内设办公室、总编室、网络部、新闻部、广告部、雷公岭转播中心和乳城、大桥、桂头、东坪4个镇广播电视站等部门。2016年，有广播电台1座，电视台1座，广播电视发射和转播台1座。在职员工71人，退休人员14人。

2016年初韶关市举办广播电视优秀节目评比，县广播电视台的《瑶族好媳妇守寡孝敬公婆》《村民自制传统特色年货热热闹闹过新年》两作品获得二等奖，《七旬老人和她的剪纸艺术》《保护环境收获真爱》《天灾无情人间有情瑶族灾民新居入伙》等作品分别获得三等奖。“两学一做”学习教育活动取得显著成绩。

【新闻报道】 2016年完成新闻播出1345条，上送省台5条，上送市电视台351条，上送市电台203条，用稿、上送市台数量、质量比2015年有提升。抓好“两会”特别报道，为两会的圆满成功营造良好的舆论氛围。春节期间，全面报道云门寺、云门山旅游景区、南岭国家森林公园、大峡谷等景点景区的游客情况以及县社会界举办的游园、猜灯谜等各项活动，营造安定祥和的氛围。围绕社会主义核心价值观，挖掘宣扬先进典型事迹，弘扬主旋律，传播正能量。全面报道各单位各部门开展道德讲堂活动情况，弘扬道德模范，倡导社会新风，推进社会主义核心价值体系建设，吸引广大干部群众投身道德实践活动。宣传乳源创建全国县级文明城市活动，详实报道县直各部门创建工作，推动创建活动扎实有效开展。宣传报道优秀教师在平凡的岗位上兢兢业业、关爱学生、无私奉献精神。瑶族“十月朝”系列活动宣传工作取得圆满成功。深入报道乳源开展精准扶贫工作和开展“两学一做”教育活动情况。对中共十八届六中全会精神进行解读宣传。开设“贯彻落实六中全会精神”专栏，全方位、不同角度的采访报道全县各级各部门学习贯彻状况；围绕县委、县政府的中心工作，认真策划好市县区连线的宣传报道，新闻质量获县领导的充分肯定；扎实做好建党95周年和“解放思想、转变观念”大讨论各项活动宣传报道工作。

【设施维修、建设】 有线数字电视网络正常运作，受三大运营商等的冲击，原用户数逐年减少，新装用户亦逐年减少，呈下降趋势。全县共有数字电视主机用户18500户，副机5000户。电视台播出系统仍为模拟系统，与数字采编、播控系统不兼容，严重影响新闻播出质量。为提高新闻播出质量，争取到县政府支持资金160万元购置多功能一体化虚拟演播室系统和高清数字播出系统一套。该系统可以完成传统演播中虚拟布景、特效切换、信号录制、流媒体发布、声音调整、字幕叠加、多画面监看、节目播出等功能，可提高电视台的收视率和宣传力度；投入9万元改造残旧主干线路约15千米；强化窗口服务，提高服务质量；做好网络维护工作，巩固用户。

【安全播出】 切实做好2016年安全播出工作，特别在春节、国庆期间及中共十八届六中全会期间，没有出现安全播出责任事故。

【广告业务】 从2016年10月1日起终止与瑶视传媒的广告业务合作，收回台自主经营，广告业务按计划稳步开展。

【精准扶贫工作】 贯彻落实国家、省、市、县有关新时期扶贫开发的决策部署和相关文件精神，县台成立了以台长邹卫平为组长的精准脱贫工作领导小组，由副台长分管，安排专人负责此项工作，抽调全台中层以上干部和部门骨干，分成10组，对9户一般扶贫户、18户低保及1户五保户根据各自不同实际情况进行帮扶。（易　辉）

广东新华发行集团乳源新华书店有限公司

【概况】 广东新华发行集团乳源新华书店有限公司是国有独资企业，公司注册资本为500万元，设有办公室、门市部、财务部三个部门，在职员工9人。主要经营中小学教材、图书、文体用品等业务。

【完成经济指标】 2016年度总销售370万元，其中教材销售（含非免费教材）356万元，门市销售销售14万元，其中一般图书销售11万元、文化用品销售3万元。馆配指标。2016年度，获县图书馆配27万元。

【义教新华字典】 完成政府义务教育段一年级新华字典的配送发行工作，全县总册数为2982册，金额41748元。

【农家书屋】 2016年全县115个村委会（社区）农家书屋补充更新资金23万元。

【文化消费补贴】 根据省财政厅《乳源瑶族自治县2016年文化消费补贴项目实施方案》的通知精神。完成全县低保户人员文化消费及优抚物品金额32万元。（邹辉强）

卫　生　·　体　育

卫生和计生

【概况】　乳源瑶族自治县卫生和计划生育局（简称县卫计局），内设机构有办公室、规划与财务股、人事股、医政股（县深化医药卫生体制改革工作领导小组办公室）、疾病控制与妇幼保健股（卫生应急办公室），计划生育发展股、宣教考核股、综合监督股。编制21名。后勤服务人员3名。

下属事业单位有：卫生监督所、疾病预防控制中心、慢性病防治站、妇幼保健院、中医医院（民族医院）、人民医院、儿童专科医院，另有9个镇卫生院：乳城镇卫生院，桂头镇中心卫生院，大桥镇卫生院，一六镇卫生院，东坪镇卫生院，游溪镇卫生院，大布镇卫生院，洛阳镇卫生院，必背镇卫生院。原人口和计划生育任期目标管理责任制考核办公室更名为计划生育考核办公室。县红十字会、县爱国卫生运动委员会属副科级事业单位，县计划生育协会属正股级单位，均挂靠县卫计局。

驻乳厂矿医疗单位有：广东省乳阳林业局职工医院、广东省天井山林场卫生所、广东省核工业地质局二九一大队职工医院、广东省水电集团有限公司乳源办事处卫生所。

全县卫计系统干部职工总数1122人，离退休255人，在职867人，2016年事业单位公开招聘14人，公务员招录2人。调出干部7人；干部退休6人，职工退休2人。

2016年全县卫生医疗机构165间。村卫生站122间，其中村办103个，占84.43%，镇卫生院下设点19间，占15.57%。村卫生站在岗85人，其中执业（助理）医师24人，乡村医生101人，执业护士369人。医疗机构实际开放总床日数186571日，实际占用总床日数123576日，病床使用率66.24%，死亡率0.76%。

【卫生计生工作会议】　2016年1月，全省卫生工作会议和全市卫生计生工作会议先后召开。2月3日召开全县卫生计生工作会议，深入贯彻学习省、市卫生计生工作会议精神，总结2015年卫生计生工作，研究部署“十三五”时期主要任务及2016年重点工作。为科学谋划2016年卫生计生工作，3月7日召开全县卫生计生工作务虚会，会议传达县委中心理论组学习会精神，由各股室、各直属医疗卫生单位就2015年工作存在的问题和原因进行深入剖析，对2016年的工作进行谋划，就如何更好地推进县卫生计生事业发展作交流发言。2016年3月和6月，全省计划生育工作会议和全市计划生育工作会议先后召开。6月24日召开全县计划生育工作会议，传达学习省市计划生育工作会议精神，总结2015年度全县计划生育工作，部署2016年度全县计划生育工作，通报2015年度全县人口与计划生育目标管理责任制考评情况和2016年度上半年计生考评情况，签订2016年度全县人口与计划生育目标管理责任书。

【“十三五”规划工作】　9月，制定完成《乳源瑶族自治县卫生计生事业发展“十三五”规划》，为县“十三五”时期卫生计生事业的发展谋好局、指好路。

【公共卫生均等化服务】　2016年11月，全县累计建立常住居民电子健康档案137150份，建档率为75.11%。完成重点人群档案0～6岁儿童15493份、老年人15645份、高血压患者11481份、糖尿病患者3649份。1月至11月，农村生育妇女补服叶酸4061人，补助农村住院分娩产妇1262人。

【疫情】 抓好人感染H7N9禽流感、登革热、手足口病等重点传染病防控工作。为有效防范人感染H7N9禽流感、登革热、手足口病等重点传染病的流行和蔓延，县卫计局将防控工作摆上首要位置，成立防控工作领导小组和医疗救治、疾病控制专家小组，制定一系列的预防控制、医疗救治措施和应急预案，细化措施，严格落实责任制。加强登革热、人感染H7N9禽流感等重点传染病的防控知识宣传，引导群众正确认识疫情。不断加强卫生整治，积极开展消杀工作等措施，以实战状态做好各项防控工作。

2016年1月至11月共调查处置聚集性疫情9起。分别为：3月24日，大桥镇中心幼儿园发生1起B型流感聚集性疫情。5月24日，县机关幼儿园小（1）班发生手足口病聚集性疫情。9月12日，县第一小学二年级（11）班发生1起以发热为主的聚集性病例（经采样检测排除流感）。9月14日，县艾乐幼儿园中（1）班发生手足口病聚集性疫情。11月2日，县机关幼儿园小（3）班和县金太阳幼儿园中（2）班发生手足口病聚集性疫情。11月24日，县大桥镇中心幼儿园发生1起诺如病毒感染性腹泻聚集性疫情。11月25日，县快乐小星星幼儿园中（1）、中（2）班发生手足口病聚集性疫情。11月28日，县金太阳幼儿园（城区分园）手足口病聚集性疫情。

【传染病】 2016年1月至11月，免疫规划工作保持在较高水平，国家免疫规划疫苗接种率达到95%以上，相应传染病发病率控制在国家规定范围内。按现住址和发病日期统计，1月至11月，全县共报告法定传染病报告15种1116例，发病率606.52/10万。其中：乙类传染10种，467例，占报告总发病数的41.85%；丙类传染病5种，649例，占报告总发病数的58.15%。发病数前5位共报告939例，占总发病数84.14%，分别是手足口病404例、乙肝208例、其他感染性腹泻173例，肺结核86例、梅毒68例。比2015年法定传染病发病数下降1.67%（1116/1135），甲乙类传染病发病数比较上升5.41%（467/443），丙类传染病比较下降6.21%（649/692）。

【健康教育】 严格按照健康教育服务规范要求，针对健康素养基本知识和技能、及辖区重点人群、危险因素、重点疾病的主要卫生健康问题等内容，利用卫生宣传周（日）向城乡居民提供内容丰富、通俗易懂的健康教育宣传知识和健康教育咨询服务。开展一系列的知识讲座、网络、板报、发放宣传资料等健康教育活动，城乡居民的健康意识有进一步提高。1月至11月，全县累计发放健康教育印刷资料60种99866份，设置宣传栏155个，更新宣传栏277次（块），举办知识讲座243次，群众参与达12652人次，开展现场咨询活动173次，群众参与达10521人次。

【“两孩”政策学习培训工作】 强化学习培训。“全面两孩”政策出台后，及时组织局干部认真学习《中共中央国务院关于实施全面两孩政策改革完善计划生育服务管理的决定》和新修订的《广东省人口和计划生育条例》。指导各镇组织开展相应学习活动，扎实有序推进“全面两孩”政策在全县顺利实施。县、镇、村三级组织干部学习培训20班次，学习培训830多人次。

【“两孩”政策宣传引导】 采取电视卫计专栏、卫计网站、卫计微信、卫计三栏、横幅、送戏下乡、设立咨询、流动宣传车及印制《全面两孩政策解读》《优生优育宣传册》《广东省计划生育条例》10万份发放给城乡居民等形式，广泛开展计生宣传，统一宣传口径，正向引导公众舆论，让广大民众及时准确地了解新政策和实施“全面两孩”政策的重大意义。对户外人口计生宣传环境进行一次全面清理整顿，清理更换宣传标语等计生宣传内容80多条（块）。

【“两孩”政策优质服务】 设立县、镇两级“全面两孩”政策办证窗口咨询处，接受群众的政策咨询，向群众耐心细致地做好政策宣传解读工作。简化“全面两孩”办证流程，全面实施生育登记制度，推行网上办事、一站式服务、首问责任制和承诺制，为群众提供高效便捷的优质服务。

【“两孩”政策的检查指导】 成立“全面两孩”政策实施督导组，深入各镇开展“全面两孩”政策宣传、服务措施、简化办事流程等工作进行检查指导，现场解答各镇实施工作中遇到的实际问题，有力地促进“全面两孩”政策工作的顺利开展。

2015年10月1日至2016年9月30日，全县户籍人口出生3461人，常住人口自然增长率为8.06‰，符合政策生育率为96.59%，政策外多孩率0.92%，出生人口性别比为104.31，处于正常值范围内，较好地完成上级下达的人口控制目标。

【省、市计生工作检查顺利过关】 及时举办省计生考核方案培训班暨部署迎接省飞行检查工作会议，对《2016年广东省人口与计划生育目标管理责任制考核方案》进行培训学习，为做好迎检准备工作打基础。各镇也对照《省考核方案》做好查漏补缺工作，进一步规范各种计生资料，对陪调员进行多次专题培训，提高迎检能力。全县各相关部门加强协调配合，合力形成齐抓共管。卫计局4个督导组深入镇、村一线进行面对面的督促检查，对存在的问题及时指导解决，公安、民政、财政等计生兼职部门主动配合，做好与计生数据的衔接，确保各项指标数据真实、准确。2016年9月20日，省计生工作飞行检查组到乳源检查，洛阳镇被抽查。乳源顺利通过省检查组的飞行检查。11月14日至17日，市计生检查组到乳源检查除洛阳镇外的8个镇，乳源顺利通过市计生检查。

【设施，优化就医环境】 积极申请上级项目及社会各界支持，抓好各项工程建设，改善群众就医环境。投入20万元，新建桂头卫生院中医科。完成改扩建工程：县人民医院住院楼主体大楼封顶、室内外进行装修，进入层流手术室及ICU病房设备安装阶段。实施洛阳镇、大布镇、游溪镇卫生院公共卫生综合楼建设项目，其中洛阳镇卫生院公共卫生综合楼建设项目主体工程完工，进入装修阶段。大布镇、游溪镇卫生院基础工程完成三通一平，公共卫生综合楼建设项目进入施工许可证办理阶段。

【“群众满意的乡镇卫生院”活动】 为全面加快推进全县创建“群众满意乡镇卫生院”工作。5月27日，乳源召开推进建设“群众满意的乡镇卫生院”暨“家庭医生式服务”工作会议。会议总结2015年创建“群众满意的乡镇卫生院”活动和开展“家庭医生式服务”工作情况，对2016年重点工作进行详细安排部署。6月17日，县卫计局组织各镇卫生院院长和县中医院负责人到始兴县学习“群众满意的乡镇卫生院”创建和“家庭医生服务”相关工作经验。2016年，全县组建家庭医生式服务团队43个，累计签订家庭医生服务协议8841户，居民参与人数达3.02万人。大桥镇中心卫生院成功被评选为广东省“群众满意乡镇卫生院”，申报参加全国“群众满意乡镇卫生院”的评选。

【公共卫生服务项目培训与职业资格注册工作】 配合完成全县报考2016年执业医师（助理）资格考试工作和2016年卫生技术资格考试工作；举办全县基本公共卫生服务项目培训、中医服务能力业务培训、孕前优生检查培训，组织人员到省、市参加基层医院感染培训、医疗纠纷处理培训、治未病与传统疗法干预技术学习班等，参加培训累计500多人次。不断提高医护人员专业知识水平，提高医疗质量，确保医疗安全。

【积极慰问活动】 春节前夕和“七一”期间，由县分管卫生计生领导带领县卫生计生局领导干部分成3个慰问组，分别深入计生困难户、退休困难党员、基层计生工作人员生活困难家庭，进行走访慰问工作。共慰问计生困难家庭31户，退休党员25人次，投入慰问资金4.6万元。协助省红十字会慰问贫困家庭300多户，慰问物资有大米、油、温暖包等，折合现金近30万元。

【粤北医院托管县人民医院顺利实施】 2016年5月6日，县人民政府授权县卫计局成功与粤北人民医院签订《粤北人民医院托管乳源瑶族自治县人民医院协议书》，开创韶关市级医院托管县人民医院的先例，标志着乳源瑶族自治县的医疗卫生水平更上一个新台阶。县人民医院被托管另加挂“粤北人民医院乳源分院”院名，人民医院原行政隶属关系、所有权、公益性质、医疗任务、职工编制等均保持不变。

粤北人民医院利用其品牌、技术、人才和管理优势，创新医疗服务体制，采取积极有效的措施，输入优质资源，将粤北人民医院乳源分院打造成医疗技术、服务水平市内领先的县级综合医院，确保三年内实现乳源瑶族自治县群众大病不出县、90%病人留县治疗的目标，医院综合能力建设与全省58家医院同步达到省、市相关要求，县级综合医院顺利通过省、市验收。粤北人民医院根据医院发展需要安排不少于5名医疗技术骨干和管理人才到县人民医院工作，提高医院的服务水平和管理能力。对乳源瑶族自治县人民医院部分具有发展潜力技术骨干展开培养，力争在短期内培养成为学科带头人，实现“大手”牵“小手”“输血”更“造血”的目的。

【省卫生县城复审迎检和省市卫生镇村创建工作】

开展迎接省卫生县城复审和省、市卫生镇村创建工作部署。县爱卫办抽调人员成立工作组，专门负责督导检查和资料整理等各项工作。3月30日，召开全县2016年迎接省卫生县城复审动员大会暨创建卫生镇村工作总结表彰大会。会议总结乳源卫生创建工作情况，部署迎接省卫生县城复审及创建卫生镇村工作任务。5月10日上午，县卫计局在县财政局11楼会议室举办2016年省卫生县城复审工作资料准备培训班，邀请韶爱市爱卫办科长何勇到会授课，来自80多个单位约100人参加培训。8月2日，召开省卫生县城复审迎检推进会议，总结前期巩卫工作，部署下一阶段巩卫迎检。县督导组多次对各镇、各相关单位开展日常督导巡查工作。9月下旬开展对各镇创建省卫生镇村的县级考核检查，对各镇在省卫生镇村创建工作存在的问题和薄弱环节提出整改意见。

开展巩固省卫生县城宣传。县爱卫办采取宣传栏、灯箱、LED显示屏、电视媒体等多种方式在全县各显要路口、公共场所等位置进行宣传。制作巩卫宣传栏13块，派发宣传单1万份，制作宣传灯箱100多个，巩卫口号宣传牌5块，在县城1个LED显示屏和县电视台循环播放宣传视频。开展以“全县人民齐动手，清洁环境保健康”为主题的第28个全国爱国卫生月、巩卫复审、病媒生物和禽流感、登革热等防控知识宣传活动。爱卫月活动共发放各类卫生宣传资料7500多份，民意调查问卷200份。2016年11月，乳源顺利完成省卫生县城复审工作。

【城乡卫生整治活动】 结合登革热防控工作，组织开展春季、秋季爱国卫生运动。重点宣传消灭“四害”、蚊媒生物防治、预防登革热为重点的防治知识，发动群众开展除“四害”活动。活动共投放鼠药140公斤，使用灭蚊药物90千克，使用灭蚊器械48台次，派发宣传物品6000份。4月29日下午，开展以“巩卫齐参与，创文我争先”的全民大清洁活动，由县四套班子带头，县爱卫办组织县城机关干部、群众、学生7000人次上街大扫除，重点整治县城周边路段、卫生死角和群众反映突出的环境卫生问题。整治活动清理卫生死角285处、修剪绿化带、花圃约3800余平方米，清洗乱张贴2000多张，清理乱堆放杂物、废土等大小车辆约260车，清掏化粪池8个，翻盆倒罐清除各种积水约150处，疏通沟渠、下水道12727米，整治规范垃圾容器20余处。

【行业作风建设】 5月13日，县卫计局召开全县卫计系统“两学一做”动员会暨贯彻上级党风廉政建设精神会议，学习中央纪委《关于十起群众身边的不正之风和腐败问题典型案例的通报》和《中纪委机关报：为敢于担当者担当》等，对开展“两学一做”学习教育和党风廉政建设作动员部署。会后观看《坚持高标准守住底线》教育视频，以及组织学习《廉洁自律准则》《纪律处分条例》。5月30日至6月3日，组织4个暗访组对全县各医疗卫生单位进行巡查、暗访，检查卫计系统行业作风建设。7月至9月，开展廉洁读书活动、组织党规党纪知识测试、学习省纪委通报的省爱卫办检查组顶风违纪收受礼金典型案件《省爱卫办主任被开除党籍和“断崖式”降级》、开展“讲规矩、有纪律、树正气”征文活动、观看党风廉政教育专题片《疯狂抢建背后的腐败乱象——大鹏新区坝光拆迁腐败窝案警示录》和组织参加“清廉修身，廉洁齐家”主题演讲比赛等纪律教育学习月系列活动。5月10日晚，县卫计局举办庆祝“5·12”国际护士节文艺晚会。

【卫生监督与医疗调处工作】 积极开展节假日期间卫生监督、重要活动接待卫生保障、公共场所卫生监督、医疗机构卫生监督、卫生监督协管、卫生法律法规宣传等工作。2016年度，出动监督执法人员共656人次，执法检查医疗机构146户次，办理卫生许可108户，行政处罚1宗，罚款3000元，检查学校共20间，检查医疗机构共73间（含村卫生站），顺利完成2016年高考医疗卫生保障任务。认真做好信访维稳工作。2016年，接受群众来信来访共85人次，回复市、县交办信访案件22宗，受理医疗纠纷投诉7宗，成功调解医疗纠纷5宗，其余1宗当事人撤回、1宗进入提交医学会进行医疗事故技术鉴定阶段，信访案件结案率100%。

（袁素兰）

疾病预防控制

【概况】 乳源瑶族自治县疾病预防控制中心为副科级公益一类事业单位，主要负责疾病监测、卫生监测检验、疾病防治研究、突发公共卫生事件处理、卫生宣传与健康教育、卫生培训与技术指导等工作。2016年，有工作人员44人，本科学历15人，大专学历23人，副主任医师2人，中级职称12人。内设疾病预防控制科、慢病科、公共卫生科、健康教育科、预防接种门诊室、质量管理科、检验科、中心办公室、财务科9个科室。

【计划免疫管理】 开展预防接种门诊分级评审，经过市级评审，乳源有预防接种门诊3A级1间、2A级10间、1A级2间。2016年，乳源儿童常规免疫接种率达95%以上，乙肝疫苗首针接种及时率达到90%以上，安全注射率100%，未发生重大预防接种副反应。适龄儿童建证、建卡率100%。入托入学查验证率100%。开展疫苗针对传染病的主动监测，落实疫苗异常反应零报告制度，报告疑似异常反应共48起，处理48起（其中44例为一般反应，4例异常反应，0例偶合症），处理率100%。全县范围内无甲类传染病发病和死亡报告。每月一期的“妈妈课堂”专题讲座常态进行。

【传染病防控】 2016年，县疾病预防控制中心成功处置：2起不明原因肺炎的排查工作，排除人感染H7N9禽流感感染病例；1起诺如病毒感染疫情，为大桥镇中心小学幼儿园诺如病毒感染聚集性疫情病例；1起突发公共卫生事件，为侯公渡中心小学水痘暴发疫情病例；8起手足口病聚集性疫情病例，1起B型流感聚集性疫情病例。所有事件经及时处置，均得到有效控制，及时消除社会恐慌心理和维护社会稳定。

【全民健康生活方式工作】 制定《乳源瑶族自治县2016年全民健康生活方式行动工作计划》，召开全面推进全民健康生活方式的动员会，分级培训健康指导员200余名，建立乳源瑶族自治县健康生活方式指导员队伍。开展“2016年爱国卫生月暨迎接省卫生县城复审系列”“‘健康中国行’韶关主题宣传活动之健康知识巡讲”“第十个全民健康生活方式行动日”等一系列咨询宣传活动。加快健康支持性环境建设，在县城建立1个健康公园、2个健康步道，8个镇建有1个示范社区、1个示范食堂、1个示范单位。规范信息网络报告，及时上报工作信息、媒体报道全民健康生活方式行动工作信息管理系统，上报率100%。

【人感染H7N9禽流感防控】 落实人感染H7N9禽流感主动监测工作，在全县医疗机构开展发热病例预检分诊，加强对发热病例、不明原因肺炎、严重呼吸道疾病住院病例和有禽类接触史呼吸道病例的监测。2016年，全县未发现人感染H7N9禽流感疑似病例。

【卫生保障】 2016年10月30日至11月2日，乳源瑶族自治县举办第十届瑶族“十月朝”文化旅游节活动暨第二届粤北（乳源）农特产品博览会，县疾病预防控制中心按照重大活动卫生保障技术规范要求，完成接待酒店、会议场所用品、生活饮用水和餐具的卫生监测检验。做好农特产品博览会活动场所环境消毒工作，消毒活动场所1万多平方米。活动期间，没有发生食物中毒和饮用水污染事件，没有发生传染病疫情，圆满完成卫生保障任务。

2016年6月负责高考卫生保障工作，对考生试室、饭堂进行空气环境消毒，加强传染病疫情的监测和控制，高考期间无食物中毒和传染病疫情的发生。

【健康教育与健康促进】 县疾病预防控制中心作为全县健康教育与健康促进项目工作指导机构，针对重点人群，危险因素、重点疾病预防保健知识等内容，充分利用卫生节日向城乡居民提供内容丰富通俗易懂的健康教育宣传知识和健康教育咨询服务。2016 年，全县组织健康教育骨干培训 2 次，培训人数 90 人次，举办健康知识讲座 243 次，参加人数 12652 人，开展咨询活动 173 次，参加咨询活动群众 10521 人次，制作横幅 135 条，制作各类卫生知识宣传单、宣传折页 264580 份、小册子 31203 本、海报 1059 份，发放宣传资料 99866 张（册），更新出版宣传栏 277 次，全县视频播放各类健康知识宣传片 16074.2 小时，电视台播放健康知识 2 次，播放时间 90 分钟，播放新闻报道 6 次，播放时间 6 分钟，个体化健康教育 44436 人次。

【能力建设】 2016 年，县疾病预防控制中心通过省级实验室计量认证资质认定和食品检验检测机构实验室资质认定。完成艾滋病初筛实验室质量考评工作以及水中镉含量、氟化物含量测定和水样品中致病菌检验质量控制考核工作。完成全国碘缺乏病碘盐含量的质量控制考核工作，荣获“全国质控网络并合格的实验室”称号。（欧 华）

卫 生 监 督

【概况】 乳源瑶族自治县卫生监督所是参照公务员管理的副科级公益一类事业单位，核定事业编制 17 人，在职干部职工 12 人，办公地址位于乳城镇鹰峰东路 106 号，内设办公室、受理办证股、公共场所卫生监督股、医疗卫生监督股和稽查股 5 个股室。主要承担公共场所、生活饮用水、职业、放射、学校卫生监督和卫生行政处罚、卫生许可审查、上报、批准后的发证等工作。

【卫生行政许可】 推行政务公开，将卫生许可依据、范围、条件、程序、收费等事项通过县行政服务中心办事大厅、县网上办事大厅、公示栏等形式向社会公开，严格实行服务承诺制和一次性告知制。2016 年，承办卫生许可 112 户，其中新办 44 户，延续 43 户，变更 5 户，设计认可 4 户，竣工验收 4 户，注销 12 户，及时办结率均达 100%。

【公共场所卫生】 推进公共场所量化分级管理制度。继续将量化分级管理工作与新改扩建、日常性卫生监督和复核换证结合，将公共场所现场快速监测与卫生监督工作相结合纳入重点工作中。重新制作公共场所量化公示牌，及时发放到经营户，将卫生许可证、人员健康证、检测报告等资料存放到公示牌公示上墙。2016 年全县量化分级管理工作进入规范化管理轨道，对各公共场所逐户按照各行业卫生监督量化分级评分表进行打分，公示评定结果，实行量化分级管理的有住宿、美容美发、娱乐场所行业，量化率 98% 以上。

【监督检查医疗机构】 对各医疗机构的疫情报告、消毒隔离预防控制措施和医疗废物处理等方面进行检查，大部分医疗机构都能按照有关规定进行操作。2016 年 1 月对县直医疗机构和乡镇卫生院开展 H7N9 禽流感防控专项监督检查。8 月，开展传染病防治分类监督综合评价。10 月，对辖区 73 间医疗机构开展医疗机构不良执业行为监督检查，发现存在不良执业行为，对其进行记分处理，下达记分通知书 73 份，累计记分 146 分。开展 2 次传染病广场宣传咨询活动，发放 160 份宣传册子，咨询 200 人次。

【放射卫生】 2016 年全县有 9 家医疗机构设有放射科，持有“放射工作人员证”的放射工作人员 26 人，全部建立职业健康档案。大部分放射机构都设有专（兼）职管理人员，建立与开展放射诊疗工作相适应的工作制度。

【学校卫生】 强化学校卫生监督预防性干预工作，健全学校卫生档案管理。对辖区内 20 所中小学校进行学校饮用水、传染病、学校卫生专项检查，收集辖区内中小学校“学校卫生被监督单位信息卡”、《学校卫生基本情况表》资料归档并录入卫生部信息报送系统，及时更新学校基本情况。2016年检查学校20所，幼儿园24所，出动车辆20台次、卫生监督员56人次。

【卫生监督协管】 2016年全县有卫生监督协管员26名，统一制定着装，开展2次全县协管员培训，每季度对基层卫生监督协管工作进行1次督导，年终进行1次总考核。

【重大活动卫生保障】 完成2016年高考、瑶族十月朝活动、“中国供销·粤北农批”启动试行、“两会”换届4次重大活动卫生保障任务。派出驻点监督员75人次。（杨志康）

医疗机构简介

【县人民医院】 乳源瑶族自治县人民医院（以下简称医院）创建于1963年，地处县城中心位置，毗邻优美的乳江河畔，是一所集医疗、预防、保健、康复、教学和科研等功能于一体的国家“二级甲等”综合医院。2016年医院职工人数387人，专业技术人员323人，其中高级职称17人（正主任医师1人），中级职称80人。医院内设机构41个，其中职能科室13个，临床医技科室28个，床位定编330张。医院学科齐全，技术力量雄厚，有全自动生化分析仪、DR、CR、麻醉呼吸机、双排螺旋CT、彩色B超、电子胃肠镜、血液透析机等现代化检查治疗设备。医院120急救中心肩负着全县各种突发事故及危重病人的院前、院内急救重任。各科有副主任医师为学科带头人，医疗质量与技术水平以及服务能力均处于县域领先水平，能够完成中毒、心衰、休克、呼吸衰竭等各种危重病人的救治，能开展各种创伤、颅脑、骨科、妇科、产科重大手术，腔镜微创手术技术成熟。

业务指标完成情况。2016年医疗业务总收入9593万元，比2015年增长1125万元，增长13%，药品收入为2682万元，药品收入占业务收入27.51%，比2015年下降1.64%。医院门诊诊疗218202人次，比2015年增长4.04%；住院12973人次，比2015年增长5.55%；平均住院日6.07天，与2015年持平；病床使用率91.79%，比2015年增加4.41%；法定传染病报告率100%；医院感染发病（例次）率0.81%，完成指令性任务100%；病人转院率5.34%，比2015年下降1.36%。

医院管理。2016年5月，县委、县政府与粤北人民医院签订协议，粤北人民医院正式对医院进行托管，在全市率先开启市级医院托管县级医院新模式。基本实现医院服务能力和服务效率双提升。完善质量管理体系，根据医院现行制度执行情况及存在问题，粤北人民医院派驻新管理团队注入先进的管理理念，提升管理水平，有针对性的制定和完善管理制度，明确人员岗位目标责任制，制定完善综合目标和绩效管理方案、会诊制度、首诊负责制度、医患沟通制度等，使医院管理更加规范化、科学化、精细化。大胆推行绩效改革，有效稳定人才队伍。将奖励性绩效列入绩效考核，遵循“优绩优酬、激励分配，按目标效益、服务质量、工作业绩取酬，向关键科室、关键岗位、临床一线倾斜”的分配原则进行绩效分配，打破平均主义，向医院关键岗位倾斜，临床一线医务人员待遇得到明显提升，有效调动医务人员工作积极性，医疗人才流失现象得到遏制，吸引6名执业医师到医院工作。建立健全财务审计和院内议标管理机制，规范医院财务监督和管理，弥补医院相关漏洞，有效维护医院利益，避免滋生腐败行为。

医院综合能力。采取针对性强、补短板、灵活多样的人才培养模式，加快人才培养步伐。采用派驻技术团队、轮换派驻医生等形式，把层次高、水平优的诊疗技术传授给医院专业技术人员，提升医院专业技术人员的技术水平。遴选医院专业技术骨干到粤北人民医院或其他高层次医疗机构进修培训，接受医院职能及临床科室主任、护士长、业务骨干到核心医院进行免费培训、进修，培养本学科学术技术带头人及技术骨干人才。运用多种渠道，引进医疗紧缺人才，为县人民医院引进首位具有正高职称的高层次人才，医院任命其为内科学科带头人。引进广东省第二人民医院及粤北人民医院多位专家为特设岗位人才，有针对性的提升医院医疗服务能力，带动医院整体医务人员技能水平的提升。

加强专科建设，提升医疗技术水平。针对医院较为薄弱的心内科、神经内科、眼科、耳鼻喉科等专科派出副主任医师以上职称专家开设专家门诊。采用专科查房指导、专科培训、专题讲座、学术活动的形式，促进医院医疗技术水平提升。指导和支持医院治疗疑难重症，帮助开展新技术、新项目，形成“科室对科室，师带徒一对一”的帮扶关系。粤北人民医院派出重点专科建设对应科室主任护长，采用座谈、现场考察等方式，指导相关科室进行布局改造、诊疗流程优化、设备人员配置，有效提高科室诊疗效率和诊疗水平，进一步为患者提供高层次诊疗服务，有效缓解群众“看病难”问题，让乳源百姓不出县就可以得到韶关最好医生的诊疗。

基础设施建设不断完善。依据《广东省加强县级人民医院设备装备建设实施方案》要求，以填补短板为原则，根据实际情况，县人民医院使用财政拨付县级医院设备装备建设经费1740万元（其中省财政经费1218万元，县级财政经费522万元）配置急需紧缺医疗设备，医院基本设备装备配置水平有效改善，为临床诊断提供有力保障。2016年在全省58家县级公立医院综合服务能力排名中，医院从57名跃升至40名。

新住院大楼建设。住院大楼改扩建项目进展顺利，医疗环境将得到有效改善。2015年8月，县人民医院住院大楼改扩建工程开始动工。该工程建筑面积6900平方米，总投资算为3100万元。新大楼建成后医院住院病床将由原来的240张增加至400张，面积从原来的4666平方米增加到11566平方米，病房床均面积达到县级综合医院建设标准，有效缓解和改善县人民医院病床不足、病房功能设施差的问题，为提高医院综合服务能力奠定坚实基础。（侯永朝）

【县中医医院】 乳源瑶族自治县中医医院成立于1985年6月，是一所集医疗、保健、康复等功能于一体的综合性医院。主要担负全县21万瑶汉族群众疾病的医疗、预防、保健、康复等重任。医院为副科级事业单位，属县卫计局管理。设院长（兼党支部书记）1名，副院长2名。有干部、职工97人，其中副主任医师2人，中级职称23人，注册护士32人，执业医师21人。新中医院项目于2011年12月10日开工建设，于2013年10月28日投入使用。其中门诊楼3层，住院楼5层，设置床位140张，总建筑面积6541平方米，总投资2536万元。其中中央预算内资金1300万元。新院建成后，医院的规模和各项指标达到《中医医院建设标准》及二级甲等中医院标准，有效缓解医院业务用房严重不足、科室布置不合理的矛盾，从而提升中医药服务能力水平，是便民利民的一项重大民心工程。

县中医医院坚持中医特色为主，中西医结合的发展方向，开展康复科、治未病科、瑶医瑶药门诊部、中西医内儿科，骨外科、中医妇科、口腔科等业务。康复科是“韶关市特色专科”，能有效的治疗颈、肩、腰、腿痛等疑难杂症，拥有中风偏瘫康复治疗室，设有上下肢主被动训练器、颈腰椎治疗多功能牵引床、骨质疏松治疗机、多体位手法推拿床、离子导入仪、温热磁疗仪、温热式低周波治疗器、电子脉冲敷贴仪、远红外按摩理疗床、神经肌肉电刺激仪、吞咽功能障碍治疗仪、空气波压力循环治疗仪等。治未病科开展中医体质辨识、药膳、膏方、中药熏蒸、中药足疗、汗蒸疗法、艾灸、平衡火罐、埋线等治疗保健方法，拥有高级中药熏蒸治疗仪等。中医妇科有“韶关市特色专科”称号，有先进的诊疗技术，结合中医治疗方法，如中药灌洗、中药外敷、中药口服等方法综合治疗妇科疑难杂症。为传承民族医药文化，开设瑶医瑶药门诊部。瑶医外治疗法主要有刮痧疗法、瑶药熏洗、刺血疗法、药罐疗法、火攻疗法、药线点灸疗法和点烧疗法。骨外科对四肢骨折病人能进行传统手法复位治疗，可施行髋关节置换术、四肢骨折手术。腹部外科主要能施行消化系统与泌尿系统等外科手术。中医肛肠科是医院近期发展的重点科室。医院拥有先进的体外碎石机、DRX光诊断系统、彩超、生化分析仪、纤维胃镜、骨科治疗仪、微波综合治疗仪等先进医疗设备，能适应各种疾病的检查、诊断、治疗需要。（黄善东）

【县妇幼保健计划生育服务中心】 乳源瑶族自治县妇幼保健计划生育服务中心创建于1953年，是一所集医疗、保健、健康教育、优生优育及指导基层妇幼保健等任务为一体的综合性一级甲等专科医院，属公益一类事业单位，全院职工197人，在编

130人，其中专业技术人员165人，副高职称2人，中级职称27人。是全县唯一定点免费婚前医学检查、孕前优生健康医学检查医疗机构，内设妇产科、儿科、新生儿科、内科、儿童保健科、妇女保健科、乳腺专科等临床医技科室15个。

医院占地1.07公顷，建筑面积7518.7平方米，业务用房6918.7平方米，内设停车位120个，开放床位120张。科室布置科学、合理、规范，有效缓解业务用房不足局面，为全县瑶汉妇女儿童提供舒适、安全和方便的就医环境。

2016年全年门诊量87596人次，比2015年增加24%，产妇数1515人，比2015年增加12.14%，新生儿数1520人，比2015年增加12.43%，2016年报告传染病165例，性病、传染病病例报告的及时性100%，性病、传染病诊断的准确性100%。

2016年度，县妇幼保健计划生育服务中心被县文明办评为“乳源瑶族自治县培育和践行社会主义核心价值观优秀示范点”。

设备引进。为科技兴院，医院引进一批价值2000多万元的医疗设备，其中四维彩超、乳腺钼钯、骨密度检测仪等设备弥补县医疗设备的空白，妇幼保健服务能力得到有效提高。

人才建设。利用上级医院对口帮扶的契机，加强重点学科及技术人才队伍的培养，派出儿科医师、B超医师、护士、药剂师等9人，分别到三级医院专科进修学习。2016年广东省妇幼保健院派驻5人，东莞市妇幼保健院派驻5人，其中2名副高职称以上专家到县妇幼保健院开展支援工作。

公共卫生。实施国家免费孕前优生健康检查项目，开展免费婚前医学检查、农村孕产妇住院分娩补助、增补叶酸等民生工程，落实预防艾滋病、梅毒和乙肝传播、基本公共卫生服务项目，有序推进出生缺陷综合防控项目、地中海贫血防控项目，提升全县妇女儿童健康水平和出生人口素质。婚前医学检查率稳定在90%以上，免费孕前优生健康检查工作完成率达100%。2016年9月以良好的成绩通过广东省妇幼健康优质服务示范工程省级评估，11月出生缺陷干预中心通过市级验收。（聂毕愚）

【桂头镇中心卫生院】 始建于1957年的韶边县人民医院，1963年成立乳源瑶族自治县后更名为桂头卫生院，1995年核定为桂头镇中心卫生院，是一所集医疗、预防、保健、康复、健康教育以及计划生育技术服务等功能于一体的政府办非营利性一级甲等综合卫生院。全院占地面积1.39万平方米，建筑面积2300平方米，业务用房4750平方米。在职职工72名，含卫生专业技术人员编制62名，其中副主任护师1人，中级及以上职称15人。

医疗服务。开设病床33张，实际开放总床日数11466，实际占用总床日数3954。全院完成诊疗人次35158人次，其中急诊8943人次，入院治疗687人次。全院业务收入281.59万元，其中药品收入为91万元。

基本公共卫生服务。为辖区内居民共建立纸质健康档案16997人，并录入电子档案，高血压管理1256人，糖尿病管理240人，老年人管理2132人，重症精神患者管理265人。全年全镇孕产妇356人，建卡340人，建卡率达95%，全镇活产数361人，无死胎死产，无婴儿死亡，未出现孕产妇死亡。开展孕前、孕早期妇女补服叶酸，全年发放补服叶酸217人次。开展儿童健康体检，7岁以下建卡2363人，管理率98%。努力开展儿童入托入园体检等工作，全年新入园儿童312人，体检率100%。计划免疫接种全年共运转11次，卡介苗、脊灰疫苗、百白破、麻风、乙肝全程疫苗接种率为97%以上。

家庭式医生服务。建立健康管理团队，实行“分片包干、团队合作、责任到人”的工作机制。团队下乡到村，签订家庭医生式协议2871户、10440人，建立家庭健康档案885份。累计接待健康咨询及告知健康信息1567人，服务老年人健康管理1126人，粘贴发放健康教育资料书籍1056份。

队伍建设。2016年，利用院校招聘会，招聘技术临工5人。开展院内业务培训19次，参加县卫计局举办培训班47人次，参加国家级、省、市级以上培训班83人次，选送业务骨干到上级医疗机构进修5人次。

设施建设。由香港联业合力堂慈善基金有限公司支持改建的中医堂于7月1日剪彩启用。为改善环境，12月底，对院内鱼塘、门诊楼、绿化等进行环境改造。购买熏蒸治疗机、温热电针综合治疗

仪、颈腰椎治疗多功能牵引床等设备一批，满足临床需求。（朱永烨）

【大桥镇崇安医院】 乳源瑶族自治县大桥镇崇安医院其前身是1956年创建的大桥人民公社卫生院，1995年春由香港崇安堂捐资50万港元兴建医院综合楼，后改名为大桥镇崇安医院。是一所集医疗、预防、保健、康复、健康教育以及计划生育技术服务等于一体的非营利性一级乙等综合医院。属正股级事业单位，归属乳源瑶族自治县卫生与计划生育局管理。医院占地面积1.1万平方米，建筑面积4300平方米，业务用房3531平方米。大桥崇安医院为一类公益事业单位，职工工资由财政全额拔款，医院实行收支二条线、基本药物实行零差价制度、普通门诊实行一般诊疗费制度。医院设有4个行政职能科室（办公室、临床科室、医技科室、后勤科室），其中临床科分门诊、内、外、妇、儿、中医、急诊等诊疗服务，医技科室分检验室、X光室、B超室。

2016年10月，大桥镇崇安医院荣获全国基层卫生岗位练兵和技能竞赛省决赛团队组三等奖，市赛团队组一等奖。2016年12月，大桥镇崇安医院通过国家群众满意乡镇卫生院评审。

2016年编制人员78人，实际在编在岗人员51人。其中：卫生专业技术人员45人，管理、后勤人员6人；中级职称6人，师级17人，士级22人（含全科医生5人）；卫生专业技术人员比例88%。床位26张，护士15人，护士床位比为0.57，专职兼职公共卫生人员共16人，占卫生专业技术人37%。

2016年，编制床位26张，开放床日数9490日，实际占用总床日数4888日，病床使用率51%。门诊25629人次，日均门诊70人次，门诊人均费用33.29元/人次，住院人数886人次，住院人均费用1229.51元。

基础设施。2016年，医院投入200多万元用于医院道路、停车场、大门、卫生计生宣传长廊、环境绿化、业务用房改建等医院基础设施建设。投入42万元为医院各科室购置空调、候诊椅、电脑、全自动电解质分析仪、低速离心机、中医科购置电针治疗仪、中频治疗仪、中药煎药机、智能疼痛治疗仪、颈椎牵引机、熏蒸治疗机、极超短波治疗机等设备一批。

送医送药。2016年，大桥崇安医院为“乳源首届采花节”（韶关·乳源）铁人三项挑战赛“第二届南岭‘瓜果花香世界旅游节’活动”“大桥中学体育升中考试”“乳源瑶族自治县九年义务教育均衡县国检”“‘弘杨美德、美丽大桥’重阳节老年人活动”等在大桥镇境内进行活动时派出10支医疗队，医务人员40人次，为各项活动的顺利进行提供医疗保障。3月28日，大桥镇小学发现流感病疫情后，大桥崇安医院派出一支医疗队到大桥小学进行消毒及防病指导工作，发放消毒物品一批。4月1日为预防流感，为全镇22个村委卫生站赠送抗病毒药品磷酸奥司他伟200多合。大桥崇安医院下乡支农，派出8支医疗队32名医务人员，到全镇21个村委进行义诊体检活动，诊疗3323人次，免费赠送药品10560元。

人员培训。2016年选送1人到省全科医学培训中心进行中医全科医学培训。1人到市中医院、2人到县人民医院、1人到县疾控中心、2人到县妇幼保健院进修学习。全年对乡村医生培训10次。

医疗保险。2016年城乡医保服务门诊3662人次，总费用27.1万元，统筹基金支付10.1万元，住院507人次，住院总费用90.6万元，统筹支付费用71万元。职工医保门诊、住院442人次，总费用5.1万元，统筹支付3.5万元。

村卫生站管理。2016年，大桥镇有22个村委会卫生站23名乡村医生，其中大专3名、中专20名，有执业助理医师证2名，有乡村医生证21名。全镇卫生站实行一般诊疗费制度及基本药物零差价制度。村卫生站实行行政统一管理、业务统一安排、培训统一实施、药品统一采购、收费统一标准、工作统一报表的六个统一管理，乡医承担辖区内居民百分之四十的基本公共卫生服务。

公共卫生。2016年，财政投入公共卫生经费107万元。健康档案：建立居民健康档案25248份，其中0至6岁儿童1923人，高血压患者2539人，糖尿病患者480人，重症精神病234人，65岁及以上老年人2078人，孕产妇242人，普通人群17752人。全年下乡免费体检12038人。中医药服务0至36个月接受中医药服务583人，老年人接受中医药服务1292人。健康教育：2016年到各学校、村委及公共场所进行健康知识讲座10次，健康咨询活动7次，出宣传栏12期，印刷资料18种，播放音像资料16种，宣传栏10个，发放健康教育宣传资料2264份。预防保健：2016年大桥镇出生儿童建卡253人，一类疫苗接种6584剂次，二类疫苗接种414剂次。对全镇19所小学和2所幼儿园开展预防接种证明查验工作，查验小学新生258人，幼儿园入园儿童227人。儿童保健严格实行“4.2.1”体检制，07岁以下儿童保健人数1923人。2016年新生儿采血送市妇幼保健院筛查48人。孕产妇242人，活产242人。传染病管理：2016年全镇发现传染病51例（法定传染病35例、非法定传染病16例），网上直报51例。卫生监督协管：发现2间发廊没办卫生经营许可证并及时上报县卫生监督所。2016年5月，对辖区内的18所村委小学、2所中心小学、1所中学、22间卫生站进行巡查，指导学校及卫生站开展手足口病、登革热、水痘等常见传染病的防控工作和饮用水卫生工作，针对相关情况下发43份卫生协管意见书。对21个村委265个自然村的供水、卫生厕所进行12次巡查、登记及消毒改进工作。9月，全省卫生监督协管工作现场会在大桥崇安医院召开。

家庭医生式服务。2016年，医院成立9大服务团队，与辖区内居民签约5615户。为签约人员提供简捷、便利、经济、优先的医疗服务10236人次。

计划生育。大桥崇安医院为计生兼职单位，2016年为计生服务对象查环、查孕、上环、取环、术后治疗452人次，二胎育龄妇女、孕妇宣教讲座12次，育龄妇女叶酸发放36份。开展免费农村妇科病普查；普查妇女2070人，查出患病人数96人。（饶林东）

体　育

【概况】 县体育局并入县教育局，保留县体育局牌子，属教育局内设机构署体育股，主要负责体育管理工作。体育股落实好省、市体育运动部署的各项工作，认真组织，严格管理，科学训练。进一步做好国民体测以及体彩管理工作，促进全县体育事业协调发展。

【全民体育项目建设】 2016年，启动农村全民健身项目、体育馆健身广场、县足球场的建设和县康体中心的报建。完成10个自然村健身广场的建设，共向村委会发放篮球架48副、乒乓球台10副、健身路径5件等。

【竞赛活动】 举办广东省第二届百街千镇乒乓球赛（乳源赛区）、“体彩杯”教工篮球赛、“云门山杯”男子篮球赛；完成2016年广东省（韶关·乳源）迷你铁人三项赛、2016年奔向广东第一峰（韶关·乳源）铁人三项挑战赛、2016年广东省（韶关·乳源）环南水湖赛承办任务；组织110余名运动员参加韶关市青少年锦标赛的羽毛球、田径、跆拳道、乒乓球、举重、划船等6个大项目，参加韶关市龙舟赛获银牌。

【开展国民体质监测】 2016年县体育局开展对不同年龄阶段的1000多名干部职工、群众进行身体形态、身体机能、身体素质等方面监测，完成省、市下达的检测任务。

【体育彩票】 2016年体育彩票销售2850万元，完成比例212.72%，在全市各县市区排名第二，超额完成上级部门下达的任务；全省县级体彩中心工作考评，乳源体彩中心被评为“先进单位”，是韶关市10个体彩中心中唯一一个获评单位。（王永花）

科技·教育

科 学 技 术

【概况】 县经济促进局（县科学技术局、县知识产权局）设科技电子信息管理股。负责编制、统筹全县科技、知识产权发展规划及科技创新计划，组织、协调县重大科技项目、知识产权战略的实施和管理及技术创新项目的申报；负责推进全县高新技术产业发展及各级高新技术企业及高新技术产品的认定和管理；负责科技统计工作；负责科技成果管理，科技成果项目鉴定、成果登记；组织县科学技术奖的申报、评审及奖励工作，推荐优秀项目申报上级奖励；推进信息化和工业化融合；推进信息技术的普及应用；协调推进信息化基础设施和重点信息化工程建设；推动工业、信息化领域电子商务应用与发展；负责协调知识产权创造、运用、保护和管理体系建设；负责组织知识产权对外交流与合作、培训宣传、统计考核工作；协调、指导企业专利工作，落实专利优惠政策。

【科技支出】 县政府设立县级科技项目，重点支持农业产业化，传统工业高新化，社会发展等领域的技术创新。2016 年，全县立项科技项目 15 项，支出 4207 万元，比 2015 年的 1917 万元增长 119%。

【科技计划及项目管理】 2016 年通过广东省高新技术产品认定 1 个，为乳源瑶族自治县力强磁铁制品有限公司的“低温烧结高性能钕铁硼稀土永磁材料”。

【科技成果】 2016 年 5 月 11 日，韶关市人民政府关于颁发 2015 年度韶关市科学技术进步奖的通报，乳源瑶族自治县阳之光亲水箔有限公司的“高耐腐蚀涂层亲水铝箔的开发及其节能工艺的研究”项目获得一等奖。2016 年，乳源瑶族自治县产生 6 项科技成果：广东万森生态科技发展有限公司完成的“龙脑香樟叶中天然冰片的提取及综合开发研究及应用”项目达到国内先进水平；乳源南岭智能家用机械有限公司完成的“节水型即热自动翻盖直冲式智能座便器集成研究及产业化”项目达到国内先进水平；乳源瑶族自治县东阳光化成箔有限公司完成的“高比容高强度化成箔技术开发”项目达到国内领先水平；广东南岭国家级自然保护区管理局完成的“广东南岭山地植物综合调查研究及应用”项目达到国内领先水平；乳源东阳光优艾希杰精箔有限公司完成的“高性能空调平行流冷凝器用复合翅片生产技术开发”项目达到国内先进水平；乳源东阳光机械有限公司完成的“高压多级高速腐蚀生产线”项目达到国内先进水平。

【科技型企业】 2016 年，新增乳源瑶族自治县立东电子科技有限公司、乳源瑶族自治县东阳光化成箔有限公司、韶关聚力胶粘制品有限公司、韶关硕成化工有限公司 4 家广东省高新技术企业。新增韶关聚力胶粘制品有限公司的“韶关市特种保护膜工程技术研究开发中心”及广东宝华农业科技股份有限公司的“韶关市油茶精深加工关键技术研究及产业化工程技术研究开发中心”。

【科普与科技培训】 2016 年，县科技局积极开展送科技下乡活动，举办技术培训 38 期，发放宣传资料 4820 多份，指导培训 6 场次，培训人数 1530 多人次。培育发展科技示范户 560 家。

【知识产权保护和管理】 2016 年专利申请总量 184 件，其中发明 34 件、实用新型 52 件、外观设

计98件；专利授权112件，其中发明1件、实用新型30件、外观设计81件。（巫　姗）

信息化建设

【概况】 乳源瑶族自治县政府信息中心属县政府副科级事业单位。负责全县党政机关电子政务的统一规划、指导和组织实施；建设、维护、管理乳源瑶族自治县人民政府信息中心平台和县直党政机关电子政务系统网络，提供技术指导和服务；负责建立、运行和管理“乳源瑶族自治县人民政府门户网站”；组织、指导、协调全县政务信息资源的开发利用和电子政务信息技术的推广应用。编制14名，主任1名，副主任1名，股长2名。内设网络技术股、信息采编股。

2016年，赖南坡获《南方日报》优秀通讯员奖，赖南坡的作品《挑上的是树苗，种下的是希望》被评为《南方日报》年度新闻好稿奖。

【全国政府网站普查】 按照第一次全国政府网站普查的相关要求，认真对照普查指标，对普查的乳源政府门户网、廉政网、机构编制网、教育信息网、国土资源网、建设与房地产信息网、人防网、财政网、南岭瑶乡文化网、政务服务网等10个网站进行全面核查，对存在的问题，采取切实有力措施整改，有效解决一些网站群众反映强烈的“不及时、不准确、不回应、不实用”问题。

【网站管理】 更新政府机构职能、办事流程及政府向社会公开的政策规定等信息，设立“创建全国文明城市”“践行社会主义核心价值观”“两学一做”“学习习总书记讲话精神”等县委、县政府的重大活动专栏；采集正面新闻，大力宣传乳源社会经济发展的成就和经验，截至12月31日，共发布政府门户网信息3593篇，图片2086张，通知公告734条，视频新闻365条；做好全县重点工作、重要会议、重大活动的信息采访和图片拍摄工作，一年累计派出工作人员到现场采访图片信息达253人次。

【公共服务体系信息化建设】 建立集“服务、管理、监督”三位一体的“一站式”基层公共服务综合平台。一是加强对网上办事大厅的监管，及时更新审批服务事项和工作人员信息，对办理不及时，出现红牌的事项，查明原因，上报有关单位追究责任。二是加大对网上办事大厅的宣传推广力度，利用印发宣传单、制作宣传动画等渠道，扩大网上办事大厅在群众中的知晓度，把网办大厅对接到IPTV，方便群众用电视进入网办大厅查询审批服务事项信息。三是对网上办事大厅各单位的业务办理情况进行统计分析，把基本情况通报到各单位，发现问题及时沟通解决。2016年网上办件5736件，办结率100%。四是开通县公共服务平台24小时热线电话，将县、镇、村所有办事大厅窗口电话录入系统，群众只需拨打公共服务平台总机就可以查询或转接到任一办事窗口咨询业务，方便群众办事。五是组织镇村（社区）窗口专职工作人员培训和联合县编办、县行政服务中心举办全县行政审批标准化业务培训班。以跟班学习，集中授课等方式对县、镇、村公共服务专职人员进行多次培训，共计培训人次达到399人。公共服务体系信息化建设工作通过省、市基层公共服务平台建设工作考核验收。

【信息安全等级保护工作】 扎实开展信息系统和网络信息安全等级保护工作，聘请具备从事信息安全等级保护技术服务工作能力的专业机构，对县信息系统和政务网络（含基层公共服务系统和网络）进行测评和安全加固，各项技术指标达到国家等级保护的安全要求，全部工作顺利完成，大大地提高县信息系统和政务外网安全保护能力。韶关市公安局网监支队已核准并予以备案。

【新型职业农民培育信息化管理服务体系建设】 建成新型职业农民培育管理服务平台，采用空中课堂、固定课堂、流动课堂、田间课堂等方式推送累计信息3万多条、培训农民7万人次，农民自主网上办事率达到15%以上。新型职业农民培育信息化管理服务体系建设通过省级电子政务专项和农村信息化专项资金绩效评价。

【对外宣传】 与省市各大媒体报刊沟通联系，截至12月16日，在省、市报刊共发表信息263篇，其中《南方日报》26篇、《羊城晚报》16篇、《南方杂志》3篇、《广州日报》21篇，《韶关日报》197篇；发挥“乳源发布”政务微博在推动信息公开、加强政民互动、引导网络舆论、宣传推介乳源等方面的重要作用，全年各部门报送“乳源发布”信息1921篇、图片2362幅，发布微博936篇、图片713幅，发布总量位居韶关各县（市、区）第二；做好“醉美乳源”党政客户端信息发布工作，向国内外用户推介宣传乳源社会、经济、旅游、人文等信息和资源。全年共发布“乳源要闻”板块信息365篇、“聚焦乳源”板块信息192篇。

【网络问政】 收集网民提出的问题和意见，进行汇总和分类，交由县纪委、县委办、县信访局协调相关部门办理和回复。2016年共按时受理和回复网络问政留言663条，其中12345热线113条，受理回复率100%。

【政府视频会议系统运维】 做好政府视频会议系统及多媒体设备管理工作，每次会议做到“会前调试、会中保障、会后维护”，保证会议正常召开。改造升级政府视频会议系统，完成与中央、省、市的全高清视频链接。2016年完成县各类需多媒体演示会议、活动40场次。

【扶贫开发“双到”】 2015年多次组织干部职工到挂扶点杨溪村委开展党组织生活及访贫慰问、送温暖活动，为11户帮扶贫困户送上每人200元的慰问金（合计2200元）及慰问品，为他们购买城乡居民医疗保险2880元，向村委会捐赠“七一”建党节党员活动经费500元，帮扶计生工作经费1万元。

（林小钰）

教　　育

【概况】 乳源瑶族自治县教育局是县人民政府工作部门，主管全县教育体育事业和语言文字工作，内设办公室、教育督导室、人事股、教育股、计财股、德体卫艺股、体育股和勤工俭学办公室等8个机构，机关行政编制17人，后勤服务人员3人。

2016年，全县有中小学校23所，其中高中2所（普高和职高各一所），特殊教育学校1所，初级中学6所，一贯制学校1所，完全小学13所，教学点51个，幼儿园28所（公办园12所，民办园16所）。拥有广东省国家级示范性普通高中1所、省重点职业技术学校1所、省安全文明校园5所、省德育示范校1所、市德育示范校7所，规范化幼儿园27所、普惠性民办幼儿园15所，广东省依法治校示范校3所、义务教育标准化学校20所。全县中小学专任教师1830人，幼儿园专任教师100人。在校学生26180人，其中高中学生3992人，初中学生6294人，小学生15837人，特殊学校学生57人。

2016年，县教育工作以“建好每一所学校，办好每一所学校，全面提高教育体育质量”为目标，积极开展“两学一做”学习教育，大力推进创建广东省推进教育现代化先进县和广东省教育强县复评“两评合一”等重点工作，着力改善办学条件，深化教育综合改革，促进教育内涵式和均衡化，有效推进全县教育持续健康发展。

【办学条件】 全年教育经费投入51928.8万元，其中教育事业费45014万元，各级政府征收用于教育的税费1775.3万元，公共财政预算安排的其他经费225.4万元，民办学校举办者投入341.3万元，社会捐赠146万元，事业收入3172.6万元，其他教育经费1254.2万元。完成桂头中心小学运动场、中等职业技术学校实训楼、桂头中学运动场、乳城镇幼儿园综合楼等工程建设；完成桂头小学综合楼、高级中学饭堂改扩建主体工程；启动金禧小学改扩建工程、鲜明八一希望学校扩建（二期）、扩建（一期）的运动场和护坡等工程。全县镇中心小学以上中小学校基本实现500M以上带宽接入，农村教学点和学前教育实现100M以上带宽接入全覆盖，完成宽带网络“校校通”；采购多媒体互动教学平台152套，全面完成优质教育资源“班班通”；采购中小学教师电脑1700台，实现教师电脑1∶1配备；依托上级教育资源公共服务平台建立教师和学生个人网络学习空间，实现“网络学习空间人人通”。

全面落实各项教育惠民政策，实现全县贫困学生资助全覆盖，全年累计落实资助资金超过2011万元，受惠学生累计达2.68万人次，其中义务教育营养改善计划试点工作惠及学生近1.3万人次。

【教学工作】 2016年，县局教科研工作认真实施《乳源教研室加快提升教学质量三年行动计划（2016—2019）》，切实履行教研工作“研究、指导、管理、服务”职能。围绕“规范教学管理，深化课堂改革，全面提升教学质量”主题，坚持全面质量管理的工作主线，落实课程计划和新课程理念，抓实学校教学管理团队培养、教学常规管理、课堂提质改革、质量监测跟踪、校本研修、教育科研、毕业班备考等工作，以教育信息化为抓手，以“一师一优课、一课一名师”活动为载体，积极开展教学评价，教学常规视导、教学质量分析、教学竞赛、蹲点教研、送教（训）下乡、备课到校（分片教研）、城乡共同体、支教等形式多样的教研活动，引领学校内涵发展，全面提升教学质量。

【教学成果】 2016年，乳源高级中学重本上线40人，本科上线400人，超额完成韶关市下达的各项高考指标，第一批本科完成市指标228%，第二批本科完成市指标126%。根据市下发的数据统计，2016年升中考试总分、平均分在全市（七县三区）的排名由原第9名上升到第6名，高分段考生人数占全市考生比例由6.1%上升到9%。

2016年，全县中小学教师在课件制作评比、论文发表和论文获奖中，获国家一等奖6人，二等奖3人，三等奖2人。在学生参加英语、物理、生物、地理等学科竞赛和指导学生发表作文中，获省一等奖18人，省二等奖20人，省三等奖38人。在各学科竞赛和发表论文、课例中，市一等奖12人，市二等奖43人，市三等奖43人。2016年全国初中应用物理知识竞赛，有17位同学分获全国二、三等奖；第六届广东省中学生地理奥林匹克竞赛，有12人获一等奖，54人获省二等奖，77人获省三等奖。乳源中学获“韶关市2016年高考优质生源贡献奖获奖单位”；县第一小学和乳源中学被评为“2016年韶关市义务教育阶段学校‘减负增效’典型学校”；金禧小学在“广东省中小学特色学校创建”优秀建设方案征集活动中喜获三等奖；金禧小学和鲜明八一希望小学评为“广东省小学生诗歌教育示范学校”。韶关市“校讯通”杯教师计算机教育软件评审活动暨第十九届全国教育教学信息化大奖赛，有1件作品获全国二等奖、8件作品获省级奖、54件作品获市级奖，县教育局获省和市优秀组织奖，民族实验学校、桂头中学、乳源中等职业技术学校获市最佳组织奖。

【队伍建设】 公开招聘38名教师，其中高级中学11人，初中8人，小学14人，幼儿园5人；选拔3名校长、1名幼儿园园长，2名副校长、15名学校中层干部和3名局机关股级干部。制定《乳源瑶族自治县深化中小教师职称制度改革实施办法》，完成中小学教师职称评审工作和教师职称改革过渡工作，解决教师高职低聘问题。开展义务教育学校教师交流轮岗工作，全县义务教育中小学校共有100多名教师参与轮岗，轮岗教师人数达到专任教师总数的6%以上。结合创建广东省推进教育现代化先进县工作，实施教师学历提升工程，23名教师参加专科学历提升，460名教师参加本科学历提升，38名教师报读研究生辅导班。实施“强师工程”和“教育百万工程”（教师培训），全年共有6000多人次参加各级各类培训、考核。根据《关于2016年山区和农村边远地区学校教师生活补助政策调整及资金清算的通知》精神，按每年每人提高100元的标准，重新制定《乳源瑶族自治县山区和农村边远地区学校教师生活补助实施方案》，山区和农村边远地区义务教育学校教师岗位津贴由原来的人均771.6元提高到860元。2016年，有1名教师被评为南粤楷模，8名教师被评为韶关市优秀乡村教师，1名校长被评为韶关市优秀乡村校长。

【基础教育】 2016年，小学适龄儿童毛入学率为105.36%，在校生辍学率为零，小学生毕业率为100%，小学五年保留率为96.86%。义务教育阶段“三残”儿童少年入学率为100%。初中阶段毛入学率为108.80%，在校生辍学率为0.71%，初中学生毕业率为100%，初中三年保留率为97.06%，初中毕业生升学率98.60%。少数民族学生义务教育阶段入学率为100%，升入高校人数为89人。普通高中和职业高中的比为4.8 ：5.2。全县建成义务教育标准化学校20所，义务教育标准化学校覆盖率达100%。

【职业教育】 2016年，乳源瑶族自治县成功创建设为首批国家级农村职业教育和成人教育示范县。全县中等职业技术在校学生1200多人，在职教职工121人，其中专任教师115人，“双师型”教师45人。开设计算机应用、电子电器应用与维修、机电设备安装与维修、数控技术应用、农业机械使用与维护（汽车运用与维修方向）、会计、旅游服务与管理、学前教育等8个专业。学校占地面积6万多平方米，总建筑面积3万多平方米，有50多间实训室，总面积8000多平方米，设备总值2460多万元。

【成人教育】 全县有镇成人文化技术学校9所、瑶区成人文化技术学校1所，其中5所为韶关市示范性乡镇成人文化技术学校。成人文化技术学校坚持社会主义办学方向，面向社会需求，开展技能培训、社区教育等多方面教育培训。2016年，全县共培训5.1万人次。

【学前教育】 2016年，全面普及学前三年教育。全县共有幼儿园28所，其中公办园12所，民办园16所；在园幼儿10239人，学前三年毛入园率98.10%。2016年是《乳源瑶族自治县第二期学前教育三年行动计划》的收官之年，利用中小学布局调整后闲置的校园校产，开展镇中心幼儿园和村级幼儿园的建设，启动乳城镇侯公渡幼儿园和一六中心幼儿园的新建、改扩建项目。形成以镇中心幼儿园为骨干，以公办幼儿园为主体，公民办并举的学前教育发展格局。

【民办教育】 2016年，按照《乳源瑶族自治县民办教育发展专项资金使用管理办法》，设立专项经费30万元用于发展民办幼儿园。制定、实施《乳源瑶族自治县普惠性民办幼儿园认定、扶持和管理工作方案》，公办和普惠性民办园认定达96.4%，通过政府购买服务、减免租金、培训教师等方式，支持民办园提供普惠性服务，鼓励民办园增加教育投入，扩大教育总量，满足人民群众多样化教育需求。

（王永花）

重点学校简介

【乳源高级中学】 乳源高级中学创办于2003年7月，占地33.33公顷，是广东省国家级示范性高中。有55个教学班（包括2个初中托管班），学生2721人，教职工250人，其中专任教师225人（特级教师2人、高级教师63人、中级教师135人、初级25人）。2016年，学校成功举办全国舞龙舞狮进中小学研讨会、揭阳市韶关市生源地信用助学贷款经验交流会以及惠州市韶关市生源地信用助学贷款经验交流会。乳源高级中学获得县级“文明校园”称号。

2016年，乳源高级中学得到各级领导和社会各界的关怀支持。韶关市教育局局长张立江、县委书记吴春腾、县长邓志聪、副县长梁丽娟、教育局长郑东红等各级领导多次到学校调研考察；广东省教育研究院院长、党委书记汤贞敏率省教研院领导专家一行9人到校展开专题调研；香港培苗行动组、香港元朗灵粮堂、香港旭日扶轮社等爱心人士多次到学校看望受资助学生。是年乳源高级中学1046位学生受到社会各界及国家资助，资助金额达230万元。

2016年，乳源高级中学在高考考生1233人。第一批本科上线78人（含农村专项计划24人），上线率名列全市8县（区）第五名；第二批本科以上上线437人，上线率名列全市8县（区）第五名；专科以上上线1122人，上线率名列全市8县（区）第三名。超额完成韶关市下达的各项高考指标，其中第一批本科完成市指标228%，第二批本科完成市指标126%，应届生上线人数达338，创历史新高。

2016年，乳源高级中学参加各类竞赛成绩优异：在韶关市第二届中小学体育大课间活动评比中获高中组一等奖，在第四届全国中学生舞龙舞狮锦标赛荣获两项冠军，全县第七届“体彩杯”教工篮球赛男女组分别获得获冠，2016年粤港澳地区模拟联合国大会上荣获“优秀通讯社奖”“优秀文件写作奖”和“优秀指导老师奖”；学生王曼莹、谢婉蓉获广东省宋庆龄奖学金；参省、市、县各种竞赛，分别有9人获得省级一等奖、29人获得省级二等奖、58人获得省级三等奖、39人获市级各等奖、70人获县级各等奖；教师在各类评比竞赛，分别有6人次获省级、85人次获市级表彰，36篇论文在市级或市级以上发表；周翠芳、许东梅获乳源教育系统“最美教师”称号。（裴宏坚）

【乳源中等职业技术学校】 创建于1981年，是乳源瑶族自治县一所办学效益显著的综合性、示范性学校，是乳源瑶族自治县“农村劳动力职业技能培训基地”和“下岗失业人员职业技能培训基地”，广东省“创业培训定点机构”。占地面积6万多平方米，总建筑面积3万多平方米；有50多间实训室，总面积8000多平方米，设备总值2460多万元；有教职工121人，其中专任教师占115人，“双师型”教师45人；在校学生1200多人。2016年学校被评为“广东省成人教育先进集体”。

学校内设办公室、学生处、教学实训处、招生就业处、总务处、培训处、职业素养教研室等七个处室。开设农业机械使用与维护、机电设备安装与维修、电子电器运用与维修、汽车运用与维修、计算机应用、电子商务、旅游服务与管理、会计等8个专业。

2016年，建筑面积近5000平方米的学校实训中心竣工投入使用，科学楼、学生饭堂进行“穿衣戴帽”翻新改造。参加韶关市中职学校学生技能大赛，获计算机技术、会计电算化与点钞等两个团体二等奖，电力拖动、钳工两个项目获团体三等奖，5人获单项一等奖，4人获单项二等奖，13人获得单项三等奖；57人参加职业高考，39人上线，上线率达68.4%。全年培训社会人员800多人次，为劳动力创业、就业提供强有力的支持。（张伟华）

【乳源教师进修学校】 占地面积5700平方米，建有综合教学楼、图书馆、学生宿舍楼和饭堂，是全县中小学、幼儿园教师培训基地。学校设有多媒体阶梯教室、信息技术教室、舞蹈室、电子钢琴室、独立琴室、电脑室、藏书室、阅览室、电子阅览室等，设备齐全。学校有在职教师20人，其中高级职称4人，讲师5人，中学一级教师5人。学校以“求真知，做真人”为办学理念，实行严格、科学的管理。重视对学生专业理论知识的传授与专业技能的训练，注重培养学生综合素质。2016年，学校设有4个全日制学前教育专业中专班，有学生110人。学校舞蹈队排练的独舞节目参加韶关市第二十一届英东杯比赛获中学组二等奖。

为提升乳源基础教育学校教师队伍学历，建设一支高素质专业化教师队伍，实现创建广东省推进教育现代化先进县的目标，2016年招收大专、本科提升班学员200多人，为县中小学、幼儿园教师学历提升提供学习平台。（徐小健）

【乳源中学】 创办于1941年秋，为广东省一级学校，广东省义务教育阶段规范化学校。学校占地面积78000多平方米，校舍建筑面积29000多平方米，校园布局合理，环境更趋绿化美化。2016年，学校有48个教学班，学生2100多人，专任教师168人，其中高级教师32人，一级教师130人。

学校全面开展“尽力、进步”特色校园文化建设，着力打造优秀教师队伍，全力提高教学有效性，注重发展学生个性特长，努力提高教育教学质量。2016年学校全面开展以“扁平化管理”“规范化集体备课”为核心内容的教育教学改革，取得令人满意的效果。加强对外交流，乳源中学与英国伊丽莎白女王学校及香港元朗信义中学签订《合作协议书》。

2016年，学校获得广东省依法治校示范校、韶关市“减负增效”典型学校、韶关市2016高考优秀生源贡献奖等表彰。（郭庆城）

【桂头中学】 桂头中学创办于1957年，占地面积5.8公顷。学校内设办公室、德育处、教务处、总务处4个机构。有教学班17个，在校学生781人；有教职员工104人，专任教师80人，其中，中学高级教师人2人，中学一级教师89人，中学二级教师10人，省级骨干教师1人，县级学科带头人5名。

学校秉承“立志成才，报效祖国”的办学宗旨和“相信每一个人的潜能，帮助每一个人的成长”

的办学理念，以“激发潜能，成就自我”为校训，营造“乐学、善思”的良好学风，以“培养勤于思考、敏于发现、灵于创新的自信学子”为育人目标，努力实现“立足师生幸福、培育学生梦想的一流名校”的办学目标。

学校以“推进基础教育综合改革”为契机，积极进行各项教学改革实验，大力推广“导学案”课堂教学模式，开展小组合作学习的教学研究及各类学生社团活动，充分调动学生的学习积极性和主动性。重视依法治校、以德治校，抓常规、塑人格，积极开展法制教育活动，尝试“人人班主任，全员德育”的育人理念，开展行之有效的德育课题研究，大力推进“木棉精神”为主题的校园文化建设。

2016年，学校获得韶关市中小学生跆拳道公开赛初中组综合团体总分第一名、韶关市青少年锦标赛跆拳道比赛初中综合团体第一名、粤赣湘三地跆拳道交流赛体育道德风尚奖、县2015—2016学年度教学工作先进单位、县庆祝建党95周年暨两学一做专题教育系统文艺比赛三等奖、县体彩杯教工篮球赛优秀组织奖、县青少年彩票公益金杯中学组第三名、县青少年彩票公益金杯暨校园足球赛中学男子组第六名。 （张水城）

【乳源民族实验学校】 前身是创办于1958年的韶边瑶族自治县民族小学，1998年秋季改建为全日制寄宿制的少数民族实验学校，2007年迁至环城南路，扩大为四到九年级六年一贯制少数民族全寄宿制学校，2014年秋县域义务教育阶段学校布局调整，改制为城区全日制初级中学，全称“乳源瑶族自治县民族实验学校”。办学服务区域包括县城紫荆桥—文昌路—桂头线以上及洛阳镇、东坪镇、必背镇、游溪镇等适龄学生。2016年，有27个教学班、学生1350人，教职工117人，其中专任教师97人。学校内宿生享受政策倾斜照顾，每月每人享受县政府60元的伙食补助，少数民族学生享受省政府每月100元伙食补助。

学校坚持“以人为本，传承创新”的办学理念，以“学会学习，学会合作，学会健体，学会做人”为抓手，开展主题丰富、形式多样的教育教学活动，形成“博学、严谨、爱生、奉献”的教风，“乐学、善思、合作、创新”的学风，弘扬“团结、勤俭、诚善、活泼”的校园风气。开发《瑶语》等瑶族特色校本教材，开展瑶族刺绣、瑶族民歌、瑶族体育等民族文化传承教育，是乳源瑶族自治县展现民族教育的窗口。

学校荣获2016年韶关市义务教育阶段学校“减负增效”示范教研组、2016年韶关市中小学中华经典诗文朗诵比赛团体二等奖；赵天金被评为“南粤楷模”，赵艳芳被评为2016年广东省中学生地理奥林匹克竞赛优秀指导教师，雷金福被评为第二批韶关市中小学“名班主任”，赵志定被评为韶关市“优秀工会工作者”。学校教师在各级各类刊物上发表论文近20篇，师生获得省市各类奖项87人次。 （王建松）

【乳源第一小学】 位于乳城镇育才东路，校园占地面积45137平方米，建筑面积24055平方米。2016年春季开设教学班72个，在读学生3856人，教职工169人；2016年秋季开设教学班77个，在读学生4139人，教职工189人。

2016年，学校紧紧围绕“至坚至美”办学理念，开拓进取，不断提升学校教育质量，努力实现“给学生最坚实的基础，给学生最美好的教育”的办学目标。德育工作以“至坚至美”理念为中心，以强化行为规范养成教育为重点，健全和完善学校德育管理机构；建立健全“坚美”德育校本课程实施方案和评价制度；开展丰富多彩的德育活动，组织少先队员代表到县烈士纪念碑参加县“公祭日”、六年级全体学生到南水湖湿地公园开展“寻找家乡美”活动，承办“传承优秀传统，做至坚至美好少年”为主题的乳源第九期道德讲堂等活动，促进学生健康成长。教学工作以科学发展观统领学校发展全局，坚持以课程改革为重点，以培养学生的学习能力为出发点，围绕“夯实基础创品牌，强化管理促提高”的工作思路，大兴“科研强校，质量立校”意识，深化课堂教学改革，开拓进取，教学质量不断提升。2016年秋季，县教育局组织开展的期末质检抽检，学校被抽检的四、五、六年级语、数、英各科平均分及各项指标均名列全县同级同科第一名。

2016年，学校继续加强体育、艺术特色教育，举办艺术节、体育节、书香节及各类文体比赛活动，打造具有鲜明特色的“三节”文化。举办以“坚美少年，快乐阅读”为主题的第十一届书香节，将快乐乒乓操和瑶族韵律操融入学校大课间活动，注重抓好合唱队、乒乓球队、足球等重点项目，举办“校园十佳小歌手”比赛、五年级庆“六一国际儿童节”文艺展演等体育艺术活动。

2016 年，学校先后获得“韶关市中小学中华优秀传统文化教育试点学校”“韶关市模范职工之家”“韶关市优秀学校青少年宫”等荣誉称号。大批教师和学生在教学、文体、艺术各类竞赛活动中获得省、市、县的奖励。（邓惠黥）

【金禧小学】 位于县城风华路 4 号，创办于 1992 年秋，前称是“县第二小学”，1995 年易名为“乳源金禧小学”。学校占地面积 18964. 40 平方米，有教学班 42 个，学生 1813 人，教师 108 人，其中一级教师职称 82 人，高级教师职称 1 人。

学校以“国学立德，经典育人”为核心办学理念，以“为学生健康成长奠基，为教师持续发展铺路”为办学宗旨。教育教学管理力求精细化、特色化。注重打造精品的校园文化，以文化熏陶人、塑造人，注重培养高素质的体育、艺术人才。以学生社团为活动阵地，成立“笔墨缘书法社”“金橄榄文学社”等 13 个学生社团，成果丰硕。每年举办一届大型的“国韵香”文化节（共举办四届），文化节有学校科技、体育、艺术成果展示，有丰富的文体比赛活动，学生参与面广，积极性高。

县委、县政府投入 5000 多万元，启动金禧小学扩建工程，按省规范化学校标准，扩建校舍面积达 15000 多平方米，办学规模逐步扩大为 48 个教学班，教学设施设备进一步升级改造。工程于 2016 年 6 月动工建设，预计 2017 年 9 月建成投入使用。

2016 年，教育教学成果显著，学校被确定为韶关市中小学中华优秀传统文化教育试点学校，荣获“广东省中小学特色学校创建优秀方案”评比三等奖，被评为“广东省依法治校示范校”。诗歌教育富有特色，在 2016 年广东小学生诗歌节被评为诗歌教育示范学校，荣获“2016 年广东小学生诗歌节”优秀组织奖；2016 年 10 月，学校上送的作品《弟子规》参加 2016 年韶关市中小学中华经典诗文诵读比赛荣获小学组一等奖。2016 年 10 月，乳源中小学教学常规精细化管理实验基地学校授牌仪式在金禧小学举行，被县教育局授予乳源中小学教学常规精细化管理“实验基地学校”，被评为 2015—2016 学年度教学工作先进单位，教师徐秀芳被评为第三季度“乳源好人”。（官建钰）

【机关幼儿园】 乳源机关幼儿园是全县首家“韶关市一级幼儿园”“韶关市绿色幼儿园”。创办于 1957 年，位于县城群英路一号，占地面积 8530 平方米，建筑面积 5825 平方米，总投入 1500 万元，是按省一级幼儿园标准兴建、教育教学设备齐全、实现教师办公网络化管理、富有现代气息的全新的幼儿园。有 14 个教学班，570 名幼儿，在岗教职工 70 人，其中专任教师 35 人，大专、本科学历占 100%，学历达标率为 100%，保证两教一保的配备。

学校以“一切为了孩子”为办园宗旨，全面贯彻党的教育方针，不断加强内部管理，进一步促进教师专业成长。幼儿素质不断提高，孩子的身心得到和谐发展，各项工作深受幼儿家长好评，成为乳源幼教的标杆单位。

2016 年，学校获“巾帼文明岗”“爱国卫生先进单位”称号，教师的论文、课例、课件制作等作品分别在省、市、县专项活动中获奖，园幼儿在美术竞赛、文体比赛中，各项成绩排名前列。学校代表教育局参加全县健身舞大赛获一等奖，李婷、黄珊玲获县优秀教师称号，刘红梅获得县优秀教育工作者称号。（邹　蕾）

【大桥中学】 学校创办于 1964 年，其前身为大桥农林中学，1968 年更名为大桥中学，设有初中、高中学制，1984 年撤并高中学制，成为独立初级中学。2009 年为感谢香港欧晖集团远东有限公司对该校慷慨捐资改善办学条件和助学兴教，更名为“大桥欧晖中学”。学校占地面积 30720 平方米，建筑面积 20277 平方米，教学班 17 个，在校学生 702 人，平均班额人数 41 人，教职工 83 人。

学校致力于走文化育人、文化立校的内涵发展道路。以“立足山区、教书育人、服务社会”为办学宗旨，以“为每一个学生的成才奠基”为办学理念，以“崇文尚礼、行如善水”为校训，以“崇文、崇礼、崇善”为校风，以“厚德善教、行为世范”为教风，以“笃学上进、重礼守纪”为学风。学校开展“三崇”教育校园文化建设，开设文礼善社团、古筝、电子琴、健美操、书法、田径等兴趣小组，推行跑操、太极、健美操项目，初步形成学校的办学特色。（胡金妹）

【侯公渡中学】 乳源侯公渡中学创建于1967年。学校位于县城东南部，距离县城三千米，服务辖区6个行政村；占地面积40756平方米，建筑总面积15092平方米，有教学楼2栋，综合实验楼1栋，学生宿舍楼1栋，教师宿舍楼6栋，学生饭堂1个；设有21个教学班，学生765人，教职工98人，其中中学高级教师6人，中学一级教师84人，教师合格率98.9%。2016年，侯公渡中学被评为“韶关市毒品预防教育示范学校”称号。

学校以“和谐育人，成就幸福”为办学理念，“为每一位师生的幸福美好人生奠基”为办学宗旨，“尊重、责任、奉献”为学校核心价值观，以“和合教育”的学校特色文化全面实施素质教育，注重学生综合素质的培养，积极探索城乡结合义务教育学校的办学路子。

2016年，学校荣获庆祝建党95周年暨“两学一做”专题教育系统文艺比赛三等奖、校园风采文化比赛一等奖、全县“青少年宫彩票公益金杯”合唱比赛中学组二等奖、县“青少年宫彩票公益金杯”田径运动会中学组第五名、县“青少年宫彩票公益金杯”暨校园足球赛中学男子组第四名、2016年县“体彩杯”教工篮球赛优秀组织奖。

（张耀群）

【一六中学】 创建于1974年秋，占地面积19998平方米，总建筑面积11648平方米。内设教导处、总务处、政教处、办公室、团委、学生会，配有电脑室、语音室、美术室、舞蹈室、多媒体课室、图书室、生化实验室。有教学班12个，学生359人；教职工57人，其中外借教师5人，任课教师48人。

学校坚持“以人为本，和谐发展”的办学理念，秉承“立志、健体、笃实、活泼”的校训，形成“文明、团结、求实、创新”的校风，营造“善教、崇德、严谨、爱生”的教风和“上进、笃学、全面、求真”的学风，倡导“健康工作，快乐学习，幸福生活”的工作理念，让师生“快乐工作、快乐学习、快乐生活、快乐成长”。

2016年，学校荣获全县教职工篮球比赛优秀奖、2015—2016学年被县教育局评为少先队先进集体。教师廖雯艳指导的“青少年宫彩票公益杯”合唱比赛中学组获县三等奖，教师冯世文指导的第三届“青少年宫彩票公益杯”现场书法比赛初中组获县优秀奖。教师陈亮兵撰写的论文《“顽石”也能点石成“金”——浅谈后进生的转化》、教师冯月有撰写的论文《在数学教学中如何培养学生的创新素质》获市三等奖。教师邓鑫被评为2016年县级优秀少先队辅导员，教师叶福辉、黄小英被评为2016年县级优秀教师，邓春妹被评为2016年县级优秀班主任。1名学生被评为县“美德少年”、4名学生被评为县“优秀学生干部”、6名学生被评为县“三好学生”。（朱崇方）

【大布中心学校】 是一所九年一贯制学校，分设校本部和小学分教点2个校区。其中：校本部设四至九年级，共12个班，学生473人；小学分教点设一、二、三年级，7个班，学生280人。校本部占地20200平方米；小学分教点占地面积23560平方米。全校建筑总面积20046平方米。共有专任教师72人，其中中学教师28人，小学教师44人。

学校建有信息中心、计算机室、语音室、多媒体课室、藏书室、图书阅览室、音乐舞蹈室、美术室、科学实验室、化学实验室、生物实验室、物理实验室、仪器室、体育器材室、校史室；一至九年级各班配备班班通平台或电子白板一体机；建有一个200米跑道标准运动场、可供400多学生食宿的饭堂和宿舍。全校共有藏书55000册，能满足师生的阅读需求。

学校全面实行依法治教治校。强化德育工作实效，培养学生良好的自我发展能力。

2016年8月，重新维修学生宿舍；12月，学校安装办公室空调，改善教师办公条件；12月，大布镇顺利通过广东省教育强镇复评验收。（陈福员）

【红云中心学校】 红云中心学校地处海拔780多米粤北高寒山区——乳源瑶族自治县大桥镇红云村委，距县城50多千米。学校前身为三元中学，1982年春更名为红云中学，2007年香港纺织染工会捐赠80多万元兴建学校综合大楼，更名为红云希望学校，2010年9月进行布局调整，实行九年一贯制的办学形式，改称红云中心学校。2012年秋初中部从七年级开始撤并至大桥中学，2014年7月是最后一届九年级学生的毕业，2014年秋开始为完全小学。

红云中心学校设有校本部和8个教学点。校本部占地面积39564平方米，建筑面积10542平方米。设有四、五、六年级共6个教学班，教职工25人，学生222人。教学点有红云、柯树下、深源、核桃山、三元、和平、红光、歧石八个，分别设一、二、三年级共23个教学班，教师共31人，学生176人。全校学生合计398人，主要来自于原红云镇10个村委会的63个自然村。

学校提出“善强”核心文化主题，以“积善厚德，明礼求真；勤学尚健，强我身心”为教育理念，以“崇善、立德、自强、敏行”为校训，以“弘善、博学、务实、图强”为校风，以“乐教、善导、克己、奉献”为教风，以“善思、多疑、勤奋、笃行”为学风，全面打造有学校特色的“善强教育”文化育人模式。

2016年，红云中心学校得到各级领导和社会各界的关怀支持，原韶关市副市长杨春芳，副县长梁丽娟和县教育局局长郑东红等到学校调研。2016冬完成学校“地暖供暖”第一批工程安装使用，下一批工程将安装课室和学生公寓供暖，所有工程完工后，学校将成为广东省第一间安装“地暖供暖”的学校。深圳高尔夫球协会、香港纺织染工会等爱心人士到学校关心资助学生，有266位学生受到社会各界资助。

（张红云）

社会生活

社会工作委员会

【概况】 县社会工作委员会（以下简称县社工委），是县委、县政府的工作部门，负责研究和统筹处理全县社会建设工作，属正科级单位。内设社会社区建设指导股（社会组织工作股）和公共服务促进股（群众工作股）2个股室。行政编制5名，工勤编制1名，8月调入1人，年末在职6人。根据省、市有关县政法委重组的要求，12月，重组后的中共乳源瑶族自治县政法委员会，挂县社工委牌子，原县社工委人员全部按人随事走、费随事转原则，全部进入县政法委。

2016年，县社工委认真贯彻落实省、市关于社会建设的工作部署，围绕县委、县政府中心工作，不断创新社会治理机制，深入推进社会体制改革，社会各项事业建设取得新成果。

【南粤幸福活动周】 11月29日，县社工委联合县委宣传部、县政法委、县创建平安乳源工作领导小组办公室，在全县9个乡镇开展“舞动幸福南粤，共建平安乳源”为主题的乳源瑶族自治县第五届“南粤幸福活动周”暨文化惠民巡回演出。县委常委、宣传部部长谢向军出席必背镇首站巡演活动并宣布演出正式开始。

【社会体制改革】 协调县民政、工会、团委、妇联等部门推进社会体制改革工作。5月，根据省、市工作要求，印发《乳源瑶族自治县深化社会体制改革主要任务及分工方案》，明确45个县直及上级直管单位深化社会体制改革的工作分工、目标任务、时间安排等，组织督导组深入县社会体制改革领导小组成员单位开展督导检查，并报告县社会体制改革专项小组，上下联动及时有效解决改革中出现的问题和困难，改革工作平稳推进，成效明显。

【重点社会组织专项治理】 按照《中共韶关市委政法委员会关于开展重点社会组织专项治理的工作方案》要求，开展社会组织摸底排查和重点社会组织专项治理工作。成立县重点社会组织专项治理工作协调小组，由县政法委副书记房东明任组长、县社工委专职副主任郑新群任副组长，负责组织协调专项治理工作。制定《乳源瑶族自治县关于开展重点社会组织专项治理工作方案》，组织召开社会组织专项治理工作会议，各镇、各相关单位按照职责分工分别对辖区内重点社会组织性质、骨干成员、活动范围、影响领域、主要背景、资金来源等情况进行地毯式排查，确定东坪镇南水库区慈善协会为县重点社会组织。经过组织开展专项治理和年审，一批没有按时年审、日常运作不正常的协会，评定为年检不合格档次，按有关法规要求给予取缔。年末，全县实有93个合格社会组织。

【社会治理创新项目】 大力推进社会治理创新项目建设，作为省确立的乡镇（街道）和职能部门与村（居）委会双向考核工作试点县，“双向考核工作”被列为县2016年社会治理创新项目。经过试点实施，县社工委联合县民政局监督指导洛阳镇和东坪镇两个试点乡镇按省、市要求开展镇、村双向考核评分，考核结果在95分以上，取得良好效果。

【社工人才队伍建设】 3月，县委组织部、县社工委、县民政局联合发文组织动员各镇、各单位、社会各界人士参加社工培训和资格考试，不断充实壮大社工队伍。全县有83人报名考试，26人通过考试，其中，中级2人，初级24人。截至12月，全县持证社工90人。支持县志愿者联合会和救援服务队乳源分队经费1.7万元，联合组织开展社工人才教育培训。

【精准扶贫工作】 根据县委的统一部署，县社工委与县政法委挂点东坪镇精准扶贫工作，由县社工委选派1名驻镇扶贫干部，委机关每名干部分别帮扶两户贫困户，县社工委2016年帮扶的贫困户50%得到脱贫。（冯永成）

人力资源和社会保障

【概况】 乳源瑶族自治县人力资源和社会保障局（以下简称县人社局）是正科级行政单位。有行政编制22人，其中局长1名，副局长3名。内设机构9个：办公室、就业促进股、事业单位人事管理股（人事考试办公室）、工资福利股、社会保险管理股、劳动关系股、公务员管理股、行政审批股、劳动保障综合执法大队。局下属单位3个，分别为人才管理工作办公室、劳动人事争议仲裁院、就业服务管理局，下属单位在编人员26名。

【就业服务】 2016年，县人社局坚持"民生为本、人才优先"为主线，积极实施创业就业带动群众增收，建立完善城乡的就业服务体系，统筹做好全县就业工作，成效显著，完成市下达的各项目标任务：全县城镇新增就业人数2085人，完成市下达任务的104%；下岗失业人员再就业人数1191人，完成市下达目标任务的108.2%；就业困难人员实现再就业人数160人，完成市下达目标任务的106.6%；农村劳动力转移就业人数3012人，完成市下达目标任务的100.4%；城镇登记失业率控制在2.36%。举办招聘会31场，共进场招聘企业394家次，进场求职人数达11211人次，提供就业岗位10929个，达成就业意向人数3684人，现场派发宣传资料8360份。发放小额担保贷款111笔，发放金额1472万元；办理就业失业登记2437人；网上登记招聘单位65家，登记招聘信息数352条，登记岗位数2016个，登记求职人数3500人；认定就业困难人员160人，发放灵活就业社会保险补贴2人，发放单位招聘就业困难人员社会保险补贴2人，累计发放社保补贴17818.92元。落实职业技能培训470人，完成市下达任务数的117.5%；培训机构技能晋升培训补贴审核203人，发放补贴32.48万元，个人技能晋升培训补贴审核30人，发放补贴5.54万元。协助104名下岗职工办理养老保险正常退休待遇申报工作，为256人次提供档案查阅服务，为13名下岗职工办理档案调出工作，新接收下岗职工档案12份。

【社会保障】 2016年，县人社局坚持以人为本，按照"保基本、广覆盖、有弹性、可持续"的方针，加大政策宣传，扎实推进各项社会保障事业，各项指标任务完成情况均排名全市前列。企业职工基本养老保险参保22826人，完成年度目标任务22800人的100.11%，基金征缴13432万元，完成年度目标任务12200万元的110.10%。城镇职工医疗保险参保28653人，完成年度任务数的98.13%%，基金征缴7682万元，完成年度任务数的104.52%。失业保险参保15825人，完成年度任务数的101.97%，基金征缴472万元，完年度任务数的107.27%。工伤保险参保人数20566人，完成年度任务数的100.57%，基金征缴526万元，完成年度任务数的116.89%。生育保险参保16164人，完成年度任务数的102.96%，基金征缴229万元，完成年度任务数的84.81%。

扎实推进社会保险扩面征缴，全县城乡居民社会养老保险续保人数为36002人，完成年度目标任务35260人的102.10%，全县城乡居民医疗保险参保人数为161127人，完成年度目标任务157400人的102.37%。

【劳动仲裁】 2016年县人社局坚持和谐至上，以保持劳动关系和谐稳定为目标，做好劳动维权工作，乳源瑶族自治县企业劳动合同签订率达94%（市下达任务为94%），建工会的企业集体合同签订率超过82%（市下达任务为82%），劳动保障监察投诉案件结案率达到96%（市下达任务为96%），全年县人社局采用立案处理及调解等方式为600多人拿回工资约900多万元。接待群众咨询、来信来电来访131批次，涉及264人次。

县人社局严格按市、县要求做好建设领域施工企业工人工资支付保证金的收缴工作。全年共收缴109户建设领域施工企业工人工资支付保证金约3113.3万元，退还约1443.8万元，其中收缴777.46万元，为预防和解决建筑施工领域欠薪问题，维护工人的合法权益，保障社会稳定发挥积极作用。

加大劳动人事争议调解仲裁力度。2016年度，县仲裁院收到各类劳动争议案件53宗，其中不予受理19宗，受理34宗．受理案件涉及人员55人，涉案金额达120万元。2015年度未结零宗。2016年度结案34宗，法定审限内结案率为100%（市下达任务为不低于95%），累计结案率为90.9%（市下达任务为不低于90%）。

【人事管理】 公务员管理方面。2016年，县人社局向社会公开招录行政机关公务员、参照公务员法管理单位工作人员77人，对新招录的行政机关公务员和参公单位工作人员，推行导师制；举办全县公务员（含参公人员）开展“创新、协调、绿色、开放、共享”五大发展理念专题培训班，培训1616人次，参训率100%；举办1期新录用公务员初任培训，培训77人次，参训率100%；选派20位政治素质好、业务能力强的乡镇领导及科员到东莞市进行为期一个星期的对口培训；严格审核档案，办理调任及辞职31人；组织全县公务员（含参公人员）1443人参加广东省干部网络培训学院培训，完成率80.5%。事业单位管理方面。做好广东省2016年粤东西北地区乡镇事业单位、集中时间组织事业单位、面向大学生村干事公开招聘考务工作，粤东西北地区乡镇事业单位公开招聘46人，集中时间组织事业单位招聘24名，大学生村干部公开招聘7人。做好事业单位紧缺高层次人才公开招聘的相关考务工作，对全职引进的具有正高职称人才或全日制普通高等院校博士研究生，给予每人每年30万元特殊津补贴，紧缺高层次人才聘用16人。加强人才流动、岗位晋升管理，核准岗位晋升182人，办理调动手续51人。加强专业技术人才的职称评审及认定，受理申报初次考核认定初级专业技术资格28人，申报评审专业技术资格65人（其中申报高级6人，中级49人，初级10人）。完成教师改革后的首次评审工作，全县共有152人申报初级、一级教师，52人申报高级教师（其中有1人申报正高级教师），高级教师通过23人，一级教师通过52人，初级教师通过92人。人才服务方面。“三支一扶”（支农、支教、支医和扶贫工作）大学生的日常管理及就业工作。2016年，完成“三支一扶”大学生安置13人，补录“三支一扶”3人。加强对高校毕业生实名制信息系统的更新和录入工作。报到的高校毕业生共476人，就业431人，就业率达90.5%。建立乳源未就业高校毕业生微信群，发布就业信息以及招聘信息103条。做好人才交流工作，接收档案445份，调出档案131份，整理事业单位档案535份。做好广东省“扬帆计划”的申报工作，成功申报“培养高层次人才”项目。

【工资福利】 深化收入分配制度改革，落实机关事业单位工资制度改革政策，组织实施2016年机关事业单位退休人员预调基本养老金工作，建立住房改革补贴与工资挂钩的动态增长机制，建立建全乡镇机关事业单位工作人员乡镇工作补贴制度和乡镇党政正职岗位补贴制度。根据《关于印发〈广东省全面治理机关事业单位违规发放津贴补贴问题实施方案〉的通知》文件精神，严格执行规范津贴补贴工作纪律，精心组织，有序推进，切实做好全面治理机关事业单位违规发放津贴补贴有关工作。依法依规做好日常工资管理工作。为5150名机关事业单位工作人员办理正常晋升工资手续；全年办理79人次退休手续，办理死亡、抚恤金手续54人次，办理遗属生活困难补助18人次；为机关、事业单位1812名离、退休人员发放春节慰问费36.5万元，审核兑现2016年度人民警察警衔津贴调整金额。协助完成2015年年度考核工作，为年度考核评优人员及时兑现评优奖励。顺利完成2015年度的工资统计、公务员工资试调查等工作。

【精准扶贫】 2016年，县人社局挂扶大桥镇均容村委和塘华村委52户贫困户，共177人，其中有劳动能力贫困户37户，150人，无劳动能力贫困户15户，27人，于5月全部对接完毕。组织干部职工入户宣传助学、危房改造、产业扶持奖励等政策，协助为符合条件贫困户填写相关的资金申请表，确保帮扶资金落实到位。2016年顺利完成20

户贫困户脱贫工作。

在全县大力开展就业技能社保精准扶贫工作，组织专业技术人员到各镇开展农业等综合技能培训，全县632名贫困户参加农业技能培训。积极开展精准扶贫招聘推介专场，为有劳动力、有就业意向的贫困人员提供就业岗位。将符合条件的贫困户纳入城乡居民基本养老保险，贫困户参加城乡居民医疗保险和基本养老保险的经费由县政府统一兜底，让贫困户病有所医，老有所养。　（谢燕飞）

社　保　工　作

【概况】　韶关市社会保险服务管理局乳源分局（以下简称社保分局），为韶关市社会保险服务管理局管理的分支机构，属行政正科级事业单位，主要负责全县社会保险工作。内设人秘股、社会保险关系股、养老失业保险待遇核发股、医疗工伤生育保险待遇核发股、城乡居民医疗保险管理股、社会保险稽核监督股、计划财务股、机关事业养老保险股。核定事业编制24人，后勤服务人员2人。

2016年，全县养老保险参保31962人，其中：企业参保人数22826人，机关事业单位参保人数4694人，享受养老保险待遇4442人；失业保险参保15825人，医疗保险参保29203人；工伤保险参保20566人；生育保险参保16164人，享受生育保险待遇158人；城乡养老保险参保70527人，享受待遇27845人；城乡医疗保险参保人数154721人。按时足额支付基本养老保险支出数12282万元，其中待遇支出11341万元，其他支出941万元，失业救济金585万元，医疗保险待遇4026万元，工伤保险待遇522万元，生育保险待遇454万元，城乡居民养老保险待遇3291万元，城乡居民医疗保险待遇4224万元。

【“两学一做”专题教育】　按照市、县《关于开展两学一做学习教育考学工作通知》等文件要求，制定实施方案，加强党员干部学习教育，工作作风明显转变，服务意识大大增强，服务质量和效率不断提高，着力开展“门难进、脸难看、事难办”三难整治活动，为群众提供便捷优质的服务。

【社保补缴】　严格依法按程序开展社保补缴，办理企业未参保人员补缴13人，城乡医保中途参保补缴74人。执行《关于完善灵活就业人员参加企业职工基本养老保险有关规定的通知》以来，共办理灵活就业人员补缴109人，正常企业补缴32人。

【业务专网安全防控专项整治】　贯彻落实《关于开展人社业务专网计算机终端和网络接入设备的安全防控专项整治工作的通知》文件精神，开展业务专网计算机终端和网络接入设备的安全防控专项整治。排查所有接入业务专网的计算机终端，安装国产正版杀毒软件，开启实时防护功能，严格控制业务专网服务器和计算机终端设备的接入，做好接入设备的安全管控，专项整治，进一步加强局业务信息系统的安全管理，有效提升业务专网的安全防控和管理能力。

【城乡居民医疗保险参保续保】　2016年，社保分局按照程序办理城乡居民医疗保险业务，符合政策，未出现违规办理现象。全年城乡居民基本医疗保险参保人数达15461人，完成目标任务的109.45%，特殊群体人员参保共计8349人，其中五保、低保人群4406人、残疾人士3943人。贯彻执行今年新增加的“关于做好贫困人员政府资助参加城乡居民医保”文件精神，完成精准扶贫人员参加城乡医保工作。

【城乡居民养老保险经办规范化】　严格执行省城乡居民基本养老保险经办规程，社保分局统一部署，多次组织检查小组下到各乡镇经办机构，对照经办规程系统梳理、查缺补漏，推进经办统一规范。落实省推进基层公共服务综合平台建设工作方案，切实解决服务群众“最后1千米”问题。将宣传城乡居保参保人的缴费义务、参保责任摆在更突出位置，确保城乡居保可持续发展。

【内控监督】　社保分局设立稽核监督股，配备2名稽核内审人员，定期在内部举办学习培训班。2016年对分局各业务部门实施检查4次，组织业务部门实施业务自查每月定期一次或不定期抽查一次，落实分局建立的内部控制制度，要求稽核内审部门上报分局领导按时写出年度内控情况报告。强化内部管理与监督，防范和化解运行风险，规范社会保险管理服务工作，确保社会保险基金安全。

【精准扶贫】 2016年，按照县扶贫领导小组要求，社保分局领导班子共帮扶游溪镇5户贫困户，局长帮扶3户，2名副局长各帮扶1户，其中五保户1户、低保户4户、残疾户3户。以及县《关于印发〈韶关市新时期分散相对贫困人口精准脱贫攻坚工作方案〉的通知》，“将贫困人口全部纳入基本医疗保险财政补贴政策范围”的要求，结合县城乡医保政策，社保分局按扶贫办提供的符合政府全额资助参加城乡居民医保的贫困人员名单，完成贫困人员名单的录入，将他们纳入免费参加城乡居民医疗保险，防止因病致贫、因病返贫，切实减轻贫困人口医疗费用负担，落实好社保政策兜底脱贫。

（余　彬）

民　政　工　作

【概况】 乳源瑶族自治县民政局是县人民政府主管社会行政事务的职能部门，正科级单位，内设有办公室、优抚股、救灾救济股、基层政权股、社会事务股、行政审批股、社会组织管理中心、“拥军优属、拥政爱民”办公室和婚姻登记管理处9个机构，下属社会福利院、殡仪馆和殡葬监察大队。单位编制12人，参公管理4人，事业在编9人，工勤1人，慈善会3人，临聘3人，共32人。其中，正科级4人，副科级3人，科员及以下25人。主要工作职能是负责社会救助和社会福利、基层民主政治建设、拥军优属和管理专项社会事务。

【基层政权】 1月，村务监督委员会成员的待遇标准每人每月由500元提高到550元，全年全县102个村委会，394名村务监督委员会成员共发放补贴260万元。

5月，转发省民政厅、省监察厅、省财政厅《关于印发广东省村务监督委员会工作规程的通知》，对建立健全基层党组织领导下的村务监督机制、促进规范村务监督委员会、推进农村基层治理规范化、法治化建设起到重要作用。

7月，县民政局、财政局、农业局联合下发《乳源瑶族自治县关于规范行政村公务接待工作的实施意见》（以下简称《实施意见》），对全县行政村公务接待范围、标准、审批、核准和报销程序进行明确规定。《实施意见》对促进本县农村基层治理和服务、加强农村党风廉政建设、减轻村级负担、制止奢侈浪费等方面具有重要意义。

【区划地名】 2016年初，地名普查领导小组办公室向各单位横向收集各类别的地名资料作为“一普”资料，参考县志等地情文献资料，进行初步资料收集，为正式地名普查打好基础。6月份，采用招投标的形式确定河南中豫勘测规划有限公司为县地名普查的技术服务单位。年初，制定《乳源瑶族自治县2016年度镇级行政区域界线联合检查工作实施方案》，明确镇界线联检内容、时间段和任务；6月至8月，对界线联检进行实地勘察，汇总联检工作情况；9月完成联检材料的装订上交工作。12月参加省级界线（湘粤线）联合检查工作第一次联席会议，商定联合检查的具体安排及工作任务。

6月份，完成乳城镇解放北路（原快乐餐厅）改建成新城雅居商住楼命名工作；对桂头镇申请的6条路（育才路、必桂路、老街路、振兴路、韶桂路、拥军路）的命名进行审核工作。

【低保工作】 2016年1月1日起执行新的最低生活保障标准：农村居民每人每月335元，城镇居民每人每月485元。围绕精准扶贫、精准脱贫工作，分别于1月、6月开展“地毯式”和“靶向式”两次低保核查，对一些不符合低保条件的及时处理、清退，全县共取消低保512户1365人，做到“应退尽退”。全县享受低保救济有2092户4606人，其中2016年新增低保133户280人；全年累计发放低保金1242万元。

【“五保”工作】 全县五保户466人，新增五保供养47户。2016年1月1日，五保供养标准为每人每月540元，全年累计发放供养金293万元。年初，向上级部门争取消防设施改造资金68万元，完善敬老院安全设施。确保五保老人和敬老院安全。

【救助工作】 根据《韶关市精准扶贫医疗救助工作实施方案》和《乳源瑶族自治县城乡医疗救助实施方案》，开展全县医疗救助工作，全年医疗救助811人次，发放医疗救助金234万元，资助低保、五保等参加城乡居民医疗保险6822人共82万元；发放临时救助资金4万元，救助10户30人；发放职业民警救助金15万元救助40人；发放退休老职工救助金2万元救助6人；全年共发放救助金337万元。

【救灾工作】 2016年初，洛阳等镇发生冰雹自然灾害，县民政局及时赶到现场开展救灾、核灾工作，及时调拨大米750公斤、棉被500张、油200桶、面100箱等救灾物资送到灾区，保障受灾民众基本生活。

【优抚安置】 全县共有重点优抚对象384人，其中参战人员281人，全年发放抚恤补助金346.6万元；对农村籍60周岁以上退役人员633人，发放补助88.2万元；发放义务兵优待和奖励金141人共163.1万元。全年发放退役士兵一次性安置补助金共发放67人149.8万元。妥善安置符合政府安排工作退役士官（满12年）2人。

【双拥工作】 “春节”和“八一”建军节组织慰问团深入驻县和驻韶部队走访慰问，共慰问18个驻县驻韶部队单位，送去慰问品和慰问金25.1万元，密切部队与地方关系，增进军政军民之间的团结。配合县委宣传部开展第三个烈士纪念日公祭活动。参加活动的有县四套班子领导、县直有关单位主要领导、县武警部队和少先队员共200余人。

拥军优属成效显著，荣获“广东省第十届双拥模范县”称号。

【社会事务】 1月，集中供养的孤儿生活保障金由原来每月1240元提高到每月1340元，散居孤儿由每月760元提高到820元，全年发放孤儿生活保障金18万元。111月共救助流浪乞讨90人次，救助金额18.5万元。乳城镇区域性敬老院试点实行社会化改革（公建民营），于12月底挂网公开招标社会机构。

【婚姻登记】 全年依法办理结婚登记1520对，离婚登记494对，补领婚姻登记376宗。

【老龄工作】 全年共办理老年优待证72人。重阳节期间，为全县21位百岁老人发放慰问金13000元。落实80岁高龄老人津贴发放工作，全年共计发放80岁高龄老人津贴51693人次，合计发放金额1138680元。

【殡葬工作】 全年减免七项基本殡葬服务遗体共1128具，减免金额共1804800元；火化率达100%。

【社会组织】 撤销19家不正常运作社会组织和一家民办非企业单位，1家民办非企业单位申请注销。规范后有社会组织92家，其中社会团体59家，民办非企业单位33家。 （彭廷雄）

民　族　宗　教

【概况】 乳源瑶族自治县民族宗教事务局为县人民政府工作部门，与县委统一战线工作部合署办公，属正科级行政单位，编制6名，其中局长1名，副局长2名，股长（主任）3名，后勤服务人员1名。内设办公室、民族股、宗教股。根据乳机编《关于设立乳源瑶族自治县过山瑶文化研究中心的通知》文件，2013年4月设立乳源瑶族自治县过山瑶文化研究中心。属公益一类事业单位，正股级，归口县民族宗教事务局管理，编制5名，配备主任1名，后勤服务人员1名。

【民族地区加快发展现场会筹备工作】 6月2日，省民族宗教委调研组一行到乳源就全省推动民族地区加快发展现场办公会精神及各项扶持政策和项目的落实情况、少数民族特色村镇保护与发展“十三五”规划开展专题调研。9月28日，省委统战部副部长、省民族宗教委员会主任黄强一行到乳源调研民族工作。10月13日，省民族宗教委党组副书记李秀英一行到乳源调研少数民族特色村寨建设情况及全省推动民族地区加快发展现场会筹备工作情况。

【《关于扶持民族地区加快发展的意见》】 民宗局加强与上级民宗部门沟通，协调县直有关部门贯彻落实省委、省政府《关于扶持民族地区加快发展的意见》中涉及的工作任务，配合做好调研工作。7月26日，全市扶持民族地区加快发展推进会议在乳源召开。12月26日，全省推动民族地区加快发展现场办公会在乳源召开。

【民族团结进步创建活动】 贯彻落实中央、省、市民族工作会议精神，把握各民族“共同团结奋斗、共同繁荣发展”的工作主题，推进民族团结进步创建活动进机关、企业、村（社区）、乡镇、学校、寺庙，建设各民族共有精神家园，积极培养中华民族共同体意识，进一步巩固和发展平等、团结、互助、和谐的社会主义民族关系。8月31日晚，由韶关市民族宗教事务局、乳源瑶族自治县人民政府联合主办，东阳光实业发展有限公司、县民族宗教事务局、县文广新局承办的“韶关市2016民族团结进步宣传月走进东阳光文艺晚会暨民族团结进步宣传月启动仪式”在乳源瑶族自治县东阳光实业发展有限公司举行。

【少数民族发展资金监管】 制定2016年少数民族发展资金使用计划，加强对县2014年度和2015年度少数民族发展资金管理使用和项目建设情况进行跟踪检查，配合省民委做好2014年度和2015年度少数民族发展资金专项审计工作。

【瑶族迁移人口土地确权工作】 2016年，县瑶族迁移人口土地确权工作进展顺利，经县第十一届人民代表大会第六次会议和县人大常委会审议批准，《关于瑶族迁移人口土地确权的议案》办结。

【助学工作】 落实2015年度在校少数民族大学生助学金的发放工作，落实“两种考生”（高考录取在读大学生和在读专插本生）资格审核，落实享受助学金资格确认。1月21日上午，新疆维吾尔族的阿布杜拉在省民宗委副处长艾尔肯、市民宗局副局长江卫华及乳源民宗局负责人的陪同下，到乳源高级中学为贫困学子捐赠生活费。

【少数民族特色村寨申报工作】 结合“五彩瑶乡”新农村示范片建设，着力打造少数民族特色村寨建设。认真做好2016年少数民族特色村寨检查验收和第二批中国少数民族特色村寨命名挂牌推荐工作，推荐游溪镇中心洞村委政研新村和营康村委营康新村为第二批中国少数民族特色村寨命名挂牌村寨，申报必背镇必背村委会大村、游溪镇大寮坑村委会新会村、东坪镇新村村委会长乐瑶族新村、东坪镇新村村委会东莞“双到”东下山瑶族新村、东坪镇新村村委会雕子塘新村、东坪镇新村村委会斜岭新村、东坪镇茶坪村委会东莞商会新村为广东省“十三五”期间扶持发展的特色村寨。

【民族文化保护与交流】 史料收集调查组完成3个瑶族乡镇的瑶族文化史料收集工作，转入查漏补缺和编撰阶段。贯彻落实县“十三五”规划中关于“弘扬传统文化提升瑶乡文化软实力”及“将乳源建设成为世界过山瑶文化中心”的规划，挖掘瑶族历史文化资源，3月15日至18日，县政协主席赵志敏率乳源考察组到湖北省通山县、通城县等地考察瑶族历史文化，县民宗局1名副局长随。11月14日至16日，广西恭城瑶族自治县人民政府举办“2016年全国瑶医瑶药发展研讨会暨高峰论坛”，县民宗局组织人员参加学习。12月2日至4日，应贺州八步区民宗局邀请，乳源民宗局及相关部门人员一行前往贺州八步区，参加2016年贺州八步区瑶族盘王节。

【云门佛教文化生态保护区历史遗留工作】 2月6日，县委书记吴春腾、副书记伍文等县领导率领县委统战部、县民宗局、县公安局、乳城镇等部门负责人到云门寺就云门佛教文化生态保护区历史遗留问题召开现场办公会议。2016年，县民宗局协调有关部门，解决范屋村搬迁、锑粉厂、保护区内羊头岭等地山林权属及乱搭乱建等遗留问题。

【正觉寺的重建工作】 2016年，由县民宗局牵头组织协调正觉寺生态环评、土地调规等问题，推进正觉寺重建工作。

【节庆宗教场所安全工作】 加强宗教活动场所安全工作，维护广大信教群众生命、财产安全，做好春节、“五一”“十一”节庆期间宗教领域安全稳定工作。组织工作人员实地检查，对云门山大觉禅寺、仙人桥道观及桂头基督教聚会点进行检查，仔细排查安全隐患。

【爱国爱教活动】 对各宗教场所不定期开展教职人员廉洁思想教育活动，识别抵制邪教组织，严防“渗透”。指导宗教场所开展以“慈爱人间、五教同行”为主题的“宗教慈善周”活动。

【民间信仰调查工作】 为全面掌握和了解新形势下乳源民间信仰的基本情况，促进民间信仰管理的科学化，建立健全民间信仰活动场所事务管理体系，确保民间信仰活动场所活动合法、安全和有序进行。11月23日至24日，县民宗局组织人员对乳城、桂头、大桥等镇的民间信仰活动场所开展调查工作。

（邓毅明）

各 镇 概 况

乳 城 镇

【概况】 乳城镇位于乳源瑶族自治县东南部，是县政府所在地，镇政府驻地侯公渡，距离韶关市区31千米，距县政府4千米。区位优越，是乳源的工业重镇、政治中心、经济中心、交通枢纽和信息中心。东临韶关市武江区龙归镇，南连韶关市武江区江湾镇，西邻东坪镇，北与游溪镇、一六镇交界。交通便利，京珠高速公路在境内设有1个出入口，国道323线，省道249线、250线，县道358线贯穿境内。地形西北高、东南低，平均海拔为97米，是丘陵平原地区。全镇土地总面积209平方千米，耕地总面积1639.7公顷，其中水田面积1640.1公顷。林地面积为1.423万公顷，森林覆盖率为83.5%。辖13个村委会，5个居民委员会，214个自然村，216个村民小组，总户数为17038户，常住人口为71920人，其中乡村户数7997户，乡村人口35455人，乡村劳动力资源总数为18381人。属中亚热带季风气候，南水河自西向东穿越境内汇入北江。

镇内景点有云门寺、桂花潭、云门山风景区、文昌公园、金狮公园、乳源温泉、双峰山、国公岩、丽宫国际温泉旅游度假区、三王石、文秀峰、睡美人（下街岭）、燕子岩、白石岩。

历史文化遗产有泽桥山遗址、横石山遗址、文昌塔、西京古道遗址—大富桥、刘氏宗祠、宋田古戏台、宋田文塔、天德寨。

主要特产有菜干、竹笋、巴西果汁、香蕉李、葡萄、蜜柚、茶叶、冬菇、木耳、山羊、瑶山黑猪、九仙腊味、瑶东生态猪、瑶东腊味、茶油、甜玉米。

【经济社会发展】 2016年全镇国民经济生产总值为31.7亿元，比2015年增长3%。农村经济总收入5.03亿元，比2015年增长9.8%，其中第一产业收入1.52亿元，第二产业收入1.79亿元，第三产业收入1.72亿元，分别比2015年增长9.7%、9.9%、9.8%；农村人均纯收入8991元，比2015年增长13.5%；地方财政总收入3200万元，比2015年增长1.58%。

【企业与产业发展】 全镇有企业5231个，其中集体企业59个，私营企业689个，港澳台资企业22个，农业企业102个，个体工商户4359个。工业发展以铝箔、生物医药、电子、化工产品、高新材料等产业为主的主导产业，成为产业聚集、功能齐全、特色鲜明的工业主导型乡镇。辖区内设立1个省级开发区即乳源经济开发区，截至2016年年底，建成新材料产业园、东阳光高科技产业园、富源工业园等3个省级工业园区。

【重点项目建设】 加快基础设施建设，搭建招商平台。积极承接东莞长安产业转移，培育发展城镇的主导产业、支柱产业、骨干龙头企业和产业集群。服务好已建项目，组织协调好在建项目。完成国道323线以北富源工业园征地12公顷、云门寺及云门山项目征地10公顷、前进枯塘什至村征地6.7公顷、迎宾路到侯中公路扩建征地2.7公顷、钟屋麦屋搅拌厂征地2.1公顷、100吨冰片厂项目征地1.5公顷、嘉旺一期租转征项目征地2.3公顷、金禧小学扩建征地1.4公顷、长湖坑征地0.7公顷等重点项目征地拆迁工作，确保各项重点项目顺利推进。

【农业农村经济发展成效显著】 优化和调整水稻、烤烟、玉米、花生、甘蔗、大豆等农作物的种植面积，全年播种总面积3806.7公顷，其中，水稻2233公顷、烤烟227公顷、蔬菜613公顷、花生

167公顷。冬种面积233.3公顷，发放绿肥、油菜籽等冬种种子2500公斤，园林水果种植面积553.33公顷。全年出栏生猪4.149万头，牛0.0635万头，羊0.663万只，出售三鸟12.694万羽。

落实惠农强农政策。保障粮食生产安全；发放耕地地力保护补贴277万元，良种补贴50.8万元，农户参加水稻种植保险有5947户，面积2260.35公顷。

落实“三防”工作责任制。实行防汛期间24小时值班制度，做到责任到人；镇政府分别与9座水库、15个电站、15口山塘的责任单位签订防汛责任书。

发展农业产业经济。发展高盛菜场甜玉米基地、葡萄园、泰丰农业园瑶东山猪养殖基地、小凌角农业观光园6.67公顷柿子基地、现代烟叶标准化园区、云门村苗圃场、荣达牧业发展有限公司黑猪养殖育种基地、辉耀农业开发有限公司产业基地。封山育林面积8666.67公顷，其中县城景观林带建设2666.67公顷；发放生态公益林效益补偿金4666.7公顷共156.4万元到村、到户。

培训与就业。全年举办各类培训班19期，培训2051人次，农村劳动力转移10324人，劳务收入10586万元。

乡村清洁美工程。以健全保洁长效机制为目标和开展集中整治为重点，投资34.8万元购置6台三轮摩托车、500个垃圾桶、2台垃圾车发放到各村（居）委。

【农村土地确权工作】 13个村委，216个村民小组广泛土地确权工作的重要性和必要性宣传，积极做好村与村、户与户之间的田块测绘工作。截至2016年年底，全镇216个村民小组，共8944户完成业外测绘，测绘田块39642块，测绘面积1639.7公顷。

【农业基础设施建设】 积极争取上级交通部门的支持，投入公路硬底化建设资金154万元，完成8个自然村乡村公路硬底化建设5千米，投入138万元改造健民黄田桥、岭溪陈岗桥和前进什子桥，投入6万元完成新兴许屋饮水工程建设。加大对农业水利设施建设的投入，协调解决高标准农田基本建设水圳堵塞，淤泥沙石堆放农田等遗留问题，整治水毁工程项目13宗，其中陂头建设5宗、山塘1宗、水圳6宗。开展岭溪河、八仙河河堤建设工作，2条河堤全长8.3千米建设工程任务基本完成。

新农村建设。完成云门村委新农村示范片10个自然村竹篱笆工程，完成五个“百分百”目标，即村巷道道路硬底化率达100%、村庄垃圾、生活污水治理覆盖率达100%、外立面改造率达100%、卫厕改造率达100%、村村通自来水率达100%。投入62.6万元完成云门村委窝子村门前塘、小广场建设工程；完成云门村委窝子村环村公路建设、文化室建设工程；完成云门村委马安山和窝子村村道、巷道建设工程。

【精准扶贫工作】 全镇有506户贫困户，共1114人，纳入2016年脱贫计划的有510人。至12月，有313户，510人完成脱贫目标，其中：低保、五保无劳动能力户政策兜底人口297户，462人；有劳动能力贫困人口15户，48人，年人均可支配收入均超过6433元，年度脱贫完成率100%。

【自然村落历史人文普查】 乳城镇于2016年4月正式启动自然村落历史人文普查工作，从地理环境、历史沿革、村落名称、姓氏流源、人口、民族、风俗习惯、民居、宗祠等方面对全镇214个自然村进行全面普查。普查过程中发掘宋田、肖屋等有一批有历史人文价值的古村落，疏通西京古道穿越线路，推动云门寺、丽宫温泉、云门山旅游度假区等旅游景点的发展。对全面摸清全镇自然村落历史人文情况、挖掘历史人文资源、保护自然村落、开展新农村建设等有重要意义。

【地名志普查】 开展第二次全国地名普查工作，发放《第二次全国地名普查宣传手册》《政策法规文件汇编》等宣传资料至18个村、社区，并对普查工作人员进行系统培训，提高普查工作效率。截至2016年12月，乳城镇对216个村小组完成地名普查登记工作。

【农业普查工作】 认真开展农业普查工作，全镇18个村（居）委摸底户数8589户，普查对象8034

户。全面完成第三次全国农业普查摸底阶段工作，为下一阶段入户普查工作打下扎实基础。

【城镇化发展】 以加快中心镇建设为重点，进一步优化城镇建设体系，完善城乡总体规划。加强城市管理，坚决查处和整治“两违”等违法违规行为建设，加大力度打击小产权房，营造共建共享的良好社会氛围，切实加强耕地保护。土地卫片执法检查发现违法用地48宗，日常巡查发现违规农田宅基地建房119宗，下发“责令停止土地违法行为通知书”167份。

【文化与教育工作】 文化建设。镇内有文化站1个、文体广场5个、村文化室和农家书屋19家等文化设施，完善文化站、文体广场、村文化室和农家书屋等文化设施建设，实行免费开放，促进基本公共文化服务均等化。

教育工作。镇内有党校1所，教师进修学校1所，高级中学1所，职业学校1所，初中3所，完全小学4所，成年技术学校1所，幼儿园7所。巩固教育强镇工作成果，推进中小学互助共同体建设和特色学校（金禧小学、鲜明八一小学）建设，缩小城乡和校际差距，促进全镇教育均衡发展。

【医保和社会保障】 1月至12月，城乡居民基本医疗住院补偿人数507人，补偿金额107.4万元；截至12月底，城乡居民医疗保险参保人数为32137人，参保率达100%；城乡居民养老保险参保人数14012人，其中参保缴费8463人，享受待遇5549人；全镇有“五保”户91人，发放“五保”户供养资金58.97万元；低保户584户，发放低保户资金359.8万元，发放80岁以上老人津贴，1124人，共30.3万元；发放325名困难残疾人发放生活补贴、394人发放重度残疾护理津贴，共计110万元，为1217名残疾人办理城乡医疗保险，发放困难残疾人慰问金共计5000多元。

【水库、石灰岩移民管理】 发放移民生活补贴1098户211.74万元，发放47个移民村4884人生态公益林款43.9万元，发放移民粮差、生产扶持款5.8万元，完成移民村基础设施建设53宗。

【卫生计生服务】 镇内有县级医院3所，镇卫生院1所，卫生站20所，农村医疗体系建立健全。严格执行人口与计划生育层级动态管理责任制，扎实开展冬季、春夏季和秋季计生集中服务月活动，2015年10月至2016年9月，全镇共出生954人，其中一孩出生409人，二孩出生492人，政策生育率为95.6%。

【社会管理工作】 综治信访维稳工作。健全领导班子接访制度、排查制度，完善领导班子包案制度，落实全国“两会”期间等敏感时期的信访维稳工作。开展严重精神障碍患者救治救助及排查工作，完成排查及资料登记的严重精神障碍患者86人，疑似严重精神障碍患者20人。2016年，全镇共受理各类矛盾纠纷62宗，成功调解62宗，其中：镇综治维稳中心受理矛盾纠纷23宗，成功调解23宗；村（居）综治工作站共受理矛盾纠纷39宗，成功调处39宗。收到上级批转信访案件62宗，办结62宗。全镇治安情况良好，无重大群体性事件。

安全生产工作。提高企业安全生产意识和管理水平，期间无发生重大安全生产事故，镇政府与46个单位签订2016年消防安全责任书、安全生产责任书和食品药品安全责任书。

加强法制建设。积极开展“七五”普法各项工作，1至12月，共举办各种法律知识培训班7次。

【健全基层民主机制】 村级干部培训工作。召开专题会7次和举办学习班8期，组织村（社区）“两委”干部学习贯彻《中华人民共和国村民委员会组织法》《中华人民共和国土地管理法》《广东省人口与计生条例》等法律法规知识。

农村集体“三资”清理监管工作。继续做好村组财务管理和清理工作。配强镇农村“三资”管理财会工作人员，全镇13个村委设有台账13个，设有组级台账216个，13个村委成立村务监督委员会，村级财务管理得到进一步规范，村组级集体利益得到维护。

【镇村二级服务平台建设】 加强公共服务中心的日常管理，建立首问责任制度、一次性告知制度、限时办结制度等多项制度，实现公共服务中心的制度化管理。通过考试，录用18名村（居）委窗口专职人员，在各村（居）委公共服务窗口安装高拍仪、满意度调查器，提高窗口人员的工作效率，改善工作态度。2016年全年镇公共服务中心和村（社区）级便民服务站为群众代办服务累计58894件，其中网上办事大厅代办服务累计423件。利用服务平台完成新兴山下村公路硬底化工程、大东蛇子岭张屋村道建设工程、前进浅庄文化广场建设工程等11宗农村三资交易。

【镇第十一次党员代表大会召开】 7月28日，乳城镇在镇文化楼会议室召开中国共产党第十一次党员代表大会，会议听取并审议通过镇第十届党委和镇纪委工作报告，采用无记名投票方式，选举产生中国共产党乳城镇第十一届委员会委员9名，选举产生中国共产党乳城镇纪律检查委员会委员7名，选举产生出席县第十二次党代会代表40名。

【镇第十一届人民代表大会第五次会议召开】 2016年4月29日，召开第十一届人民代表大会第五次会议，听取和审议《人大主席团工作报告》《政府工作报告》《镇财政预决算报告》，依法投票选出肖福城为镇长。

【镇第十二届人民代表大会第一次会议召开】 9月29日，召开第十二届人民代表大会第一次会议，听取和审议《政府工作报告》《人大工作报告》《镇财政预决算报告》，依法投票选出陈荣生为镇人大主席，肖福城为镇长，张新芳、丘国雄、卢淑珠、陈广华等为副镇长。

【创建全国文明城市工作】 全年举办道德讲堂4场，健康知识教育5次，开展送电影下乡6场，春节送春联活动1次。实施环境卫生综合整治，落实单位办公区域及商铺“门前三包”责任，实行农村211个自然村垃圾统一收集清运工作。加强精神文明建设，2016年被评为乳城镇道德模范荣誉称号有侯公渡派出所付晓峥、源峰社区李天才，2016年10月陈鹏荣获韶关好人、广东好人称号。

【武装工作】 抓好民兵整组、民兵预备役、兵役登记、轻舟训练、民兵应急分队训练、国防坑道普查。全镇秋季征兵从7月1日开始，至9月1日结束。经过初检、复检和政审，圆满完成2016年征兵工作任务，被评为全县武装工作先进单位。

【党风廉政建设】 贯彻落实党风廉政建设责任制。明确党风廉政建设“一把手”工程，落实责任分解，强化职能任务；加大执法办案工作力度，全年共立案查处违法违纪案件5起，查处党员干部5人。

【基层党建工作】 坚持和完善镇党委理论中心组学习制度，加强和改进党的基层组织建设。进一步开展创先争优活动，把镇、村（社区）领导班子的思想政治建设提高一个新水平。投入0.2万元完善坝厂村党员活动室建设，投入0.8万元制作云门、新兴、源峰村委“两学一做”宣传栏。开展软弱涣散村党组织排查工作，新兴村委和岭溪村委被确立为软弱涣散村党组织，选派许红传任新兴党支部第一书记，选派赵洪清任岭溪党支部第一书记。2016年度，驻点团队驻点59天次，采用入户走访、发放民情联系卡等方式，听取群众的意见和诉求，共接待群众2600余人，走访群众17891户，收集到意见建议622条，解决问题616条。（邱清建）

2016年乳城镇村（居）委会基本情况表

表9

村（居）委会	书记、主任	村居民小组（个）	总户数（户）	总人口数（人）	集体经济收入（万元）	农民人均纯收入（元）
云门	林新化	10	471	1849	42.8	9191

续表 9

村（居）委会	书记、主任	村居民小组（个）	总户数（户）	总人口数（人）	集体经济收入（万元）	农民人均纯收入（元）
鲜明	丘志坚	10	747	2672	6.4	9222
大联	袁振海	11	652	2278	11.3	9098
岭溪	朱移古 张亚焕	11	473	1899	6.9	9109
大群	邓翠华	17	673	2442	21.1	9256
坝厂	吴　伟	7	226	872	12.1	8435
河北	刘振宽	12	426	1497	33.4	9118
共和	丘荣胜	19	1543	5398	118.5	9097
新民	丘湖生	28	1201	4432	17.6	8940
新兴	丘永莲	21	1174	4013	22.2	9309
健民	谢世平	24	1243	4514	17.4	9005
大东	杨少锋	29	1137	4113	13.1	8436
前进	张润岳	11	734	2660	8.4	8583
鹰峰	谢善香	18	1896	7599	5	/
源峰	李林根	22	2470	8350	5	/
云峰	董秀芳	21	1865	6444	5	/
松峰	陈桥妹	17	1632	5791	5	/
康乐	吴招彩	7	616	3852	5	/
合计	/	295	19179	70675	337.2	/

桂　头　镇

【概况】　桂头镇地处乳源东北部。镇域东与韶关市武江区重阳镇、浈江犁市镇接壤，南邻游溪镇、武江区重阳镇，西邻游溪镇、必背镇，北与乐昌市长来镇毗邻。境内有京广铁路、武广高铁、广乐高速公路（设有 2 个出入口），镇区属省道 248 线、250 线交汇点，县道 325、326 线纵横贯穿全境，武江河经镇域由北向东南从中部流过，区位优越，交通便利，是省政府确定的 268 个中心镇之一。全镇总面积125平方千米（其中总耕地面积1807公顷，森林面积0.8万公顷，森林覆盖率72%），辖14个村委会，1个居委会，有93个自然村。全镇有户籍总数11676户，户籍总人口37662人，其中农业人口33488人。镇内设有中学1所，小学12所，幼儿园7所，市级示范性乡镇成人文化技术学校1所。镇级卫生院1所，村级卫生站16个。

文物保护。位于桂头镇阳陂村委会黄沙岭村西南方位800米处（乡道818线）的“陈司空征北将军侯公安都墓”和“侯安都纪念馆”。

特色农产品。有杨溪砂糖橘、杨溪马蹄、杨溪杨梅、皇帝柑、阳陂甘蔗、均村甘蔗、阳陂香芋、大坝蔬菜。

【经济建设】 2016年，桂头镇国民经济生产总值为8.4亿元，比2015增长8%，农民人均纯收入10036元，比2015年增长15%，地方财政总收入1665.62万元。辖区内共有市场主体1260户，其中企业137户，农民专业合作社54户，个体户1069户，比2015年新增市场主体189户，其中企业3户，农民专业合作社6户，个体工商户180户，新增注册资金2694万元。

农业产业稳步发展。大力发展生态农业、特色农业，着力打造“一村一品”生产格局，扩大高效农业发展规模。2016年杨溪、均村马蹄种植面积70公顷，产量200万公斤；阳陂、小江香芋种植面积135公顷，产量350万公斤；大坝、七星墩蔬菜种植面积100公顷；新增果树种植面积40公顷，果树种植总面积达200公顷。贯彻落实好国家一系列强农惠农政策，切实做好种粮补贴、农机补贴等惠农工作。

盘活工业经济。2016年，仙湖工业园土地收储征地面积63.022公顷，完成48.167公顷，完成率为76.4%。

【重点项目建设】 协助上级做好市重点项目韶关机场建设项目可研、立项、用地审批、环评等工作，积极开展项目征地工作，计划项目征地总面积115.6公顷，涉及4个村委会，截至2016年年底，完成100.2公顷土地丈量分户工作，清点青苗275户，房屋拆迁丈量66户，丈量面积3万多平方米，迁移98座坟；做好塘头水电站项目环评、立项工作；完成梅村河治理工程（凰村段）5.447公顷的征地协议签订及补偿发放工作，施工方进入有序施工阶段；完善杨溪大桥建设项目征地收尾工作，于2016年9月底建成通车；红岭村“两不具备”搬迁安置点完成安置房建设61户，完成草田坪村“两不具备”安置项目选址和征地工作。

【基础设施建设】 不断完善农业基础设施。完成高标准基本农田建设、引杨水利建设、乡村道路硬底化、水圳及机耕路修复等工程。投入资金110万元，完成王龙围等3个自然村自来水安装工程，解决村民的安全饮水问题。投入资金146.15万元，建成硬底化乡村公路4.266千米，受益群众6000多人；投入资金5万元，建设村道路肩，机耕桥等498.45立方米；投入农田水利专项资金34.4066万元，完成三面光水圳及硬底化1.053千米；完成各村水渠机耕桥等的抢修补漏、清淤约10千米，投入资金约62万元；实施塘头村建设横山沟、老合塘水渠及双溪庙河机耕路桥工程，投入资金70多万元。

基层公共服务站建设。实施基层公共服务便利化、统一化、网络化服务。2016年共招聘15名村（居）委公共服务窗口专职工作人员。

【农村集体“三资”工作】 制定《桂头镇村委（社区）报账员工作细则（试行）》，举办村级报账人员培训班1期。2016年，共开展6宗集体资产资源交易（其中有2宗流标），涉及金额20.8万元。

【土地承包经营权确权工作】 12个村委完成土地测量和资料准备工作，进入准备颁证阶段。杨溪、东岸因与乐昌交界，土地承包经营确权工作进入第一轮公示。

【社会保障】 2016年，全镇城乡居民医保应参保人数26752人，年度完成缴费人数27497人，完成率102.8%。城乡居民养老保险应缴费续保总人数5462人，完成缴费续保人数5322人，完成率97.4%，比2015年提升1.5个百分点。农村居民养老金涉及领取待遇人员5204人，养老金发放到账率100%，其中到龄转待遇增加376人，新参保1039人。全镇在册登记低保户601人，残疾人员792人，"五保"对象56人，优抚对象42人。发放大米、食油、棉被等物品1批。积极为就业困难人员申报社保补贴，促进下岗失业人员再就业，新增就业687人。

【党的基层组织建设】 落实驻点普遍直接联系群众制度。坚持"面对面"联系服务，实行"三固定"工作机制，镇党委每月召开2次驻点普遍直接联系群众专题会议。全镇65名干部组建15个驻点团队，直接联系群众9700户，收集到群众意见93条，反映的问题304条。入户率100%。

重点抓基层党建。严格按照上级要求开展基层党建重点工作，2016年共发展入党积极分子20名，中共预备党员15名，党员转正18名。排查出失联党员2名，外出流动党员116名，截至12月，补缴党费13万元。扩大"两新（新经济组织和新社会组织）"组织覆盖面，有"两新"党组织10个（党员60名）。

整顿软弱涣散基层党组织。2016年，确定松围村为软弱涣散党组织，镇党委书记直接抓，重点抓，限期整顿转化。县、镇组建软弱涣散整顿工作组，选派"第一书记"驻村指导，挂钩示范党支部。整改后，全镇软弱涣散基层党组织的整顿转化效果明显，并得到上级的考核合格验收。

【党风廉政建设活动】 "两学一做"教育活动期间，认真组织廉政文化宣传。7月，组织全镇干部职工观看《丧曲悲歌》《永远在路上》等警示教育题材。8月，组织全镇党员、领导干部集中学习《规矩与方圆——正风反腐评论集》《违反中央八项规定精神问题警示教育读本》等节选教育内容。9月，召开镇班子专题会议，学习《反腐倡廉2016年教育读本》及其他有关党风廉政教育内容。11月，组织镇党员干部代表10人到乳源白云天宾馆会议大厅观看反腐题材电影《黄克功案件》。全年共开展过谈话提醒工作14人次，立案调查5宗，办结案件5宗，分别给予警告处分4人，给予严重警告处分1人。

【创建平安工作】 综治信访维稳。2016年，全镇接待群众来访和上级交办案件98宗，其中：矛盾纠纷67宗（镇级35宗，村级32宗），成功调处64宗，调处成功率为95%；信访案件31宗，成功调处31宗，调处率为100%。未发生非法上访和重大群体性事件。

安全生产。层层落实安全生产责任制，与全镇15个村（居）委会签订《安全生产责任书》。2016年共组织6次全镇范围的安全生产大检查，专项整治活动范围为道路交通、人员密集场所、建筑施工、特种设备、中小学校、危险化学品、民爆器材和烟花爆竹、医疗卫生、农机等重点行业及部门。

精神障碍患者摸底调查。5月13日，桂头镇组织镇卫生院、派出所、综治办、民政办、妇联等部门深入各村（居）委开展精神病患者摸底调查工作，成立工作小组，由分管领导任组长，完成270名精神障碍患者的信息档案建立，并与监护人签订《参加严重精神障碍管理治疗服务知情同意书》。

林业林权争议调解。认真贯彻落实《广东省林木林地权属争议调解处理条例》，全面推进林木林地权属争议调处，2016年，全镇林木林地纠纷共20宗，成功化解12宗。

【创建文明镇活动】 投入12万元，完成镇区主要街道建设社会主义核心价值观宣传画灯箱建设、"平安创建和谐发展"为主题的健身广场建设、侯安都主题公园"传承·和谐"创文宣传活动。镇、村组织设立"乡贤榜"，推荐七星墩许玉英（被评为广东最美家庭）、东岸的慈孝名人林龙、大坝热心"猪哥"林学仪等作为桂头镇首批乡贤候选人到县文明委参评。完成5个村的"市级文明镇村"、4个村的"县级文明镇村"创建申报工作。1月4日，东岸村委举办文化楼落成庆典暨第六届敬老活动。1月20日，镇开展"情系山区捐书助学"活动。4月29日，桂头中学举办第八届校园文化艺术节。6月15日，镇举行两场龙舟趁景活动。10月6日，大坝村举办"九九重阳·敬老爱老"活动。10月25日至11月2日，镇内举办首届"迎县庆杯"篮球赛。

【通过广东省教育强镇复评验收】 1月12日，广东省督导验收组一行7人对桂头镇申报广东省教育强镇复评工作进行复评验收。实地察看中小学13所、公办幼儿园1所和镇成人文化技术学校1所，对桂头镇创强复评工作给予充分肯定。

【精准扶贫工作】 全镇贫困户437户1028人，其中一般贫困户135户428人、低保贫困户251户549人、“五保”贫困户51户51人。2016年年底，脱贫的贫困户共有235户395人，其中“五保”户51户51人、低保户173户320人、一般贫困户11户24人，脱贫人口占总贫困人口的38.42%，超额完成上级下达的脱贫任务。2016年，全镇共有32户农户进行危房改造（其中24户为贫困户），21户贫困户完成竣工验收并领取危房改造补贴93.9万元。外出务工的贫困人口共有101人，发展农业产业的贫困户共有78户，主要是种植蔬菜、马蹄，养殖生猪、鸡鸭等，共发放发展奖励补助资金15.268万元。对贫困学生进行补助，学前教育阶段发放补助资金4.6万元，义务教育阶段发放补助资金12.4万元，本科生发放补助资金4.2万元。帮助贫困户购买100元的大病医疗商业补充险，确保贫困户享受医疗救助兜底。协助9户无劳动能力贫困户办理低保。开展2次招聘会转移就业，贫困户通过招聘会实现农村劳动力转移101人就业。根据县统筹入股电站分红办法，全镇210户682人贫困户，每人入股1万元入股电站，每年每人分红1000元增加贫困户收入，分红于2017年产生。

【卫计工作】 落实新计划生育法规。2016年，全镇总人口37662人，政策符合率为97%，政策外多孩率为1%（其中常住人口27344人，政策符合率为97.56%，政策外多孩为0.73%），全镇出生人口性别比为105.48。参加免费孕前优生健康检查并录入信息系统的夫妇179人，完成县下达任务的113.29%。镇拨出计生专项资金2.16万元，给予安排全镇计生节育奖、计生家庭奖和失独家庭走访慰问。

镇区环卫。3月11日，镇干部职工在文化健身广场、新市场道路及育才路两侧开展“爱绿护绿·美化镇区”植树活动。2016年，制定《桂头镇公路沿线生活垃圾处理实施方案》。投入挖掘机8个台班，工作经费约10万元对凰村、门前冲、樟树下、引杨水利所、大坝村小学门前、东岸新村垃圾死角进行清理整治。镇区有环卫工人24名，建成垃圾池93个，日清理垃圾12吨，对镇区商贸市场进行专项整治5次。

【武装与征兵工作】 抓好人民武装工作，做好年度民兵整组。认真学习《中华人民共和国兵役法》及相关文件，注重宣传，积极动员，按时完成兵役系统的登记任务，8月顺利输送13名优秀青年参军入伍并圆满完成征兵任务。

【普惠金融试点工作】 推广农村产权抵押担保贷款、“政银保”合作农业贷款、妇女小额担保财政贴息贷款、金融扶贫贷款等农村普惠金融建设。普惠金融试点工作截至9月底，15个村（居）委信息采集和信用农户评定工作完成；建设信用村4个（草田坪、阳陂、红岭、王龙围）、乡村金融服务站14个、乡村助农取款点14个。

【自然村落历史人文普查工作】 4月21日，桂头镇召开自然村落历史人文普查工作动员大会。经过普查，镇域14个村委会有104个自然村村，其中镇属自然村90个、瑶族迁移村（点）14个。截至12月，全镇自然村普查表初表填写和正表录入工作完成，并进入普查表、自然村文稿编辑审改阶段。

【地名志普查工作】 8月22日，桂头镇召开第二次全国地名普查工作会议，对全镇第二次全国地名普查工作进行安排部署。普查内容包括行政区域、非行政区域、群众自治组织、居民点、交通运输设施、水利电力通信设施、纪念地旅游景点、建筑物、单位、陆地水系、陆地地形等11大类地名的名称、位置及相关属性信息，截至12月，全镇完成普查摸底、实地踏勘工作，进入普查成果验收阶段。

【农业普查工作】 11月22日，桂头镇召开第三次全国农业普查工作动员会暨“两员”培训会，成立桂头镇第三次全国农业普查领导小组，制定《桂头镇第三次农业普查工作实施方案》，全镇划分普查小区80个，共有指导员29名，普查员102名，发放农普一封信5000份，印制宣传横幅18条。12月1日，组织各普查小区的指导员、普查员在莫家村进行摸底试点，针对摸底工作进行讲解，准确入户摸底掌握第一手普查资料，为正式普查做好前期工作。截至12月，完成绘制普查地图、普查摸底表工作，确定农户普查表登记对象7374户，规模农业经营户登记对象39户，单位普查表登记总数126个。

【中共桂头镇第十四次代表大会】 7月26日，中共桂头镇第十四次代表大会召开。到会正式党员代表107名、列席人员16名。会议听取镇党委书记吴衍雄所作《党委工作报告》和镇纪委书记丘国全所作《纪委工作报告》。大会严格按照法定程序，依法依规选举产生新一届桂头镇党委班子9名，选举产生新一届桂头镇纪委班子7名。

【人大工作】 7月15日，召开选举县、镇人大代表工作部署会议。全镇依法划分县人大代表选区15个，登记选民27520人，镇人大代表选区32个，登记选民28410人。9月13日，依法选举产生县人大代表18名，镇人大代表62名。

9月29至30日，桂头镇召开第十三届人民代表大会第一次会议，应到会代表62名，实到会代表62名，列席30名。会议听取和审议桂头镇《政府工作报告》《人大主席团工作报告》《桂头镇2012—2016年财政工作情况报告》，表决通过各项决议。大会严格按照法定程序，依法选举投票选出黄永久为镇人大主席团主席，邓桂雄为镇人民政府镇长，马桂洲、邓晓辉、周文龙、黄玉玲为镇人民政府副镇长。

【妇女儿童工作】 5月23日，桂头镇召开妇代会改建妇联工作推进会。全年完成妇代会改建妇联的村（居）会8个，推选出村（居）委妇联主席8名。2016年，镇开设“真情月嫂”育婴技能培训班1次、举办“三八”国际妇女节维权周普法宣传活动1次、开展“六一”国际儿童节庆祝活动1次、开展养老敬老法治教育活动1次。

*妇女儿童“四项援助”工作。*对贫困单亲母亲、女性白内障患者、先天性心脏病患儿、孤儿进行信息核查登记，帮助单亲母亲改善住房条件。

*“妇女之家”示范工作。*成功申报韶关市第二批“妇女之家”示范点项目（在凰村设点），积极推进“妇女之家”各项建设。七星墩村委许玉英家庭获得2016年广东百户“最美家庭”称号。

【志愿服务活动】 桂头镇积极组织青年团员、志愿者开展各类志愿活动和参加团县委组织的一系列志愿服务活动。7月，组织华南农业大学千乡万村环保科普圈共48名团员到镇内开展为期7天的社会调研及志愿公益活动；11月，组织广州春秋国际旅行社有限公司志愿者一行开展“走进粤北”爱心公益行，志愿者一行资助10名中学贫困学生共2000元，并到桂头镇敬老院慰问老人，送大米、食用油和棉被等慰问品1批；12月5日，镇组织青年团员11人到镇敬老院开展亲情陪伴志愿关爱活动。

（麦　翡）

2016年桂头镇村（居）委会基本情况表

表10

村（居）委会	书记	主任	总户数（户）	总人口（人）	集体经济纯收入（万元）	农民人均纯收入（元）
阳　陂	侯荣桥	冯香尧	1460	5274	78800	9120
凰　村	侯家安	侯家安	723	2512	61930	9008
草田坪	张修发	周文龙	168	502	71400	7115
均　村	郑雪文	郑雪文	726	2488	52000	9027

续表 10

村（居）委会	书记	主任	总户数（户）	总人口（人）	集体经济纯收入（万元）	农民人均纯收入（元）
小　江	赖彩发	赖彩发	812	2894	3600	8959
王龙围	王　群	王　群	534	1902	62000	8838
杨　溪	朱火发	朱火发	1019	3516	55000	9207
塘　头	邓洪辉	邓洪辉	405	1322	87500	8904
莫家村	莫维东	莫维东	353	1048	62200	9018
红　岭	侯丽庭	侯丽庭	450	1565	52680	8939
七星墩	陈建华		824	2863	52400	8871
大　坝	林长仪	林长仪	468	1645	115060	9236
松　围	王扬海	王扬海	1213	4180	54000	8455
东　岸	林昌强	林昌强	532	1777	60650	8968
社　区	温转娣	黄玉玲	1989	4174	无统计	无统计
合　计	/	/	11676	37662	/	/

大　桥　镇

【概况】　大桥镇位于乳源西北部，镇政府驻地距县城约 33 千米，境内石角塘为省道 249 线与 258 线交汇点，县道有 325 线、327 线、357 线、358 线贯穿，京港澳高速公路在境内设有 1 个出入口，区位优越，交通便利。属乳源 3 个中心镇之一，东邻必背镇，西邻乐昌市沙坪镇，南邻东坪镇，北邻乐昌市云岩镇，西南邻乳阳林业局。镇域总面积 384 平方千米，耕地面积 2667 公顷，森林面积 1.87 万公顷，森林覆盖率 72%。辖 21 个村委会，1 个居委会，265 个村民小组，户籍总数 9891 户，总户籍人口 41451 人。镇设有中学 1 间，小学 19 间，在职教师 165 人。镇级卫生院 1 间，村级卫生站 24 个，在职医师 21 人，医护人员 84 人。2016 年全镇国民经济生产总值 4.975 亿元，农村人均纯收入 6984 元。

境内历史文化遗产有西京古道、西京古道文化陈列馆、古民居、观澜书院、开来书院、步蟾书院、古通济桥和西云寺等，非物质文化遗产有客家民俗艺术“圣祖祭”（亦称舜帝诞辰）、“契娭生日”（亦称“南岭观音诞”活动）、“阿公搓轿”，西京古道“石阶除道”。景点有南岭国家森林公园、红豆杉公园、通天箩等。

大桥镇饮食文化独特，农家菜有禾花鱼、麻包豆腐、懒人豆腐、花生豆腐等。主要特产有石头猪、大桥酸姜、大桥河鱼、禾花鲤鱼、魔芋豆腐、茶叶、三角麦糍、濑油茶等。

【生态农业发展】　支柱产业规模稳增加。围绕“绿色、有机、安全”的目标要求，依托农业龙头企业和专业合作社，推动传统支柱产业逐步走向基地化、规模化、产业化生产。2016 年全镇农作物耕种面积 2630 公顷，其中，水稻种植播种面积 1472 公顷，种植黄烟 286.7 公顷共收购 590 吨，产值

1534万元，蔬菜种植面积达597.7公顷，总产值1434万元，有效带动农民增收。

农业产业带发展。为拓宽群众致富路子，2016年大桥镇积极鼓励扶持企业、群众种养适合地方实际的产业。新建立红星26.7公顷龙脑樟基地、塘华46.7公顷吴茱萸基地，266.7公顷油茶基地；积极打造“南岭特色水果产业带”，大力推广水晶梨、鹰嘴桃、脐橙、水蜜桃等水果品种种植533.3公顷，逐步形成高山水果产业带雏形。新增200公顷核桃山、中冲禾花鱼养殖规模，带动40余户农户年均增收2万元。

【生态环境治理】 生态建设促提升。“生态功能区”是大桥镇长续发展的定位，全年共发放宣传资料1000余份、张贴防火标语25条，开展入户宣传活动3次，群众保护环境的意识得到提升。共造林600多公顷。

农村环境有优化。完成村庄整治71个，改造低收入农户住房62套。建成市级卫生村3个、万村绿示范点5个和村级文体设施5个。投入近百万元做好农村垃圾收集、处理和卫生保洁工作。

【客家文化建设】 创建全国文明城市工作。积极践行和培育社会主义核心价值观，以中国梦和客家文化为结合，共投入10万元开展“创建文明镇村”、崇善道德讲堂活动和建设崇善文化广场、文化角、文化长廊等宣传阵地，营造实施文明镇工作氛围。10月，开展“弘扬美德爱我大桥”崇善敬老活动。

自然村落历史人文普查。共完成自然村落普查数为228个，其中西京古道沿途重要村落8个，普查工作注重挖掘村落历史沿革、人文故事、文化遗产等内容，传承大桥客家文化的重要内涵得到有效实施。

地名志普查。根据全国第二次地名普查的文件精神，重点做好各居民点普查表填写工作，采用查询历史资料、入户走访、询问本村老人等方式，了解该居民点的标准地名、使用时间、设立年份、地名来历、地名含义、地名的历史沿革和地理实体概况，了解该居民点的现在人口数，做好各种资料来源的相应记录，并做好向上级汇总报备工作。2016年，大桥镇共完成以下地名普查：大桥镇22个村（居）委，232个村小组，23个小学，2个中学，1个广场，1个公交站，1个道路街巷及13个水电站。

客家文化惠民工程。潜移默化提升群众文化素养，截至2016年，全镇共建村级农家书屋12间，完善农村电子阅览室3间，开展群娱活动8次，开展电影下乡100多场次。

【特色旅游发展】 2016年，大桥镇积极打响客家风情旅游小镇品牌。围绕南岭国家森林公园建设，整合银山温泉、红豆杉公园、通天箩景区等生态旅游资源，积极支持南岭国家森林公园创建AAAAA景区，大力扶持银山温泉创建AAAA景区，积极推进乡村旅游项目，生态旅游品牌得到升级改造。

文化挖掘传承品牌。2016年，大桥镇积极做好文化遗产的深入挖掘、传承工作，协调相关部门对西京古道等文化遗产进行初步保护开发规划设计，其中完成观澜书院修葺工作，建设古道文化森林公园。联合大桥客家联谊会，成功举办契娭生日”“圣祖祭”“阿公搓轿”、西京古道“石阶除道”等民俗活动。

树立红色旅游品牌。挖掘核桃山村、铁龙头村革命老区历史及英雄故事，实施遗址修葺工作，着力把老区建设为红色旅游景区，积极树立红色旅游品牌。2016年，大桥镇启动建设红七军纪念园工作，完成征收核桃山会战遗址周边土地和房屋等工作。

【重点项目建设】 大桥镇推进重点项目建设，以项目促发展、增后劲、强实力。银山南岭温泉度假村综合开发项目，2016年施工总进度达80%，客房和相关配套设施部分进入装修阶段，相应的消防工程、空调工程、强弱电工程、给排水工程完成。对扩建的会议中心进行装修；酒店区园林土建及场地平整基本完成，进入园林装饰面工程阶段，园林绿化工作于4月份开始施工种植；温泉泡池区土建及机电工程完成90%，进入设备、装修、园建工作阶段。投入资金1500万元完成杨溪河（大桥段）河堤整治项目。

【基础设施建设】 农村饮水安全及农田水利工程。2016年完成岩口东京洞村小组农村饮水安全工程1宗，投资金额达19万元；完成21个村委基本农田水利工程，总长12384.1米，投资金额达300万元；维修加固70宗山塘、水库。

高标准农田建设。完成红光、和平、中冲、核桃山、三元、石角塘、武丰、均容、大岗、青溪洞共10个村高标农田建设，有效改善全镇农田基础设施。

污水处理厂建设项目。投入590万元完成大桥镇污水处理厂建设，其中铺设1.1千米的主网铺设，启动大桥镇污水处理厂配套支网工程项目，准备完成2.5千米管网扩建铺设工作，日处理污水可达800吨，生态人居环境日益优化。

公路硬底化工程。2016年完成县道327线至石山背上屋（U271）0.306千米，县道327线至石山背下屋（U272）0.338千米，县道327线至竹子排村（Y568）1.329千米，石角塘至石粉厂（U683）0.485千米，石角塘至鹿场（U684）0.129千米，大桥至卫生院（U676）0.224千米，野猪窝至千金窝（C772）1.322千米（该路段是县交通局为业主），上坪村至下坪二村（U685）0.432千米，上坪村至下坪一村（U686）0.540千米，武丰至水背（C854）1.272千米，省道249线（坪乳段）至上坪村（W005）1.338千米。

【基层党建工作】 党的基层组织建设。培养入党积极分子31名，积极分子按期转预备党员25名，预备党员按期转正21名。对全镇32个支部1100多名党员进行组织关系排查，共排查出流动党员88名。

软弱涣散党组织整顿转化工作。从理想信念、规矩意识、为民服务等方面，扎实推进塘华、岐石2个软弱涣散村党组织的整顿转化工作。

驻点普遍直接联系活动。围绕“五定四全联系法”积极为群众解决实际问题。共直接联系群众8796户，收集群众意见563条，反映问题总数196条，共解决问题总数196条，解决率为100%。

“两学一做”教育活动。搭建网上学习平台，设立“大桥镇两学一做”公众号，采取设置专题党课集中学习和自学等方式。全镇有32个党支部共1094名党员参加“两学一做”学习教育活动。各支部党员开展集中学习80多次、自学2500多人次，记录学习笔记2500余篇。

党风廉政建设。2016年，以深入开展“两学一做”教育为契机，以《关于新形势下党内政治生活的若干准则》基本精神、《中国共产党党内监督条例》基本要求及“四个意识”为重点学习内容，召开学习动员会1次，组织观看反腐倡廉教育片3次。共排查农村基层党员干部违纪违法线索30条，处理党员违纪案件4宗。

【综治信访维稳】 继续推动诉访分离，转变群众信访不信法观念。集中力量抓好积案调处工作，主动化解基层矛盾。2016年大桥镇共接待群众来访6批次15人，受理矛盾纠纷案件6宗，成功调处6宗，调解成功率100%；受理上级转交信访案件16宗，办结16宗，办结率100%。全年共有20宗积案，完成积案处理的75%。全镇维稳形势总体平稳，未发生重大信访案件和较大恶性刑事案件，无黑社会性质的团伙组织，未出现越级上访事件、群体性事件。

【计划生育服务工作】 根据计生政策调整步伐，大桥镇计生工作以提供优质服务作为重点，着力抓好优生优育，提高全镇人口素质。2016年全镇总人口41451人，其中已婚育龄妇女8630人，出生44人，性别比158.82。政策生育率为100.00%，出生率为1.04‰，自然增长率为1.04‰，人口结构日益优化。

【精准扶贫工作】 从责任落实、政策宣传、精准识别、因户施策等方面下功夫，扎实推进精准扶贫精准脱贫工作。县、镇286名党员干部结对帮扶526户贫困户，引导和鼓励贫困户树立信心，激发贫困户内生动力。累计232户365名贫困户子女发放第一笔助学金38.9万元；引导116户贫困户发展种养业，累计发放第一笔产业扶持资金22万元；验收危房改造任务49户并发放补助资金178.8万元。有效落实各项帮扶措施，全年完成227户410人的脱贫任务。

【农村土地确权证工作】 完成宣传发动、业务培训、资料收集、制作底图和外业调查等各项工作任务，完成第一、第二轮公示，累计测量完成土地经营承包农户7396户、实测承包地面积4080公顷、实测承包地块数127462块。

【农业人口普查】 为做好第三次全国农业普查工作，大桥镇狠抓落实，成立领导机构，加大农业普查宣传工作，先后发放宣传册8000份，粘贴海报200份。对住户进行摸底调查，共摸底总户数8090户，分别摸底农户数7958户、规模户45户、单位87个。划分普查小区，结合本镇实际，以22个村（居）委为单位，划分81个普查小区。先后组织画普查地图、农业普查入户登记、PDA操作员培训等培训6次，确保普查工作的顺利开展。2016年完成纸质表入户登记约95%以上，普查表质量整改约50%，PDA录入完成5%。后期继续做好PDA录入登记、修改整理和系统后台审核工作。

【农村普惠金融】 全面铺开21个村民委员会农村普惠金融工作，完成石角塘、武丰、岩口、中冲、柯树下、深源、红光、岐石、塘华、新谷、和平、红云、大岗等13个信用村创建，顺利通过省检，有效提高农村金融基础设施建设水平。

【医保与社会保障】 城乡低保工作。开展低保、五保对象核查工作，全面打造“阳光低保”，确保低保工作公开、公平、公正。核查共取消低保75户，取消五保2户。低保户288户，五保户101户。

新农保工作。共发放二代社保卡78张，激活120张，共计报销金额1254625.29元，有效保障困难群体生活。2016年，全镇完成次年城乡居民基本医疗保险参保缴费人数32000人，完成城乡居民社会养老保险续保缴费人数5346人，完成率达100%。

【征兵、兵役登记工作】 认真抓好民兵整组、民兵预备役、兵役登记、轻舟训练等民兵应急演练。认真贯彻落实上级征兵工作精神，2016年共送检符合入伍条件的青年52名，顺利完成征兵任务，大桥镇武装部被县武装部评为“2016年度武装先进工作单位”。

【农村“三资”平台建设】 2016年，大桥镇有收入村小组134个，结账的村小组有115个，有结存资金村小组134个，完成结存资金上缴的村小组134个。共清理“三资”信息10437条，其中合同信息67条，物业及实物信息171条，资源信息2484条。全年成功通过交易平台办理41宗交易项目，交易资金达1000万元以上。

【镇第十四次党员代表大会】 7月27日，成功召开中国共产党大桥镇第十四次代表大会，应到代表111名，实到代表106名，会议选举产生中共大桥镇第十四届镇委委员和纪律检查委员会委员。召开中共大桥镇委十四届一次全会和纪委一次全会，分别选举产生新一届镇委和镇纪委领导成员，其中镇委委员9名，镇纪委委员7名。

【镇第十五届人民代表大会】 9月27日至28日，镇第十五届人民代表大会圆满召开，大会应到代表66名，实到代表65名，会议顺利选举新一届人大、政府领导班子成员，其中选举产生人大专职主席1名、镇长1名、副镇长4名。

【获得荣誉】 2016年镇团委获得“五四”红旗团组织、镇人力资源和社会保障服务所获得“韶关市巾帼文明岗”，红云、深源、柯树下获得“市卫生村”等荣誉称号。 （邹伟群　杨洁琼）

2016年大桥镇村（居）委会基本情况表

表11

村（居）委会	书记、主任	村（居）民小组（个）	总户数（户）	总人口（人）	集体经济收入（万元）	农民人均纯收入（元）
大　桥	许天华	7	475	1896	9	7350

续表 11

村（居）委会	书记、主任	村（居）民小组（个）	总户数（户）	总人口（人）	集体经济收入（万元）	农民人均纯收入（元）
红　星	尧火连	14	671	3002	7	6950
石角塘	林子贵	28	915	4242	11	6000
武　丰	邹亚明	21	713	3070	8	6200
塘　华	罗树平	13	510	2196	8	6250
大　岗	陈子涛	17	619	2573	7	6500
均　容	许土养	24	707	3140	9	5891
岩　口	陈良秋	20	566	2383	8	6325
新　谷	许明洋	18	345	1397	8	6100
大　坪	林契养	18	416	1806	9	6200
青溪洞	黄阳辉	16	267	1141	7	5981
和　平	王石养	8	517	2256	8	6450
岐　石	余席锦	7	362	1665	8	6456
红　光	江洋汉	8	386	1678	7	5250
中　冲	朱志伟	2	127	596	7	5600
核桃山	江明山	3	237	1013	6	6200
塘峰岩	江东华	6	129	516	6	5700
三　元	李国兵	8	379	1674	9	6420
红　云	马兴荣	11	454	2104	8	8000
柯树下	张新民	7	249	1159	12	8000
滗　源	余细东	5	192	889	7	5000
大桥街社区	张坚华	6	655	1055	/	/
合　计	/	266	9891	41451	/	/

大　布　镇

【概况】 大布镇地处乳源南部，镇政府驻地距县城约67千米，属乳源典型石灰岩高寒山区镇、革命老区镇和生态发展镇。区位比较优越，东与韶关市武江区江湾镇、曲江区罗坑镇交界，西北与洛阳镇相连，南与英德市波罗镇相邻。交通便利，省道258线贯穿镇境。全镇总面积220平方千米，其中耕地面积989公顷，林地面积1.94万公顷，森林覆盖率为75%。辖7个村民委员会，1个民居委员会，85个村民小组。全镇户籍数2979户，人口数13569人，其中农业人口数13068人。有中学、小学各1所，镇级卫生院1间，村级卫生站7个。

境内景点有国家AAAA级旅游景区广东乳源大峡谷。历史遗存典型建筑有鸽英村委牛婆洞四角楼。特色农产品有番薯干、腐竹、荷兰豆、竹笋等。

2016年，大布镇国民经济生产总值2.75亿元，比2015年增长8%。财政收入2800万元，比2015年增长63.99%。农民人均纯收入7644元，比2015年增长13%。

【经济社会发展】 发展绿色农业。打造具有大布特色、绿色无公害的精品农业品牌，全镇农民继续发展笋竹、辣椒、荷兰豆、番薯、黄豆等特色农产品种植项目。全镇笋竹、辣椒、黄豆等特色农产品种植面积、产值保持2015年生产水平；番薯种植面积77公顷，番薯干年产值900万元，增长80%。

发展红色旅游。推进红色旅游基础项目建设，抓好大布镇革命纪念公园建设工作。截至12月，完成土建项目施工、纪念碑广场铺设，公园土地平整。

【重点项目建设】 风力发电。充分利用大布镇的风力资源，发展风力发电项目和旅游观光项目，加快镇域绿色工业发展。截至12月，完成14台风机安装和升压站设备楼、辅助楼、附属楼、电气设备和40兆伏安变压器等附属设施的建设安装，首批4台风机完成调试并网发电。风力发电二期项目完成全部60台机组征地工作，并启动道路施工。

省道258线升级改造项目。完成省道258线乳源鸭麻湖至英德波罗交界段沿线需征收土地的测量工作，完成全部征地协议签署，基本完成征地面积确认、青苗补偿、拆迁补偿等工作。省道258线大布鸽莲—鸽英—坪山等环形公路。建设项目通过上级立项，线路总长28千米。

【基础设施建设】 村道硬底化建设。2016年，新建并完成竹浪、上张、石灰坑、瓦厂等4条乡村公路硬底化建设，公路硬底化里程达5千米。

实施镇村街道亮化工作。2016年，完成镇区主要街道，镇区周边夹水村委红田、下张、街子村民小组，英明村委水坑头新老屋、高厅村民小组等巷道亮化工程，共安装太阳能路灯98盏。

实施水利工程。2016年，修复茶山、坪埪等水毁水利工程10处，完成大布河河堤护栏的安装美化工程。

农村饮水建设。继续推动大布自来水厂建设项目，完成自来水厂反应沉淀池建设，完成镇区和周边主供水管道的安装。截至12月，大布自来水厂具备供水条件。2016年，完成鸽莲、鸽英、白坑3个村委4个村村通自来水工程蓄水池建设，完成供水主管道铺设。

村民活动场所建设。2016年，新建夹水村委下张、英明村委文屋、鸽英村委牛婆洞新村3个农民文体广场。

【大布】 生态资源保护。加大森林防火巡防巡查工作力度，开展护林防火宣传，提高村民野外用火安全意识；开展专项行动，严厉打击盗砍滥伐等破坏生态环境的行为；做好封育区的管理和巡护工作，杜绝盗采事件发生。2016年未发生重大山林火灾。

土地、矿山资源保护巡查。加强对矿山整治区的防范，加大巡查力度，落实土地、矿山每日巡查1次，在偷采现象多发的谢家山矿区路口设置水泥墩路障，全年查处盗挖盗采矿泥案件6宗，协助县国土执法大队扣押挖机6台，巩固整治成果，有效的保护土地资源和矿产资源。

综治信访维稳。全年共受理信访案件17宗，矛盾纠纷24宗，成功办结信访案件17宗，成功调处矛盾纠纷24宗，办结率和调处率为100%。

汛期防汛安全工作。开展汛期安全检查，加大河堤、山塘、水库、电站、地质灾害点的巡查力度，强化“三防”值班制度，严格执行汛期镇、村24小时值班制度。

落实安全生产管理。落实安全生产“一岗双责”责任制，定期和不定期的开展安全生产检查，对工矿、加油站、企业、饭店、商店等进行全面排查，排除安全隐患。

【历史人文普查】 3月31日，大布镇召开自然村落历史人文普查工作会议，印发工作方案，组建普查员队伍，对普查工作人员进行培训。截至12月，完成全部77个自然村普查表的初步填写工作，并录入普查系统。

【地名志普查】 截至12月，完成全镇7个村委、1个居委共92个第二次全国地名普查登记表初步填写上报工作。

【全国农业普查】 11月8日，大布镇召开第三次全国农业普查工作动员会，印发工作方案，对农业普查工作作部署。2016年，完成农业普查前期入户调查任务数的40%。

【便民服务】 采用统一招聘，充实便民服务站窗口服务人员，7个行政村和1个社区全部配备窗口服务人员各1名。镇级便民服务中心和8个村（社区）级便民服务站开展民政、医保、计生、国土、农业等各项代办业务，共办理各项业务3545件。

【农村普惠金融工作】 2016年，大布镇完成全部7个行政村信用村创建，建成7个乡村金融服务站、7个助农取款点，任务完成率140%。

【武装与征兵工作】 抓好民兵整组，认真做好夏秋季征兵政策宣传工作，组织全镇应征青年开展征兵体检初检工作，通过县体检、政审、家访严格把关，完成2016年征兵任务。

【社会各项事业】 教育工作。完成创建“广东省教育强镇”复评迎检各项工作，顺利迎接复评检查。大布镇公立幼儿园建设通过立项。大布镇中心学校9年级升中考成绩居全县前列，33名学生考人高中，达58.9%。

卫生和计生工作。结合创建韶关市卫生镇和重大节日，在全镇范围内，开展4次大扫除活动。创新计划生育工作方式，启动计划生育“三结合”香猪养殖项目，与50户计生纯二女户、独生子女户、计生困难户签订帮扶合同，大力帮扶计生户。计生年度内，全镇婴儿出生252人，政策生育率为96.4%，性别比为103。

新农合和新农保工作。全镇城乡居民医疗保险参保人数10131人，完成率达106%；城镇居民养老保险参保人数2549人，完成率达100.4%。

【精准扶贫精准脱贫工作】 2016年，大布镇共有相对贫困户286户，贫困人口893人。截至12月，主要完成精准扶贫“回头看”、教育资助到户、建档立卡贫困人口因病致贫因病返贫调查、落实产业帮扶措施、落实政策兜底脱贫政策、就业和培训意愿摸查登记、建档立卡贫困户危房改造等工作。

【镇党委换届工作】 7月26日，大布镇召开中共大布镇第十三次党员代表大会，应到会党代表60名，实到会代表58名。审议并通过大布镇党委和镇纪委工作报告，选举产生新一届镇党委班子9人，纪委班子7人。

【镇人大换届工作】 9月28日，大布镇召开第十三届人民代表大会，应到人大会代表47名，实到会代表46名。审议并通过大布镇政府工作报告、人大主席团工作报告和财政预决算制度，选举产生镇人大主席1人，镇长1人、副镇长3人。

【加强基层党建】 加强反腐倡廉建设。履行执纪监督职责，加强党风廉政建设，认真开展纪律教育学习月活动，组织镇政府干部职工观看廉政教育电影、电教片2次，组织开展“三个条例”专题学习会1次。截至12月，全镇开展谈话提醒25人次，受理信访举报12件，工作中发现线索18条，查办案件2宗。

做好发展党员工作。按照“坚持标准，保证质量，改善结构、慎重发展”的方针，针对全镇党员年龄老化、文化结构偏低，妇女比例偏少的情况，要求各党支部要做好党员“入口关”，吸收有能力有文化的年轻人到党员队伍。2016年，全镇共吸收新党员8人，新吸收党员平均年龄在35岁以下，其中女党员5人，大专以上学历4人。

开展好直接联系群众工作。要求各驻点团队严格按照“三个固定”要求，落实好乡镇领导干部驻点联系群众工作，各驻点团队累计走访2390户，收集反映问题267条，解决问题254个，在党组织、党员、群众之间架起“连心桥”。

软弱涣散村级组织专项整顿工作。2016年，坪山村被确定为软弱涣散村。按照整顿方案认真开展整顿工作，加强支委成员的教育培训，建立健全各项规章制度；对村委办公楼进行修缮，改善村委办公条件；扎实发展民生事业，组织修建坪埪村小组山背水圳，清理坪埪村河道，坪埪村环境面貌得到改善。

（李振华）

2016年大布镇村（居）委会基本情况表

表12

村（居）委会	书记、主任	总户数（户）	总人口（人）	集体经济纯收入（万元）	农民人均纯收入（元）
夹　水	文金福	693	3395	6	7720
英　明	侯国养	478	2372	6	7712
埕　头	黄新强	359	1845	5	8010
鸲　莲	陈松兴	443	2183	5	7567
鸲　英	文雄辉	299	1360	5	7510
坪　山	李亚平	212	835	5	7182
白　坑	禤月明	247	1078	7	7342
大布社区	许亚福	248	501	/	/
合　计	/	2979	13569	39	/

游　溪　镇

【概况】　游溪镇位于县城东北部，东邻桂头镇，南邻一六镇，西邻东坪镇，北邻必背镇，属乳源3个瑶族人口聚居镇之一。镇域总面积133.6平方千米，其中土地面积有2/3属山区，1/3属丘陵、平原区，耕地面积541公顷，林地面积8600公顷，森林覆盖率达71%。全镇户籍总数3072户，户籍人口12113人，其中瑶族6999人，占总人口的57.8%，农业人口11727人，占总人口的97.0%。镇域辖11个村委会（汉族3个，瑶族8个），74个村民小组，1个居委会，4个居民小组。游溪镇设小学3间，幼儿园1间，在职教师共53人。镇级卫生院1间，村级卫生站7个，全镇有医护人员28人。

交通便利。广乐高速、省道250线（乳桂线）贯穿于镇区东南部，镇政府距离广乐高速公路乳源东出入口3千米、京珠高速公路乳源出入口18千米。

2016年，全镇粮食产量为3581吨，国民经济生产总值12190万元，比2015年增长8.4%，人均纯收入7405元，比2015年增长13%。

主要特色农产品有槟榔芋、黑美人西瓜、山棕、冬菇、竹笋等。

瑶族风情特色村寨有大寮坑“八一”瑶族新村、新会村，中心洞政研瑶族新村，冷水岐木笼博爱瑶族新村、营坑营康新村等。2016年，游溪镇成功创建为广东省民族团结示范单位、韶关市卫生镇、灭鼠达标镇，中心洞村委成功创建为广东省卫生村、冷水岐村委成功创建为韶关市卫生村，中心洞政研瑶族新村入选第二批“中国少数民族特色村寨”。

【区域农林业发展】 执行国家强农惠农政策，全镇粮食直补、农资综合直补、良种补贴、农机具购置补贴、农村义务教育“两免一补”工作得到落实。加大农业经济发展力度，全镇实现农业产值3576万元，比2015年增长4.5%。2016年，游溪镇种植水稻面积565公顷、玉米67公顷，蔬菜365公顷，香芋20公顷，皇帝柑30公顷，甘蔗20公顷；林业改造杉树280公顷，毛竹约67公顷。

【自来水扩面工程】 2016年，完成镇区、新会村、新联村、八一瑶族新村、政研新村、木笼博爱瑶族新村、营康新村、坑口村、塘土岭9个点自来水“村村通”扩面工程，镇域民生区自然村通自来水率达100%。

【新农村示范片建设项目】 按照发展建设规划要求，大寮坑村委“八一”瑶族新村、新联村、新会村，营坑村委坑口村、塘土岭村、营康新村等6个村的道路硬底化、路灯安装项目建设。中心洞政研新村完成大型排污系统建设。新联村建成卫生公厕，“八一”瑶族新村、木笼博爱瑶族新村、营康村等6条村完成排污设施建设。完成新会村、营康等村的美化绿化、营康新村文化宣传栏、挡土墙建设等。建成营康公园，新会村完成小广场建设。

【民生工程项目建设】 完成腊溪桥梁修复、老游溪河段河道维护清理、溪口村河堤修复、列村苦溪水渠机耕路硬底化、新芹村“三改”及公路二期等修护、治理工程项目建设。完成水源宫桥头、大沙洲、乌江、山塘口、丽蔓、烈村等水圳三面光，以及柳坑河中联段、大沙洲等引水陂头工程。完善环境卫生管理制度、各村保洁制度，制定“村规民约”。全镇聘有30名专职保洁员。投资200多万元，完成镇区污水处理建设工程，提升基础设施功能配套水平，推进镇区环境卫生综合整治，改善镇区环境。

【整顿软弱涣散基层党组织】 实施农村基层软弱涣散党组织整顿转化工作。2016年，完成行营坑村委薄弱村的整顿转化工作，通过推进坑口村、塘土岭村巷道硬底化，落实坑口村、塘土岭村路灯建设和坑口村文化室建设，改造村委办公楼，建成村委会门前健身广场等项目工程切实改善村委基础设施建设。通过加强班子队伍建设，组织村“两委”干部制度学习，加强后备干部培养，落实和开展党员“送关爱、送温暖”活动，规范村集体“三资”管理等活动及措施，增强村“两委”干部的办事能力。

【“两不具备”搬迁安置与住房改造工程】 2016年1月，游溪镇瑶馨雅居“两不具备”搬迁安置工程正式动工，该项目位于镇区内乳桂线旁，规划建设面积1.61公顷，分两期建设，共建安居房220套，规划总居住人口为858人。项目计划总投资4100万元，采取省扶贫政策支持、各级政府扶持和村民自筹等方式筹集资金，立足于打造省级新农村示范新村，瑶馨雅居项目将建成镇区首个具有瑶族风情的特色商住小区。2016年年底，瑶馨雅居完成主体的构筑工作。加大农村低收入困难户住房改造力度，截至2016年12月，完成塘窝头二期20户困难户住房改造建设工作。

【首批农村土地确权登记颁证】 2016年8月，游溪镇在大寮坑村委“八一”瑶族新村举行首批农村土地承包经营权证颁证仪式，韶关市农业局及县、镇政府相关领导，约100名村民代表出席颁证仪式。游溪镇是韶关市首个向土地承包经营权村民颁发新“农村土地承包经营权证书”的乡镇。

【党员领导干部“八小时以外”活动监管】 2016年1月19日，游溪镇正式启动党员领导干部“八小时以外”活动监督管理试点工作。要求全镇党员领导干部统一思想，提高对党员领导干部“八小时以外”活动监管的认识，切实加强突出重点对重点人物、重要时期、重要地点的监督，强化问责，增强“八小时以外”监督管理的实效性。

【精准扶贫工作】 2016年游溪镇充分发挥党委总揽全局、协调各方领导核心作用，坚持精准扶贫、精准脱贫原则，把精准要求贯穿于扶贫开发各个领域和环节，对贫困人口实施精细化管理，对扶贫资源实行精确化配置，对贫困户实行精准化帮扶，确保脱贫攻坚精准到村、到户、到人。全镇确定精准扶贫户共183户464人，其中，一般贫困户75户238人，低保贫困户91户209人，五保户17户17人。2016年实现脱贫81户160人。

【村（社区）妇代会改建妇联工作】 加强服务型基层妇联组织建设，更好地发挥村（社区）妇联组织联系凝聚妇女群众作用，落实全国妇联和省妇联对新时期妇联工作新要求，按照市、县妇联工作部署和要求，全面推进村（社区）妇代会改建妇联工作。截至10月25日，全镇烈村、大村、中心洞等6个村妇代会改建挂牌成立村（社区）妇女联合会，圆满完成计划任务，选举产生出村（社区）级第一届妇联主席、副主席、执委委员。

【征兵工作】 积极做好征兵宣传工作，确保兵役登记工作有序开展。4月20日，游溪镇召开兵役登记工作会议暨国防后备力量整组工作会议，全镇12个村（居）委会干部和民兵营长参加会议。8月，全镇征兵5人，超额完成县下达的征兵任务。

【“三资”交易平台建设】 不断完善农村集体“三资”管理平台，积极发挥农村“三资”交易平台作用，2016年全镇开展农村集体资产资源交易22宗，涉及金额360万元。

【党风廉政建设】 以落实党风廉政建设主体责任为抓手，健全“一把手”负总责，分管领导各负其责，班子成员齐抓共管、纪委监督”的领导体制和工作机制，扎实开展“两学一做”学习教育和纪检干部能力建设年活动。切实做好农村基层党员、干部违纪违法线索集中排查工作，2016年共排查农村基层党员、干部违纪违法线索32条，立案2宗，处理党员干部2人。

【原民办代课教师自查工作】 自2016年10月始，按照有关文件精神，游溪镇做好原民办代课教师自查工作。经镇认定小组初步核查，游溪原民办代课教师身份（含工作年限）有135人（原民办教师116人，原代课教师19人），其中游溪镇户籍98人，外镇或外地户籍37人。

【农村普惠金融工作】 2月，按照省、市、县金融试点工作统一部署，全镇开展以“八项行动”（建成县级综合征信中心、建成信用村、设立乡村金融（保险）服务站、设立助农取款点、开办农村产权抵押担保贷款、开办“政银保”合作农业贷款、开办妇女小额担保财政贴息贷款、开办金融扶贫贷款）为主题内容的农村惠普金融试点工作。截至12月，游溪建成信用村11个，建成金融服务站11个，惠普金融覆盖全镇所有行政村。

【社会保障工作】 完善城乡社会救助体系，保障低保、“五保”等困难群众的基本生活，提高社会保障能力和水平，做好城乡居民社会养老、医疗保险及企业职工养老保险扩面征缴工作，抓好被征地农民社保工作。2016年，游溪镇城乡医疗保险、城乡养老保险参保和续保率均达100%，圆满完成上级下达的各项目标任务。

【信访维稳工作】 持续开展平安镇村建设活动，紧紧围绕“四个不发生”目标，不断完善矛盾纠纷排查调处工作机制，切实抓好社会矛盾排查化解，全力做好重点信访利益群体摸排稳控工作，维护社会和谐稳定。2016年，全镇共受理群众来信、来访20批47人次，比2015年来访总批次减少8批，下降28.6%，总人数减少6人次，下降11.3%。镇、村两级共调解各类纠纷20宗（涉农问题12宗、涉劳资问题1宗、涉土问题6宗、其他1宗），共成功调解18宗，纠纷受理率达100%，调解成功率达90%。成功调解县积案2宗。山林纠纷积案共12宗，成功化解10宗，化解率为83.3%。（黎崇宙）

2016 年游溪镇村（居）委会基本情况表

表 13

村（居）委会	书记	主任	村（居）民小组（个）	总户数（户）	总人口（人）	集体经济纯收入（万元）	农民人均纯收入（元）
大　村	赵兴良	赵兴良	6	220	855	13	6194
冷水歧	邓兴文	邓兴文	13	265	1265	20	6086
中心洞	赵爱春	赵爱春	6	176	637	22	6122
莲塘边	邓志保	邓志保	5	117	461	22	7411
江　背	许汝成	谢世桥	8	385	1480	11	10622
烈　村	吴世才	吴世才	7	343	1588	72	8109
中　联	秦伟明	陈健华	9	559	2046	26	7011
茨良坑	冯才选	冯才选	7	172	723	18	6232
营　坑	盘进宝	盘进宝	4	262	999	19	6207
上　营	黄先龙	赵敬留	4	143	739	14	6113
大寮坑	赵天生	赵天生	5	194	934	30	7272
社　区	赵才周	赵才周	4	236	386	/	/
合　计	/	/	77	3072	12113	267	/

必　背　镇

【概况】　必背镇地处乳源北部，镇政府驻地距县城 54 千米，距广乐高速杨溪出入口 15 千米，县道 325 线贯穿全境，是乳源 3 个瑶族人口聚居镇之一。东靠桂头镇，西临大桥镇，南邻东坪镇和游溪镇，北邻乐昌市长来镇。全镇总面积 147 平方千米。耕地面积 250 公顷，其中：水（旱）田 186 公顷，水浇地 64 公顷。林地面积 1.2497 万公顷，其中生态公益林 0.49857 万公顷，森林覆盖率 85.01%。

辖必背、王茶、桂坑、方洞、半坑、公坑、横溪 7 个村委会和必背口社区 1 个居委会，自然村 52 个，村民小组 58 个。全镇户数 2529 户，人口 8032 人。其中：农业户口 2292 户，人口 7749 人；瑶族 2087 户，人口 6183 人。镇内设有小学 1 间，幼儿园 1 间，在职教师 15 人（小学 13 人，幼儿园 2 人）。镇级卫生院 1 间，村级卫生站 7 个，在职医师 5 人（均为助理医师），护士 1 人。2016 年，全镇国民经济生产总值 5760 万元，农民人均纯收入 7323.53 元。

境内景点有镇区瑶寨景区、必背口村特色村寨、大村古瑶寨、桂坑尾村。瑶族非物质文化遗产传承有拜盘王、瑶歌、瑶舞、瑶绣、瑶服、瑶医药等。不可移动文物有盘安山墓、莫氏祠堂。主要特产有瑶家腊肉、瑶爽酒、白毛尖茶叶、公坑辣椒等。

【农业可持续发展项目】　充分利用县农业产业扶持政策，加快推进农业产业结构调整，因地制宜，发展品质农业项目，实施农业可持续发展、农民可持续致富产业。2016 年，桂坑、横溪等地新增茶叶种植面积 17 公顷，必背、桂坑、王茶等村委种植桃树 9.7 公顷，在横溪、方洞等村委种植橘树 6.5 公顷。瑶医用药中的草药种苗开始探索试种。发挥养殖大户的辐射带动作用，生猪等传统养殖业巩固发展，石蛙等一批新型养殖业初显效益。2016 年，全镇农业经济生产总值 1415 万元。

【精准扶贫工作】　必背镇新时期精准扶贫精准脱贫工作于 2016 年 5 月开始推进。县委统战部、县发展和改革局、审计局、民族宗教事务局、工商局、县妇联、中国移动乳源分公司等 7 个单位 56 名干部联系帮扶必背贫困户 74 户，镇干部 47 人对接帮扶 57 户。完成 56 户贫困户 100 人脱贫，建档立卡贫困户由 129 户 344 人减少到 73 户 244 人。发放产业扶持金 5.346 万元，发放教育补助金 7.4 万元。2016 年 12 月，县财政扶贫专项资金投入 268 万元为有劳动能力贫困户 79 户 268 人入股银源水电公司。完成 2 户贫困户危房改造。省扶贫专项资金分别投入 41280 元和 34400 元为贫困户购买城乡居民合作医疗保险及购买大病医疗保险。镇向贫困户发放价值 2.2 万元食用油、毛毯各 129 件。

【基础设施建设】　2 月，新增具有瑶族文化图案的路灯 47 盏，总数 97 盏（累计投入 100 多万元）。4 月，完成大岭村水毁通村公路 1.4 千米硬底化建设，总投入资金 40 多万元。10 月，启动横溪至田排、王茶至岭头、王茶至半岗岭、县道 325 线至长岭头村、横溪至大湖塘 5 段公路建设工程，建设里程 5.935 千米，投入资金 207 万元。12 月，启动桂头杨溪迁移点 0.9 千米和坪山迁移点 0.61 千米公路建设，投入资金 53 万元。

【“两不具备”搬迁】　6 月，完成塘头二期工程建设和分房到户工作，安置住户 36 户。4 月，完成军安山二期主体工程建设，共建 44 套安置房，军安山三期工程 60 套安置房进入建筑阶段。扎实推进新一轮不具备生产生活条件的贫困村庄搬迁工作，完成桂头镇搬迁安置点的选址征地工作。

【生态环境与文明建设】　积极开展植树造林活动，完成造林 200 公顷；完成大塘坑二村、半岭新村、均村迁移点、南坑新村植树造绿，共种植樟树、桂花等景观树 800 棵，在镇区种植桂头、红豆杉等景观树 200 多棵。完成杨溪河必背段河道清淤整治和防洪堤坝加固工作。成功申请省专项资金 170 万元，启动横溪水库杨溪水域环境保护工程，完成项目招标。推进镇区污水处理工程，完成项目招标及项目选址。

【计划生育工作】　为农村计划生育家庭对象 37 人发放奖励金 4440 元；为农村计划生育节育奖励对象 336 人发放奖励金 16800 元。完成免费孕前优生健康检查任务，全镇有 47 对夫妇参加免费孕检，超额完成县下达的 43 对应检任务。全面实施二孩政策，大力开展二孩政策宣传工作。顺利通过市、县年度计生检查考核。

【综治信访、维稳工作】　全镇 2016 年受理矛盾纠纷案件 7 宗，办结 7 宗，办结率 100%；受理信访案件 30 宗，办结 30 宗，办结率 100%。12 月，成功通过省无邪教镇创建检查验收。6 月，镇政府组织镇派出所、卫生院联合完成镇辖区内严重精神病患者排查工作，截至 12 月 31 日，镇在册严重精神病患 50 人，疑似精神障碍患者 12 人。12 月底前，与桂头、游溪、大桥、东坪镇完成必背总长 39.05 千米的镇级界线自查自评工作。12 月 22 日，乳源瑶族自治县人民法院“旅游巡回法庭”必背工作室在必背口社区举行揭牌仪式。

【公共文化服务提升】　建成启用镇文体广场舞台和王茶、桂坑、半坑、方洞村委的全民健身广场。12 月，启动镇过山瑶文化博物馆改造工程。积极开展民俗文化活动，举办“迎春晚会”“妇女节”“十月朝”“重阳”等节日活动。完成原民办代课教师自查工作，调查登记必背镇籍原民办代课教师 63 人，其中原民办教育 52 人，原代课教师 11 人。

【文明创建工作】 扎实推进县创建全国文明城市工作。9月，投入7万元完成社会主义核心价值观主题公园建设，宣传载体有主题墙、宣传栏、地插、石头、灯笼、宣传板等。积极开展文明社区、卫生文明户、星级文明户、善行义举榜等评先活动。

【省市卫生镇村工作取得实效】 新增封闭式垃圾转运车1辆、三轮垃圾转运车3辆，全镇新投入封闭式垃圾桶250个。大力推进卫生镇村创建工作，11月顺利通过省卫镇考核验收，12月28日被广东省爱卫会授予“广东省卫生镇”称号，12月，桂坑村委创建为“韶关市卫生村”。12月，完成镇内及镇外迁移点垃圾收运项目招标，项目投入资金近30万元。

【自然村落历史人文普查】 开展自然村落历史人文普查工作，初步完成普查表填写54个，初步完成普查条目初稿54个，完成图片收集47个，横溪村委原溪头、上湾、下湾、溪北、溪南一、溪南二、溪南三等8个村小组被横溪水库淹没，村落图片无法收集。

【地名志普查】 10月，完成第二次全国地名普查必背镇地名普查工作，共完成61个农村居民点、1个城镇居民点、13条公路、4个党政机关、学校、广场、水库、风景名胜区等地名的普查。

【农业普查工作】 10月，启动全国农业第三次普查工作，镇成立农业普查办和普查工作小组。11月份召开动员大会，邀请县农普办对各村委普查员进行业务培训。12月完成8个普查区8个普查小区的2039户的农业普查示意图的绘制以及全面摸底调查，完成入户调查60%。

【农村惠普金融】 2016年，完成农村惠普金融工作，全镇共建成信用村6个，分别为必背、桂坑、半坑、王茶、方洞和横溪村委，评定信用户1375户。

【村便民服务环境不断优化】 1月，启用横溪乳城高岗办事处。12月，完成改造并启用王茶村委新公楼。12月，启动桂坑桂委综合办公楼改造工程。12月，完成方洞村委桂头镇塘头便民服务大楼建设项目招标。新招录8名村（社区）窗口专职人员，1月份正式入职。

【武装与征兵工作】 9月，完成夏秋征兵工作。加强民兵队伍建设，10月，镇武装部长与7个行政村民兵营长到县武装部参加民兵集训。做好民兵整组工作和调整民兵队伍。

【安全生产工作】 充分发挥镇级安全监管职能作用，筑牢乡镇安全生产第一防线，全面推进安全生产监管规范化建设，建立健全安全生产监管机制，采取政府购买服务形式，招录3名专职安全员，于3月份入职。安全生产监管力度得到加大，全镇2016年未发生安全事故。

【“5·20”灾害】 受冷空气和南支槽的影响，必背镇5月20至21日出现持续强降雨，农作物受损面积2.67公顷，水利设施受损500多米，公路塌方13处，3户农房倒塌，4户成为危房，全镇直接经济损失67.8万元。

【社会保障工作】 2016年10月至11月，开展动员全镇村（居）民参加城乡基本医疗保险，参保总人数6234人，完成县下达的任务数的101.8%。参加新型农村养老保险续保，总人数1842人，完成县下达任务数的108.35%。抓好低保、五保核查工作，12月，全镇完成核定低保户74户、五保户14户。

【换届工作】 7月18日，各党支部召开支部党员大会，共选举产生65名镇党代表。7月28日，召开中共必背镇党员代表大会第十二次会议，依法选举产生中共必背镇第十二届委员会、镇纪律检查委员，选举产生出席县第十二次党代会代表11名。9月13日，选举产生44名镇人大代表、11名县人大代表。9月27至28日召开镇第十三届人民代表大会第一次会议，依法选举产生人大专职主席和政府镇长各1名，政府副镇长3名。

【基层党建】 12月，完成必背村委软弱涣散村整顿转化工作，完成全镇党员组织关系排查，完成党费收缴专项检查工作，共补收党费52828.4元。2016年处理2宗村党员干部违纪案件，均给予党内严重警告处分。深入开展“两学一做”专题学习教育和中共十八届六中全会精神学习活动，全镇共10个党组织，382个党员参加教育活动。 （杨启园）

2016年必背镇镇村（居）委会基本情况表

表14

村（居）委会	书记、主任	总户数（户）	总人口（人）	集体经济收入（万元）	农民人均纯收入（元）
必背村委	邓晓林	327	1089	0.8	6960.51
桂坑村委	盘明华	342	1137	1.2	6930.52
公坑村委	赵良美	276	904	4.3	6836.28
方洞村委	盘天发	393	1282	3.4	6965.68
王茶村委	邓永贵	293	992	2.25	6804.44
半坑村委	赵永保	223	745	5.9	6845.64
横溪村委	余桥生	442	1600	3.5	8956.25
必背口社区	盘良发	232	283	/	/
合　计	/	2529	8032	/	/

东　坪　镇

【概况】 东坪镇地处乳源西北部，距县城14千米。国道323线、省道258、省道249线、县道358线分别贯穿全境，境内京港澳高速公路设有“东田站”出入口，区位优越，交通便利。是乳源3个瑶族镇之一。全镇面积359平方千米，水田面积180公顷、耕地面积262.6公顷，森林覆盖率92.9%。

镇辖10个村民委员会，1个居民委员会，共80个村民小组。家庭户籍总数3678户，人口13115人，其中：农业人口12792人，常住人口10460人；瑶族人口7158人，占全镇总人口的54.57%。设小学2间、幼儿园1间，在职教师38人。镇级卫生院1间，村级卫生站7个，在职医师8人。镇级综合文化站1个，村级农家书屋13间。境内景点有广东第三大人工湖南水湖、龙溪车干水温泉。主要特产有三角鲂、方武生姜、金竹峰单丛茶。

2016年，全镇实现国民生产总值7008万元，比2015年增长7.3%，其中：第一产业4210万元，比2015年增长1.1%；第二产业产值1742万元，比2015年增长16.21%；第三产业产值1056万元，比2015年增长21.52%。农民人均纯收入7301元，比2015年增长14%。

【农业农村经济发展】 推进高效生态农业发展，持续巩固镇域农村专业合作社优势，持续开发梯下生猪养殖场、东田食用菌基地、汤盆葡萄基地、龙溪高质水稻种植、茶坪凤凰单丛花园等项目。落实各项惠民政策，减轻农民负担，全镇落实划拨面积743.82公顷的种粮直补资金91.49万元。生态公益林保护16711.5公顷。

抓好发展种植水果产业示范的宣传发动与推广

工作，引导村民积极投入，2016年水果种植新增面积133.33公顷。大力扶持发展农家乐，新增农家乐近11家，有效促进农民增加经济收入。大力发展林下经济作物的种植，全镇种植茶叶20多公顷。打造方武生姜、汤盆葡萄等农产品品牌，2016年，方武生姜、汤盆葡萄种植面积分别为20公顷、3.6公顷。

2016年，全镇粮食种植面积577公顷，产量3515吨。经济作物种植面积173公顷，产量467吨。其他作物面积178.6公顷，产量1573吨。

境内有小水电站74个，装机容量65040千瓦，年发电量5045.83万千瓦时。

【新农村建设】 *五彩瑶乡示范片建设。*以省级五彩瑶乡示范片建设为抓手，大力推进“五彩瑶山示范片”建设，按照高起点、高标准、高档次的要求，积极推进雕子塘、东山、斜岭等村建设，2016年雕子塘、东山、斜岭等村被评“广东名村”，打造成乳源瑶族民俗文化和瑶族风情村的展示窗口。

*改善基础设施。*2016年，投入3000多万元，完成修建县城至乌坑、国道323线至转弯角瑶族迁移点、省道258线至龙溪村委会等公路30多千米、桥梁4座。

*方武村水渠护栏修建。*积极争取县扶贫办等相关部门支持，并采用组织村民投工投劳方式，共投入资金8万多元，完成修建国道323线到方武村委一村两侧水渠护栏370多米，水渠沿线重点危险区域护栏标警示色，危险地段设立警示标志，切实保障沿渠周边人、畜安全。

【第十二届人民代表大会第五、六次会议】 2月25日，东坪镇第十二届人民代表大会第五次会议在镇政府驻地召开。参加会议人大代表46名，列席人员12名。会议听取和审议《东坪镇政府工作报告》《东坪镇人大工作报告》。

5月16日，东坪镇第十二届人民代表大会第六次会议在镇政府驻地召开。参加会议人大代表46名，县人大常委会副主任赵雷出席会议。大会依法选举赵春英为东坪镇人民政府镇长。

【全县“农民工集中入会”工作交流会在东坪召开】 1月29日，县总工会在东坪镇组织召开“农民工集中入会”工作交流会。县人大常委会副主任、县总工会主席赵雷出席会议并讲话，县总工会相关领导及全县9个镇工联会主席参加会议。9个镇先后交流落实中华全国总工会和省、市总工会有关会议与文件精神，以及农民工入会工作开展情况。

【村级窗口便民服务提升】 全面推行服务标准化、管理精细化、运行规范化、保障高效化，着力推进村级便民服务中心建设，实行一个中心对外、一次性告知、一个窗口受理、一站式服务和限时办结服务。为便捷服务民众和创造良好政务服务环境。1月24日，东坪镇对新招录村居窗口专职人员进行岗前培训，11个村（居）新招录窗口专职人员参加培训。经过培训，村级窗口服务工作质量和水平得到有效提升。

【外出参观学习】 *组织农户到兄弟乡镇参观学习。*3月3日，东坪镇委书记廖功文率领有种植意向的46位农户及相关工作人员到洛阳镇深洞、坪溪等地参观学习茶叶和九节茶种植技术。

*派团到潮州市学习茶叶种植技术。*3月11日，东坪镇组织有种植意愿农户及村委主任等共22人的学习考察团先后到潮安县凤凰镇、饶平县浮滨镇、潮州市凤泉湖工业园、潮安县凤凰镇宏伟凤凰茶厂茶叶生产流水线、凤凰示范性茶园、饶平县大宗山茶业发展有限公司苗圃基地等进行参观学习。

*派团到汕头市学习生姜深加工技术。*3月12日，东坪镇学习考察组一行22人到汕头市澄海区莲华镇，学习莲华镇生姜深加工技术。派团赴南海学习社会管理。6月8日至9日，东坪镇委书记廖功文率领考察组共16人到佛山市南海区里水镇学习，学习借鉴社会治理经验。

*到南雄市学习居家养老服务工作经验。*11月4日，东坪镇委书记华跃带领考察组，到南雄市湖口镇、乌迳镇就居家养老服务工作开展学习。

【志愿者活动】 3月28日下午，县政法委及东坪镇志愿者一行近20人到东坪镇敬老院，开展“情暖敬老院牵手夕阳红”学雷锋志愿服务活动，县政法委相关领导、东坪镇委书记廖功文等参加活动。

保护南水湖环境宣传志愿服务活动。4月7号，东坪镇组织党团员志愿者开展关爱南水湖志愿服务活动。10月9日，开展关爱南水湖志愿服务活动，东坪镇组织党政机关、南水村委、龙湖居委等30多名党团员志愿者参加活动。

【防汛减灾工作】 3月19日晚至20日，东坪镇持续受强降雨、冰雹等恶劣天气影响，房屋、公路、水渠、河堤、桥涵、山林、农田、农作物、饮水等设施出现不同程度的损毁。20日凌晨1点20分，东坪镇党委、镇政府立即启动防汛应急预案，全力做好值守防范，积极应对灾情。

8月2日，受台风“妮妲”影响，东坪镇出现大到暴雨、局部大暴雨天气，新村等多个村委出现风力6级以上的大风，台风“妮妲”造成国道323线南水村委路段树木倾倒，新村村委单板坑村小组1间特困户板房、1间瓦房房屋倒塌，15间猪栏被吹毁。2日晚，廖功文等东坪镇党政领导班子成员夜访新村村委及农户，了解灾情，4日开展灾后抢修工作。

【基层党建工作】 3月24日开始，东坪镇党委对全镇11个村（居）党支部进行党建工作考核。通过检查考核，各村（居）党支部组织建设全面提升。5月6日开始，东坪镇在全镇范围内部署开展“三夜（夜访、夜谈、夜宿）”“三群（驻点工作微信群、党员交流微信群、党群互动微信群）”活动。截至12月，全镇共建立党员交流群13个，200多名党员加入微信群开展学习活动。6月15日，东坪镇召开“两学一做”学习教育专题学习会议，党政班子成员、全体机关干部、村（居）委主任、各支部书记共100多人参加会议。

7月9日开始，东坪镇组织党政班子成员分别到各基层党组织上“两学一做”党课12次。

【警示教育活动】 7月7日下午，东坪镇组织党政班子成员、5个办公室正副主任、村（居）委主任及三资管理人员等党员干部共38人赴广东省乐昌监狱参加警示教育活动，先后参观罪犯行为规范训练、监区文化活动室及听取服刑人员现身说法。

【新时期精准扶贫精准脱贫工作】 5月13日，东坪镇召开新时期精准扶贫工作会议。镇党政班子成员，各村委书记、主任，驻村工作组干部，有帮扶任务干部职工及县扶贫办相关领导，县扶贫工作队成员，县直各帮扶单位分管领导、业务员参加会议。

经过精准识别，东坪镇识别出相对贫困户245户656人，其中残疾户102户138人，水库移民户82户、221人。按贫困户属性划分，一般贫困户69户242人、低保贫苦户145户382人、五保贫困户32户31人；按劳动力划分，有劳动能力户（脱贫任务户）148户507人、无劳动能力户（政策兜底户）97户149人。

截至12月底，东坪镇脱贫人口数达172人（其中121人属无劳动能力低保、五保户），完成县下达的脱贫任务数。51人一般贫困户通过享受转移就业、产业扶持、教育扶持、医疗保障、资产性收益等扶持政策实现脱贫，人均可支配收入达到6433元以上。

【自然村落历史人文普查工作】 积极开展自然村落历史人文普查工作，通过召开工作推进会、召开培训班邀请专家讲课等形式，认真推进自然村落历史人文普查工作。截至12月，填报好10个行政村55个自然村落的《普查表》正表、初表，搜集整理家谱族谱等文字资料以及图片、音像资料，调查摸清自然村落历史人文状况。

【第十三次党员代表大会召开】 7月27日，中国共产党东坪镇第十三次党员代表大会召开。参加会议党代表100名，镇部分退休领导、干部列席会议。县委常委、政法委书记赵志敏出席会议。

会议听取、审议并通过镇委书记廖功文代表中共东坪镇第十二届委员会所作的《开启新征程，开创新局面，全力加快民族生态休闲旅游小镇建设》工作报告，审议并通过镇纪委工作报告，选举中国共产党东坪镇第十三届委员会委员及纪律检查委员会委员，选举出席中国共产党乳源瑶族自治县第十二次党员代表大会代表。

【镇第十三届人民代表大会第一次会议】 9月26日至27日，东坪镇召开第十三届人民代表大会第一次会议，到会代表47名，县人大常委会副主任赵雷出席会议。部分退休老领导、镇党政班子成员，镇各部门及村（居）委负责人列席会议。会议听取、审议并通过镇长赵春英代表镇人民政府所作《镇政府工作报告》，审议并通过镇人大主席团工作报告及财经工作报告。依法选举产生新一届人大主席及镇人民政府镇长、副镇长。

【生态文明建设与创建卫生村活动】 不断完善南水湖周边地区生态功能配套设施，加强对南水湖周边环境的治理。建设人工湿地、围网、警示标牌等一批环保工程。整合资源，加大打击乱砍滥伐的工作力度，切实维护林区秩序稳定。做好护林防火的舆论宣传及护林员培训工作，邀请县林业专家到镇上开展护林防火知识讲座。

集中开展环境综合整治专项行动。2月6日，东坪镇组织开展以“环境卫生大整洁，干干净净过春节”为主题的环境卫生整治活动。4月，以“全县人民齐动手，清洁环境保健康”为主题，东坪镇采取多项举措，有序开展第28个爱国卫生月系列活动。7月，东坪镇对新村村委雕子塘等9个省级新农村连片示范建设工程村庄进行环境综合整治专项行动。

开展“中国水周”宣传活动。3月22至28日，东坪镇以“落实五大发展理念，推进最严格水资源管理”为宣传主题，采取电子显示屏横幅、发放倡议书和宣传资料等形式，开展“世界水日”“中国水周”宣传活动，推进生态东坪建设。

文明卫生村（户）创建评比活动。2016年，东坪镇开展文明卫生户、文明卫生村的创建评比活动，有19个自然村426户农户参加文明卫生村（户）创建。

【医保与社会保障】 2016年，全镇参加新型城乡居民基本医疗保险10910人，其中特殊人群930人，参保率101.31%。新型农村社会养老保险参保4773人，其中：享受养老待遇（领取基本养老金）1473人，缴费人数3300人，续保3277人，续保率99.3%。全镇农村最低生活保障户有178户，月发放最低保障金82881元。拥军拥属优抚对象18人。

东坪敬老院修缮与维护工作。完善敬老院工作管理制度，配备专人负责2名，全镇有五保户32人（其中敬老院6人，分散供养26人），敬老院居住条件得到改善。发放大米、食油、棉被等物品1批，农村社会保障得到推进。

拥军慰问活动。8月1日，镇党委书记廖功文率镇党政班子成员看望慰问驻东田黄金部队和慰问东田5位退伍老军人。

【武装与征兵工作】 东坪镇紧紧围绕新时期武装工作的特点和要求，始终把党管武装工作列入镇党委、镇政府工作日程，全镇党管武装工作取得成效。2016年，完成民兵组织整组工作，冲锋舟队伍1个，队员6人。投入民兵参加“3·19”“5·20”等洪灾及各类防火救灾行动共20余次。

2016年夏季征兵工作会议。认真贯彻上级征兵工作精神，做好2016年夏季征兵任务，依照“早部署、早准备、早落实”的原则，积极抽调人武及镇村干部进村入户，做好征兵宣传工作，鼓舞适龄青年响应号召，踊跃报名参军，积极投身现代化军队建设和现代国防事业建设。圆满完成县下达征兵任务，完成大学生参军入伍任务指标的200%。

【卫生与计划生育服务】 开展创建群众满意卫生院、卫生村活动。2016年，全镇门急诊诊疗人次7706人次，六苗接种率达95%，“巩卫”“创卫”各项工作取得实效，方武、新村等村委顺利通过省检，成为省卫生村。

加大计生利益导向。出台《人口目标责任制奖罚办法》和《计生层级动态管理责任制实施方案》，春节走访慰问22户计生家庭。积极贯彻新生育政策，登记符合生育条件夫妇134对。落实享受计划生育特别扶助对象6人、享受农村部分计划生育家庭奖励对象43人。5月26日，在新村办事处举办主题为“关注计生家庭，关爱儿童，促进社会和谐发展”文艺晚会。7月11日，组织开展主题为“关心女性幸福，关爱妇幼健康”纪念第27个世界人口日活动。

【安全生产】 2016年，东坪镇印发《关于加强南水湖水上交通安全管理的通告》《致全镇广大群众的一封公开信》等通告、信件，加强南水湖周边区域的安全巡查力度和南水湖水上交通安全管理，治理“三无”（船舶无检验证书、船舶无登记证书、船员无适任证书）船舶非法营运等违法行为。派出10多批次党团员志愿者到南水湖码头劝导游客不乘坐“三无”船只及开展文明旅游宣传。开展重大传染病和突发公共卫生疾病防治、报告和宣传工作。

【农村普惠金融试点工作】 积极推进全镇农村普惠金融工作推进，不断优化农村金融环境，提升金融服务水平，打通农村金融服务“最后1千米”，切实解决农村融资难、融资贵问题。2016年，全镇共安装农村金融刷卡机8台，完成农村金融信息采集2042户，2042户农户被评为信用户，10个村被评为信用村。

【环南水湖自行车公开赛、铁人三项赛秩序维护工作】 10月30日，广东省“体彩杯”（韶关·乳源环南水湖）自行车公开赛在南水湖举行。东坪镇启动赛事安保准备工作，组织4个小组共100多名志愿者，对环湖自行车公开赛途经东坪境内的国道323线、省道258线、省道249线、京珠高速公路东田桥下进行路面杂物清理，确保主赛场地东坪段赛道的自行车、铁人三项赛等赛事沿线秩序得到维护。（谢三华）

2016年东坪镇村（居）民委员会基本情况表

表15

村（居）民委员会	主任	总户数（户）	总人口（人）	集体经济收入（万元）	农民人均纯收入（元）
梯　下	林梓书	167	653	19	6344
南　水	许永养	314	1061	8	6357
方　武	谢秋生	242	936	8	5970
汤　盆	杨祥联	131	483	11	7651
龙　溪	张辉灵	299	1179	10	6602
东　田	赵才福	530	1890	6	6410
长　溪	谢金明	423	1537	7	6352
下　寨	赵劲成	344	1304	8	6076
新　村	赵云华	532	1920	7	6373
茶　坪	赵志文	470	1829	8	5963
龙湖社区	马汉万	226	323	2.5	6438
合　计	/	3678	13115	94.5	/

洛　阳　镇

【概况】 洛阳镇位于乳源西南部，镇政府驻地洛阳村委，距县城约36千米。东与东坪镇、大布镇、韶关市武江区江湾镇交界，南与英德市波罗镇、清远市阳山县江英镇相邻，西与阳山县秤架瑶族乡接壤，北靠五指山乳阳林业局。国道323线横穿镇境内，省道258线和县道324经过镇域东、南部，有4条镇村主干道公路。镇域总面积558平方千米（其中耕地面积969.5公顷，林地面积31259.2公顷，森林覆盖率为95%）。辖12个村民委员会，1个居民委员会，有121个自然村，91个村小组（其中1个少数民族村小组）。镇有户籍总户数2903户，户籍总人口数10149人，其中农业人口8942人。镇内设有小学2间，分教点2个，镇级卫生院2间，村级卫生站9个。2016年，全镇国民经济生产总值24040.7万元，城镇居民人均纯收入7942元。

历史文化遗产。镇内历史文化遗产有东平山正觉寺遗址、洛阳桥、蔡襄祠、洛阳古街、陈金城故居。

主要景点。景点有天景山仙人桥、南岭国家森林公园、天井山国家森林公园、天井山生态长廊、高山云锦杜鹃、天瑶茶场。

农特产品。主要特产有洛阳茶、九节茶、蜂蜜、笋干、木耳、黑山羊、中华鲟、三文鱼、古母水鸡等。

2016年，洛阳镇人民政府被中共广东省委评为广东省依法治省工作先进单位。

【镇域经济发展】 2016年，镇域经济持续发展。全镇有小水电站147座，总装机容量10.7万千瓦。以升级打造洛阳深洞生态茶园和天瑶观光茶园为重点，积极引进“天瑶”“华瑶”“瑶山王”等农业龙头企业，扶持成立种茶农民专业合作社，鼓励支持大户发展茶叶种植，辖区内茶园种植面积近200公顷，2016年新增面积33.33公顷。茶园管理科学化、茶叶生产标准化程度不断提高，茶叶品质和知名度持续提升。结合“一村一品”，与广药集团敬修堂合作，运用“公司+合作社+基地+农户”的模式，重点发展坪溪村、洛阳村和半星村药用九节茶种植项目。全镇共建立茶叶种植基地1个，占地面积33.3公顷，完成13.3公顷，茶叶育苗基地1个，占地1公顷。据镇政府统计，全镇茶叶种植面积100公顷。加快生态旅游开发步伐，加快古母水旅游度假区建设，全面启动东平山正觉寺保护性重建，努力把洛阳变成禅宗文化、生态旅游、乡村体验、自驾游乐、户外活动的重要场所。

【基础设施建设】 水利设施建设。完成深洞黄连村灌溉水渠修复850米，直接受益农田灌溉13.33公顷；完成双坪大木山三面光水利工程约1千米，6.67公顷农田灌溉用水得到解决。得到上级水利部门的扶持，共投入980余万元，建设坪溪、深洞、白竹村委的河流防护河堤5.5千米，有效保障农田生产安全，促进粮食增产、农业增效和农民增收。

道路桥梁建设。完成洛阳、田螺坑、富塘3个村委约14千米农村道路硬底化建设，解决农民群众的“行路难”的问题。协助做好国道323线洛阳段改造的前期准备工作。

饮水安全工程建设。投入8万余元，维修洛阳村委泉水村小组的食水设施，该村41户280余人的食水问题得到改善。结合广东省村村通自来水项目，改善镇区、古母水板长片区、坪溪村、深洞村等农村地区5千余人的饮水供给和卫生条件。

村庄环境卫生整治工程。全镇共发放400多个垃圾桶和配备垃圾车，完善村庄垃圾收运工作，提升环境卫生，打造宜居村庄，做好全镇创建卫生村工作。

【按法治框架解决基层矛盾工作现场推进会】 5月25日，全县全面推开按法治框架解决基层矛盾工作现场推进会在洛阳镇召开。市依法治市办专职副主任胡克标，副主任叶安强及县领导吴春腾、伍文、马福德、赵志敏、许尔华等出席会议。会上，介绍洛阳镇按法治框架解决基层矛盾工作试点工作取得的成绩和经验。县依法治县办部署全面推开全县按法治框架解决基层矛盾工作，要求各单位切实运用法治思维和法治方式化解基层矛盾纠纷，为建设法治乳源和平安乳源，创建融入珠三角加快发展先行区奠定和谐发展环境。

【生态环境保护工作】 坚持封山育林与植树造林并举的策略，坚持以保护为重点，禁止砍伐阔叶林，创新森林防火机制，保护洛阳的青山绿水。植树造林540公顷，扩大森林覆盖率，以植树节为契机，组织干部职工青年志愿者开展保护母亲河、珍惜森林资源为主题的植树活动，在镇区街道两旁种植绿化树500余株。加大生态环境保护力度，杜绝破坏耕地行为。认真执行“零报告”制度，对卫星图片上反映的斑点进行摸底调查和对非法占用土地及无证采矿卫片巡查，没有出现违法违规用地现象。加强自然保护区建设，加强地质灾害预防，加大水土流失治理力度，确保无重大破坏生态环境事件发生。

【重点项目建设工作】 省道258线洛阳段拓宽改造工程，征林地1.39公顷、总长400米，在8月完成征地工作，征地补偿款全部发放到农户。完成正觉寺重建项目国土、林业的土地使用调规工作，截至12月，征地拆迁工作大部分完成，2015年9月21日启动奠基仪式。积极配合做好国道323线（乳源段）改造项目线路设计勘察工作。古母水度假区旅游项目被县发展改革局立项，镇政府成立协调工作组，配合支持投资公司办理相关手续以及租地协调工作，一期农业项目水培蔬菜基地完成租地工作，项目各项工作进展顺利。

【精准扶贫工作】 2016年，洛阳镇坚持精准扶贫、精准脱贫的基本方略，落实中央、省、市、县关于精准扶贫系列文件精神，全镇完成精准扶贫对象识别、贫困户对接、建档立卡和信息录入、产业扶持等一系列工作。建档立卡贫困户201户，504人（其中一般贫困户51户，184人）。低保贫困户108户，278人。五保贫困户46户。残疾户42户，154人。截至12月，脱贫195人（其中政策兜底144人，有劳动能力的贫困人口51人），占总贫困人口的38.77%。帮扶驻镇有1个省直单位，7个县直单位。为贫困户投入自筹资金24万余元，整合各级财政、行业、社会扶贫资金481.17万元，资产性收益到户帮扶99户354人、产业帮扶73户、住房改造12户、教育资助受益学生100人、城乡居民养老保险受益贫困人口386人、帮扶购买城乡医疗保险及大病补充险共503人。

【文化建设】 加强全国文化信息资源共享工程建设管理，与上级文化部门沟通、交流，做好文化站村级文化室、农家书屋的管理与免费开放服务工作。充分运用文化信息资源共享工程设备，先后举办农业适用技术培训班9期，参加培训326多人次。组织举办送书、送电影、送戏下乡活动，开展篮球赛活动，活跃山区群众文体生活。

【社会保障服务】 截至12月，全镇共有五保户52人，低保户112户280人，共发放低保金65万元，五保供养金33万元。洛阳镇12个村采取集体适当补贴方式，全镇共有4220人参加新型农村养老保险，其中享受养老待遇（领取基本养老金）1310人，享受待遇的参保率为100%。共有7384人参加城乡医保，参合率达99.93%。

【自然灾害与救助】 3月19日，境内普降大到暴雨，洛阳部分村委发生冰雹灾害天气，造成辖区内坪溪、深洞、田螺坑等多个村委农户农房受损，瓦房屋顶被冰雹严重击穿，无法居住。灾情发生后，镇委、镇政府迅速行动、果断决策、科学安排、积极应对，全力以赴投入到救灾减灾工作中，安全转移受灾人员217人，其中转移孤寡老人安置到村委9人，镇敬老院1人，就近投亲靠友207人。发放救灾物资石棉瓦3800余张，防水彩条布211捆，棉被177张，米、油、面、折叠床一批，确保灾民得到妥善救助。经过全镇干群不懈努力，灾后复产和农业基础设施重建工作基本完成。

公共服务体系建设。 2016年，完成镇公共服务中心和13个村（居）委公共服务站建设，配备完善的办公设备，公开招聘13名基层公共服务平台专职人员，实现为民办事公开透明和“一站式”服务目标。

慈善事业。 6月24日，该镇在镇政府二楼会议室举行“扶贫济困，奉献爱心”扶贫济困日捐款活动，募捐资金共4000多元。

【自然村落历史人文普查】 2016年3月全镇自然村落历史人文普查工作启动，镇、党委、镇政府高度重视，按照县委、县政府工作部署，多次召开会议专题研究普查工作开展，采取多项措施，全力推进普查工作深入开展，并成立以镇长为组长、分管领导为副组长的普查工作领导小组，成立领导小组办公室，抽调业务骨干作为驻村普查工作人员，确保每个村委有分管村干部包干负责，每个挂村村干部具体负责所在村小组自然村普查工作，做到专事有专人，专人有专责，确保将工作任务落实到位。根据下乡普查核实，确认全镇自然村数为121个。完成121个自然村普查表的初步填写工作。

【地名志普查】 普查工作开展以来，在党政班子的领导下，地名普查办公室认真按照年初工作意见的要求和步骤，有条不紊地做好各项工作，主要做法是加强组织领导，建强普查队伍，成立由主要领导牵头的领导小组。明确具体工作内容和职责分工，以分级负责、共同参与的原则，科学安排部署，保证普查质量，加强成果应用。

【第三次全国农业普查】 为确保第三次全国农业普查工作的顺利完成，洛阳镇按照上级要求，专门成立领导机构，大力宣传农业普查工作，共培训普查员27名，普查指导员13名。结合镇实际，以13个村（居）委为单位，划分27个普查小区，经过摸底排查共确认普查对象农户2032户、规模经营户46户、农业经营单位65家。经过严密组织，先后完成普查区地图绘制、住户摸底排查、普查对象入户登记以及普查数据录入上传工作。截至12月底，100%完成入户登记和数据上传工作，后期将继续配合上级要求，做好后台数据审核工作。

【党风廉政建设】 深入推进农村基层党风廉政建设，以抓基层、打基础为主轴，贯彻落实党风廉政建设责任制。2016年，镇纪委共上报农村基层党员、干部违纪违法线索31条，其中成案线索4条。立案3起，结案3起，党纪处分3人。通过案件查办，有效促进全镇党风廉政建设，推动各项工作的顺利开展。

【计划生育服务】 落实计生新政策，抓好计生服务工作，加大社会抚养费征收，稳定低生育水平，顺利通过省计生“飞行”检查。2016年，全镇人口10149人，已婚育龄妇女2004人，出生人口160人，出生率15.18‰，自然增长率9.30‰，政策生育率96.88%。

【党管武装与征兵工作】 洛阳镇把党管武装工作列入重要议事日程，圆满完成全镇党管武装工作的各项目标和任务，党管武装工作取得新成效。

认真贯彻上级征兵工作精神，积极抽调干部职工开展征兵工作，7月洛阳镇开展夏季征兵工作，通过宣传、动员，全镇适龄青年响应号召，踊跃报名参军。8月顺利完成征集新兵工作任务。

【社会综合管理工作】 为了创建平安和谐的环境，更好地为经济和社会发展服务，洛阳以建设“平安洛阳”为已任，加强组织领导，抓措施落实，以按法治框架解决基层矛盾工作试点工作为契机，积极开展信访、矛盾纠纷排查调处工作、切实落实社会治安综合治理和平安建设各项措施，努力推进普法依法治理和人民调解工作为构建和谐社会提供优质法律服务，有效地化解基层矛盾。洛阳镇人民政府被中共广东省委评为广东省依法治省工作先进单位。截至12月，全镇未发生越级上访事件，未发生群体性事件、重大恶性刑事案件和重大生产安全事故，社会稳定得到维护。

【领导驻点普遍直接联系群众活动】 2016年，采用村委公共服务站定点接待、上门走访、重点约谈、座谈听证等多种方式，领导干部作风得到改进，党群干群关系密切。洛阳镇共有驻点团队成员51人，辅助团队成员54人，分片走访7954人，即时接待372人次，上门慰问57人，座谈咨询112人，共收集到意见建议203条，群众反映问题82条，解决问题78条，有4条正在办理当中。

【党建工作】 开展基层治理工作。对农村集体资产、资源、资金进行全面摸底清查工作，实现日常化和网络化管理。建立“三资”交易平台，通过交易平台办理成功交易8宗项目。开展软弱涣散党组织整顿工作，完成富塘村的软弱涣散整顿工作。强化干部队伍建设，针对村党支部书记年龄结构偏大、文化程度较低、战斗力不强的现状，为5个村（社区）配备综合素质高的后备干部。

【中共洛阳镇第十二次代表大会】 洛阳镇从6月开展镇第十二次代表大会代表选举工作，选举出中共洛阳镇第十二次大会代表80名。7月28日，召开中共洛阳镇第十二次代表大会，应到党代表80名，实到党员78名，县委常委、武装部部长吴炬光及县委组织部相关领导出席大会。会上听取、审议并通过中共洛阳镇第十一届镇委工作报告、中共洛阳镇纪律检查委员会工作报告，大会采取无记名投票方式，选举产生中国共产党洛阳镇第十二届委员会委员9名、中国共产党洛阳镇第十二届纪律检查委员会委员7名、中国共产党乳源瑶族自治县第十二次代表大会出席代表14名。

【人大代表选举工作】 根据《中华人民共和国选举法》和《中华人民共和国地方组织法》的规定，以及全县换届选举工作会议的统一部署，镇人大换届选举工作从2016年7月份开始，建立换届选举工作机构、划分选区、分配代表名额和宣传发动，选民登记，提名酝酿和选举，召开镇人民代表大会会议四个阶段进行，2016年9月13日顺利完成人大代表换届工作，选举出镇第十三届人大代表47名、县第十二届人大代表17名。9月28日至29日，洛阳镇第十三届人民代表大会第一次会议在镇政府二楼会议室召开，47名镇人大代表参加会议，12名列席人员参加会议，与会代表听取并审议《政府工作报告》《人大工作报告》和《财政预决算报告》，依法选举镇人大专职主席1名，镇长1名，副镇长3名。（许星红）

2016年洛阳镇村（居）委会基本情况表

表16

村（居）委会	书记、主任	总户数（户）	总人口（人）	集体经济纯收入（万元）	农民人均纯收入（元）
深　洞	江为通	283	1083	65.5	8670
坪　溪	陈永华	375	1374	57.2	9029.36
田螺坑	潘顺祥	153	617	51.3	9375
洛　阳	魏福安	263	879	44.4	9084.42
半　星	雷观胜 李亚洪	153	528	25.6	9047.62
白　竹	文清连	289	1031	121.7	8840.13
双　坪	李金发	271	1011	19.4	6312.39
板　长	李水北	243	802	7.3	6506.49
古母洞	欧坛胜	92	355	12.3	6901.41
富　塘	李东养	166	647	14.7	6455.48
月　坪	李锦全 （2016.02） 官亚林 （村书记2016.02）	172	564	41	6814.81
月　街	冯路金	246	930	11	7240.22
阳升社区	杨土生	197	328	/	/
合　计	/	2903	10149	/	/

一 六 镇

【概况】 一六镇位于乳源瑶族自治县东北部，东邻韶关市武江区，南邻乳城镇，西邻东坪镇，北邻游溪镇。镇政府驻地一六村委，省道广乐高速1线、省道250线穿镇而过，县道322线、359线交叉口位于镇区中心，镇政府驻地距武广高铁韶关站35千米，距京珠高速公路乳源出入口12千米，距离广乐高速乳源出入口7千米，区位优越，交通便利。是乳源瑶族自治县3个平原乡镇之一，全镇面积84平方千米（耕地面积1029.4公顷，林地面积5762.7公顷，森林覆盖率76.7%）。辖7个村委会，1个居委会，有94个自然村（其中瑶族迁移自然村30个），103个村民小组。镇有户籍数5773户，户籍总人口16825人，其中农业人口16267人。镇内设有中学1间，完全小学1间，村级小学3间，幼儿园4间，在职教职工191人。镇级卫生院1间，村级卫生站6个，在职医师16人、护士8人。2016年，全镇农村经济收入1.1958亿元，农民人均收入8710元。

*历史文化遗产。*西岸石拱桥和一六招田石拱桥、东粉村平安阁、一六大村围楼、团结莲塘村平安阁、东七下门秦氏祠堂、乐群乐夫村欧氏祠堂、团结上社王氏祠堂、罗屋下南村何氏祠堂、乐群乐夫村农民协会旧址、鯰鱼寨遗址等。

*境内景点。*乌石岭客家新村、东粉温泉、乐群乐夫村农民协会旧址、牧草园农场、现代蔬菜生产基地以及东粉湿地公园等。

*特色农产品。*槟榔芋、大棚西瓜、蓝莓、葡萄、青枣等。

*特色饮食。*芋头鸭、麻辣花生豆腐煲、辣椒拌凉菜、辣椒花鱼、窖粉以及米酒等。

【农业经济发展】 *持续发展农业规模化经营。*坚持鼓励种植大户参与土地流转、专业合作社介入土地流转、城市工商资本投入土地流转，继续扶持种植大户发展规模农业；农村土地确权颁证试点工作全面完成。以三雄、益民等专业合作社为农业扩大经营生产龙头，确保技术、销售渠道等服务到农户，促进农民增收，带动农村农业经济发展。

*观光农业初显成效。*立足镇情，借助区位优势发展观光休闲农业，重点加大乳桂公路沿线观光型农业产业基地的建设。开发赏花、品果、采摘游乐、农业体验等，带动周边农业旅游日益兴旺，农业与旅游融合发展。2016年，继续扩大柑橘、大棚西瓜、蔬菜等农业产业种植面积，新增种植蓝莓、青枣、番石榴、葡萄等特色水果产业，据镇统计数据，全镇种植三红蜜柚81公顷、砂糖橘40公顷、贡柑147公顷、大棚西瓜60公顷、蓝莓近6.7公顷、青枣4公顷、番石榴4.7公顷、葡萄采摘园3.4公顷、有机蔬菜种植面积超66.7公顷。

*林下经济得到巩固。*协调发展的生态农业模式，巩固牧草园农场、好心情山庄、快活林农庄等林下经济示范基地的发展，带动全镇发展林下经济，推动农民增收。

【中国共产党一六镇第十一次代表大会】 7月27日，中国共产党一六镇第十一次代表大会在镇政府会议室召开，参会党代表100名。大会听取和审议《镇党委工作报告》《镇纪委工作报告》，选举产生中共一六镇第十一届委员会和纪律检查委员会，选举产生党委委员9名、纪委委员7名、出席县第十二次党代会代表18名。

【镇第十三届人民代表大会第一次会议】 9月29日，一六镇召开第十三届人民代表大会第一次会议，参会代表49名。会议听取和审议通过《政府工作报告》《人大主席团工作报告》《财政决算报告》，依法选举杨细金为镇人大主席，潘鸿为镇长，陈玉明、赵华端为副镇长。

【基础设施建设】 2月，投入82.9万元完成一六至田心村五段公路，全长2.792千米；9月投入56.1万元完成西岸至大沥村、西岸至石门村公路，全长1.8千米；9月投入58.5万元完成团结村委下社村机耕路建设工程；12月，投入130万元完成Y846线西岸至大沥公路，全长4千米；投入114万元，完成龙谷陂至重阳交界13千米中小河流整治。投入119.84万元新建（修复）农田水渠（陂头）7

宗；投入373.1万元初步完成乐群、罗屋、一六片村村通自来水供水扩网工程。

【党建工作】 驻点联系群众工作。2016年全镇驻点联系工作采取“三个必须、三个带头”制度，即挂点领导必须到场处理群众反映的问题、每月必须与各团队成员谈心1次、必须定期检查驻点日志及台账等资料，带头研究谋划、带头组团驻点、带头解决问题。镇8个驻点团队直接联系群众2609户，收集群众意见建议32条，解答群众咨询1129人次，解决实际问题159件。

治理软弱涣散党组织。确定软弱涣散党组织乐群村存在的主要问题，镇成立征地纠纷巡查小组，采取由镇村干部包案分类解决、广泛宣传政策法规等方式，做好矛盾纠纷化解工作。采用“传、帮、带”与先进党支部建立挂钩联系制度，提升村委班子成员素质。投入65万元完成旧小学校楼重新装修改建村委办公楼。多方筹措资金，完成落田沟、陂下沟、石下沟3条水渠修缮、乐夫镇级森林公园建设等民心工程，解决该村班子形象差、村经济基础薄弱等问题。

【新农村建设】 全面完成团结村委、东粉村委等20个自然村外立面整治、村道巷道硬底化、污水处理、便民健身广场等工程，建立农村卫生保洁长效机制，实现乳桂沿线村庄卫生保洁全覆盖。

【自然村落历史人文普查】 成立以党政一把手为主要领导的责任领导小组，安排专人负责专项工作。坚持以“能查尽查”为原则，认真完成县布置的各项工作，扎实、稳步推进自然村落历史人文普查。采用实地走访、查阅资料等方式，完成对64个自然村落的信息、资料收集，并将普查结果按照要求录入广东省自然村落历史人文普查系统，形成调查初稿。

【地名志普查】 完成镇区7个村委1个居委共计64个农村居住点，2个水电站地理位置信息采集。

【第三次全国农业普查】 农业普查工作于2016年3月全面铺开，抽调各办业务精、能力强工作人员担任指导员、调查员和PDA录入员，组织开展农业普查业务培训574人次。完成全镇小区地图绘制，入户普查及PDA数据录入工作，共对3575户普通农户、34户规模户、72家单位的进行普查。

【精准扶贫工作】 落实中央、省、市、县关于新时期扶贫开发的决策部署，围绕“六个精准（扶贫对象精准、措施到户要精准、项目安排精准、资金使用精准、因村派人精准、脱贫成效精准）”，落实“八个到户（资产性收益到户、产业帮扶到户、就业服务到户、教育资助到户、危房改造到户、医疗救助到户、金融扶持到户、社会保障到户）”措施，科学部署，精心组织，创新思路办法，推进精准扶贫工作。2016年组织实施“八到户”帮扶措施2843件，完成贫困户危房改造30户，下拨各类扶持资金1547928元，全镇221户325人贫困人口实现稳步脱贫。

【综治信访维稳】 以构建“平安一六”为载体，加强组织领导和工作落实。2016年，全镇共受理矛盾纠纷调处9宗，成功调处9宗，调处成功率100%。受理信访案件40宗，办结40宗，办结率100%。全年未发生非正常越级上访，未发生群体性事件、重大恶性刑事案件和重大生产安全事故，社会总体和谐稳定。

【计划生育服务】 全面落实二孩政策，做好育龄妇女产前婚育教育，产中育儿辅导，产后身体保健等生育服务。2016年度，全镇育龄妇女3537人，新出生婴儿287人，其中一孩出生128人，二孩出生141人，多孩出生18人，政策生育率为97.21%，性别比为99.31。

【武装与征兵工作】 抓好民兵整组编排、民兵预备役、兵役登记、轻舟训练、民兵应急连集训等工作。全镇征兵工作于7月正式启动，通过积极动员镇区适龄青年报名应征和初检、复检、政审筛选，全镇超额完成2016年度征兵工作任务。

【社会保障服务】 截至2016年12月，全镇参加新农村合作医疗13558人，参合率100%。新型农村养老保险新参保79人，续保4345人，享受养老待遇2249人，参保率100%。全镇最低生活保障户231户424人，“五保”户67户67人，全年发放低保金及“五保”金1044462元，办理医疗救助33人次，发放救助资金186489元。

（雷　英　张廷柱）

2016年一六镇村（居）委会基本情况表

表17

村（居）委会	书记	主任	总户数（户）	总人口（人）	集体经济纯收入（万元）	农民人均纯收入（元）
一六村委	邱玉贵	付红飞	1254	3160	6.1	7900
东粉村委	黄明瑶	黄明瑶	1082	3379	4.9	9007
罗屋村委	何　俊	何　俊	611	1832	4.2	8809
乐群村委	欧春华		458	1258	2.2	8083
东七村委	冯日清	冯日清	745	2442	2.8	8670
西岸村委	欧伟彬	欧伟彬	308	876	5.6	8851
团结村委	冯玉生	冯玉生	1074	3320	9	9511
为民社区	陈景华	陈景华	241	558	/	/
合计	/	/	5773	16825	34.8	/

省驻乳源单位

广东省核工业地质局二九一大队

【概况】 广东省核工业地质局二九一大队为省属正处级公益二类事业单位。以地质找矿为主，从事工程勘察、地灾防治、路桥施工、地质技术服务、环境评价、工业气体生产销售等业务。设有广州花都、佛山三水、韶关乳源、韶关南雄4个基地。内设机关科室12个，二级法人实体11个（含1个联营单位）。有专业技术人员800多人，其中，研究员级高级工程师8人，高级工程师50多人。拥有固体矿产勘察甲级、工程勘察综合类甲级、地球物理勘察乙级、地质勘探乙级、水工环地质调查乙级、地质钻探乙级、环境影响评价乙级、液体矿产勘察丙级、地球化学勘察丙级、地质灾害治理工程监理及公路工程施工总承包壹级、桥梁工程和隧道工程专业承包壹级等资质。乳源基地设有机关离退休管理科、基地管理办公室、核工业华南二九一工程勘察公司、二九一大队职工医院、乳源瑶族自治县二九一房地产开发有限公司5个基层单位（科室）。

【主要职能】 承担国家和省下达的核地质勘察、地质调查工作任务，重点负责粤北诸广铀多金属矿整装勘察区、南雄盆地及周边成矿区、粤西北铀资源勘察工作；承担大队的放射性档案管理及军工铀矿地质勘探退役整治工程工作；承担国内外金属与非金属矿产、能源矿产、新兴矿产、战略性矿产资源勘察开发工作；承担全省天然放射性生态环境调查、评价、治理、监测工作；承担城市地质、农业地质、灾害地质、环境地质、海洋地质、岩土工程、工程测量、地质实验分析测试、地球物理勘察、地质钻（坑）探、水工环地质调查、地球化学勘察、地质灾害应急抢险工作；依法开展多种经营及国际业务经营活动。

【历史沿革】 1955年4月组建于湖南省长沙市，原属中央二机部管辖，1971年整编为中国人民解放军基建工程兵二〇三师六一国际儿童节九兵团，1984年“兵改工”改编为核工业部华南地质勘探局二九一大队，2000年9月属地化管理后，更名为广东省核工业地质局二九一大队。2001年，大队机关从韶关乳源迁至佛山三水，2014年12月26日，大队机关从佛山三水迁至广州花都，保留佛山三水、韶关乳源、韶关南雄3个基地。

【地质业务】 2016年，大队实施中央、省财政地勘项目11个，承接商业地质项目27个。新增1处小型铀矿床。综合研究项目成果突出，《广东韶关诸广山岩体南部铀多金属矿整装勘察区专项填图与技术应用示范》综合研究项目成果报告顺利通过国土资源部矿产勘察技术指导中心的评审，连续两年荣获“优秀”等级，是全省仅有的3个获得“优秀”等级的整装勘察区综合研究项目之一。资质和矿权维护措施有力，持有地勘及地灾资质共12项，拥有探矿权34个（铀矿13个、非铀21个）。地质会务水平不断提高，受国土资源部委托，全年承办全省整装勘察区跟踪指导工作会议4次。地质档案管理力度加强，完成文书档案立卷、资料定密及保密普查、年鉴编制等工作。

【二九一房地产开发有限公司】 乳源瑶族自治县二九一房地产开发有限公司位于乳城镇鹰峰东路，公司成立于2010年12月，是一家全资国有企业，拥有待开发土地25万平方米。除承担乳源基地土地开发工作外，公司也承担大队乳源基地日常管理工作。

（曹　韩）

广东粤电南水发电有限责任公司

【概况】 2016年，广东粤电南水发电有限责任公司（以下简称：南水发电公司）坚持以“安全第一、预防为主、综合治理”方针，强化两个责任，夯实安全生产基础，提升企业管理水平。公司继续保持三标认证、AAA级先进发电企业，荣获2015年创新驱动和转型升级优秀单位、广东省模范职工之家、2015年度经营业绩考核结果为“优”等荣誉。全面开展标准化良好行为建设、风控体系建设、“三重一大”制度建设、安全性评价等工作，挖掘企业潜力，努力增效能、增电量、节成本，依靠自有资源拓宽企业经营渠道，圆满完成集团公司下达的发电任务。

建立健全信访维稳工作长效机制，着力从源头防范下功夫，及时将矛盾问题化解在萌芽状态，巩固公司和谐稳定的局面。全年未发生影响公司形象的重大事件、非正常上访和群体性事件。

截至12月31日，安全生产连续实现4个百日安全记录，创历史最高安全纪录6134天，保持总体平稳的安全生产局面。完成上网电量4.07亿千瓦时（合并数据），完成上网电量考核基准值的171.73%，大幅超越往年同期水平。年末公司在职员工130人，内退人员2人，离休人员3人，退休人员170人。

【企业管理】 2016年度公司生产项目共20项，其中技改项目9项、修理项目8项、科技项目3项。物资询价、物资招标等均在粤电商务网上招标。粤电商务网招标为公司节省近30万元。严格按照《承包商管理标准》及公司安全相关规定管理承包商，加强对施工队伍的安全培训、考核和监督，确保生产项目顺利完成。

2016年对公司标准进行5次修订，其中新增34个标准文件，修改169个标准文件，作废34个标准文件，进一步完善公司标准体系，及时向员工宣贯，不断加强执行力。对2015年的工程项目所涉及的标准化文件修改进行检查，发现问题及时整改、落实。荣获2016年度AAA级先进发电企业荣誉称号。

【安全生产】 2016年安全生产局面总体稳定。公司坚持“党政同责、一岗双责、齐抓共管、失职追责”，围绕“强化安全发展理念，提升全民安全素质”活动主题，扎实开展各项活动。全年进行元旦、春节、汛前、安全生产月、国庆等节前安全大检查4次、应急演练消缺整改1次；进行《防御台风应急预案》《防地质灾害应急预案》《防地震灾害应急预案》及《防御特大洪水应急预案》联合演习及《电力网络信息系统安全事故应急预案》应急演练等活动；进行《安全规程》《现场规程》应急预案考试；为提升员工业务知识和操作技能，各班组每月进行一次业务知识、操作技能和技术规程考核竞赛，奖励优胜，调动员工积极性；组织在职员工观看《筑基》等安全生产VCD教育片。有效提高员工安全意识和自我保护能力，夯实安全基础。

完成全年制订反事故措施13项，完成率100%；安全技术劳动保护措施7项，完成率100%。“两票”执行情况：至2016年12月31日，共完成操作任务318项（其中电气操作201项，机械操作117项），没有出现误操作事故，操作票合格率为100%；工作票483张（其中电气一种工作票51张，电气二种工作票280张，机械工作票101张，动火工作票18张，继电保护工作票18张，水工工作票15张），工作票合格率为100%。发现设备缺陷98项，其中电气设备缺陷57项，机械设备缺陷17项，水工建筑类缺陷5项，其他缺陷19项，均得到及时处理，有效保证设备在最优工况下安全稳定运行。

【防汛工作】 贯彻“安全第一、常备不懈、预防为主、全力抢险”方针，公司水文班人员于汛前组织学习《水情拍报办法》《汛期值班制度》等规范与制度，采取各种预案的演练、班组自培形式增强相应的知识与技能。水情遥测系统方面，2016年系统运行稳定，各遥测站的信道畅通，数据传输质量及电磁环境良好，系统畅通率和可靠度均达到设计要求；南水防汛调度决策系统应用方面，水文班定期对值班人员进行操作应用培训，随时做好水库洪水预报与洪水整编工作；防汛应急通信系统方面，全年系统运行稳定，大坝与厂区间信道畅通，信号传输质量及电磁环境良好，系统畅通率和可靠度均达到设计要求，满足防洪需求。

【科技创新】 南水发电公司2016年荣获广东省粤电集团有限公司科学技术项目三等奖。项目名称：#1主变改造、三台机组调速机优化改造、三台机组振动摆度监测系统改造。

【人力资源管理】 依法规范劳动用工，保障员工的劳动权益，全年未出现劳动纠纷现象。加强人才梯队培养，优化人力资源配置，按规定开展相关岗位的公开竞聘。2016年1月，用考试实现南水、南源运行人员的合并；6月进行纪检监察部副部长、生安部副部长选拔。年内进行综合部文书档案专责、生安部机械专责等公开竞聘。

2016年工资总额比2015年略有提升，规范薪酬、绩效、考勤、奖惩等标准管理，达到合理分配与激励的目的。组织公司各岗位工作标准的修改，建立流程、管理标准、技术标准和工作标准之间的联系，为人力资源管理夯实基础。

【党建工作】 2016年，公司党委认真学习贯彻中共十八届六中全会精神和全国国有企业党的建设工作会议精神，深入组织学习《关于新形势下党内政治生活的若干准则》和《中国共产党党内监督条例》，切实推进“两学一做”学习教育，领导班子成员身体力行，要求广大党员认真领会两学一做，基础在学，关键在做，重点在改。结合公司实际，边学、边查、边改。党员的政治意志、大局意识、核心意识、看齐意识明显增强。

严格落实“两个责任”，推进党风廉政建设和责任落实。健全廉政制度，全力配合省委第九巡视组政治巡视工作，狠抓巡视阶段性整改落实，做到即知即改。

开展风控体系建设。2016年，公司聘请咨询机构作为外部专家进行指导，成立以公司领导和中层管理人员组成的风控体系建设领导小组和以生产、经营业务骨干组成的工作小组，进行业务分析，全面对本公司业务流程进行优化，梳理公司的管理标准和工作标准，开展制度差异性分析，发现漏缺及时整改。完成风险源查找、辨识、评估和应对，发现285项风险（其中重大风险10个，重要风险228个，一般风险47个），及时排除风险。建立风险库和内控库，编制重大风险源防控措施，梳理“三重一大”管理事项清单，制定专项风险评估报告机制，编制《风控管理手册》和《重大风险评估报告》。

制定“三重一大”管理制度。以风险管理为导向，结合风控体系建设需求和公司实际情况，制定《南水发电公司“三重一大”事项决策管理办法》。对照公司的各项管理制度，全面梳理各项实际业务和流程，明确提出“三重一大”管理事项，实施清单化管理（其中：重大决策事项29项，重要人事任免事项9项，重大项目安排事项6项，大额度资金运作事项4项）。确保清单涵括生产、经营、管理各个领域。规范公司“三重一大”集体决策程序和决策行为，提高决策水平，防范决策风险，为公司科学发展提供有力保障。

完善管理体系。对照“八项规定”精神和反“四风”要求，完善管理制度标准体系和工作流程。根据《粤电集团公司关于开展廉政纪律工作检查的通知》《广东省国资委党委通报十八大以来省属企业巡视巡查情况》要求，梳理企业管理工作中工作制度、工作流程存在的“不严不实”问题，认真自查梳理，对涉及人、财、物的标准和流程重新进行风险点排查，发现缺陷37处，制定整改措施共60条，新增7个标准，修订20个标准，废除8个标准。

创先争优。进行民主评议活动的党支部有5个，应参加评议的党员116人，评选优秀党员30人，合格党员86人。受表彰的优秀党支部1个，优秀党务工作者5人，优秀党员23人。积极开展“创建学习型组织，争做知识型职工”活动，营造积极向上的良好工作氛围。

推进企业文化建设。开展“创建学习型组织，争做知识型职工”活动。2016年评选表彰先进集体4个、先进生产工作者14名、工会积极分子28名，安全生产先进集体4个、安全生产先进个人18名、防洪积极分子18名。开展丰富多彩的文体活动和全民健身活动。认真抓好计划生育、内退及离退休人员的管理工作，关心员工，为员工办好事、实事。

发展党员。按集团公司党委要求，坚持成熟一个发展一个原则，有1名预备党员按时转正，1名入党积极分子发展为预备党员，3名入党申请人由公司团委推荐为入党积极分子。派1名党支部书记参加集团举办的党支部培训学习，1名入党积极分子参加集团举办的入党积极分子培训。

【厂务公开】 2016年，采取职代会、生产行政办公会议、公司网站、OA办公平台、宣传栏、南水通讯电子杂志、显示屏等形式，对公司的生产经营管理工作、员工切身利益、岗位竞聘、专业技术评聘考核、先进评选等进行公开，接受广大员工监督，切实做好厂务公开的规范性管理。2015年12月获广东省总工会颁发的“广东省第二届厂务公开民主管理示范单位”荣誉称号。

【综合管理】 交通方面。主要抓好司机交通安全教育，汽车班实现全年安全行车，无发生责任事故。公司交通车辆做好日常检查、维护与定期保养，通过交通部门定期检测。厂区的主要交通道路、路口设置有关警示牌标志，增加减速带，车辆按规定安全行驶，保证厂区道路安全，全年未发生交通安全事故。

消防方面。加强对易燃易爆品进行严格管理，重新检查全公司消防器材的配置，消防重点部位配备足够的消防器材，对有缺陷的消防设备进行更换。全年未发生火灾等消防事故。

【拓宽经营渠道】 2016年根据集团公司统一部署，公司抓住机遇，拓展经营渠道。

供水项目。2016年5月该项目初步设计获得审查通过，2016年10月韶关市人民政府与粤电集团签订《韶关市南水水库供水工程项目投资合作协议》，南水水库供水工程项目前期工作基本准备就绪。此项工程被列入广东省2017年重点建设项目，年度投资计划须100%完成。2016年12月27日成立广东粤电韶投水务有限责任公司，准备进行引水管线项目开工建设。

风电项目。按照集团风电公司统一部署，积极推进，集团公司在韶关开展风能开发项目工作。2016年7月，南雄朱安村筹备组成立，继续与韶关市和南雄市相关政府部门沟通协调，为项目后续推进及征租地工作创造良好的外部环境。

抽水蓄能项目。按照集团公司统一部署有序推进韶关市范围内抽水蓄能普查和选点规划。

【南水发电公司综合档案管理】 完成年度档案归档资料共2632件，归档电子文件3446份。提供利用108人次、203卷次、898件次。（张　慧）

广东省乳阳林业局

【概况】 广东省乳阳林业局（以下简称乳阳林业局）成立于1958年，是广东省林业厅直属正处级事业单位（含南岭国家森林公园、南岭国家级自然保护区乳阳管理处），地处广东乳源瑶族自治县与阳山县、乐昌市和湖南省宜章县两省四县交界处，主要职能是保护森林生态体系，培育利用森林资源。辖区林业用地3.04万公顷，蓄积量244.62万立方米，其中生态公益林面积2.78万公顷，占91.5%，森林覆盖率97.6%。2016年全局总人口数1916人，在职在岗职工359人，退休工人746人。全年经营收入4701万元，完成全年任务143%，比2015年增长272万元，增长率84%，实现利润411万元，上缴税费806万元。职工人均年收入5.08万元，比2015年增长11%。年末资产总额为3亿元，资产负债率为40%。紧扣“加强生态建设，建设美丽乳阳”绿色发展主题，全面推进国有林场改革，圆满完成全年各项任务，实现快速、和谐、有序发展态势。

【基础设施建设】 2016年完成溪头至四工区5千米供水主管换管工程。做好龙溪林场、飞马坪、横龙北、天门嶂工区管护点建设选址规划，完成鸡冠田、横龙北工区管护站用房维修改造建设工程。完成溪头至横龙北、横龙北至鸡冠田7.8千米林区公路硬底化。建设4座数字无线电应急通信基站。

【森林培育】 2016年完成森林碳汇、珠江防护林等林业重点生态工程的备耕造林及抚育任务，其中造林506.33公顷，抚育2504.27公顷，顺利通过上级部门的检查验收。最高峰公路边坡复绿工程种植乡土树苗、撒播藤科种子植物取得实效。

【小水电生产】 重视安全生产工作，加强内部管理，落实岗位职责、岗位绩效考核规章制度，提升整体管理水平和执行力。完成“十二五”期间溪二、溪三、溪四、龙四电站增效扩容改造工程并通过验收。2016年完成小水电发电量9126.7万千瓦时，实现总产值4724万元，完成全年任务138%，产值比2015年增长51%，创历史新高。

【森林生态旅游】 加强景区建设项目管理，维护南岭森林生态安全，推进景区景观、景点复绿工程建设，稳步推进森林旅游发展。2016全年南岭国家森林公园接待游客人数14万人次、门票收入656万元，分别比2015年增长15%、20%。

【森林资源管护】 加强与地方政府协调，继续推进山林确权工作，2016年完成八宝山老蓬片466.67公顷山林确权发证工作。广东省森林公安局乳阳林业局有效开展“红线行动”“净网行动”，制止非法占用林地2宗，收回非法占用林地5.2公顷，立案8宗，查处3宗，移送起诉3人收缴非法盗砍木材10多立方米。南岭周边森林公安签订《南岭林区警备合作协议书》。坚决关停两处与保护区主体功能区不适应的旧采石场。妥善处理好环保志愿者发起的南岭森林公园环保公益诉讼案件，林区资源管护呈良好发展态势。

【安全生产】 乳阳林业局严格落实安全责任制，做好安全生产事故防范、隐患排查整改工作。2016年完善电站的安全基础设施，强化一线作业人员安全生产预防防护教育。实施全局安全生产岗位责任告知书制度。2016年未发生任何安全生产事故。

【森林防火】 贯彻落实“预防为主，积极消灭”的森林防火方针，强化落实森林防火目标管理责任制度。加强边界农村联防宣传工作，实现全年“零火警”目标。抓实辖区森林防火林带清杂共23条总长度100千米、面积100万平方米。7月和9月全省专业森林消防队伍二次大型实地森林消防培训演练活动在乳阳林业局四工区圆满结束。天门嶂坳顶18米高瞭望塔兼数字无线电应急通信基站投入使用。

【党风廉政建设】 贯彻落实中共十八大和十八届六中全会和习近平总书记系列讲话精神，开展“两学一做”专题教育活动和“严守纪律、严明规矩”“按本色做人、按角色办事”“我是共产党员”主题教育。做好党员党组织关系排查，健全党员管理台账，完善党员名册、档案基础资料。

【精神文明建设】 2016年获全国总工会授牌“全国职工书屋”，赠书2000多册。广东省总工会、省林业厅联合广东工人艺术团慰问基层林业工人“走进南岭”——“中国梦·劳动美”大型歌舞晚会于2016年6月7日在乳阳职工子弟学校运动场成功演出。局女子乒乓球队代表省林业厅参加全国林业厅（局）第十四届乒乓球比赛，获女子单打第四名和团体第五名。乳阳林业局获乳源瑶族自治县人民政府授予2016年“平安林区”文明称号。（卢小冬）

广东省天井山林场

【概况】 广东省天井山林场创建于1958年，是广东省林业厅直属的生态型自收自支正处级事业单位。2016年，林场实现收入5125万元，上缴税费599万元，创利润662万元。国有资产总值1.94亿元，活立木蓄积量201万立方米，比2015年增长3.05%；森林覆盖率为97.72%。广东省天井山林场完成的《粤北山区雨雪冰冻灾害受损森林群落恢复技术》项目获得2016年广东省直单位第四届工作技能大赛“优秀作品奖”。

【森林资源培育】 全年完成2015年国家特殊及珍贵树种培育项目、2015年中央财政森林抚育项目、2016年省级碳汇林抚育项目，中幼林抚育面积2150.27公顷，追肥约933.33公顷；实施2016年防护林工程中央预算内投资项目、国家特殊及珍贵林木培育项目并按计划完成，完成2016年木材战略储备项目设计及伐区调查设计，全年生产木材约

8000 立方米；完成生物防火林带抚育工程 290 千米约 266.67 公顷；开展造林科学施肥对照实验，实施 4 种方案对杉木人工林进行施肥，设立 13 个样地进行详细调查和长期监测；与广州林业与园林研究院合作开展广东杜鹃花属植物资源收集和开发利用研究项目，继续开展种质资源收集和育苗工作；按计划进行苗圃年度建设和除草、松土、开沟等管理工作，对 17000 多株新购阔叶幼苗进行假植。

【森林防火】 认真抓好森林防火工作，组织森林防火宣传车和森林防火队员深入林场管辖范围内的林区、工区、电站、农村开展森林防火宣传活动。与各工区和电站签订防火责任书共计 50 份，悬挂横幅 15 条，宣传车巡回宣讲 200 多车次，分发宣传资料、发放印有森林防火标语的生活用品 1000 余份，确保森林防火政策法规和相关制度宣传普及到林场每户家庭每一个人和周边农村，提高全民森林防火意识，形成全社会人人参与、支持森林防火工作的良好氛围。

【林下经济】 完成铁皮石斛大棚内间苗和上树附生栽培 3.5 万株，采收铁皮石斛鲜枝 522 公斤、石斛花干品 4.95 公斤、灵芝干品 72.85 公斤。完成两座大棚、仿生态种植基地的水肥管理、调查监测、病虫害防治及项目档案管理工作。

【生态旅游】 积极开拓森林公园旅游市场，开展公园主题活动，举办“梦寄天井山——科普夏令营及诗歌晚会”“让爱远行——广东屋脊天井山森林漫步”等大型活动，利用公园网站和旅游公众微信平台等网络媒体进行大力宣传，提升公园的知名度和吸引力，提高公园景区和酒店的经济效益。全年共接待游客 22065 人次，其中接待科普团队、单位及自驾游团体 30 批次约 2000 人次；旅游相关综合收入约 88 万元，其中云锦山庄餐饮部和客房部营业收入分别为 37.6 万元和 46.4 万元，门票及会务等收入 2 万元。

【安全生产】 结合林场实际制定 2016 年安全生产工作计划，做到全年安全生产工作有组织、有计划，有步骤开展。场领导与场机关各部门、场属各单位负责人签订安全生产责任书共 22 份，明确安全生产责任，把安全生产工作目标任务层层分解。完善安委会的组织机构，健全安全管理机制和事故应急预案。制订工作方案，积极开展平安春运、安全生产月、安全知识咨询日、“消防安全周”等活动，加大安全生产宣传、普及力度，开展安全生产知识培训，营造良好的安全生产氛围。在元旦、春节、“五一”国际劳动节、国庆等重大节假日和“两会”“中共十八届六中全会”等重大会议前组织开展安全生产大检查，发现问题及时整改，不能及时整改的发出整改通知书限期整改，对整改情况进行跟踪落实，整改率达 100%。

【小水电站生产】 顺利完成蓬山、天坪、天三等电站技改问题工作，共增加装机容量 1900 千瓦。全年实现系统送电量 12987.5 万千瓦时，产值 6658.6 万元，超额完成年度生产任务及各项考核指标。

【民生建设】 乳源职工商住小区 A、B、C、D 标段顺利竣工验收并逐步交付使用，E 标段完成主体建设并进入室内装修阶段，小区的配套设施和附属工程建设在加紧实施；大坪移民安居房建设完成一层主体建设，公共配套设施、给排水、供电、通信、绿化工程部分完成，第二层以上楼层和室内装修由住户自行选择实施。

【党风廉政建设】 按照省林业厅和中共乳源瑶族自治县委、乳源瑶族自治县人民政府的部署，认真开展“两学一做”学习教育，印发林场学习教育实施方案，明确“两学一做”的重要意义、总体要求、主要内容、方法措施和组织领导，召开“两学一做”学习教育工作大会，采取专题知识竞赛、参加网络学习、集体讨论学习形式，深入学习党章党规和系列讲话，把“两学一做”学习教育落到实处。认真开展纪律教育学习月活动，以学习贯彻《中国共产党廉洁自律准则》和《中国共产党纪律处分条例》为载体，深入开展党性教育、反腐倡廉教育和党内法规制度教育及作风教育，印发《广东省天井山林场党风廉政建设主体责任清单》，层层签订责任书，切实加强作风建设和政治思想建设。

【国有林场改革】 按照分类推进改革的要求，围绕保护生态、保障职工生活两大目标，明确国有林场保护培育森林资源、维护国家生态安全的职责，推动政事分开、事企分开，实现管护方式创新和监管体制创新，建立利于保护和发展森林资源、利于改善生态和民生、利于增强林业发展活力的国有林场管理体制机制，推进新一轮绿化广东大行动，守护好粤北连绵山体生态安全屏障。

（林景辉　孔国荣）

广东省高速公路有限公司京珠北分公司

【概况】 广东省高速公路有限公司京珠北分公司（以下简称京珠北分公司）负责京港澳高速公路粤境小塘—甘塘段（简称京珠北）109.84千米高速公路的经营管理。全路段按4车道完全控制出入口高等级公路标准设计，时速重丘区100千米/小时，山岭区80千米/小时，设有1个主线和6个匝道收费站。公司业务主要以收费、养护、路产维护为主，下设综合事务部、党群人力部、计划财务部、养护工程部、收费管理部、机电隧道管理部、路政大队7个职能部门，职工540多人。

2016年，京珠北分公司获得省总工会、省安全生产监督管理局授予“广东省‘安康杯’竞赛优胜单位”、省安全生产协会授予“广东省安全文化建设示范企业”、省交通运输厅授予“2014—2016年度‘感动交通人物——最美南粤交通集体’提名奖”、省公司“先进基层党组织”“2015年度先进集体”“2014—2015年度新闻宣传工作先进单位”等多项殊荣。

2016年，京珠北分公司全年共有43人次获得省公司或以上荣誉称号，其中陈玉涌荣获“广东省五一劳动奖章”、陈淑英被推荐为“广东省三八红旗手”；在全省高速公路车辆通行费收费员职业技能竞赛中，取得1名二等奖、3名三等奖的好成绩；收费队伍全年新涌现23名千万元无差错收费能手。

【防逃费行为专项整治】 立足全局、主动作为，不留死角。京珠北作为末端路段，对逃费行为公司主动出击。对收费过程中标志点异常增多导致通行费流失现象，主动开展跨路段跨区域未知标志点稽查，找准症结所在，及时形成分析材料报送省营运协会，带动全路网未知标志点清查工作，未知标志点得到有效消除。

创新科技手段，提升打逃效率。全面配备高清视频记录仪加强打逃取证、启用紫外线识别器有效识别假行驶证、安装“ETC车道红外扫描装置”后台快速锁定OBU大车小标等，全面提升打逃准确率，变人工筛查为技术锁定。

因地制宜，找准重心，调整策略，适时开展专项打击。根据粤北主线站车流量大、货车比例高、计重和绿通争议多的特点，联合地方公安、高速交警开展针对假证、不规则行驶、大车小标、假冒绿通等逃费行为的专项整治行动6次。年初使用全称台，将全称台车道转为绿通专道，有效防控绿通超载“漏网之鱼”。

及时总结经验，完善防逃机制，延伸打逃成效。为深化打逃成效，让有效的打逃措施成为“规定动作”，让有代表性的打逃经验产生规模效应，分公司多次总结提炼典型的防逃打逃经验，形成有数据、有分析、有措施、有成效、有案例的书面材料上报至省公司、集团和省营运协会，并先后6次获转发推广至各营运路段。

【保畅能力不断提升】 总结保畅成功经验，巩固保畅长效机制。实施制度保障，修订完善《京珠北日常保畅通工作机制》《京珠北高速公路重大节假日保畅通工作手册》《收费站大车流疏导应急预案》《收费现场矛盾纠纷应急预案》，完善逐级分流疏导机制和提高现场纠纷的应对能力。实施设备保障，保证复式亭、便携式收费机的正常运转，确保高峰期粤北收费站可同时开启52个收费点，最大限度保障车流高峰期的快速通行能力。实施人力保障，成立收费支援小组、设备维护小组、交通协管员队伍，规范支援制度和操作流程，优化收费人员的应急调度，确保车流高峰期间的重要站点的保畅通工作。

技术与管理融合，实现保畅精细管理。分公司加快完成全线各站16条全称台车道改造和27个车道限高架的安装工作，基本确立车流高峰期粤北主线站主广场容纳货车、辅广场容纳客车的分流原则。一是全称台大大提高计重数据的准确率，有效减少计重收费纠纷和复称数量，收费站货车通行效率明显提升；二是车道限高架有助于实现收费车道客货分流，可根据车流结构适时调整客货车道比例，车道利用效率增强；三是粤北站银联卡、微信、支付宝等新型支付方式的成功应用，为支付方式的多元化和应急支付提供有力支持，以往因现金不足导致车辆滞留的现象基本消失。

【队伍素质明显提高】 创新培训方式，分步骤、分层次、分等级地开展培训，先后组织开展管理人员素质拓展培训、党员井冈山红色教育、收费员防逃费管理系统培训、路政员法律知识培训、安全知识、文明服务等各类专题培训42次，参与培训人员达到1630人次；鼓励广大员工参加再教育学习培训，共有65人次参加社会再教育、职称评定和就业资格考试，18人次取得初、中、高级职称和本科文凭。

【优化安全行车环境】 为解决新岭分离立交桥、江乌分离立交桥的安全隐患，积极与乳源瑶族自治县政府协商措施，在桥梁中央设置限宽隔离墩，限制大型、重型车辆通行，坚决制止严重危及桥梁安全的违法超载超限车辆上路上桥，严防发生桥梁垮塌、断裂事故。联合交通执法局、交警持续开展高速公路“入口劝返、出口查处”拒超工作，严厉打击违法超限车辆。全年开展106次专项行动，出动路政人员244人次，劝返超限超载车辆67辆，发放告知书23份。联合交通执法局、高速交警、地方派出所等单位开展粤北收费广场非法摆卖、违法上路加水等专项整治行动，实施粤北站长期驻点机制，优化高速公路通行环境。以“路政宣传月”为契机，深入沿线学校、村庄、社区开展高速公路法律法规宣传，发放各类宣传手册2000余份，有效提高沿线群众的爱路护路意识。

【科学管养水平提高】 加快信息智能技术的应用，完成“一张网”防逃费系统、全称台改造工程、电子支付设备等专项工程，全面提升服务效率；在全线投入高清视频记录仪、紫外线识别器，在粤北收费站安装启用“ETC车道红外扫描装置”，加大防逃打逃力度；推进“四新”技术的应用，引进桥梁检测施工挂篮平台、四旋翼航拍飞行边坡巡查器等新技术、新材料、新工艺、新设备，提高养护经济效益。

【党建工作特色鲜明】 深入开展“两学一做”专题教育学习。开展党课9次，参与党员群众达630余人次；为每名党员派发“两学一做”专题教育笔记本，在全体党员中开展“抄党章”活动，形成良好的学习氛围；组织全体党员开展“两学一做”知识闭卷考试，并利用门户网、宣传栏等渠道对成绩统一公布，全面检验党员学习成效，党员参与率100%，合格率达98%；开展一次红色教育，组织党员到革命圣地井冈山开展“理想信念教育、道德品行教育、党风党纪教育、基本国情教育”，深刻领会并弘扬井冈山精神，帮助广大党员深入了解井冈山革命斗争的光荣历史、感悟井冈山精神、自觉传承党的优良传统和作风。 （粟晶晶）

广东乳源大峡谷省级自然保护区

【概况】 广东乳源大峡谷省级自然保护区（以下简称大峡谷保护区）位于大布镇，属省级自然保护区。2002年8月省编委批准成立“广东乳源大峡谷省级自然保护区管理处”，核定省级事业编制12人，其中主任1人，副主任1人。由广东省林业厅和乳源瑶族自治县共管，人员经费由省财政核拨。

【规范建设管理】 一是2016年9月组织全体管护队员参加县林业局举办的森林防火业务知识培训。进行林业政策及法律法规、森林火警火灾预警预报扑火技能、安全避险等系统培训，提高防火指挥员和管护队伍的业务水平。二是抓好目标责任制管理。实行管护科负责人与管护队长，管护队长与管护队员签订《广东乳源大峡谷省级自然保护区管理处巡护队工作人员考核目标责任书》，管护队员分片挂点，分片包干，分小班巡查，加强重点地段、重点区域巡查，做到发生事件有人报，发生违法行为有人管，把责任落实到个人，完善绩效管理制度，提高管护人员的工作积极性和责任心。三是加强联防，提高协调处置能力。与保护区辖区内的大布镇政府、大布林业站及辖区外的曲江罗坑自然保护区、英德石门台自然保护区做好联防联动工作。按“自防为主，联防联动”的原则，开展保护区森林防火联防工作，相邻一旦发生山火，及时互通信息、服从调度，将森林火灾消灭在萌芽状态。

【科研宣教】 2016 年，大峡谷保护区制作横幅 25 条，标语 200 张，宣传公告 1500 份，翻新保护区内全部宣传牌（碑）45 个，新建大型宣传牌 2 块。清明节、“五一”国际劳动节、国庆节和冬至期间，派发防火宣传单，出动宣传车入村进行《中华人民共和国森林法》《自然保护区条例》《森林防火条例》《野生动植物保护条例》等法律、法规的广播宣传，提高保护区周边群众的生态保护、野生动植物保护和禁止野外用火意识。2016 年保护区管护工作达到“四无”目标：没有发生火灾；没有发生乱砍滥伐、乱捕乱猎、乱挖乱采等违法现象；没有出现人员上访；没有违规占用地现象。

投入 160 万元建设保护区宣教中心、标本馆及自然资源展馆；购置 GPS、望远镜、数码相机等科研仪器和野外监测设备，提高监测珍稀动物能力；与中南林业科技大学、韶关学院、华南师范大学、华南濒危动研究所、中科院华南植物园等院校和科研单位合作成立科研教学和野外调查基地。2016 年，保护区科研宣教中心、标本馆，共接待研究生 30 人次，本科实习生 100 人次，中小学生科普教育 400 人次，社会各界人士参观考察约 2000 人次。

【依法流转林权主体】 2016 年大峡谷保护区动员辖区内的夹水、英明和呈头三村委的相关村小组、村民，根据《中华人民共和国合同法》《中华人民共和国森林法》及《中华人民共和国农村土地承包法》等有关法律法规，以村集体、村民自愿为原则，将保护区内的林地使用权以及该林地上的林木所有权、使用权，以租赁的方式，签订流转合同，流转给保护区进行统一管护。截至 12 月，除极少部分存在争议的林地外，乳源大峡谷自然保护区内 95% 以上的集体林地和私人自留山的“三权”全部合法流转到自然保护区，完善流转手续，领取“林权证”。

【维稳工作】 加强生态旅游区的监督和管理，2016 年没有发生一起游客违反《自然保护区条例》和破坏自然资源的案件。贯彻“群众利益无小事”的信访工作方针，抓好保护区内社会维稳工作，倾听林农心声，切实解决林农的合理诉求。社区居民没有出现一起投诉和上访现象。

【专项资金建设项目】 2016 年 2 月，大峡谷保护区成立专项资金项目自验收小组，按照验收条件对保护区 2012 年至 2015 年完成的自然保护区专项资金建设项目逐条对照进行自验，对不完善部分提出整改意见，限期完成再进行复查。邀请审计部门对完成的自然保护区专项资金项目资金的使用情况进行审计。2016 年 4 月，顺利通过韶关市林业局的专项资金建设项目验收小组的验收工作。

【教育实践和廉政建设】 2016 年成立以处党组书记为组长、党组成员为组员的领导小组，具体负责“两学一做”教育实践活动、党风廉政建设等工作，取得一定成效，受到县检查组好评，全年没有发生一起违纪违规违法现象。

【精准扶贫】 2016 年 5 月，大峡谷保护区根据县委、县政府的部署安排，对口扶贫大布镇白坑村委，扶贫对象 12 户。按照《广东省扶贫办关于扎实做好当前扶贫攻坚重点工作的通知》《新时期精准扶贫脱贫政策》及县相关配套政策精神，帮助扶贫对象拟好三年精准扶贫发展规划，做好各项帮持措施的落实：帮助 1 户贫困户解决就业问题；帮助 6 户贫困户申请解决危房改造资金 27.5 万元，其中 1 户顺利通过危房改造验收工作；帮助 4 户贫困户申请产业扶持奖补资金 1.28 万元；帮助 5 户贫困户 9 名在读学生申请教育助学资金 1.6 万元。截至 2016 年 12 月底，有 2 户贫困户实现脱贫。

（李钰桦）

2016 年乳源瑶族自治县国民经济统计资料

2016 年国民经济和社会发展的统计公报
乳源瑶族自治县发展和改革局

2017 年 3 月 10 日

2016 年，面对经济下行压力加大的严峻形势，县委、县政府带领全县人民认真贯彻中央和省委省政府各项决策部署，坚持稳中求进工作总基调，牢固树立和践行新发展理念，以推进供给侧结构性改革为主线，积极利用少数民族地区税收优惠政策，加大招商引资力度，全县动员促投资，攻坚克难稳增长，全县经济运行呈现“总体平稳、稳中有升、稳中向好”的态势，实现了“十三五”良好开局。

一、综合

初步核算，全年完成生产总值 73.7 亿元，比上年增长 9.5%，完成了县定年度预期增长目标，其中：第一产业增加值 8.06 亿元，比上年增长 3.9%，第二产业增加值 33.86 亿元，比上年增长 8.6%，第三产业增加值 31.78 亿元，比上年增长 12.1%。三次产业结构比分别是 10.9 : 46 : 43.1。全县人均 GDP39857 元，比上年增长 8.6%。

稳增长的重要支撑：两大支柱同时发力推动工业较快发展，水电企业 16 年雨水量充足加上技改效应，产值与以往比大幅度的增长；东阳光集团供给侧改革效应明显，产值较快增长；营利性服务业发展迅速，直接拉动第三产业 1.67 个百分点的增长。

二、农业

初步统计，全年农林牧渔业总产值 12.86 亿元，比上年增长 3.9%，其中：农业产值 8 亿元，比上年增长 4.3%；林业产值 2.19 亿元，比上年增长 3.3%；畜牧业产值 2.18 亿元，比上年增长 3%；渔业产值 0.24 亿元，比上年增长 5.6%。全年谷物播种面积 14.67 万亩，比上年增长 1.6%。谷物总产量 5.44 万吨，比上年增长 2.8%，其中：稻谷总产 4.93 万吨，比上年增长 2.8%。

畜牧业平稳发展。全年肉猪出栏量比上年增长 4.2%，生猪年末存栏量比上年增长 2.9%；猪、家禽等肉类总产量比上年增长 4.2%。

渔业稳步增长。年末水产品产量 2711 吨，比上年增长 5.3%。

主要农产品产量

表 18　　计算单位：吨

	2016 年	比上年增（减）%
一、谷物	54395	2.8
其中：稻谷	49262	2.8
玉米	4422	3.9
二、薯类	26000	3.4
三、大豆	2030	3
四、花生	4132	2.9
五、蔬菜	85735	4.3
六、烟叶	1143	0.7
七、水果	10861	11.1

三、工业

全年全部工业增加值 29.67 亿元，比上年增长 10.3%，其中规模以上工业增加值 24.74 亿元，比上年增长 11.4%：国有及国有控股企业增长 33.4%，民营企业增长 7.1%，外商及港澳台投资企业增长 2.1%，股份制企业增长 14.2%；分轻重工业看，轻工业增长 20.2%，重工业增长 10.6%；分企业规模看，中型企业增长 8.8%，小型企业增长 15.6%。在制造业普遍不景气的环境下，规上工业的较快增长主要得益于我县两大工业支柱东阳光集团和水力发电的支撑；规下工业增加值 4.93 亿元，比上年增长 4.8%。

全年全部工业总产值 110.39 亿元，比上年增长 4%，其中：规模以上工业产值 93.38 亿元，比上年增长 3.6%；规模以下工业产值 17.01 亿元，比上年增长 6%。在规上工业中，制造业产值 80.99 亿元，比上年增长 1.3%；电力生产和供应业产值 12.39 亿元，比上年增长 22.8%。规上工业产品销售率 97.86%，比上年增长 2 个百分点。

规模以上主要工业产品产量

表 19

	计算单位	2016 年	比上年增（减）%
发电量	万千瓦时	146586	47.3
腐蚀箔	万平方米	8.7	34
亲水箔	万吨	1588	3
盐　酸	万吨	21.8	-21.4
烧　碱	万吨	20.8	4
服　装	万件	164.5	-16.3

四、固定资产投资和建筑业

全年社会固定资产投资完成 66.97 亿元，比上年增长 2.7%。其中：固定资产投资项目完成 60.97 亿元，比上年增长 0.6%，房地产开发投资完成 6 亿元，比上年增长 31.1%，商品房销售面积 18.56 万平方米。全年全社会建筑业增加值 4.19 亿元，比上年下降 2.3%，其中：县资质建筑企业增加值 8.28 亿元，比上年下降 9%。

三次产业投资结构，第一产业投资完成 1.03 亿元，比上年增长 35.6%；第二产业投资完成 25.35 亿元，比上年下降 18.6%；第三产业投资完成 40.59 亿元，比上年增长 21.8%；三次产业投资结构比为 1.5 ∶ 37.85 ∶ 60.65。

五、运输邮电

年末全县民用汽车 13799 辆，增长 23%：其中载客汽车 13256 辆，增长 23%；普通载货汽车 543 辆，增长 14%。当年全县货运量 255 万吨，比上年下降 0.4%，货物周转量 22385 万吨公里，比上年下降 0.6%，旅客客运量 968 万人，比上年增长 2.1%。全年交通运输、仓储和邮政业增加值 3.59 亿元。年末全县公路通车里程 2027.22 公里，其中高等级公路 313.19 公里。

邮政通信事业较快发展。2016 年邮政业务总量比上年增长 19.5%；电信业务总量比上年增长 66.2%。

六、贸易、对外经济、旅游

全年批发业销售额 151.41 亿元，比上年增长 127%，零售业销售额 20.99 亿元，比上年增长 9.7%，住宿业营业额 9899 万元，比上年增长 9.4%，餐饮业营业额 2.82 亿元，比上年增长 7%。全年累计社会消费品零售总额 22.47 亿元，比上年增长 10.1%。其中：批发和零售业零售额 20.04 亿元，比上年增长 10%，住宿和餐饮业零售额 2.43 亿元，比上增长 11.1%。按地域分：城镇社会消费品零售总额增长 10.1%，乡村社会消费品零售总额增长 10.4%。

全年外贸进口总值 12805 万美元，比上年增长 5.7%，其中，外贸出口总值 10652 万美元，比上年增长 14.1%；全年实际利用外资 801 万美元，比上年下降 8.35%。

据旅游部门统计，2016 年，全县共接待游客 414.56 万人次，比上年增长 10.3%；旅游收入 34.77 亿元，比上年增长 12.2%。

七、财政、金融和保险业

据财政部门统计：全年地方财政一般预算收入 5.21 亿元，比上年增长 2.95%；其中，税收收入 3.76 亿元，增长 16.6%，非税收收入 1.45 亿元，比上年下降 21.1%。地方财政一般预算支出 22.29

亿元，比上年下降10.3%，其中：一般公共服务支出4.83亿元，比上年增长60.2%；教育支出3.71亿元，比上年下降13.5%；医疗卫生支出2.64亿元，比上年增长20.4%；社会保障和就业支出1.76亿元，比上年下降9.1%；节能环保支出2.48亿元，比上年增长110.2%；文体与传媒支出0.36亿元，比上年下降12.2%。

据税务部门资料，全年国税、地税税收收入合计11.07亿元，比上年增长33.3%，其中：国税国内税收收入6.65亿元，比上年增长62.5%；地税税收收入4.42亿元，比上年增长5%。

年末金融机构各项贷款余额40.78亿元，比上年增长4%，各项存款余额87.2亿元，比上年增长13%，其中：城乡住户储蓄存款余额47.67亿元，比上年增长14.1%。

全年有69534人参加了人身保险，有7.4万户家庭参加了家庭财产保险，参加财产保险企事业单位352个。全年全县保险保费收入8196万元，比上年增长9.5%，其中财产保险公司保费收入2530万元，人寿保险公司保费收入5846万元。全年支付各类赔款及给付额2721.6万元，其中：财产保险赔款金额728.6万元，各类人身险给付金额1993万元。

八、教育、卫生、文化和体育

教学质量进一步提升，中高考硕果累累。高考应届一本上线率完成市指标228%，应届二本上线率完成市指标126%；中考总分平均分在全市（七县三区）的排名由第9名上升到第6名，高分段考生人数占全市考生比例由6.1%上升到9%，其中，乳源中学全校总分平均分为454分，比市平均分高38分。年末全县有普通学校50间（不含教学点、职中），招生人数11422人，增长9.2%；毕业生人数9132人，增长10.4%；在校学生人数35105人，增长9.1%，在校人数中：普通中学在校学生9029人，其中高级中学在校学生2735人，小学在校学生15837人，在幼儿园接受学龄前教育的儿童10239人，特殊教育学校学生57人。2016年高考录取人数为1128人，本科录取405人；初中毕业录取中专人数为1025人，增长6.4%。

积极改善就医环境，医疗队伍进一步优化。2016年，财政投入1.5亿元用于完善城乡卫生基础设施，使三家公立医院大部分建设指标达到县级综合医院建设标准，使乡镇卫生院添置一批医疗设备，镇级就医环境得到均衡发展。2016年，我县强化人才引进培养，聘用8名医疗卫生系统紧缺人才（其中正高1人，副高1人，本科6人），5名乡镇卫生院医技人员；柔性引进7名高层次医疗卫生专业技术人才（其中正高1人，副高2人，硕士研究生4人），培训业务技能人员600多人次。年末全县拥有在编卫生人员数835人，其中高级职称25人，中级职称198人；年末全县拥有病床床位数546张，其中医院352张。

公共文化供给进一步加强，文化生态保护再上新台阶。图书馆接待进馆读者11.2万人次，阅览图书26.02万册次，同比上年增长23%，开展各类阅读推广活动（含讲座、展览、送书下乡等）21场次；文化馆举办全县乡镇文化站和业余文艺团体培训班11期，共487人次，开展文艺辅导996人次。2016年，圆满完成了《乳源过山瑶民俗文化展厅》布展并开放，完成了新文化馆建设项目立项工作，成功争取到瑶族文化保护利用设施（民族文化传承中心）中央预算资金360万元。全县实有影剧院数1间、文化馆1个、博物馆1个、乡镇文化站9个、公共图书馆1个，公共图书馆图书总藏量10万册，同比上年增加了1.5万册。

全民健身公共服务均衡发展，体育赛事再创佳绩。2016年，我县圆满完成了十个自然村健身器材安装工作；完成了体育馆灯光和健身广场及篮球场的更新工作；完成了2016年广东省首届迷你铁人三项赛、奔向广东第一峰（韶关·乳源）铁人三项挑战赛和广东省（韶关·乳源）环南水湖自行车公开赛等三项大型户外体育赛事；启动了农村全民健身项目、体育馆健身广场、县足球场的建设和县康体中心的报建。全县各单位举办各类运动会8次，参加比赛人数达0.34万人，比上年增长5.9%；参加地级县以上运动会1次，夺得1金6银6铜的好成绩。

九、人口与人民生活

年末全县户籍总人口22.32万人（公安局户籍人口），其中男性11.55万人，女性10.77万人。人口变动中迁入人口合计1018人，迁出人口合计2075人。

全县常住人口18.57万人，其中城镇常住人口8.2万人，农村常住人口10.37万人；城镇化率44.16%。

据卫计部门统计：全年出生人口3461人，符合政策生育率为96.59%，政策外多孩率0.92%；常住人口自然增长率8.06‰；死亡率7.07‰；出生人口性别比104.31（以女孩为100）。

城乡居民收入增长较快，人民生活水平得到进一步改善。预计全年城乡居民可支配收入1.71万元，增长10%左右，其中城镇居民人均可支配收入2.15万元，比上年增长10.7%左右，农村居民人均可支配收入1.17万元，比上年增长9.7左右%；预计在岗职工年人均工资比上年增长13.9%。

全年城镇新增就业人数2085人，下岗失业人员再就业人数1135人，就业困难人员实现再就业人数164人，农村劳动力转移就业人数3010人，城镇登记失业率控制在2.4%以内。

年末全县拥有敬老院6间，供养人数82人；社会福利收养性单位1个。享受城镇居民最低生活保障345人，享受农村居民最低生活保障4335人。各种捐款82.8万元。设立城镇社区服务中心95个。

年末参加基本养老保险职工人数2.75万人，比上年增长2.9%；参加农村社会养老保险人数7.05万人，比上年增长3%；城乡居民参加基本医疗保险人数有16.11万人，比上年增加4.3%；参加医疗保险人数18.39万人，比上年增长0.6%。

从2016年1月1日起执行新的最低生活保障的标准，农村居民每人每月335元，城镇居民每人每月485元，五保供养每人每月540元。

十、资源、环境和安全生产

全年平均降水量2386毫米，较上年增加2.68%。全年日照时数1329小时，平均气温20.6℃。

全年规模以上工业综合能源消费量43.8万吨标准煤，比上年下降0.05%。全社会用电量13.97亿千瓦时，增长5.96%。其中，工业用电量12.14亿千瓦时，增长4.94%。

全年发生各类安全生产事故11起，比上年下降39%，安全生产事故事故直接经济损失93.35万元。

注：1. 公报中所列数据均为初步统计数。

2. 生产总值、各产业增加值和工农业总产值指标绝对数按现价格计算，增长速度按可比价格计算。

3. 2011年国家统计制度改革，规模以上工业统计范围为年主营业务收入2000万元及以上的企业，固定资产投资统计范围为计划总投资500万元及以上项目和房地产开发投资。

先进名录

先　进　单　位

2016 年获韶关市委、市政府以上机构（含省直部门、市厅级机构）表彰先进单位一览表

单　　位	授予时间	荣　誉　称　号	授　予　单　位
乳源瑶族自治县	2016. 05	全国国土资源节约集约用地示范县	国土资源部
乳源瑶族自治县高级中学	2016. 05	第四届全国中学生舞龙舞狮锦标赛两项冠军	中国中学生体育学会
乳源瑶族自治县疾病预防控制中心	2016. 06	全国质控网络并合格的实验室	国家碘缺乏病参照实验室
广东省乳阳林业局图书室	2016	全国职工书屋	中华总工会
广东省乳阳林业局女子乒乓球队	2016	获全国林业厅（局）第十四届乒乓球比赛女子单打第四名、团体第五名	林业部
乳源瑶族自治县	2016. 2	创建成为全国义务教育发展基本均衡县	国务院教育督导委员会
乳源瑶族自治县	2016. 12	第一批国家级农村职业教育和成人教育示范县	教育部
乳源瑶族自治县	2016. 08	广东省第十届双拥模范县	中共广东省委、广东省人民政府、广东省军区
乳源中学	2016. 01	广东省依法治校示范校	广东省教育厅
人民银行乳源支行	2016. 01	人民银行标杆职工之家	人民银行广州分行
南水发电公司	2016. 01	2015 年度发电企业档案工作评估结果优秀	广东省粤电集团有限公司
南水发电公司	2016. 01	1#主变改造荣获 2015 年度粤电集团科学技术成果项目奖三等奖	广东省粤电集团有限公司

续上表

单　　位	授予时间	荣　誉　称　号	授　予　单　位
南水发电公司	2016. 01	三台机组调速机优化改造荣获2015年度粤电集团科学技术成果项目奖三等奖	广东省粤电集团有限公司
南水发电公司	2016. 01	三台机组振动、摆度监测系统改造荣获2015年度粤电集团科学技术成果项目奖三等奖	广东省粤电集团有限公司
京珠北分公司	2016. 02	广东省“安康杯”竞赛优胜单位	省总工会、省安全生产监督管理局
乳源县扶贫开发领导小组办公室	2016. 04	广东省2013—2015年扶贫开发“双到”考核结果优秀单位	广东省扶贫开发领导小组
京珠北分公司	2016	广东省安全文化建设示范企业	广东省安全生产协会
京珠北分公司	2016	“2014—2016年度‘感动交通人物最美南粤交通集体’提名奖”	省交通运输厅
南水发电公司运行分会	2016. 05	2014—2015年度先进分工会（工会小组）	广东省粤电集团有限公司工会委员会
乳源瑶族自治县	2016. 07	第三次被命名为广东省双拥模范县	广东省人民政府
南水发电公司	2016. 07	2015年度经营业绩考核结果为“优”	广东省粤电集团有限公司
南水发电公司	2016. 09	2015年度AAA级先进发电企业	广东省粤电集团有限公司
南水发电公司	2016. 11	2015年创新驱动和转型升级优秀单位	广东省粤电集团有限公司人力资源部
大桥镇崇安医院	2016. 10	全国基层卫生岗位练兵和技能竞赛省决赛团队组三等奖	广东省卫计委 广东省总工会
乳源民族文化传习馆	2016. 12	瑶族舞蹈《日头下，田埂乐》获广东省第五届岭南舞蹈大赛非职业组铜奖、创作优秀奖	广东省文学艺术界联合会、广东省舞蹈家协会
金禧小学	2016. 12	“2016年广东小学生诗歌节”诗歌教育示范学校	中共广东省委宣传部、广东省教育厅
金禧小学	2016. 12	广东省依法治校示范校	广东省教育厅

续上表

单　　位	授予时间	荣　誉　称　号	授　予　单　位
南水发电公司工会委员会	2016.12	广东省模范职工之家	广东省总工会
乳源瑶族自治县民族文化传习馆	2016.12	广东省基层文化工作先进单位	广东省人力资源和社会保障局 广东省文化厅 广东省新闻出版局
京珠北分公司	2016	先进基层党组织	广东省高速公路有限公司
京珠北分公司	2016	2015 年度先进集体	广东省高速公路有限公司
京珠北分公司	2016	2014—2015 年度新闻宣传工作先进单位	广东省高速公路有限公司
东坪镇方武村委会方武村	2016	广东省卫生村称号	广东省爱国卫生运动委员会
东坪镇新村村委会新村	2016	广东省卫生村称号	广东省爱国卫生运动委员会
乳源供电局	2016	基建业务优秀团队	广东南方电网有限责任公司
乳源瑶族自治县国税局	2016	2014—2015 年度国税系统广东省青年文明号集体	广东省国税局
乳源瑶族自治县	2016	2016—2020 中国品牌广东峰会共建品牌人家园大本营战略合作单位	广东省企业品牌促进会

先　进　个　人

2016 年获韶关市委、政府以上机构（含省直部门、市厅级机构）表彰先进个人一览表

姓　名	授予时间	获奖时工作单位	荣　誉　称　号	授　予　单　位
姚志源	2016.11	乳源瑶族自治县工商局	全国工商企业登记工作成绩突出窗口工作人员	国家工商行政管理总局
宗道华	2016.03	乳源高级中学	广东省特级教师	广东省人民政府
梅　光	2016.04	南水发电公司	2014—2015 年度青年岗位能手	广东省粤电集团有限公司共青团委员会
黄井明	2016.04	乳源县人力资源和社会保障局	广东省 2013—2015 年扶贫开发“双到”考核结果优秀个人	广东省扶贫开发领导小组

续上表

姓　名	授予时间	获奖时工作单位	荣　誉　称　号	授　予　单　位
温凯达	2016. 04	南水发电公司	2014—2015 年度青年岗位能手	广东省粤电集团有限公司共青团委员会
董红升	2016. 05	南水发电公司	2014—2015 年度优秀工会工作者	广东省粤电集团有限公司工会委员会
廖少辉	2016. 05	南水发电公司	2014—2015 年度优秀工会积极分子	广东省粤电集团有限公司工会委员会
胡烈文	2016. 10	县委组织部	荣获 2013—2015 年度《广东党建》杂志优秀通讯员	广东省党的建设研究会
伍梅华	2016. 12	县委组织部	《组工干部要做更有“力”的合格党员》获评一等奖	广东省委组织部
赵天金	2016. 12	乳源民族实验学校	南粤楷模	中共广东省宣传部
刘丽霞	2016. 12	乳源瑶族自治县文广新局	广东省基层文化系统工作先进个人	广东省文化厅
陈玉涌	2016	京珠北分公司	荣获“广东省五一劳动奖章”	广东省总工会
李　强	2016	烟草乳源瑶族自治县有限公司	2016 年度广东烟草商业系统职业技能鉴定优秀信息员	广东烟草局
邓雄华	2016	乳源瑶族自治县文广新局	广东省基层宣传文化能人	广东省文化厅
许玉英	2016. 06	桂头镇七星墩村	最美家庭	广东省委宣传部、广东省精神文明建设委员会办公室、广东省妇女联合会
吴宏远	2016. 11	大布镇中心学校	优秀乡村教师	韶关市人民政府

文献转载与重要文件

关于印发乳源瑶族自治县国民经济和社会发展第十二个五年规划纲要的通知

各镇人民政府，县府直属及上级直管各单位：

《乳源瑶族自治县国民经济和社会发展第十二个五年规划纲要》业经县第十届人民代表大会第六次会议审议批准，通过上级统计部门核准统计数据。现印发给你们，请认真组织实施。

二〇一一年六月二十日

乳源瑶族自治县国民经济和社会发展第十二个五年规划纲要

“十二五”时期（2011—2015 年）是乳源实现跨越发展、绿色崛起、建设幸福乳源的关键时期，是深入贯彻实施《珠江三角洲地区改革发展规划纲要（2008—2020 年）》和《省委、省政府关于促进粤北山区跨越发展指导意见》的重要时期。科学规划和有效实施“十二五”规划，对于促进乳源经济社会的发展具有十分重要的意义。

本纲要根据《中共乳源瑶族自治县委关于制定全县国民经济和社会发展第十二个五年规划的建议》编制，主要明确政府工作目标和任务，引导市场主体行为，是战略性、纲领性、综合性的规划，是政府履行经济调节、市场管理、社会管理和公共服务职责的重要依据，是未来五年乳源经济社会发展的宏伟蓝图。

一、发展基础和发展环境

（一）发展基础

“十一五”时期是全县经济社会发展极为复杂、极不平凡的五年。在县委、县政府的正确领导下，坚持以邓小平理论和“三个代表”重要思想为指导，以科学发展观统领全县经济社会发展全局，以努力建设全国一流少数民族自治县为奋斗目标，实施“工业立县，农业稳县，旅游旺县，科教兴县，绿色乳源”的发展战略，积极应对特大洪涝、雨雪冰冻等自然灾害和国际金融危机，按照“保稳定、保增长、保民生”的工作部署，紧紧抓住“两个关键”，牢牢把握扩大内需带来的重大机遇，迎来了全县经济增速加快、产业结构优化、经济社会效益提高和民生改善的良好局面。

——国民经济快速发展，综合实力明显增强。2010 年全县生产总值达到 38.7 亿元，比 2005 年翻一番，“十一五”期间生产总值年均增长 16.4%，超“十五”6.3 个百分点，人均生产总值达到 20898 元，年均增长 18.4%；地方财政一般预算收入达到 3.09 亿元，年均增长 21.9%，超“十五”6.1 个百分点；城镇居民可支配人均收入达 12117 元，年均增长 10.1%，农民人均纯收入达 5335 元，年均增长11.9%，超“十五”6.6个百分点。成为全省县域经济综合发展力提升最快的十强县之一，挺进全省山区五市十强。

——产业结构不断优化，工业加快，旅游突出。一、二、三产业增加值占GDP的比重由2005年的14.2：54.6：31.2到2010年调整为11.8：51.4：36.8，其中第一产业的比重下降2.4个百分点，第二产业下降3.2个百分点，第三产业上升5.6个百分点。2010年，一、二、三产业增加值分别达到4.58亿元、19.9亿元、14.22亿元，年均增长6.1%、17.6%、15.8%；全县实现工业总产值83亿元，年均增长18.7%；全县接待游客186万人次，旅游收入11.62亿元，分别年均增长25%、53%。

——固定资产投资规模扩大，基础设施建设成效显著。“十一五”期间，全县社会固定资产投资累计达79亿元，年均增长27.2%，比“十五”期间增长84%。农村基础设施建设得到改善，全县修筑三面光水圳78千米、改造陂头56座、架设便桥（涵洞）82个、维修机耕路32.9千米，整治改造农田4.4万亩，建成现代农业示范园区1200多亩。交通枢纽建设全面展开，改建公路193.2千米，总投资2.42亿元，全县拥有公路197条，通车总里程1463千米，公路密度为每百平方千米69.6千米。电力保障体系建设步伐加快，兴建主网110千伏茶园变电站并进行扩容，增加110千伏变电站3座，扩建220千伏主变1台、110千伏主变1台、35千伏主变1台，增加供电变压器容量372.5MVA。电子通信事业快速发展，有线电视用户达到2万户，实现村村通广播电视，移动电话用户达到10.62万户，每百人拥有电话50.3部，传输技术实现了光缆化、数字化。

——环境保护成效突出，生态建设日趋完善。“十一五”期间，我县先后被授予“全国绿化模范先进县”和“广东省林业生态县”“广东省旅游强县”荣誉称号，被省政府定为南岭山地森林及生物多样性生态功能区生态发展试点县，完成各类造林面积35万亩，集体林权制度改革全面展开，森林覆盖率达到65.1%，林木绿化率达到69.4%。二氧化硫年排放总量控制在959吨以内，化学需氧量年排放总量控制在1070吨以内，南水水库水体质量达到地表水二类标准，饮用水源水质达标率100%，县城污水处理厂建成投入使用，县城无公害生活垃圾填埋场动工兴建将投入使用。

——人民生活水平显著提高，社会保障体系不断完善。2010年全县城镇居民可支配人均收入12117元，年均增长10.1%。农民人均纯收入5335元，年均增长11.9%。2010年城乡居民储蓄余额21.7亿元，年均增长15.8%。2010年社会消费品零售总额11.04亿元，年均增长18.9%。全县就业和再就业规模持续扩大，城乡保障体系不断完善。其中，培训农村劳动力11809名、转移就业27526名，城镇失业人员再就业1850人，每年新增就业人口2100人，失业率控制在3.5%以内。全县共有医疗卫生服务机构15家，专业技术人员532人，建成农村卫生站121个，医疗卫生体系逐步完善。城镇居民基本医疗保险参保率75.7%，新型农村合作医疗参保率达到100%。

——社会事业进步巨大，社会保持和谐稳定。实施“科教兴县”战略，2010年学前入园率达到86.6%，中、小学毛入学率分别达到100%、100%，高中毛入学率达到89.1%。文化事业繁荣发展，全县已建成基层综合文化站9个，农家书屋66家，基层服务点131个，《拜盘王》《瑶族刺绣》列入国家非物质文化遗产保护名录，编制出版《瑶绣》等一批瑶族文化书籍。公共卫生体系建设不断推进，新疾控中心和县人民医院门诊、急诊大楼建成并投入使用，卫生监督能力不断增强。大力开展全民健身活动，建成县体育馆群众健身广场，2010年成功承办了广东省第四届少数民族运动会押加、秋千、毽球三大项目赛事。高度重视计生工作，“十一五”期间计划生育率年均为91.17%，比“十五”时期上升2.62个百分点。信访维稳、人民调解和社会治安综合治理扎实开展，社会局面和谐稳定，全县各族人民团结和睦、安居乐业，各项事业协调发展。

——政府自身建设加强，执行力显著提升。深入开展“解放思想，争当发展排头兵”和“贯彻学习实践科学发展观”活动，加大公务员队伍培训力度，组织开展廉政教育活动、“依法治县”创建活动、创先争优活动、“树立正确权力观，提高执行力”学习教育活动，加大工作督办力度，转变工作作风，加强依法行政，推行政务公开、服务承诺、过错追究、首问负责和限时办结制度，实行网上行政审批，政府服务水平不断提高，积极开展反腐败斗争，加大对重点领域、重点工程、重点环节、重点岗位的监督检查和审计，政府公信力进一步提高。

“十一五”期间，全县经济社会持续健康发展，但由于各方面的原因，也存在一些不容忽视的问题：一是经济总量偏小，发展总体水平仍然偏低，重点产业项目缺乏，发展后劲仍显不足，经济社会发展指标与珠三角等发达地区相比差距较大；二是城镇化步伐缓慢，城镇辐射带动能力有限，农业农村发展形势依然严峻，农民增收和扶贫攻坚存在困难；三是产业结构不尽合理，高新技术产业和现代服务业发展水平不高，缺乏具有较强市场竞争力的核心技术和名牌产品等；四是地方财税收入低，收支矛盾突出，支出压力加大，结构不合理。

（二）发展环境分析

“十二五”时期是全面建设小康社会承上启下的关键时期，面临新的发展形势，既有加快发展的难得机遇，又要面临严峻挑战。

1. 发展机遇

——国际环境。和平、发展、合作是时代的主题，经济全球化的

趋势不会改变。全球将进入科技创新密集时代和绿色发展时代，新能源技术、信息技术、节能减排技术等重要领域，正在酝酿新的突破，重新确定在知识密集型工业领域的竞争优势。发达国家新一轮增长点逐步形成，并形成新的国际分工格局，而发展中国家获得更多的话语权，世界经济朝着有利于多极化方向发展，发展进程加快。

——国内环境。继续实施扩大内需发展战略，继续巩固投资拉动

经济增长。经济发展将更加科学协调，国家将着力平衡国内生产力布局，促进资源优化配置，提高居民收入，缩小贫富差距，加大扶贫力度，增加落后地区的投入，继续加强生态环境保护，改善民生，推动城乡、区域协调发展，缩小地区收入和基本保障水平差距，健全社会保障体系和利益协调机制，促进经济的持续发展和社会的和谐稳定。

——省内环境。伴随着广东省落实加快欠发达地区发展和实施“双转移”战略，尤其是《珠江三角洲地区改革发展规划纲要（2008—2020年）》《广东现代产业体系总体规划（2010—2015）》和《关于促进粤北山区跨越发展的指导意见》的实施。省委、省政府高度重视扶贫开发，坚决打好扶贫开发攻坚战；更加注重生态文明建设，大力支持生态发展区的发展；更加关注少数民族地区，落实扶持少数民族地区经济社会发展的各项政策，积极推进少数民族地区经济社会又好又快发展。

——市、县环境。韶关市确定建设全国生态文明建设示范市和粤北区域中心城市战略定位的目标，深入实施特色经济战略，打造产业集聚中心，建设新兴制造业基地、农产品生产加工基地、旅游休闲基地，一体化进程加快。“十一五”期间，我县工业化进入加速发展期，城镇发展框架进一步拓展，市政设施日臻完善，投资环境显著改善，重点领域和关键环节的改革稳步推进，这些都为全县“十二五”期间的大开发、大发展奠定了良好的基础。

2. 有利条件

从我县自身发展来看，区位优势进一步突出，交通设施进一步完善，发展基础进一步坚实，随着生态文明建设加强，工业基础的夯实，旅游业的快速发展，扶贫攻坚力度的加大，将为我县的经济社会发展创造良好的环境条件；省委、省政府对自治县、扶贫开发县和生态发展区的扶持政策倾斜，我县经济社会发展将获得更多更大的政策支持；生态发展功能区的定位，迫切要求我县转变经济发展方式，探索新的经济发展思路。

3. 制约因素

在经济发展上我县仍面临着不少的挑战和制约因素。从外部来看，全球需求萎缩下降，生态发展限制增加，区域竞争日益激烈，经济发展与生态发展的矛盾日益突出。从自身来看，经济发展方式粗放，产业结构不够合理，县镇财力非常薄弱，自身发展能力不强，土地供需矛盾突出，“双转移”难度较大，农村贫困比例较大，扶贫开发任务艰巨，这些因素将制约着我县经济社会的发展。

二、“十二五”经济社会发展的基本思路

（一）指导思想

坚持以邓小平理论和“三个代表”重要思想为

指导，深入贯彻落实科学发展观，以推动民族地区科学发展为主题，以加快转变经济发展方式为主线，以“加快绿色崛起、建设幸福乳源”为核心，大力实施“生态立县、工业强县、农业稳县、旅游旺县、科教兴县”五大战略，坚持打“民族牌”，走“生态路”，以观念策动、工业驱动、旅游推动、城乡联动、文化促动为发展动力，加快新型工业化、新型城市化、特色资源产业化和生态建设系统化，推动绿色崛起和跨越发展，成为全国少数民族地区实践科学发展观排头兵。

（二）原则

——坚持又好又快的发展原则。要积极转变发展理念，创新发展模式，寻求经济发展方式转变和产业升级的新突破，提高发展质量和发展水平并紧抓发展机遇，保持较高的增长速度，做到经济发展上规模、提速度，实现经济的生态、和谐、安全的跨越发展。

——坚持环境友好、绿色发展原则。乳源是全省的生态屏障，遵循人与环境协调共进的原则，继续推进生态立县战略，把推进工业化、城镇化与建设生态文明有机统一起来，坚持开发和节约并举，发展低能源消耗、低污染排放、低温室气体排放的绿色经济，促进经济发展模式向高能效、低能耗、低排放模式转型，实现经济效益与生态效益的有机统一。

——坚持城乡区域协调发展原则。实施统筹城乡区域协调发展战略，按照城乡一体化的要求，积极稳妥推进城镇化，推进社会主义新农村建设，促进城乡协调发展，建设生态宜居城乡。推进形成主体功能区，推进“双转移”和扶贫开发，重点发展瑶族镇，加快镇域经济发展，形成中心突出、轴线（交通线）辐射、梯次推进、以城带乡、和谐发展的区域经济新格局，形成基本公共服务和人民生活水平差距不断缩小的区域协调发展格局。

——坚持深化改革、开放创新的原则。深化改革、开放创新是乳源实现科学发展的动力所在。通过营造良好的改革创新环境，不断深化改革，及时解决经济社会发展中的深层次矛盾和问题；通过实施创新驱动战略，大力推进体制、机制创新和方法、科技创新。坚持对内对外开放，在经贸发展方式、区域经贸合作及“引进来”“走出去”等方面实现新突破，全面提升开放型经济水平。

——坚持全民创业的原则。进一步将全民的创业激情激发出来，要在营造全民创业的环境上取得新突破，形成全民创业的大潮。努力提升整合要素的能力，大力提倡能人经济，通过培育能人、兴办企业，进一步营造全民创业氛围，加快民营经济发展。

——坚持以人为本的原则。把不断实现好、维护好和发展好最广大人民的根本利益作为全部工作的出发点和落脚点，寻求改善民生的新突破。把发展的目的真正落实到富民、惠民、安民上，实现富民与强县的有机统一。把提高人民生活水平、消除贫困，促进就业、增加城乡人民收入，发展教育、提高公民整体素质，健全社会保障体系和公共服务体系等作为硬指标，不断满足人们全面发展的需求。

（三）战略思路

1. 探索一条新路

——坚持探索全国少数民族地区科学发展新路。我县被省定位为生态发展区，“十二五”期间，要立足独特的优势资源和民族特色，坚持打民族牌、走生态路，创新发展模式，转变经济发展方式，优化产业结构，提升经济发展质量，实现经济社会跨越发展，进入全国少数民族地区经济社会发展强县之列，走出一条独具民族地区特色的科学发展新路子。

2. 坚持两个并重

——坚持加快发展和生态优先并重。我县定位为南岭山地森林及生物多样性生态功能区，因此，在加快经济发展的同时，要正确处理经济发展与生态发展的关系，走经济发展与生态发展良性互动的发展模式。在经济发展过程中要重视开发与节约相结合，鼓励开发和应用节能降耗的新技术，引进资源节约型项目，限制资源高耗型、污染型企业的发展，大力发展循环经济，倡导节约能源资源的生产方式和消费方式。

——坚持经济发展与民生福祉并重。改善民生是经济发展的根本目的和最终归宿。近年来，我县虽保持良好发展态势，经济持续快速增长，综合实力不断增强，但人民群众日益增长的多样化诉求与公共财力、公共服务矛盾十分突出，社会事业发展仍然较差，收入分配、社会保障等领域存在不少问题，人民群众不满意的地方还很多。因此，在抓经济发展的同时，要把改善民生放在更加突出的重要位置。在同一起跑线上，以经济发展来改善民生，以改善民生推动经济发展，让全社会共建共享发展成果。

3. 突出三大战略

——突出生态立县战略。在科学发展观指导下，结合乳源实际，充分利用我县优良的生态资源，发挥区位、人文、政策等优势，确定生态产业发展方向及重点。坚定不移地走生态道路，坚定不移践行“既要金山银山、又要绿水青山”发展理念，发展生态经济，实现绿色崛起。

——突出工业强县战略。紧抓“两个关键”，以承接珠江三角洲“双转移”为机遇，进一步改善和优化投资环境，营造招商引资的良好社会氛围，不断提高新型工业化进程。大力实施“项目带动”的战略，促进全县工业经济发展。围绕铝箔加工、氯碱化工、生物制药、涂附研磨材料和食品加工产业，以引进“三高两低”企业为重点，延伸产业链，形成产业集聚和规模发展。实现“两年打基础，三年上台阶，五年翻两番”工业跨越发展。

——突出旅游旺县战略。要发挥乳源旅游资源丰富的优势，整合资源，以生态旅游和民族文化旅游为主导，重点打造“大南岭生态文化旅游区”和“世界过山瑶之乡”两大品牌，开发建设和完善一批龙头旅游景区，完善旅游服务设施，优化旅游环境，形成“点、线、面”相结合的旅游网络，带动旅游业和相关行业全面发展，促使旅游产品升级、旅游形象提升，实现旅游强县富民。

4. 发展五大产业

——发展高新材料加工产业。依托现有基础材料加工业的发展基础，落实《省市共建铝箔氯碱产业集群基地》规划，着重发展铝箔加工、磁性材料、涂附研磨材料、电子信息元器件等行业，扩大和延伸产业生产链，将优势产业做强做大，形成聚集效应和产业集群，继续发挥基础材料加工业和新能源材料产业对经济发展的重要支撑作用，全面提升我县的工业化水平。在“十二五”期间，形成年产值百亿元的铝箔产业规模，建成全球第一的铝箔生产加工基地。

——发展氯碱化工产业。落实《广东乳源氯碱特色产业基地产业规划》总体规划，加快园区道路、供水、供电、通信等基础设施建设，打造工业发展平台。积极引进一批产业链长的龙头项目、关联度大的配套项目，构成以氯碱为起点、较完整的产业链条，形成具有较强竞争力的化工产业集群。“十二五”期间，形成年产值达百亿级的氯碱化工产业集群，形成强劲的经济增长极。

——发展生物制药产业。依托东阳光药业研究院、东阳光生命科技大学，着力研发生物制药项目，加强与省内外科研机构的密切联系，立足于自主创新，加快建设更大规模、更高水平的生物技术专业孵化器和生物专业产业园区，加速形成集研发、孵化、产业化于一体的生物医药产业集聚发展格局，提升产业层次，成为经济发展新引擎。

——发展旅游文化产业。立足旅游资源优势，结合瑶族传统文化，加快旅游产品升级开发，完成南岭国家森林公园、广东大峡谷、必背瑶寨等重点景区新一轮深度开发，加大瑶族特色旅游纪念品和旅游配套用品的研发力度，丰富旅游产品；培育和发展南岭生态休闲旅游文化基地、瑶族文化旅游产业园、“拜盘王”保护传承基地、云门寺佛教文化生态保护区等特色旅游文化产业；鼓励和引导民间资本创办旅游文化演艺公司和旅游商品研发、生产企业；结合旅游发展和城乡建设规划，建设集旅游观光、休闲娱乐、文化展示、特产销售于一体的旅游文化产业集群，使旅游文化产业成为支柱产业。

——发展绿色食品产业。实施《乳源生态农业总体规划》和《乳源生态观光农业长廊概念性规划》，充分发挥本地生态环境优势和传统优势产业，大力发展绿色农业和生态休闲观光农业，形成具有乳源特色的生态农业体系。依托农业龙头企业，推行“公司＋基地＋农户”模式，建设较大规模的绿色食品生产基地，扩大绿色食品的生产规模和加工能力，把我县建设成为粤、港、澳地区绿色优质农副产品供应基地。

（四）发展目标

到2015年，全县生态环境更加和谐美好，经济发展更加稳健快速，人民生活水平不断提高，社会事业更加进步，体制法制更加健全，初步实现全面建设小康社会的目标，增强人民群众幸福感。

——实现经济综合实力跨越发展。到2015年，全县生产总值达到100亿元，年均增长20%以上，人均生产总值达到53000元以上，年均增长20%以上。第一产业实现4.55亿元，年均增长6%左右，第二产业实现58亿元，年均增长22%以上，第三产业完成38亿元，年均增长25%以上，三产业比例调整为5：58：37；固定资产投资年均增长20%以上；地方财政一般预算收入达到6亿元，年均增长15%以上。力争全县生产总值、地方财政一般预算收入五年实现翻一番以上。经济结构不断优化，支柱产业更加突出，增长质量同步提高。五年后，我县经济社会发展综合评价指标总体争取进入全国120个少数民族自治县前10位。

——建设全国生态文明示范县。按南岭山地森林及生物多样性生态功能区生态发展试点县总体规划要求，加强重点生态项目建设，加快和完善各类自然保护区、湿地公园、森林公园的建设，提高生态功能等级、生态效益，促进人与自然和谐相处、持续发展，打造绿色生态屏障。到2015年，全县森林覆盖率达到72.5%以上，林木绿化率达到76.5%以上，人均森林面积达到7.8亩，城镇人均公园面积8平方米，耕地保有量保持在27万亩以上，林地保有量保持在240万亩以上，城市生活污水集中处理率达到80%，城镇生活垃圾无害化处理率达到80%，公众对环境的满意率达到75%，争创全国生态文明示范县。

——突出改善民生，构建幸福乳源。以改善民生为重点的社会事业加快推进，城乡一体化的教育、就业、医疗卫生及养老等社会保障体系更加完善，基本公共服务均等化取得明显进展，民主法制、精神文明建设全面加强，构建和谐社会走在韶关市前列，成为全国少数民族地区文化强县。全县35周岁幼儿学前教育入园率达到90%以上，其中农村达70%以上，小学适龄儿童毛入学率、初中毛入学率均保持100%，高中阶段毛入学率达到93%以上，25岁以上人口平均受教育年限达12年，全县初步实现教育现代化；城镇登记失业率控制在3.5%以内；城镇职工参加基本养老保险比例达100%，参加基本医疗保险比例达100%，新型农村养老保险参保率达到95%以上，新型农村合作医疗参保率达到100%，卫生服务体系健全率达95%以上；人口自然增长率控制在7.3‰以下。

居民收入继续增长，收入差距逐步缩小，价格总水平基本稳定，居民生活整体比较富裕。农村居民人均纯收入7500元以上，年均增长8%以上；城镇居民人均可支配收入达到19500元以上，年均增长10%左右，通货膨胀率控制在3.0%以内。社会治安和安全生产状况进一步好转，社会更加和谐稳定。

——深化体制机制改革创新。继续深化行政管理体制改革、农村综合改革、社会事业领域改革、资源要素价格改革、财税体制改革、经济体制改革，到2015年，体制机制创新有新的突破，形成公正透明、廉洁高效、运转协调、行为规范的行政管理体制，形成具有更高活力、更加开放的市场经济体系。加强精神文明和民主法制建设，提高人们的思想道德水平和法律素质，健全社会主义法制。

——2020年展望。全县生产总值、人均生产总值比2015年再翻一番，综合经济实力大幅增强，生态环境更加良好，主导产业优势更加显现，人民生活水平显著提高，社会更加文明和谐，全面建立城乡一体化的社会保障体系，与全省同步实现全面建设小康社会的目标。

三、“十二五”经济社会发展的主要任务

实现乳源瑶族自治县“十二五”经济社会发展主要目标，必须全面贯彻落实党和国家的各项方针政策和民族政策，紧密结合乳源实际，以生态建设为立足点，紧抓“两个关键”，按照“一城多镇”的发展布局，以加快经济发展为中心，在经济发展方式转变、产业结构优化升级、城乡区域协调发展、生态文明建设、营造创新创业环境、改善民生、完善公共服务、促进社会进步等方面实现突破，努力构建和谐生态的经济社会。为实现“十二五”时期的发展目标，重点要抓好以下九个方面的工作。

（一）加强生态环境建设与保护，实现乳源绿色崛起

按照广东省主体功能区规划要求，明确各镇的功能定位和发展方向，落实乳源作为南岭山地森林及生物多样性生态功能区生态发展试点县的建设使命，加强生态环境建设和保护，努力形成节约能源和保护生态环境的产业结构、增长方式、消费模

式，推进资源节约型、环境友好型社会建设，促进人与自然和谐相处、持续发展，打造粤北生态宜居名县，铸就南粤绿色生态屏障。到2015年，全县森林覆盖率达到72.5%以上，林木绿化率达到76.5%以上，人均森林面积达到7.8亩，争创全国生态文明示范县。

1. 加强生态环境建设。积极开展植树造林和封山育林活动，到2015年底，全县新增有林地面积15万亩；加大生态公益林建设，综合治理水土流失；发展以高大乔木为主的乔灌藤草及木本花卉协调统一的集城市景观、休闲旅游、生态隔离于一体的多功能生态林带，县城城区及平原镇以城市林业建设为主，市政Ⅰ，Ⅱ级主干道沿线、乳江河沿岸及经济开发区建设生态隔离带；大桥、东坪、洛阳、大布、必背、游溪等石灰岩、石漠化镇，结合生态移民工程，实施以植被恢复为主的石漠化治理工程；县城“五大出口”开展以乡土优良阔叶树种为主的风景林带建设，结合绿色通道道路绿化及两侧山体绿化实施工程建设；开展泉水市级自然保护区、南水湖国家湿地公园、南方红豆杉自然保护区、大潭河自然保护区的水源涵养林建设；按照省市的要求，开展“万村绿”工程建设，五年建设100个自然村，建设面积1000亩，全县村庄绿化覆盖率达到33%以上。

2. 加强环境保护工作。建立生态环境保护体制，落实生态补偿机制；加大林业管护力度；加强污染物减排工作的组织领导，切实抓好污染物减排措施的落实，确保辖区内各企业“十二五”污染物总量控制与削减目标任务的完成。严格执行建设项目环境影响评价制度，严禁新上“三高”项目；严格限制污染企业、能耗大户落户乳源；突出工业污染治理，严格实行达标排放，完成县城污水处理厂配套截污管网及支网改造；将乳城镇侯公渡区域的垃圾收集转运纳入城区环卫管理，改善当地环境卫生状况；加紧完成无公害生活垃圾填埋场的工程建设，并做好垃圾填埋场的运营和管理工作；加强农村点源、面源污染治理，实施乡村“清洁美”工程；开展各类环境宣传活动，营造保护环境的良好舆论氛围，形成全民保护环境、人人节约资源的良好局面，推动乳源向环境友好型社会迈进。

3. 加强能源资源集约节约利用。运用经济、法律和行政手段，广泛宣传，改进管理，强化考核，完善机制，厉行节约，在全社会大力开展节能、节水、节地、节材和资源综合利用活动。加强资源综合利用，大力发展循环经济，全面推行清洁生产。加快淘汰企业落后的工艺、技术、设备和产品，落实节能减排目标责任制，严格执行建筑节能强制标准，支持并推动节约型项目建设。推广利用太阳能，发展生物质能源，推广户用、村用沼气和大中型畜禽养殖场沼气工程，全力推动资源节约型社会建设进程。

4. 大力发展低碳经济。以南岭山地森林及生物多样性生态功能区生态发展试点县建设为契机，探索和率先走出发展低碳经济的新路子。制定低碳经济发展规划，加大低碳经济宣传力度，制定和实施扶持低碳产业发展的政策，鼓励东阳光、赛普超硬材料等企业研究和发展具有自主知识产权的低碳技术和产品，加强低碳科技的合作交流，推进工业低碳化发展、城市低碳化运行、农村低碳化建设。积极培育低碳产业，大力发展现代服务业、现代农业及以生态旅游为核心的第三产业，推动经济发展方式的根本转变。

（二）加强工业集聚与规模发展，推进生态工业化进程

以承接珠江三角洲“双转移”为机遇，坚持工业强县战略，以企业为主体，以大项目为支撑，以经济开发区建设为载体，以培育龙头企业和知名品牌为着力点，以引进“三高两低”型企业为招商重点，着重抓好优势产业的提升和新兴产业的培育，全面推进工业产业集聚升级、规模扩张。实现“两年打基础，三年上台阶，五年翻两番”的目标，到2015年，全县工业总产值达到300亿元以上。

1. 优化工业布局，明确园区功能。“十二五”期间，要按照利益共享机制对全县的工业布局进一步优化调整。以经济开发区为载体，以“铝箔加工、氯碱化工、生物制药”百亿级产业和绿色食品加工产业、涂附研磨产业为重点，形成集群发展，提升开发区经济的发展质量和水平。利用仙湖工业园区的区位优势，加大开发和扶持力度，吸引更多企业落户该园区。

2. 扶持东阳光倍增裂变，做大做强支柱产业。“十二五”期间，以增量投资、调整结构为前提，

继续支持东阳光做大做强，实现东阳光企业经济实力的倍增裂变。一是做大铝箔产业，完善提升省认定的铝箔产业集群升级示范区，加快发展省市共建装备基础零部件先进制造业基地第六板块铝箔产业，建成世界第一的铝箔产业基地，打造国际知名品牌；二是延伸氯碱化工产业，发展氟树脂和新型环保制冷剂等新型材料产业，培育太阳能电池保护膜和太阳能电池背板等新能源材料产业；三是加快生物制药业发展，打造拥有自主知识产权的重要制药基地，建设生物制药园，配套发展制药包装印刷业，发展医药制造产业集群。到2015年，东阳光实现工业总产值超200亿元目标。

3. 做好省现代产业500强建设项目和战略性新兴产业的培育工作。加快南岭国家森林公园旅游综合开发、铝电解电容器用电极箔腐蚀生产线技术改造、汽车用高焊接性新型钎焊箔生产线技术改造、宝华山茶油精炼及油茶产业园等4个省现代产业500强项目建设的机制，制定资金、用地、环保、财政等相关配套政策，加快项目建设。同时，着力在生物制药、太阳能新型材料、绿色食品加工、矿产资源开发利用等领域培育新的省现代产业500强建设项目。鼓励企业加大投入，扩大规模，进行技术改造，提高自主创新，把企业做强做大做优。充分利用丰富的有色金属矿产资源，引进有资质、有能力的企业进行深度挖掘开发，培育出符合现代产业发展要求的战略性新兴产业。

4. 加强自主创新能力建设。把增强自主创新能力作为转变经济发展方式、调整产业结构的中心环节，大力支持企业提高自主创新能力，加快建设以企业为主体、市场为导向、产学研相结合的技术创新体系，积极组织企业申报国家和省各类科技计划项目，争取上级科技资金的支持，加强产业技术研究。通过自主创新，掌握一批具有自主知识产权的核心技术，开发一批高新技术产品。积极倡导诚信经营，打击假冒伪劣产品，保护知识产权，加强科普教育，营造良好创新环境。

（三）积极发展现代农业，推进社会主义新农村建设

坚持把解决“三农”问题放在首位，落实强农惠农政策，继续实施农业稳县战略，按照高产、优质、高效、生态、安全的要求，调整农业产业结构，促进农业科技进步，加快无公害农产品、绿色食品、有机食品生产基地建设，推进农产品深加工产业的发展，实现稳农富民的目标。

1. 保障粮食生产安全稳定。加大粮食战略工程实施力度，稳定粮食播种面积，健全粮食安全保障体系，执行最严格的耕地保护制度，优化生产布局和品种结构，全面提高粮食单产和品质，持续提高粮食综合生产能力。到2015年，全县农作物播种面积稳定在35万亩，其中粮食种植面积19万亩，粮食总产6万吨。

2. 以龙头带基地，促进农民增收。一是以冠华食品有限公司等龙头企业为依托，发展优质稻产业，大力推广绿色无公害生产技术和发展稻米精深加工，到2015年，建成3万亩优质稻生产基地，稻米精深加工能力达到2万吨；二是以深圳嘉农公司、高盛菜场、四季绿菜场和云兴蔬菜专业合作社等企业和专业合作社为龙头，发展优质蔬菜，到2015年，全县建成优质蔬菜生产基地1.5万亩，优质蔬菜种植面积达到5万亩；三是以养殖大户和专业合作社为龙头，发展优质畜禽产业，到2015年，全县生猪和家禽的年出栏量分别达到15万头和100万只；四是以广东宝华农业科技股份有限公司为龙头，发展20万亩优质油茶基地；五是以捷兴茧丝绸有限公司、瑶乡茶业有限公司等特色产品生产加工企业为龙头，带动发展特色产业，重点建设烤烟、蚕桑、优质茶、中药材等基地，到2015年，全县培育形成35个特色产品，力争新增市级以上农业龙头企业8家。

3. 推进社会主义新农村建设。一是实施现代标准农田工程，重点建设田间排灌渠道及配套引水渠、田间机械作业网、田块平整及规格化等工程，到2015年，全县新建标准农田1万亩；二是社会主义新农村建设工程。以整村改造和村庄整治为抓手，积极开展“三清”“五改”“五有”和“五化”等村容村貌整治工作，到2015年，全县建成村庄整治示范点50个以上，农村居住钢筋混凝土结构楼房或红砖房农户达到2.8万户；三是实施农村清洁能源工程。积极推动规模化养殖场、养殖小区和养殖大户建设大中型沼气池，并继续在适宜地区推广户用沼气池建设，大力推广农村经济型太阳能热水器的安装和使用，促进农村清洁美工程的落实。

到2015年，新建大中型沼气工程总池量5000立方米，新增5000户农户安装使用太阳能热水器。

4. 完善健全两大体系，培育发展休闲观光农业。完善农业服务和农产品质量安全监管体系，促进现代农业发展。加强绿色种植业、健康养殖业和风情休闲观光农业的扶持指导，加快发展无公害农产品、绿色食品和有机食品。至2015年，全县初步形成现代农业产业体系，获无公害农产品、绿色食品和有机食品标志认证30个以上。同时，按照生态发展区的定位，大力开发瑶乡民俗文化、农耕文化、生态文化，集娱乐、养生、健身和回归自然等功能于一体的休闲观光农业。重点发展省道250线乳桂线段，打造以农业观光、瑶族风情、禅宗文化为主题的生态观光农业长廊。到2015年，全县形成一批档次适中、特色突出、发展规范的休闲观光农业新景区。

5. 全面落实扶贫开发工作。扎实开展扶贫开发"规划到户、责任到人"工作，落实责任，加大投入，整合资源，创新方式，特别要扶持瑶区和石灰岩地区继续实施人口迁移和生态移民工程，改善其生产生活条件。通过努力，改善贫困村的生产生活条件，提高贫困人口的自我发展能力，加快脱贫奔康步伐。到2015年，贫困村形成收入稳定的主导产业，贫困农户经济收入显著提高，全县被帮扶贫困人口基本达到人均纯收入2500元以上，根本上解决农村"一保五难"问题，被帮扶贫困村落后面貌得到根本改变。

6. 推进农业科技创新和应用，健全农民科技培训体系。通过农业新品种新技术引进，示范和推广应用，加速农业科技创新、成果转化和示范推广，重点开展农业科技入户示范工程、新型农民培训工程、农村信息服务工程、粮食综合生产能力科技促进工程建设，完善农业技术推广体系，健全农民科技培训体系，努力促进农业技术集成化、劳动过程机械化、生产经营信息化。到2015年，基本建成体制完善、机制灵活、适应现代农业发展的农业科技推广体系，推动资金、人才、技术等资源要素向农村配置；建成农民科技培训体系，培养有文化、懂技术、会经营的新型农民，从而使缩小城乡发展差距的关键落到实处。

（四）加快生态和民族文化旅游发展，提升现代服务业水平

积极把握韶关建设粤北区域中心城市的发展机遇，充分发挥区位优势，利用乳源丰富的生态和民族文化旅游资源，深化旅游业改革创新，加快旅游基础设施建设，优化旅游业发展环境，将旅游业打造成为全县战略性支柱产业和人民群众满意的现代服务业。利用产业转移所带来的广阔发展空间，加快推动现代服务业的配套和发展，拓宽服务业领域，提升现代服务业水平，提高服务业在国民经济中的比重。

1. 加快生态和民族文化旅游发展步伐。积极推进森林生态旅游建设力度，加快南岭国家森林公园生态开发项目和大峡谷开发项目建设，引入资金开发天井山国家森林公园和南水湖国家湿地公园，"十二五"期间，将"国"字号旅游资源培育成省级优秀森林生态旅游度假区。加快世界过山瑶民族风情园建设和完善必背瑶寨景区，建立世界过山瑶文化旅游示范基地。加快民族体育训练基地建设，发展民族体育运动，促进体育运动与旅游相结合。加快完善县城旅游配套设施，改善景区景点交通条件，增设旅游专线车，完善各类旅游标志牌和公厕等配套设施，提高旅游服务水平。引导和鼓励发展农家乐旅游、观光农业休闲旅游项目，开设各种旅游土特产店、特色饮食店、奇石馆，推动旅游纪念品生产加工。深入开展国家A级旅游景区创建工作，打造一批A级景区和星级酒店，力争到2015年创建12个5A级景区和新建2家以上五星级酒店，全面提升旅游景区规模、档次和水平。到2015年，实现全县年接待游客423万人次以上，旅游收入33亿元以上。

2. 大力发展现代物流配送业。科学规划物流资源布局，依托乳源的区位和交通优势，围绕农副产品生产加工业、制造业等行业，在京港澳高速公路进出站附近，经济开发区内建设占地100亩的物流中心。引导铝箔、氯碱化工、生物制药、食品加工等主导产业，整合行业的原料采购、运输、仓储等物流服务，扩大物流有效需求，推进物流服务社会化，发展第三方物流服务；积极引进国内外知名物流企业落户乳源。

3. 发展现代商贸服务业。加快对城区零售商业结构、设施和功能的调整，进一步构建大超市、大

卖场、便利店、专卖店等现代零售业体系，发展连锁经营、物流配送等新型业态。进一步搞好“万村千乡市场工程”建设，加快镇村农副产品交易市场建设，培育多元化的农村营销主体，鼓励和引导农村集体经济组织、农民专业合作组织、购销大户等各类市场主体参与农产品市场流通，培育农产品代理商、批发商，形成规范有序、便捷高效的农产品流通体系。

4. 整合打造金融服务平台。积极引进股份制商业银行到乳源设立分支机构；加快农村信用联社组建农村合作银行步伐，筹建村镇银行，推广农村小额信贷和小额贷款；加强与发达地区信托机构的合作，提高信托融资的比重；发展各类担保公司、典当行、小额贷款公司等各类融资机构；引进保险经营机构，建立健全农村保险制度；进一步发挥资本市场的融资功能，探索发行企业债券和上市，扩大企业直接融资规模。

（五）完善基础设施建设，增强经济社会发展的保障

1. 完善综合交通基础设施建设。全力配合广乐高速公路建设，积极推进韶柳铁路和韶关机场建设，完善乳源现代交通体系；加快国道323线改造，完成250千米农村公路改造，新建大峡谷至武江区江湾公路10千米；完成120千米的自然村公路新建任务，力争实现全县自然村通公路的目标；新建8个镇级客运站和南水湖客运站；全面完成农村公路危险桥梁的改造，新建杨溪大桥一座；完成24.07千米农村公路安保建设任务。编织起覆盖全县的公路网络，为乳源经济快速发展提供坚实的交通保障。

2. 加强水利基础设施建设。加快水利基础设施建设步伐，着力提高水利综合防御能力；加强水土保持治理，改善生态环境；逐步完善南水河堤、武江河堤、杨溪河堤等小流域防洪堤建设；实施南水水库库区环境综合整治工程和泄洪河道整治工程；完成小型农田水利重点县的工程项目建设和双口灌区、引杨灌区的改造工程建设；改革水利设施长护机制，提高水利设施管理水平；加快乳源水利信息系统工程的建设，加强水文气象测报，强化通信联络，确保汛情、汛令及时准确传递。到2015年，基本解决农村安全饮水问题，完成农村安全饮用水工程，城镇自来水普及率达到95%以上，农村自来水普及率力争达到90%。

3. 加强现代信息网络体系建设。大力推进与中国电信、中国移动、中国联通等大型企业集团的战略合作，继续推进乳源信息化建设和信息产业发展。加大信息基础设施建设力度，推进新一代移动通信网络建设，开展无线宽带城市建设。加快促进电子政务、电子商务、生产、生活等领域的信息化建设，稳步实施数字家庭普及计划；对县、镇、村及县城各小区有线电视主干线进行全面升级改造，实现有线电视双向、互动、网络和数字化；继续完善广播电视村村通工程，建立农村广播电视公共服务体系，“十二五”期间，全县广播电视覆盖率达99%以上，其中有线覆盖3万户，无线覆盖2万户。积极推进电信网、互联网和广播电视网“三网融合”，着力构建便捷高效的信息网络体系。

4. 完善电网设施建设。以大力提高电网的供电可靠性、供电能力为目标，完善网络结构，加大110千伏电网的建设力度，完成110千伏福门、浩天等变电站的建设，全面启动10千伏及以上残旧输电线路的改造工作，完成重、过载线路改造及负荷调配，加装智能开关及隔离开关，改造低压台区，建成现代化电网。

（六）统筹城乡协调发展，加快城镇化步伐

建立健全统筹城乡协调发展的体制机制，加快城市现代化、乡村城市化和城乡一体化进程，以完善功能、突显特色、提升品位、优化环境、产业集聚、人口集中、辐射带动为目标，加快城镇公共基础设施建设，实现区域基础设施一体化和现代化，加快城镇化步伐，到2015年，全县城镇化率达到45%。

1. 优化城乡格局。以农村城镇化、城乡一体化发展为目标，按照“一城多镇”的城乡布局，突出“一个中心、三个极点”城乡发展，即乳城、游溪、一六为中心，桂头、大桥、大布各为“一个极点”。通过“广乐高速经济带”和“京港澳高速经济带”等两条经济带串联城乡经济发展，重点发展具有中心带动作用的“增长极”，形成以县城为核心、中心镇为骨干、中心村庄为节点，布局合理、结构有序、梯度推进的城乡格局。

2. 改善县城面貌。拓宽城区规模，以市政基础

设施、社会事业和公共服务设施建设为重点，经营一江两岸新老城区，扩大城市框架，优化城市空间布局，完善城市功能，创建“广东省园林县城”，逐步把县城打造成“宜居、宜业、宜游的山水瑶城”。抓好蔚蓝水岸、碧水蓝湾、影剧院商贸城、天井山住宅小区、明珠花园、岭南水岸、富华城等总建筑面积约40万平方米的房地产住宅开发项目建设。进一步加强城镇规划管理力度，深入推进环境综合整治，营造良好的人居环境。

3. 加快中心镇建设。完成各镇的总体规划和中心镇的控制性详细规划，以及80%以上村庄规划的编制工作。着力规划三个中心镇和游溪、一六镇产业区实现率先发展，尝试引入房地产开发等发展项目，成为县域经济发展“增长极”。加大镇级基础设施投入，重点完善交通、供排水、信息、垃圾处理等基础设施以及教育、卫生等公共服务设施建设，积极推进街道、社区建设，改善人居环境，促进要素流动，增强服务功能，提高综合承载能力，为人口转移和产业集聚、农民工回乡创业提供更完善的载体。

4. 积极引导人口集聚。通过中心镇和经济开发区建设，实施生态移民工程，以及加大企业集聚，扩大就业等方式，有序引导人口向县城、中心镇集聚。积极推进户籍制度改革，实行城乡居民户口统一登记管理制度，完善社会保障制度，让农民充分享受社会保障成果，促进农村人口向城镇集聚。

（七）着力改善民生，加快社会事业发展

1. 加快城乡教育事业发展。加快发展学前教育，健全以镇中心幼儿园为骨干、村幼儿园（班）为基础的学前教育网络，每个镇都办好1所中心幼儿园；高水平、高质量普及九年义务教育，努力消除城镇义务教育学校大班额现象；大力推进义务教育规范化学校建设，全县义务教育规范化学校达标率100%；保障残疾儿童少年接受义务教育，适龄残疾儿童少年入学率达到97%以上；推进优质普通高中建设，努力打造基本满足需求、有特色、开放型的粤北名校；积极整合优化中等职业教育资源，提升职业教育发展能力，建立健全应用型技能型人才培养体系；深化民族教育改革，探索民族教育办学模式和教学模式，大力弘扬和传承发展民族文化；积极促进民办教育发展，建立完善面向全民的终身教育体系；大力推进基础教育课程改革，全面推进素质教育；加快推进教育信息化建设，全面实现教育教学管理和资源共享，开展网络教学；加强校长和教师队伍建设，大力实施“强师兴教”工程，加大校长和教师培训力度；保障教师的合法权益。争创广东省教育强县。

2. 加快文化强县建设。到2015年，形成特色鲜明的“过山瑶文化”和现代开放型文化体系，成为全国少数民族地区文化强县。全面加强思想理论体系建设，切实提高公民素质和社会文明程度；全面完善基层公共文化服务体系建设，行政村全部建立文化室。到2015年，全县图书馆、文化馆、博物馆、镇综合文化站、行政村（社区）文化设施、民族歌舞团建设全面达标。建成多功能的数字电影院“瑶族国际影视演艺厅”，每个镇有1套以上数字电影放映机，20户以下已通电自然村通广播电视，广播电视覆盖率达到99%；全力推进世界过山瑶民族文化风情园建设；全方位实施重点文化惠民工程，继续实施和推进广播电视村村通、村（社区）文化室、农村电影放映和农家书屋等惠民工程项目建设；继续完善文化信息资源共享工程建设，建立健全服务平台；大力增强公共文化产品和服务供给能力，到2015年，实现人均拥有1.2册以上公共藏书、每月观看1场以上电影、每季度观赏1场以上文艺演出和参与1次以上群众文化活动的目标；大力实施文化精品工程，重点打造大型瑶族神话歌舞剧《盘王印》等工程；全面推进文化遗产保护和开发利用工程，建立必背民族文化生态保护区及农禅并修的云门宗文化生态保护区和东阳光南岭生态文化博物馆，打造瑶族“拜盘王”“十月朝”等节庆文化品牌，开发西京古道文化，加强过山瑶原生态的开发和利用，加大招商引资，着力打造过山瑶生态文化与生态旅游、休闲旅游为一体的文化产业和旅游品牌；全力构建具有乳源特色的产业体系，做大做强以瑶文化为核心的特色文化产业，重点发展刺绣工艺及旅游产业；全方位开展对外文化交流合作，努力推动乳源瑶绣、“拜盘王”文化、瑶歌、瑶舞等走出山门，走向全国，走向世界。

3. 积极发展公共卫生事业。进一步加大深化医药卫生体制改革工作的力度，初步建立覆盖城乡居民的基本医疗卫生制度。全面加强公共卫生服务体系建设，进一步健全医疗服务体系，到2015年，城镇职工、城镇居民基本医疗保险的参保率达到95%以上，新型农村合作医疗参保率达到100%；促进基本公共卫生服务逐步均等化，到2015年，城市居民健康档案建档率达80%，农村居民健康档案建档率达70%以上，辖区老年人健康管理率80%以上，建档的高血压、Ⅱ型糖尿病管理率100%；建立健全药品供应体系，农村药品供应网和监督网覆盖率达到100%，药品监督抽检覆盖面达到90%；深化公立医院改革，加快形成多元化办医格局；大力发展中医药事业，着力做好瑶医瑶药的挖掘开发利用，促进中医药继承和创新；全面推动爱国卫生运动，到2015年，创建国家卫生城镇1个，省级卫生城镇2个，省级卫生村6个，市级卫生村20个。农村无害化卫生厕所普及率达80%以上。

4. 建立健全社会保障体系。一是建立和完善以城乡居民最低生活保障制度为基础的各项社会救助制度，完善社会福利保障系统、农村五保供养制度、城乡居民医疗救助制度、孤儿、老年人保障机制，到2015年，社会保险覆盖率达到75%，人均年收入低于1500元的困难家庭全部纳入低保范围，新型农村养老保险纯农人员参保率达到95%以上。二是建立和完善双拥优抚安置工作，促进国防和军队建设，争创“全国双拥模范县”。三是贯彻落实《劳动法》和各项就业政策，加强劳动保障监察体系的建设，到2015年，城镇新增就业人口10000人，下岗失业人员再就业3000人，农村劳动力转移就业15000人，城镇登记失业率控制在3.5%以内，劳动合同签订率95%以上，信访案件处理率95%，劳动争议纠纷案件结案率95%。四是加大保障性住房建设，进一步完善廉租住房和经济适用房各项管理制度，鼓励和引导中低价位和中小户型的普通商品房建设，完成每年的廉租住房建设目标。

5. 做好人口和计划生育工作。巩固基础工作成果，切实稳定低生育水平。坚持以人为本，着力推行人口计生安康计划；大力推行法制化建设进程，努力提高依法行政文明执法的水平；强化宣传教育，推进生育文明建设；加快信息化建设步伐，为科学决策和科学规划提供人口信息支撑。到2015年，全县政策生育率达到一类地区管理类别水平，年均人口出生率12.3‰以下，年人口自然增长率控制在7.30‰以内，全县总人口控制在22.3万人以内，实现国家计划生育工作优质服务县，进入省人口计生工作一类管理县以及省综合改革示范县。

6. 加快发展群众体育事业。紧抓建立“广东省少数民族传统体育运动训练基地”的契机，全力建设民族龙舟训练基地和民族体育训练基地，开设民族体育训练项目，为全民健身提供一流环境。充分利用春节、端午节、国庆节、元旦等重大节日或农闲时节，广泛开展各类体育比赛和民间体育活动，促使乳源群众体育事业蓬勃发展，人民体质不断增强。

7. 保障社会公共安全。高度重视安全生产工作，落实安全生产责任制，努力消除各类安全事故隐患，防止重特大事故发生，建立安全生产行政执法体系。完善各类应急救援体系，增强公共安全保障能力，建立应急联动机制，提高公众自救、互救和应对各类突发公共事件的综合能力。加强食品药品安全体系建设，提高食品药品安全保障能力。健全防灾减灾体系，建立重大灾害监测、预警和应急服务体系，加强灾害救援队伍建设，提高物资保障水平，全面提高防灾减灾和灾害治理能力。完善社会治安防控体系，健全解决社会纠纷机制，切实加强信访工作，加强对社会治安重点地区的综合治理，改进公共安全服务方式，创新公共安全服务管理体制，提高危机管理和抗风险能力，依法严厉打击涉黑、“黄赌毒”等严重违法犯罪活动，构建覆盖城乡的公共安全保障体系，保持社会稳定。

（八）加大对外开发力度，深化体制和机制改革创新

1. 深化与珠江三角洲区域的合作。以产业和劳动力“双转移”为核心，加快形成与珠三角的产业关联，促进要素流动和产业转移，以经济开发区建设为主体，构筑珠三角产业转移平台，承接有转移意向的各类产业，形成梯度发展、分工合理的产业群和优势互补、互利共赢的产业协作体系。高起点、高标准地抓好经济开发区的基础配套设施建设，搭建好承接产业转移的平台。

2. 全力提升招商引资水平和效益。充分发挥“宜居、宜业、宜游”的优良环境，区位优越、资源丰富的特色优势，以农业产业化、新型工业化、

城镇化发展为招商引资重点，扩大招商规模，拓展引资领域。建立政府间合作机制，积极组织参加省际间、区域间经贸合作活动，进一步发挥商会、协会等社会组织的招商引资桥梁纽带作用，有针对性地进行特色招商、载体招商；进一步简政放权，在招商引资、行政审批、激励机制等方面，加大创新力度；切实加强队伍建设，强化专业招商；进一步整合企业和社会有效招商资源，充分发挥部门优势，加强各部门与镇的合作，全力提升招商水平和效率。“十二五”期间，全县引进项目150个，投资总额100亿元以上。规模以上的外来投资企业达30个，年均引进投资项目30个。

3. 深化体制机制改革。“十二五”期间，一是深化行政管理体制改革。全力做好“大部制”改革试点工作，推进富县强镇事权改革工作，转变县镇政府职能，树立服务理念。强化政府社会管理和公共服务职能，推进政府机构改革，完善行政运行机制，加快建立权责一致、分工合理、决策科学、执行顺畅、监督有力的行政管理体制，全面推进依法行政，建立健全依法决策、科学决策和民主决策机制，努力建设法制政府。二是继续深化农村综合改革。稳步推进农村土地管理制度改革，巩固深化集体林权制度改革，加强农民专业合作组织建设。三是深化社会事业领域改革。完善城镇居民和企业职工基本养老保险制度；加快建立完善多层次、多类型的农村社会保障体系；健全新型社会救助制度；加快收入分配制度改革，调整收入分配格局；继续深化教育管理体制改革，推进人才培养体制改革；继续推进文化体制改革，建立科学的文化管理体制；加快医药卫生体制改革，进一步深化医疗卫生管理体制改革。四是深化资源要素价格改革。加快建立现代环境产权制度，建立完善环境权益补偿机制，健全重大资源合理开发的体制机制，完善节能减排的体制机制。五是深化财税体制改革。围绕基本公共服务均等化，完善公共财政体系；深化预算制度改革，建立健全预算编制、执行、监督相互协调、相互制衡的绩效预算管理体制；完善税收征管和非税收入管理；六是深化经济体制改革。放手发展以民营经济为主的非公有制经济成分，彻底打破制约经济和社会发展的体制机制因素，努力形成加快发展的长效机制。

（九）加强社会管理，发挥民主法治优势

完成“十二五”规划各项目标任务，要始终坚持党的领导，加强民主政治建设和法治建设，提高社会综合管理水平，为经济社会发展营造良好的民主法治环境。

1. 加强社会管理。切实转变政府职能，突出社会管理职责，加快服务型政府建设。加强社会管理体制和能力建设，着力构建政府、社会、公民共同参与的社会治理机制，发展培养社会组织，鼓励社会力量参与社会管理服务。整合社会管理资源，推进基层社会管理体制改革，增强基层自主功能。创新治安管理与城市管理、市场管理、行业管理等有机结合的新模式，深化公用事业改革，建立多元化的投资机制和规范高效的运行机制，全面完成事业单位分类改革。构建学校、家庭、社会联动工作机制，完善社会工作制度。逐步建立起公益目标明确、投入机制完善、监管制度健全、治理结构规范、微观运行高效的公共服务管理体系。

2. 健全民主法制。大力推进社会主义民主政治建设，保障人民群众享有更多的民主权利。把依法行政作为政府工作的基本准则，自觉接受县人大及其常委会的法律监督、工作监督和县政协的民主监督，认真办理党代表、人大代表议案、建议和政协委员提案。深入开展法制宣传教育，不断增强全民法制意识。进一步加强和改进信访工作，维护群众和各类组织的合法权益。为建设“生态、文明、宜业、宜居、宜游”城市营造良好的民主法治环境。继续深入开展“普法”活动，把法律送进千家万户。充分发挥驻村干部队伍和大学生村官队伍的作用，加大宣传力度，提高人民依法维护自身合法权益和遵纪守法的自觉性；充分发挥党委领导、人大推导和“一府两院”主体作用，加强农村基层民主法治建设，开创乳源社会主义民主法制建设新局面。

四、“十二五”经济社会发展的重大建设项目

重大项目工程是实施“十二五”规划的重要载体，是完成“十二五”规划的重要支撑，也是经济可持续发展的有力保障。根据乳源县经济发展的需要和可能的条件，“十二五”时期，要重点建设和实施“十二大工程”。规划建设县的重大建设项目50项，估算总投资1767039万元，其中“十二五”

期间估算投资 1420564 万元。预备重点工程项目 7 项，估算总投资 1415600 万元，其中“十二五”期间估算投资 1015600 万元。详见附表。

1. 交通工程。规划建设交通公路项目 7 项，估算投资 480603 万元。主要项目是：县道 327 线湾背至湖南交界处（3528 万元）、通村公路路面硬化工程（5250 万元）、韶乳一级公路（4000 万元）、国道 323 线泉水坳至秤架山公路（7200 万元）、韶关机场（50000 万元）、广乐高速乳源段（370000 万元）、韶关至柳州铁路乳源段（40625 万元）。

2. 能源、电力工程。规划建设能源、电力项目 5 项，估算投资 68500 万元。主要项目是：乳源桂头变电站（30000 万元）、乳源游溪变电站（6000 万元）、鹰咀石电站改造（3000 万元）、乳源塘头水电站（18000 万元）、日产 20 万立方米生物燃气（11500 万元）。

3. 现代服务业。规划建设现代服务业项目 5 项，估算投资 108000 万元。主要项目是：南岭国家森林公园旅游综合开发项目（55000 万元）、广东大峡谷项目（20000 万元）、天景山仙人桥景区项目（7000 万元）、过山瑶欢乐谷旅游开发（20000 万元），城区物流中心（6000 万元）。

4. 先进制造业项目。规划建设项目 2 项，估算投资 30000 万元。主要项目是：异型磨具加工项目（17000 万元）、赛普超硬材料（13000 万元）。

5. 战略性新兴产业项目。规划建设项目 6 项，估算投资 289500 万元。主要项目是：东阳光制药厂（22000 万元）、乳源氯碱化工基地（含进园区项目）（40500 万元）、东阳光双氧水项目（17000 万元）、乳源东阳光氟树脂产业化项目（100000 万元）、新型环保制冷剂项目（80000 万元）、桂头高新电子产业（30000 万元）。

6. 优势传统产业项目。规划建设项目 4 项，估算投资 47000 万元。主要项目是：汽车用高焊接性新型钎焊铝箔生产线技术改造（16000 万元）、铝电解电容器用电极箔腐蚀生产线技术改造（17000 万元）、韶关粤冠混凝土管桩项目（7000 万元）、南华矿业大布镇大坑铁多金属矿（7000 万元）。

7. 现代农业项目。规划建设项目 3 项，估算投资 30500 万元。主要项目是：宝华山茶油压榨精炼厂、宝华油茶产业园（22000 万元）、乳桂生态农业观光长廊（4000 万元）、优质稻产业工程项目（4500 万元）。

8. 水利建设项目。规划建设项目 6 项，估算投资 62900 万元。主要项目是：小型水利建设工程（5000 万元）、县南水湖泄洪河道整治工程（11900 万元）、双口灌区及城区过境水系改造（5000 万元）、南水湖供水工程（30000 万元）、小流域防洪工程（8000 万元）、引杨水利灌区改造工程（3000 万元）。

9. 环保项目。规划建设项目 2 项，估算投资 11500 万元。主要项目是：农村环境综合整治（9500 万元）、县城污水处理厂配套截污管网及支网改造（2000 万元）。

10. 生态项目。规划建设项目 2 项，估算投资 79380 万元。主要项目是：南水湖国家湿地公园建设（12800 万元）、生态试点县林业生态综合项目（66580 万元）。

11. 城市建设项目。规划建设项目 2 项，估算投资 50000 万元。主要项目是：新城区开发（45000 万元）、世界过山瑶民族风情园（5000 万元）。

12. 社会事业项目。规划建设项目 6 项，估算投资 162681 万元。主要项目是：乳源民族体育训练基地（19000 万元）、乳源东阳光生命科技大学（50000 万元）、乳源东阳光研究院（80000 万元）、新建县第一小学（5631 万元）、新建文化馆、图书馆、博物馆（3000 万元）、县人民医院住院大楼、民族中医院建设（5050 万元）。

13. 预备重点项目。在“十二五”规划期间，需进行前期准备工作的重点工程项目，规划 7 项，估算投资 1015600 万元。主要项目是：乳源东阳光太阳能新型材料生产项目（400000 万元）、京珠高速公路应急设施（600 万元）、公园绿地建设项目（3000 万元）、市政道路（3000 万元）、乳源抽水蓄能电站（500000 万元）、大峡谷至武江区江湾公路（9000 万元）、乳源风力发电（100000 万元）。

五、“十二五”经济社会发展的保障措施

完成“十二五”规划目标是一项长期而艰巨的任务，责任重大，意义深远，必须立足县情，采取相应保障措施，大胆开拓，真抓实干，确保各项任务指标如期实现。

（一）坚持规划先行

坚持规划先行的原则，着力抓好重大规划的研究和编制，以规划指导未来科学发展、跨越发展。重点制定完善新农村建设、城镇建设、生态示范县建设、重点产业建设、基础设施建设、土地利用等方面的具体实施规划，形成宏观与微观相结合的规划体系，做到依法规划、科学规划、合理建设、有序发展。同时，创新规划管理机制，强化规划的空间约束功能，严格落实项目布局和规划修改程序，进一步提高规划的执行力，推动全县经济社会持续健康跨越发展。

（二）落实任务责任

《规划纲要》是指导乳源未来五年的国民经济和社会发展的纲领性文件，要把规划变为现实，必须付诸行动，把各项经济社会发展指标、工作任务落到实处，各镇、各部门要围绕规划的目标任务开展工作。一要加强领导，落实任务责任，建立上下联动，齐抓共管的落实机制，提高《规划纲要》执行力度。二要各镇、各部门充分领会《规划纲要》精神，依据《规划纲要》确定各阶段的工作目标、任务、重点和措施，分解落实到年度工作计划当中。三要建立健全《规划纲要》实施的奖惩与监督机制，对各镇和各部门在规划实施中的工作进行绩效考核，并作为考核干部政绩的内容。四是做好《规划纲要》实施情况的跟踪调查和评估，如果环境发生较大变化，应及时对规划进行调整修订，并按程序报县人大常委会审查。

（三）营造发展环境

实施好《规划纲要》，要有一个良好的发展环境，形成齐抓共管的氛围。通过以优化软环境为重点，以建立长效机制为根本，营造良好的发展环境，促进乳源经济社会全面发展。转变政府职能，规范政府行为，强化服务意识，牢固树立权力就是责任，管理就是服务的观念，推进效能政府、服务政府、信用政府建设，营造规范、便捷、优质、高效的政务环境；加强经济秩序整顿，注重从制度上规范市场行为，制止不正当竞争，健全社会诚信体系，营造公平和谐、诚实守信的市场环境；创新人才引进机制，完善相关配套政策，建立和运用“政策好、待遇优、服务佳、环境好”的人才开发机制，着力优化用人环境，为各种人才创造良好的工作和生活环境。同时，要营造公平公正的法制环境、平安和谐的社会环境、充满活力的创业环境、凝聚人心的舆论环境和健康向上的人文环境，把乳源建设成为最佳宜居宜业宜游地、最佳创业地。

（四）广开融资渠道

《规划纲要》中的各项经济社会发展任务和重点建设项目，都需要大量的资金支持，只有积极探索建设多元化投融资机制，广开融资渠道，加大社会融资力度，才能为经济社会任务和重点建设项目提供可行的载体，实现“十二五”的预期目标。一要积极主动地利用少数民族自治县的特殊身份，向国家、省、市争取更多的政策、项目和资金，推动乳源经济社会的发展。二要坚持市场经济，政府引导，银行、企业为主体，制定合理的投融资政策，拓宽银企融资渠道。三要广泛吸引民间资金和社会闲散资金，千方百计扩大投入，确保规划任务目标的实现。

乳源瑶族自治县“十二五”规划重点项目表

表 20　　单位：万元

项目名称	建设性质	建设规模	建设起止年限	投资来源	总投资	预计到2010年底完成投资	“十二五”计划投资	新增建设用地（亩）	备注
一、交通项目									
1. 县道327线湾背至湖南交界处	改建	29.4千米	2011 2012	省补、自筹	3528		3528		
2. 通村公路路面硬化工程	改建	250千米	2010 2015	省补、自筹	6250	1000	5250		
3. 韶乳一级公路扩建	新建	全线10千米	2010 2011	省投资	5000	1000	4000		
4. 国道323线泉水坳至秤架山公路扩建	新建	二级公路24千米	2011 2015	省投资	7200		7200		
5. 韶关机场建设	扩建	机场改造	2011 2012	省投资	50000		50000		
6. 广乐高速乳源段	续建	28千米	2010 2012	政府投资	420000	50000	370000		
7. 韶关至柳州铁路乳源段	新建	铁路里程65千米	2015 2019	财政补助、银行贷款	243750		40625		
二、能源项目									
1. 乳源桂头变电站	新建	500千伏变电站及输电线路	2011 2015	南方电网	30000		30000		

续表 20

项目名称	建设性质	建设规模	建设起止年限	投资来源	总投资	预计到2010年底完成投资	“十二五”计划投资	新增建设用地（亩）	备注
2. 乳源游溪变电站	新建	110千伏变电站及输电线路	2011 2012	南方电网	6000		6000		
3. 鹰咀石电站改造	扩建	装机扩容3000千瓦	2011 2015	县政府投资	3000		3000		
4. 乳源塘头水电站	新建	装机容量1.2万千瓦	2011 2015	政府投资、民营投资	18000		18000		
5. 日产20万立方米生物燃气	新建	6241平方米，日产20万立方米生物燃气	2011 2015	企业自筹	11500		11500		
三、现代服务业									
1. 南岭国家森林公园旅游综合开发项目	在建	办成旅游观光、科学考察、科普教育、登山野营、度假避暑、休疗养生、文化娱乐等有特色的森林公园。	2010 2015	自筹	60000	5000	55000		省现代产业500强项目
2. 广东大峡谷项目	在建	景点、道路、酒店	2010 2015	企业自筹	23000	3000	20000		
3. 天景山仙人桥景区项目	在建	10000 m²	2011 2015	自筹	10000	3000	7000		
4. 过山瑶欢乐谷旅游开发	新建	规划占地500亩，景点及基础设施	2011 2015	企业自筹	20000		20000		

续表 20

项目名称	建设性质	建设规模	建设起止年限	投资来源	总投资	预计到2010年底完成投资	“十二五”计划投资	新增建设用地（亩）	备注
5. 城区物流中心	新建	规划占地100亩	2011 2015	企业自筹	6000		6000		
四、先进制造业项目									
1. 异型磨具加工项目	新建	20000平方米	2010 2015	企业自筹	20000	3000	17000	120	
2. 赛普超硬材料	在建	设备制造400台，人造金刚石13亿克拉/年	2009 2015	企业自筹、银行贷款	20000	7000	13000		
五、战略性新兴产业项目									
1. 东阳光制药厂	在建	规划用地500亩	2009 2015	民营投资	30000	8000	22000	省重点	
2. 乳源氯碱化工基地（含进园区项目）	在建	规划用地3000亩，园区基础设施建设及进园项目	2009 2015	政府投资、企业自筹	50000	9500	40500		
3. 东阳光双氧水项目	在建	年产10万吨双氧水	2010 2012	企业自筹、银行贷款	20000	3000	17000		
4. 乳源东阳光氟树脂产业化项目	新建	年产2万吨氟树脂系列产品（其中PTFE产品1万吨，PVOF产品1万吨）	2012 2015	民营投资	100000		100000	500	
5. 新型环保冷剂项目	新建	年产2万吨制冷剂	2013 2015	民营投资	80000		80000	500	

续表 20

项目名称	建设性质	建设规模	建设起止年限	投资来源	总投资	预计到2010年底完成投资	“十二五”计划投资	新增建设用地（亩）	备注
6. 桂头高新电子产业	新建	规划用地3000亩，基础设施建设及项目	2011 2015	政府投资、企业自筹	30000		30000		
六、优势传统产业项目									
1. 汽车用高焊接性新型钎焊铝箔生产线技术改造	在建	生产汽车用高焊接性新型钎焊箔产品，规模为20000吨/年	2009 2013	企业自筹	20000	4000	16000		省现代产业500强项目
2. 铝电解电容器用电极箔腐蚀生产线技术改造	在建	新增10条腐蚀生产线，同时对原有的20条生产线进行改造	2010 2013	银行贷款15000万元，自筹15000万元	30000	13000	17000		省现代产业500强项目
3. 韶关粤冠混凝土管桩项目	在建	占地200亩，兴建管桩生产线4条	2010 2012	企业自筹	10000	3000	7000		
4. 南华矿业大布镇大坑铁多金属矿	在建	E选矿25003000吨	2010 2012	企业自筹、银行贷款	10000	3000	7000		
七、现代农业项目									
1. 宝华山茶油压榨精炼厂、宝华油茶产业园	在建	良种油茶育苗、种植	2009 2015	企业自筹、银行贷款	28000	6000	22000		省现代产业500强项目
2. 乳桂生态农业观光长廊	在建	生态旅游观光长廊	2008 2015	省、市、县财政补助	5000	1000	4000		
3. 优质稻产业工程项目	在建	全县3万亩优质稻产、加、销基地建设及冠华食品公司加工建设	2008 2015	省、市、县财政补助，企业自筹	8500	4000	4500		

续表 20

项目名称	建设性质	建设规模	建设起止年限	投资来源	总投资	预计到2010年底完成投资	“十二五”计划投资	新增建设用地（亩）	备注
八、水利项目									
1. 小型水利建设工程	在建	面积 4.5 万亩	2011 2014	省补助、县自筹	5000		5000		
2. 县南水湖泄洪河道整治工程	新建	河道整治、水利工程	2010 2015	省级专项资金	11900		11900		
3. 双口灌区及城区过境水系改造	新建	水库库容 180 万立方米、引水渠建设 20 千米	2011 2015	省补助、县自筹	5000		5000		
4. 南水湖供水工程	新建	日供水 20 万吨	2011 2015	县政府及民营投资	30000		30000		
5. 小流域防洪工程	新建	建设河堤 45 千米	2011 2015	中央、省及县政府投资	8000		8000		
6. 引杨水利灌区改造工程	新建	建设引水渠道及其配套设施	2011 2015	省水利专项资金	3000		3000		
九、环保项目									
1. 农村环境综合整治	在建	生活污水、生活垃圾的整治，建立健全垃圾清运及处理处置体系，规划和建设污水收集处理系统。	2010 2015	省专项资金补助、县财政资金	10000	500	9500		
2. 县城污水处理厂配套截污管网及支网改造	在建	主管道 9.2 千米建设及约 10 千米截污支管的完善、改造。	2009 2012	省专项资金补助、县财政资金	5000	3000	2000		

续表 20

项目名称	建设性质	建设规模	建设起止年限	投资来源	总投资	预计到2010年底完成投资	“十二五”计划投资	新增建设用地（亩）	备注
十、生态项目									
1. 南水湖国家湿地公园建设	新建	9.43 万亩	2009 2015	国家财政投入和地方政府政策补偿、招商引资、银行贷款和建设单位自筹资金的筹措方式解决建设资金	13000	200	12800		
2. 生态试点县林业生态综合项目	新建	森林生态修复、石漠化治理工程、珍贵树种建设、珍稀野生动物保护、生态公益林残次林分改造工程等	2010 2015	国家、省投资，县配套	71600	5020	66580		
十一、城市建设项目									
1. 新城区开发	新建	新增建筑 30 万平方米	2011 2015	县政府及民营投资	45000		45000		
2. 世界过山瑶民族风情园	在建	规划用地 100 亩	2010 2013	县政府投资	6000	1000	5000		
十二、社会事业项目									
1. 乳源民族体育训练基地	在建	体育训练用场地及附属设施	2010 2012	企业自筹	25000	6000	19000		
2. 乳源东阳光生命科技大学	新建	生命科技大学	2011 2015	民营投资	50000		50000		

续表 20

项目名称	建设性质	建设规模	建设起止年限	投资来源	总投资	预计到2010年底完成投资	“十二五”计划投资	新增建设用地（亩）	备注
3. 乳源东阳光研究院	新建	铝业 2000 人，药业 10000 人	2011 2015	民营投资	80000		80000	2000	
4. 新建县第一小学	新建	28000 平方米	2010 2014	政府投资	5761	130	5631	100	
5. 新建文化馆、图书馆、博物馆	新建	12500 平方米	2011 2015	政府投资	3000		3000		
6. 县人民医院住院大楼、民族中医院建设项目	新建	人民医院 10000 平方米、民族中医院 6541 平方米	2010 2014	政府投资	5050		5050	19.2	
总计（50）项					1767039	143350	1420564	3239.2	

乳源瑶族自治县“十二五”规划纲要重点工程预备项目表

表 21

单位：万元

项目名称	建设性质	建设规模	建设起止年限	总投资	投资来源	“十二五”计划投资	新增建设用地（亩）	备注
1. 乳源东阳光太阳能新型材料生产项目	新建	太阳能光伏电池 10GW，年产太阳能电池封装用 EVA 胶膜 1 亿平方米、太阳能封装用低铁钢化玻璃 1 亿平方米、太阳能用背板 7000 万平方米、1GW 控制器逆变器、1GW 蓄电储能系统。	2011 2018	800000	民营投资	400000	6500	
2. 京珠高速公路应急设施	新建	建设应急池及配套雨水收集管道	2010 2012	600	省专项资金补助、县财政配套	600		
3. 公园绿地建设项目	新建	公园绿地建设	2011 2015	3000	地方财政、自筹	3000		
4. 市政道路	新建	市政道路建设	2011 2015	3000	地方财政、自筹	3000		
5. 乳源县抽水蓄能电站	新建	120 万千瓦	2011 2015	500000	企业自筹、银行贷款	500000		
6. 大峡谷至武江区江湾公路	新建	10 千米	2011 2015	9000	省投资	9000		
7. 乳源风力发电	新建	装机容量 10 万千瓦	2011 2015	100000	国家投资	100000		
总计（7）项				1415600		1015600	6500	

乳源瑶族自治县人民政府关于印发乳源瑶族自治县新时期精准扶贫精准脱贫三年攻坚实施方案的通知

各镇人民政府，县府直属及上级直管各单位：

《乳源瑶族自治县新时期精准扶贫精准脱贫三年攻坚实施方案》已经县党政班子会议通过，现印发给你们，请认真贯彻落实。

乳源瑶族自治县人民政府

2016年4月28日

乳源瑶族自治县新时期精准扶贫精准脱贫三年攻坚实施方案

为深入贯彻落实党中央、国务院、省委、省政府和市委、市政府关于新时期扶贫开发的决策部署和省、市关于新时期精准扶贫精准脱贫三年攻坚的实施意见文件精神，打赢新时期我县脱贫攻坚战，确保跟上省、市全面建成小康社会步伐，制定本实施方案。

一、总体要求

（一）总体思路。

全面贯彻落实中共十八大和十八届二中、三中、四中、五中全会精神，以邓小平理论、“三个代表”重要思想、科学发展观为指导，深入贯彻中央扶贫开发工作会议和习近平总书记关于扶贫开发的系列重要讲话精神，围绕协调推进“四个全面”战略布局，贯彻落实创新、协调、绿色、开放、共享的发展理念，坚持精准扶贫、精准脱贫的基本方略，充分发挥政治优势和制度优势，“十三五”期间前三年时间集中力量脱贫攻坚，后两年巩固提高，扎实推进脱贫攻坚十项工程，着力提高贫困人口收入，改变贫困地区落后面貌，衔接实现全面建成小康社会奋斗目标的时间节点，确保到2018年全县贫困人口全部脱贫，跟上省、市的步伐，与全国同步全面建成小康社会。

（二）对象范围。

根据省、市审核认定，我县新时期精准扶贫精准脱贫对象为：按2015年农民年人均可支配收入低于4000元的标准，认定我县农村2990户7674人为相对贫困人口（其中低于2736元国家扶贫线的贫困户有1467户2966人）。其中，需要帮扶脱贫的1726户5664人（扶贫户997户3429人、扶贫低保户729户2235人）、纳入低保、五保无劳动能力的贫困户1264户2010人（低保户843户1579人、五保户421户431人）。

（三）目标任务。

到2018年实现“两不愁三保障一相当”目标，即稳定实现农村贫困人口不愁吃、不愁穿，义务教育、基本医疗和住房安全有保障，基本公共服务主要领域指标相当于全省平均水平。按全省今后三年年均增长不低于7%计算，预测2018年农村居民人均可支配收入为不低于16367元。通过三年的脱贫攻坚，有劳动能力的相对贫困人口人均可支配收入不低于当年全省农村居民可支配收入的45%（约7365元），符合政策的全部或部分丧失劳动能力的相对贫困人口纳入低保，确保全部实现稳定脱贫。

按年度分三步走：到 2016 年底，总贫困人口的 40% 即 3069 人实现脱贫（全县 2010 人提高社会保障兜底标准对象和 1059 人有劳动能力的贫困人口实现脱贫）；到 2017 年底，在 2016 年基础上增加总贫困人口的 40% 即 3069 人实现脱贫；到 2018 年底，在 2016 年和 2017 年基础上增加总贫困人口的 20% 即 1536 人实现脱贫。全县贫困人口实现稳定脱贫。

（四）基本原则。

1. 坚持党委领导、政治保障原则。充分发挥各级党委总揽全局、协调各方的领导核心作用，严格执行脱贫攻坚一把手负责制，县、镇、村“三级书记”一起抓，为脱贫攻坚提供坚强的政治保障。切实加强镇、村基层党组织建设，使其成为带领群众脱贫致富的坚强战斗堡垒。

2. 坚持精准扶贫、精准脱贫原则。把精准的要求贯穿扶贫开发各领域各环节，准确甄别，建档立卡，因地制宜，分类施策，对贫困人口实施精细化管理，对扶贫资源实行精确化配置，对贫困户实行精准化帮扶，确保脱贫攻坚精准到村、到户、到人。

3. 坚持立足发展、社保兜底原则。把发展作为扶贫开发的第一要务和立足点，用发展的办法解决贫困问题，推动“输血”扶贫向“造血”扶贫转变，切实增强贫困地区的内生发展动力。坚持底线思维，把处于我县低保线下的贫困人口、符合政策的完全或部分丧失劳动能力的贫困人口全部纳入农村低保覆盖范围，实行社保政策兜底脱贫。

4. 坚持点面结合、全员覆盖原则。对所有贫困人口和农村居民一视同仁，既着力抓好贫困人口的帮扶工作，又注重面上推进，帮扶所有农村居民发展经济增加收入，使帮扶资源、帮扶举措、帮扶责任覆盖全部农村人口，加事农村小康建设步伐。

5. 坚持群众主体、自力更生原则。突出贫困群众主体地位，引导正确处理好国家、社会帮扶和自身努力的关系，树立战胜贫穷的信心和斗志，充分发挥积极性和创造性，自力更生，艰苦奋斗，全面提高自我发展能力，依靠自己双手实现脱贫致富。

6. 坚持多方共济、凝聚合力原则。推行政府主导，社会参与的模式，广泛动员社会力量参与扶贫开发，引导各类资源要素向贫困地区倾斜配置，着力构建政府、市场、社会合力攻坚的大扶贫开发格局。

二、扶贫攻坚举措

（一）因地制宜，多措并举促进贫困人口增收脱贫。

各镇要根据贫困户的情况和各地的实际，因村而异、因户施策，做到精准扶贫、精准脱贫，具体做到“八个到户”：

1. 资产性收益到户。按照精准扶贫政策，可根据贫困户意愿，投入扶持资金参与专业大户、家庭农场、农民合作社等新型经营主体，或参与龙头企业、产业基地、光伏、水电、乡村旅游等生产经营，或购买商铺、物业等，折股量化给被扶持的贫困户并按股分红。支持农民合作社和其他经营主体通过土地托管、吸收农民土地经营权入股等方式，带动贫困户增收。根据我县贫困人口的实际情况，可采取上级扶贫专项资金入股扶贫企业的办法，按照有劳动能力的贫困人口 5664 人人均投入上级专项扶贫资金不低于 1 万元，县财政按照 1 ∶ 1 的比例配套，筹措有劳动能力贫困人口人均不低于 2 万元的资金，入股效益较好、回报率较高的企业，确保有劳动能力贫困户的人口仅此一项每年人均稳定增收 2000 元。3 年所有入股贫困户脱贫后，上级专项扶贫资金转为县扶贫专项基金，用于跟踪巩固贫困户脱贫致富。

2. 产业帮扶到户。对有劳动能力和劳动意愿的贫困户，按照我县“一片两带”农业产业化的发展思路，扶持其至少发展 1 项以上特色优势种养殖业或从事农产品加工、服务及其他产业；开展实用技术培训，帮助其掌握 1 至 2 项实用技术；鼓励和支持其加入各类农业龙头企业、生产基地、农民合作组织、种养大户等经营主体，分享产业价值链条。建立产业帮扶资金，对贫困户发展产业给予奖补（具体奖补方案另行制订），提供小额贷款担保、贴息、补助以及提供信息、技术、服务。对贫困户发展生产贷款的，在省、市财政贴息的基础上，农户承担的部分由上级财政专项扶贫资金解决。对吸纳贫困户发展生产的家庭农场、专业合作组织和龙头企业等新型农业经营主体，优先享受财政扶贫贴息贷款。

3. 就业服务到户。对贫困户中有转移就业愿望的贫困劳动力，实施农村劳动力转移就业培训，根据企业用工需求，开展订单式免费技能培训和转移就业。落实贫困家庭学生就业促进计划和贫困家庭子女免费入读中等职业学校等政策。对积极吸纳贫困人口就业企业给予贷款贴息等政策优惠。优先吸纳本村或当地贫困劳动力在新农村建设和扶贫开发项目建设中就业。加强与企业和各类劳务市场联系，确保有就业创业意愿和劳动能力的贫困人员100%得到就业创业服务，每个贫困户至少有1人实现转移就业，实现就业一人、脱贫一户。

鼓励各类企业吸纳贫困劳动力。市里对吸纳建档立卡贫困劳动力10人以上并稳定就业一年以上的企业，每吸纳一个贫困劳动力给予一定的奖励，省里对吸纳建档立卡贫困劳动力20人以上并稳定就业一年以上的企业，每吸纳一个贫困劳动力也给予一定的奖励。对于县内企业（含个体户）吸纳贫困劳动力稳定就业一年以上的，在落实省、市奖励的基础上，县再按照吸纳一名贫困户劳动力每年奖励2000元的标准，从上级财政专项扶贫资金中给予企业奖励。

4. 教育资助到户。继续执行现有的义务教育“两免一补”等扶持政策。扩大教育保障范围，贫困户子女义务教育的免学费范围从目前的9年扩大到12年，就读普通高中给予免除学费。对贫困生直接落实享受现有国家及省的济困助学政策，并逐步提高资助标准，确保贫困户子女不因贫缀学。对贫困人口子女就读高中、中等职业技术学校、大学的，在落实相关政策助学金补助基础上，县再在上级财政专项扶贫资金中给予每人每年1000元的助学金补助。

5. 危房改造到户。按规定落实农村危房改造财政补助资金，优先解决住房最危险、经济最困难农户的基本安全住房问题，确保改造任务落实到户、施工技术指导到户、补助资金拨付到户、竣工验收具体到户，2018年前全面完成农村危房改造建设任务。对居住在不具备生产生活条件村庄的零散分布的贫困户，根据贫困户意愿实施搬迁。考虑到贫困人口的实际困难，县委、县政府决定在落实上级对住房改造的补助政策外，县财政对贫困户新建住房给予每户1万元的补助，对修缮的给予每户0.2万元的补助。

6. 医保救助到户。将贫困人员全部纳入基本医疗保险财政补贴政策范围，财政对其个人应缴纳的基本医疗保险费用给予全额补贴。允许贫困人员按规定中途参保缴费，并从参保缴费次月起享受基本医疗保险待遇，确保医疗保险制度不留死角覆盖全部贫困人员。扩大贫困人员医保支付项目范围。贫困人员政策范围内住院医疗费用报销比例提高到70%以上。贫困人员门诊普通疾病医疗费用报销比例提高到50%以上。将贫困人员需长期在门诊治疗且费用较高的疾病纳入门诊特定病种报销范围，按同级别住院报销比例予以报销，个人自负门诊合规医疗费用再给予救助。推行大病保险，贫困人口全部纳入重特大疾病救助范围，在此基础上，探索利用上级扶贫专项资金购买大病医疗商业补充保险，减轻困难群众政策范围外医疗支出负担，防止因病更贫、因贫弃医。

7. 金融扶持到户。推进信用村、信用户评定，鼓励金融机构及时授信，农户积极用信。为符合条件的贫困户提供“5万元以下、3年以内、免担保免抵押、基础利率放贷、扶贫资金贴息”的信用贷款，支持贫困户发展生产。整合各类财政扶贫资金，设立扶贫贷款担保基金、贴息基金及风险补偿基金。大力发展扶贫小额贷款保证保险，对贫困户保证保险保费予以补助。

8. 社会保障到户。对完全或部分丧失劳动能力、无法依靠产业扶持和就业帮助脱贫的贫困家庭和符合最低生活保障条件且有劳动能力的贫困家庭成员，全部纳入低保范围，实现应保尽保。落实贫困人员社会保险扶持措施，贫困人员参加农村居民养老保险，其个人缴纳的养老保险费，按政策规定落实财政补贴。妥善解决一次性趸缴问题，确保所有符合条件的贫困人员按时足额领取养老金。健全留守儿童、留守妇女、留守老人和残疾人关爱服务体系。对农村“三留守”人员和残疾人进行全面摸底排查，建立详实完备、动态更新的信息管理系统，加强儿童福利院、救助保护机构、社区儿童老龄人之家、社区康园中心等服务设施和队伍建设，完善政府和社会力量相衔接的关爱服务网络，引导和鼓励更多社会力量参与服务工作。

（二）部门联动，统筹兼顾促进社会各项事业发展。

认真落实“1＋N”扶贫政策文件，各部门要各司其职、各负其责，齐心协力推动各项公共服务事业的均衡发展。

1. 大力推进山区交通基础设施建设，全面改善山区尤其是边远镇村的交通条件和发展环境。全面摸查各地的公路和200人以上自然村公路路面硬化项目需求，建立2016—2018年扶贫公路项目库，科学制定3年攻坚计划。要对照省定贫困村的标准，开展行政村窄路基路面公路拓宽改造，按路面宽度达到4.5米以上、路基宽度达到5.5米以上的标准实施，争取上级予以补助。开展行政村公路生命安全防护工程和危桥改造，县乡道危桥改造宽度原则上要求达到8.5米，村道危桥改造宽度原则上要求达到6.5米，积极争取市按照省定贫困村的标准给予危桥改造、生命安全防护工程等方面的补助。加强农村公路养护管理，市连续三年安排500元/公里的农村公路日常养护管理专项资金。完善城乡交通运输网络设施，到2018年底基本实现所有建制村通达客车。

2. 加强农村水利基础设施建设。加快推进水利防灾减灾工程建设，重点抓好中小河流治理，强化县、镇、村各级三防体系建设。按时完成引杨灌区等中小型灌区改造工程建设任务，逐步完善贫困地区中小型灌区改造、农村中型及重点小型机电排灌以及“五小水利工程”等农村水利基础设施建设，促使成片农田有效排灌，持续改善农业水利基础条件。结合中央开展的农村水电增效扩容改造项目，积极实施农村水电增效扩容改造工程，促进镇村、贫困户增产增收。

3. 加快实施农村饮水安全巩固提升工程。全面推进村村通自来水工程建设，建设县城水厂扩网，乡镇水厂改造、扩网，新建或改造小型农村供水工程等。力争到2018年底全县农村自来水普及率达到90%。

4. 全力推进医疗保险和医疗救助保障扶贫。落实城乡居民基本养老保险制度，按照国家和省的部署，鼓励、引导和扶持贫困人员参保续保，逐步提高保障水平。构建全面覆盖贫困地区群众的基本医疗卫生制度，稳步推进基本公共卫生服务逐步均等化，协调推进医疗体制、医疗保险、医药流通领域改革，力争将医疗费用年增长率控制在3%—6.5%的范围内，有效防止因病致贫、因病返贫。落实政府全额资助贫困人口参加城乡居民基本医疗保险政策，完善大病保险和普通门诊统筹制度，将参加城乡居民基本医疗保险的贫困人口全部纳入大病保险覆盖范围，切实减轻贫困人口医疗费用负担。支持引导符合条件的贫困地区乡村医生按规定参加城镇职工基本养老保险。

5. 加强医疗卫生机构基础设施建设。从2016年至2018年，用3年时间完成全县村卫生站标准化建设，实现村村有标准化卫生站。统筹推进疾控机构食源性疾病事件监测网络建设及县级食源性疾病监测医院网络建设，至2018年将实现两个监测网络全覆盖。进一步加大全科医生队伍建设力度，落实全科医生规范化培训工作目标，做好订单定向培养农村卫生人才工作，完善全科医学专业执业设置工作，逐步形成以全科医生为主体的基层医疗卫生队伍。到2018年，力争实现村村有标准化卫生站，扶贫对象基本享有医疗卫生和计划生育服务，儿童和孕产妇医疗卫生保障水平逐步提高，重大传染病和地方病得到有效控制，贫困地区人口主要健康指标达到全省平均水平，城乡人民群众均衡享有基本公共卫生服务。

6. 加快山区农网改造升级，全面提升农网供电能力和供电质量，提升电力普遍服务水平。加强农村灾害防御体系建设。积极推动农村边远地区供电问题的分布式可再生能源建设。推进光伏开发，保障农村地区农光互补、渔光互补等新能源无障碍接入与消化。

7. 加大农村信息化投入，全面实施村村通光纤工程和4G网络入乡进村工程。到2018年基本实现农村地区4G网络全覆盖，在农村地区公共场所试点提供免费WLAN服务；电子政务服务全面覆盖山区，信息化技术在教育、医疗、社保、商贸和文化等重点领域逐步应用，确保每个行政村都不少于1个信息服务站点。

8. 加快改善教育基础设施建设。加强乡镇中心幼儿园和村级幼儿园建设，扶持扩大民办普惠性学前教育资源，解决适龄幼儿“入园难”问题。全面推进实施“全面改薄”“扩容改薄”和“三通”工程，科学规划、均衡配置教育资源。积极推进标准化特殊教育学校建设进度，改善特殊教育学校办学条件。建设优质教育资源共享平台，实现县、市教育公共服务云平台与省对接和教学点数字资源全覆盖，帮助基层学校尤其农村学校教师会用、用好信息化资源。加强教师交流培训，大力推进实施“强师工程”，加强对乡村教师的培训力度；加大支教力度，推进落实县域内义务教育学校教师交流轮岗制度；继续实施“高校毕业生到农村从教上岗退费”政策；加强东莞韶关两地校长、教师以及教学科研的双向交流合作。到2018年，实现全县贫困学生都能享有公平的教育资源、贫困家庭子女都能接受公平有质量的教育、贫困家庭劳动力都能学会一项致富技能，阻断贫困代际传递。

9. 积极推进文化扶贫。加强和完善行政村文化基础设施建设，加快公共文化服务体系和公共数字文化建设，实现文化资源共享。充分发挥现有公共文化设施的阵地作用，推动文化惠民项目与群众文化需求有效对接。建设以县级图书馆、文化馆，乡镇综合文化站，村文化活动室、“农家书屋”为支撑的公共文化设施网络。在行政村建成标准化文化设施，并逐步向自然村延伸。综合利用有线电视、直播卫星、地面数字电视等多种播出形式，提高广播电视覆盖率。加强农村基层文化遗产保护，健全保护和监管机制。

10. 加快推进农村危房改造。通过加大财政投入、金融支持、对口帮扶、社会捐资、建立村级互助金等方式，多渠道筹集资金帮助贫困户完成农村危房改造。以危房为唯一住房的建档立卡贫困户全部纳入农村危房改造范围，对居住在危房且无能力改造的五保户，全部安排入住旧校舍、养老院或村建安置房。到2017年底，全面完成农村最急需改造对象的危房改造建设任务。

11. 扎实推进美丽宜居乡村建设。以“三整治（垃圾、污水、厕所）一提升（绿化美化）”为主要内容，大力开展村庄环境整治，实现旧村新貌。到2018年底，实现行政村保洁全覆盖，90%以上的行政村生活垃圾和80%以上的行政村生活污水得到有效处理，全面完成村庄无害化卫生厕所改造，“万村绿”工程全面实施，村庄绿化美化水平显著提升。以“田园美、村庄美、生活美”为指引，结合农房及院落风貌整治和新农村连片示范、名镇名村示范村、幸福村居、文明乡村、生态村镇、卫生村镇、宜居村镇等创建活动。

12. 积极开展农村金融扶贫。发挥金融助推脱贫攻坚的作用，鼓励和引导商业性、政策性、开发性、合作性等各类金融机构加大对精准扶贫的支持力度，适当增加基层网点，积极开展扶贫金融产品和服务方式创新。加强相关部门之间的协调合作和信息共享，引导金融资源重点投向能带动贫困户创业就业的特色产业、龙头企业等扶贫重点项目，鼓励针对贫困户需求特点发展创业、助学等各类扶贫小额贷款业务，精准对接脱贫攻坚多元化融资需求。加强金融与财税政策的配合，设立对扶贫重点项目的贷款担保基金及风险补偿基金，开展“政银保”信贷业务。发挥保险风险补偿功能，按照农民自愿和市场运作的原则，鼓励尽可能扩大政策性农业保险覆盖面，鼓励保险机构建立健全针对贫困户的保险保障体系，大力发展对扶贫贷款的保证保险业务。开展农村普惠金融试点工作，推进农村信用体系建设，加快改善农村支付环境，促进金融服务在贫困地区进村入户，打通金融服务“最后一公里”。

13. 全力推进固本强基扶贫。强化镇领导干部驻村帮扶的责任。以2016年乡镇换届为契机，着力选好乡镇党政正职，选优配强领导班子。认真抓好落实驻点普遍联系群众制度，各镇党政领导班子要分片包干，挂村驻点，在直接联系群众全覆盖的基础上，将贫困户作为联系重点，通过面上普遍联系贫困户，落实精准扶贫工作。进一步选优配强村党组织书记，充分发挥村党组织战斗堡垒作用和党员先锋模范作用。强化村党组织的人事安排权、重要事项决定权、领导保障权和管理监督权。培育扶贫村党员创业致富带头人，实行村党员包户联系群众，提高党员带领群众脱贫致富能力。

14. 全力推进对口帮扶。坚持自我发展与外力帮扶并举，加快形成专项扶贫、行业扶贫、社会扶贫有机结合、互为补充的“三位一体”大扶贫格局。强化与东莞市的协调与配合，扩大交流渠道，促进深度融合，协助制定扶贫开发规划，跟踪项目实施。结合加快推进融入珠三角，更加密切与东莞市对口帮扶关系，实施深化改革对接、政务政风对接、干部培训对接、教育精准帮扶、医疗精准帮扶、文化精准帮扶、优质农业对接、优质旅游对接、优质创新资源对接、优质人力资源对接等十大行动计划，积极拓展扶贫新领域，探索扶贫新模式。

三、为脱贫攻坚提供坚实保障

（一）落实工作责任。

按照“县领导包镇、镇领导包片、干部包户”的工作原则，层层签订脱贫攻坚责任书，逐级落实脱贫攻坚任务。县委、县政府承担主导责任，书记、县长为第一责任人，做好进度安排、项目落地、资金使用、人力调配、推进实施等工作。镇党委、政府承担主体责任，书记、镇长是直接责任人，认真落实各项扶贫措施，确保各项工作落地见效。

成立县、镇两级新时期精准扶贫工作领导小组，并由各级党政一把手挂帅，亲自指挥。落实相对贫困人口全覆盖的挂钩联系帮扶责任，县四套班子成员挂点联系镇，并各安排挂钩帮扶 2 户贫困户。各级党政主要领导要经常带队走访挂点村、贫困户，深入田间户头，开展调查研究，亲自部署推进扶贫工作，现场解决工作难题。

县级各部门围绕各自职能和行业特点，制定出台配套的扶贫实施计划方案，打造扶贫工作“1 + N”政策措施体系，为扶贫工作提供全方位政策保障。

（二）健全工作机制。

健全扶贫工作机构，优化人员配置，提高工作待遇，保障工作经费，改善工作条件，提升工作效能。

各镇的挂点县领导中，委派一名县领导作为专责领导，负责帮扶工作的组织协调落实。帮扶各镇的牵头单位在帮扶单位中选派 2 - 3 名优秀干部到镇驻点开展帮扶工作，驻镇干部驻镇时间原则上一定三年。牵头单位要积极履行职责，加强上下和各帮扶成员单位的沟通联系，确保工作扎实有效开展。挂点帮扶各镇的帮扶单位，各单位要指定 1 名分管领导专门负责帮扶工作。建立联席协调会议制度，由县扶贫办组织每季度召开一次联席协调会议，专题讨论和协调帮扶工作。各镇、各帮扶单位要定期召开本镇、本单位帮扶工作情况汇报会，及时处理在帮扶工作中出现的新情况新问题。

（三）加强扶贫资金的监管。

财政扶贫投入主要用于直接促进农村贫困人口增收的项目，包括扶贫贷款贴息、扶持农村贫困人口就业、特色产业发展等。在此基础上，兼顾贫困人口义务教育、基本医疗的保障费用。各部门安排的各项惠民政策、项目工程，加大向贫困地区和贫困人口倾斜力度。各级政府要根据本地脱贫攻坚需要，建立与本地经济社会发展相适应的扶贫资金投入稳定增长机制，切实加大扶贫资金投入。各定点帮扶单位可在相关法规制度允许范围内多渠道多方式筹集帮扶资金，主要用于到村到户帮扶工作。

加强财政专项资金监管和审计工作，按照“项目跟随规划走，资金跟随项目走，监管跟着资金走”原则，坚持专项资金专项使用，严格执行扶贫项目招标制度和政府采购制度。审计部门要加强审计核查，纪检监察机关要严肃查处挤占挪用、截留私分、虚报冒领、挥霍浪费扶贫资金等违纪违法行为。

（四）严格考核督查问责。

落实帮扶工作检查跟踪制度，定期对本地本单位帮扶工作进展和帮扶成效及资金落实情况进行跟踪检查。健全考核机制，完善对镇党委、政府和各部门扶贫开发工作成效的考核办法，实行分类分级考核，重点考核脱贫成效。县每年的上半年和年终分别组织对新时期精准扶贫工作开展督导或考核，重点加强对扶贫项目立项实施、资金拨付、验收监管、绩效评估等环节的监督检查。明确一级对一级督查，一级对一级问责，对扶贫工作推进缓慢、成效不明显的单位和个人，要在全县进行通报，限期整改；对未完成年度任务的镇和部门，要对党政主要领导进行约谈；对不作为甚至弄虚作假的要依党纪政纪进行严肃追责。

将脱贫攻坚实绩作为选拔任用干部的重要依据，对在脱贫攻坚中表现优秀的干部特别是干出实绩、群众欢迎的驻村干部要重点培养，优先提拔使用。对坚持深入扎根贫困地区服务、扶贫工作取得明显成效的各类人员，在薪酬待遇、公务员录用、职级调整、职称评聘等方面给予特殊政策。

（五）营造浓厚的扶贫工作氛围。

坚持正确舆论导向，全面宣传解读中央和我省“精准扶贫、精准脱贫”的决策部署、政策举措，加强思想教育引领，增强干部群众对扶贫开发工作的向心力和凝聚力。积极开展“10·17”国家扶贫日和“6·30”广东扶贫济困日活动，引导和发动各界社会力量，积极主动地参与扶贫工作。鼓励社会热心人士和组织直接与贫困户挂钩帮扶。大力宣传我县扶贫事业取得的成就，广泛报道脱贫攻坚中涌现的先进典型和事迹，及时总结推广各地的成功经验和良好做法，激发贫困群众奋发有为的热情，营造积极向上、自力更生、尽快脱贫致富的良好氛围。

附件：1. 新时期精准扶贫精准脱贫工作县领导班子成员及县直机关、企事业单位挂扶各镇安排表

2. 乳源新时期精准扶贫精准脱贫工作单位和干部对接任务分配表

附件 1：

新时期精准扶贫精准脱贫工作县领导班子成员及县直机关、企事业单位挂扶各镇安排表

单位	挂点县领导	专责县领导	牵头单位	挂扶单位
大桥镇	吴春腾 许益云 许尔华	许尔华	县委办	县委办、县国土资源局、卫计局、人力资源和社会保障局、畜牧兽医水产局、农机管理局、档案局、扶贫办、明源公司、公路局、烟草局、气象局、乳阳林业局
桂头镇	邓志聪 刘永生 周志军 李明华	周志军	政府办	政府办、银源公司、编办、市场监督管理局（工商局、质监局、食药监局）、老干局、行政服务中心、供电局、人民银行
乳城镇	费玉海 伍 文 简连英 邱 波 林 军 吴巧英	吴巧英	政协办	政协办、经济促进局、宣传部、教育局、开发区、残联、供销社、地税局、中国电信乳源分公司、工商银行
一六镇	张 军 赵 雷 禤继文	赵 雷	纪委（监察局）	纪委（监察局）、财政局、农业局、总工会、国税局、人寿保险公司
游溪镇	伍梅华 朱均玉 陈耀宇	朱均玉	组织部	组织部、水务局、民政局、机关事务管理局、财产保险公司、农业银行、邮政局、市社保服务管理局乳源分局
东坪镇	赵志敏 梁丽娟 陈松海	陈松海	政法委	政法委、交通运输局、文广新局、司法局、党校、广播电视台、建设银行、南水湖国家湿地公园
大布镇	林昌卫 连 卫 刘宏美	刘宏美	公安局	公安局、法院、旅游局、农村信用联社、大峡谷自然保护区管理处、中国联通乳源分公司
必背镇	黄寿生 邓国雄 李荣贵	邓国雄	统战部	统战部、发展和改革局、民族宗教局、审计局、妇联、工商联、中国移动乳源分公司
洛阳镇	马福德 吴炬光 文建平	文建平	人大办	人大办、林业局、武装部、住建局、检察院、团县委、环保局、天井山林场

注：1. 划横线单位一般干部不用对口帮扶贫困户，班子成员要参加对口帮扶贫困户

2. 干部对户原则上 1 名干部挂钩帮扶 2 户贫困户（1 户有劳动能力贫困户、1 户无劳动能力贫困户），也可以实行 1 名干部挂钩 1 户贫困户；各镇在安排干部挂钩联系贫困户时，要坚持“从难到易、自上而下”的原则，即有住房改造等帮扶任务较重的贫困户优先安排县、镇、帮扶单位领导

附件 2：

乳源新时期精准扶贫精准脱贫工作单位和干部对接任务分配表

镇名	村　名	贫困户总户数	脱贫任务户数	政策兜底任务户数	拟安排帮扶单位和帮扶干部
合　计		2990	1726	1264	
大桥镇		539	359	180	县挂点领导 3 名 县委办 15 人、国土资源局 16 人、卫计局 51 人、人社局 42 人、畜牧水产局 15 人、档案局 11 人、农机局 10 人、大桥镇 144 人、明源公司（班子成员）、公路局（班子成员）、烟草局（班子成员）、气象局（班子成员）、扶贫办（班子成员）、乳阳林业局（班子成员）
	青溪洞村	24	17	7	
	核桃山村	14	10	4	
	和平村	29	19	10	
	新谷村	23	16	7	
	均容村	51	39	12	
	塘华村	29	21	8	
	塘峰岩村	8	3	5	
	武丰村	60	48	12	
	大坪村	16	15	1	
	大岗村	48	25	23	
	大桥村	32	20	12	
	红云村	13	5	8	
	红光村	15	6	9	
	红星村	42	29	13	
	柯树下村	11	2	9	
	深源村	3	1	2	
	岩口村	20	9	11	
	岐石村	17	13	4	
	石角塘村	51	37	14	
	三元村	21	16	5	
	中冲村	12	8	4	

续上表

镇名	村　名	贫困户总户数	脱贫任务户数	政策兜底任务户数	拟安排帮扶单位和帮扶干部
桂头镇		450	216	234	县挂点领导4名 政府办（含信息中心）28人、银源公司24人、编办9人、市场监督管理局84人（其中：工商局27人、质检局13人、市场监管局19人、食品药品监管局25人）、老干局5人、行政服务中心25人、桂头镇97人、供电局（班子成员）、人民银行（班子成员）
	阳陂村	63	34	29	
	草田坪村	16	14	2	
	凰村村	36	12	24	
	松围村	50	23	27	
	杨溪村	43	8	35	
	七星墩村	39	17	22	
	莫家村村	11	3	8	
	均村村	44	23	21	
	塘头村	20	9	11	
	大坝村	21	13	8	
	王龙围村	21	13	8	
	红岭村	24	11	13	
	小江村	38	16	22	
	东岸村	24	20	4	
乳城镇		496	249	247	县挂点领导6名 政协办13人、宣传部10人、经促局18人、教育局42人、供销社11人、开发区17人、残联9人、乳城镇125人、地税局（班子成员）、电信局（班子成员）、工商银行（班子成员）
	云门村	8	1	7	
	健民村	66	41	25	
	共和村	47	17	30	
	新兴村	17	1	16	
	前进村	32	16	16	
	新民村	81	58	23	
	鲜明村	25	8	17	
	坝厂村	5	1	4	
	大东村	85	49	36	
	河北村	17	5	12	
	大群村	41	24	17	

续上表

镇名	村　名	贫困户总户数	脱贫任务户数	政策兜底任务户数	拟安排帮扶单位和帮扶干部
	大联村	52	26	26	
	岭溪村	20	2	18	
一六镇		380	140	240	县挂点领导3名 纪委42人、财政局56人、农业局33人、总工会11人、一六镇78人、国税局（班子成员）、人寿保险公司（班子成员）
	东粉村	44	9	35	
	乐群村	41	21	20	
	西岸村	40	18	22	
	团结村	45	9	36	
	罗屋村	48	17	31	
	东七村	65	34	31	
	一六村	97	32	65	
游溪镇		245	199	46	县挂点领导3名 组织部18人、水务局15人、民政局40人、机关事务局14人、游溪镇88人、财产保险公司（班子成员）、农业银行（班子成员）、邮政局（班子成员）、市社保服务管理局乳源分局（班子成员）
	上营村	31	29	2	
	中联村	48	43	5	
	冷水岐村	7	6	1	
	连塘边村	12	9	3	
	中心洞村	10	10	0	
	大村村	12	9	3	
	茨良坑村	18	18	0	
	江背村	20	12	8	
	大寮坑村	17	15	2	
	烈村村	39	19	20	
	营坑村	31	29	2	
东坪镇		195	113	82	县挂点领导3名 政法委17人、交通运输局39人、文广新局25人、司法局17人、党校15人、广播电视台10人、东坪镇75人、建设银行（班子成员）、粤电南水发电有限责任公司（班子成员）、南水湖湿地公园11人
	东田村	15	10	5	
	南水村	27	9	18	
	新村村	5	3	2	
	方武村	15	9	6	

续上表

镇名	村　名	贫困户总户数	脱贫任务户数	政策兜底任务户数	拟安排帮扶单位和帮扶干部
	梯下村	3	0	3	
	龙溪村	30	22	8	
	汤盆村	5	2	3	
	茶坪村	22	13	9	
	长溪村	26	14	12	
	下寨村	47	31	16	
大布镇		306	202	104	县挂点领导3名 公安局30人、法院65人、旅游局7人、大布镇64人、农村信用联社（班子成员）、大峡谷自然保护区管理处（班子成员）、中国联通乳源分公司（班子成员）
	白坑村	23	6	17	
	坪山村	22	15	7	
	埕头村	36	24	12	
	夹水村	74	59	15	
	英明村	61	45	16	
	鸽英村	33	9	24	
	鸽连村	57	44	13	
必背镇		185	154	31	县挂点领导3名 统战部6人、发改局38人、民宗局10人、审计局11人、妇联4人、工商联3人、必背镇65人、中国移动乳源分公司（班子成员）
	必背村	26	25	1	
	王茶村	29	27	2	
	公坑村	25	17	8	
	半坑村	22	15	7	
	方洞村	39	33	6	
	桂坑村	27	23	4	
	横溪村	17	14	3	
洛阳镇		194	94	100	县挂点领导3名 人大办13人、林业局65人、住建局12人、检察院37人、环保局34人、团县委3人、洛阳镇82人、武装部（班子成员）、天井山林场（班子成员）
	田螺坑村	7	3	4	
	白竹村	20	9	11	
	半星村	16	9	7	
	双坪村	14	6	8	

续上表

镇名	村　名	贫困户总户数	脱贫任务户数	政策兜底任务户数	拟安排帮扶单位和帮扶干部
	月坪村	11	3	8	
	月街村	12	4	8	
	板长村	25	9	16	
	坪溪村	28	14	14	
	富塘村	15	8	7	
	深洞村	29	16	13	
	洛阳村	9	7	2	
	古母洞村	8	6	2	

重要文件目录

2016年县委重要文件目录（选）

年　份	文　件　名　称	文　号
2016	关于印发《中共乳源瑶族自治县委常委会2016年工作要点》的通知	乳发〔2016〕1号
2016	关于县政府工作部门机构设置调整问题的通知	乳发〔2016〕3号
2016	关于县党政领导班子成员分工的通知	乳发〔2016〕7号
2016	关于我县市管干部2015年年度考核等次评定意见的请示	乳委〔2016〕7号
2016	关于成立乳源瑶族自治县全面深化改革加快实施创新驱动发展战略领导小组的通知	乳委〔2016〕12号
2016	关于成立乳源瑶族自治县选举委员会的批复	乳委〔2016〕13号
2016	关于请求批转关于认真做好县镇两级人民代表大会换届选举工作意见的批复	乳委〔2016〕14号
2016	关于要求单独设置乳源瑶族自治县信访局工作机构的请示	乳委〔2016〕16号
2016	关于成立县领导班子换届工作领导小组的通知	乳委〔2016〕21号
2016	关于印发《乳源瑶族自治县党组（党委）清理规范工作方案》的通知	乳委〔2016〕23号
2016	关于乳源瑶族自治县人大常委会、政府、政协领导班子及法院院长、检察院检察长换届人事安排的请示	乳委〔2016〕37号
2016	关于成立乳源瑶族自治县人民代表大会法制委员会的批复	乳委〔2016〕42号
2016	关于“乳源瑶族自治县人才工作协调小组更名为‘乳源瑶族自治县人才工作’领导小组”的通知	乳委办〔2016〕1号
2016	关于成立乳源瑶族自治县新时期精准扶贫精准脱贫工作领导小组的通知	乳委办〔2016〕10号
2016	关于成立乳源瑶族自治县乡镇换届风气督查组的通知	乳委办〔2016〕13号
2016	中共乳源瑶族自治县纪委关于2016年全县开展纪律教育学习月活动的意见	乳委办〔2016〕21号
2016	关于印发全省推动民族地区加快发展现场会筹备工作方案的通知	乳委办〔2016〕23号
2016	中共乳源瑶族自治县委办公室关于印发《乳源瑶族自治县信访局主要职责内设机构和人员编制方案》的通知	乳委办〔2016〕30号

续上表

年　份	文　件　名　称	文　号
2016	印发《关于进一步加强督查督办推进落实提高执行力的实施意见（试行）》的通知	乳委办发电〔2016〕1号
2016	关于县党政领导班子成员挂钩联系软弱涣散村（社区）党组织整顿工作的通知	乳委办发电〔2016〕7号
2016	关于2016年县党政领导班子成员接待群众来访、不定期约访的通知	乳委办发电〔2016〕9号
2016	关于印发乳源瑶族自治县2016年重点建设项目责任分工的通知	乳委办发电〔2016〕10号
2016	关于县委常委挂钩联系镇村推进落实驻点联系工作的通知	乳委办发电〔2016〕13号
2016	关于在全县党员中开展“学党章党规、学系列讲话，做合格党员”学习教育实施方案〉的通知	乳委办发电〔2016〕16号
2016	关于印发《乳源瑶族自治县县直机关公务用车制度改革实施方案》的补充通知	乳委办发电〔2016〕22号
2016	关于印发《乳源瑶族自治县关于扶持农业产业化发展的实施方案（2016—2018年)》的通知	乳委办发电〔2016〕32号
2016	关于调整重点领域社会矛盾治理领导包案的通知	乳委办发电〔2016〕33号
2016	关于印发《乳源瑶族自治县2016年全面依法治县工作要点》通知	乳办发〔2016〕3号
2016	印发关于进一步转变作风提高机关效能的行动方案的通知	乳办发〔2016〕6号
2016	关于印发《乳源瑶族自治县农村改革发展实施意见（2016—2018年)》的通知	乳办发〔2016〕7号

2016年县人大重要文件目录（选）

年　份	文　件　名　称	文　号
2016	乳源瑶族自治县第十一届人民代表大会公告	十一届人大主席团公告（第9号）
2016	乳源瑶族自治县人民代表大会常务委员会关于同意补发全县2015年住房改革补贴的决议	乳常〔2016〕28号
2016	乳源瑶族自治县人民代表大会常务委员会关于批准县2016年财政收支预算调整方案的决定	乳常〔2016〕31号
2016	乳源瑶族自治县人民代表大会常务委员会关于批准县2016年国民经济和社会发展部分指标调整方案的决定	乳常〔2016〕32号
2016	乳源瑶族自治县第十二届人民代表大会第一次会议公告	十二届人大主席团公告（第1号）

续上表

年　份	文　件　名　称	文　号
2016	乳源瑶族自治县第十二届人民代表大会第一次会议公告	十二届人大主席团公告（第2号）
2016	乳源瑶族自治县第十二届人民代表大会第一次会议公告	十二届人大主席团公告（第3号）
2016	乳源瑶族自治县第十二届人民代表大会第一次会议公告	十二届人大主席团公告（第4号）

2016年县政府重要文件目录（选）

年　份	文　件　名　称	文　号
2016	乳源瑶族自治县人民政府关于印发乳源瑶族自治县人民政府2016年工作要点的通知	乳府〔2016〕1号
2016	乳源瑶族自治县人民政府关于取消非行政许可审批事项的决定	乳府〔2016〕2号
2016	乳源瑶族自治县人民政府关于公布县直部门权责清单的决定	乳府〔2016〕3号
2016	乳源瑶族自治县人民政府关于南水湖水域禁止非法营运的通告	乳府〔2016〕12号
2016	乳源瑶族自治县人民政府关于做好清明节安全保卫工作的通告	乳府〔2016〕15号
2016	乳源瑶族自治县人民政府关于印发乳源瑶族自治县新时期精准扶贫精准脱贫三年攻坚实施方案的通知	乳府〔2016〕20号
2016	乳源瑶族自治县人民政府关于实施不动产统一登记的通告	乳府〔2016〕23号
2016	乳源瑶族自治县人民政府关于印发乳源瑶族自治县城乡整体提升行动计划的通知	乳府〔2016〕29号
2016	乳源瑶族自治县人民政府关于印发乳源瑶族自治县私房建设规划管理办法的通知	乳府〔2016〕30号
2016	乳源瑶族自治县人民政府关于印发乳源瑶族自治县财政专项资金使用管理暂行办法的通知	乳府〔2016〕31号
2016	乳源瑶族自治县人民政府关于加强烟叶收购专卖管理的通告	乳府〔2016〕32号
2016	乳源瑶族自治县人民政府关于印发乳源瑶族自治县行政许可事项目录（2016年版）的通知	乳府〔2016〕36号
2016	乳源瑶族自治县人民政府关于加强县城社会生活噪声污染防治的通告	乳府〔2016〕46号
2016	乳源瑶族自治县人民政府关于整治南水水库非法养殖及捕捞设施的通告	乳府〔2016〕47号
2016	乳源瑶族自治县人民政府关于第一批清理规范33项县政府部门行政审批中介服务事项的决定	乳府〔2016〕55号

续上表

年　份	文　件　名　称	文　　号
2016	乳源瑶族自治县人民政府关于划定森林防火区和森林高火险区的通告	乳府〔2016〕59号
2016	乳源瑶族自治县人民政府关于加强候鸟等野生动物保护的通告	乳府〔2016〕60号

索　引

主题索引

说　明

一、本索引以主题词首字汉语拼音字母顺序排列，同语拼音字条目首字按笔画排序编排。

二、索引条目后的数字表示本书的页码。

三、本卷年鉴的文献、专载、特载、大事记、人物、附录和统计资料等内容未作索引。

A

B

C

D

E

F

G

H

J

K

L

M

N

P

Q

R

S

T

W

X

Y

Z

表格索引